QIAN FADA DIQU JINGJI FAZHAN YANJIU

欠发达地区经济发展研究

（五）

贵州省高等学校人文社科基地
贵州财经大学欠发达地区经济发展研究中心 ⊙编

中国经济出版社
CHINA ECONOMIC PUBLISHING HOUSE
北 京

图书在版编目（CIP）数据

欠发达地区经济发展研究.5/贵州省高等学校人文社科基地，贵州财经大学欠发达地区经济发展研究中心编.

北京：中国经济出版社，2015.9

ISBN 978-7-5136-3136-5

Ⅰ.①欠… Ⅱ.①贵…②贵… Ⅲ.①不发达地区—经济发展—研究—贵州省—文集 Ⅳ.①F127-53

中国版本图书馆 CIP 数据核字（2014）第 043593 号

责任编辑　张利影
责任审读　贺　静
责任印制　巢新强
封面设计　华子设计

出版发行　中国经济出版社
印 刷 者　北京艾普海德印刷有限公司
经 销 者　各地新华书店
开　　本　787mm×1092mm　1/16
印　　张　38.75
字　　数　550 千字
版　　次　2015 年 9 月第 1 版
印　　次　2015 年 9 月第 1 次
定　　价　110.00 元
广告经营许可证　京西工商广字第 8179 号

中国经济出版社 网址 www.economyph.com 社址 北京市西城区百万庄北街 3 号 邮编 100037

本版图书如存在印装质量问题，请与本社发行中心联系调换（联系电话：010-68330607）

目 录

川西民族地区旅游村镇发展模式探讨

马治鸾[①]

（成都理工大学）

摘　要：旅游城镇化是川西民族地区加快城镇化进程的重要途径。川西民族地区城镇化发展有历史形成、现代行政管理中心、工业化城镇、交通和贸易流通型四种模式，现代旅游发展形成的旅游村镇无论是在村镇功能、空间布局、发展模式、发展道路、产业支撑、社区结构等方面都与其他类型不同，形成一种新型旅游村镇化模式。有效引导川西民族地区旅游村镇发展，政府应在旅游产业定位、城乡统筹规划、推动农村资源产权流动、改革旅游村镇户籍制度、完善旅游村镇社会服务保障体系方面给予政策支持和引导。

关键词：旅游村镇　发展模式　川西民族地区

一、引言

川西民族地区包括甘孜藏族自治州、阿坝藏族羌族自治州、凉山彝族自治州和马边、峨边两个自治县。据统计，截至 2011 年底，甘孜、阿坝、凉山和峨边、马边有常住人口 686.24 万人，约占四川省人口总数的 8.1%；地域面积 30 余万平方公里，约占四川省总面积的 62%。这里居住着彝、藏、羌、苗、土家等多个少数民族。川西民族地区环境闭塞、交通条件落后、基础设施差，加之长期受自然、历史、社会等诸多因素的影响，目前相对贫穷落后，城镇化率较低。据统计，截至 2013 年底，阿坝、甘孜、凉山的城镇化率分别为 34.59%、25.81%和 30.57%，远低于四川 44.90%的城镇化率。

川西民族地区由于地理区位较为偏远、工业基础薄弱、人口综合素质偏低等原因，工业化十分缓慢，要加快推进新型城镇化，只能把旅游产业作为先导产业或支撑性产业来培育。在旅游业发展过程中，一些旅游接待和管理中心城镇人口集聚，当地村民也在城镇化过程中以旅游经营或旅游服务的形式变成新型村镇居民，从而加快了这些区域城镇化或村镇化进程，成为川西民族地区城（村）镇化的一种新模式。

本文所称的旅游村镇包括新兴的旅游中心城镇和在传统农牧业基础上，依托其产业或文化资源，发展旅游业，社区建设快速扩张，人口规模集聚，社区具有现代服务业功能，

---

① 马治鸾，男，四川大学历史（旅游）学院博士后流动站、成都理工大学旅游与城乡规划学院讲师。主要研究方向：旅游资源开发与旅游管理。

但其规模和建制仍然是行政村，即具有游憩功能的社会主义新农村居民建设点。

二、川西民族地区城镇发展主要模式

川西虽然城镇化发展速度较慢，但目前已经形成大量县(市)镇、乡镇、场镇等城镇体系，其发展模式主要有以下几种：

(一)历史上形成的城镇

各个朝代根据行政管辖、贸易往来、军事防御需要修筑城垒，历经兴废，有些城镇保存发展至今，形成一些古城镇，比如在清代茶马贸易极为繁盛号称“小北京”的康定；汉代牦牛道所经之地，而今作为旅游古镇打造的海螺沟磨西镇；南方丝绸之路上的重要交通枢纽和贸易城镇邛都(今天的西昌)；古代戍边发展起来的松州府；等等。

(二)现代区域政治、经济管理中心型城镇

20 世纪 50—60 年代，川西民族地区为适应国家的统一政治、经济体制，及新中国成立后的政权建设，新设了许多城镇作为州或县级政治、经济、文化综合管理中心。这种性质的城镇是川西民族地区数量最多、建设最早、分布最广的现代建制城镇。同时，有少部分古代城镇被设置为现代区域行政中心，如汶川县的威州镇。

(三)工业化城镇

改革开放以来，川西民族地区在产业结构调整过程中，一些大型工矿企业、森工企业、水电企业开始在部分地区建立，乡镇企业也开始发展，在这些企业布局的地方人口快速集聚，产业结构也相应转变为以工业为主导的产业，经济集聚效应也同时增强，带动了不少乡村小镇的产生和规模扩张。如凉山州会理县已探明金属矿、非金属矿达 60 多种，300 多处，有大中型矿床 37 个，成为攀西重要的矿业基地。

(四)交通和商贸流通型城镇

新中国成立以来，川西民族地区交通商贸快速发展，部分地区由于处于交通运输和商贸集散地或中转节点而逐渐发展为城镇。如西昌市马道镇，就是攀西地区最重要的物资集散地，西昌铁路分局机关和各主要站段均设在镇内。

三、旅游村镇发展新模式

以上所列城镇目前都发展成为区域内多产业协调发展的综合型城镇，市政建设完善

配套,服务功能齐全,城镇建设规模较大,城镇化率也相对较高。但随着现代服务业发展,特别是旅游产业的发展,一些新型旅游村镇快速崛起,已经成为川西地区新型城镇化的典范。与传统城镇发展模式不同,这些旅游村镇无论是在产业定位、村镇功能、村镇发展道路方面,还是空间布局、村镇人口集聚方式等方面都有其自身的规律,成为一种新的城镇化模式。

(一)旅游对村镇的产业支撑

无论是哪种类型旅游村镇,旅游产业都是城镇化的产业支撑,旅游发展成为城镇萌芽的聚核。从旅游产业发展角度讲,一个旅游地发展必然在其旅游区域或景区周边形成一个游客集散中心,承担起游客交通运输、吃住娱购服务、综合行政管理等多项功能。随着游客量的增加,这些村镇不断扩展而逐渐发展成为区域中心村落或中心城(场)镇。从城镇发展角度讲,离开了产业支撑,无论是外来投资商,还是本地居民向城镇集聚就没有经济动因,当然也就没有旅游村镇的萌芽,即使形成具有城镇化萌芽的社区聚落(如现代居民聚居点)也不可能快速发展成城镇。这一点在工业化基础十分薄弱而旅游资源又十分丰富的川西民族地区,显得尤其重要,其典型案例是松潘川主寺镇。与茂县其他自然乡镇不同,川主寺因地处四川旅游九环线上,成为旅游交通枢纽。1992 年建镇,目前,该镇已经是四川综合改革 100 个试点镇之一,其餐饮、住宿、交通运输、旅游贸易是其支柱产业。一个人口总数 6000 多人的小镇,据不完全统计目前却建有各类宾馆饭店 25 家,其中准五星级 1 家,四星级 1 家,准四星级 2 家,三星级 2 家,住宿容量达到 3000 多个床位,宾馆酒店高峰期就业人数达到 1500 多人。该镇现有的所有产业都是围绕旅游要素配套设置的,如交通运输、餐饮住宿、旅游购物、旅游商品生产加工销售、旅游房地产等。由此可见,旅游对川主寺城镇化产业支撑的重要作用。

(二)旅游村镇以资源和产品为核心多点—多极—多轴—网络式分布

与旅游发展相适应,旅游村镇发展要经历一个长时间累积过程,在尚未形成旅游城镇规模之前,一些旅游资源品位较好的旅游景点在早期往往以旅游资源为核心多点分布,在区域内形成城镇化的萌芽——旅游村镇。在川西民族地区由于地广人稀,旅游资源丰富,旅游发展尚处于启动期,这种旅游社区性质的旅游村镇向旅游城镇发展将是一个较长的过程和重要渠道。这种递进发展模式有其自身独特优势,劳动力得以就地安置,农业与旅游服务业相结合,既兼顾了土地资源的有效利用,又实现了农村人口向村镇集中,以便各项社会服务功能集中配套,如汶川萝卜寨、茂县黑虎寨、杨柳村、牛尾村等。但川西民族地区旅游发展由于受资源禀赋和发展条件所限,具有非均衡性,这在空间分布上必然呈现出与旅游交通、旅游产品、旅游产业分布规律相吻合的多点—多极—多轴—网络式分布规律,以此形成旅游经济集聚效应和规模效应。

(三)村镇社区功能旅游化

旅游村镇发轫之初就是以旅游导向产生的,其社区功能必然以旅游服务为导向,而且其业态打造、空间布局、设施设备、文化展示、建筑造型、艺术设计、环境与气氛营造等都深深烙上了旅游的印迹,从而更加强化城镇的旅游吸引物功能,也就是说村镇建筑设施的景观化功能。汶川县水磨羌城就是一个典型的案例。水磨羌城是汶川地震以后恢复重建的一个新型旅游城镇,其城镇风貌、建筑风格、墙体装饰装修、门楣和窗饰、文化元素、商铺摆件和挂件、广场设计等都深度挖掘和竭力表现羌族民俗文化特征,如吉祥云、羊头、羊皮鼓等,整个水磨羌城就是一个传统与现代相结合的羌族民俗文化旅游景点。

(四)社区居民多元化

相对于工业化城镇而言,旅游村镇社区居民更"杂"一些,这正是旅游的文化交流和服务贸易功能的体现。一方面,旅游不仅仅是一个产业,它更是一个产业链,以旅游为依托,交通运输、宾馆饭店、手工业、贸易、娱乐、文化演艺、旅游房地产等现代服务业都得到发展。与此相适应的是投资企业、旅游经营管理人员、旅游服务人员向旅游村镇集中,由此带来大量外来人员到旅游村镇落户,改变了社区原有的民族单一化格局。另一方面,社区居民结构多元化有利于资本流动、文化交融、信息交流、民族理解与尊重和社区居民整体素质的提高,有利于推动城镇化持续健康发展。如甘孜州海螺沟景区所在的磨西镇2005年底人口总数为10761人,其中城镇人口1636人,少数民族中彝族1226人,占总人口的11.4%,藏族522人,占总人口的4.9%。到2011年底,全镇人口总数达到12384人,其中城镇人口2543人,少数民族中彝族1311人,占总人口的10.6%,藏族584人,占总人口的4.7%。外来的私营企业业主和旅游服务人员汉族居多,磨西镇的居民中少数民族的总人口数在上升,但人口占比在下降,社区居民结构正在发生变化。

四、政策建议

(一)坚持旅游的先导产业和支柱产业地位

旅游资源富集的川西民族地区在确定发展理念、制定区域发展战略中,应将旅游产业定位为先导产业和支柱产业,在区域规划与产业布局、产业政策导向、公共投资、人力资源引进和培育等方面优先安排和扶持旅游产业发展,并在区域规划中以旅游产业发展统率区域生产力布局,从顶层设计上凸显旅游的支柱性产业地位,使得第一次产业为旅游产业培育资源环境条件,第二次产业实现清洁生产、减少污染负荷为旅游产业发展让道。区域城镇体系规划、功能设计、服务设施配套等方面服从或服务于旅游产业发展,从而形成旅游发展整体合力,推动区域旅游产业跨越式发展。

（二）城乡统筹，科学规划

城镇化的重要目标就是打破城乡经济二元结构，缩小城乡差距，最终实现城乡统筹协调发展。川西民族地区政府在区域生产力布局时，应将旅游村镇的农业和旅游资源与中心城镇市政公共资源结合起来，本着资源互补、城乡互动、市场和信息共享的原则，统筹兼顾，科学合理规划旅游村镇产业布局和中心城镇土地、医疗卫生、社会保险、交通运输、游客接待设施设备，从而实现中心城镇引领、旅游村镇促动，区域旅游经济和城镇体系化协调快速发展。

（三）建立农村土地等资源流转市场，推进资源集约化经营

川西民族地区旅游村镇与生俱来的与旅游产业化、规模化经营不相适应的是其土地、民房、农业、林业、水体、牧场等资源的集体所有制和劳动者个体所有制结构。这种传统农业经济下的产权分散结构严重制约着旅游产业经济发展。为打破产权分散给旅游规模经营带来的瓶颈，必须在旅游村镇建立农村土地等资源产权流转交易市场，将资源产权与经营管理权分离，推进土地等资源集约化经营，实现规模经济。据调查，阿坝州汶川县地震后，水磨羌城、三江藏乡、映秀新镇、威州镇等地已经出现农户将土地使用权以折价入股的形式交由农村经济合作组织统一经营管理，或农户将自留地、自留山、包产田（地）、宅基地以折价入股的形式与外来投资者合作经营旅游接待业，这就是资源合理流动的有效方式，政府应建立产权流转市场，完善交易规则，规范交易市场，保障农户利益，推进资源规模经营。

（四）放开城镇人口指标，扩大城镇人口集聚功能

2013 年 1 月 15 日，李克强在国家粮食局科学研究院考察时提出：推进城镇化，核心是人的城镇化，关键是提高城镇化质量，目的是造福百姓和富裕农民。另据和讯网（stock. hexun. com）2012 年 11 月 22 日刊文称“我国城镇化率刚超过 50%，如按户籍人口计算仅 35% 左右，远低于发达国家近 80% 的平均水平”。由此可见，我国现行城镇人口入户指标已经不符合新型城镇化要求，阻碍了城镇人口聚集。川西民族地区本来地广人稀，城镇人口增长缓慢，政府应放开城镇人口指标限制，鼓励旅游村镇居民向村镇集中，一方面扩大旅游村镇人口规模，另一方面解放旅游村镇土地等资源产权限制，促进旅游村镇人口兴盛、产业繁荣。

（五）完善旅游村镇社会保障体系，加快人口城镇化进程

人口向旅游村镇集中的必要前提是社会保障体系的完善。新型城镇化居民没有后顾之忧，才是真正的“造福百姓和富裕农民”。川西民族地区城镇化不发达，但也具有后

发优势,在旅游村镇规划或新型城镇规划过程中可以充分考虑旅游村镇居民和到访游客的旅游接待功能、社会服务功能、社会保障设施、社会公益性设施需求,系统规划,健康发展,满足旅游和社区居民的双重需要,提高新型城镇化质量,加快人口城镇化进程。

五、主要结论

旅游是川西民族地区城镇化重要渠道,这是由川西民族地区工业基础薄弱、旅游资源禀赋较好、旅游具有产业集聚效应和劳动密集型产业特征决定的。与川西民族地区原有的城镇发展模式不同,旅游村镇在发展道路、产业支撑、空间布局、社区结构、城镇功能等方面都有其特殊性。川西民族地区由于人口密度小,旅游资源分布散乱,而且多在交通不发达地区,为兼顾土地资源利用,将农业与以旅游为主的现代服务业相结合,川西民族地区旅游城镇化道路要经历旅游村镇到旅游城镇发展过程,这可能是加快推进川西民族地区城镇化更为现实的选择。为保障川西民族地区城镇化持续、快速、健康发展,政府应坚持旅游的先导产业和支柱产业地位,统筹城乡,科学规划,建立农村土地等资源流转市场,推进资源集约化经营,放开城镇人口指标,扩大城镇人口集聚功能,并不断完善旅游村镇社会保障体系,加快人口城镇化进程。

贵州加快推进新型工业化发展的战略路径选择

李烨①

（贵州大学管理学院）

摘　要：本文基于“工业强省”战略将是贵州今后较长一段时期的主导发展战略的判断，借鉴发达国家（地区）工业化发展经验，提出加快推进新型工业化发展是贵州深入实施“工业强省”战略的内在要求。而进一步调整优化结构促进产业转型升级和优化产业空间布局是贵州加快推进新型工业化发展的主要“抓手”（也是当前及今后一段时期的战略实施重点），并从如何进一步转变思想观念、深化体制机制改革和创新、加强技术创新和重视观念创新、拓宽融资渠道、大力实施“人才强工”战略等几个方面提出了相应的对策建议。

关键词：新型工业化　产业集群发展　对策

一、引言

面对国内外经济发展尤其是工业发展的新变化、新趋势，结合贵州的经济发展实际，“十二五”期间，贵州省委、省政府确立了“加速发展、加快转型、推进跨越”的发展主基调。通过加快推进转型，促进经济发展方式转变，实现跨越，并明确把工业化作为推动贵州省经济社会又好又快、更好更快发展的突破口，坚定不移地把发展工业放到更加突出的位置，把推进新型工业化进程、构建特色产业体系作为当前和今后一个时期贵州省一项关系全局的重大战略任务来抓。深入实施“工业强省”战略，为贵州经济发展提供强有力的内生支撑力，尽快改变贵州工业化发展水平低、经济总量小、人均GDP低、人均可支配收入低和城镇化水平低的“一小四低”面貌。

自2010年10月份贵州省工业大会召开并正式启动“工业强省”战略以来，贵州经济增长速度和经济总量都取得了可喜成绩（2013年，贵州省工业增加值为2686.52亿元，全省GDP增速排在全国前列），特别是在推进工业园区建设促进产业集群化发展上实现了较大突破，新型工业化进程不断加快，同时也暴露出一些问题，主要表现在工业转型升级压力不断加大，产业组织和空间布局亟待进一步优化。而全球经济持续低迷，加上国际国内形势日渐复杂多变，贵州深入推进“工业强省”战略面临着较大挑战。因此，面对资

① 李烨，男，工学硕士，管理学博士，博士后，教授，贵州省哲学社会科学学术带头人（第3批），贵州大学学科学术带头人，贵州大学喀斯特地区发展战略研究中心（贵州省高校人文社科重点研究基地）副主任，产业经济学、企业管理专业硕士生导师，MBA、EMBA导师。主要研究方向：战略管理、创新管理。

源、环境的双重约束和国际国内形势的新变化,如何进一步加快推进新型工业化发展步伐,形成"工业强省"战略深入实施的内在动力,促进经济发展方式转变,推动贵州经济加速发展,实现后发赶超,是一个值得认真思考和探讨的问题。

二、加快推进新型工业化发展是实施"工业强省"战略的内在要求

从工业化进程的评价看,中国整体上已经进入工业化中期阶段,而贵州整体上还正处于初期后半阶段(爬坡和跨越阶段),贵州工业化发展水平低、经济总量小、人均GDP低、人均可支配收入低和城镇化水平低的"一小四低"面貌还未得到根本性改变。因此,加快工业化进程,赶超全国平均水平,是贵州当前和今后一段时期的主要任务,而"工业强省"战略将是也必须作为贵州当前和今后较长一段时期的主导发展战略。

进入21世纪,我国工业化和城市化进入加速推进时期,然而伴随着高增长的是高投入、高消耗、高污染,工业发展的资源约束和环境污染问题日益严重。2002年11月,中共十六大将推进"新型工业化"作为我国21世纪头20年经济建设和改革的第一项任务,放在了十分突出的位置。新型工业化就是"科技含量高、经济效益好、环境污染少、就业人数多"的工业化。这是我国总结传统工业化的经验教训,为从根本上改变高消耗、高污染的粗放型经济增长方式,对未来工业化发展道路做出的重要选择。贵州既是经济落后地区,又是环境脆弱地区,土地资源匮乏,工业化的动力单一,资源环境约束与工业化加速推进的矛盾突出,无法承受传统工业化的高能耗、高污染。因此,要加快向新型工业化道路发展转变,将产业发展与产业结构调整优化升级和产业布局优化相结合,走出一条高附加值、低能耗、低污染的工业化发展道路,促进贵州经济持续快速健康发展。

三、加快推进贵州新型工业化发展的战略路径

走新型工业化发展道路,通过产业结构调整和优化升级、优化产业布局,可以较好地解决工业发展与资源环境约束的矛盾,是可持续的工业发展道路。

贵州工业粗放型增长面临的能源、资源、环境压力不断增大。与全国一样,快速的工业化进程不断加大对能源、资源供给与保护环境的压力。贵州现有工业主要依托于资源开采加工,产业结构单一,尽管贵州煤炭、铝土、磷矿等矿产资源储量丰富,但分布不集中,开采难度大,开采成本高。而贵州作为我国山地面积比重最多的省份,也是喀斯特地貌面积最大、分布最广的省份,历来地少人多,生态脆弱,由于地处"两江"上游生态屏障区,生态环境保护压力大。同时工业化进程还没有充分体现自主创新特色,经济粗放增长难以持续。贵州工业化进程主要依靠矿产资源、低成本的劳动力、土地等要素的推动。

与发达省区相比，工业技术水平比较低，自主创新能力弱的问题尚未解决。工业利用本地资源尤其是生产要素优势、通过承接部分发达地区产业转移进入了全国乃至国际产业分工体系，但就整体而言仍处于产业分工的低端，产业升级的任务很重。建设发展工业园区，走产业集群发展之路，是国内外发达地区提升工业产业创新能力和缓减资源环境矛盾的成功实践。由于特殊的自然地貌和历史发展原因，如何加快推进贵州工业产业空间布局优化面临着特殊的困难。

（一）加快推进结构调整优化，促进产业转型升级

转变经济增长方式的关键在于经济结构的战略性调整，充分发挥特色优势，加快推进产业结构优化和升级，提升竞争力。最优的结构能产出最大的效益，要实现经济增长方式由粗放型向集约型的转变，经济结构的调整和优化是关键。当前，贵州经济结构战略性调整的重头戏是推进产业结构尤其是工业内部的优化和升级，应遵循以下原则：比较优势原则、提高经济增加质量原则、遵循国家产业发展政策原则、可持续发展原则、市场主导原则和反梯度发展原则。要争创产业发展的特色和优势，利用自己的产业基础、区位、政策等优势，积极寻找产业发展空间，找准定位，实现与重庆、四川、湖南、广西、云南等周边省市的优势互补、错位发展。按照“优化一产、提升二产、突破三产”的总体要求，实施产业结构的战略性调整，不断促进产业结构合理化和高级化，提高产业竞争力，提高经济效益，构筑一、二、三产业协调发展的现代产业体系。

1. 加大工业投入，促进三次产业融合、协调发展

贵州省产业经济综合竞争力在全国31个省、市、区中排名第27位(2010年)，处于下游水平；在西部12个省市区中排名第8位，依然处于劣势。工业总规模小、竞争力不强是造成贵州产业综合竞争力排名靠后和经济总量小的主要原因。

(1)把优先发展工业作为实施“三化同步”战略的重要抓手。工业是贵州国民经济的主要支柱，是财政和居民收入的重要来源，是实现“城市支持农村、工业反哺农业、带动服务业发展”(三化同步战略目标)的重要前提和基础，是增加就业的重要渠道。应将优先发展工业，全面提升贵州工业产业竞争力作为贵州今后一段时期工业发展的主要任务。提升工业产业综合竞争力要坚持把发挥资源优势、发展矿产工业与打造新材料工业基地结合起来，大力发展新型材料、进口替代材料、特种材料制造业，提升矿产资源的综合利用率。充分发挥“三线军工企业”产业基础和技术优势，着力发展先进装备制造业、电子信息产业，逐步形成具有较强国际竞争力的产业群体和高新技术产品基地。

(2)加快发展现代服务业，培育新的经济增长点。新形势下贵州省服务业的发展应有更高的定位，特别应加快推进生产性服务业和综合服务业发展，从一般水平的服务发展为更高水平、更全面的服务。完善相应的金融、商贸、法律、国际采购、运输和技术中介服务业；围绕先进制造业的供应支撑平台建设，充分利用资源、区位优势，发展现代物流

和知识型、科技型服务业;围绕城乡居民服务平台建设,发展旅游休闲、家居物业、文化娱乐、健康保健、教育培训等消费服务业;围绕新发展机遇培育现代服务经济增长极,积极发展“楼宇经济”和“总部经济”,大力推进信息服务业。

(3)优化农业结构,加快推进农业现代化步伐。加快农业产业化步伐,发展适度规模经营,大力推进效益农业。狠抓农业结构调整,形成整体产业链和优势项目。结合城市化和城乡一体化的推进,加强城乡一体的劳动就业体系和职业技能培训体系建设,努力提高广大农民特别是被征地农民的整体素质和转岗择业能力,扩大就业机会。

2. 推进工业产业转型升级,积极发展高新工业产业

随着能源资源刚性需求持续上升,生态环境约束进一步加剧,对加快转变工业发展方式形成了“倒逼机制”。转型就是转变工业发展方式,加快向创新驱动、绿色低碳、智能制造、服务化、内需主导及消费驱动转型;升级就是全面优化工业内部行业结构、技术结构、产品结构、组织结构、布局结构,促进工业结构的整体优化提升,实现由传统工业化道路向新型工业化道路转变。全国工业“十二五”发展规划明确提出“转型升级”将是我国今后一段时期工业发展的“主线”,因此,加快工业产业结构调整和优化,促进工业产业转型升级,走新型工业化发展道路,是贵州深入推进“工业强省”战略,促进经济增长方式转变的重要路径。

当前,贵州加快工业转型升级必须坚持以科学发展为主题,以加快转变发展方式为主线,深化改革开放,着力提升自主创新能力,推进信息化与工业化深度融合,培育壮大战略性新兴产业,改造提升传统优势产业,加快发展生产性服务业,全面优化技术结构、组织结构、布局结构和行业结构,把工业发展建立在创新驱动、集约高效、环境友好、惠及民生、内生增长基础上,不断增强工业产业核心竞争力和可持续发展能力。

(1)集中发挥资源优势,振兴特色优势产业。贵州工业经过60多年特别是经过“三线建设时期”和近30年的发展,形成了以资源开采及加工、装备制造、白酒、烟草、特色食品等为代表的工业产业体系。当前和今后一段时期,应重点振兴发展以下特色优势产业:①白酒产业;②烟草制品业;③磷煤化工业;④铝及铝加工业;⑤生物医药业;⑥特色食品。

特别值得一提的是,面对当前国防形势需要,贵州应大力举起“军工基地”牌,充分发挥三线军工企业优势,不断提升军民融合水平,促进贵州装备制造业和电子信息产业快速发展,提升贵州国防基地地位。贵州是三线军工企业的重镇,贵州现代大工业的形成与三线建设(以航空、航天、电子信息为特色的三大军工基地)有着十分紧密的联系,毫无疑问,军工企业的改制对贵州的改革和发展有着举足轻重的影响。当前,三线军工企业是贵州经济建设的主力军,推动三线军工企业发展与改革也是推动体制转型、西部大开发和贵州经济发展的需要,是推动贵州产业结构调整、深化国企改革、激活存量人才的关键步骤。目前,贵州三线军工企业在发展过程中所面临的问题还很多,如资金约束、思想观念差距、人才流失等,也就意味着军工企业改革和发展的难度还很大。三线军工企业改革与发展的根本方向就是促进军工产品的商业化,提升军民融合、军地融合水平。

(2)培育发展战略性新兴产业,努力实现后发赶超和跨越。近年来,通过总结发展中国家或地区传统工业化道路的经验教训,在国内区域经济学研究和各地实践中都开始越来越重视"反梯度发展",认为后发地区不一定沿袭"先污染后治理、边污染边治理"的传统工业化老路,完全可以发挥后发优势,通过引进发展高端产业,快速形成较高层次的产业结构,从而实现跨越式发展。因此,作为具有一定工业基础和欠发达、欠开发的贵州,可以按照"反梯度发展"思路,高起点引进一批有发展前景的高端产业,培育发展战略性新兴产业,而不是被动地承接中东部地区的产业转移。

第一,选择原则:可以按照图1所示的"4+4"选择原则进行新兴产业选择。

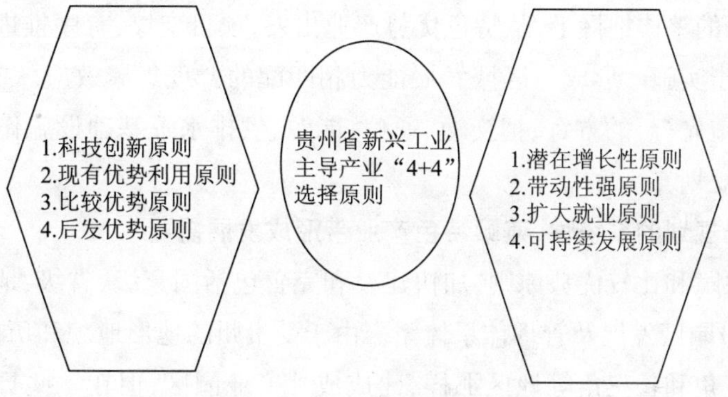

图1 "4+4"选择原则

第二,重点发展以下五大新兴产业:新材料产业、电动汽车关键零部件产业、生物制药产业、节能环保产业、电子信息和软件业。

(3)鼓励发展制造服务业。第一,进一步推进"两化"融合。信息化与工业化的融合,为现代制造服务业提供技术保障,推动生产性服务业的发展。第二,发展装备制造的现代制造服务业。首先,真正重视现代服务业与装备制造业的融合发展;其次,大力发展与装备制造相关的配套服务,形成完整的产业链;再次,加大攻关、尽快突破,实现核心技术和基础部件的自主研发及生产;最后,加快落实"两化"融合战略中装备制造业的信息化改造。

(二)进一步优化产业空间布局,促进产业集群 & 集聚发展

贵州加快推进新型工业化发展,本质上是一种既要兼顾规模扩张,更要追求素质提高的追赶型发展,也是贯彻落实"加速发展、加快转型、推进跨越"主基调的要求。国内外发达地区的实践证明,建设工业园区,促进产业集群 & 集聚发展和循环经济发展,是实现

新型工业化发展的必由之路。而贵州是典型的“山地省”，土地资源尤其是平地资源严重匮乏，因此，贵州在工业园区建设、推进产业集群集聚发展过程中面临着特殊的困难。为此，应该着眼于可持续发展，加强省级层面顶层设计，坚持把提高工业园区和产业基地发展水平作为推进工业转型升级的重要抓手，统筹全省工业产业空间布局，规范开发行为，加快推进工业园区建设，优化产业空间布局，促进产业集群 & 集聚发展，提升产业竞争力，加快贵州新型工业化进程。

1. 注重布局规划的前瞻性和动态性

充分考虑与城市（镇）总体规划的衔接。以统一规划、合理布局、综合开发、集中配套的原则谋划发展蓝图，把工业园区建设与城市（镇）布局、道路交通、旧城改造以及新区开发等结合起来，实现基础设施的共用共享，推进现代化工业园区发展，特别要防止把工业园区搞成房地产开发区或贸易区。

在工业布局的整体把握上，从特色优势产业出发，项目支撑，有序推进。做到统一规划、留足余地分步实施。形成与区域发展能力相匹配的合理集聚效应。要坚持“以规划为指导、基础设施先行”的方针，把交通、通信、能源、供排水等基础设施作为开发建设的依托，适度超前规划。

2. 注重布局规划的系统性，兼顾特色产业带形成发展需要

按照资源禀赋和比较优势原则，加快建设和完善包括国家级、省级、地/市级、县级的立体工业（产业）园区发展及管理体系体系。由于受贵州的地形地貌和历史发展的影响，贵州难以像珠三角和长三角等地区那样，建成成片产业园区，但在一些具备产业发展基础和优势的地方可以形成以龙头企业带动发展的特色产业带。

3. 加强集约型、生态型工业园区建设

（1）在园区总体规划面积和规模的确定上，要充分考虑资源条件和环境承载能力，坚持节约用地和有效利用土地的原则，严格执行国家建设用地指标，同时要认真执行国家有关节约和集约使用淡水、能源等资源的具体要求。工业园区招商引资方面应与产业结构的调整和升级紧密结合起来，培育壮大新兴行业，加快发展高新技术产业，改造提升传统产业，发展生态型产业。产业结构优化和升级，项目建设是关键。针对目前部分工业园区入园项目结构不合理、专业化协作程度低等问题，项目引进和建设应从三个方面努力。首先，严把项目关，确保入园项目选择符合国家产业政策。在项目选择过程中，要限制高耗能、高耗水、高污染产业在园区发展，遏制盲目投资、低水平重复建设；同时，要特别重视新型节能产业和循环经济产业。其次，要突出重点，即突眼球理论，在引进大型企业和新兴产业方面下功夫，提高园区产业集中度和规模效益。最后，要立足资源优势，在培育资源节约型特色产业上下功夫。要依托优势资源、优势产业，引导、扶持有特色的龙头企业围绕核心资源发展相关产业，发挥产业集聚和工业生态效应，形成资源高效循环利用的产业链，构建有地方特色的资源节约型、生态型工业体系。

(2)工业园区环境治理设施建设应当与城市或区域实行共建共享,实现污水、垃圾等污染物集中治理。工业园区的排污、污水处理等环保设施必须与入园生产企业同步建设,同步投产使用。环保设施不符合规定的园区,要坚决予以整改。建立健全有关规章制度,采取切实有效措施,对工业园区企业资源消耗、废弃物产生、再生资源产生等环节,加强监督和管理,促进园区经济增长由主要依靠增加资源消耗向主要依靠提高资源利用效率转变。大力倡导节能环保、爱护生态、崇尚自然,倡导适度消费、绿色消费,营造有利于生态文明建设的氛围。

4. 推进园区产业集群化发展

产业集群是指在特定区域中,具有竞争与合作关系,且在地理上集中,有交互关联性的企业、专业化供应商、服务供应商、金融机构、相关产业的厂商及其他相关机构等组成的群体。国内外工业园区的成功发展表明:工业园区能够有效地创造聚焦力,通过共享资源克服外部负效应,带动关联产业的发展,从而有效地推动产业集群的形成。产品是园区经济的生产目的和微观成果,是参与市场竞争的直接手段,提高园区整体竞争力关键在于产品,而集群化网络的最里层就是产业产品的集群。因此,贵州省的工业园区要创产品集群。首先,要做的是确定园区建设核心产品是什么;其次,了解工业企业投入和产出、资源使用效率、"三废"利用率等;再次,从企业间生态链着手,建立园区其他配套行业;然后,注重合理细化产品生产内部分工,搞好同一产品的不同流程的衔接;最后,提高集群内部的专业化程度和有机联系性,尽可能降低产品成本,弱化产品的同质性竞争。一方面建立起资源合理利用的循环经济,另一方面促进工业园区做大做强做活,进而带动整个地区工业结构的发展,这是适合贵州省特色的工业结构调整的必由之路。

四、加快推进贵州新型工业化发展的对策建议

(一)转变思想观念

转变思想观念是贵州加快推进新型工业化发展的关键。超前的思想才会有超前的思路,超前的思路才能实现后发赶超和跨越式发展。由于自然、地理和历史(尤其是"夜郎文化")的影响,贵州经济社会发展特别是工业发展理念具有深深的"小农"烙印,系统观、全局意识、超前意识、开放意识、进取精神、创新精神等方面与发达地区相比存在较大的差距。因此,在全球化浪潮日趋高涨和创新驱动发展的时代背景下,应加快转变思想观念,扩大贵州工业发展的开放度,增强创新能力,加快融入全国乃至全球产业链分工体系中去,促进贵州工业持续快速健康发展。

(二)深化体制改革

在工业园区建设和推进产业集群发展过程中,要从提升全省工业产业竞争力高度,

深化体制改革创新,打破地区行政性壁垒,延伸产业链,创新产业链合作和利益分配机制,加强区域合作,形成跨地区的产业发展联盟。

进一步深化国有企业改革,增强国有企业发展活力和主导力量的作用;同时,通过深化产业管制体制和相应政策改革,积极引导和支持民营企业加入工业发展主战场,形成国企领头、民企协作配套的良性发展格局。

(三)加强技术创新

产业转型升级必须要依靠技术创新来驱动。由于历史的原因,贵州工业主要是依托矿产资源的开采和粗加工,技术含量和水平低,尽管三线建设时期从东部发达地区迁移过来的一批军工企业具有较强的技术力量,但由于长期"军民、军地"分离,军工技术的优势在贵州民品工业发展中并没有形成较强的产业化效应和扩散效应。因此,在贵州工业新一轮转型升级发展尤其是延伸资源型产业链过程中,除了企业层面的技术创新需要进一步加强外,还需加强产业创新平台的建设,推进产业发展关键是共性技术的研发和应用推广。

(四)重视管理创新

如何进一步提高管理水平是制约贵州工业转型升级和产业集群化发展的主要因素之一。由于地理、历史发展等原因,许多企业在技术创新、工艺改进等方面较为重视,但在管理体系建设、管理水平提升上重视不够,这不仅制约了企业资源转换效率,更是影响了企业市场开拓能力(贵州工业品在全国叫得响、有较高知名度的可谓是凤毛麟角)。因此,重视和加强管理创新,是贵州工业企业今后长期的一项重要任务。

(五)拓宽融资渠道

鼓励有条件的企业通过进入证券市场发行债券,拓宽融资渠道,实现低成本融资。协调银行等金融机构在对工业项目发展实行低息贷款,充分运用好工业结构调整资金、工业土地增值收益和经营工业存量资产收益资金,发挥财政资金的引导作用,积极引导银行资金、企业资金、社会资金加大对工业园区的投入。还可以采取适度举债、合作开发及建立贷款担保基金等多元化、多形式、多渠道筹资方式,解决工业园区开发建设资金问题。

(六)实施"人才强工"战略

人才对经济的快速发展是不可或缺的关键要素,提升工业产业竞争力更离不开对大批高素质人员的吸纳和培养,大批高素质人才的聚集和流动,是贵州加快推进新型工业化发展的重要支撑和保障。针对贵州人才供给现状及工业发展需要,应大力实施"人才强工”战略:①加快重点领域人才队伍建设,特别是加快围绕重点产业发展所需要的技术及经营管理人才队伍的建设;②加大基础设施领域人才队伍建设的力度;③为适应实施工业可持续发展战略的需要,加大生态建设、资源综合利用、环保产业发展和节能减排、污染防治等领域人才队伍建设的力度。

五、结束语

中共十六大报告强调指出:要在2020年前基本实现工业化,全面达到小康社会发展目标,实现工业化仍然是我国现代化进程中艰巨的历史性任务。面对“一小四低”的省情,大力实施“工业强省战略”,加快工业化进程,推进贵州经济社会加速发展,是关系贵州当前和今后一段时期经济社会发展全局的大战略。因此,贵州必须紧紧抓住新一轮西部大开发战略实施、东部产业转移速度日渐加快和央企加速向中西部地区拓展的历史性机遇,充分发挥贵州工业发展的比较优势和后发优势,借鉴国内外发达地区的经验教训,大力实施“工业强省战略”,加快推进“结构调整优化”和“产业布局优化”两个重要战略重点,提升贵州新型工业化发展水平,实现后发赶超和跨越发展,为全面实现小康社会发展目标奠定基础。

贵州山区城镇化的驱动和协调机制研究

康文峰①

(贵州师范大学经济管理学院)

摘　要:贵州同步小康的实现,根本出路就在于城镇化。以山区为主的贵州,要实现跨越发展,就要依据贵州实际,推进山区城镇化建设。而要开动这辆停在山区的城镇化"大车",要借助一系列驱动和协调机制,产业支撑机制、制度保障机制、结构变革机制、服务提升机制、利益共享机制、生态移民机制是驱动贵州山区城镇化的中坚力量。而城镇间的协调发展与竞争机制、代际政绩考核机制是山区城镇化的"润滑剂",协调着各种驱动力量,共同推动贵州山区城镇化不断发展。

关键词:五均　驱动因素　驱动机制　协调机制

全面建成小康社会的进程,就是全面推进工业化、城镇化、农业现代化的进程。贵州省要实现跨越发展、同步小康,就必须走三化协调推进的发展道路。而这三化中,城镇化是我国经济发展的重大驱动力。这对于贵州这样一个西部多民族聚居、贫困问题突出的欠发达省份来说,以城镇化建设为牵引力,可以提升城市的承载能力,促进城乡要素流动和功能整合,实现与工业化、农业现代化的双促发展,促进城市转型、实现可持续发展,缩小与东中部的差距,助推同步小康目标早日实现。

贵州特殊的喀斯特地形地貌使得城镇化建设与平原地区有很大的不同,首先,生态环境脆弱,城市建设与保护生态的关系是城镇化的一条红线,不能因城镇化建设而破坏生态。其次,城镇化建设的难度大、进度慢。最后,建设成本大,需要大量投资。如何解决好这些问题是推进贵州山区城镇化的重大课题。而建立一套运转科学、规范合理的驱动和协调机制是保证城镇化建设顺利进行,规避建设风险,成为必须思考的问题。

一、文献综述

国外、国内对于城镇化驱动和协调机制进行了大量的研究。国外学者主要以寻找破解以美国、西欧发达资本主义国家城镇化的后果及问题来展开研究的。美国地球政策研

---

① 康文峰,男,四川大学经济学院政治经济学博士生,贵州师范大学经济管理学院教师。主要研究方向:区域经济发展/经济体制改革和宏观经济分析。

究所所长、生态经济学家莱斯特·R. 布认为,以美国为首的发达国家的城镇化发展驱动力是以城市低密度蔓延、私人轿车为主导的机动化、化石燃料为基础,一次性产品泛滥等为其主要特征,造成了美国高油价、高排放以及粮食价格不断攀高的后果。他提出,包括中国在内的发展中国家的城镇化道路,决不能仿照美国模式。而国内学者是从规避发达资本主义国家城镇化的弊端,从中国的实际出发,以科学的理论为指导,探讨中国的新型城镇化道路的驱动和协调机制。

学者们认为城镇化的驱动力,产业支撑是根本,市场化机制是前提,政府的宏观调控是关键,人才是基石。杨眉、刘传江、郑凌云等学者从城镇化的协调发展、城镇化与城乡可持续发展的角度提出,中国城镇化的原则要并重质量和速度、节约资源、科技创新驱动、改革不合时宜的体制机制。王一鸣、张立群、金东寒等学者认为,中国企业提高自主创新能力是城镇化的驱动力。张立群、吕学昌、姜元等学者认为,不合时宜的户籍制度、农村土地流转制度、征地制度、基本的医疗卫生服务、最低生活保障制度等构成了我国城镇化的阻力。而社会各界(人民论坛"特别策划"组调查)认为,企业作为创新主体能力差、创新机制死板已成为我国城镇化的软肋。

针对我国工业化水平高于城镇、产业结构发展快于就业结构、重工业在工业结构中比重不断上升、产业带动能力不足的问题,杨爱军、长子中、汤文仙、夏春萍等学者认为,工业化、城镇化和农业现代化同步发展是推进现代化建设必须遵循的普遍准则。工业化是城镇化发展的基本驱动力,城镇化又反作用于工业化,促进工业发展。城镇化是工业化发展的土壤,城镇化为工业结构演变提供空间支持,为工业产品提供需求支持,城镇化还是实现农业现代化的载体。而学者殷霄雯把城镇化的研究提到了区域经济均衡发展的高度考虑,她认为城镇化是一个国家或地区经济社会发展到一定阶段的结果,也是推动区域经济均衡发展的重要动力。

辜胜阻认为,中国城镇化必须从"要素驱动"向"创新驱动"转变,实现从重数量的外延式扩张转向重品质的内涵式发展。而曹广忠、唐磊雯认为,非农产业的发展为城镇化提供了产业基础,是城镇化的核心动力、启动机制。但对于城镇化的驱动机制和持续动力上,两人的观点有所不同。曹广忠认为乡镇企业的发展促进了农村人口与劳动力的空间集聚,推动了大批小城镇的发展,是自下而上城镇化的实质驱动力量。而唐磊雯却认为比较利益以及经济结构变革才是中国城镇化推进的关键。学者朱红根认为,城镇化驱动力在于教育事业、在于优化农业内部结构。而雷蕾认为中国城镇化,尤其是发达地区的县域城镇化,是外部环境、产业结构和激烈竞争的合力。新型城镇化的根本目标是人的城镇化,实现农民身份的改变,政策制度也是城镇化的驱动力。

学者们研究的内容、方法不同,得出的结论可能有出入,但都是对中国新型城镇化道路的认知。然而,国内学者对中国城镇化的研究,更多的是站在全国性的(张立群、辜胜阻等)、大区域平原(吴一平、刘金焕等:中原经济区、东北振兴区)角度来展开的,对像贵州这样的以喀斯特地形地貌为主的山区城镇化之路的研究却鲜有涉及。

本研究立足于贵州城镇处于均小、均贫、均弱、均散、均远"五均"山区实际,探讨在脆弱的石漠化生态敏感区推进山区城镇化的驱动和协调机制,实现贵州省多重山区空间地域的城镇化的良性发展。这对于贵州建设结构合理、特色鲜明、功能完善、绿色生态的城镇发展空间布局,推动城乡统筹发展具有重大意义。

二、贵州山区城镇化"五均"现状分析

"五均"城镇是贵州城镇化建设必须思考的现实问题。均小、均贫、均弱、均散、均远是贵州城镇的真实写照。推动贵州城镇化建设,必须站在贵州城镇"五均"的现实基础上,科学谋划,扎实推进。均小指的是贵州城镇规模小,城镇人口大多在2万人以内(《贵州统计年鉴(2011)》)。均贫指的是贵州城镇居民生活水平和质量处于较低的层次,满足生存的需要仍占据主导地位。均弱指的是贵州城镇所处的自然生态环境较为脆弱,基础设施建设落后,城镇功能未能得到有效发挥。均散指的是贵州城镇由于地形地貌的关系分布凌乱,散落于群山峻岭中。均远指的贵州城镇离中心城市较远,城镇间直线距离较远,人们出行受交通条件影响,出行成本高。

(一)均小

贵州城镇规模小,大多数城镇都是乡村城镇,处于乡村的包围之中,城乡分界线明显。新中国成立后围绕设立的政府机构等公共机构修建临街商铺,拓展街道,定期赶集而逐渐形成了现有城镇轮廓和规模。在贵州城镇形成过程中,由于大多数城镇市场力量的匮乏和薄弱,没有产业的支撑,商业欠发达,导致其规模小,城镇人口少,增速慢。城镇的发展由于市场要素得不到应有利益支持,出现了资源外流、人才外流、信息匮乏、科技水平低的"要素缺失失衡陷阱"。这导致贵州的城镇发展缓慢,面貌改变不大,给人以一种原地踏步的感觉。

(二)均贫

贵州城镇的贫困,可以从以下两个方面去审视。首先,城镇政府的财政收入与支出长期处于入不敷出的状态,由于没有强力的产业支撑,贵州各城镇的财政收入虽年年在增长,但由于财权和事权不对称,财政支出的地方太多,大多数城镇政府在勉强度日。没有雄厚的政府财政收入,城镇就比较贫穷。其次,虽然近几年贵州的城乡居民收入水平有了很大的提高,但是贵州各城镇的消费水平与贵阳、遵义等省内大城市并无明显差别,人民生活支出压力较大。2010年全省城镇居民家庭人均消费性支出为10058.29元,而2010年全省城镇居民家庭人均工薪收入为9627.99元。虽然城镇居民收入中也有经营

性收入、财产性收入、转移性收入,但工薪收入仍是城镇居民收入的主要来源。工薪收入赶不上消费性支出,说明贵州城镇处于贫困的状态。

(三)均弱

贵州城镇多处于喀斯特地形地貌的群山当中,石漠化、泥石流、缺水、交通不畅等都使得城镇的生存环境脆弱。贵州16万多平方公里的土地上,逾60%的面积是地质灾害的多发区,亦是国内多条流域的生态屏障保护区,在这个区域内,适用于城镇建设的面积不足3%(易鹏,2012)。由于城镇大多依山而建,城镇建设受限,不能充分发挥城镇的产业聚集和功能聚合作用,城镇化的步履缓慢。随着近年来贵州唱响跨越发展的号角,城镇发展与生态环境的矛盾,工业化与生态环境的矛盾日益突出。乌江、赤水河和南北盘江等流域环境整治迫在眉睫,矿区污染防治与环境治理形势严峻。

(四)均散

贵州城镇散落分布于全省群山峻岭中,由于特殊的地形地貌关系,相互之间产业、市场联系不紧密,城镇发展缺乏统一的科学规划,没有形成中心城—城市群—卫星城的城市分布模式。凌乱分散的分布状态使得城市的生存空间、经济联系、产业发展、人口聚集、基础设施建设等方面耗费了大量的人力、物力、财力,城镇间整合发展、相互弥合作用受限。散乱的分布也使得城镇发展路径选择出现同一性,导致城镇间同质竞争加剧。

(五)均远

大部分贵州城镇都离中心城市远,这大大限制了中心城市带动作用的发挥,其市场资源、公共服务、科技力量、人才优势不能有效覆盖辖区内各城镇。这就使得中心城市的资源越来越集中,而城镇的资源由于获得不了比较利益,慢慢流出城镇,使得城镇发展止步不前,出现了"空心化"的趋势。均远的现状,尤其表现在人们的出行和道路建设的成本上。例如从贵州赤水到遵义坐汽车至少需要6小时(80元/人),而遵义到仁怀坐汽车为2.5小时(45元/人),这相差的3.5小时给仁怀带来的城镇发展的利益不可小觑。

三、贵州山区城镇化的驱动机制

要开动贵州山区城镇化这辆停在脆弱生态环境上的大车,必须从贵州省情出发,解放思想,实事求是地去寻找推动贵州城镇化建设的驱动力量,科学地判定和使用这些驱动因素,从而形成合力,共同推动贵州城镇化的稳健发展,为实现同步小康打下坚实基础。

(一)贵州山区城镇化的驱动因素分析

贵州山区城镇化的驱动因素,涉及经济社会的方方面面,哪一个方面都不可缺少。是一个系统工程,不仅是主观和客观的统一,而且是内因与外因的共同驱动,更是现代科学技术与贵州社会的深度融合推进。只有城镇化各方面的经济、政治、社会因素都得到充分发展,贵州山区城镇化才能走出自己的特色,形成自己的发展模式,才能真正地推动贵州的发展。

1. 思想解放

西部的穷就是观念的穷。贵州山区城镇发展缓慢,与山区居民自我满足现状,怕改变、怕失去的思想有很大的关系。长期的落后就如贵州的大山,遮挡了贵州的视野、制约了贵州的思路、僵化了思想,贵州的一些干部群众对于贵州发展,或多或少心有余而力不足。贵州人具有安于现状的惰性,在贵州一些山区已经形成了小得而安、甘于落后、不思进取的贫困亚文化。贵州 88 个县(市)中,国家级贫困县高达 50 个,56.82% 的县份属于国家级贫困县。然而,从资源的占有来说,贵州又具有其他省份不可比拟的优势——山川秀丽、气候宜人、资源富集。可见,思想贫乏、精神颓废比资源贫乏更为可怕!

思想的大解放关键在教育。大力发展教育,这是贵州山区城镇化的思想基础。巩固义务教育普及成果,大力推进义务教育学校标准化建设,办好村级教学点,鼓励偏远少数民族村寨小学开展"双语"教育,大力优化高等学校布局和人才培养结构等都是贵州教育的重要支点。

2. 生态移民

贵州特殊的地形地貌,使得山区城镇化建设一定要考虑保护生态环境与经济社会发展同时并重。一些生态脆弱区,可以鼓励农民迁出,在政府制定的区域集中安置,这不仅有利于生态修复,也是为山区城镇化提供重要的人力资源。有了充足、便捷、可用的人力资源,城镇的产业发展、公共服务、基础设施建设不仅有了人力支持,也创造了需求。生态移民、集中安置是贵州山区城镇化的重要助推器。在集中安置地完善总体规划和专项规划,合理确定建设规模和发展定位。加快建设一批基础设施项目、产业项目和民生项目,提升小城镇综合承载能力。注重特色发展,彰显自然景观、建筑风格、民俗风情和文化品位特色,建设小而精、小而美、小而富特色小城镇。

3. 非农产业发展和农业产业化经营

城镇化必须要有实体产业的支撑,没有产业的支撑,城镇化将是"空壳"。非农产业包括了第二、第三产业,工业和城镇化是皮毛关系,没有工业的发展,城镇化就不会大有作为。工业为城镇化提供了大量的必备的生产资料、生活资料,而城镇化也为工业的发展提供了广阔的市场空间和需求。贵州山区城镇化的推进,必须要有工业的强大支撑,但在工业的选择上必须要坚持符合国家发展战略性新兴产业名录,坚决抵制和引进经济效益差、污染环境的工业项目落户;同时,应该具体分析和科学定位各个城镇的优劣势,找准发展路径,走个性城镇化道路。发展工业不是每个山区城镇都要发展工业,有些具有旅游资源优势的山区城镇,其发展就定位放在旅游产业,不要不顾生态环境优势而硬上工业项目。

以服务业为核心的第三产业,为城镇居民提供了必不可少的生活资料和便利的生活条件。贵州山区城镇化的推进,也应以人为本,大力推动商贸、物流、医疗卫生、教育、交通运输等生活服务部门的发展,使得生活在山区城镇的人们感受到与中心城市差距不大的公共服务质量,这样才能聚人气、凝人心,城镇发展才能进入良性轨道。

贵州农业发展的一大劣势,就是可适宜耕作的土地稀少,肥力不足。而优质土地又以家庭为单位分片耕作,规模效益差。因此,贵州山区城镇化的发展,必须走农业产业化经营的道路,在政策的指引下,通过股份制、租赁、家庭农场等形式把优质良田交给种粮能手、农业经营大户,出租土地农民可以定期收取租金和参与分红。这样大量的农民就可以转移到城镇,在保有土地收入的基础上,在城镇获得其他非农业收入,从而可以加速山区城镇化的进程。

4. 比较利益

推动贵州山区城镇化的关键因素是比较利益。比较利益就是让各市场主体都能在城镇化的进程中分享到发展成果。如果在城镇化的推进过程中,原城镇居民依照其固有的利益格局继续在城镇发展中享有大部分成果,而新进入城镇的居民或由于工作、学习进入城镇的人民还是享受不到发展的成果。那么,城镇化的质量和效益就会大打折扣,而且城市病会如影随形,城市发展乏力,两极分化趋势严重,矛盾重重,城镇的归属感慢慢减退,该城镇就会丧失吸引力,城镇发展就会走下坡路。对于贵州山区城镇化来说,最关键的是农民变成市民面临的就业、医疗、养老等社会保障问题。农民进城不能就业,缺乏生存能力,获得城镇发展的比较利益就成为一句空话;不能就业,进城农民就有可能返回农村,城镇化的进程就会出现倒退。如果与城镇居民享受不到一样的医疗服务和资源,如果不能有效解决他们的养老问题,农民的安全感、归属感就会慢慢弱化,城镇化的社会问题就会日益突出,就会危及城镇化的成果。

5. 城乡公共服务水平的提升

这主要是指政府城乡基础公共服务设施的供给和城乡社会管理水平的提升。城乡基础公共服务设施的供给是贵州山区城镇化发展的硬件,没有硬件的支持,城镇化就没有吸引力、支撑力。对贵州山区来说,其首要的任务就是加快农田水利、交通等基础设施的建设。因为困扰贵州发展的两大难题,一个是交通水利,另一个就是教育落后①。其次

① 赵克志. 2013 年贵州省教师节表彰大会发言[EB/OL]. http://www.gzszk.com/s/21/t/5/info2729.htm. 2013-09-05.

就是加强城镇生活设施的供给,对关系居民切身利益的教育、医疗、供电供水、餐饮娱乐等公共设施要合理布局,优化结构,便利群众。

在软件上,要大力提升城乡社会管理水平,使政府的执政水平、服务质量符合城镇化的需求。首先,要建立优质的城镇社会管理队伍,满足城镇化发展要求。其次,以人为本,为城镇创造良好的发展环境,加强城市社会治安管理、城市环境和面貌治理,为城镇创造一个安全、舒适的生活环境,是提升城乡社会管理水平的应有之义。

6. 经济结构变革

这是城镇化的重要驱动力量。包括两方面的结构变革,一是社会经济结构的变革——劳动力的工业化和非农化;二是农村经济结构的变革——农村非农化和农村工业化。劳动力的工业化和非农化,就是要促进农民变产业工人,农民变城镇市民。这不仅指的是农民数量的减少,而且农村社会阶层、家族、群体的社会运动,必将改变中国社会面貌和阶群关系。它不是简单的迁移,而是农民身份关系的全方位改变。贵州山区城镇化道路必须重视劳动力的工业化和非农化,创造条件,积极推动这种社会经济结构变化。

农村非农化和农村工业化,就是要积极促进农村转型发展,可以科学分析贵州山区农村的区位、自然资源、交通运输、生态环境等现实状况,选择合适的工业产业项目,用现代产业、科技、资本来改变农村面貌。这不仅能够为农业产业化的发展提供市场,而且也能为农业的发展提供装备、技术支持,加快农业、农村现代化的进程。而农村劳动力由于农村工业的发展,找到了除农村生产之外的另一份收入,这又加快了农村社会的变革。

7. 区域大城市经济增长极的带动

区域大城市是贵州山区城镇化的重要支点,它们的辐射力和带动力,不仅为山区城镇提供了重要的人力、物力、财力支持,而且也是山区城镇发展的重要信息传承带、信号源,更为山区城镇指明了发展的方向、路径和模式。所以,在大力推进山区城镇化发展的同时,不放松区域大城市社会政治、经济、文化、科技发展的步伐。贵州区域大城市就是山区城镇所在地的中心城市,贵阳、遵义、安顺、毕节、兴义、都匀等地区性的中心城市就是贵州山区城镇化的增长极。充分发挥区域大城市的带动作用,构建贵州山区城镇化的城市群、城镇带、大都市圈,加快贵州山区城镇的发展步伐。

8. 体制和机制的改革

困扰贵州山区城镇化发展的因素,不仅有现实的区位、教育、交通等原因,也有体制和机制没有理顺、羁绊发展的制度原因。贵州虽与全国其他省区一样都存在户籍、社会保障、财政体制等相同的体制机制问题,但是更突出的是贵州在发展的投入体制、政府管理机制方面存在问题。投入体制主要指资金来源和责任划分;政府管理机制主要指政府事权和财权的科学划分,政府职能的转型和扩展,以及基层政府执行水平和能力提升等问题。

9. 金融支持

金融是城镇化的血液,没有金融体系的支持,城镇化就举步维艰,丧失了发展动力。金融给城镇化建设提供了主要的资金支持。对于贵州山区城镇化来说,金融的有力支持才能启动山区城镇化建设。因为困扰贵州山区发展的就是资金。由于山区地理位置偏远、交通条件落后、教育科技滞后,金融体系在追逐比较利益的选择中,银行往往不愿把资金投向于山区,使得山区始终处于低速发展的状态中。因此,贵州山区城镇化的推动,应该大力发挥政府财政的导向作用,发挥市场其投资建设主体作用,同时调控金融体系,尤其是国有四大商业银行和农商行对山区城镇化的支持,积极引导社会资本进入山区城镇化的建设,让山区城镇发展不因资金而捉襟见肘。

10. 智能信息化

贵州山区城镇化发展要跟上中、东部的发展步伐,要让生活在城镇中的居民感受到与中心城市、省会城市没有多大差别,建设智能信息化城镇,是山区城镇化进程不反复、保持吸引力的必由之路。如不能用现代科技信息武装城镇,城镇生活就会有与外部世界脱节,尤其对于城镇化中的企业和年轻人来说,城镇的科技信息滞后,其吸引力会大大减弱。因此,贵州山区城镇化的发展,必须实施创新驱动战略,利用"要素推动"和"创新驱动"两大推动力量,积极关注和学习现代城市科技信息的发展状态,把智能信息化城镇确定为发展的目标,并覆盖到山区城镇化发展之中。

(二)贵州山区城镇化的驱动机制

驱动机制,就是要把推动贵州山区城镇化的驱动因素系统化、体系化、机理化。主要阐明这些驱动因素的关系,让各种因素在城镇化过程中找到自己的方位,完成自身的角色,形成一个有效的运行机制,发挥合力,来共同推动山区城镇化的发展。贵州山区城镇化的驱动机制(见图 1),分为内圈层和外圈层两大类,内圈层包括产业支撑机制(农业产业化经营)、制度保障机制(体制机制改革)、结构变革机制(经济结构变革)和服务提升机制(城乡公共服务水平的提升)。外圈层是内圈层的延伸,是内圈层实现的重要支撑力量,包括利益共享机制、生态移民机制、非农产业发展机制。然而,无论是内圈层,还是外圈层,都离不开以人为本、思想解放,它们贯穿于这些驱动机制形成、发展的始终。

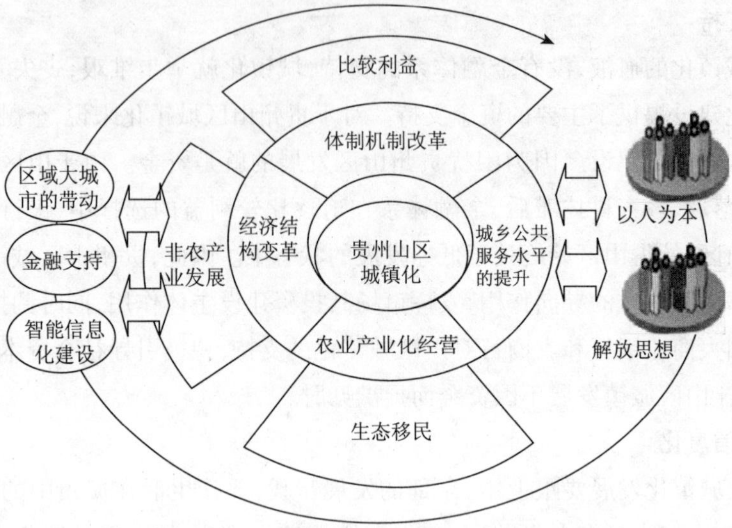

图1 贵州山区城镇化的驱动机制

1. 产业支撑机制

产业支撑是山区城镇化的基础。要形成产业支撑机制,第一,要建立城镇发展的优势和支柱产业选择机制,产业的选择必须符合山区发展的现实,尊重客观规律;同时要符合市场发展和国家产业政策,这是产业支撑机制的前提。第二,要建立产业转换和退出规则。一种产业已不能适应城镇化发展的时候,要及时转换和退出,这主要依赖于市场机制,但产业的转换和退出,重点要保护好产业工人和农民等的利益,这是山区城镇社会稳定的基石。产业工人、农民等产业主体的利益,没有得到有效保障和落实之前,产业转换和退出不能继续进行。第三,要建立产业发展监督机制。贵州乃至全国产业发展中的重要问题之一就是重选择、轻监督。以农业为例,基层政府通过市场调研和分析,号召辖区内某一地区集中发展某种产业(烟草种植、果树种植等),但是等大面积铺开后,却缺乏监督指导,农民在看不到客观的经济收益的时候,就悄然出现了毁林、重新平整土地等行为,造成了社会资源的巨大浪费,产业化的发展大大缩水。第四,要建立产业发展服务机制。产业发展涉及政府、市场、金融、保险、信息、科技、教育培训等各方面,企业、农户、家庭农场等产业主体不能穷尽一切发展资源,这就需要政府利用国家权力统筹安排和调控,做好产业发展的服务保障工作,为产业的健康发展保驾护航。

2. 制度保障机制

只有科学、有效的制度才能确保贵州山区城镇化沿着正确道路前进。制度的意义在于规避非科学性,规避人为干预,规避“拍脑袋”的决策。为贵州山区城镇化的健康发展建立一套制度保障机制。第一,要建立城镇规划制度。规划是城镇化的龙头和灵魂,是城市建设和发展的蓝图,是建设和管理城市的基本依据。城市规划是否科学合理,直接

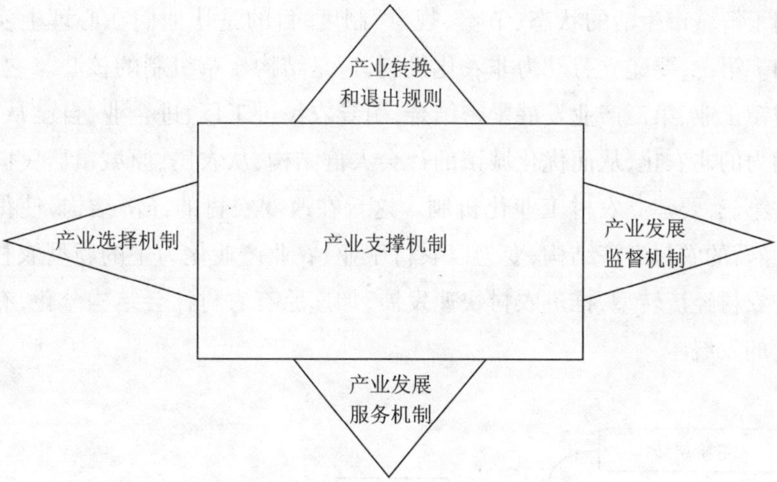

图2 产业支撑机制

关系城市总体功能能否有效发挥,关系到本区域经济、社会、人口、资源、环境能否协调,关系到城镇化能否健康发展。所以应建立城镇性质定位、资源承载能力、功能分区、文化特色和历史传统等规划制度。规划一旦确定,不容许出现"一年一小变、三年一大变"返回循环。第二,要建立资金保障机制。资金是城镇化建设的"水源",要发挥政府、社会、市场等各主体的资金"水源"作用,必须让这些力量在参与贵州山区城镇化的过程中获得相应的利益,才能激发其社会、市场主体的积极性。因此,资金保障机制的关键是利益共享,以利益共享为核心,建立一套资金筹集、运作、监督、验收、利益分成的资金保障机制,山区城镇化的"水源"才能不断流。第三,要建立农民转市民的保障制度。城镇的目标是农村的城镇化、农民的城镇化,但并不意味着这一转变是一蹴而就的,须逐步推进,避免发生大的社会动荡。因此,要建议一套农民进城、就业、住房、社保、子女上学、医疗等保障制度。分类逐步推进,避免像印度、拉美由于快速的城镇化,农民进城生计无法得到保障,出现了迄今为止都难以解决的城市"贫民区"等一系列社会问题。第四,要建立社会事业发展实现制度。城镇不仅意味着宽阔马路、高楼大厦,更意味着社会事业大发展。为了确保进城的农民衣食无忧,尽快融入城市生活,建立社会事业发展实现制度,势在必行。每兴建一个小区,水电气网的供给、出行道路、公交线、学校、医院、"菜篮子""肉篮子"、娱乐、体育等配置资源等必须统筹考虑。如果这些社会事业没有实现,说明城镇化还没完全实现。

3. 结构变革机制

城镇化本身就意味着较之农村来说,人群阶层结构、生活结构、经济结构、就业结构、心理结构等大变革,农民能否适应城镇,安心在城镇生活,是贵州山区城镇化的关键。因此,要建立一整套结构变革机制,引导农民积极适应城市生活,完成身份、角色、心理的转变。第一,要建立新进城农民的培训机制。培训他们不仅要具有城市生活的技能、本领,还要让他们了解城市生活的状态、节奏、规章、制度,目的是让他们在心理上实现对城镇生活的认知。第二,要建立劳动力非农化机制,这是结构变革机制的核心。它的实现,关键是要与城镇工业、第三产业发展紧密结合,引导农民进工厂、进企业、自己从事服务业,会加快劳动力的非农化,从而优化城镇的社会人群结构,从农民、原城镇居民向新型城镇居民转变。第三,要建立农村工业化机制。这旨在改变农村的经济结构,使得原有的单一的、分散经营的农村经济结构,变为以农村工业、农业产业化为主的新型农村结构。这会大大促进农村经济转型,推进农村快速发展,加速原有农村社会结构分化,有力地推进山区城镇化的发展。

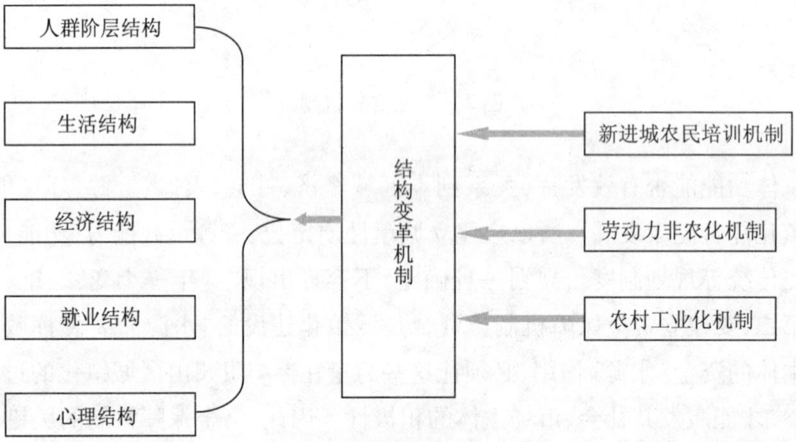

图3　结构变革机制

4.服务提升机制

提高城市公共服务化水平,一直是城镇发展的目标。贵州山区城镇化的推进,更要提升服务能力,它不仅关系到政府执政水平,更关系到城镇居民的生活质量和水平。因此,必须以以人为本为核心,建立一整套科学的、规范的服务提升机制,才能提高城镇化的质量。第一,要建立提升服务法制化机制。把提升公共服务纳入法律、法规的轨道,才能做到有法可依、有规可循,才能保证公共服务提供的效率、质量。因此,必须加强城镇公共服务立法进程,把政府的公共服务职能以法律化的形式确定下来,并明确具体负责部门和法律义务。第二,要建立提升服务行政首长负责机制。城镇公共服务水平的提升,要进入行政首长政绩考核评价体系,不仅看财政收入、GDP、居民收入水平,也要看城镇公共服务的供给、生态环境的保护以及居民的幸福感等指标。第三,要建立提升公共服务监督评价机制。政府要有专门的机构来负责城镇公共服务质量、水平的监督、评价。改变以往那种各自为政,重修建、轻维护,重“一股风”的检查、轻常态管理的松懈状态,把监督、评价结果纳入单位、职工的年度考核,使监督常态化、固定化,杜绝公共服务水平提升的漏洞，提高服务供给的质量、效益。

5. 利益共享机制

要使贵州山区城镇化驱动力形成合力，就要建立利益共享机制，使得各个社会主体都能在城镇化的建设中获得比较利益。不能把城镇化的成果部门化、小群体化，这样会增加社会不稳定风险。第一，应着力建立农民进城就业帮扶机制。就业是民生之本，是生存之基。不能只管农民进城，不管农民就业。农民由于知识文化水平有限，技能技术性差，在城镇就业中处于较低层次，政府要建立一套技能、法律培训、筛选、推荐、监督、帮扶等就业机制，帮助新进城农民就业。第二，要完善社会保障机制。破除户籍障碍，新进城农民和城镇居民要享受一样的社会福利、社会优抚、社会保险权利，以公平、公正、人性、合理的理念完善现有的社会保障制度。第三，要建立农民城乡利益对接机制。农民进城的利益没有得到有效实现之前，农村利益不能盲目取消，农民转市民的过程中不能有空隙。

6. 生态移民机制

为了使贵州山区城镇化发展集约化、生态化，降低山区城镇的发展成本，集中山区城镇化的覆盖范围，有序地进行生态移民，是加快贵州山区城镇化进度的重要选择，能够节约土地，保护自然环境，减少环境污染，减少管理成本，提高服务质量，其意义重大。为使得生态移民稳步推进，建立一套科学的生态移民机制势在必行。第一，要建立山区城镇化辐射范围标准的评判机制。依据贵州的地形地貌特点，山区城镇的管理范围、规模、容纳的人口以及县、乡（镇）设置的距离空间等都应该考虑。第二，要建立生态移民考察机制。考察就是为了让农民离开故土的时候，到另一地的时候放心、安心。政府不能强迫，不能代农民做选择，应建立一套动员、宣传、考察、商议、表决机制，减少生态移民的阻力。第三，要建立生态移民保障机制。从移民的那一刻开始，就要把参与生态移民的农民纳入政府的保障范围，从新家选址、建设、资金、子女教育、土地承包、新农保转接、落户等各方面，政府都要建立起相应的保障机制，直到农民适应新的集中安置地。

四、贵州山区城镇化的协调机制

协调机制的建立，主要是为了保障城镇化驱动机制的有效运行。协调的责任主要在政府，贵州山区城镇化的推进，千头万绪，产业发展、提升公共服务、结构变革、生态移民等需要协调发展，不能顾此失彼。所以建立科学、规范的协调机制，保证城镇化的成果至关重要。政府的宏观调控和市场机制的不断完善，是城镇化的协调机制的核心。缺乏政府和市场的调节，城镇化将迷失方向。除了政府和市场机制外，笔者认为，城镇间的协调发展与竞争机制、代际政绩考核机制等对贵州山区城镇化的发展有重大的影响。

(一)城镇间的协调发展与竞争机制

贵州山区城镇化的推进,是千余座城镇的共同发展,是一场城镇间的较量、竞争。但是这一场规模盛大的角逐可能会加剧城镇间对资源的恶性竞争和大量浪费,出现城镇发展失衡、衰退的不良局面。因此,建立城镇间和谐、协调发展,科学竞争的机制尤为重要。第一,要建立城镇定位评价机制。要从山区城镇的特殊性和山地特有的自然条件入手,深入研究城镇的特色、资源条件、历史文化等要素,科学定位城镇的发展目标、路径、状态,这就需要建立一套科学调研、横向比较、专家咨询、民众参与、举证听证的评价机制,而不是依照领导喜好和先前经验来定位。第二,要完善上级政府质询评判机制。上级政府是同级多个城镇政府的管理机关,它站得高,看得远,统筹本地区发展的能力强。完善上级政府的质询评判机制,就是要发挥其统筹协调能力,规避城镇发展失衡、恶性竞争的不良局面的出现。例如,重复建设一直是中国城镇发展的痼疾,多年的质疑、叫停都没挡住这股不计后果的发展歪风。贵州山区城镇化建设可能会出现这种“你有我有全都有”的局面,上级政府要及时质疑和纠正这种发展的乱象。第三,要建立科学的竞争机制。科学的竞争机制是差异竞争,是双赢的竞争。因此,城镇间的政府应加强合作,建立协调沟通机制,在产业选择与发展、经济结构转型和调整、新农村建设方面相互取经,相互发展,形成共赢的良好局面。

(二)代际政绩考核机制

城镇化建设作为党和国家的重大战略方针,已经列入“十二五”和十八大报告,这必将成为各级政府官员政绩考核的重要依据之一。但城镇化建设是系统工程,不是官员短期任期内就能够实现的,所以建立代际政绩考核机制对于防止城镇化建设的“大跃进”和急功近利有重大的防范作用。特别是贵州山区城镇化的推进,其艰辛、复杂、漫长的程度会更深,所以要建立一套科学的代际政绩考核机制,使山区城镇化的进程不断,成效不减;使各个政府官员对于推进贵州山区城镇化的政绩都能得到体现,失误和失策都能得到惩罚。不能让上一届政府官员的责任由下一届背,上一届政府官员的政绩在下一届得到体现,从而影响政府官员的工作动力。第一,要建立责任连带负责机制。不以政府官员的任期为限负责,而视在任期间工作业绩负连带责任,并把它一并纳入考核体系,直到在任期内推动的工作完成为止。第二,要建立生态保护代际考核机制。把生态文明、绿色发展纳入代际考核,这是为了规避一些官员追求政绩,获得升迁,不惜破坏生态环境进行新项目建设。一是避免发展破坏城镇赖以生存的环境,二是为了规范官员的行政作为。第三,要建立代际考核集体负责制。集体负责就是为了使政策符合实际、科学。但是城镇化的建设,如因政府决策失误,或为实现短期利益而实施错误政策,不仅政府行政首长要负主要责任,政府领导组成人员也要负连带责任,无论在本地任职,还是升迁、调离，都要纳入政绩考核。

参考文献

[1] 辜胜阻，刘江日. 城镇化要从"要素驱动"走向"创新驱动"[J]. 人口研究，2012(6).

[2] 赵鹏. 城镇化健康发展须处理好五大关系[J]. 中州学刊，2011(4).

[3] 国务院发展研究中心"印度人口流动和城市治理的经验教训"考察团. 印度城市化的经验教训及对我国的启示[EB/OL]. http://www.docin.com/P-318036275.html. 2010-04-16.

[4] 孔凡文，许世卫. 论城镇化速度与质量协调发展[J]. 城市问题，2005(5).

贵州农地非农化的理论分析与现实对策

李双久[①] 张健[②]

(贵州财经大学)

摘 要:农地非农化是城镇化发展的必然产物。随着贵州省“加速发展、加快转型、推进跨越”战略的深入实施和城镇化步伐不断加快,合理控制农地非农化、实现农地非农化与城镇化之间的协调已经成为贵州经济发展进程中急需厘清的一个理论问题和亟待解决的现实问题。本文从贵州省农地非农化的实际情况出发,对贵州农地非农化问题进行理论分析与实证研究,结合贵州特殊的省情,提出了农地非农化过程中“三非协调”及农地非农化与城镇化协调发展的理论设想与现实对策。

关键词:农地非农化 三非协调 城镇化

一、引言

土地是财富之母,是人类赖以生存、繁衍和发展的前提,是一切生产经营活动不可缺少的基本要素。随着人口数量的增加、城市规模的不断扩大以及经济的持续增长,人们对土地的需求越来越强烈,以致越来越多的土地被用于非农用途,今天所面临的土地“过度非农化”已成为集约型经济发展的障碍。随着国家西部大开发政策的实施,战略性新兴产业的大发展,及国际国内产业向西部地区的转移,贵州农地非农化呈现出加速发展的趋势,农地非农化与城镇化发展之间的不协调问题也日渐凸显。

二、相关理论研究综述

对农地非农化的研究,国内学者成果颇丰。张勇(2009)认为,农地非农化是人口增加、经济发展以及城镇化、农村工业化进程加速推进的必然产物;当前的农地制度存在一系列的缺陷是加速农地非农化、诱发农地急剧减少乃至引起相关“三农”问题的根本原因。史大平等(2006)认为,纯市场机制和纯政府机制都无法实现农地适度非农化配置,只有建立起市场与政府有机结合的准市场机制才能实现农地非农化。隆宗佐(2003)从

---

① 李双久,男,经济学博士,教授;贵州财经大学西南地区经济发展研究院院长。

② 张健,男,贵州财经大学国际贸易学在读研究生。

利益驱动、价格激化与制度诱导三个方面分析了农地非农化的成因，并从转变全民土地观念、加强土地利用规划、完善土地管理制度、优化不同主体之间的经济利益分配格局等方面提出了针对性对策与建议。张飞（2008）从农地非农化与地方经济增长、地方财政收入、“政绩工程”、寻租行为等几个方面分析了地方政府在农地非农化过程中的作用，并提出了完善规划制度、土地征用制度、加大执法力度三个方面的建议。简新华等（2007）从农地非农化与其派生现象农民非农化之间协调入手，提出了两者之间的协调不仅十分必要，而且还提出了具体途径设计。

多数学者关于农地非农化问题研究，都是从理论分析、面板数据实证分析角度展开的。直到目前，国内学者中只有简新华（2007）将对农地非农化问题的研究更深一步，从农地非农化及其派生现象，即农民非农化协调的角度对农地非农化适度性进行了研究，并提出了具体的路径设计。但是，还仍然没有从农村产业发展、农地非农化以后如何推动农业生产方式非传统化方面进行较深入的探讨。本文试图从经济理论的角度对农地非农化问题进行深入分析，并结合贵州特殊的省情，对贵州省农地非农化与城镇化两者协调发展问题进行研究，并首次提出了“三非协调”的理论构想。

三、农地非农化的理论分析

本文所谓农地非农化是指，农业生产用地，包括林、牧、副、渔业在内的所有农业生产用地越来越多地转变为城镇建设用地的过程。而区别于钟水映、李魁在其专著《中国工业化和城市化过程中的农地非农化》中对农地非农化的界定。农地非农化是土地作为生产经营的要素，在农业生产用途与非农用途的投入上是一种“此消彼长”的过程，从经济学角度上看，边际收益差异、不完全竞争、外部性以及土地租金差异是土地资源在不同用途之间进行配置的主要原因。

（一）边际收益理论

理论上，土地资源在不同用途之间的竞争配置是农地非农化的诱因。农地非农化是随着人口增加，城市建设的扩大，工业化进程加快，土地在各部门之间进行配置而产生的。从经济学角度来说，不同的土地用途之间的边际收益相等，土地在社会生产中各个部门之间能够达到最优配置。现在假设土地的数量是固定不变的，数量为 Q，社会只有农业和非农业这两个生产部门，土地在这两个部门间可以自由转移，那么根据理性经济人的假设，就会因对效益的最大化追求而产生农地非农化的动因。此外，由于农业生产受气候等自然条件影响较大，而且农产品生产周期长、价格波动大。即使同一块土地在不同用途之间的边际收益相等，土地也会更倾向于非农业用途的配置。

如图 1 所示，当非农业用地与农业用地的边际收益相等，即 $MRu_1 = MRa$ 时，边际收

益曲线相交于 A 点,也就是最初的配置均衡点。此时 Q_1 为农业用地的数量。随着人口增加,城市的发展和社会经济水平的提高,农转非过程中的土地自然增值推动非农业用地的边际收益逐渐地超过农业用地的边际收益,这就推动了非农业用地的边际收益曲线从原来的 MRu_1 平移到了 MRu_2,最初的配置均衡点由 A 点上升到 B 点,此时,Q_2 为非农业用地的数量。那么 Q_2-Q_1 就是增加的农地非农化的数量。

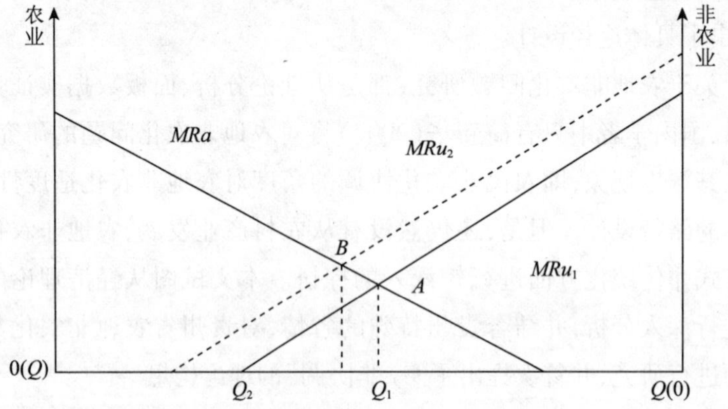

图1　边际收益理论下的土地非农化过程

由此,我们可以知道,由于土地在不同用途之间所产生的边际收益的变化,使得土地所有者开始选择具有高边际收益的利用方式,土地不断地从边际收益低的部门向边际收益高的部门流动,也就是农地的非农化。

就贵州的实际情况而言,从全国范围看,贵州的粮食生产不具有比较优势。贵州耕地产量潜力为6000~6500kg/667m^2,按谷草比0.4计,折粮食单产2466.3kg/667m^2,全国多数地区超过7500kg/667m^2,青藏高原在9000kg/667m^2 以上。① 2011年统计数据表明,当年贵州单位面积产量为4978kg/hm^2,仅高于海南、云南、陕西、甘肃、青海。无论与全国平均水平相比,还是与绝大多数省份相比,贵州农业用地均不具有比较优势。因此,其农地非农化发展趋势会随着城镇化、工业化发展,呈加速的发展趋势。

(二)不完全竞争理论

在我国目前土地所有权结构下,在土地一级市场中,政府处于绝对的垄断地位,在任何垄断性质的市场中都必然存在价格扭曲现象。而农地的市场价格的扭曲是农地非农化的"助推器"。我国普遍存在的一种农地非农化的形式是地方政府依靠行政干预进行强制性的征地,这种非市场机制作用的农地非农化给农民的权益造成了损害。一方面,政府对被征地农民的经济补偿以农业用地为基准,而当政府在土地交易市场中将土地出

① 邹亚超.贵州粮食生产潜力与土地人口承载力的初步研究[J].耕作与栽培,2003(1).

让给土地使用者的价格却远远高于对农民的补偿；另一方面，政府在剩余原则的支配下，必然过度依赖土地出让的收入来弥补财政收入的不足，或者用来增加财政收入，以追求短期内“理想”政绩；再者，当土地被资本化定价，进行二次交易时，所得又远远高于政府出售的价格。这种土地市场价格严重扭曲，催生了土地投资热潮，推动农地非农化发展偏离正常轨道。

在完全竞争市场中，土地需求曲线 D 和供给曲线 S 的交点 A 即为农地非农化市场的均衡点，此时土地均衡价格和均衡数量为 P_*、Q_*。然而由于不完全竞争的存在以及政府干预，政府在征用土地时的价格为 P，然而在土地交易市场中以 P_1 的价格卖出，按需求曲线，此时的土地需求为 Q_1，然而在目前土地需求热潮下，土地的需求依然为 Q_*，这样政府在交易过程中就获得了更大的收益（P_1P_*AE）；紧接着在土地的三次交易中，土地价格保持上涨趋势，需求维持不变，此时，土地转让方又从中创造了更大的利润空间（P_2P_1EF），如图 2 所示。在这种利润的驱动下，土地非农化迅速发展。

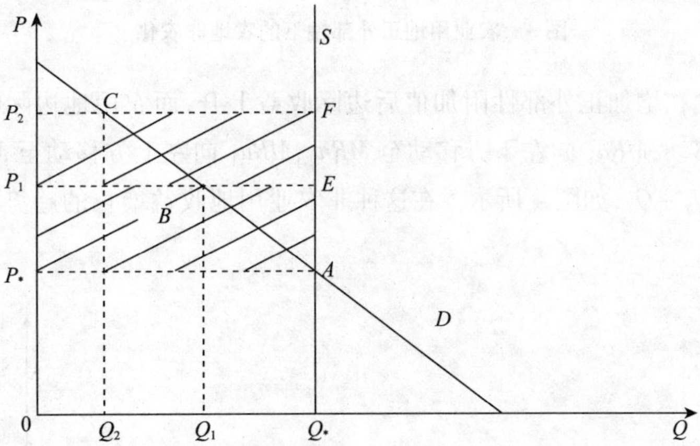

图 2　价格扭曲下的农地非农化

（三）外部性

外部性，也称外部效应，即指由于市场活动而给无辜的第三方造成的成本。土地的利用亦具有很强的外部性，这种外部性主要体现在两个方面，一是土地利用的外部经济性，如城市发展、城市现代化；二是土地利用的外部不经济，如生态环境破坏等。无论是外部经济还是外部不经济都会改变土地所产生的边际收益。为此，我们在农地非农化的边际收益理论的基础上分析外部性对农地非农化过程的影响。

农用地在增加正外部性附加值后边际收益提升，而建设用地的边际收益极有可能出现下降趋势，这就导致图 3 中的农业用地的边际收益曲线由 MRa_1 向右上方移动至 MRa_2，非农业用地的边际收益曲线由 MRu_1 向右下方移至 MRu_2。此时，土地的最优配置

点也由 Q_1 移至 Q_2,土地保有量增加。但市场的失灵导致市场不能体现农用地的外部性,最优配置不能得到实现,在这种情况下,由于农地非农化的价格偏低,这对土地需求者来说就存在农地非农化的倾向,并且,外部性越显著,寻租行为就越多。

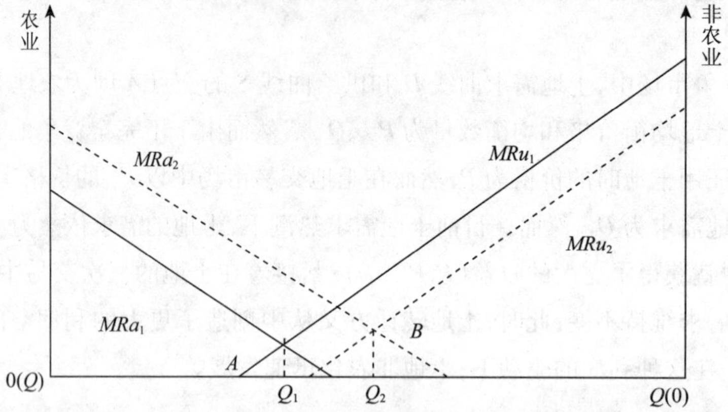

图 3 农业用地正外部性下的农地非农化

非农业用地在增加正外部性附加值后边际收益上升,而农用地边际收益下降,致使边际收益曲线移动,MRa_1 向左下方移动至 MRa_2,MRu_1 向左上方移动至 MRu_2,土地非农化的数量增长 $Q_2 - Q_1$,如图 4 所示。在这种非农业用地收益增长的趋势下,农转非趋势也就愈演愈烈。

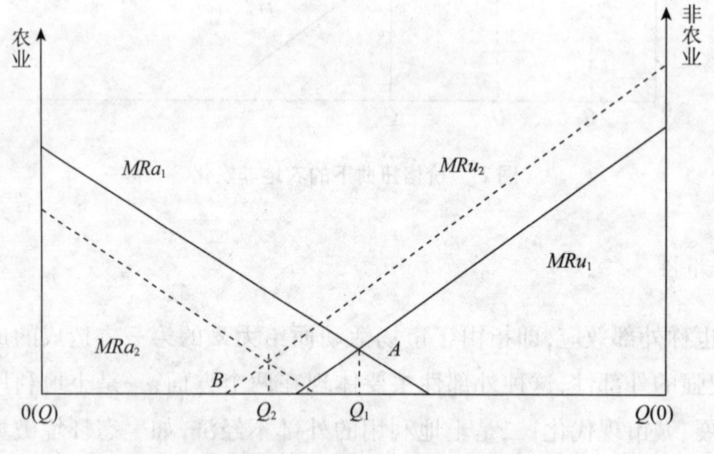

图 4 非农业用地正外部性下的农地非农化

无论是边际收益差异、不完全竞争,还是土地利用的外部性均从不同的经济角度对农地非农化的过程进行了深层次的剖析。

以上是我们对农地非农化问题进行的理论研究。在现实生活中,实际情况不像我们所讨论的这样简单。比如,土地所有(使用)者、地方政府、不同使用目的的投标人等之间的博弈会使这一过程更为复杂。

（四）土地租金差异

按城市土地租金规则，图5中$AOEE'$的面积为商业区土地所有者获得的最大租金，$EE'F'F$为制造业土地所有者获得的最大租金，$F'FC'O$为居民去土地所有者获得的最大租金。随着城市化进程的加快，城市不断向外扩张，此时原有的土地区分发生改变，原有制造业区逐步被商业区所替代，而居民区被制造业区替代，居民区向外延伸，占用大量农业用地。而在这向外扩张的过程中，土地所有者的租金水平上升，利润空间提升，由图中阴影部分表示，X为制造业区商业化后的租金增值，Y为居民区转变为制造业区后的租金增值，Z为原来的农地成为居民去后的租金增值。在这种利润的驱动下，土地所有者为获得更大获利空间，尽可能向外扩张，非农化的土地节节上升。[①]

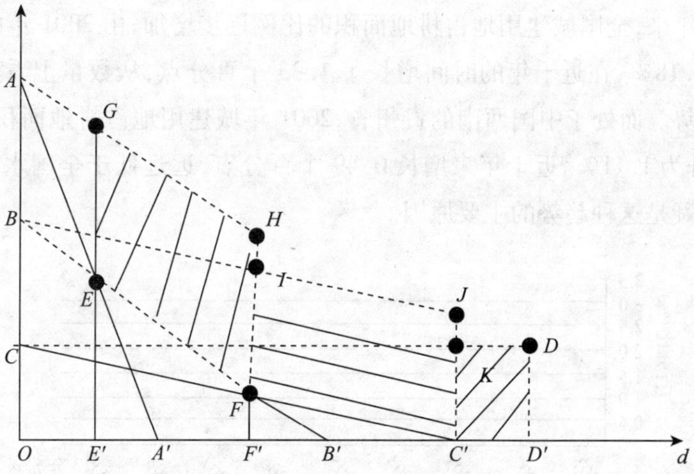

图5　土地租金投标下的农地非农化

注：其中$EGHF$的面积为X，$FIJC'$的面积为Y，$C'KDD'$的面积为Z。

四、贵州省农地非农化显性关系分析

（一）贵州省与全国农地非农化对比分析

贵州省高原山地居多，素有“八山一水一分田”之说。全省耕地面积以山地和丘陵为主，据统计，2008年，贵州省的耕地面积约为4485.3千公顷，约占全国农耕地面积的3.7%。而相对于全国平均水平3.2%，贵州省略高0.5个百分点，但与平原区（以河南为例）相比，仍有很大的差距，河南省耕地面积约7926.3千公顷，约占全国耕地面积的

① 董利民．城市经济学[M]．北京：清华大学出版社，2011.

6.5%。

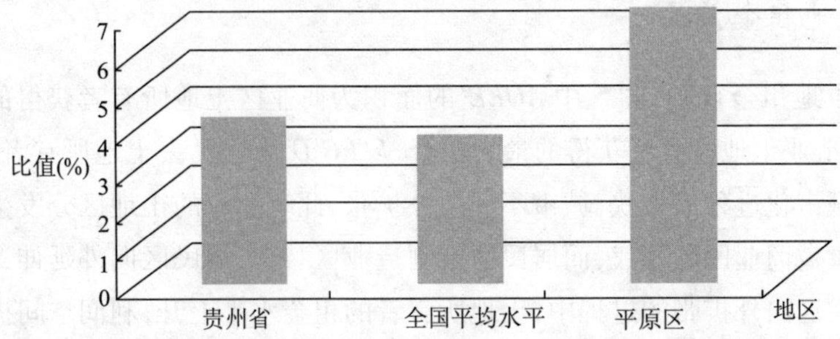

图6　贵州省、全国平均水平以及平原区耕地面积占全国耕地面积对比

资料来源:http://www.moa.gov.cn/。

进入21世纪以来,随着经济水平的不断提升、城市化进程的加快,对土地的需求也不断增强。近年来,全国城建用地占耕地面积的比例逐步增加,由2001年的1.85%增长到2009年的3.18%,在近十年的时间增长了1.33个百分点,从数量上看呈现出过渡农地非农化的趋势。而处于中国西南的贵州省,2001年城建用地占耕地面积仅为0.62%,至2009年上升为1.11%,近十年来增长0.49个百分点,远远低于全国水平。而城镇化进程的缓慢无疑是这种趋势的主要原因。

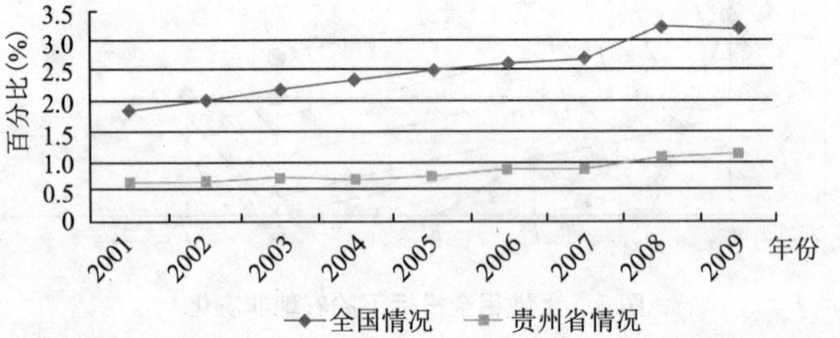

图7　2001—2009年贵州省与全国城建用地占耕地面积比例图

资料来源:由《贵州统计年鉴》的数据整理而得。

与此同时,相比于全国的农地非农化的增长,贵州省农地非农化的年增长波动幅度大,这也从另一方面体现出贵州省农地非农化受不确定因素的影响大,政府的政策对与贵州省的农地非农化有明显的作用。

(二)贵州省农地非农化与农业非农化(农业现代化水平)、农民非农化对比分析

现阶段,贵州省的三个"非农化"正加速推进,但与此同时,三者间的问题也日益凸显。主要体现在两个方面,一是"三非"增长趋势波动大,协调性差;二是"三非"的不协调持续时间长,且有愈演愈烈的趋势。从2002年到2008年,贵州省的农业现代化率的年

平均增长率为13.84%,农地非农化年平均增长率为6.83%,而非农业人口年平均增长率仅为2.46%。

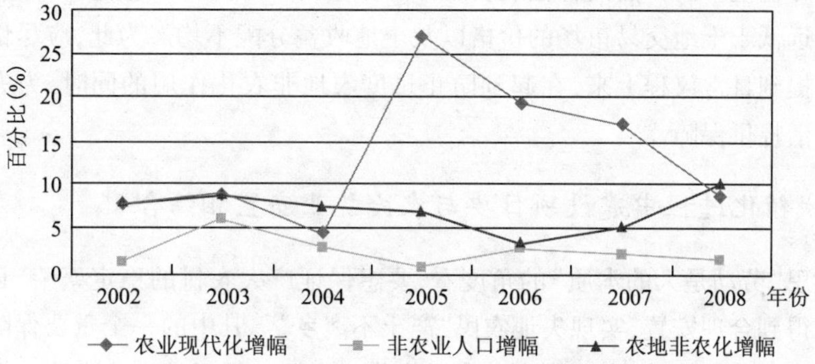

图8 2002—2008 年贵州省"三非"增长幅度对比图

资料来源:由《贵州统计年鉴》的数据整理而得。

五、贵州农地非农化进程中的现实对策

处理好这一问题的关键是协调好农地非农化、农民非农化与农业生产非农化之间的关系,这也是实现"三化同步的重要保障"。从农地非农化、农民非农化与农业生产方式非农化(即现代化)之间的相互关系看,农地非农化是因,农民非农化是果,而解决好两者矛盾的有效途径是农业生产方式的现代化。结合前文的理论和实践分析,现对贵州农地非农化进程推出下列几点建议对策。

(一)发挥市场与政策的双重作用,合理控制农地非农化的速度

从发挥市场作用的角度出发,可以通过种子优化、农业产业化等方式,提高农业用地边际收益,遏制农地非农化的速度。如果农地的边际收益增长速度等于或高于非农用地的边际收益增长速度,那么农地和非农用地在维持原有的数量上实现收益的增加。在市场机制起作用的情况下,会因农地边际收益的强势增长而遏制非农业用地的数量;农地的边际收益提高,使农地所有者更不愿意出卖自己的土地,而土地投资者为获得土地必须付出更大的代价,这在一定程度上降低了土地投资者的需求。

从政策的角度出发,应完善土地管理制度,优化补偿机制,使失地农民利益得到保障。基于目前土地在不完全竞争市场中的价格扭曲现象的深化,为使贵州省在未来的城镇化建设过程中控制好土地价格,合理的做法是对拟非农化的土地采用资本化的定价方式进行评估,以选择出土地的最佳价格。而后由政府、农民和土地使用者进行交易,尤其是政府在交易中应以中介者身份参与,而并非土地的二次转让方。如此,一方面减少了土地转让的环节;另一方面缩小由于土地自然增值、边际收益差异以及土地租金差异所

造成的土地价格扭曲空间,进一步稳定土地价格。

就市场角度,让渡一种产品的前提是让渡这种产品后所获得的收益等于甚至大于这种产品的实际价值。而目前的补偿制度所体现出来的种种却与之相违背,主要表现在征地补偿标准远低于土地交易市场的价格以及土地收益分配不均。为此,应尽快将完善土地补偿制度提到日常议程上来,在起到防止过度农地非农化作用的同时,为失地农民的长期稳定生活提供保障。

(二)城镇化进程中建设项目要与农民就业安置相结合

从马克思"劳动是人的本质"的角度看,要想保证广大农村的稳定繁荣,必须使失地或少地农民得到合理安置,实现失地农民"离土不离乡"。其中的一个重要保障措施是农业生产方式的非传统化,即农业生产方式现代化。这不仅是促进农业产业结构高级化的有效手段,同时也是通过产业结构高级化促进农村地区产业分工逐步加深的有效渠道,进而促进农村地区一、二、三产业协调发展。这就要求我们在农地非农化过程中,把相关产业对农民的安置能力放在重要位置,也是在不改变现有户籍制度的前提下,农村生活质量实现质的飞跃的有效渠道。

(三)城镇化进程中建设项目要与特色产业发展相结合

就贵州农村的实际情况看,在农地非农化过程中有这样几个可供选择的发展取向。第一,结合本地特色的资源禀赋,如煤炭、矿产等资源,立足高起点、高定位的市场导向原则,延长产业发展链条,发展循环经济,以人与自然和谐为前提发展相关产业。第二,把"科学技术是第一生产力"落到实处,用实用的科学技术武装农业生产,发展以特色种植业及其产品深加工为基础的相关产业。第三,以新型农村合作组织的形式,发展特色旅游业,打造具有贵州特色的田园牧歌式的城镇化,实现经济社会发展与生态环境的保护之间的协调。

所谓城市,乃城与市的复合体。有城无市,城只不过是一座空城;有市无城,难以形成规模,集聚效应就更无从谈起。因此,在推进城镇化的过程中,一定要注重特色产业的培育与发展,才能带动上、下游相关产业的发展,才能促进与特色产业发展相关联的产品(服务)市场、要素市场以及劳动力市场的活跃。

贵州省矿产资源、中药材资源丰富、水电煤等资源兼备,并保存着完好的生态资源和多民族特色文化风情。鉴于特殊的省情、民情,贵州省在城镇化发展的过程中,应结合西部大开发、战略性新兴产业政策的执行,通过发展特色产业推动全省经济的持续发展。重点发展装备制造业、特色医药、金属加工业以及旅游业。

(四)内涵与外延相济,合理保障城镇化发展建设用地

从总量控制角度,争取国家政策支持,保障城镇化发展对建设用地的需求。如前文

所述,贵州省的农地产出量不具有比较优势。2011 年统计数据表明,当年贵州单位面积产量为 4978kg/hm^2,仅高于海南、云南、陕西、甘肃、青海。贵州农地与非农用地的补偿价格之比(占用农地的成本)大于农地与非农用地产出的边际收益之比,即增加一单位的非农用地带来的收益增量大于因减少同样一单位农地而造成的收效损失。因此,贵州省应积极争取中央政府的政策支持,适当增加建设用地指标,以缓解城镇化进程中土地资源的瓶颈制约。

从内涵增长角度看,对县市或乡镇进行适当合并,突出以县(市)的主体地位。长期以来贵州县域经济薄弱,县域经济在贵州全省经济当中占的比重只有 30% 左右,而超过 66% 的人口仍居住在广大的农村,城乡发展严重失衡。在推动农地非农化与城镇化协调发展的过程中应将决策的重心下移,县级政府要了解农村的实际情况、准确地判断城乡统筹的关键,真正地做到从县情出发、从城乡统筹的实际需要出发制定出可行的政策,实现有限的人力、物力、财力等要素的最优配置。县城作为县域经济中最大的最长极,其在降低农村剩余劳动力转移成本、吸纳农村劳动力就业、带动辖区经济发展和克服现有制度壁垒等方面具有比较优势。

城镇化的过程包括人口城镇化和空间城镇化,唯有二者的协调发展,这个过程才是有效的,才能作为有效的因素贡献于经济社会的发展。没有人口的城镇化或者说没有人口可以城镇化,空间上农地转化而成的城镇,也将是空城、空镇。据 2010 年人口普查结果,除铜仁和黔南地区数据不详外,有 9 个县(市)的人口密度低于 100 人/平方千米,人口规模难以支撑城镇化的发展。

县(市)的适当合并不仅可以扩大县(市)对本地区经济发展的资源配置的范围和城乡统筹发展的空间,而且还可以增加可集中的人口总量,增加以简单劳动为主的第三产业的劳动力供给量,提高县域商业繁荣程度。

参考文献

[1]张勇.基于经济学原理的农地非农化研究[EB/OL].http://www.mlr.gov.cn/tdsc/lltt/200912/t20091211-699294.htm.2009-12-11.

[2]董德坤,朱道林,王霞.农地非农化的外部性分析[J].经济问题,2004(4).

[3]孙圣军,刘芳.农地非农化的经济学分析[J].技术方法研究,2006(23).

[4]董利民.城市经济学[M].北京:清华大学出版社,2011.

[5]贵州省人大常委会.贵州省土地管理条例[EB/OL].http://www.gzrd.gov.cn/pages/show_dffg.aspx=629.2010-09-17.

[6]王碧峰.我国农地非农化问题讨论综述[J].经济理论与经济管理,2007(6).

贵州"中国梦"实现的条件及路径思考

蒲文彬①

(贵州师范大学历史与政治学院)

摘　要:贵州"中国梦"的实现既有现实挑战,又有可资利用的优势条件,我们要在现实面前充分估计形势,找准实现贵州"中国梦"的有利条件,通过依托资源优势、培育特色产业,强化基础设施建设、创造发展条件,努力探索、推进山区城镇化建设,积极创造条件、大力发展民生事业,深化改革、提升创新发展动力,注重生态环保、推进持续发展等路径依赖实现与全国同步建成全面小康社会的梦想。

关键词:贵州"中国梦"　路径　城镇化建设　持续发展

一、贵州"中国梦"的提出

"中国梦"是一个国家和民族的共同期盼和共同构想。2013 年 3 月 7 日,李克强总理在"两会"期间参加贵州代表团审议时指出:"贵州经济社会发展相对滞后,全面建成小康社会的任务非常艰巨、十分紧迫。如果缺失了贵州实现全面建成小康社会,全国全面建成小康社会就不完整。"

二、实现贵州"中国梦"面临的现实挑战

1413 年,明成祖朱棣宣布废除思南、思州两大土司,将其所辖地域设置铜仁等八府,由中央直接委派流官治理,并建立"贵州等处承宣布政使司",由此,贵州跻身于省一级行政单位,成为明朝的第十三个行省,贵州行省的建立,揭开了贵州历史的新篇章。从政治体制而言,实现了中央政权对贵州的直接统治,促进了国家多民族的统一和融合;从经济社会发展来看,促成了贵州地区与中原社会经济文化的全面接轨,大大加快了贵州经济社会的发展;从纵向看贵州经济取得了长足的进步和发展,但与全国平均水平和西部平均水平相比,贵州仍面临较大差距。"以 2011 年为例,贵州城镇居民人均可支配收入 16495 元,仅占全国平均水平的 75.6%;农村居民人均纯收入 4145 元,仅占全国平均水平

① 蒲文彬,男,贵州师范大学历史与政治学院副院长,经济学博士,教授。主要研究方向:"三农问题"、城镇化问题以及贵州经济问题等。

的59.4%;贵州省生产总值(GDP)5701.84亿元,占全国生产总值总量的比重为1.2%。”就小康建设进程来看,大体上落后西部平均水平4年、全国平均水平8年,按照国家2300元的扶贫标准,贵州省有农村贫困人口上千万人,占全省农村户籍人口的三成以上。可见,贵州目前依然是全国贫困问题最突出的欠发达省份,贫困与落后是制约贵州经济社会发展的主要矛盾。为此,在全面建成小康社会问题上,贵州要实施“两步走”的战略,即到2016年贵州实现小康社会的实现程度要达到80%以上,达到西部平均水平;到2020年贵州要与全国同步实现全面建成小康社会。时间紧、任务重、压力大是摆在贵州各族人民面前的重大课题。

2012年召开的贵州省第十一次党代会和贵州省委十一届二次全会提出,把科学发展、后发赶超、同步小康作为当前和今后一个时期贵州全省经济社会发展的总目标和总任务,明确了到2020年与全国同步全面建成小康社会的时间表和路线图。在全面同步小康创建工作中,结合省情,贵州省提出坚持“三个不能代替”,突出“三个核心指标”。

“三个不能代替”,即不以贵州省的全面小康代替县县建成全面小康,不以平均数代替大多数,不简单以指标数值代替老百姓直观感受的“三个不能代替”,通过同步小康创建,切实使县域经济快速发展,人民群众收入增加,民生得到改善,人们感受到巨变。

“三个核心指标”,即到2020年,以县为单位人均生产总值达到5000美元以上,城镇居民人均可支配收入达到3000美元,农民人均纯收入达到1000美元。面对差距,贵州唯有自我加压、奋力追赶,才能在有限的时间内实现与全国其他省区市同步建成全面小康社会的梦想。

三、贵州“中国梦”实现的有利条件

从贵州“中国梦”实现的现实挑战来看,的确存在经济总量小、贫困面大等许多困境和挑战,但随着贵州经济社会的不断进步和发展,在构建贵州“中国梦”的进程中,我们也有许多可资利用的优势条件。

(一)政策优势

2012年1月12日,国务院下发《关于进一步促进贵州经济社会又好又快发展的若干意见》(国发〔2012〕2号),首次从国家层面将贵州的发展战略定位确定为“全国重要的能源基地、资源深加工基地、特色轻工业基地、以航空航天为重点的装备制造基地、西南重要陆路交通枢纽,以及扶贫开发攻坚示范区、文化旅游发展创新区、民族团结进步繁荣发展示范区以及长江、珠江上游重要生态安全屏障”。

国发〔2012〕2号文件的出台,标志着中央将贵州后发赶超、确保与全国同步建成全面小康社会上升为国家战略。这不仅为贵州当前和今后一个时期的经济社会发展指明了方向,绘就了蓝图,还用一系列支持性政策措施助力贵州经济社会发展新跨越,这就为贵州同步全面建成小康社会、实现贵州的"中国梦"提供了政策支持和保障。

(二)资源优势

贵州省具有丰富的能矿资源、文化资源、旅游资源以及生物资源,这些丰富的存量资源优势,都是实现贵州经济发展的重要保障。随着贵州交通基础设施的不断改善和提升以及对水、电等基础设施投入的不断加大和升级,潜在的资源都会升值,存量经济资源会随着市场发展和需求的不断攀升,其经济增量会得以放大和增强。

(三)生态优势

贵州省全省土地总面积17.6万平方公里,其中山地61.7%,丘陵30.8%,山间平坝7.5%,平均海拔1170米,平均气温在14~16℃,年均降雨量1100~1300毫米,冬无严寒,夏无酷暑,雨热同季,气候宜人。依据生命专家的研究和分析,人的心脏最适合的海拔高度为950~1800米。在海拔几十米的地方,人的心脏负荷虽然比较轻松,但是容易衰老;如果海拔过高,心脏则无法承受。一般认为,从平原到高原,海拔1500米是人体生理功能发生改变的临界高度。因此,贵州独具的海拔高度有利于增大肺呼吸量和氧气吸入量、增大动脉中的氧分压、增强人体血液循环系统功能。生态优美,宜居、宜业、宜游,拥有投资者非常看重的生态条件。

(四)劳动力优势

2006年,贵州省农村剩余劳动力转移实现大突破,转移农村剩余劳动力360余万人,而且呈现许多新的变化,转移的方向由当初的以广东、深圳等珠江三角洲地区为主向以浙江、福建、上海等长江三角洲转变。贵州农村劳动力在珠三角和长三角的创业和劳动的经历,开阔了他们的眼界,提升了劳动技能,同时也在很大程度上增强了其回乡创业的信心。目前,贵州省每年新增60万劳动力,每年返乡40万~60万农民工已成为熟练工人,他们成为贵州产业发展和积聚的重要人力资源要素。

(五)改革优势

贵州经济社会发展从更深层次的制约因素分析,关键是内部的改革与外部的开放远未到位。不过随着贵州不断地深化改革和对外开放,贵州经济发展的速度出现了可喜的进步。和讯网消息,2012年全国31个省区市经济数据已全部出炉,2012年在各省区市GDP增长率区域分布格局上,呈现出明显的"东慢西快"态势。贵州以19.3%的经济增长率领跑全国,云南、陕西分别以15.93%、15.5%的增速名列二、三位,西藏、重庆、四川、新疆、青海、甘肃、内蒙古、广西等西部省区市经济增长率均在11%以上。可见,通过贵州自身的不断改革和发展,经济发展的优势正逐步显现。

(六)后发优势

贵州后发优势突出,借鉴和汲取别人的经验和教训,可以避免走“先污染,后治理”的老路,通过高端引进、高头嫁接,推进产业优化升级,逐步建立现代产业体系,可以利用国家实施区域协调发展、推进基本公共服务均等化的政策,在社会发展的某些领域和薄弱环节实现跨越式发展。

四、贵州“中国梦”实现的路径依赖

贵州要想实现现阶段的“中国梦”,还必须切实找到实现经济社会又好又快发展的重要抓手,结合省情有如下路径依赖:

(一)依托资源优势,培育特色产业

集中力量打造酒、烟、茶、特色食品和民族制药“五张名片”,把丰富的自然资源优势尽快转化为经济优势。贵州白酒在全国具有比较优势,力争要把白酒产业作为千亿元大产业打造,到2015年,全省白酒产量将占全国白酒市场份额的10%左右。烟草是贵州的重要特色优势产业,“十二五”期间将提高“两烟”生产水平,实现由烟草大省向烟草强省转变。贵州省茶园面积达524万亩,2015年达662万亩,茶园面积排名全国第一,贵州不仅要在茶园面积上领先,关键要在茶的品质和品牌上树立优势。贵州省是全国最适宜中药材种植中心区域之一。2015年,贵州中药材种植面积将达500万亩以上,实现民族医药工业总产值500亿元以上。建设成为全国中药材主产省和民族药业大省,打造“中国苗药之都”。

贵州省还将加快以煤电铝、煤电磷、煤电钢、煤电化“四个一体化”带动资源深加工,让资源在升值中实现循环发展。“到2015年,煤电磷产值在2011年的基础上翻两番,超过1000亿元;煤电铝产值翻两番,超过1000亿元;煤电钢产值翻一番,超过1000亿元;煤电化产值翻三番,超过1200亿元。形成3个千亿元级产业聚集区;形成15个百亿元级集团企业;矿产资源就地精深加工转化率超过80%;工业固体废物综合利用率超过60%。”

(二)强化基础设施建设,创造发展条件

基础设施建设是实现贵州经济社会发展的重要基础和条件,贵广高速铁路、沪昆客运专线、成贵客运专线和渝黔快速铁路正加快建设;县县通高速公路项目全面开工,2015年将基本实现县县通目标;民用航空打造以贵阳龙洞堡机场为中心,覆盖全省9个市州13个支线机场的“一干十三支”机场布局;加快建设乌江、南北盘江和红水河通航设施。

2017 年,贵州的高速公路通车里程将达到 6000 公里,铁路营运里程超过 3800 公里,水运通航能力超过 3000 万吨。营造新型的贵州海、陆、空交通立体网络将使贵州的开放和发展呈现新的面貌和格局。

(三)努力探索,推进山区城镇化建设

贵州在中国而言,是一个唯一没有平原支撑的省份,因此,贵州城镇化的构建不能以“摊大饼”的方式推进,要以大城市为依托、中小城市为重点、小城镇为基础,大中小城市协调发展的方式来推进,贵州要举全省之力加快贵安新区建设,努力将其建设成为内陆开放型经济示范区。计划建设 100 个交通枢纽型、旅游景点型、绿色产业型等不同类型的特色示范小城镇,重点打造 100 个城市综合体,实现错位发展。通过“富学乐美”的“四在农家·美丽乡村”建设,提升农村综合发展能力及区域协调发展能力。

(四)积极创造条件,大力发展民生事业

民生事业既是实现贵州经济社会全面发展的先导性产业,又是实现和衡量贵州经济社会发展质量高低的基础性事业。2013 年,贵州省压缩 5% 各级党政机关行政经费,用于实施巩固提高九年义务教育和实行 3 年免费中等职业教育的“9 + 3”计划,并以控辍保学为重点,争取确保以县为单位九年义务教育巩固率和高中阶段毛入学率达到 85% 以上。与此同时,位于贵阳清镇市的贵州职教城 2012 年 3 月开工建设,现已建成校舍 30 万平方米,4 所院校顺利入驻。2015 年,有 35 所职业院校在这里聚集,一大批技能型人才从这里走出。各级各类层次教育的普及和提高是各级各类人才的培养和成长的前提,贵州只有通过大力发展多层次的教育方式,才能为经济社会的发展提供人力资本要素。

(五)深化改革,提升创新发展动力

深化改革和不断创新是促进企业发展的前提和基础,贵州要加大国有企业兼并重组,建立现代企业制度,推动国有资本更多投向资源深加工、装备制造、能源等重要行业和关键领域。鼓励民间资本进入基础设施、社会事业、金融电信等领域,壮大民营经济实力,提升民营企业家创业创新能力。资本、技术、企业家才能以及管理等多种经济要素是企业成长和发展的前提和基础,与此同时,各种经济要素的优化组合又是实现产业发展和升级的动力基础。

(六)注重生态环保,推进持续发展

贵州具有较为独特的生态环境优势,要积极推进生态文明与经济发展、制度建设、社会管理、文化建设相融合,抓好重点生态工程建设,实施水利建设、生态建设以及石漠化治理综合规划。“完成营造林 400 万亩,治理石漠化 1000 平方公里,治理水土流失 2200

平方公里,淘汰落后产能2000万吨,城市和建制镇生活污水处理率分别达到85%和30%,城市生活垃圾无害化处理率达到80%。此外,还将完成营造林1550万亩,治理石漠化6240平方公里,森林覆盖率到2017年达到47%。2007—2012年,贵阳市森林覆盖率从34.7%提升到43.2%,森林资源调节气候、净化空气、增加碳汇、美化环境的作用明显增强,空气质量优良率达95%以上,'爽爽的贵阳'知名度不断提升。到2012年底,全省森林面积增加到1.12亿亩,森林覆盖率增至42.53%。"贵州在经济社会发展过程中一定要坚持生态环境保护,推进持续发展,只有这样的发展模式经实践多次验证是全面、协调和持续的。

总而言之,贵州"中国梦"的实现既有现实挑战,又有可资利用的优势条件,要在现实面前充分估计形势,找准实现贵州"中国梦"有利条件。通过依托资源优势,培育特色产业;强化基础设施建设,创造发展条件;努力探索,推进山区城镇化建设;积极创造条件,大力发展民生事业;深化改革,提升创新发展动力;注重生态环保,推进持续发展等路径,实现与全国同步建成全面小康社会的梦想。

深化个人所得税改革　促进小康社会同步发展

谢如佳
(贵州师范大学经济与管理学院)

摘　要:全面建设小康社会的重要内容和基本要求是调控居民收入差距,提高低收入者的收入水平,努力扩大中等收入者比重。贵州要确保与全国同步实现全面小康社会,必须将加快发展作为现阶段最为紧迫而艰巨的任务。但是,在贵州省城乡居民收入持续增加的同时,也伴随着城乡收入差距逐步扩大的趋势,因此,必须加大个人收入调节力度,缩小个人收入之间的差距,对高收入者作适当的调节,依法纳税,才能达到同步小康的目标。

关键词:个人所得税　同步小康　征收监管

小康社会,是20世纪70年代末80年代初邓小平同志在规划中国经济社会发展蓝图时提出的战略构想;是一个社会生产力发展、人民生活水平和人均国民生产总值不断提高,国家的综合国力尤其是经济实力将会显著增强的社会发展阶段。在21世纪,我国进入了全面建设小康社会的新阶段,全面建设小康社会,就是要建设一个惠及十几亿人口的更高水平的、更全面的、发展比较均衡的小康社会,是一个较高标准的小康。调控居民收入差距,提高低收入者的收入水平,努力扩大中等收入者比重,则是全面建设小康社会的重要内容和基本要求。

一、同步建设小康社会与个人所得税征收之间的基本关系

据贵州省统计局对贵州农村总体小康实现程度的测算结果显示,2011年贵州省小康社会实现程度为65.8%,仅相当于全国2004年的水平,与西部平均水平相比至少落后了4年。因此,贵州要想确保与全国同步实现全面小康社会,必须将加快发展作为现阶段最为紧迫而艰巨的任务。否则将影响贵州的同步小康,最终影响到如期实现我国全面建设小康社会事业的目标。

随着我国经济结构的不断调整及优化,人们收入来源和渠道的逐渐增多,收入水平也普遍得到大大的提高。据统计,截至2010年底,贵州省农民人均纯收入达3471.93元,扣除物价因素外,比2009年实际增长12.6%。但是,在城乡居民收入持续增加的同时,也伴随着收入差距逐步扩大的趋势。2010年,贵州省城乡居民收入差距突破10000元,

城乡收入比例由 1978 年的 2.39∶1 发展到 2010 年的 4.07∶1，这个比例仍有持续扩大的趋势，形势非常严峻。居民收入的巨大差异作为城乡差距的一个方面，是统筹城乡一体化发展，实现全面小康社会迫切需要解决的关键问题之一。因此，合理调整收入分配格局，客观上要求个人所得税发挥重要的调节作用。

二、现行个人所得税制度存在的问题

个人所得税是以个人（自然人）取得的各项应税所得为对象征收的一种税，是调整征税机关与自然人（居民、非居民人）之间在个人所得税的征纳与管理过程中所发生的社会关系的法律规范的总称，与人们生活息息相关。就目前而言，我国个人所得税是针对不同性质的所得分别规定不同税基和税率，分别计算应纳税额进行课征。也即是如：工资、薪金所得，以每月收入额减除费用 3500 元后的余额为应纳税所得额，适用超额累进税率，税率为 3% ~45% 等。

采用这种方法可以根据不同性质的各种所得进行扣缴，征管方便，以此降低征纳成本、提高征收效率。但是，这种征收方式没有全面衡量纳税人真正的纳税能力和其整个家庭的经济状况，会造成个税征收的横向不公平性。在一定程度上将影响纳税人的经济行为，不利于发挥个人所得税调节收入分配的作用。

例如：有 5 个不同的家庭（用数字代替），每个家庭的月收入均为 7000 元，但是因为收入来源不同，根据现行个人所得税征收方案，这将对每个家庭造成不同的税负影响。

1 号家庭所有收入均来自丈夫，扣除 3500 元后，每月将缴纳税额 245 元，税率达到 3.5%；2 号家庭夫妻双方各有收入 3500 元，每月不用缴纳税金；3 号家庭丈夫收入 4000 元，妻子收入 3000 元，每月将缴纳税额 30 元；4 号家庭丈夫收入 5000 元，妻子收入 2000 元，每月将缴纳税额 45 元；5 号家庭丈夫收入 6000 元，妻子收入 1000 元，每月将缴纳税额 145 元。

因此，我们可以得出一个结论：工资收入相同的不同家庭，因为收入结构的不同将承担的税负率也将大大的不相同。尤其是 1 号家庭，在妻子无收入的情况下这个家庭还要承担着 5 个家庭中最重的税负，这显然是有失公平的，这也是违背了个人所得税征收的初衷，也违背了税收的公平原则。

三、个人所得税制度的改革方向以及存在的难点

2012 年 3 月，国家发改委《关于加强收入分配调节的指导意见及实施细则》明确指出："将以家庭为个人所得税的征税主体，个人所得税按照综合征收，以此来降低税负。"

(一)改革方向

以家庭为单位征收个人所得税是指“将家庭所有成员的收入都并入到应纳税所得额中,得出家庭的收入总额,然后在综合扣除方面要考虑纳税人家庭负担、子女教育、赡养老人以及个人的住房贷款、医疗支出等家庭必要生计费用,最终确定应纳税所得额”。这相对于以个人为基础缴纳个人所得税而言,不但体现了税收公平原则,而且还更准确地反映经济社会的纳税主体,从根本上缓解我国收入差距过大的问题。

以家庭为单位征收个人所得税,可以充分考虑纳税人的家庭经济状况和实际税负,通过调节家庭收入和税负来实现收入分配的调节,从而缩小收入差距,实现税收公平原则;同时,也更加能体现“以人为本”的科学发展观,促进人与社会的和谐发展。具体表现为:

第一,以家庭为单位征收个人所得税是我国个人所得税制改革的内在要求。近年来,由于个人制所存在的问题要求对现行的税制模式进行改革,完成分类税制向综合税制的转变。但是其本身却不能因为税制模式的转变而消除,因而在我国进行综合所得税制改革势必要实行家庭制。

第二,以家庭为单位征收个人所得税符合税负公平理念。家庭,是一个社会最为基本的团体生活单位,以家庭为单位征收个人所得税是以一整个家庭为一个征税单位,在征收所得税的时候,综合考虑的是一个大家庭的整体税负能力。在很大程度上能克服个人为单位征税所存在的税负不公现象,能够充分体现税负公平的基本原则。

第三,以家庭为单位征收个人所得税更符合我国的传统家庭观念。在中国,每一个家庭里夫妻双方取得的所有收入不是各自取得便由各自支出,而是用来共同负担整个家庭的运转。同时,在我国《婚姻法》中有相关的规定,要求夫妻在婚姻关系存续期间所得的工资、奖金;生产、经营的收益;继承或赠予所得的财产;知识产权的收益等财产,归夫妻共同所有。由此我们可以看出:夫妻共同财产制度的设立也是立足于家庭的。因此,在我国实行以家庭为单位征收个人所得税,与《婚姻法》的协调一致,与整个法制体系的协调一致,是建设我国法治社会的本质要求。

(二)改革的难点

目前来看,要想实施以家庭为单位征收个人所得的综合计税模式,条件显然还不够完善,还存在一定的困难。比如不同家庭情况如何明确、地区经济发展差距较大等问题,都是亟待解决的难题。

首先,作为一个家庭而言,怎样明确家庭成员是一个很大的难题,究竟是一对夫妻加小孩子为一个家庭,还是三代同堂的七口之家为一个家庭,更或者是户在人不在、人在户不在的情况,应该怎样核算家庭成员构成关系。更为重要的是这将在一定程度上促使我国离婚率的上升，为了避税出现“假离婚”现象。

其次，实施以家庭为单位征收个人所得税扣除的范围以及标准需要进一步明确规定，做到真正的分类扣除。与西方发到国家相比，日本的以家庭为单位进行征税的体制则比较完善。在日本，缴税前可以先进行人的扣除，主要是为了照顾低收入者的基本生活，以减轻低收入者的纳税负担；同时还可以对事的扣除，主要目的在于应对某些突发事件。具体来说，所得扣除的款项主要有：基础扣除、配偶扣除、抚养扣除、残疾人扣除、老人扣除、孤寡扣除、勤工俭学扣除、医疗费扣除、社会保险费扣除、人寿保险费扣除、损失保险费扣除、杂项扣除等。采用比例扣除和定额扣除相结合的方式，以及按照实际成本费用扣除的方法。由于日本的税制中税前扣除项目较多，而且申报纳税是以家庭为单位的，所以日本的个税起征点较高，免征额也不固定。根据不同的家庭负担，计算不同的免税扣除额度，从而确定不同的扣除标准。负担越重、人口越多的家庭，享受到的免税扣除额越多，个人所得税的起征点或免征额越高。

最后，实施以家庭为单位征收个人所得税的税收征管信息系统不够完善。2012 年，贵州省的城镇居民人均可支配收入增加到 1.87 万元，农民人均纯收入增加到 4753 元，年均分别增长 11.9% 和 14.9%。随着居民收入数字的不断上升，收入方式出现了多元化、隐性化，更大范围的还存在实物收入。另外，贵州省是一个常住人口达 3475 万人，而少数民族人口占全省总人口 36.1% 的社会情况复杂多变的省份。居民的整体纳税意识还较为淡薄，甚至想尽办法偷税、逃税，根本不可能期待其积极主动、诚实地缴纳个人所得税。针对以上情况的存在，税务机关更加难以准确掌握相关信息。因此，建立完善的税收征管信息系统则是迫在眉睫。

四、个人所得税制度改革的建议及意见

（一）实现从现有的分类税制向分类综合税制的根本性转变

在我国，实施以家庭为单位征收个人所得税，需要实现从现有的分类税制向分类综合税制的根本性转变来保证。分类税制是指个人所得税的计算征收制度，按个人在同一时间取得不同项目的劳务报酬可分别扣除费用。是依据不同性质的所得项目采用不同扣除标准和税率，以使各类所得的税负轻重有别地进行征收。而分类综合所得税制是指对同一纳税人在一定时期内的各种不同种类的所得分类课征所得税；纳税年度终了时，再将本年度的所有所得加起来，按照累进税率计征所得税，平时所缴纳的分类所得税，可以在纳税年度终了时应缴纳的综合所得税中扣除。2013 年 9 月 5 日财政部部长楼继伟接受采访时就表示：“下一步我国改革个税的方向是由目前的分类税制转向综合和分类相结合的税制，对部分所得项目实行综合计税的同时，还要将纳税人家庭负担，如赡养人口、按揭贷款等情况计入抵扣因素，更体现税收公平。”这一讲话为我国个人所得税下一

步改革指明了方向。

在我国要想实现分类综合税制,首先必须要设计出与综合所得税制相协调的各项制度,真正做到统一征收方式、统一税率、费用减除要立足于家庭,制定严厉的偷、逃税处罚措施。其次还必须具备较高的税收征管水平。

(二)明确设定合理的申报主体

纳税申报主体的合理确定,必须要将我国纳税人的家庭状况综合考虑在内。家庭结构是充分反映纳税人的基本生活、实际支出情况的根本,只有充分考虑到纳税人的家庭状况和实际的税收负担,才能够保证税收的公平性。

在我国,家庭结构相对比较复杂,如单亲家庭、两口之家、三口之家以及三口以上的家庭。为此我们可以将"三口之家"作为纳税基础家庭,其他结构的家庭在此基础之上,综合考虑与家庭成员的数量、年龄、健康状况和消费水平密切相关的不同家庭负担,设定不同的费用扣除标准和不同的税率,以便能更加公平地衡量一个家庭的实际纳税能力。

(三)完善税收征管方式

"一个良好的税制的运行及其目标追求,需要有健全的征管体制和高效的税收管理来保证和实现,再好的税收制度,如果没有完备的税收管理手段作支撑,也只能是纸上谈兵。"因此,想要真正达到以家庭为单位征收个人所得税改革的目的,就必须要求我国的税收管理部门在征管方面加大投入的力度,更加完善现行的税收征管方式;同时必须大力加强信息化建设,扩大使用高科技手段和现代化网络技术,加强技术保障,才能将纳税人的收入、支出与税务信息管理系统联网,进一步完善税务信息管理系统。

我国现行的个人所得税采取"源泉扣缴为主,自行申报为辅"的征收办法,因此我们可以首先借助于户籍制度来建立家庭信息登记制度,登记家庭成员数和家庭收入情况、生活支出情况等。因为家庭信息的真实与否直接关系到一个家庭所缴纳的个人所得税额度大小,这会促使纳税义务人积极主动地报请登记。

其次,建立一个纳税账号,这个纳税账号必须与纳税人身份证所开设的银行账号相统一,并保证纳税账号的单一性,终身不变。这样个人的收入及支出信息均可记录查询,税务部门直接通过其银行账号自动扣税,使每个人的每一笔收入都在税务部门的直接监控之下。在一定程度上还能促进我国在条件成熟的情况下实行金融资产实名制。

最后,除了掌控与征税有关的个人信息,还可以加大偷税漏税的违法成本,加大违法惩治力度,建立完善的税收监管机制,通过对偷税、逃税等违法行为的严厉惩处,杜绝不法举动,强制性地提升居民个人的纳税意识。同时,还要建立起个人的诚信档案,对于纳税人发生偷税、漏税的行为,予以严惩并记入个人诚信档案。一旦个人诚信档案中存在不良记录的纳税人,在其之后的部分经济活动领域中也将受到一定的限制。

综上所述，进入全面建设小康社会阶段，税收可以为政府提供宏观调控的财力基础，促进区域资源的合理配置和有效利用，加强经济结构和产业结构的调整，能更有效地引导资源配置，强化政府弥补市场缺陷的能力，增加有效需求、稳定就业水平和经济增长。在税收规模和经济发展规模依存度越来越高的条件下，推动税收由竞争向协调的有效转变，使小康社会的经济实现动态均衡发展。

个人所得税作为世界各国税制结构中的一个主体税种，其开设征收的目的主要是缩小贫富差距、均衡社会收入。个人所得税是与人民生活息息相关，与国家经济息息相关的，三者之间的关系是相辅相成、相互影响、相互制约的。

只有在良好的经济运行环境下经济稳定地增长才会促进个人所得税的增长。对于现行个人所得税征收中存在的问题进行改革，实施以家庭为单位征收个人所得税，不仅体现了税收公平原则，而且更能准确地反映经济社会的纳税主体。从而进一步从根本上缓解我国收入差距过大的问题，对高收入者作适当的调节，依法纳税，才能达到同步小康的目标。

参考文献

[1]金人庆. 中国当代税收要论[M]. 北京：人民出版社，2002.

[2]李敏兰. 我国个人所得税制度存在的问题及完善的对策[D]. 西北大学，2011.

[3]胡爱平. 税制与社会保障：日本个人所得税扣除制度的启示[J]. 中国医疗保险，2010(5)：58－61.

[4][美]维克多·瑟仁伊. 比较税法[M]. 丁一，译. 北京：北京大学出版社，2006：241－244.

[5]余璐. 个人所得税以家庭和个人相结合的纳税申报单位的探讨[J]. 市场周刊(理论研究)，2012(1)：64－65.

[6]汤洁茵. 个人所得税课税单位的选择：个人还是家庭——以婚姻家庭的保障为核心[J]. 当代法学，2012(2)：112－119.

[7]卢登琴，张明星. 按家庭征收个人所得税的思考[J]. 财会研究，2012(18)：19－20.

[8]王丹. 从个税起征点热议看我国个人所得税改革[J]. 中国市场，2008(44)：92－93.

[9]迟骋. 个人所得税以家庭为单位征收问题研究[J]. 现代营销(学苑版)，2012(7)：265－266.

[10]郑艳丽. 个人所得税改革发展进程及完善[J]. 理论观察，2011(6)：156－157.

[11]严丹良，韩彦峰. 公平视角下以家庭为单位的个人所得税改革思考[J]. 财会研

究,2012(2):19 -21.

[12]张洪.对日本个人所得税税制模式的借鉴分析[J].财会研究,2009(5):69 -71.

[13]胡爱平.税制与社会保障:日本个人所得税扣除制度的启示[J].中国医疗保险,2010(5).

[14]马海涛.中国税制[M].北京:中国人民大学出版社,2010:126.

[15]傅小锋,邵宇宾.基于全面建设小康社会的可持续发展战略研究[M].北京:科学出版社,2012.

西部地区新型城镇化动力机制研究

高辉[①] 李祎[②]

（成都理工大学）

摘 要：本文基于推拉理论及模型对新型城镇化动力机制进行实证分析，探索西部地区新型城镇化的动力机制。从农村的推力和城镇的拉力两方面选取影响西部地区新型城镇化动力机制的解释变量，运用计量经济学软件 Eviews 6.0 对 2002—2011 年西部 11 个省市区的数据进行分析。研究表明：西部地区新型城镇化动力机制是推力与拉力构成的推拉机制，第二产业产值比重、第三产业产值比重、人均公共绿地面积构成的拉力与城乡人均固定投资差距影响的推力在西部地区新型城镇化推拉机制中影响显著。

关键词：新型城镇化 动力机制 面板数据 西部地区

一、引言

新型城镇化是以城乡统筹、城乡一体、产城互动、节约集约、生态宜居、和谐发展为基本特征的城镇化，是大中小城市、小城镇、新型农村社区协调发展、互促共进的城镇化。城镇化是衡量一个国家或地区社会经济发展水平的重要标志，随着西部大开发战略的不断深入，西部地区城镇化水平不断提高，但仍然远远落后于中东部地区城镇化水平，严重制约了西部地区自身的发展。西部地区包括内蒙古、广西、重庆、四川、贵州、云南、西藏、陕西、甘肃、青海、宁夏、新疆 12 个省、直辖市和自治区。西部地区土地面积 686.7 万平方公里，占全国国土面积的 71.5%。根据第六次人口普查，西部人口约 3.62 亿人，占全国总人口的 27.04%。然而，西部地区各方面的发展与我国中东部地区都存在一定的差距，生态环境脆弱、农业生产规模小、劳动生产率低、城乡居民收入差距大等因素严重制约了西部城镇化的发展。因此，提高西部地区居民生活水平，缩小与中东部地区间的差距，加速推进西部地区城镇化建设刻不容缓。

二、推拉理论及推拉模型

推拉理论是关于人口迁移的理论，而城镇化的过程是指农村人口转化为城镇人口的

① 高辉，男，成都理工大学教授、经济学博士。主要研究方向：应用计量经济学。

② 李祎，女，成都理工大学应用经济学硕士研究生。

过程,即人口转移的过程。人口迁移的推力与拉力便可认为是城镇化过程的推力与拉力,即来自农村的推力与来自城镇的拉力。城镇化动力机制,是指促进推动、拉动作用的生成与强化,并使这些力量在城镇化过程中持续、有序地发挥作用的方式,是指以既定资源为约束、资源配置方式为条件、各种制度为保障的综合系统。在我国城镇化过程中,学界通常把农村的推力与城镇的拉力认定为构成城镇化持续推进的动力机制,即推拉动力机制。推拉动力机制是指将基于推拉理论构建城镇化动力机制的推拉模型(见图1)。

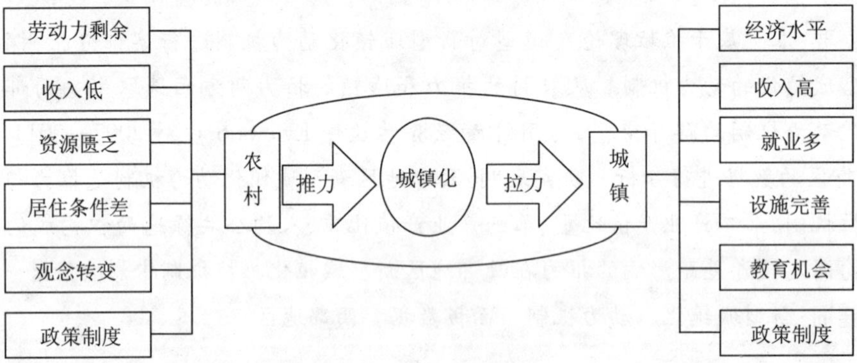

图1　动力机制推拉模型

经过推力和拉力的结合,推动城镇化的发展,大致表现为:人口转移、产业结构转变、城镇规模变大等。

(一)推力

随着农业的发展,促进了农业生产率的提高,农村便有了剩余劳动力,为城镇工业的发展提供了劳动力。较城镇来说,农村居民的纯收入不高,收入水平低,居住条件也差。生态环境的日益破坏使农村的资源也逐渐匮乏,推动了一部分人向城镇转移。社会经济文化的发展使更多人有了观念上的转变,他们都希望自己能够拥有更高的收入、更多的机会,能够成为“城里人”。同时,政府相关的政策制度也推动了城镇的发展,这些组成了模型中的推力。除此之外,来自农村的推力还有很多。

(二)拉力

相对于农村,城镇则在提高生产力、提供就业机会等方面,拉动了城镇化的发展。城镇拥有较高的经济水平,这无疑在一定程度上形成了拉动城镇化发展的拉力。城镇较高的收入水平、较好的居住条件、较多的就业机会都可以看作是城镇化的拉力。随着人们越来越重视教育,城镇良好的教育条件也吸引更多的人到城镇接受教育,对城镇化的进程起到了推动作用。同样,对于城镇的政策制度也是城镇的拉力,如户籍制度、就业制度等。

三、西部地区新型城镇化动力机制研究

(一)模型构建

利用 2002—2011 年西部地区不同省份的相关数据分析该地区的城镇化动力机制,采用固定效应回归模型,因此构建西部地区城镇化动力机制的面板数据模型为:

$$Y_{i,t} = \alpha_i + \beta_1 X_{1i,t} + \beta_2 X_{2i,t} + \beta_3 X_{3i,t} + \beta_4 X_{4i,t} + \beta_5 X_{5i,t} + \beta_6 X_{6i,t} + u_{i,t}$$

$$i = 1,2,3,\cdots,11, t = 2002,2003,\cdots,2011$$

其中,Y 是被解释变量,X 是解释变量,α_i 是反映缺失的个体差异变量的影响,$u_{i,t}$ 是随机扰动项。

根据城镇化动力机制的推拉模型以及数据的可获得性,本文从农村的推力和城镇的拉力两方面选择自变量,即拉力——第二产业产值比重(X_1)、第三产业产值比重(X_2)、人均公共绿地面积(X_3)、城镇登记失业率(X_4);推力——非农产业机构与非农产业就业机构偏离度(X_5)、城乡人均固定投资差距(X_6)。

选取西部地区 11 个省市区,包括内蒙古(NMG)、广西(GX)、重庆(CQ)、四川(SC)、贵州(GZ)、云南(YN)、陕西(SX)、甘肃(GS)、青海(QH)、宁夏(NX)、新疆(XJ)的 2002—2011 年 10 年期间的面板数据作为样本来研究西部地区的新型城镇化动力。城镇化率及相关解释变量的数据根据《中国统计年鉴 2003—2012 年》中的数据收集和计算的,由于西藏地区的数据有部分缺失,将西藏地区剔除不做研究。

(二)数据处理与模型估计

1. 描述性统计分析

首先对被解释变量(即城镇化率)进行描述性统计分析,结果见表 1 和表 2。

表 1　被解释变量整体描述性统计分析(%)

变量	平均值	中位数	最大值	最小值	标准差
Y	36.70	36.35	43.00	31.41	3.83

表 2　被解释变量不同省份描述性统计分析(%)

变量	平均值	中位数	最大值	最小值	标准差
NMG	49.58	49.40	56.62	44.06	4.36
GX	35.61	35.44	43.36	28.30	5.11
CQ	47.55	47.52	55.20	39.90	5.01
SC	35.08	34.95	41.83	28.20	4.56

续表

变量	平均值	中位数	最大值	最小值	标准差
GZ	28.55	27.85	34.96	24.29	3.50
YN	31.12	31.05	36.80	26.01	3.64
SX	40.21	39.87	47.30	34.62	4.38
GS	31.09	31.34	37.15	25.96	3.30
QH	40.48	39.99	46.22	37.68	2.52
NX	42.88	43.49	49.82	34.20	4.67
XJ	38.16	38.55	43.54	33.84	3.09

从整个西部地区的角度进行的描述性统计分析,从结果可知,西部地区城镇化率的平均水平仅为36.70%,与2011年全国平均城镇水平51.27%相比,相差了14.57%,西部地区的城镇化水平总体来说低于全国平均水平。从不同省份的被解释变量的描述性统计分析结果,可以看出,西部各省市城镇化发展不均衡,一些省市因地理条件、资源禀赋等因素发展较快,如重庆、内蒙古等;另一些省市因地处偏远、城市发展环境较为恶劣发展较为缓慢,如云南、贵州等。

2. 面板数据的单位根检验

由于以上所使用的数据都是时间序列数据,为了防止“伪回归”的发生,首先对所有的变量进行单位根检验。

根据表3的单位根检验结果,可以看出所有的及时变量都是平稳的时间序列。

表3 单位根检验结果

变量	方法	Statistic	prob.	平稳性
Y	LLC 检验	-3.07906	0.0010	平稳
	ADF 检验	34.1071	0.0479	平稳
X_1	LLC 检验	-3.72745	0.0001	平稳
	ADF 检验	19.5583	0.6106	不平稳
X_2	LLC 检验	-6.72190	0.0000	平稳
	ADF 检验	35.4448	0.0348	平稳
X_3	LLC 检验	-2.76063	0.0029	平稳
	ADF 检验	26.3002	0.2390	不平稳
X_4	LLC 检验	-8.77377	0.0000	平稳
	ADF 检验	34.6239	0.0424	平稳
X_5	LLC 检验	-74.9030	0.0000	平稳
	ADF 检验	132.272	0.0000	平稳
X_6	LLC 检验	-16.0579	0.0000	平稳
	ADF 检验	57.1888	0.0001	平稳

3. 面板数据的协整检验

为了确定各个变量之间的稳定性，对面板数据进行协整检验。由表4协整检验结果可知，在 $\alpha=0.05$ 的显著水平上，各变量之间存在协整关系。

表4 Kao(Engle－Granger based)检验表

Kao Residual Cointegration Test				
			t－Statistic	Prob.
ADF			－3.613787	0.0002
			－3.655180	0.0001
Residual variance			1.528528	
HAC variance				1.837686

4. 模型估计

面板数据的模型通常可分为三种，混合回归模型（Pooled Regression Model）、固定效应回归模型（Fixed Effects Regression Model）和随机效应回归模型（Random Effects Regression Model）。在选择面板数据模型形式的方法上，可以采用似然比（Likelihood Ratio）检验决定选用混合模型还是固定效应模型，然后用豪斯曼（Hausman）检验来确定应该建立随机效应模型还是固定效应模型。

对混合回归模型与固定效应回归模型进行比较，混合回归模型和固定效应回归模型之间做似然比检验，结果见表5。由似然比（Likelihood Ratio）检验结果可知，在 $\alpha=0.05$ 的显著水平上，F 统计量的值是 $60.202498>F(10,93)=2.6$，对应的概率为0，说明检验结果拒绝了混合回归模型的原假设，应该建立固定效应回归模型。

表5 似然比(Likelihood Ratio) 检验结果

Redundant Fixed Effects Tests			
Pool: XINBU			
Test cross－section fixed effects			
Effects Test	Statistic	d. f.	Prob.
Cross－section F	60.202498	(10,93)	0.0000
Cross－section Chi－square	221.248313	10	0.0000

然后对个体固定效应回归模型和个体随机效应回归模型进行豪斯曼（Hausman）检验，结果见表6。

表6 豪斯曼(Hausman)检验结果

Correlated Random Effects - Hausman Test			
Pool：XINBU			
Test cross - section random effects			
Test Summary	Chi - Sq. Statistic	Chi - Sq. d. f.	Prob.
Cross - section random	18.071108	6	0.0061

Cross - section random effects test comparisons：

Variable	Fixed	Random	Var(Diff.)	Prob.
X_1	0.411320	0.425654	0.000303	0.4102
X_2	0.165673	0.163256	0.000050	0.7316
X_3	0.582628	0.607188	0.000710	0.3568
X_4	-3.240270	-2.584377	0.112278	0.0503
X_5	-0.971137	-0.838042	0.006229	0.0917
X_6	-0.074794	-0.070383	0.000029	0.4152

由表6可以看出,豪斯曼检验统计量的值为18.071108 >6 =12.5916,因此拒绝原个体随机效应回归模型的原假设,选择个体固定效应回归模型。

综上分析,西部地区新型城镇化动力机制的模型应建立固定效应回归模型。但是由于西部地区各省的经济水平、社会发展和自然环境等存在一定的差异,因此本文采用广义最小二乘法(GLS),以横截面模型残差的方差为权数对模型进行估计,减少由于截面数据造成的异方差影响。固定效应回归模型(GLS)的回归结果见表7。

表7 固定效应变截距回归模型(GLS)估计结果(1)

Variable	Coefficient	Std. Error	t - Statistic	Prob.
C	22.94551	4.657527	4.926544	0.0000
X_1	0.303461	0.065160	4.657138	0.0000
X_2	0.166983	0.053031	3.148762	0.0022
X_3	0.805909	0.128639	6.264882	0.0000
X_4	-2.438741	0.750908	-3.247723	0.0016
X_5	-0.800634	0.557784	-1.435385	0.1545
X_6	-0.075744	0.020644	-3.669012	0.0004
Fixed Effects (Cross)				
NM—C	10.48602			
GX—C	-0.041342			
CQ—C	6.827629			
SC—C	-2.630253			

续表

Variable	Coefficient	Std. Error	t – Statistic	Prob.
GZ—C	-7.391201			
YN—C	-5.628151			
SX—C	0.799796			
GS—C	-7.029994			
QH—C	0.358152			
NX—C	4.219088			
XJ—C	0.030259			
Effects Specification				
Cross – section fixed (dummy variables)				
Weighted Statistics				
R – squared	0.966847		Mean dependent var	46.29436
Adjusted R – squared	0.961143		S. D. dependent var	23.10755
S. E. of regression	1.863022		Sum squared resid	322.7892
F – statistic	169.5099		Durbin – Watson stat	0.768456
Prob(F – statistic)	0.000000			
Unweighted Statistics				
R – squared	0.942084		Mean dependent var	38.22682
Sum squared resid	352.2912		Durbin – Watson stat	0.607518

由此得到西部地区新型城镇化动力机制的模型为：

$$Y_{i,t} = 22.94551 - 0.3035X_{1it} + 0.16698X_{2it} + 0.8059X_{3it} - 2.4387X_{4it} - 0.80063X_{5it} - 0.07574X_{6it}$$

$$i = 1, 2, \cdots, 11;\ t = 2002, 2003, \cdots, 2011$$

通过回归结果可以看出，$R^2 = 0.9668$，$\bar{R}^2 = 0.9611$，F 检验值为 171.2079，显著。但是在 $\alpha = 0.05$ 的显著水平上，X_5 的系数不显著，且 X_4 的系数符号与预期相反，不符合经济学意义，因此将解释变量 X_4、X_5 剔除。然后对模型继续进行逐步修正，结果见表 8。

表 8　固定效应变截距回归模型(GLS)估计结果(2)

Variable	Coefficient	Std. Error	t – Statistic	Prob.
C	13.66596	2.983594	4.580369	0.0000
X_1	0.291898	0.060591	4.817525	0.0000
X_2	0.141164	0.051775	2.726513	0.0076
X_3	0.954216	0.122050	7.818226	0.0000
X_6	-0.075204	0.021713	-3.463581	0.0008

续表

Variable	Coefficient	Std. Error	t - Statistic	Prob.
Fixed Effects (Cross)				
NM—C	9.671062			
GX—C	0.365123			
CQ—C	6.833224			
SC—C	-3.720689			
GZ—C	-7.103414			
YN—C	-6.317419			
SX—C	1.240309			
GS—C	-5.278961			
QH—C	0.758262			
NX—C	2.922738			
XJ—C	0.629764			
Effects Specification				
Cross - section fixed (dummy variables)				
Weighted Statistics				
R - squared	0.972262	Mean dependent var		48.74275
Adjusted R - squared	0.968175	S. D. dependent var		31.04939
S. E. of regression	1.925802	Sum squared resid		352.3277
F - statistic	237.8538	Durbin - Watson stat		0.675669
Unweighted Statistics				
R - squared	0.935542	Mean dependent var		38.22682
Sum squared resid	392.0845	Durbin - Watson stat		0.520300

经过修正的西部地区新型城镇化动力机制的模型如下：

$$Y_{i,t} = 13.66596 + 0.291898X_{1it} + 0.141164X_{2it} + 0.954216X_{3it} - 0.07520X_{6it}$$

$$t \quad (4.580369) \quad (4.817525) \quad (2.726513) \quad (7.818226) \quad (-3.463581)$$

$$R^2 = 0.9723, \bar{R}^2 = 0.9681 \quad F = 237.8538 \quad DW = 0.675669$$

对样本量为10、四个解释变量的模型、5%显著水平，查 DW 统计表可知，$dL = 0.376$ $dU = 2.414$，模型中 $dL < DW < dU$，不能判断模型是否存在自相关。

四、结论与建议

综上，可以得到西部地区新型城镇化动力机制的面板数据模型为：

$$Y_{it} = 13.66596 + 0.291898X_{1it} + 0.141164X_{2it} + 0.954216X_{3it} - 0.07520X_{6it}$$

$i = 1, 2, \cdots, 11$; $t = 2002, 2003, \cdots, 2011$

从模型结果可以看出,西部地区的新型城镇化差异显著,其动力机制主要表现为推拉机制的形式。推拉机制由对城镇化发生和发展起推动和拉动作用的力量构成。

(一)推力方面

从模型看出,城乡人均固定资产投资差距与城镇化率的相关系数为 -0.075201。缩小西部地区城乡固定资产的差距,在一定程度上可以提高城镇率。因此,可以提高西部地区农村固定投资总量,优化投资结构,缩小城乡差距,推进西部地区城镇化的进程。

(二)拉力方面

1. 加快第二产业发展

由分析结果可以得出,第二产业产值比重与城镇化率的相关系数为 0.291898,第二产业的比重对城镇化率的影响并不显著。西部地区的工业化基础薄弱、工业化水平低,但工业化的发展可以为城镇化的发展提供根本动力。西部地区应该结合自身优势,在已有工业的基础上发展制造业等产业,发挥大型企业的带动作用,促进西部地区全面的发展。同时可以根据市场需要变化和技术进步的要求,提高工业生产效率,进而促进第二产业产值比重提高。

2. 促进第三产业发展

由实证分析模型可知,第三产业在地区生产总值中的占比增加 1%,城镇化率会增加 0.141164%。西部地区第三产业的比重虽然在不断上升,但其现代化水平并不高。第三产业是城镇化的后续动力,促进第三产业发展为西部地区经济的发展指明了一条新的道路。西部地区应利用丰富的自然旅游资源与人文旅游资源发展以旅游业为重点的第三产业,提高第三产业现代化水平,为农村剩余劳动力提供更多的就业机会,促进人口的转移,从而加快城镇化的进程。

3. 完善基础设施建设

本文选择了人均公共绿地面积作为判断基础设施的变量,结果可以看出人均公共绿地面积每增加 1 平方米,城镇化率会增加 0.954216%,基础设施的建设也起到了一定的推动作用。完善西部地区的基础设施建设,不仅为城镇的发展提供了物质基础,同时也可以促进居民的生活条件,激发人口转移的意愿。

综上,在西部新型城镇化发展的过程中,第二产业的发展奠定了城镇化发展的基础,在动力机制中起到了根本的拉力。而西部地区的条件艰苦,相对于第二产业,第三产业的发展给西部地区新型城镇化的发展指明了一条新的道路。同时完善西部地区的基础设施建设与生态环境保护,有利于拉动新型城镇化的持续发展,实现真正意义上的新型城镇化。城乡之间的差距在一定程度上也对城镇化的发展起到了推动作用,西部地区城镇化发展差异显著,落后中东部地区。而城镇化的动力机制是城镇化发展的基础,因此,只有完善了动力机制才能更好地促进西部地区城镇化的全面发展。

参考文献

[1]张沛.中国城镇化的理论与实践:西部地区发展研究与探索[M].南京:东南大学出版社,2009:85.

[2]李扬扬.关于推进我国农村城镇化发展动力机制的研究[J].黑龙江对外经贸,2011(4):83-84.

[3]张黎.城市化动力机制模型的构建[J].长春理工大学学报(社会科学版),2013(2):116-119.

[4]王新娜.20世纪80年代以来中国城市化动力机制的实证研究[J].生产力研究,2011(6):86.

[5]吴正海.基于产业发展的城市化动力机制分析[J].陕西行政学院学报,2013(1):34-37.

[6]吴建峰,周伟林.新时期我国城市化动力机制及政策选择[J].城市发展研究,2011(5):21-26.

[7]王娟.西部地区加快城镇化体制和政策:以成都统筹城乡改革试验为例[J].宏观经济研究,2011(2):65.

[8]王春秋.西部地区城镇化动力机制研究[D].西安电子科技大学,2011.

经济结构转型背景下贵州实现同步小康的思考

张以哲[①] 杨东昌[②]

(贵州师范大学历史与政治学院)

摘 要:中共十六大提出到2020年全面建成小康社会的宏伟目标,作为西部地区的欠发达省份,贵州要与全国同步全面建成小康社会,任务非常艰巨。因此,必须清醒地认识贵州与全国同步小康面临的困难和机遇,抓住经济结构升级的机遇和后发优势,后发赶超,到2020年与全国同步进入小康。

关键词:经济转型 同步小康 路径选择

中共十六大提出了到2020年全面建成小康社会的宏伟目标,十八大又发出了“全面建成小康社会”的动员令。贵州作为我国西部贫困问题严重的欠发达省份,面对“全面建成小康社会”的目标,如何实现与全国同步小康是我们必须面对的艰巨任务。根据2012年的数据,贵州在全面建设小康社会实现程度方面比全国平均水平落后了六年左右,仅为69%。而2012年4月举行的贵州省第十一次党代会却提出了“到2016年,全面建设小康社会实现程度达到80%以上”的要求,这就要求我们必须思考如何在全国经济结构转型升级的背景下抓住机遇、后发赶超,到2020年与全国同步实现小康。

一、经济结构转型升级与全面建成小康社会

近十年来,不少经济学者一直呼吁中国经济结构转型升级。有学者提出:“所谓经济结构转型与升级,表现在宏观现象上就是国民经济不同发展过程中的龙头行业更换;在企业微观现象上表现为企业提升品牌销售渠道上和科技含量以提高效率,摆脱简单劳动力与资金投入获取增长的方式。”而在过去的十几年间,中国的经济高速发展主要依靠城镇化带来的房地产大繁荣和加入世界贸易组织带动的全球产业链制造端向中国转移推动的。

加入世界贸易组织以后,中国依靠庞大的廉价劳动力市场迅速吸引大量低端劳动力

---

① 张以哲,男,贵州师范大学历史与政治学院,马克思主义哲学与市场经济方向在读硕士研究生。主要研究方向:马克思主义经济思想以及区域经济。

② 杨东昌,男,贵州师范大学历史与政治学院教师,经济学博士,副教授。主要研究方向:马克思主义生态伦理以及区域经济。

密集型制造业向国内迁移,中国因此变成了“世界工厂”。但是,最近几年我国劳动力人口开始下降,人口结构中的老龄化更加突出,廉价劳动力供应开始萎缩。根据国家统计局数据,2012 年我国 60 岁及以上人口为 19390 万人,占总人口比重的 14.3%,比上一年增长0.59%。根据人口计生委估算,在“十二五”期间,我国 60 岁以上人口将每年增加 800 万人,到 2015 年将达到总人口的 16.7%。再者,伴随着国家调控政策的紧缩,我国的房地产牛市逐渐进入末期。根据相关统计数据显示,我国 2013 年房地产投资增速明显回落,新开工面积连续负增长,商品房销售量增幅开始下滑,房价增速放缓。在过去近十年间,我国房地产投资以 30% 的速度增长,并带动水泥、钢铁等诸多行业的繁荣。房地产市场的衰退和萧条促使相关行业也相应地削减产能,我国宏观经济发展的又一个引擎也慢慢熄火。

过去的经济增长方式不可持续,低端制造业的环境成本太大,再加上我国人口红利逐渐消失等因素迫使我国必须放弃过去高投入高增长的经济发展方式,加快经济结构的转型升级是我国目前的理性选择。新一届政府不断出台新的政策推动产业结构升级和转变经济增长方式,为经济的长期平稳发展增加活力和动力。

在经济结构转型升级的背景下,我国不仅要面对经济结构升级带来的阵痛,还要面临到 2020 年全面建成小康社会的艰巨任务。中共十八大明确提出到 2020 年全面建成小康社会的战略任务,并对全面建成小康社会提出了更高的要求:经济持续健康发展,转变经济发展方式取得重大进展,在发展平衡性、协调性、可持续性明显增强的基础上,实现国内生产总值和城乡居民人均收入比 2010 年翻一番;人民民主不断扩大;文化软实力显著增强;人民生活水平全面提高;资源节约型、环境友好型社会建设取得重大进展。因此,我们应该在经济结构转型升级的基础上,将经济结构转型升级与全面建成小康社会的目标结合起来,依靠经济结构升级向全面建成小康社会的各项目标靠拢,通过经济结构的升级实现经济建设、政治建设、文化建设、社会建设和生态文明建设的各项目标。

二、实现贵州与全国同步小康的困难与机遇

2012 年的国发 2 号文件将贵州定位为“贫困问题最突出的欠发达省份”,贵州是实现 2020 年全面建成小康社会的一块短板,是全面建成小康社会任务最艰巨的一个省份。要与全国同步全面建成小康社会、不拖全国的后腿,贵州面临很多的困难,但同时贵州又“占据”国家政策倾斜和经济结构转型升级等机遇。要实现“与全国共同进入小康”的梦想,我们应该清醒的认清贵州面临的困难和机遇,抓住机遇,战胜困难,走好全面迈入小康的步伐。

(一)实现与全国同步小康存在的困难

清朝雍正年间,贵州“改土归流”后经济得到一定程度的发展,但仍然是全国 18 个省

中最穷的一个。由于贵州省的建立主要是出于政治和军事上的考虑,经济发展并没有得到重视。民国时期,由于多年的战争,政府并没有将过多的精力和能力来发展经济,尤其是像贵州这样的西南边陲省份。八年抗日战争期间,贵州成为抗日大后方的一部分,沦陷区的学校、企业和人才纷纷迁往大西南,对贵州的开发和经济建设起到了一定的积极作用。但抗战胜利后,随着企业和学校等迁回原地,贵州的开发和发展又"受到了冷落"。新中国成立后,党和政府开始着手发展全国经济,在我国"一五"建设期间,苏联援助我国重点工程实施了150多项,西南地区只有48项,而贵州一项也没有。这一系列经济发展"历史机遇"的丧失"造就了"今天贵州的"贫困"和"欠发达"。

"历史的"贫困和欠发达增加了贵州实现同步小康的难度,而贵州的地理位置及自然环境因素更让同步小康的梦想面临困境。贵州地处我国西南,东接湖南,西邻云南,南毗广西,北连四川,既不沿河沿江,也不与外国接壤,更无出海口,再加上贵州"地无三尺平"的喀斯特地貌造成的交通运输困难,使贵州与沿海省份和海外的联系更加困难,不利于贵州工业和商业的发展。再者,贵州是我国唯一没有平原的省份,全省的地貌主要以山地和高原为主,地表崎岖,土壤贫瘠,十分不利于农业的发展。自然地理因素造成的贵州农业和工商业发展困难,使大量劳动力选择外出务工,进一步造成贵州劳动力资源的贫乏。这一系列"先天的"因素加剧了贵州的贫困,为贵州与全国同步实现小康增加了困难。

结合前文对于贵州贫困和欠发达原因的分析,本文接下来就贵州在与全国同步建成小康社会方面存在的困难进行分析,这些困难主要来自以下几个方面:

第一,贵州经济总量严重不足,基础设施建设比较落后。根据国家统计局数据,2012年贵州地区生产总值为6802.2亿元,全国排名倒数第六位,人均GDP为19608.53元,排在全国倒数第一位。基础设施落后,投资严重不足是制约贵州经济发展的重要因素,而经济的发展程度则是全面建成小康社会的重要指标之一。因此,经济落后是贵州实现与全国同步小康面临最主要的困难,是贵州实现同步小康梦必须克服的困难。

第二,贵州工业基础薄弱,城镇化水平较低。工业化是实现现代化不可逾越的历史阶段,没有工业化就无法实现现代化,没有工业化就无法推动城镇化。而贵州经济发展的短板却在工业,贵州的工业长期存在总量小、布局不合理、创新能力弱和产业结构不合理等问题,工业基础薄弱和工业总量小等问题严重制约贵州工业的发展。工业化是推动城镇化的引擎和动力,而城镇化则是解决"三农问题"的重要途径。城镇化水平提高,城镇人口增加可以有效扩大消费需求,对我国经济从出口驱动向内部消费驱动转型有积极的推动作用。而目前贵州的城镇化率只有35%,城镇化水平落后于全国平均水平,也落后于西部地区平均水平。

第三,贵州产业结构不合理,市场化程度较低。贵州的农业生产仍然依传统农业为主,现代农业比重极低。贵州的工业则以原材料生产为主,科技含量和附加值很低,工业规模不大,主要是资源消耗大、环境成本高的低端产业。同时,贵州的经济外向度低,与外部市场联系不够密切,市场配置资源的基础性作用没有充分发挥。贵州的对外贸易规模也很小,其总额不足全国总额的1%。贵州的产业结构不合理、市场化程度低等问题严重制约贵州经济持续稳定健康发展,与中共十八大提出的全面建成小康社会的新要求相背离。

第四,贵州教育落后,社会事业发展滞后。贵州省委书记赵克志同志曾经说过:"实现贵州与全国同步小康的'中国梦',最重要的是靠人才、靠教育、靠国民素质的全面提升。"高质量的教育不仅可以为产业结构升级和全面建成小康社会提供人力资源,还可以促进社会公平和改善民生。然而贵州省的各级各类教育远远低于全国水平,大部分指标在西部地区都垫底。2012年,贵州省的中小学辍学率分别为5.09%和2.98%,远远超过3%和1%的国家控制指标;2012年的九年义务教育巩固率78.6%,低于85%的国家控制指标;2012年,贵州省的高中毛入学率为62.2%,落后全国五年以上。贵州教育资源的贫乏和教育质量的落后导致各类人才的匮乏,致使劳动力整体素质不高,增加了贵州经济结构转型升级的困难,导致整体社会事业发展滞后,增加了贵州同步小康的难度。

(二)实现与全国同步小康面临的机遇

2012年,贵州出台了《中共贵州省委关于认真学习贯彻党的十八大精神为与全国同步全面建成小康社会而奋斗的决定》。虽然实现与全国同步小康面临众多的困难,但贵州已经进入经济起飞的战略机遇期,众多的发展机遇为贵州与全国实现同步小康增加了筹码。

第一,贵州进入了经济起飞和经济社会发展的加速期。根据国家统计局相关数据,2012年贵州的人均GDP突破了3000美元,贵州地区生产总值突破6800亿元,同比增长14%,增长速度处于全国前列。同时,国家加快推进了西部大开发战略,加大了对贫困地区和民族地区的扶持力度,实行了差别化的经济政策,为贵州经济的加速发展提供了政策支撑。随着东部产业向西部地区的加速转移,也为贵州扩大开放、加速发展提供了有利条件。

第二,交通运输设施的逐步完善,贵州与外省和海外的交流更加密切。伴随着政府对交通运输基础设施投入的加大,贵州作为西南地区重要的陆路枢纽的优势更加突出,交通运输设施的完善可以降低企业的运输和物流成本,方便贵州企业与海外的交流,对壮大企业规模、改善企业经营方式有极大的促进作用;交通运输设施的改善更有利于贵州得天独厚的旅游产业的发展。

第三,得天独厚的自然生态环境,使贵州的生态文明建设走在全国前列。中共十八大报告在全面建成小康社会的新要求中提出,要建设资源节约型、环境友好型社会,要实现"森林覆盖率提高,生态系统稳定性增强,人居环境改善"。贵州"欠开发"的省情使贵州的原生态文化和自然环境得到很好的保存，贵州省的森林覆盖率达 39.93%，比全国平均水平高出 2 倍。全省生态环境优良以上的面积占全省面积的 78%。贵州独特的气候条件使贵州成为著名避暑胜地，贵阳多年 7 月份平均气温只有 20℃，被称为“中国避暑之都”。优美的自然环境和良好的生态条件是贵州建设环境友好型社会的最大优势。

第四，贵州“欠发达”的省情使贵州的经济社会发展具有巨大的后发优势。贵州一方面可以借鉴中东部发达地区发展的先进经验，吸取发达地区发展的失败教训，不走“先污染，后治理”的老路；又可以直接引进先进成熟的技术，推进产业升级，建立“平衡性、协调性、可持续性”的现代产业体系，提高经济社会发展的速度，为全面建成小康社会提供更大的“加速度”。

三、后发赶超、同步小康的路径选择

通过前文对贵州在实现与全国同步小康面对的问题和面临的机遇的分析，我们可以更清醒地认识到贵州建设小康社会应该走什么样的路。贵州要实现“同步小康梦”，必须立足贵州现实，充分利用中央政府对贵州的扶持政策，抓住西部大开发和经济结构转型升级的战略优势，以极大的热情和动力去建设全面小康社会。

（一）加大教育投入，提高教育质量，为贵州经济社会发展提供高素质的人才

实现贵州同步小康梦，人才是关键，基础在教育。全面建成小康社会要求经济持续健康发展，保证经济的持续健康发展需要转变过去高投入高产出的经济发展方式，推动产业升级，提高科学技术对经济增长的贡献，加快科技创新。经济结构的升级需要高素质的技能型人才，科技创新更需要高水平的创新型人才，这些都需要高质量的教育来支撑。因此，贵州应该加大教育的投入，提高各级各类教育的质量，提高国民素质，为全面建成小康社会提供良好的智力基础和人才支撑。

（二）优化资源配置，推动贵州经济结构转型升级，促进贵州经济持续稳定发展

优化资源配置是贵州经济社会持续稳定发展的关键，政府应当在合理宏观调控的基础上充分发挥市场资源配置的基础性作用。通过资源的优化配置促进经济结构的调整和升级，增强经济增长的动力，促进贵州经济持续健康发展。

（三）加快推进贵州工业化和城镇化进程，实现贵州经济社会跨越性发展

转变贵州工业的发展方式，用生态文明的理念引导贵州工业的发展，通过政策鼓励发展有利于生态环境保护的生态主导型工业，走依靠科技进步、降低能源消耗、保护生态

环境的新型工业化道路。工业化与城镇化具有相互支撑促进的关系,在促进新型工业化发展的同时,加速推进城镇化,完善城镇规划体系,加快农业产业结构升级,依靠工业发展提高城镇经济实力,加快贵州城乡一体化发展。

(四)加强社会事业建设,提高人民生活水平

加快推进社会事业发展,提高政府公共服务水平,加快促进贵州社会保障的全民覆盖,不断完善住房保障体系和基本医疗卫生服务;加快推进改革,转变政府职能,简政放权,积极引导社会力量参与社会事业建设;调整收入分配,减小贫富差距,加大对贫困人口的扶贫力度;营造良好的社会环境,满足人民群众的物质文明、精神文明和生态文明需要。

综上所述,贵州要实现同步小康梦,就应该抓住经济结构转型升级的机遇,充分发挥后发优势,吸取和借鉴发达地区发展的先进经验,绕开发达地区经济社会发展走过的弯路,直接引进发达地区的技术和经验,以最大发展动力加快全面建设小康社会的加速度,后发赶超,实现到2020年与全国同步进入小康社会。

参考文献

[1] 龚金星.贵州踏上同步小康新征程[N].人民日报,2013-03-06.

[2] 冯鹏程,王璐.中国经济结构转型与升级趋势[N].中国经贸,2013(3):38.

[3] 胡锦涛.坚定不移地沿着中国特色社会主义道路前进,为全面建成小康社会而奋斗:中国共产党第十八次全国代表大会上的讲话[R].求是,2012(22):9-10.

[4] 顾海淞.同步小康,贵州不拖全国后腿[J].当代贵州,2013(5):16.

[5] 向阳生.西部大开发中的贵州考量[J].贵阳市委党校学报,2011(4):9.

[6] 霍健康.教育应当争先为贵州“同步小康”做贡献[N].贵州日报,2013-05-09(11).

贵阳市乌当区规模以上工业企业调研报告

赵栋强　罗海梅　石路明

摘　要：为了能够提出有针对性的乌当区工业发展战略，加快乌当区工业发展，乌当区工业和信息化局组织了针对乌当区规模以上工业企业的调研工作。本次调研覆盖了乌当区92家规模以上工业企业，但在实际调研中只有81家企业返回了调查表，有11家没有返回调查表，而在这81家返回调查表的企业中有一家企业（新建南海）没有填写任何数据，因此在本调研报告中仅分析有调研数据返回的80家企业。为了方便分析乌当区规模以上工业企业的现状，从产业类型和所有制类型两个方面对乌当区规模以上工业企业进行分类分析。

关键词：乌当区　企业　调研报告　措施

一、乌当区规模以上工业企业现状分析

（一）不同分类情况下企业数量的所占比重情况

在有调查表返回的81家企业中，国有企业或国有控股企业24家，民营企业50家，中外合资有3家，外商独资1家，其他类型3家。从企业数量占比来看，民营企业占了62%的比例，民营企业在企业数量上占有优势，不同所有制企业数量的具体占比（见图1）。

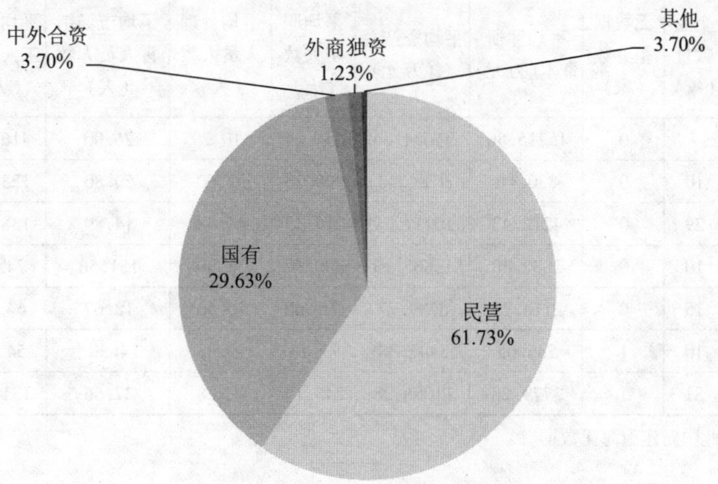

图1　2011年不同所有制企业数量占比

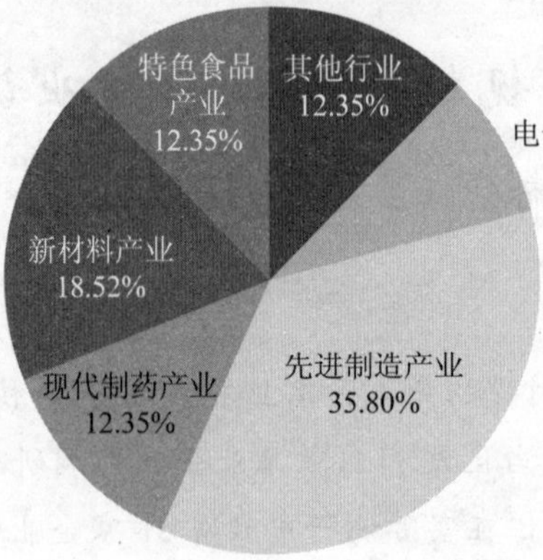

图2 2011年各个产业企业数量占比

在有调查表返回的81家企业中,依据产业类划分:电子信息产业有7家,特色食品产业有10家,先进制造产业有29家,现代制药产业有10家,新材料产业有15家,其他产业有10家,各个产业企业数量的具体占比见图2,从图2中可以看出先进制造产业在企业数量占据优势。

(二)2011年企业资产情况分析

在有数据返回的80家企业中资产规模最大的是中航力源液压股份有限公司,其资产总额为144177万元;资产规模最小的是贵州贵王电器有限公司,其资产总额为56万元;从注册资本的角度来看,规模最大的依旧是中航力源液压股份有限公司,其注册资本为66000万元;最小的是贵阳市乌当区下坝白水河纸厂,其注册资本为16.83万元。

表1 乌当区规模以上企业各产业基本情况平均值

产业类型	企业数量(家)	无数据企业数(家)	平均注册资本(万元)	平均资产总额(万元)	平均职工人数(人)	平均管理人员人数(人)	平均市场销售人员人数(人)	平均生产工人人数(人)	平均专利技术项数(项)
电子信息产业	7	0	15215.50	31674.86	654.00	110.29	26.00	416.29	21.29
特色食品产业	10	0	830.40	9784.40	299.20	37.60	59.80	123.70	10.17
先进制造产业	29	0	4212.47	10117.29	229.45	44.48	14.89	138.48	6.84
现代制药产业	10	0	2882.40	13865.99	300.70	35.80	151.56	74.44	9.90
新材料产业	15	0	2114.29	6789.77	101.60	20.40	18.67	64.40	5.50
其他产业	10	1	536.65	3447.38	77.78	13.33	4.50	54.75	0.00
全体样本	81	1	3779.28	11056.28	243.19	40.28	37.66	131.11	9.50

注:其他产业中新建南海无数据。

表 2　乌当区规模以上企业不同所有制企业基本情况平均值

所有制类型	企业数量（家）	无数据企业数量（家）	平均注册资本（万元）	平均资产总额（万元）	平均职工人数（人）	平均管理人员人数（人）	平均市场销售人员人数（人）	平均生产工人人数（人）	平均专利技术项数（项）
国有企业	24	1	10199.18	23982.10	501.87	84.65	33.32	291.73	10.95
民营企业	50	0	1305.63	6489.81	145.22	22.76	43.06	66.74	4.90
中外合资企业	3	0	403.33	1195.20	123.00	29.33	28.33	65.33	2.67
外商独资企业	1	0	820.00	3406.00	194.00	34.00	0.00	160.00	0.00
其他类型企业	3	0	150.00	477.33	29.33	5.00	6.67	17.67	0.00
全体样本	81	1	3779.28	11056.28	243.19	40.28	37.66	131.11	9.50

注：国有企业中新建南海无数据。

从表 1 中我们可以看到：不同产业类型的企业在规模上存在较大的差异，电子信息产业在平均注册资本、平均资产总额、平均职工人数和平均专利技术项数上均排名第一位。而从表 2 中我们可以看出，所有制类型不一样，其规模也存在差异，国有或国有控股企业在平均注册资本、平均资产总额、平均职工人数和平均专利技术项数上排名第一位。

2011 年企业资产总额为 884502.22 万元，从所有制类型来看：民营企业资产总额为 324490.26 万元，占全部资产的 36.69%，国有企业资产总额为 551588.35 万元，占全部资产的 62.36%（见图 3）。从产业类型来看：先进制造产业资产所占的比重最大，达到了 33.17%，电子信息产业占到了 25.07%，现代制药产业占到了 15.68%（见图 4）。

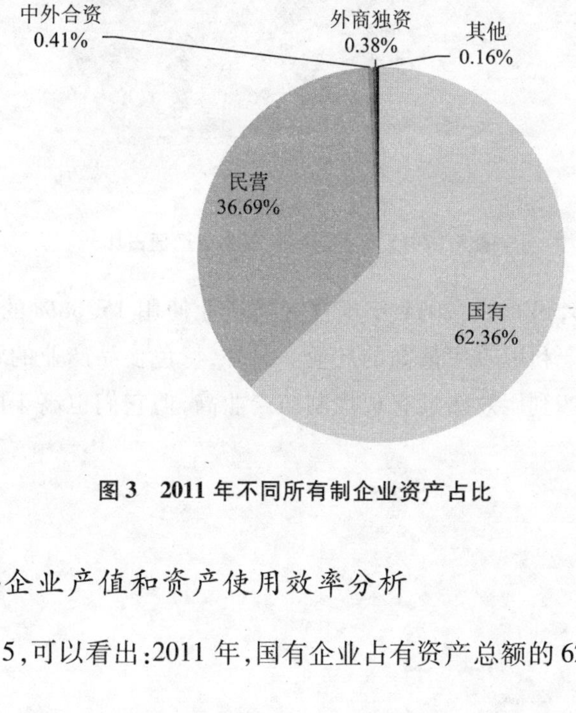

图 3　2011 年不同所有制企业资产占比

（三）2011 年企业产值和资产使用效率分析

比较图 3 和图 5，可以看出：2011 年，国有企业占有资产总额的 62.36%，但其产值只占了54.14%,民营企业的资产总额只占有36.69%的比重,产值却占了42.95%,因此从2011年的数据表现来看,民营企业明显地比国有企业能够更有效率地使用资产资源。

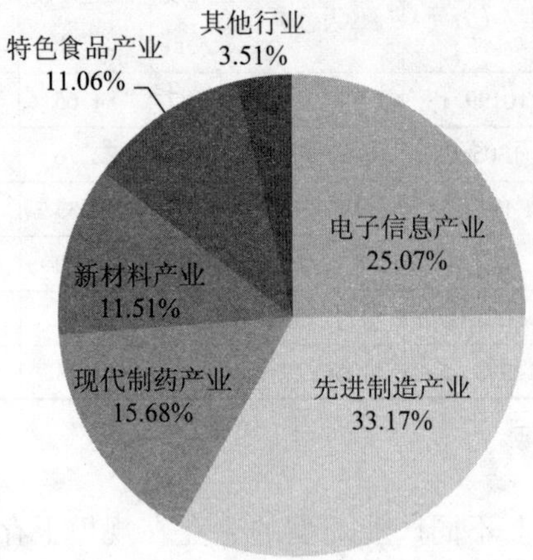

图4 2011年各产业资产占比

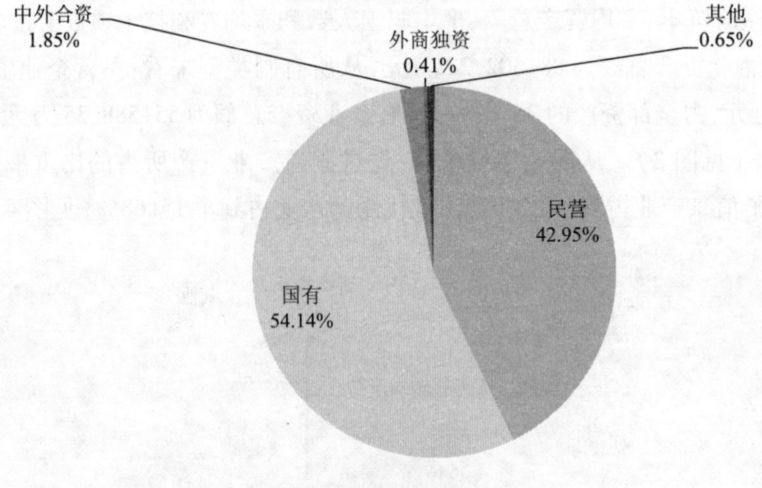

图5 2011年不同所有制企业产值占比

比较图4和图6,可得出:2011年现代制药产业使用15.68%的总资产,却生产出29%的总产值,是资产利用效率最高的产业。另外,特色食品产业的资产占比也小于其产值占比,尽管其资产利用效率没有现代制药产业高,但它们也高于电子信息产业和先进制造产业。

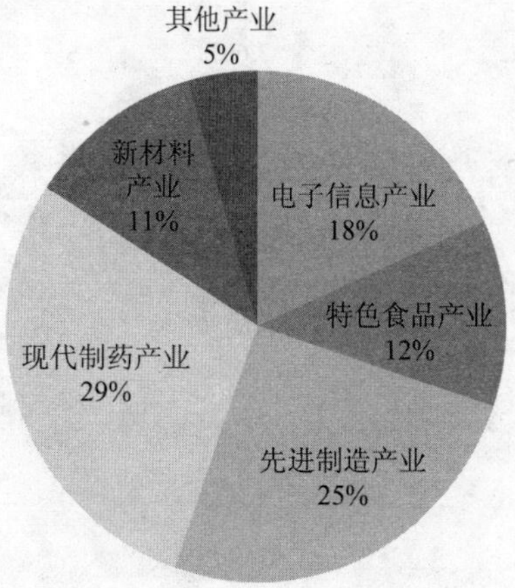

图6 2011年各产业产值占比

(四)2011年职工人数的统计分析

2011年职工人数19455人,其中,民营企业职工人数7261人,国有企业职工人数11543人。国有企业职工人数占比最大,各所有制企业职工人数比重见图7。如图8中所示,不同产业中先进制造产业职工人数所占比重最大,达到了34.20%。

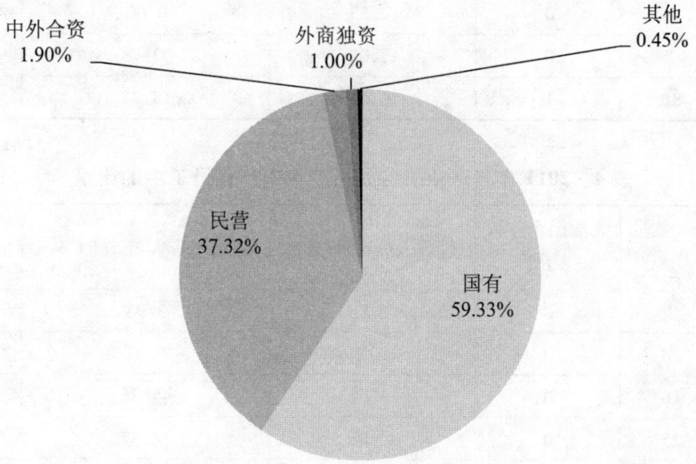

图7 2011年不同所有制类型职工人数占比

从表3和表4中可以看出:在相同的所有制类型企业中比较各类员工占比时,生产工人所占比重均是最大的。如果比较不同所有制类型的同一类员工占比时,我们发现民营企业员工中销售人员比重是各所有制类型中最高的,达到了27.87%,国有企业销售人员占比仅为6.35%,这表明民营企业比别的所有制类型企业更重视市场销售。从产业类型来看,现代制药产业其市场销售人员所占比重最大,达到了45.36%。

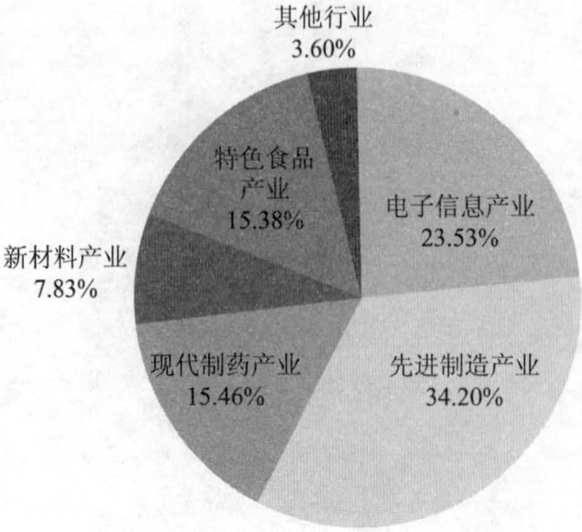

图 8　2011 年不同产业类型职工人数占比

表 3　2011 年各所有制类型的各类员工在该类型企业员工中的比重

所有制类型	企业数量(家)	无数据企业数(家)	管理人员比重(%)	市场销售人员比重(%)	生产工人比重(%)
国有企业	24	1	16.87	6.35	55.60
民营企业	50	0	15.67	27.87	43.20
中外合资企业	3	0	23.85	23.04	53.12
外商独资企业	1	0	17.53	0.00	82.47
其他类型企业	3	0	17.05	22.73	60.23
合计	81	1	16.56	14.71	51.22

表 4　2011 年各产业的各类员工在该产业员工中的比重

产业类型	企业数量(家)	无数据企业数(家)	管理人员比重(%)	市场销售人员比重(%)	生产工人比重(%)
电子信息产业	7	0	16.86	3.98	63.65
先进制造产业	28	0	19.39	6.04	56.19
现代制药产业	10	0	11.91	45.36	22.28
新材料产业	15	0	20.08	18.37	63.39
特色食品产业	10	0	12.57	19.99	41.34
其他产业	9	1	17.14	5.14	62.57
全体样本	80	1	16.56	14.71	51.22

(五)企业主要原材料来源地统计分析

如表 5 所示,使用本地原材料较多的产业有现代制药产业、新材料产业,而电子信息产业完全不使用本地原材料;从表 6 则可以看出,使用本地原材料较多的是民营企业,而外商独资企业不使用本地原材料。

表5 各产业企业主要原材料来源地分布(家)

产业类型	企业数量	本省	外地	国外	本省+外地	本省+国外	外地+国外	本省+外地+国外	其他
电子信息产业企业	7	0	6	0	0	0	1	0	0
特色食品产业企业	10	4	6	0	0	0	0	0	0
先进制造产业企业	29	9	13	0	3	0	1	1	2
现代制药产业企业	10	5	3	0	2	0	0	0	0
新材料产业企业	15	7	6	0	0	0	0	1	1
其他产业企业	10	2	2	0	1	0	0	0	5
合计	81	27	36	0	6	0	2	2	8

注:其他指的是没有填写原材料来源的企业数量,共有8家。

表6 各所有制类型企业主要原材料来源地分布(家)

所有制类型	企业数量	本省	外地	国外	本省+外地	本省+国外	外地+国外	本省+外地+国外	其他
民营企业	50	19	19	0	5	0	1	1	5
国有企业	24	8	12	0	0	0	1	1	2
中外合资企业	3	0	1	0	1	0	0	0	1
外商独资企业	1	0	1	0	0	0	0	0	0
其他类型企业	3	0	3	0	0	0	0	0	0
合计	81	27	36	0	6	0	2	2	8

注:其他指的是没有填写原材料来源的企业数量,共有8家。

(六)企业资本的运营效益与安全状况

这里,我们使用资本保值增值率来反映企业资本的运营效益与安全状况。资本保值增值率是指企业本年末所有者权益扣除客观增减因素后同年初所有者权益的比率。该指标表示企业当年资本在企业自身的努力下的实际增减变动情况,反映了投资者投入企业资本的保全性和增长性,该指标越高,表明企业的资本保全状况越好,所有者权益增长越快,债权人的债务越有保障,企业发展后劲越强。一般而言,资本保值增值率若为100%,说明企业不盈不亏,保本经营,资本保值;若大于100%,说明企业有经济效益,资本在原有基础上实现了增值。

从有数据的72家乌当区规模企业来看,超过半数的企业在大多数年份实现了资本的保值增值。更具体地,近五年来有62.5%的企业在大多数年份资本有所增加,资本保值增值率高于100%,并且,有22.22%的企业资本保值增值率高于全国平均水平120%;只有37.5%的企业在大多数年份资本有所减少,资本保值增值率低于100%。分行业来看,近五年来,电子信息产业、特色食品产业、先进制造产业、现代制药产业、新材料产业、其他产业中,分别有42.86%、60%、69.23%、62.5%、76.92%、37.5%的企业在大多数年份资本保值增值率高于100%,资本有所增加,企业发展后劲较强。比较来看,新材料产业、先进制造产业、现代制药产业、特色食品产业中,资本保值增值率高于100%的企业所占比例较高,均在60%以上且依次递减。这表明从行业的角度来看,这四个行业企业资本的运营效益与安全状况良好。

从企业性质来看,近五年中,国有企业和民营企业中分别有52.38%和68.29%的企业资本保值增值率高于100%。除此以外,其他所有制企业中有60%的企业资本保值增值率高于100%。比较来看,在参加调查的国有、民营等性质的企业中,民营企业中资本保全状况良好、企业发展后劲较强的企业所占比例最高,其他所有制企业居中,国有企业最低。

(七)企业经营风险

这里,我们使用资产负债率来反映企业经营风险的大小和企业利用债权人所提供的资金从事经营活动的能力。资产负债率是指公司年末的负债总额同资产总额的比率,其是评价一个企业负债水平的综合指标,可以体现该企业总资产中有多少是通过负债筹集的。除此以外,资产负债率还是一项衡量一个企业利用债权人资金进行经营活动能力的指标,反映债权人发放贷款的安全程度。从企业经营者的角度来看,如果资产负债率过高,超出债权人的心理承受程度,企业就借不到钱;如果企业不举债,或者企业资产负债率过低,则说明企业在经营过程中比较谨慎,不轻易借款进行投资,或者是自有资金比较充足,暂时还不需要大规模地举债。一般情况下,企业的资产负债率应控制在50%左右。

表7 资产负债率处于各个区间的企业所占比例(%)

	小于40%	40%~60%	60%~100%	高于100%	合计
电子信息产业企业	50	50	—	—	100
特色食品产业企业	25	37.5	37.5	—	100
先进制造产业企业	35	20	45	—	100
现代制药产业企业	28.57	42.86	28.57	—	100
新材料产业企业	30	40	20	10	100
其他产业企业	25	50	25	—	100
国有企业	42.11	36.84	15.79	5.26	100
民营企业	25.81	29.03	45.16	—	100
其他所有制企业	40	60	—	—	100
全部企业	32.73	34.55	30.91	1.82	100

从有数据的55家乌当区规模企业来看,除西众塑胶最近几年资产负债率高于100%,企业已经没有净资产或资不抵债以外,其他企业的资产负债率均处于100%以下,

企业的经营风险均不高。具体来看,乌当区有数据的规模企业中,大约有67.28%的企业资产负债率小于或等于60%,达到全国平均水平。更具体地,乌当区有32.73%的规模企业资产负债率小于40%,处于较低水平,除了意味着企业的偿债能力较强外,还意味着这些企业如果不是对前途信心不足,利用债权人资本进行经营活动的能力较差,则可能是企业决策层在经营过程中比较谨慎,不轻易借款进行投资,或者是自有资金比较充足,暂时还不需要大规模地举债。34.55%的规模企业资产负债率比较合适,处于40%~60%。30.91%的企业资产负债率相对较高,处于60%~100%。只有1.82%的企业资产负债率高于100%,处于资不抵债的情况。此外,从行业的角度比较来看,电子信息产业的企业整体资产负债率均较低,没有一家企业资产负债率高于60%;先进制造产业的企业整体资产负债率相对较高,处于60%~100%的企业占了45%。这意味着在几个行业中,电子信息产业的经营风险最低,而先进制造产业最高。从企业所有制性质的角度比较来看,民营企业的资产负债率普遍高于国有和其他所有制企业,意味着民营企业的经营风险相对国有企业等相对要高些。有关数据,详见表7。

(八)企业流动资产的利用效率

企业流动资产的周转速度,是指一定时期内流动资产完成的周转次数,它反映的是全部流动资产的利用效率。一般而言,企业流动资金周转速度快,会相对节约流动资产,提高资金的利用效率,等于相对扩大资产投入,增强企业盈利能力;而流动资金周转速度变慢,则形成资金浪费,需要补充流动资产参加周转,降低企业盈利能力。在企业内部,通过对该指标的分析对比,一方面可以促进加强内部管理,充分有效地利用其流动资产,如降低成本、调动暂时闲置的货币资金创造收益等;另一方面也可以促进企业采取措施扩大生产或服务领域,提高流动资产的综合使用效率。

从有数据的70家乌当区规模企业来看,除极少部分企业的流动资产周转率大起大落,波动较大以外,绝大多数企业的流动资产周转率均相对稳定,并且,电子信息产业企业的年流动资产周转率大致分布在5~15次/年,特色食品企业的年流动资产周转率主要集中在4~35次/年,先进制造产业企业的年流动资产周转率除贵州贵王电器有限公司等3家流动资产周转率较高的企业以外,其他企业的年流动资产周转率大都集中在5~40次/年,现代制药产业企业的年流动资产周转率10~30次/年,其他企业的年流动资产周转率都在20次左右。总之,从整体上看,乌当区规模企业流动资产的周转率近些年来绝大部分均高于全国平均水平1.52次。比较来看,在几个行业中,电子信息产业企业流动资产的周转率相对较低。这可能是由于行业生产特性的不同所造成的。从企业的所有制性质来看,国有企业的年流动资产周转率主要集中在5~25次/年,民营企业的年流动资产周转率主要集中于10~30次/年,其他所有制企业的年流动资产周转率主要集中于10~40次/年。比较来看,国有企业流动资产周转率要相对低些。

(九)企业的经济效益

这里,我们使用成本费用利润率来反映企业投入的生产成本及费用的经济效益,同时也反映企业降低成本所取得的经济效益。所谓成本费用利润率是指企业一定期间的利润总额与成本、费用总额的比率,它表明企业每付出一元成本费用可获得多少利润,体现的是经营耗费所带来的经营成果。一般而言,企业的成本费用利润率越高,企业的经济效益越好。

根据参加调查的74家乌当区规模企业的成本费用利润率可知,这些企业的经济效益大都比较稳定,企业年成本费用利润率主要集中在1%~29%,但是,只有48.65%的企业成本费用利润率高于全国平均水平3.71%。更具体地,电子信息产业企业的年成本费用利润率差异较大,分布在2%~29%,并且71.43%的企业成本费用利润率高于全国平均水平3.71%。特色食品产业企业中,除天龙魔芋的成本费用利润率大起大落外,其他企业的年成本费用利润率主要集中在2%~10%,77.78%的企业成本费用利润率高于全国平均水平3.71%。在先进制造产业企业中,新泰光电、汇通华城、贵州众达机电设备有限公司、振兴铝镁的成本费用利润率近年来一直较高,企业经济效益较好,贵州合力液压有限公司、铂安科技、新豪光电成本费用利润率大起大落,贵航能发、中国振华电子集团百智科技有限公司、贵州同净环保科技有限公司、贵阳云雾磨料有限公司、麦克奥迪(贵阳)仪器有限公司等企业的年成本费用利润率多次出现负值,有的甚至是大额负值,企业经济效益较差。除此以外,其他先进制造产业企业的成本费用利润率基本处于1%~15%。从总体上看,先进制造产业企业中,只有35.71%的企业成本费用利润率高于全国平均水平3.71%。在现代制药产业企业中,贵州西创制药有限公司、贵阳卫生材料厂的年成本费用利润率持续出现负值,企业经济效益较差不见好转,贵阳永乐药业有限公司的年成本费用利润率虽然多次出现负值,但企业经济效益状况近些年逐步改善。除此以外,其他制药企业的年成本费用利润率基本处于2%~10%,个别企业甚至更高。从总体上看,现代制药产业企业中,有62.5%的企业成本费用利润率高于全国平均水平3.71%。在新材料产业企业中,贵州恒鑫混凝土工程有限公司、西众塑胶等企业的年成本费用利润率多次出现负值,有的甚至是大额负值,企业经济效益较差。万业包装、时代沃顿、贵阳太能太阳能科技发展有限公司的年成本费用利润率较高,企业经济效益较好。新材料产业其他企业的成本费用利润率主要集中在1%~10%。从总体上看,新材料产业企业中,只有28.57%的企业成本费用利润率高于全国平均水平3.71%。就其他行业的企业来看,除贵阳经纬印刷厂以外,剩余企业的年成本费用利润率多次出现负值,企业经济效益较差。

比较来看,特色食品产业、电子信息产业和现代制药产业企业的经济效益相对较好,企业成本费用利润率相对较高。从企业的所有制性质来看,部分国有企业的经济效益较好,但从总体情况来看,国有企业和民营企业的年成本费用利润率主要都集中在0% ~20%,表明乌当区这两种性质企业的经济效益相差不大。此外,国有企业、其他所有制企业和民营企业中,企业成本费用利润率高于全国平均水平3.71%的企业所占比例依次递减,分别为59.09%、44.44%、44.19%(见表8)。

表8　企业成本费用利润率高于全国平均水平的企业所占比例(%)

电子信息产业企业	特色食品产业企业	先进制造产业企业	现代制药产业企业	新材料产业企业	其他产业企业	国有企业	民营企业	其他企业	全部企业
71.43	77.78	35.71	62.50	28.57	12.5	59.09	44.19	44.44	48.65

(十)企业产销衔接状况

这里,我们使用产品销售率来反映乌当区规模企业的产销衔接情况。所谓产品销售率,是指报告期企业销售产值与同期企业全部总产值之比,其可用来反映企业产品已实现销售的程度,是分析企业产销衔接情况,研究企业产品满足社会需求程度的指标。一般而言,企业的品销售率越大,表明产品在生产领域和流通领域中存留的时间越少,企业产销衔接状况越好,企业资金周转越快。

根据企业近六年大多数年份的产品销售率来看,参加调查的66家乌当区规模企业中,65.15%的企业产销状况衔接很好,产品销售率高于90%,13.64%的企业产销状况衔接良好,产品销售率位于80~90%之间,15.15%的企业产销衔接状况稍差,产品销售率处于50~80%之间;6.06%的企业产销衔接状况极差,产品销售率低于50%。从全国的平均水平来看,60.61%的规模企业产品销售率高于全国平均值96%。

表9　产品销售率处于各个区间的企业所占比例(%)

	小于50%	50% ~80%	80% ~90%	90% ~100%	高于100%	合计
电子信息产业企业	—	—	42.86	42.86	14.29	100
特色食品产业企业	—	25	—	62.50	12.5	100
先进制造产业企业	—	11.11	14.81	40.74	33.33	100
现代制药产业企业	50	50	—	—	—	100
新材料产业企业	9.09	18.18	9.09	36.36	27.27	100
其他产业企业	—	—	14.29	85.71	—	100
国有企业	4.76	9.52	19.05	38.10	28.57	100
民营企业	5.13	20.51	12.82	43.59	17.95	100
其他所有制企业	16.67	—	—	66.67	16.67	100
全部企业	6.06	15.15	13.64	43.94	21.21	100

分行业来看,电子信息产业企业的产销衔接状况普遍较好,产品销售率全部在80%以上,其中,42.86%的企业产品销售率高于全国工业企业的平均水平96%,产品销售率高于100%的企业在行业中所占比例为14.29%,产品销售率位于90%~100%的企业所占比例为42.86%,产品销售率位于80%~90%的企业所占比例也为42.86%。现代制药产业企业的产销衔接状况相对较差,产品销售率普遍低于80%,并且,产品销售率低于50%和位于50%~80%的企业在行业中所占比例各为50%。特色食品产业大部分企业的产销状况良好,75%的企业产品销售率高于90%,其中,62.5%的企业产品销售率高于全国平均水平96%,而12.5%的企业产品销售率高于100%。25%的特色食品企业产品销售率位于50%~80%。先进制造产业的情况与此类似,70.37%的企业产品销售率高于全国平均水平96%,而74.07%的企业产品销售率高于90%,其中,40.74%的企业产品销售率位于90%~100%,33.33%的企业产品销售率高于100%。14.81%的先进制造产业企业产品销售率位于80%~90%,11.11%的先进制造企业产品销售率位于50%~80%。新材料产业企业的产销衔接状况一般,只有63.63%的企业产品产销率位于全国平均水平96%以上,9.09%的企业产品产销率低于50%。

除以上五个支柱产业以外的其他产业,企业产销衔接状况普遍较好,产品产销率均在80%以上,并且,有85.71%的企业产品销售率高于全国平均水平96%。总之,比较来看,电子信息产业、特色食品产业中企业产销衔接状况普遍较好,现代制药产业中企业产销衔接状况普遍较差。从企业性质来看,外资等企业、国有企业、民营企业中产品销售率高于全国平均水平的企业所占比例依次分别为83.33%、57.14%、58.97%,而产品销售率高于90%的企业所占比例依次为83.34%、66.67%、61.54%。

(十一)企业成长状况和发展能力

这里,我们使用产品销售增长率指标来评价企业成长状况和发展能力。所谓销售增长率,是指企业本年销售增长额与上年销售额之间的比率,其值反映了企业产品销售的增减变动情况。由于从产品销售额的长期变化趋势来观察,产品销售额的变化情况与产品的生命周期有密切联系,即当一种产品的市场销售额呈直线上升时,该产品通常处于成长阶段;当一种产品的销售额稳定且增长幅度趋于疲软时,该产品通常处于成熟阶段;当一种产品的销售额连续下降时,该产品通常处于衰退阶段。所以,我们可以根据一种产品销售量增减快慢的速度,来判定、预测该产品处于生命周期的哪个阶段。

具体来看,产品销售年增长率的变化特点在产品经济生命周期的不同阶段有着明显的区别。在产品的导入期或试销期,销售的年增长率很低,小于10%,但在不断提高;进入产品的成长期后,销售的年增长率迅速提高,通常大于10%,并且到成长期后期达到最高增速;在成熟期到来的初期,销售的年增长率还暂时维持在高水平上,但很快达到顶峰并开始下降,下降的速率一般要比成长期增长的速率快一些,最后达到零增长率。总之,这一阶段产品的销售增长率处于0.1%～10%之间。再往后,产品的销售进入了衰退期,销售年增长率不仅不再提高,而且开始出现负增长,即产品销售增长率会小于0,产品即将退出市场。

表10　产品处于各个生命周期阶段的企业所占比例(%)

	导入期	成长期	成熟期	衰退期	合计
电子信息产业企业	—	85.71	14.29	—	100
特色食品产业企业	—	77.78	22.22	—	100
先进制造产业企业	7.41	37.04	14.81	40.74	100
现代制药产业企业	—	100	—	—	100
新材料产业企业	—	58.33	8.33	33.33	100
其他产业企业	—	80	—	20	100
国有企业	—	52.38	9.52	38.10	100
民营企业	5.41	67.57	10.81	16.22	100
其他所有制企业	—	55.56	22.22	22.22	100
全部企业	2.99	61.19	11.94	23.88	100

从参加调查的67家乌当区规模企业近些年的产品销售增长率指标及其变化情况来看,企业产品处于导入期,即企业产品销售增长率在0.1%～10%之间且很不稳定的企业在总企业中占2.99%;企业产品处于成长期,即企业产品销售增长率在大于10%的企业在总企业中占61.19%;企业产品处于成熟期,即企业产品销售增长率在0.1%～10%之间的企业在总企业中占11.94%;企业产品处于衰退期,即企业产品销售增长率小于0的企业在总企业中占23.88%。分行业来看,电子信息产业企业的产品85.71%处于成长期,14.29%处于成熟期;特色食品产业企业的产品77.78%处于成长期,22.22%处于成熟期;先进制造产业企业的产品7.41%处于导入期,37.04%处于成长期,14.81%处于成熟期,40.74%处于衰退期;现代制药产业所有企业的产品都处于成长期;新材料产业企业的产品58.33%处于成长期,8.33%处于成熟期,33.33%处于衰退期;其他产业企业的产品80%处于成长期,20%处于衰退期。比较来看,现代制药产业企业的产品全部处于成长期,电子信息产业和特色食品产业企业的产品只分布于成长期和成熟期这两个时期,新材料产业企业的产品分布于成长期、成熟期和衰退期这三个时期,先进制造产业企业的产品分布于整个产品生命周期。从企业所有制性质来看,国有企业的产品52.38%处于成长期,9.52%处于成熟期,38.1%处于衰退期;民营企业的产品5.41%处于导入期,67.57%处于成长期,10.81%处于成熟期,16.22%处于衰退期;其他所有制企业的产品55.56%处于成长期,22.22%处于成熟期,22.22%处于衰退期。比较来看,国有企业和其他所有制企业的产品主要分布在成长期、成熟期和衰退期,而民营企业的产品分布于整个产品生命周期。

(十二)企业发展潜力

这里,我们使用资本积累率这一体现企业当年资本积累能力的指标,来评价企业的发展潜力。所谓资本积累率,是指企业本年所有者权益增长额同年初所有者权益的比率。一般而言,资本积累率指标包括如下几方面的含义:第一,资本积累率是企业当年所有者权益总的增长率,反映了企业所有者权益在当年的变动水平。第二,资本积累率体现了企业资本的积累情况,是企业发展强盛的标志,也是企业扩大再生产的源泉,展示了企业的发展潜力。第三,资本积累率反映了投资者投入企业资本的保全性和增长性,该指标越高,表明企业的资本积累越多,企业资本保全性越强,应付风险、持续发展的能力越大。第四,该指标如为负值,表明企业资本受到侵蚀,所有者利益受到损害,应予充分重视。

表 11 资本积累率为正负值的企业各占比例(%)

	资本积累率为负值	资本积累率为正值	合计
电子信息产业企业	28.57	71.43	100
特色食品产业企业	—	100.00	100
先进制造产业企业	26.92	73.08	100
现代制药产业企业	25.00	75.00	100
新材料产业企业	16.67	83.33	100
其他产业企业	50.00	50.00	100
国有企业	33.33	66.67	100
民营企业	21.05	78.95	100
其他所有制企业	10.00	90.00	100
全部企业	23.19	76.81	100

从有数据的 69 家乌当区规模企业近几年的资本积累率指标及其变化情况来看,近几年企业扩大再生产的能力下降,企业发展潜力减弱,企业资本有所减少,资本积累率为负值的企业在总企业中所占比例为 23.19%;近几年企业扩大再生产的能力上升,企业发展潜力增强,企业存在资本积累,资本积累率为正值的企业在总企业中所占比例为 76.81%。分行业来看,近些年来,电子信息产业有 28.57% 的企业资本有所减少,71.43% 的企业资本出现增加;特色食品产业所有企业都在进行资本积累;先进制造产业有 26.92% 的企业资本受到侵蚀,有所减少,73.08% 的企业资本出现增加,企业再生产能力有所扩大;现代制药产业有 25% 的企业资本有所减少,75% 的企业资本有所增加;新材料产业有 16.67% 的企业资本受到侵蚀,有所减少,83.33% 的企业资本出现增加,企业再生产能力有所扩大。除以上产业以外的其他产业,资本减少和增加的企业各占 50%。比较来看,各产业内存在资本积累的企业所占百分比均在 50% 以上,特色食品产业、新材料

产业、现代制药产业、先进制造产业、电子信息产业、其他产业依次递减,并且特色食品产业内所有企业都存在资本积累,企业生产能力都有所扩大,企业发展潜力较强。从企业性质来看,33.33%的国有企业近年来资本存量受到侵蚀,资本积累率为负值,66.67%的国有企业存在资本积累,资本积累率是正值;民营企业中有21.05%的企业近年来资本有所减少,再生产能力有所削弱,78.95%的企业存在资本积累,企业生产能力有所扩大;其他所有制企业中,10%的企业资本积累率为负值,企业的生产能力有所降低,90%的企业存在资本积累,企业发展潜力较强。比较来看,在参加调查的国有、民营等性质的企业中,存在资本积累的企业均在本类企业中占60%以上,企业资本保全性强,应付风险、持续发展的能力大,并且,就同种所有制性质企业中存在资本积累的企业所占比例来看,其他所有制企业、民营企业和国有企业的比例依次递减。

(十三)企业资产规模的变化情况

资产是企业用于取得收入的资源,也是企业偿还债务的保障。资产增长是企业发展的一个重要方面,发展性高的企业一般能保持资产的稳定增长。这里,我们使用总资产增长率来体现乌当区规模企业资产规模的增长状况。所谓总资产增长率,又名总资产扩张率,是企业本年总资产增长额同年初资产总额的比率。一般而言,一个企业总资产增长率越高,表明该企业一定时期内资产经营规模扩张的速度越快。

表12　总资产增长率为正负值的企业各占比例(%)

	总资产增长率为负值	总资产增长率为正值	合计
电子信息产业企业	42.86	57.14	100
特色食品产业企业	30.00	70.00	100
先进制造产业企业	25.93	74.07	100
现代制药产业企业	37.50	62.50	100
新材料产业企业	46.15	53.85	100
其他产业企业	75.00	25.00	100
国有企业	59.09	40.91	100
民营企业	46.34	53.66	100
其他所有制企业	70.00	30.00	100
全部企业	53.42	46.58	100

从有数据的73家乌当区规模企业来看,超过半数的企业在大多数年份总资产有所减少。更具体地,近五年来,有53.42%的企业在大多数年份总资产受到侵蚀,总资产增长率为负值;只有46.58%的企业在大多数年份资产有所增长,总资产增长率为正值。分行业来看,近五年来,电子信息产业有42.86%的企业在大多数年份总资产有所减少,57.14%的企业总资产出现增加;特色食品产业30%的企业在大多数年份总资产有所减

少,70%的企业总资产出现增加;先进制造产业有25.93%的企业总资产受到侵蚀,有所减少,74.07%的企业总资产出现增加,大多数年份企业的总资产增长率为正值;现代制药产业有37.5%的企业总资产有所减少,62.5%的企业总资产有所增加;新材料产业有46.15%的企业总资产受到侵蚀,有所减少,53.85%的企业总资产出现增加,企业总资产增长率为正值。在除以上产业以外的其他产业,总资产减少和增加的企业分别占75%和25%。

比较来看,近五年来大多数年份总资产有所增加的企业在行业中所占比例,也即发展性高的企业在行业中所占比例,先进制造产业、特色食品产业、现代制药产业、电子信息产业、新材料产业、其他产业依次递减,并且保持资产稳定增长,即总资产增长率为正值的企业在行业企业中所占比例除其他产业低于50%,为25%以外,其余产业均高于50%。从企业性质来看,近五年来,过半数的国有企业在大多数年份总资产有所减少,总资产增长率为负值,只有40.91%的国有企业总资产有所增加,总资产增长率是正值;民营企业中有46.34 %的企业近年来总资产有所减少,53.66%的企业总资产有所增加,总资产增长率为正值;其他所有制企业中,70%的企业总资产增长率为负值,30%的企业大多数年份总资产有所增加。比较来看,在参加调查的国有、民营等性质的企业中,民营企业中发展性高、保持资产稳定增长的企业所占比例最高,国有企业居中,其他所有制企业最低。

二、乌当区规模以上工业企业经营情况和发展趋势分析

本部分通过调研收集到2007—2011年企业经营数据,对乌当区规模以上工业企业的发展情况进行分析。

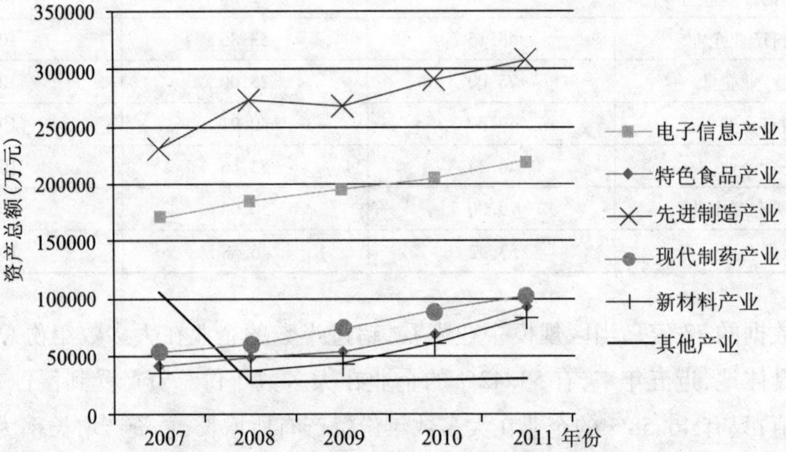

图9 2007—2011年各产业资产总额变化情况

(一)2007—2011 年乌当区规模以上工业企业资产变化情况

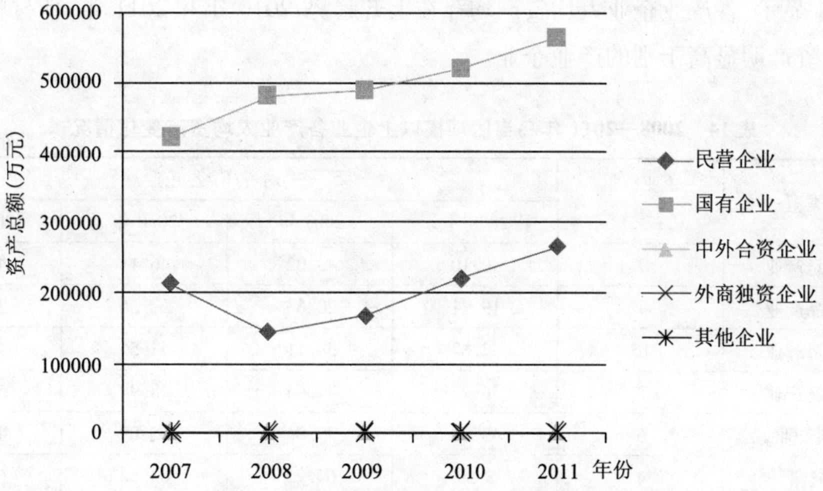

图 10　2007—2011 年各所有制企业资产总额变化情况

表 13　2008—2011 年乌当区规模以上企业不同所有制企业人均资产①变化情况

所有制类型	企业数量(家)	人均资产(万元)			
		2008 年	2009 年	2010 年	2011 年
民营企业	26	24.96	30.54	38.85	42.76
国有企业	17	43.03	42.31	44.69	49.58
中外合资企业	2	17.92	14.62	14.24	13.17
外商独资企业	0	无职工人数数据	—	—	—
其他企业	2	24.64	20.91	16.15	18.28
样本平均	47	36.93	38.10	42.17	46.44

注:由于企业数据填写不完全,因而用于分析的企业只有 47 家。

图 9 显示,从产业类型角度来看,除其他产业这一类型外,别的产业的资产总额在 2007—2011 年均具有增加的趋势,并且资产规模依次排在前三位的是先进制造产业、电子信息产业和现代制药产业。图 10 显示国有企业资产总额明显高于其他所有制类型的企业,民营企业在资产总额上排在了第二位,中外合资企业与外商独资企业其资产规模明显小于国有企业和民营企业。这表明乌当区规模以上工业企业依旧是国内资本占主导地位,国外资本进入较少。图 10 也显示出在 2007—2011 年期间,国有企业和民营企业的资产总额也具有增加的趋势。

① 本年人均资产 = 本年总资产/{(上年职工人数 + 本年职工人数)/2}。

从表13中可以看出:在2008—2011年期间,国有企业或国有控股企业在人均资产方面均高于其他所有制类型的企业,民营企业人均资产排在第二位,并且国有企业和民营企业的人均资产存在明显的上升趋势,中外合资企业的人均资产存在下降趋势。

表14显示,各产业企业人均资产均存在上升趋势,2010年和2011年,新材料产业企业的人均资产明显高于别的产业企业。

表14 2008—2011年乌当区规模以上企业各产业人均资产变化情况

产业类型	企业数量(家)	人均资产(万元)			
		2008年	2009年	2010年	2011年
电子信息产业	7	40.10	43.02	46.11	49.11
特色食品产业	7	19.71	20.63	22.56	27.33
先进制造产业	16	42.87	39.11	43.55	47.09
现代制药产业	7	36.72	44.64	48.94	50.73
新材料产业	6	43.80	37.04	65.89	80.19
其他产业	4	8.39	64.72	63.68	68.51
样本平均	47	36.93	38.10	42.47	46.44

注:由于企业数据填写不完全,因而用于分析的企业只有47家。

(二)2007—2011年乌当区规模以上工业企业产值变化情况

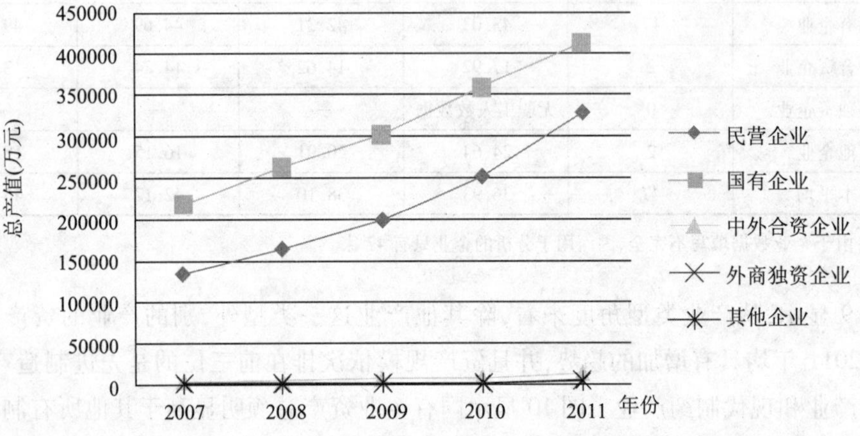

图11 2007—2011年各所有制企业总产值变动情况

图11显示,2007—2011年,国有企业和民营企业总产值具有明显的上升趋势,并且大致具有相同的增长率,其余所有制类型企业总产值增长趋势并不明显。从表15中可以看出,在填写了总产值数据的74家企业中,民营企业总产值的增加值在这74家企业总产值的增加值中的占比呈现明显的上升趋势,并且在2011年成功超过国有企业,在总产

值的增加值中占据了半壁江山,达到55.08%;国有企业总产值增加值的比重却明显地处于下降趋势中,到2011年,占比已经不到40%;其余三种所有制类型企业对增加值的贡献不到6%。表16显示,从具体产业角度来看,2008—2011年,现代制药产业在总产值增加值的贡献上均排名第一,并且其贡献率具有明显上升的趋势。

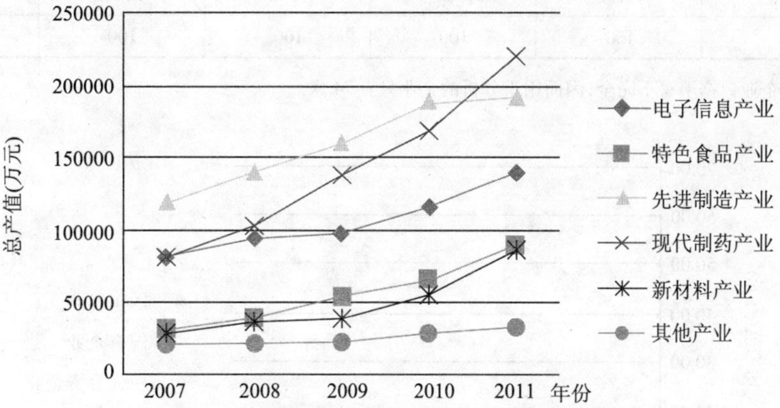

图12 2007—2011年各产业总产值变动情况

表15 2008—2011年各所有制企业总产值增加值在总增加值中的比重

所有制类型	企业数量比重(%)	各所有制企业总产值增加值在总增加值中的比重(%)			
		2008年	2009年	2010年	2011年
民营企业	60.49	38.83	45.09	47.22	55.08
国有企业	29.63	60.43	51.24	50.97	39.20
中外合资企业	3.70	1.18	2.57	0.60	4.24
外商独资企业	1.23	-0.83	-0.48	0.73	0.03
其他企业	4.94	0.39	1.58	0.47	1.44
合计	100	100	100	100	100

注:由于企业数据填写不完全,因而用于分析的企业只有74家。

表16 2008—2011年各产业总产值增加值在总增加值中的比重

产业类型	企业数量比重(%)	各产业总产值增加值在总增加值中的比重(%)			
		2008年	2009年	2010年	2011年
电子信息产业	8.64	18.91	4.67	16.01	16.94
特色食品产业	12.35	11.27	19.28	10.28	17.37
先进制造产业	35.80	28.22	25.73	25.84	2.36

续表

产业类型	企业数量比重(%)	各产业总产值增加值在总增加值中的比重(%)			
		2008年	2009年	2010年	2011年
现代制药产业	12.35	29.66	45.95	27.63	37.28
新材料产业	18.52	10.71	2.54	15.11	22.64
其他产业	12.35	1.23	1.83	5.13	3.41
合计	100	100	100	100	100

注:由于企业数据填写不完全,因而用于分析的企业只有74家。

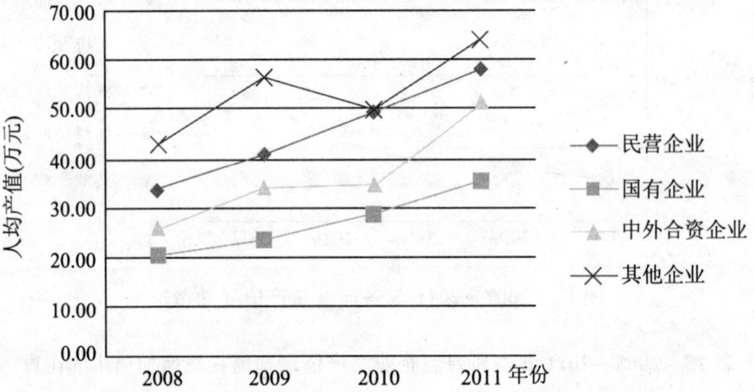

图13 2008—2011年各所有制企业人均产值变动情况

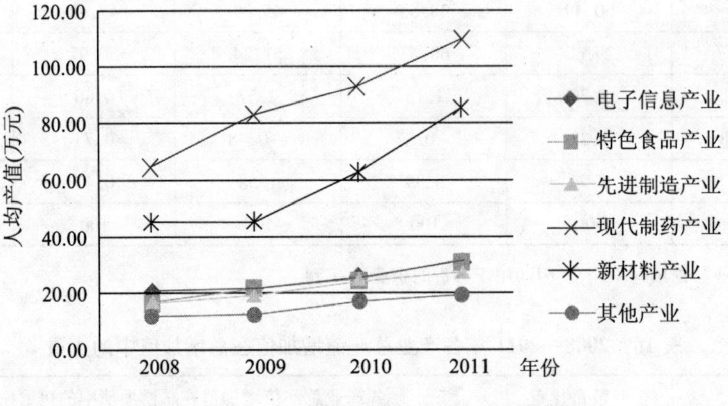

图14 2008—2011年各产业人均产值变动情况

表 17　2008—2011 年乌当区规模以上企业不同所有制企业人均产值变化情况

所有制类型	企业数量（家）	人均产值(万元)			
		2008 年	2009 年	2010 年	2011 年
民营企业	26	33.80	41.09	49.69	58.29
国有企业	17	20.52	23.64	28.72	35.71
中外合资企业	2	26.17	34.37	35.00	51.54
外商独资企业	0	无职工人数数据	—	—	—
其他企业	2	43.20	56.57	50.21	64.49
样本合计	47	24.82	29.42	35.79	43.93

注:由于企业数据填写不完全,因而用于分析的企业只有 47 家。

表 18　2008—2011 年乌当区规模以上企业各产业人均产值变化情况

产业类型	企业数量（家）	人均产值(万元)			
		2008 年	2009 年	2010 年	2011 年
电子信息产业	7	20.75	21.83	26.31	31.58
特色食品产业	7	16.76	21.99	24.63	31.20
先进制造产业	16	17.43	20.03	25.16	27.84
现代制药产业	7	64.54	83.46	93.50	109.72
新材料产业	6	45.26	45.61	62.36	86.03
其他产业	4	12.55	12.72	17.71	19.59
样本平均	47	24.82	29.42	35.79	43.93

注:由于企业数据填写不完全,因而用于分析的企业只有 47 家。

表 17 和表 18 显示:各企业类型的人均产值在 2008—2011 年之间均呈现出上升趋势,从图 13 中可以看出民营企业的人均产值尽管在各所有制企业的人均产值中排名第二,但其上升速度是最稳定的,也是最快的。图 14 显示,从具体产业角度来看,现代制药产业人均产值是最高的,其上升速度也排到了第二位,新材料产业人均产值居于第二位,但 2009 年后其人均产值上升速度是所有产业中最快的。

(三)2008—2011 年乌当区规模以上工业企业资产利用效率①的比较

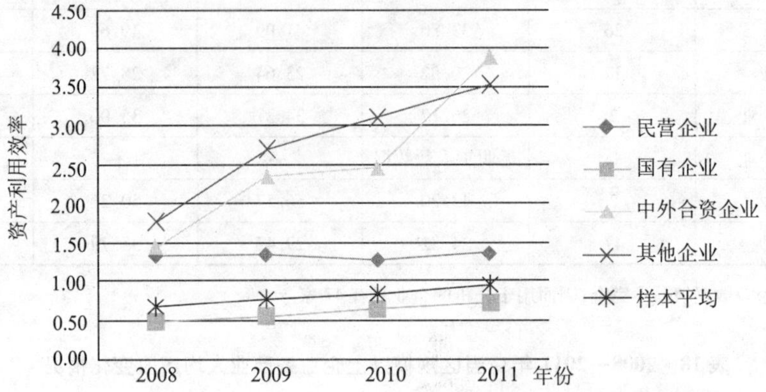

图 15 2008—2011 年各所有制企业资产利用效率

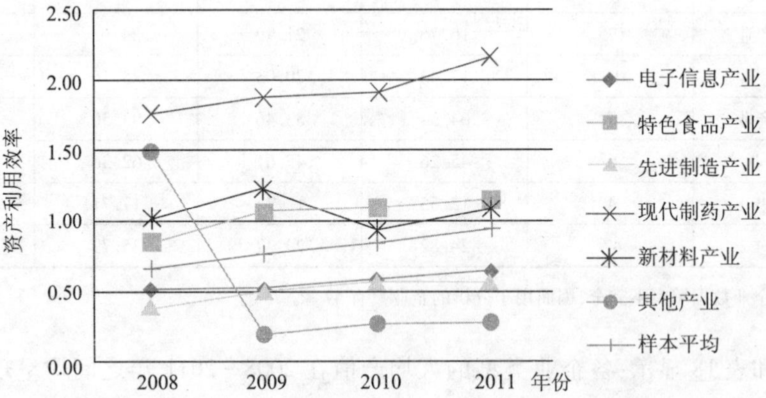

图 16 2008—2011 年各产业资产利用效率

表 19 2008—2011 年乌当区规模以上企业不同所有制企业资产利用效率变化情况

所有制类型	企业数量（家）	资产利用效率			
		2008 年	2009 年	2010 年	2011 年
民营企业	26	1.35	1.35	1.28	1.36
国有企业	17	0.48	0.56	0.64	0.72
中外合资企业	2	1.46	2.35	2.46	3.91
外商独资企业	0	无职工人数数据	—	—	—

① 这里的资产利用效率是用人均产值除以人均资本得到，表示 1 单位人均资产能够生产出的人均产值。

续表

所有制类型	企业数量	资产使用效率			
		2008 年	2009 年	2010 年	2011 年
其他企业	2	1.75	2.70	3.11	3.53
样本合计	47	0.67	0.77	0.85	0.95

注:由于企业数据填写不完全,因而用于分析的企业只有 47 家。

表 20　2008—2011 年乌当区规模以上企业各产业资产利用效率变化情况

产业类型	企业数量	资产利用效率			
		2008 年	2009 年	2010 年	2011 年
电子信息产业	7	0.52	0.51	0.57	0.64
特色食品产业	7	0.85	1.07	1.09	1.14
先进制造产业	16	0.41	0.51	0.58	0.59
现代制药产业	7	1.76	1.87	1.91	2.16
新材料产业	6	1.03	1.23	0.95	1.07
其他产业	4	1.50	0.20	0.28	0.29
样本平均	47	0.67	0.77	0.84	0.95

注:由于企业数据填写不完全,因而用于分析的企业只有 47 家。

图 15 和表 19 显示出国有企业资产利用效率是最低的,并且低于整个样本的平均资产利用效率;民营企业的资产利用效率要高于国有企业和样本平均值,但要低于中外合资企业和其他类型的企业。

图 16 和表 20 显示现代制药产业的资产利用效率在各类产业中排名第一,远远高于其他产业,并且存在缓慢上升的趋势;电子信息产业和先进制造产业的资产利用效率较低,并且低于整个样本平均值。

(四)2007—2011 年企业技术人员变动情况

2007—2011 年,企业技术人员数量不是很稳定,主要是专职研发人员数量波动,而一般技术人员的数量比较稳定。这可能意味着有特定专长的人员流动性较大,或者企业研发工作的变化。

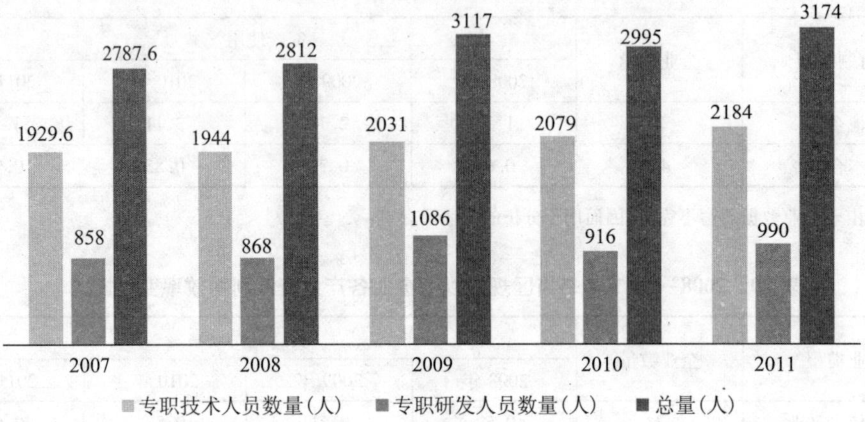

图 17 2007—2011 年企业技术人员数量图

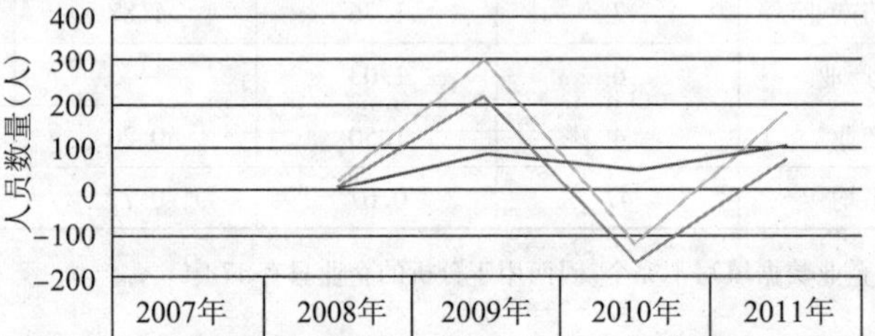

	2007年	2008年	2009年	2010年	2011年
专职技术人员数量变化		14.4	87	48	105
专职研发人员数量变化		10	218	-170	74
总量变化		24.4	305	-122	179

图 18 2007—2011 年企业技术人员数量变化图

(五)2007—2011 年企业利润变动情况

2011 年,国有企业利润占比 61%,超过其产值所占比重(54%),而民营企业利润占比 38% 则远小于其产值占比(43%)。这种差异与其所在行业相关。民营企业所处行业比国有企业更具竞争性,利润空间可能更小。

但从发展趋势看,近五年来国有企业利润占比一直在下降,民营企业利润占比却一直在上升。利润增长趋势上,民营企业似乎有更好的势头。其他所有制企业的利润变化趋势不够稳定。

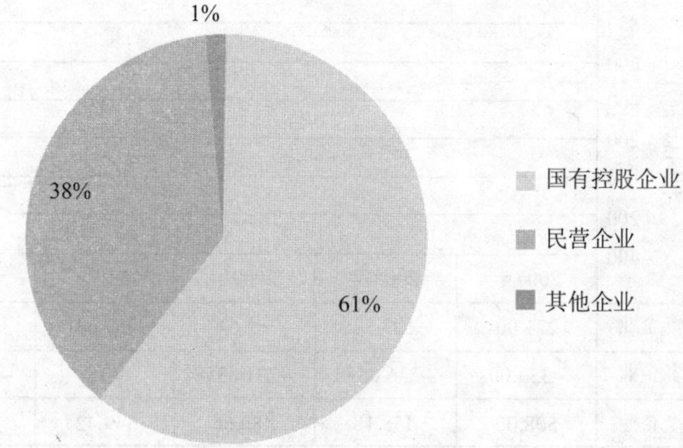

图 19 2011 年各所有制企业利润总额占比(不含外商独资企业)

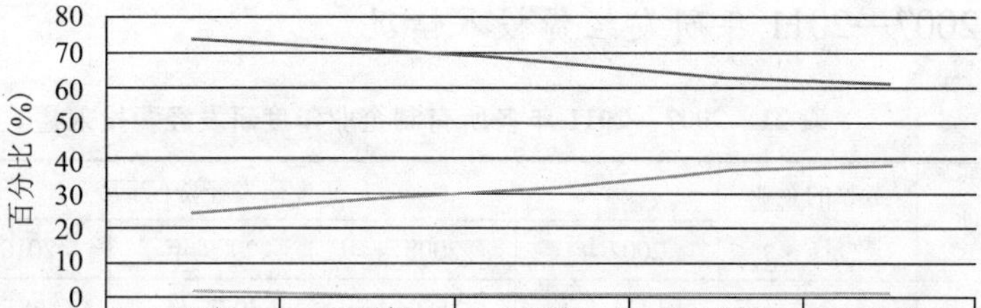

	2007年	2008年	2009年	2010年	2011年
—国有控股企业	74	71	68	63	61
—民营企业	24	28	31	36	38
—其他企业	2	1	1	1	1

图 20 2007—2011 年各所有制企业利润总额占比变化情况(不含外商独资企业)

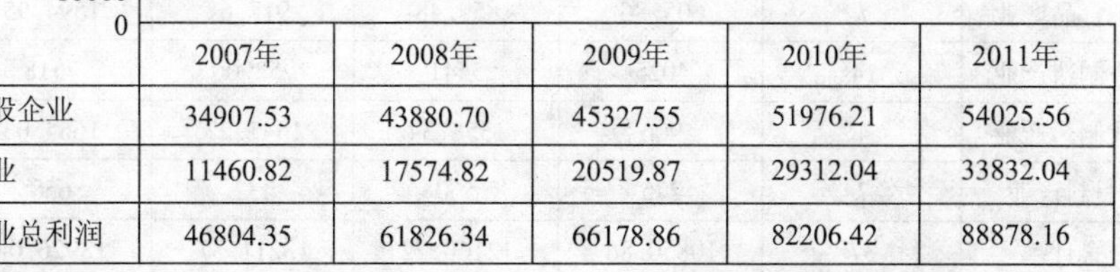

	2007年	2008年	2009年	2010年	2011年
——国有控股企业	34907.53	43880.70	45327.55	51976.21	54025.56
——民营企业	11460.82	17574.82	20519.87	29312.04	33832.04
——所有企业总利润	46804.35	61826.34	66178.86	82206.42	88878.16

图 21 2007—2011 年国有企业、民营企业和所有企业利润总额变化图

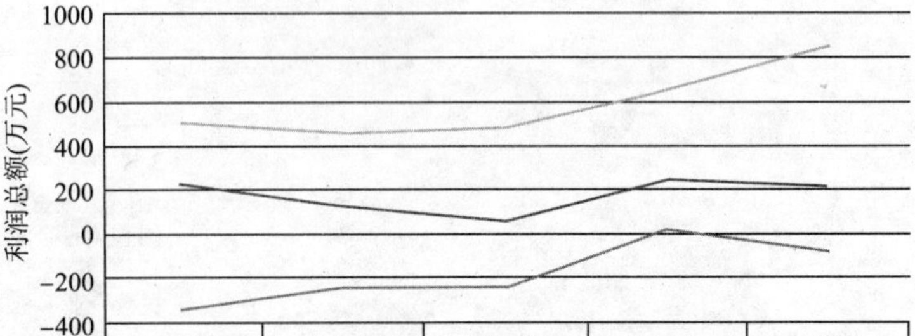

	2007年	2008年	2009年	2010年	2011年
—— 中外合资企业	221.00	127.32	62.64	237.64	222.89095
—— 外商独资企业	−333.00	−236.0594	−231.6358	9.15	−71.39476
—— 其他类型企业	508.00	458.18	480.66	649.42	854.26

图22　2007—2011 中外合资企业、外商独资企业和其他类型企业利润变化图

(六)2007—2011 年研发经费投入情况

表 21　2007—2011 年各所有制企业年度研发经费投入量

所有制类型	考察的企业数量(家)	年度研发经费(万元)				
		2007 年	2008 年	2009 年	2010 年	2011 年
民营企业	21	1734.86	2550.96	3077.15	4385.88	5421.75
国有企业	14	9106	9467.9	9995.5	14388.06	16531
中外合资企业	1	5	131.86	122.72	126.1	145
外商独资企业	0	无研发经费数据	0	0	0	0
其他类型企业	1	5	10	16	26	30
合计	37	10850.86	12160.72	13211.37	18926.04	22127.75

注:由于较多企业没有填写研发经费数据,因此这里只有 37 家企业。

表 22　2007—2011 年各产业年度研发经费投入量

产业类型	考察的企业数量(家)	年度研发经费(万元)				
		2007 年	2008 年	2009 年	2010 年	2011 年
电子信息产业	5	5089	3941.9	5024.5	7491.06	7041
特色食品产业	7	605.86	859.48	917.6	1594.95	1458.97
先进制造产业	14	4025	5441	5290	7518	10179
现代制药产业	4	906	1358.34	1547.27	1664.03	2713.78
新材料产业	7	225	560	432	658	735
合计	37	10850.86	12160.72	13211.37	18926.04	22127.75

表23　2007—2011年各所有制企业年度研发经费占比

所有制类型	企业数量占比(%)	各年各所有制企业研发经费占比(%)				
		2007年	2008年	2009年	2010年	2011年
民营企业	56.76	15.99	20.98	23.29	23.17	24.50
国有企业	37.84	83.92	77.86	75.66	76.02	74.71
中外合资企业	2.70	0.05	1.08	0.93	0.67	0.66
外商独资企业	0.00	无研发经费数据	—	—	—	—
其他类型企业	2.70	0.05	0.08	0.12	0.14	0.14
合计	100.00	100.00	100.00	100.00	100.00	100.00

表24　2007—2011年各产业年度研发经费占比

行业	企业数量占比(%)	各年各产业研发经费占比(%)				
		2007年	2008年	2009年	2010年	2011年
电子信息产业	13.51	46.90	32.42	38.03	39.58	31.82
特色食品产业	18.92	5.58	7.07	6.95	8.43	6.59
先进制造产业	37.84	37.09	44.74	40.04	39.72	46.00
现代制药产业	10.81	8.35	11.17	11.71	8.79	12.26
新材料产业	18.92	2.07	4.60	3.27	3.48	3.32
合计	100.00	100.00	100.00	100.00	100.00	100.00

表25　2007—2011年各所有制企业年度研发经费投入强度①

所有制类型	考察的企业数量	各年研发经费投入强度(%)				
		2007年	2008年	2009年	2010年	2011年
民营企业	21	2.61	3.39	2.97	3.32	3.46
国有企业	14	5.57	4.89	4.46	5.39	5.71
中外合资企业	1	0.25	7.02	4.51	3.93	3.45
外商独资企业	0	无研发经费数据	—	—	—	—
其他类型企业	1	0.64	1.08	0.90	1.22	0.95
样本平均	37	4.66	4.48	3.98	4.68	4.88

表26　2007—2011年各产业年度研发经费投入强度

产业类型	考察的企业数量	研发经费投入强度(%)				
		2007年	2008年	2009年	2010年	2011年
电子信息产业	5	7.67	4.99	5.8	7.46	5.73

① 研发经费投入强度是研发经费占销售收入的百分比。

续表

产业类型	考察的企业数量	研发经费投入强度(%)				
		2007 年	2008 年	2009 年	2010 年	2011 年
特色食品产业	7	1.93	2.22	1.85	2.72	2.04
先进制造产业	14	4.01	4.74	3.92	4.58	6.54
现代制药产业	4	3.47	4.51	3.69	3.1	4.15
新材料产业	7	2.64	6.17	2.26	2.66	2.13
样本平均	37	4.66	4.48	3.98	4.71	4.92

从表21、表23和表25中可以看出:国有企业每年在研发经费投入的绝对量上远远超过别的所有制类型企业,并且呈现出明显的上升趋势;国有企业每年研发经费占有研发经费数据的37家企业总研发经费的比重超过了74%,但具有下降的趋势;国有企业研发经费投入强度除了在2008年低于中外合资企业,其余年份都是最大的。民营企业每年在研发经费投入的绝对量和在总研发经费的占比上都仅低于国有企业,但在研发经费投入强度上除了低于国有企业外,2008年以后也低于中外合资企业。

从表22、表24和表26中可以看出:先进制造产业从2008年后在研发经费投入的绝对量和占比上均处于第一位,而电子信息产业2007年在研发经费投入绝对量和占比上居于第一位,2008年后仅次于先进制造产业;这两个产业在研发经费投入绝对量上均有上升的趋势,但在研发经费占比上表现却不一样,先进制造产业具有上升趋势,电子信息产业具有下降趋势;现代制药产业无论在绝对量还是在占比上均排在第三位,并且都呈现出上升趋势;在研发经费投入强度上特色食品产业明显低于其他产业,除先进制造产业有上升趋势外,其他产业没有明显的趋势。

(七)2007—2011年政府对企业税收减免和政府对企业补贴情况

表27 2007—2011年各所有制企业获得政府税收减免和扶持、补贴资金额

所有制类型	享受高新企业减免税额(万元)					获得政府扶持、补贴资金数额(万元)				
	2007 年	2008 年	2009 年	2010 年	2011 年	2007 年	2008 年	2009 年	2010 年	2011 年
民营企业	392.84	346.7	771.58	892.3	855.19	650	815	1587.86	1740.6	2467.6
国有企业	1930.11	2688	3444.5	2594.47	3265.54	2348.34	2069	3775	4379.76	5303.5
中外合资企业	0	0	0	0	0	0	0	53.5	49	0
外商独资企业	0	0	0	0	0	0	0	0	0	0
其他类型企业	0	0	0	0	0	0	0	0	0	0
全体调研企业	2322.95	3034.7	4216.08	3486.77	4120.73	2998.34	2884	5416.36	6169.36	7771.1

表28 2007—2011年各所有制企业获得政府税收减免、扶持、补贴资金总额

所有制类型	每年各所有制企业获得税收减免、政府扶持、补贴资金总额(万元)					
	2007年	2008年	2009年	2010年	2011年	合计
民营企业	1042.84	1161.7	2359.44	2632.9	3322.79	10519.67
国有企业	4278.45	4757	7219.5	6974.23	8569.04	31798.22
中外合资企业	0	0	53.5	49	0	102.5
外商独资企业	0	0	0	0	0	0
其他类型企业	0	0	0	0	0	0
全体调研企业	5321.29	5918.7	9632.44	9656.13	11891.83	42420.39

表29 2007—2011年各所有制企业获政府税收减免和扶持、补贴资金额在其总产值中的比重

所有制类型	各所有制享受高新企业减免税额在其总产值中的比重(%)					各所有制获得政府扶持、补贴资金数额在其总产值中比重(%)				
	2007年	2008年	2009年	2010年	2011年	2007年	2008年	2009年	2010年	2011年
民营企业	0.29	0.21	0.39	0.35	0.26	0.48	0.50	0.80	0.69	0.75
国有企业	0.88	1.02	1.14	0.72	0.79	1.07	0.78	1.24	1.22	1.28
中外合资企业	0.00	0.00	0.00	0.00	0.00	0.00	0.00	0.71	0.59	0.00
外商独资企业	0.00	0.00	0.00	0.00	0.00	0.00	0.00	0.00	0.00	0.00
其他类型企业	0.00	0.00	0.00	0.00	0.00	0.00	0.00	0.00	0.00	0.00
全体调研企业	0.64	0.69	0.82	0.56	0.54	0.82	0.66	1.05	0.99	1.01

表30 2007—2011年各所有制企业获得政府税收减免、扶持、补贴资金总额在其总产值的比重

所有制类型	各所有制企业获得税收减免、政府扶持、补贴资金总额在其总产值中所占的比重(%)					
	2007年	2008年	2009年	2010年	2011年	合计
民营企业	0.77	0.71	1.18	1.05	1.01	0.97
国有企业	1.95	1.80	2.38	1.94	2.07	2.04
中外合资企业	0.00	0.00	0.71	0.59	0.00	0.25
外商独资企业	0.00	0.00	0.00	0.00	0.00	0.00
其他类型企业	0.00	0.00	0.00	0.00	0.00	0.00
全体调研企业	1.46	1.35	1.87	1.54	1.55	1.57

从表27至表30,以及图23和图24可以看出:国有企业在税收减免、政府扶持和补贴金额上无论是在绝对金额数量还是在其总产值中的比重上均远远大于其他所有制类型,如果说国有企业在高新企业减免税方面多于别的所有制类型是源于国有企业在科研、技术方面的投入较大,是一种合理的表现,那么国有企业在政府扶持和补贴方面多于别的所有制类型就可能缘于政府对别的所有制类型事实上的不重视。

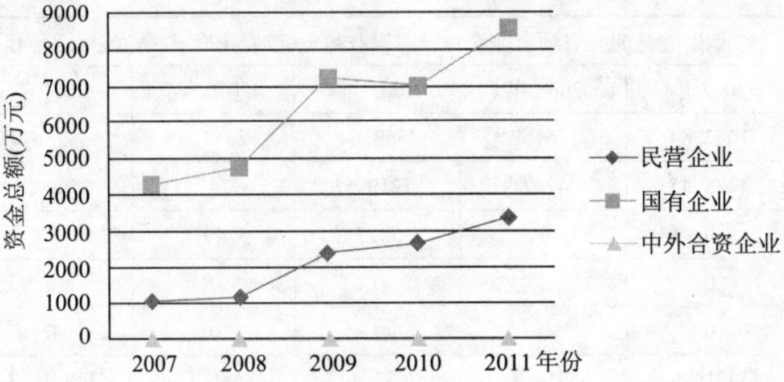

图23 2007—2011年各所有制企业获得税收减免、政府扶持、补贴资金总额情况

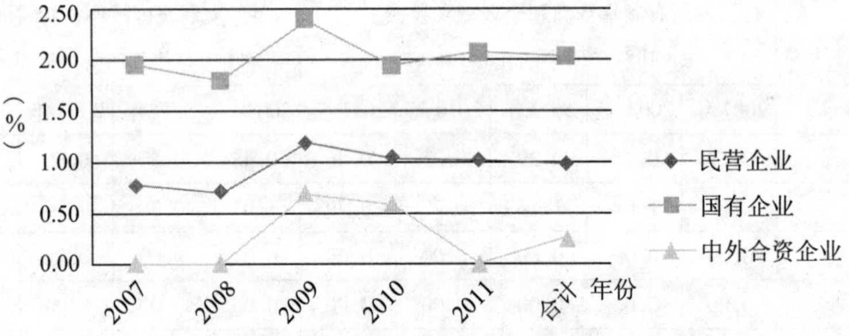

图24 2007—2011年各所有制企业获得税收减免、政府扶持、补贴资金总额在其总产值中的比重

表31 2007—2011年各产业获得政府税收减免和扶持、补贴资金额

产业类型	享受高新企业减免税额(万元)					获得政府扶持、补贴资金数额(万元)				
	2007年	2008年	2009年	2010年	2011年	2007年	2008年	2009年	2010年	2011年
电子信息产业	864.11	929	1096	936.47	1207.54	2089.5	1419	1702	1882.76	2900.5
特色食品产业	0	118	0	0	0	195	155	180	320	220
先进制造产业	621	1196	1954	987	1383	370	228	1813	1279	1693
现代制药产业	457.7	348.7	824	1080.3	891.3	255	372	893.5	697.7	647
新材料产业	365.14	443	342.08	483	638.89	88.84	710	827.86	1989.9	2310.6
其他产业	15	0	0	0	0	0	0	0	0	0
全体调研企业	2322.95	3034.7	4216.08	3486.77	4120.73	2998.34	2884	5416.36	6169.36	7771.1

表32 2007—2011年各产业获得政府税收减免、扶持、补贴资金总额

产业类型	各产业获得税收减免、政府扶持、补贴资金总额(万元)					
	2007年	2008年	2009年	2010年	2011年	合计
电子信息产业	2953.61	2348	2798	2819.23	4108.04	15026.88
特色食品产业	195	273	180	320	220	1188
先进制造产业	991	1424	3767	2266	3076	11524
现代制药产业	712.7	720.7	1717.5	1778	1538.3	6467.2
新材料产业	453.98	1153	1169.94	2472.9	2949.49	8199.31
其他产业	15	0	0	0	0	15
全体调研企业	5321.29	5918.7	9632.44	9656.13	11891.83	42420.39

表33 2007—2011年各产业获得政府税收减免和扶持、补贴资金额在其总产值中的比重

产业类型	各产业享受高新企业减免税额在其总产值中的比重(%)					各产业获得政府扶持、补贴资金数额在其总产值中比重(%)				
	2007年	2008年	2009年	2010年	2011年	2007年	2008年	2009年	2010年	2011年
电子信息产业	1.06	0.97	1.11	0.80	0.86	2.57	1.49	1.72	1.61	2.07
特色食品产业	0.00	0.29	0.00	0.00	0.00	0.61	0.39	0.33	0.48	0.24
先进制造产业	0.52	0.85	1.21	0.52	0.72	0.31	0.16	1.13	0.67	0.88
现代制药产业	0.57	0.34	0.60	0.64	0.40	0.32	0.36	0.65	0.41	0.29
新材料产业	1.27	1.21	0.89	0.87	0.73	0.31	1.93	2.14	3.59	2.65
其他产业	0.07	0.00	0.00	0.00	0.00	0.00	0.00	0.00	0.00	0.00
全体调研企业	0.64	0.69	0.82	0.56	0.54	0.82	0.66	1.05	0.99	1.01

表34 2007—2011年各产业获得政府税收减免、扶持、补贴资金总额在其总产值的比重

产业类型	各产业获得税收减免、政府扶持、补贴资金总额在其总产值中的比重(%)					
	2007年	2008年	2009年	2010年	2011年	合计
电子信息产业	3.63	2.46	2.83	2.41	2.92	2.82
特色食品产业	0.61	0.68	0.33	0.48	0.24	0.42
先进制造产业	0.82	1.01	2.34	1.19	1.59	1.43
现代制药产业	0.88	0.70	1.24	1.05	0.70	0.91
新材料产业	1.58	3.14	3.03	4.46	3.39	3.33
其他产业	0.07	0.00	0.00	0.00	0.00	0.01
全体调研企业	1.46	1.35	1.87	1.54	1.55	1.57

从表31至表34以及图25和图26中可以看出:电子信息产业在税收减免、政府扶持和补贴方面占据着优势地位,每年获得的政府资金支持是最多的,并且其在总产值所占比重也远高于除新材料产业以外的其他产业,而新材料产业尽管在政府资金支持的绝对

数量上没有电子信息产业多,但其在总产值的比重除2007年均高于电子信息产业。特色食品产业获得政府资金支持方面无论是绝对数量还是相对于其总产值的比重均处于倒数第二的位置。

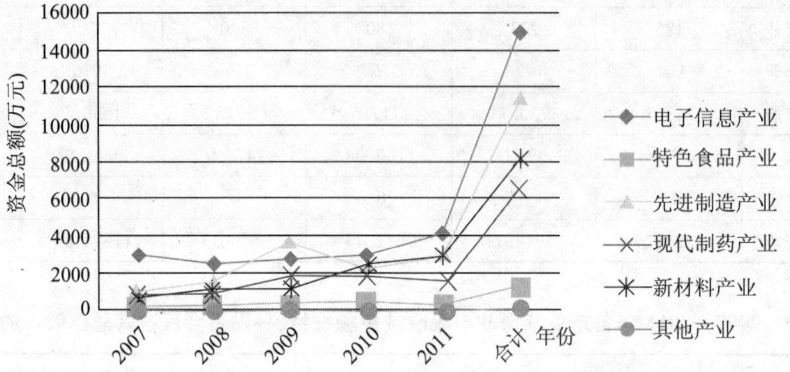

图25 2007—2011年各产业获得税收减免、政府扶持、补贴资金总额情况

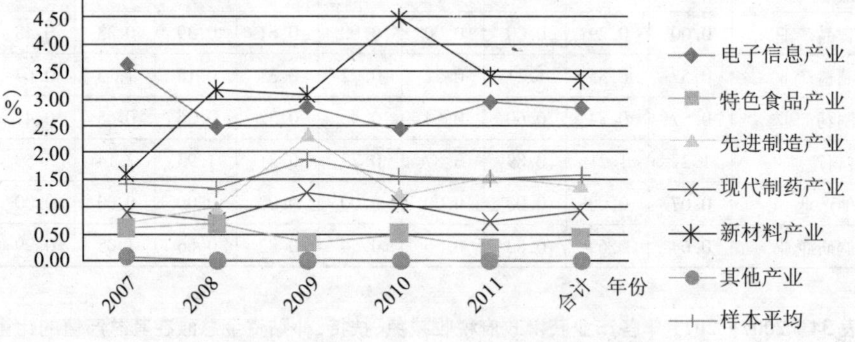

图26 2007—2011年各产业获得税收减免、政府扶持、补贴资金总额在其总产值中的比重

三、主要结论

国有企业规模无论是从资产总量上来看还是人均资产量来看均高于民营企业,外资企业数量太少,人均资产规模偏低,显示乌当区规模以上工业企业主要是以内资为主,外资利用较少。

国有企业在整个规模以上工业企业总产值中的占比要大于民营企业,但在每年总产值增加值的贡献方面,民营企业明显呈现出一种上升趋势,并于2011年超过国有企业排名第一。在反映劳动生产率大小的人均产值方面,民营企业要高于国有企业;现代制药产业人均产值最高,并且在总产值增加值的贡献方面在2007—2011年期间一直排名第一。在资产利用效率上，民营企业要好于国有企业，但如果排除掉无法对所有制类型进行归类而归入其他类型，中外合资企业是资产利用效率最好的所有制类型。在产业类型中，现代制药产业是资产利用效率最好的产业。

在同一所有制和产业类型企业的职工分类中，生产工人均是数量最多的。但在不同所有制之间进行比较时，民营企业销售人员的占比是最大的，不同产业类型中，现代制药产业的销售人员占比是最大的。这些表明民营企业比国有企业、现代制药产业、其他产业类型更重视销售。

乌当区规模以上工业企业在利用本地资源上存在明显不足，这反映在主要原材料主要来源于外地上。利用本地原材料较多的产业为现代制药产业和新材料产业，而利用本地原材料较多的所有制类型是民营企业。

研发经费投入上，无论是在研发经费投入数量还是研发经费投入强度上，国有企业均强于民营企业。现代制药产业研发经费投入强度要少于电子信息产业和先进制造产业。

政府对企业的资金支持上明显存在所有制和产业差异性，国有企业在2007—2011年期间获得的政府资金为31798.22万元，民营企业在此期间获得的政府资金为10519.67万元，国有企业是民营企业的3倍；国有企业在此期间获得的政府资金占这一期间国有企业总产值的2.04%，而民营企业只能占到0.97%。2007—2011年期间，在获得政府资金方面，电子信息产业（15026.88万元）、先进制造产业（11524万元）、新材料产业（8199.31万元）、现代制药产业（6467.2万元）、特色食品产业（1188万元）依次减少，并且差距较大。各产业获得政府资金在其总产值所占的比重也存在较大差异，新材料产业是3.33%，电子信息产业是2.82%，先进制造产业是1.43%，现代制药产业是0.91%，特色食品产业是0.42%。

资金供给方面银行发挥的作用还不够突出，企业自有资金所占比重过大。资金的杠杆效率较低。企业技术人才来源上超过55%的企业是自己培养技术人才，其余主要来源市场招聘，并且只有22.22%的企业认为自己的技术人才满足自己企业的发展需要。这可能表明技术人才市场不够发达，也可能由于企业认为自己培养的技术人才更适合企业的发展需要。总之，企业普遍缺乏足够的技术人才。

从企业资本的运营效益与安全状况来看，近些年来，尽管过半数的乌当区规模企业在大多数年份实现了资本的保值增值，但是只有22.22%的企业资本保值增值状况优于全国工业企业的平均水平。分行业来看，新材料产业、先进制造产业、现代制药产业、特色食品产业这四个产业中企业资本的运营效益与安全状况相对较好。从企业所有制性质来看，民营企业中资本保全状况良好、企业发展后劲较强的企业所占比例最高，其他所有制企业居中，国有企业最低。

从企业经营风险的角度来看，除西众塑胶最近几年资不抵债，经营风险较高以外，其他企业的经营风险均不高,并且大约有67.28%的企业经营风险低于全国平均水平。分行业来看,电子信息产业企业的经营风险整体最低,而先进制造产业企业的经营风险整体最高。从企业所有制性质的角度比较来看,民营企业的经营风险普遍高于国有和其他所有制企业。

从企业流动资产的利用效率来看,近些年来,乌当区规模企业流动资产的利用状况较好,基本上处于全国平均水平之上。分产业来看,电子信息产业企业流动资产的周转率相对较低,年流动资产周转率大致分布在5~15次/年。从企业的所有制性质来看,国有企业流动资产周转率较民营和其他所有制企业要低。

从企业经济效益的角度来看,乌当区规模企业的经济效益大都比较稳定,但只有48.65%的企业经济效益高于全国平均水平。分产业来看,电子信息产业企业的经济效益普遍高于其他产业,而特色食品产业、电子信息产业和现代制药产业中,经济效益高于全国平均水平的企业所占比重相对较高并依次递减。从企业的所有制性质来看,国有企业的经济效益相对较好,经济效益高于全国平均水平的企业所占比重接近60%,而民营企业和其他所有制企业中经济效益高于全国平均水平的企业所占比重均接近44%。

从企业产销的衔接状况来看,乌当区规模企业中,60.61%的规模企业产销衔接状况优于全国平均水平。分产业来看,电子信息产业、特色食品产业中企业产销衔接状况普遍较好,现代制药产业中企业产销衔接状况相对较差。从企业所有制性质来看,外资等所有制企业、国有企业、民营企业产销衔接状况逐步变弱。

从企业的成长状况和发展能力来看,乌当区规模企业的产品覆盖了整个的产品生命周期。分别有61.19%和11.94%的企业处于成长期和成熟期,意味着这一部分企业在近些年的收入通常比较稳定。2.99%的企业产品处于导入期,意味着这一部分企业的收入在未来可能波动较大。23.88%的规模企业产品处于衰退期,意味着这一部分企业的收入在未来各年可能日益减少。分产业来看,现在制药产业企业的产品全部处于成长期,电子信息产业和特色食品产业企业的产品只分布于成长期和成熟期这两个时期,新材料产业企业的产品分布于成长期、成熟期和衰退期这三个时期,先进制造产业企业的产品分布于整个产品生命周期。从企业所有制性质来看,国有企业和其他企业的产品主要分布在成长期、成熟期和衰退期,而民营企业的产品分布于整个产品生命周期。

从企业的发展潜力来看,乌当区规模企业中76.81%的企业发展潜力近些年来有所增强。分产业来看,特色食品产业、新材料产业、现代制药产业、先进制造产业、电子信息产业、其他产业中存在资本积累、发展潜力有所增强的企业所占比例依次递减,其中,特色食品产业内所有企业都存在资本积累,新材料产业、现代制药产业、先进制造产业、电子信息产业中存在资本积累的企业所占比例均在70%以上。从企业所有制性质来看,各种所有制企业中资本保全性增强,应付风险、持续发展能力有所增加的企业所占比例大致接近。

从企业资产规模的变化情况来看，近五年来，乌当区规模企业中，有53.42%的企业在大多数年份总资产受到侵蚀，总资产增长率为负值；只有46.58%的企业在大多数年份资产有所增长，总资产增长率为正值。分产业来看，发展性高的企业在行业中所占比例，先进制造产业、特色食品产业、现代制药产业、电子信息产业、新材料产业、其他产业依次递减，并且五大支柱产业中，保持资产稳定增长的企业在产业中所占比例均只高于50%。从企业所有制性质来看，民营企业中发展性高、保持资产稳定增长的企业所占比例最高，国有企业居中，其他所有制企业最低。

影响企业发展的内部和外部主要障碍：内部问题，影响企业经营的最大问题是生产成本太高。人才不足也使很多企业受到困扰，近36%的企业感到人才不足影响企业经营效果。外部影响，这里主要指的是外部环境设施、行业前景以及政府政策的影响。其中，市场竞争激烈和资金困难是主要问题，但影响的企业均不足40家。令人不解的是，在对行业前景影响的回答中，“其他”选项占到59家。这表明还需要更进一步地调查才能真正清楚企业困难所在，同时也表明困扰一般企业的“产能过剩”“利润率低”和“需求萎缩”并不是企业主要困难所在。

政府政策中，对税收太高的选择占企业总数的30%以上，但是近52%企业回答是其他因素影响。这里面的具体问题需要进一步地调查才能明了。

在企业最希望政府做什么的选项中，减税占了50%以上，希望政府加大资金扶持力度占了近68%。这说明企业最希望的还是获得低成本的资金，以减轻资金不足的压力。

四、发展措施建议

在对乌当区规模以上工业企业调研的过程中，我们发现企业面对的困难可以分为三类：第一类是企业自身和当地政府均无力解决的，这些困难是缘于整个国家的大环境，例如由于国家医药主管部门对新药的审批过于苛刻，乌当区的现代制药产业企业近十年没有拿到过新药批准文号。另外，由于全国各地的药品招标过于强调低价格的因素，使那些严格按药典要求进行生产的负责任的现代制药产业企业，因为其生产成本较高而在药品招投标中处于非常不利的地位，甚至有的现代制药产业企业不得不退出药品招标，诸如此类的问题是当地政府和企业无法解决的。但由于这是整个大环境带来的，同行业中的每一个企业均要面对，因而对同一个行业中的企业的影响是一样的。第二类困难也是企业自身和当地政府无力解决的，但这类困难并不是来源于整个国家的大环境，而是由于当地的经济环境和产业环境等方面的原因造成的，如企业比较常见的融资困难和人才缺乏等。这类困难对企业的影响会随着企业所在地的不同而不同，因而会对不同地域企业的竞争力造成影响，但这类困难可以通过改善本地的经济环境和产业环境来加以缓解和不同程度地克服。第三类困难是企业自身无力解决，当地政府能够解决的，比如企业新建厂房的征地和拆迁问题,企业仅仅依靠自身是无能为力的,但在当地政府的支持和帮助下企业是能够比较方便地解决此类问题。具体来说,解决第三类困难必须建立起政府和企业之间良好的沟通渠道,以及政府各部门之间相互配合解决企业具体困难的协作机制,因此可以考虑建立如下的措施:

(一)建立乌当区四套班子领导挂牌联系工业企业制度

这种制度安排必须贯彻两个原则:一是每个行业依据该行业的企业数量安排1~2位领导作为企业的挂牌领导,而且必须保证每个企业只有一位区领导作为挂牌领导,这样才能确保企业在遇到困难时知道该与哪位领导联系和反映;二是每位领导只能挂牌同一行业的企业,这样每位领导才能熟悉和了解这个行业中企业问题的共性和个性问题,这样才能高效率地解决企业的困难。挂牌领导要经常与所挂牌企业进行联系,掌握企业生产经营、融资贷款和企业用工等情况,负责协调企业与市、区有关部门的关系,积极稳妥地帮助企业解决有关困难和问题。另外,作为区工业企业的直接管理和服务机构的区工信局也要按照以上两个原则安排专人负责,一是作为区领导与企业联系的辅助通道,二是完成必要的企业信息收集和整理工作帮助挂牌领导了解企业的真实情况。

(二)加大企业技改贷款贴息和金融放贷奖励力度

用好应用技术研究和开发资金,对规模以上工业企业引进实施技改项目和开发高新技术产品的,由财政提供贷款贴息扶持。政府定期牵头召开银企对接会,为金融机构和企业互通信息提供平台,促成金融机构放贷。对促进乌当区工业发展的金融机构有功人员,年底给予贷款总额一定比例的奖励。组建区担保公司,完善资产运营中心,增强对企业服务的手段。

(三)加强企业用工服务

区劳动和社会保障局每季度对规模以上工业企业开展一次用工需求调查,全面掌握企业急需人员的类型、数量,区政府促进企业与贵州高校和职业技术学院合作,培养企业所需的各类员工,满足企业的用工需求,解决企业招工难以及技术人员不足的问题。

鉴于前面和上面的分析,笔者认为促进乌当区规模以上工业企业发展的措施应该放在解决第二类困难上,通过围绕现有的规模以上工业企业建设工业园区和以现有的规模以上工业企业为核心,促进中小企业发展来改善乌当区经济环境和产业环境,促使乌当区规模以上工业企业快速、稳定发展,为区域经济和社会发展做出更大贡献。

工业园区是一种企业在地理上集中的建设方式,是发达国家在第二次世界大战后为加快经济发展、改善城市布局结构所采取的一种新型建设措施,一般由政府主导,依靠政府推动和市场力量共同作用而形成的加快工业发展的一种新型组织形态。我国工业园区的建设开始于20世纪80年代初,20世纪90年代,我国进入了以吸引外资为主的工业园区开发建设高潮。随着国家扶持政策的出台,各级地方政府出于吸引外资和科研成果产业化的需求,在工业园区和高新技术产业开发区的规划建设中表现出极大的积极性,园区建设迅速成为政府行为下以城市化、工业化为特征的中国现代化的独特方式。

建立工业园区的主要目的是引进资金、技术和人才,实现生产要素的高效集约利用和产业的结构调整与技术升级,通过产业的发展来促进区域经济的发展以及区域竞争力的提升。国内外大量研究表明:要实现建立工业园区的目的,工业园区的开发建设必须要建立在企业集群的基础上。企业集群是指众多按专业化分工的同类或相关产业的企业及其在价值链上相关的支撑企业、机构,以较完善的组织方式在一定空间范围内的柔性集聚。企业集群的内部协同效应和自强化机制是实现产业竞争力提升和促进区域经济的快速发展的必要条件。

如果从企业集群的角度来看,工业园区应该具备两个方面的作用:一方面应是培育产业集群形成的生长点和发动机(对于产业基础薄弱地区);另一方面是促进产业集群(对于初具集群雏形的地区)进一步良性发展的重要组成部分和引导手段。从乌当区规模以上工业企业情况来看,乌当区已经具备了一定的产业基础,但产业集群的发展并不理想,区内各企业之间的产业关联性不强,没有形成良好的分工与协作,也正是由于区内企业集群化不强以及缺少高水平的专业分工与协作,新企业衍生的风险和成本都很高,这又进一步影响了企业集群化程度和工业园区以及工业的发展,这些问题通过乌当区大部分规模以上工业企业原材料依靠省外供给,资金和技术人才方面的需求得不到充分满足表现出来。

以乌当区现有的规模以上工业企业的情况,依据不同产业可考虑两种途径实现工业园区的企业集群。第一个途径针对现代制药产业,通过医药科技产业园的建设将乌当区的制药产业在地域上集中以实现如下三种效应:①集聚效应。由于企业集群地理的集中性,便于基于本地共同文化的非正式制度的形成,既创造了外部经济又提高了集体效率,这样能形成对专业化供应商和专业人才的吸引,有利于聚集专业化信息,形成专业化市场,从而为集群内企业的生产和销售提供有效的支撑,可降低交易成本。②创新效应。地理位置的接近,不仅有利于企业间通过集体学习和“干中学”,促进企业创新,而且,企业集群内部的竞争自强化机制将在集群内形成“优胜劣汰”的自然选择机制,刺激企业创新和新企业的衍生。③资源共享效应。公共物品共享使资源在企业集群内具有更高的使用效率,而区域品牌的共享大大增强了集群内企业的比较竞争优势。因而,通过医药科技产业园的建设,使单个来看在医药行业中地位和影响不一定十分突出的乌当区制药企业相互紧密联系起来成为一个群体,在国内市场上具有较强的竞争力;同时也有助于解决要素市场的建设和发展问题。

第二个途径针对现代电子信息产业和先进制造产业,乌当区内的现代电子信息产业和先进制造业主要是规模较大的国有或国有控股企业,因而可以建设以这些大企业为核心,为这些大企业提供配套服务的中小企业工业园区,以实现大企业和中小企业的共生。这实际上是推动区内企业的产业链延伸,通过充分利用各级结构调整及技术改造专项资金,积极支持乌当区现代电子信息产业和先进制造产业发挥产业集群的龙头作用,依托现有产品上溯下及,搞好深加工,拉长产业链,提高附加值。不仅如此,乌当区的中小企业发展专项资金也要突出支持企业集群中为这些大企业配套的关键零部件、基础件、功能部件生产的中小企业发展,发挥企业集群在产品辐射、技术示范、信息扩散和销售网络中的带动作用。通过大、中、小企业的产业链合作,组成产品和技术联盟,合理分工,带动形成一批优质产品基地,带动更多的中小企业发展,形成更多的就业岗位。

为了加速乌当区企业集群的实现,促进乌当区规模以上工业企业快速稳定发展,政府应该在以下几个方面加大投入:

(1)投入专项资金加快工业化和信息化融合。鼓励区内规模以上工业企业因企制宜,积极采用现代信息技术手段和企业资源计划(ERP)等计算机管理系统,对产品设计开发、生产制造、物资采购、市场营销、能耗计量等环节进行改造,加快信息技术、现代管理技术与企业生产的融合,全面提升运营效率和管理水平。

(2)投入专项资金加快发展电子商务。鼓励区内规模以上工业企业积极构建企业信息门户和电子商务平台,促进业务流程和组织结构的重组与优化,实现资源优化配置和高效利用。

(3)在对企业各种费用减免和补贴上专门安排资金以鼓励区内规模以上工业企业进一步提高资本的质量,通过资产经营和资本经营,采用收购、兼并、参股、控股、转让、租赁等资产重组手段,进行资源的再配置,使资产得到最大限度的增值,改善资本的运营效益与安全状况。

环境价值新论

——基于马克思再生产模型

陈长①

（贵州大学马克思主义经济学发展与应用研究中心）

摘　要：本文以劳动价值论文为基石，围绕资源环境价值、生态环境价值、负价值三个方面展开对环境价值的探究。本文提出了基于劳动价值论基础上的环境新价值结论。即：①把自然资源和生态环境的价值问题作为同一个问题来加以研究，可以把它们统称为“环境价值”；②自然资源和生态环境一旦经人类劳动发现和利用，即进入了经济与环境经济系统的运转过程，则该资源与生态环境就具有了价值；③人类劳动不仅抽象凝结到了人们预期得到的商品之中，而且也抽象凝结到了生态环境和“三废”中；④对在生产过程中所形成的人为污染或毁坏等，需要投入劳动在当期进行治理而形成的价值。该价值的度量不是在自然力上凝结了多少小时的社会必要劳动时间，而是修护、还原成原生态状况下所需要的劳动时间量。为了保证环境与经济系统之间物质循环的正常进行，在一定环境自净力的约束下，通过环境价值可实现负价值的部分或全部补偿。

关键词：环境价值　负价值　马克思再生产模型

环境价值是当代价值理论体系下的核心价值观。魏学好、周浩（2003）认为，环境价值是指减排单位量的污染物，避免“污染经济损失”的价值量。方薇（2004）在其论文《环境价值论》中，拓展了环境价值的理论研究内涵，认为环境价值是自然价值与劳动价值、资源价值与生态价值的叠加，环境价值的形成是自然再生产与社会再生产相结合的过程，体现的是人与环境相统一的辩证关系。当代马克思主义经济学者对环境价值的论述主要集中在《资本论》中自然力价值的讨论。刘静暖（2009）在《自然力经济学》一书中对自然力价值进行了全面的研究论述。她认为：①自然力没有劳动价值也不创造劳动价值；②自然力构成了财富的自然基质和劳动的必备条件。本文从马克思再生产理论出发，探究环境价值新的内涵。对环境价值的研究主要从资源价值、生态环境价值与负价值三个方面展开。

---

① 陈长，女，贵州大学马克思主义经济学发展与研究中心副教授，上海财经大学马克思主义研究院2008级博士研究生。主要研究方向：当代马克思主义经济理论、可持续发展理论。

一、经典马克思再生产模型的历史局限

尽管马克思的社会生产思想中蕴含着前瞻性,然而建立在劳动价值论基础之上的马克思再生产理论是以揭示资本主义社会人与人之间的关系为研究目的的,其现实性决定了资源、生态等环境因素在马克思再生产理论中被舍弃掉了,研究的只是整个经济系统内部的生产资料与生活资料的价值交换与实物替换。马克思再生产模型除了基本假定以外,还存在关于环境的潜在假定条件。以简单再生产为例,两大部类再生产得以实现的条件如图1所示,图中实线框内反映了两大部类之间的物质交换和价值交换。通过第Ⅰ部类生产所提供的生产资料价值与第Ⅱ部类生产所需要的生产资料价值等价交换,同时实现相应的物质替换,从而保证两大部类生产得以进行。图中虚线框内的环境系统作为隐含条件是不予考察的,中间是人的经济活动向环境系统索取的资源,同时不断向环境系统排放废弃物,但是作为物质生产前端及后端最基础的环境系统的变化是不予考虑的。同理,在扩大再生产条件下也可以导出与简单再生产相同的结论。

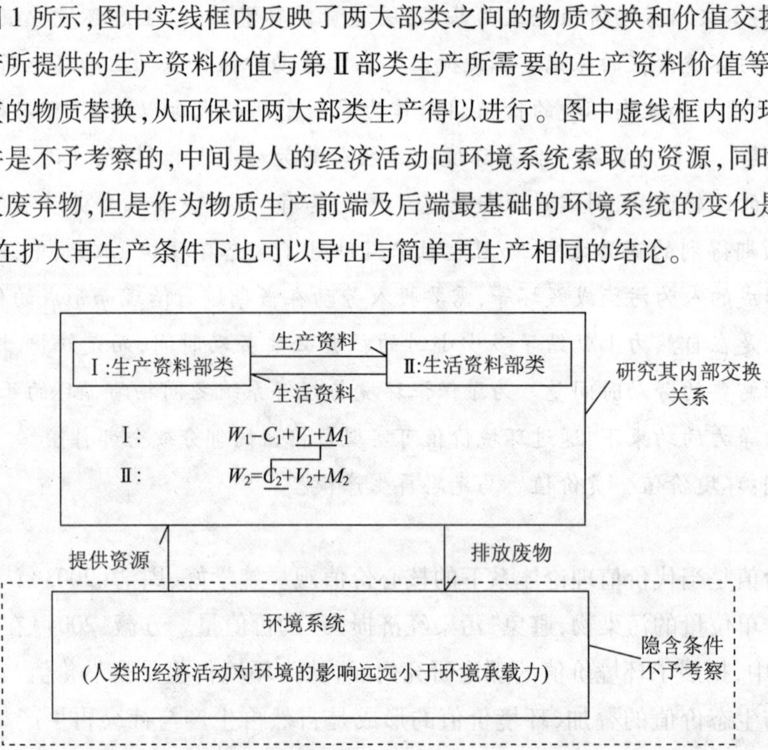

图1 马克思两大部类简单再生产图示

对于图中虚线框内不予考察的隐含条件——环境系统,存在以下两个潜在假定。第一,环境系统可以对上面的实线框提供无限供给,自然资源的价值可以视为等于零。由于传统的经济和价值观念认为没有劳动参与的物品就没有价值,或者认为没有经过交易的物品就没有价值,即二者都认为自然资源,特别是天然的自然资源没有价值,自然资源只是“自由取用品”。第二,经济增长在环境承载的限度之内,在物质再生产中没有把环境成本考虑其中,一个重要原因就是自然资源和环境成本的变化还没有达到影响整个经济发展的程度。因此,人们对于自然资源和环境保护与经济发展的关系的认识,还没有上升到目前的可持续发展的高度。

很显然,马克思再生产中模型的“生产”只限于“物质生产”,环境是作为生产力的构成要素之一,对物质生产发挥作用。在当时历史条件下,这一理论无疑是正确的。如果将经济活动的投入分为物化劳动、劳动力和环境资源等几个部分,则每一部分都必须得到补偿。马克思在《资本论》中已经非常详细地论证了劳动力是必须得到补偿的。物化劳动(包括机器、设备、厂房、自然资源中赋予了人类劳动的部分)也是要得到补偿的。按照马克思的分析,这部分价值实际上是资本的投入。如果资本投入得不到补偿,就不能够买回各种物化劳动,再生产就会萎缩甚至中断。由于在马克思生活的年代,环境资源的稀缺性还没有完全体现出来并且物质再生产的经济活动远远小于环境承载力。因此,在《资本论》中,虽然对再生产过程进行了非常系统的分析,但是从图1可以看出,环境资源具有无限供给性,不存在稀缺性特征,环境资源并没有进入要素市场之中,只是被当作一种已经既定的条件,实现自动补偿。

二、资源环境价值

同一般商品一样,作为人类劳动和自然结合的产物,进入环境与经济系统运行过程的资源和生态环境也是使用价值和价值的统一体。但由于资源和生态环境在进入环境与经济系统运行的全过程中所起的作用(即使用价值)有所不同,就其价值的质的规定也有所不同。

(一)资源价值的质的规定

随着科学技术的发展,社会生产力水平的大大提高,人类劳动同自然资源相结合形成财富的规模大大扩大,这也同时造成社会再生产对自然资源需求的不断扩大,使很多自然资源相对于这种不断扩大的需求而言,其现存量和再生量都表现出日益增长的稀缺性。在这种情况下,就迫使人类投入劳动逐步形成新的人工自然资源产业,一方面要投入劳动使可再生资源得以更新,用人工方法来促使其再生量逐步等于或超过其耗用量;另一方面又要防止经济发展对自然资源的污染,使自然资源保持其作为使用价值的必要的生态环境质量。因此,人类为自然资源的保护和发展所费的劳动,就构成了自然资源的价值实体。所以,不是因为自然资源的稀缺性才使得自然资源具有价值,而是在自然资源稀缺的迫使下,人类必须对自然资源投入劳动,形成新的资源产业,维护或产生新的人工自然资源。正是因为耗费了劳动,才使这种进入环境与系统运行的自然资源具有了价值。①

① 马传栋. 论市场经济条件下自然资源和生态环境的价值及其实现问题[J]. 生态经济,1995(1).

(二)资源价值的量的规定

由于进入环境与经济系统运转的自然资源的使用价值都可作为商品在市场上进行交换,并在这种商品交换中实现其价值。这就使一定自然资源使用价值的生产中存在个别劳动时间和社会必要劳动时间的差别。这种差别可表现在,在同类环境与经济系统条件下的地区,从事同类可进入市场交换的自然资源(如木材、中药材、水产品、农产品、畜牧产品、矿产品等)生产的不同劳动者,由于文化技术水平、劳动熟练程度和劳动强度的差别,因此使生产相同数量、相同质量的自然资源所消耗的劳动时间是有差别的。在这种情况下,决定自然资源价值量的就不是个别劳动时间,而是社会必要劳动时间。"社会必要劳动时间是在现有的社会正常的生产条件下,在社会平均的劳动熟练程度和劳动强度下制造某种使用价值所需要的劳动时间。"①而这种社会必要劳动时间又是随着劳动生产率的变动而变动的。劳动生产率越高,生产单位自然资源所需要的社会必要劳动时间越少,其价值量就较少;反之,劳动生产率越低,生产单位自然资源所需要的社会必要劳动时间就越多,其价值量就较大。所以,自然资源的价值量与体现在该资源产业中的劳动的量成正比,与这一劳动的生产率成反比。

自然资源生产中的生产条件是千差万别的,这就为计算任何一种自然资源生产过程中的社会必要劳动时间增加了困难。马克思在《资本论》第三卷中,曾将这种千差万别的生产条件加以抽象,把它划分为三种生产条件,即中等的、较坏的、较好的三种。这在开采矿产资源、增殖、生产林木资源及农产品资源中都经常遇到。在市场经济的条件下,这些自然资源的价值就是它们的价格围绕运动的重心,而且价格的不断涨落也是围绕这个重心来拉平的。这样,就出现了自然资源的市场价值与不同生产者所生产的自然资源的个别价值的区别。马克思指出:"市场价值,一方面,应看作是一个部门所生产的商品的平均价值;另一方面,又应看作是在这个部门的平均条件下生产的、构成该部门的产品很大数量的那种商品的个别价值。只有在特殊的组合下,那些在最坏条件下或在最好条件下生产的商品才会调节市场价值,而这种市场价值又成为市场价格的中心。"②这就说明,在一般情况下,一种自然资源的价值应看作是在这个部门的平均条件下生产的、构成该部门的产品很大数量的那种自然资源商品的个别价值。随着社会生产力的不断发展,社会经济系统对自然资源的需求与生态系统对自然资源的供给之间出现了日益增大的供求矛盾,致使很多自然资源商品(如铁矿石、木材、石油等)的价值正由生产该种资源商品的个别价值来决定,逐步地变为由劣等条件下生产该种资源商品的个别价值来决定的趋势。这是由于随着近200多年来工业革命的不断发展,人类已优先开采了优等条件和中

---

① 资本论[M].北京:人民出版社,2004:52.

② 资本论[M].北京:人民出版社,2004:199.

等条件的自然资源区域，随着优等条件下自然资源储量的大大减少，迫使当代人和后人正向着中等条件以下的自然资源区域去开发，使中等条件以下开采的自然资源商品（如铁矿石、木材等）的量越来越占据总商品量的大多数。正如马克思所指出的："如果需求非常强烈，以致当价格由最坏条件下生产的商品的价值来调节时也不降低，那么，在这种最坏条件下生产的商品就决定市场价值。这种情况，只有在需求超过通常的需求，或者供给低于通常的供给时才可能发生。"①

三、生态环境价值

马传栋教授（1995）在《论市场经济条件下自然资源和生态环境的价值及其实现问题》一文中指出：现在地球上人口稠密地区的生态系统已找不到这种纯粹的自然生态系统了。如原始森林和处女地在很多人口稠密地区已基本见不到了，甚至过去一直被认为是取之不尽、用之不竭的淡水和天然质量的新鲜空气，在一些城市地区也感到短缺了。人们经常接触的现实的自然资源和生态环境多是经过人为劳动改造过的资源与环境。也就是说，它已经不是自然生态系统的资源与环境，而是生态经济系统的资源与环境，已不是"天然的自然"，而是"人工的自然"了。例如，现在北京市的饮用水和主要水源早已不是不经过劳动就能取得的天然水源，而是以密云水库、官厅水库等为主的人工水源和人工生态环境。而国家、北京市和密云县为了保持密云水库的库容量和二级饮用水的环境质量标准，已投入了并仍在投入着大量的人类劳动：其一，投资修建了拦截潮、白两条河流的大型水库——密云水库；其二，密云县每年拨出几百万元资金用于水库上游的治山造林工作，在水库上游筑起长达 40 多万米的拦沙、拦泥坝和 17 座截流库，造林 152 万亩，使森林覆盖率由过去的 20% 提高到 60% 以上，形成的水土保持体系每年能将 5 亿多吨的泥沙拦截在山林，避免淤入密云水库；其三，密云县为保护水库水质，主动关闭和放弃了几十个可能对水库构成污染的工业项目，放弃了在库区发展旅游业的计划，并投资调整了全县工业布局和行业结构，加强了城乡环境保护工作。所以，当今地球上所有进入了生态经济系统运行的自然资源和生态环境，已不是马克思所说的那种不经投入劳动就能自然成为使用价值的"无价值物"了。由于这类使用价值（即自然资源和生态环境）是有了劳动后才产生的，按照马克思关于价值"只是无差别的人类劳动的单纯凝结，不管以哪种形式进行的人类劳动力耗费的单纯凝结"的理论，它应该具有价值。

（一）生态环境价值的质的规定

从一般的意义上讲，自然资源和生态环境既有区别，又有联系的。这两者之间的联

① 资本论[M].北京：人民出版社，2004：200.

系表现在很多直接构成生产要素的自然资源,必须同时具备一定的生态环境质量,也就是说,生态环境质量已成为自然资源内容的一部分。如马传栋教授所述的北京市水源地的密云水库必须人工保持二级水的环境质量标准。另外,一些自然资源(特别是森林、草原、水域、土壤等)的现存量和再生量的多少,也直接影响一定区域的生态环境质量的高低。如森林覆盖率的高低对一定区域的水土保持和环境污染治理状况都有直接的影响。

正是由于自然资源和生态环境质量间存在上述的内在联系,所以我们才把自然资源和生态环境的价值问题作为同一个问题来加以研究,可以把它们统称为“环境价值”。但我们也只有科学地认识自然资源和生态环境在其使用价值及其进行交换上的不同之处,才能对生态环境的价值问题的质的规定性有更深刻的理解。

一般人工形成的自然资源(如粮食、石油、木材、煤炭、饮用水等)都是可以作为某种初级产品直接进入市场进行商品交换,并在这种商品交换中使其价值得到实现。但是人工生态环境或生态系统的使用价值却往往具有整体有用性、空间不可移性和一定地域的消费者共享性等特点。比如,城市水源地周围的人工水土保持林、水源涵养林、防护林,城市内的风景林和绿化体系等,城市内经治理后具有一定环境质量的大气等,其使用价值都具有这种特点。① 要对生态环境价值的质的规定性有深刻的理解,问题的关键不在于交换形式如何,而在于是否有无差别人类劳动为他人占有和消费。人类作为生态经济系统的主体,既有其个体需求,即为个人需求或私人需求;又有群体需求,即为公共需求或社会需求。在商品经济条件下,可以把满足人类的这两种需求的所有物品和劳务都看作是有价值的商品。而人工生态环境就是一种满足群体需求或社会公共需要的商品。虽然这种商品不像一般商品那样必须通过市场进行有形的、可见的交换,但这种使用价值却通过满足一定范围人在生态环境上的公共需求,而使该使用价值的非生产者享用了生态环境的使用价值。因此,这里确实存在无差别人类劳动为他人占有的形式,这正是人工生态环境价值的质的规定性所在。

(二)生态环境价值的量的规定

由于人工生态环境的使用价值所具有的整体有用性、空间不可移性和区域消费者共享性等特点,所以其使用价值只能在一定地域发生作用,它不能像自然资源商品那样形成频繁的商品交换关系,从而使价值量由社会平均的必要劳动时间决定,这就使生态环境价值的量的规定具有了同自然资源价值的量的规定不同的内涵。其一,由于生态环境使用价值只能在一定地域发生作用,它不能像一般商品那样不受地域限制地参与国内外市场交换,从而产生其市场价值,而是在一定地域内其生产者和消费者都大体上固定不

① 长期以来,传统的经济学理论认为由于马克思关于“‘价值’概念是以产品的‘交换’为前提的”,所以上述生态环境的使用价值不像一般产品那样具有交换性,而是具有共享性。据此否认生态环境价值的存在。

变。所以,创造生态环境使用价值的劳动缺乏在全社会的平均化机制,这就使生态环境价值量只能由产生该使用价值的个别价值(即个别劳动时间)来决定。如同是建立城市二级或三级的地面水环境质量,以使城市水生态环境保持一定的使用价值,处于富水地区的广州市同缺水地区的天津市相比,其投入的劳动量就大不相同,从而使其个别价值量也很不相同。其二,在同一个生态环境使用价值的作用地域范围内(如同一个城市生态系统内),由于其生态经济条件大致相同,其在所辖范围内的不同企业在建立一样的环境质量(如同时达到烟囱不冒黑烟的水准)时,仍存在本城市内的个别劳动时间和平均劳动时间的差别,各企业为加强经济核算仍要在节省其个别劳动时间上展开一定范围的竞争,从而使其个别劳动时间向着平均劳动时间靠近。在这种情况下,其企业建立一定质量的生态环境的价值量也就向着该城市的平均条件下的个别价值量靠近。①

所以,就环境与经济系统而论,说其自然资源和生态环境具有价值,不仅没有违背马克思的劳动价值论,相反,正是马克思的劳动价值论,指导我们认识了各种进入环境与经济系统运行的自然资源和生态环境是具有价值,即环境价值。对于仍沉睡地球表层中尚未被人类发现的矿床、青藏高原地区中一些尚无人居住地域的资源等各类尚未进入该系统运行的自然资源和生态环境等,按照马克思的劳动价值论,仍不能认为其有价值。但这类资源和生态环境一旦经人类劳动发现和利用,即进入了环境与经济系统的运转过程,则该资源与生态环境就具有了价值。

四、负价值

负价值的来源应该追溯到边际效用学派。效用价值论的创立者杰文斯 1871 年在《政治经济学理论》一书中指出:“经济学的问题,是以最小努力获得欲望的最大满足,以最小量的不欲物获得最大量的可欲物,换言之,使快乐增至最高度。”②由此构造的数学模型显示了总效用最大、边际效用为零的消费边界,超过这个边界时,边际效用为负。并进一步阐述,商品价值取决于商品满足人的欲望,当人们不断消费同一种商品达到一定量以后就会出现单位产品的负效用(痛苦)现象,此时,其价值为负,即该产品具有负价值。奥地利学派的后继者维赛尔(1851—1926)认为,价值分为正价值和负价值,正价值是商品给人们带来的享受,相反,负效用或负价值是一种负担或祸害。商品的价值就是正价值和负价值的余数。③

从价值的本质来看,把负价值中的价值分为效用价值和劳动价值两种。西方效用价值认为效用价值可以把价值分为有价值和无价值两种,某些不稀缺或无效用的物品具有

---

① 马传栋.论市场经济条件下自然资源和生态环境的价值及其实现问题[J].生态经济,1995(1).

② [英]斯坦利·杰文斯.政治经济学理论[M].郭大力,译.北京:商务印书馆,1997:34-51.

③ [奥]维赛尔.自然价值[M].陈国庆,译.北京:商务印书馆,1982:76-81.

负价值,例如污水的危害。劳动价值论认为无效劳动甚至反效劳动的产品给人类带来的是痛苦、危害甚至灾难。这些产品虽然也是人类劳动的凝结物,但其价值是负价值。对于负价值的内涵,学者们的观点比较一致,都倾向于认为是那些带来不同程度危害的产品带给个人或社会的损失。学者杨承训指出:负价值,乃是价值或财富的负值,是在生产、服务、经营中,由于劳动和决策的缺陷性、局限性和某些破坏性以及自然灾害造成的经济、社会损失。① 就负价值的来源,学者朱富强提出了反效劳动概念,即不仅不对创造正价值的劳动起推动作用,同时还抵消或阻碍正效劳动的劳动,反效劳动创造负价值。同时他把劳动分为有效劳动、无效劳动和反效劳动,认为只有有效劳动才是创造价值的劳动。② 对于反效劳动与负价值,有学者进行了细分:一为缺陷性劳动。即在创造价值的过程中不按标准,或违规操作,或未完成应有的技术指标,或技术本身不完善,或劳动者素质低、责任心差,便同价值共生而形成一定量的负价值。二为破坏性劳动。即有意违反技术法规要求的劳动。三为局限性劳动。即由于科技发展水平未能达到应有要求,在创造价值的同时又产生更大的负价值。环境污染和生态破坏是最明显的例子。一方面生产价值,另一方面又制造负价值。③ 张忠任教授就资源、环境的负价值进行探究,他认为环境是自然力的产物,不具有劳动价值,但是,如果被人为毁坏,那么毁坏的部分就具有负价值,如同新鲜蔬菜的腐烂部分所具有的负价值一样。总的生产价值加上这个负价值就是能够在市场上实现的价值。单纯的自然力如果由于人为的原因破坏了,则产生了负价值,如被污染的河流和空气,其负价值等于人工治理达到原生态水平时的劳动价值量,即治理费。④

负价值的典型代表是所谓的“三废”,它是指人类在物质资料生产过程中,取得预先设计得到的产品以后,所剩余的抛向生态环境的物质和能量,属于物化劳动即结合于物的劳动。马克思说劳动是“人与自然之间的物质变换过程”,但是这种过程是双向的,即人们在从自然界过滤加工商品过程中,不仅发生了物质从生态环境流向人类社会的过程,同时也发生了物质从人类社会流向生态环境的过程。“三废”排放就是从人类社会到自然的物质变换过程。没有劳动,就没有“三废”,也没有商品,“三废”和商品是一对亲生兄弟,都是劳动的产物。人类劳动不仅只抽象凝结到了人们预期得到的商品之中,而且也抽象凝结到了生态环境和“三废”中。

五、环境价值是对部分负价值的补偿替代

借鉴理论界对负价值研究的成果,不难看出,如果人类在环境身上刻上的烙印导致

① 杨承训,等.论负价值范畴和现代“备防经济”[J].中共天津市委党校学报,2004(3):57-61.

② 朱富强.反效劳动、负价值与绿色GDP[J].南方经济,2005(3):41-42.

③ 杨承训,等.论负价值范畴和现代“备防经济”[J].中共天津市委党校学报,2004(3):57-61.

④ 张忠任.关于环境的价值与资源价格决定问题的理论探讨[J].海派经济学,2008(23).

环境的毁坏,那么,就产生了具有劳动力价值意义上的负价值。结合前面所述,本文提出环境价值是对物质再生产形成的负价值的补偿替代思想,从而对负价值给予新的界定。如图2所示,环境资源进入经济生产系统以后,按一定的生产方式进行生产,一方面转化为人类所需要的各种生产资料和生活资料;另一方面又向环境系统排放出各种废弃物。由于环境系统的自净力是有限的,当经济系统对环境系统输出的负外部性大于当期环境系统的自净力时,就形成一种经济系统对环境系统的负价值,这种负价值所带来的影响在当期不一定显现,但是随着时间的推移它必然被累积和放大。一旦这种负价值累积超过环境承载力的阈值,则环境系统向经济系统输出经济资源的能力将慢慢弱化甚至丧失,环境与经济系统之间正常的物质流动将被破坏。

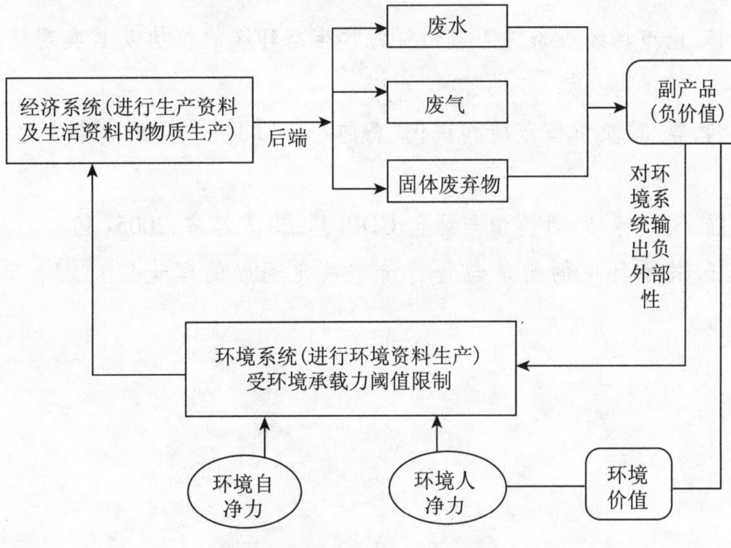

图2 新的物质与环境再生产

综上所述:本文提出了基于劳动价值论基础上的环境新价值结论。即:①把自然资源和生态环境的价值问题作为同一个问题来加以研究,可以把它们统称为“环境价值”;②自然资源和生态环境一旦经人类劳动发现和利用,即进入了经济与环境经济系统的运转过程,则该资源与生态环境就具有了价值;③人类劳动不仅只抽象凝结到了人们预期得到的商品之中,而且也抽象凝结到了生态环境和“三废”中;④对在生产过程中所形成的人为污染或毁坏等,需要投入劳动在当期进行治理而形成的价值。该价值的度量不是在自然力上凝结了多少小时的社会必要劳动时间,而是修护、还原成原生态状况下所需要的劳动时间量。为了保证环境与经济系统之间物质循环的正常进行,在一定环境自净力的约束下,通过环境价值可实现负价值的部分或全部补偿。

参考文献

[1]资本论[M].北京:人民出版社,2004.

[2][奥]维赛尔.自然价值[M].陈国庆,译.北京:商务印书馆,1982.

[3][英]斯坦利·杰文斯.政治经济学理论[M].郭大力,译.北京:商务印书馆,1997.

[4]刘静暖.自然力经济学[M].长春:长春出版社,2010:163-164.

[5]魏学好,周浩.中国火力发电行业减排污染物的环境价值标准估算[J].环境科学研究,2003(1).

[6]马传栋.论市场经济条件下自然资源和生态环境的价值及其实现问题[J].生态经济,1995(1).

[7]杨承训,等.论负价值范畴和现代"备防经济"[J].中共天津市委党校学报,2004(3).

[8]朱富强.反效劳动、负价值与绿色GDP[J].南方经济,2005(3).

[9]张忠任.关于环境的价值与资源价格决定问题的理论探讨[J].海派经济学,2008(23).

发展循环经济的绿色金融支持体系探讨

——以贵州为例

何律琴[①]

（贵州大学经济学院）

摘　要：绿色金融是现代金融业发展的一个重要趋势，是实现经济、社会、环境协调进步以及实现经济可持续发展的需要。本文从贵州发展循环经济的实际情况出发，深入探讨绿色金融与循环经济的相互关系，分析了贵州现行的金融体制难以确保循环经济长期建设的资金需要，设计能满足实际需要的绿色金融制度对于贵州发展循环经济来说已迫在眉睫。本文有针对性地提出了构建贵州绿色金融体系的对策建议，以期能使绿色金融与循环经济协调发展。

关键词：贵州　循环经济　绿色金融

一、贵州发展循环经济取得的成绩

贵阳市作为全国首个循环经济试点城市，其产业结构是“资源型产业比重大”“废弃物多”等特点。20世纪90年代以来，随着国家对环境保护的要求越来越高，经济发展受资源约束的瓶颈也越来越突出。在外因和内因的双重压力驱动之下，2002年，贵阳市委、市政府首先提出了“环境立市”的战略思想，其核心就是改善生态环境质量，营造最佳的投资环境和宜人的居住环境。同年，为推进“环境立市”战略的实施，市委、市政府又将寻求高效低耗发展的目光转向了世界新兴的循环经济，旨在改造和重构区域产业和消费系统，让贵阳市经济转型全面“提速”。几年来，贵阳市在发展循环经济上坚持以科技为动力、以项目为载体、以效益为中心，坚持不懈地抓循环经济发展，取得了可喜的成绩。

首先，开发了一批循环经济的建设项目，其中：贵州省首批3个清洁生产重点项目；包括生态工业、生态农业、生态小区、超市商场等在内的首批8个循环经济试点项目；规划和启动了贵阳市开阳磷煤化工（国家）生态工业示范基地，清镇循环经济煤化工生态工业示范基地和息烽循环经济磷复肥生态工业示范基地的建设。此外，在项目建设过程中，还向国家发改委等部门报送了24个总投资248亿元的重点项目；建立了循环经济项目库，现已累计入库包括生态农业、生态工业、旅游及服务业、基础设施、生态建设、支撑保障体系六大类总投资达682亿元的245个建设项目。

---

① 何律琴，女，贵州大学经济学院，副教授。主要研究方向：金融。

其次,构建了循环经济生态工业体系:

(1)在企业层面:结合市情启动了一批循环经济试点项目。2004 年,贵阳市选定了国华天鑫、科伦药业和开磷集团矿业公司三个清洁生产试点单位,开展了颇有成效的工作。为进一步扩大清洁生产试点、巩固成果,在全面总结第一批试点工作的基础上,2005 年又启动了贵阳发电厂等第二批 14 家清洁生产试点项目的建设工作。为提高资源利用率,贵阳市相关区(市、县)以拉长磷产业链为主,在下游产品上做文章,推进了一批循环经济项目。如:开阳双流开发公司已经开工建设的 2 万吨/年甲酸项目,利用黄磷生产尾气净化后得到的一氧化碳经羰基合成得甲酸甲酯、甲酸甲酯水解制甲酸;清镇市兰花水泥厂,年产水泥 60 万吨,每年消耗上游企业排放的 10 万吨煤渣、8 万吨粉煤灰、5 万吨煤矸石、5 万吨磷渣、5 万吨锰渣和 3 万吨硫铁矿渣,既免除了上游企业处置废渣的负担,又降低了下游企业的生产成本,还减轻了环境压力,提供了就业机会,实现了经济效益、社会效益、生态环境效益的共赢等。

(2)在生态工业园区建设层面:已经启动了贵阳市开阳磷煤化工(国家)生态工业示范基地,清镇循环经济煤化工示范基地、息烽循环经济磷复肥示范基地的建设工作。三大循环经济基地中,有的项目已开始启动。比如,开阳磷煤化工(国家)生态工业示范基地,除了通过产品进行产业链延伸外,还可通过产业和再生资源的横向联合关系形成工业生态链,生态链涵盖了磷化工、煤化工、氯碱化工等方面,在跨行业、跨部门的领域进行物质循环和能量利用,最大限度利用资源,使参与生态工业园区构建的各个部门和企业实现多方共赢。

最后,循环经济成为贵阳经济高速增长的“发动机”。随着循环经济战略在贵阳市的实施,贵阳的经济结构发生了重大良性转型。数据显示,截至目前,贵阳市一产的比重比 2000 年降低了约 3.5 个百分点,二产、三产比重则分别约提高了 1.5 个和 2.1 个百分点,提前全面达到了“十五”计划预定的调整目标。贵州产业结构与经济增长拉动力正在发生潜移默化的变迁,绿色产业和循环经济成为拉动贵州经济增长的重要力量,形成新的经济增长点。从 2013 年起,贵州将以循环经济统领全省节能减排工作,把全省发展循环经济由试点转向全局,由企业转向区域和社会,最终实现贵州工业从“两高一低”(高能耗、高污染、低附加值)向“两低一高”的转变,完成“绿色贵州”的建设。

二、循环经济与绿色金融的相互关系

现代经济中,任何产业的成长发展都要倚仗金融业的支持。发展循环经济不仅需要先进的技术,更需要强有力的资金支持,仅仅依靠立法约束和财税手段促进循环经济发展的能力是有限的,在我国全面推进社会主义市场经济条件下,充分开发与利用金融工具支持循环经济发展也是必然选择,金融的绿色化经营就是对循环经济发展模式最好的支持。

（一）发展绿色金融与循环经济的要求相适应，宏观助解环保压力

从宏观上看，绿色金融和循环经济的目标一致，二者均期望在节能减排、保护生态环境的前提下，促进贵州省的经济发展，实现人与自然的和谐相处。

（二）发展循环经济需要绿色金融支持

1. 循环经济的技术推动需要绿色金融支持

循环经济倡导的3R原则以资源节约和生态效率为目标，以技术进步为前提，循环经济在发达国家的先进制造企业中率先实践，也印证了这一模式所需要的技术进步。就技术进步过程而言，生产经验积累与市场需求导向推动了人类社会的技术进步，以需求为导向的技术开发可以加速技术创新过程。技术开发过程存在各种风险成本，循环经济技术的创新需要大量的资金支持。循环经济技术比传统技术复杂得多，往往涉及多个科学领域，对设备、原材料的要求更高，技术更新速度更快，使得企业设备更新和折旧的速度大大加快，因此需要的资金量也大大高于传统产业。

2. 循环经济产业化离不开绿色金融支持

循环经济的生产设备、工艺流程要求标准高，关键技术更新速度快。一方面循环经济所依赖的关键技术的研发需要大量的资金支持；另一方面要将循环经济技术的研究成果转化为现实生产力，进而发展成为一个个微观循环经济体系，由点带面形成更大范围的中观和宏观循环经济体系，也需要建立一个良性的金融支持体系。作为现代经济的核心和血液，只有绿色金融支持体系才能全方位地满足循环经济产业化的金融需求。

3. 循环经济产品具有较强的公共性和外部性特征，决定其投资需要新型的金融支持

公共性和外部性使循环经济发展容易受到仿冒、窃取等不法行为的侵害，从而使投资达不到预期的盈利水平。特别是对于一些具有重大社会、经济效益的基础性技术和共性技术而言（如废物处理），投资者投资成本明显大于直接投资收益，从而会出现“市场失灵”现象，客观上要求在国家的合理规划和长期投入的基础上，通过不断的金融创新和金融支持体系的完善，才能有效地促进我国循环经济的快速发展。

（三）循环经济为发展绿色金融创造了优势条件

从循环经济“资源—产品—再生资源”的生产模式来看，循环经济模式最大程度降低了生产对环境的破坏，节约了资源，增强了企业的盈利能力，并且一定程度上规避了信贷资金因环保因素所形成的风险，信贷资源的“洼地效应”强于传统经济模式，为银行发展绿色金融创造了优势条件。

三、实施绿色金融改革的必要性和紧迫性

(一)发展绿色金融是转变经济发展方式,实现全面协调可持续发展的需要

党的十七大明确提出了加快转变经济发展方式的战略任务,2008 年底的国际金融危机使我国的经济发展方式和经济结构方面存在的问题更加突显。转变经济发展方式,在客观上已刻不容缓。金融作为现代经济的核心,在促进国民经济又好又快发展方面起着至关重要的作用,发展绿色金融,正是金融业转变发展方式的重要体现。它有利于促进经济增长,由主要依靠投资、出口拉动,向依靠消费、投资出口协调拉动转变,由主要依靠第二产业带动,向依靠一、二、三产业协同带动转变。由主要依靠增加物质资源的消耗,向依靠劳动者素质提高和管理创新转变。

(二)规避风险是金融发展的基本目标,环境风险越来越受到金融企业关注和重视

联合国环境署金融自律组织(UNEPFI)指出了这一趋势背后的原因:①不良的环境表现会引起金融投资客户的盈利能力下降,并最终危及债务安全以及增加客户偿还债务的风险,或者增加了保险理赔的可能性;②大量与环境有关的事件正在或者可能对金融行业产生巨大影响;③金融企业通过自身内部管理,减少能源和物资的消耗,可以节约开支甚至增加利润;④一些金融企业已经建立与环境相关的内部风险管理程序,评价与环境问题有关的风险,从而避免因此造成的损失;⑤金融企业的利益相关者,包括股东客户、雇员乃至公众开始对金融企业提出环境方面的要求,甚至会直接质疑金融机构实施投资的具体原因及环境影响。可见,环境问题既给金融业带来新的风险,也给金融业带来新的机遇。能否趋利避害,关键在于金融企业能否制定和实施适应可持续发展的绿色金融发展战略。

(三)发展绿色金融是履行国际承诺,实现减排目标的体现

温家宝同志在哥本哈根会议上承诺,2020 年中国单位生产总值二氧化碳排放达到 40%,这为中国发展低碳经济、做好节能减排工作,指明了努力的方向。实现节能减排目标,任重道远,我们应该充分发挥绿色金融对节能减排转变发展方式的促进作用,积极鼓励节能环保行业新技术、新产品的研发与推广,减少对资源能源的消耗和对环境的破坏。与此同时,发展绿色金融也有利于通过融资方面的约束,敦促“两高一低”企业实现传统行业的升级与换代。

(四)绿色金融能产生丰厚的绿色利润

投资环保产业并非都是赔本生意,随着环境问题越来越受关注,环境工程已经成为一个极具发展潜能的新兴产业。目前,全球环保业已是一个年产值3000亿美元的大产业,并正在以每年75%的速度增长,在发达国家已占了国内生产总值的10%～20%。而“十二五”期间,我国将进一步加大环保投入,环保产业的发展前景值得期待,其丰厚的产业利润将吸引更多的投资者包括金融业的资金纷纷注入。

四、现行的金融体制在支持循环经济发展中存在的问题

(一)政策性金融不能满足循环经济发展的融资需求

从支持循环经济发展的角度看,我国现有的三大政策银行,即国家开发银行、中国进出口银行和中国农业银行,与循环经济项目或企业融资之间存在明显的不对称性。一是现有政策性银行的主要任务与循环经济发展不对称。循环经济项目和企业涉及的范围宽泛,解决循环经济融资困境并不是目前三家政策性银行的主要职责。二是现有政策性银行的放款门槛与循环经济企业不对称。国家开发银行所扶持的项目要求列入国家固定资产投资计划和信贷计划,中国进出口银行的买方信贷、卖方信贷和中长期保险项目等,其具体条件要求较高,而循环经济企业的经营与政策性银行存在明显差距。三是现有政策性银行的扶持重点与循环经济企业不对称。国家开发银行和中国进出口银行的扶持重点是国家大型企业和成套机电产品进出口企业,而农业政策性银行的业务范围虽然包括贫困地区工业贷款等,但其资助资金是极其微小的。由于三家政策性银行都不可能将循环经济企业作为专门扶持的对象,大部分循环经济项目和企业也难以从政策性银行获得贷款融资支持。

(二)金融业商业化经营与循环经济政策性扶持需求之间存在矛盾

随着银行体制改革的深化和现代商业银行体制的建立,我国商业银行已基本成为自主经营、自负盈亏的现代企业,利润最大化已成为银行商业经营的最重要目标之一。而循环经济一方面资金需求量大,另一方面属新兴产业,风险系数较大。当前,商业银行在支持循环经济发展方面作用的发挥,尚未得到国家及各级地方政府有关政策措施的支持和保障。目前,除2000年中国人民银行和国家经贸委联合下发的《关于对淘汰的落后生产能力、工艺、产品和重复建设项目限制或禁止贷款的通知》外,针对循环经济发展尚无专门的金融支持政策,没有明确规定循环经济信贷项目的范围,对循环经济项目的优惠信贷措施,以及政策性和商业性金融在支持循环经济发展中的职责和定位等具体内容。商业银行经营的商业化与循环经济政策性扶持的需求之间仍存在明显的矛盾,在很大程

度上限制了商业银行在循环经济项目中的创新与运营,影响了商业银行支持循环经济发展的积极性和主动性。

(三)融资机制不健全,制约了循环经济的深入发展

我国循环经济发展融资支持刚刚起步,尚未形成体系化、机制化融资模式。一方面,国家对循环经济的财政性投入毕竟有限;另一方面,资本市场不能为循环经济企业提供良好的融资支持。近几年来,资本市场的资金融通规模逐年扩大,但主板市场由于对企业的资本、利润等方面要求较高,大部分循环经济企业无法上市。代表新技术创新与应用支持力量的二板市场因建立不久,它在市场中介制度、股票发行与上市等方面都存在很深的行政干预的痕迹。风险投资基金近年来在我国发展较为迅速,但是规模很小,运作机制也常常被扭曲。因此,受资本市场发展瓶颈、企业发展处于初级阶段等方面影响,导致为循环经济发展提供股票市场融资、债券市场融资、基金市场融资等直接融资渠道不够畅通。加之国家专门用于循环经济发展的产业投资基金尚未落实,这样,造成循环经济融资对金融间接融资的依赖较大。而金融部门也尚未出台金融支持循环经济发展的专门政策,现有的支持循环经济发展的金融手段又相对单一,主要是依靠银行加大对循环经济发展的信贷投入,给予利率优惠,以及限制对污染企业的授信等间接金融手段,政策性、开发性金融支持还没有对循环经济基础项目长期建设过程中的商业信贷缺位形成有力补充。同时,国家对金融部门支持循环经济发展可能出现的风险缺乏相应的财政贴息等补偿政策,在一定程度上影响了金融部门支持循环经济发展的积极性,容易形成在循环经济发展支持上的商业信贷缺位。与此同时,循环经济巨大的资金缺口又使项目进展举步维艰。例如,贵州开阳县磷煤化工基地在建设中,地方政府和企业强力推进的项目,在用地、供电、供水、地质灾害治理、物流、融资上困难较大,已形成发展制约。

(四)信贷支持的短期化和单一化与循环经济资金需求的长期性和产业化之间存在矛盾

循环经济的正常运转与发展,需要大量的基础设施工程投资,且要经历较长的时间周期。但目前,由于受存款资金来源短期化以及基层金融机构授权授信的制约,资源型城市的金融机构信贷投放短期行为日益明显,企业难以获取长期、稳定的资金支持来启动和完善产业循环的各个环节。而且从金融支持结构上,还主要集中在传统的优势产业上,而对新兴产业以及科技含量高的行业涉足较少,对能源的综合开采率和回收利用率更显低下,这在一定程度上制约了循环经济新兴产业的发展。

(五)循环经济项目融资业务和产品品种较少,金融创新不足

我国的非银行金融机构经营管理水平较低,针对循环经济项目融资的产品、业务和

服务品种较少，还不能为循环经济的发展充分有效地提供证券、保险、信托、租赁、理财、咨询、资本运作和金融衍生品交易等全方位的现代金融服务，这与循环经济发展的要求不相称。

五、构建绿色金融体系促进贵州循环经济发展的几点建议

绿色金融的概念是在发展循环经济，推动社会可持续发展的大背景下产生的。绿色金融制度从广义上说，是指有利于推动环境保护的金融领域的措施的总和，目前在我国主要表现为绿色信贷、绿色证券、绿色保险等方面的制度。对于正在进行循环经济建设的贵州省来说，可以在借鉴国内外成功经验的基础上，争取国家支持，建立系统的绿色金融制度，以促进贵州省金融与循环经济的协调发展。现根据我国国情和结合借鉴国际国内的成功经验，对如何构建贵州省绿色金融体系提出几点建议：

（一）银行类金融机构应加快制定绿色发展战略的步伐，成为支持循环经济发展的主力军

为积极配合国家节能减排战略，银行类金融机构以商业银行和政策性银行为主，应着力实施企业的绿色发展战略，围绕国家发展规划，加大清洁能源、节能设备等环保产业的信贷支持力度，围绕碳排放权交易大力开展产品创新和服务创新。节能环保产业作为战略性的新兴产业，被全球多个国家确定为未来推动经济发展的新引擎。我国政府也已将节能环保产业作为发展绿色经济、低碳经济、循环经济的重要支撑，作为扩大内需的重点投资方向。对于国家确定的发展循环经济的试点单位，银行应根据国家的投资政策规定，积极给予信贷支持。

（二）坚持区别对待、有保有压的信贷原则，实施绿色信贷政策

所谓绿色信贷，指的是商业银行和政策性银行等金融机构依据国家的环境经济政策和产业政策，对研发、生产治污设施，从事生态保护与建设，开发、利用新能源，从事循环经济生产、绿色制造和生态农业的企业或机构提供贷款扶持并实施优惠性的低利率，而对污染生产和污染企业的新建项目投资贷款和流动资金进行贷款额度限制并实施惩罚性高利率的政策手段。目的是引导资金和贷款流入促进国家环保事业的企业和机构，并从破坏、污染环境的企业和项目中适当抽离，从而实现资金的“绿色配置”。加强信贷政策与产业政策的协调配合，以“区别对待、有保有压”为原则，优化信贷资金配置，是今后贵州省贷款投向调整的鲜明主题。对有利于促进节能减排、改善生态环境的产业或产品，在符合信贷原则、具有还款能力的前提下，积极给予支持；对环境监测能力建设、城市污水处理，重点流域水污染防治和燃煤电厂脱硫等环保工程给予重点支持；对从事环境

保护和治理污染的项目和企业,坚持区别对待和择优扶持;对允许类项目,在提供信贷支持时充分考虑资源节约和环境保护因素,严格控制对高耗能、高污染、高排放不达标企业的信贷投入,对落后产能和工艺制定具体的退出措施,加快信贷退出步伐。2008 年以来,贵州省银行业推行“绿色”信贷,压缩“两高一剩”(高耗能、高污染及产能过剩)行业的贷款 0.53 亿元。

(三)充分发挥证券市场的融资功能,构建绿色金融直接融资体系

一是在上市对象选择上,适当支持符合循环经济要求,具有“资源节约型、环境友好型”特点的企业优先上市融资,而对那些能耗高、污染严重、资源利用效率低的企业应予以严格限制。二是可以尝试发行绿色债券。绿色债券可以是由金融机构发行的专门面向循环经济项目的金融债券,也可以是由符合条件的循环经济企业或公司发行的专门用于循环经济项目投资的企业债券或公司债券。三是可以鼓励和支持符合循环经济特点的企业或项目通过资产证券化筹集资金。

(四)借鉴国外经验,利用投资基金发展循环经济

根据国际经验和我国的实际情况,利用投资基金发展循环经济,可以从多方面入手:一是充分利用证券投资基金。在现有证券投资基金品种之外,可以考虑发行“循环经济基金”,将募集的资金主要投资于循环经济类上市公司发行的股票或债券。二是积极利用风险投资基金。科技是发展循环经济的根本动力,而那些研究开发新能源、城市污染物无害化等新技术的企业往往具有比较高的风险,因此需要风险投资基金作为这类高科技企业的“孵化器”。三是积极利用产业投资基金。产业投资基金在国外也叫“未上市股权投资基金”,其所募集的资金主要投资于未上市企业。由于很多循环经济类企业既需要大量资金又不具备上市融资条件,因此,设立循环经济产业投资基金对这类企业进行投资,就是解决这类企业资金难题、促进循环经济发展的重要举措。

(五)进行绿色金融产品创新

一是推出绿色保险产品。绿色保险也就是环境污染责任保险,是企业就可能发生的环境事故风险在保险公司投保,由保险公司对污染受害者进行赔偿。一方面可以减轻政府与企业的赔付压力,另一方面可以发挥市场机制对企业排污行为进行监督。在国际上,绿色保险已经是一个通行的保险品种,我国政府有关部门可以与保险公司合作推出多种绿色保险产品。二是发行绿色彩票。彩票作为一种特殊的融资工具,在聚集社会闲散资金、重新配置资源方面具有很大的优势,由于彩票的发行者无付息还本的压力,绿色彩票可适用于长期性的基础性环保型产业的投资。在我国,通过发行彩票的方式,有力地支持了福利事业、体育事业和教育事业。发行绿色彩票,也将会促进循环经济和环保

事业的大发展。

(六)建立起对金融机构的激励机制,有效调动金融支持循环经济发展的积极性

一是政府应着手制定一系列条例、标准和优惠政策,鼓励银行、基金公司等金融机构提高自身的环境责任;二是建议国家相关部门尽快出台节能降耗、污染减排的标准,使金融机构在落实相关政策时能够有的放矢;三是为有效规避国家产业政策和环保政策变化给商业银行带来的政策性风险,可以通过探索财政贴息等做法,建立起对金融机构的激励机制;四是将支持循环经济的因素纳入商业银行的业绩评价机制,使之成为评价商业银行经营绩效的重要因素,激发商业信贷支持循环经济发展的积极性。

参考文献

[1] 黄明津.贵阳市发展循环经济的研究[EB/OL].http://www.cpmqa.com/view.asp? Unid=1842.

[2] 汤伯虹.我国发展绿色金融存在的问题及对策分析[J].长春大学学报,2009(9):3-4.

[3] 丁玲华.发展循环经济的金融支持研究[J].科技和产业,2007(8):88.

[4] 何建奎,江通,王稳利."绿色金融"与经济的可持续发展[J].生态经济,2006(7):78-80.

[5] 李晓曼.循环经济金融支持研究及其对新疆地区的启示[J].乌鲁木齐成人教育学院学报,2007(4):97-98.

[6] 任辉.环境保护、可持续发展与绿色金融体系构建[J].现代经济探讨,2009(10):87.

[7] 刘力.循环经济的产业转型与绿色金融体系构建[J].海南金融,2008(10):13-15.

[8] 谢清河.我国循环经济发展与金融支持问题研究[J].金融与经济,2008(1):31.

贵州“三化”同步协调发展的理性思考

冀源溪[①] 李锦宏[②]

(贵州大学经济学院)

摘 要:国家“十二五”提出在工业化、城镇化深入发展过程中同步推进农业现代化。为了更好地促进贵州省“三化”同步协调发展,本文在对“三化”概念简析的前提下分析了贵州省实现“三化”同步发展的必要性,归纳和总结了贵州省“三化”发展的现状,并提出了推动贵州省“三化”同步发展的对策建议。

关键词:工业化 城镇化 农业现代化 “三化”同步

一、问题提出

(一)研究背景

党的十七届五中全会通过的《中共中央关于制定国民经济和社会发展第十二个五年规划的建议》明确提出:“在工业化、城镇化深入发展中同步推进农业现代化,是‘十二五’时期的一项重大任务。”中央二号文件《国务院关于进一步促进贵州经济社会又好又快发展的若干意见》中指出,贫困和落后是贵州的主要矛盾,加快发展是贵州的主要任务。文件对贵州发展制定的基本原则是:坚持科学发展,转变经济发展方式。坚持统筹协调,促进“三化”同步发展。坚持以人为本,切实保障改善民生。坚持自力更生,加大国家支持力度。栗战书曾说,贵州省发展落后,从根本上看,是工业化、城镇化、农业现代化水平不高、不同步、不协调。差距在“三化”上,出路也在“三化”上。今后五年乃至更长时期,贵州扩大社会就业靠“三化”,城乡居民增收靠“三化”,壮大财政实力靠“三化”,缩小城乡差别靠“三化”,破解二元结构靠“三化”,从根本上扶贫脱贫也要靠“三化”。对于推进“三化”同步,全省要始终不动摇、不放松,动摇了必将又耽误,放松了必将更落后。贵州未来的发展,方向明确,路径明晰:科学发展、后发赶超。而后发赶超,“三化”同步是核心,是引领,是总抓手。干字当头,首在大力推进“三化”同步。

---

① 冀源溪,女,贵州大学经济学院2010级区域经济学研究生。

② 李锦宏,男,博士,教授,贵州省人文社科重点研究基地——马克思主义经济学发展与应用研究中心主任,贵州大学经济学院副院长。主要研究方向:区域经济可持续发展。

(二)贵州省“三化”同步发展的必要性分析

贵州省“三化”同步发展是实现贵州省经济腾飞、社会和谐发展的重要保障。贵州省经济社会发展面临长期严重滞后的现状,必须加速发展,使贵州经济发展速度在一个较长时期内实现“三个高于”,即高于以往历史时期、高于西部地区同期平均水平、高于全国平均水平。对此,应当极力解决贵州长期以来发展“慢”这个主要矛盾,在增加投资、扩大总量中调整结构,转变发展方式。

贵州省“三化”同步发展是推动贵州经济社会实现跨越式发展的重要动力。贵州具备了加快发展的基础条件和有利因素,正处在实现历史性跨越的关键时期。进一步促进贵州经济社会又好又快发展,是加快脱贫致富步伐,实现全面建设小康社会目标的必然要求,是加强长江、珠江上游生态建设,提高可持续发展能力的重大举措。

二、核心概念界定

(一)工业化

工业化通常被定义为工业(特别是其中的制造业)或第二产业产值(或收入)在国民生产总值(或国民收入)中比重不断上升的过程,以及工业就业人数在总就业人数中比重不断上升的过程。狭义的工业化,有代表性的是《新帕尔格雷夫经济学大辞典》中的定义,制造业和第二产业在国民经济中比重及其就业比重不断上升的过程。广义的工业化,有代表性的是张培刚提出的定义,一系列基本生产函数连续发生变化的过程,不仅包括工业部门的发展,也包括“工业化了的农业”的发展,这与一般只强调工业自身现代化的工业化定义明显不同。

(二)城镇化

城镇化是指农村人口转化为城镇人口的过程。反映城镇化水平高低的一个重要指标为城镇化率,即一个地区常住于城镇的人口占该地区总人口的比例。

(三)农业现代化

农业现代化,指把传统农业转变为现代农业,建立起广泛采用现代生产工具、现代科学技术和现代经济管理方法的农业生产体系。主要包括农业生产力的现代化、农业生产关系现代化和农村上层建筑现代化(即农村政治民主化)。

三、贵州省"三化"发展现状分析

(一)贵州省工业化发展现状

1.贵州省工业化水平低下

贵州省工业化发展水平仍然处于初级发展阶段,根据国家统计局发布的公告,2011年,贵州省人均GDP为2495.32美元,在全国31个省市区中排名倒数第一,全国人均GDP为5414美元,贵州省人均GDP水平仅仅是全国平均水平的46.09%,还不到全国平均水平的一半。同时,贵州省劳动力在农业与非农产业间的就业结构水平与城市化水平方面都远远低于全国的平均水平。贵州省经济总量规模小,经济发展水平较为落后,同全国的差距也有不断扩大的趋势,与原本位于同一水平线的云南、广西相比较,贵州也被甩在后面,无论是国内生产总值、人均GDP还是工业增加值,贵州都处于落后水平,贵州同相邻的两省区的差距也在不断地扩大。总之,从总体水平来说,目前贵州省的工业化水平低下,远远落后于全国的平均水平。

2.贵州省产业结构矛盾突出

贵州省经济总量规模小的重要原因就是产业结构落后,第二产业比重较低,工业发展不足。贵州产业结构落后主要表现在工业结构性矛盾突出。第一,重工业比重过高。贵州是一个矿产资源富集的大省,贵州工业化在起步发展初期主要是通过中央政府为全国工业化体系配套建设而在贵州大量投资,建立一批工业项目,这些工业项目的建立主要是与贵州当地的资源紧密结合的,所建立的工业项目绝大多数是采掘工业、原材料工业、重加工工业,这些工业主要依靠贵州当地的矿产资源,同贵州本地市场的关联度不大。因此,贵州的工业呈现重型化、资源密集型特征和嵌入式、外生性特点。第二,工业产业链条短,科技水平低。贵州工业主要以原材料产品和初级产品为主,这些产品的生产主要依靠贵州丰富的矿产资源,缺少科技含量,产品附加值低。精加工产业少,缺少高科技产业,工业化的技术创新能力低,工业发展水平落后。

3.外部环境条件较差

贵州省工业发展水平低的重要障碍是贵州省产业投资和企业发行的外部环境较差。第一,思想观念落后。政府缺乏为企业服务的意识,在企业的发展中,政府没有充分发挥自己的作用。同时,政府办事效率低下,对企业的发展不重视。企业自身缺乏自我发展能力和市场的应变能力,严重存在对政府的依赖思想,通常是向政府要政策、要项目、要资金,不能自己走向市场,不能自己开拓市场。真正走向市场的时候,往往被市场所淘汰。第二,优惠政策落实不到位。在西部大开发中,国家层面颁布了许多鼓励企业投资和发展的政策措施,在具体的实施过程中得不到落实。比如,在国务院关于实施西部大开发若干政策措施中,明确规定对设在西部地区国家鼓励类的内资企业和外商投资企业，在2001—2010年间，减按15%的税率征收企业所得税；对在西部地区新办交通、电力、水利、邮政、广播电视等企业，给予减免企业所得税的优惠政策。但上述税收优惠政策至今在贵州还未得到真正落实。第三，贵州省公共基础设施建设薄弱，交通、电力、通信设施比较落后，严重影响了贵州工业的发展。

（二）贵州省城镇化发展现状

1. 城镇数量少，规模等级低

贵州城市与城镇不仅数量少，而且城镇规模等级低，城镇化容纳空间小。据相关资料显示：贵州有700多座城镇，其中100万人以上特大城市仅1座，50万~100万人口的大城市1座，20万~50万人口的中等城市7座，10万~20万人口的小城市4座，小城镇约700个。

2. 城镇化水平低

目前，贵州省城镇化率为33.81%，贵州省2010年第六次人口普查主要数据显示，该省常住人口中，居住在城镇的人口为11747780人，占33.81%，同第五次人口普查相比，城镇人口增加3302631人，城镇人口比重上升9.85%。2010年第六次全国人口普查主要数据显示，居住在城镇的人口为665575306人，占49.68%，城镇人口比重上升13.46个百分点。从两组数据对比来看，贵州城镇化率低全国平均水平15.87%，城镇化率增幅也明显低于全国。

贵州省城镇化水平低和单一的城市增长极战略是贵州省城镇化水平低下的重要原因。贵州省长期主张优先发展中心城市，以贵阳市为核心点，以带动次级城市和小城镇的发展。这种单一的城市增长极战略促进了中心城市贵阳市的快速发展，使得贵阳市成为典型的首位城市，核心地位日益突出。由于城市首位度过高，“城市病”日益严重，交通的拥挤、要素的过度聚集不仅没有带来规模效益，反而增加了要素成本，抑制了投资，使城市的发展缺乏强大的产业支撑。与此同时，由于中心城市的优先发展，使得资源向中心城市聚集，次级城市及城镇的人口与资源外流，不仅没能带动次级城市和城镇的发展，反而还制约了其发展。因此，到目前为止，贵州省的城镇化水平仍然处于相当低的水平。

（三）贵州省农业现代化发展现状

1. 农业生产基础条件差

贵州省是典型的喀斯特地貌，地形主要以山区为主，受地形地貌制约，贵州耕地资源少，而且现有耕地面积许多为25°以上坡耕地，还有大量的石旮旯地，水土难以保持，土壤肥力较低，可供垦殖的耕地较少。同时，农业生态环境脆弱，水土流失严重。贵州地处长江和珠江分水岭地带，是一个以岩溶山原为主的地区，山地、丘陵占全省面积的92.5%，其中岩溶地形占62%，地势陡峻，土层浅薄，暴雨集中，易引发山洪、崩塌、滑坡、泥石流等自然灾害。加上过度垦殖,滥伐林木,人为地加剧水土流失。

2. 农业基础设施建设滞后

贵州位于西部地区,经济发展水平落后,农业基础设施建设滞后,资金投入不足,农村路网、水利等基础设施不完善,严重影响了农业现代化的发展。

3. 农业科技化程度低

由于劳动者受教育程度低,掌握劳动技能和科学技术的程度也很低,科学技术普及和推广更为落后,农业机械的使用和农业先进生产经营方法如良种良法运用都比较少,现代农业发展严重滞后。农民经营意识、市场意识、竞争意识等现代意识十分淡薄,缺乏思变求富和农业现代化经营的发展理念。

四、贵州省"三化"同步发展的对策建议

(一)加快贵州省工业建设步伐

"三化"同步发展,工业化是动力,城镇化是载体,农业现代化是基础。通过工业化提升全省经济实力,增强以工促农、以城带乡的能力;要正确把握"质"与"量"的关系,做大做强优势产业和地方特色工业,进一步做好招商引资工作,科学设置和办好工业园区,抓好工业经济发展。要把培育发展产业作为首要,提高城乡产业关联度和经济融合度,使产业与经济社会发展规划、土地利用规划和城乡总体规划深度融合。

大力实施工业强省战略,改造提升传统优势产业,加快建设国家重要的煤电磷、煤电铝、煤电钢、煤电化等一体化资源深加工基地,大力推进资源精深加工产业,培育壮大战略性新兴产业,集中打造产业园区,充分发挥工业对贵州经济的主导作用。严格淘汰落后产能,严格控制高耗能、高污染项目,严禁高污染产业和落后产能落户贵州,大力发展循环经济。做大做强能源产业,为实施工业强省战略提供资源支撑和产业保障。

坚持走新型工业化道路。新型工业化是指"科技含量高、经济效益好、资源消耗低、环境污染少、人力资源优势得到充分发挥"的工业化发展道路。在工业企业发展过程中,一方面是要充分节约资源,降低碳排放,把环境保护放在比经济效益更加优先的位置;另一方面是加快农村劳动力转移就业,促进农村劳动力分工分业,形成农村劳动力异地就业、本地就业和回乡创业相结合的有序转移局面。

(二)大力实施城镇化带动战略

要大力实施城镇化带动战略,坚持走山区特色城镇化道路,促进大中小城市和城镇协调发展,为工业发展提供更加良好的发展条件,把更多农村人口转移到城镇,通过城镇化孕育更多产业,吸纳更多的农村人口在城镇就业生活,解决山区贫困人口脱贫和缩小城乡差别问题。

要科学规划。按照"黔中带动、黔北提升、两翼跨越、协调推进"的原则,以贵阳—安顺为核心,加快城镇建设规划,要引导二、三产业向城镇聚集。通过产业聚集形成以高新技术产业为先导,基础产业和制造业为支撑,服务业全面发展的格局。发挥产业集聚和辐射带动作用,提高产业园区的投资强度和产出效率。依托工业化统筹城乡发展,促进农村富余劳动力转移,实现农民向工人(市民)转变。

(三)全面提升农业现代化水平

强化农业基础地位,稳步提高农业综合生产能力。农业是农村工业化和城镇化发展的基础,在"三化"同步发展中,一是决不能放松粮食生产。要切实保护和提高粮食综合生产能力,使粮食等农产品的供给水平稳定在一定的安全线以上。二是要加大农业投入力度,加强农业基础建设,改善农业生产基本条件,提高抵御自然灾害能力。三是要努力实行生产经营方式的战略性转变,由粗放经营向集约经营转变,实行少种精种、高产高效与多种多收相结合,基础建设与退耕还林还草相结合。

通过农业现代化发展,一方面增加农民收入,另一方面支撑工业化、城镇化的发展。要进一步加强农业基础设施建设,大力发展农业产业化经营,抓好农业科技体系建设,抓好新时期扶贫攻坚工作,抓好农业现代化建设。在稳定粮食生产的基础上,大规模推进种植业、养殖业结构调整,大幅度提高经济作物、畜牧业在农业中的比重,加快构建符合喀斯特地区实际和适应工业化、城镇化发展要求的山地现代农业体系。

要推进农业结构优化调整。巩固发展马铃薯、油菜等传统优势农产品的同时,针对不同区域推进酿酒高粱、茶叶、油茶、中药材等基地建设和生态乡村旅游业建设,支持发展绿色食品和有机食品,打造一批具有较强影响力的品牌。最后还要加快现代农业发展。要重点培育和引进一批农业产业化龙头企业,以农产品生产基地为依托,形成一些具有当地特色和资源优势的农业产业化基地。

(四)加强相关基础设施建设

"三化"同步发展,基础设施要先行。要坚持统筹兼顾、合理布局、适度超前,加快推进连接周边省份的快速铁路体系建设,完善省内高速公路骨架,加强民航、水运建设,加快构建现代综合交通运输体系,实现县县通高速和基础设施向下延伸。以大中型骨干水源工程为重点,大中小微并举,努力解决工程性缺水问题。加快电力基础设施和省内成品油、天然气输送管道建设,保障省内能源供应;加快信息基础设施建设,提高经济社会信息化水平。

参考文献

[1] 陈志峰,刘荣章,郑百龙,曾玉荣.工业化、城镇化和农业现代化"三化同步"发展

的内在机制和相互关系研究[J].农业现代化研究,2012(2).

[2] 夏春萍.工业化、城镇化与农业现代化的互动关系研究[J].统计与决策,2010(10).

[3] 李昌来.用“三化同步”推动贵州加速发展[J].贵阳市委党校学报,2011(3).

[4] 杨昌鹏.基于“三化同步”的欠发达地区城镇化研究[J].江海学刊,2012(2).

[5] 曹小柯.同步推进“三化”的思考[J].农村工作通讯,2010(22).

双寡头竞争下的最优国内支持政策

江东坡[①]

（贵州大学经济学院）

摘　要：运用伯川德模型，探讨了国际贸易中反倾销为代表的进口保护手段被频繁使用的根源。分析表明，即使不考虑产业保护的政治压力和提供生产补贴所带来的财政扭曲，产品差异程度和外国企业的成本优势也足以促使进口国政府采用反倾销为代表的进口贸易保护政策，而不是以生产补贴为代表的产业贸易政策。因为较之后者，前者能够达到更高社会福利和更强进口限制效果的双重目标。

关键词：伯川德（Bertrand）模型　反倾销税　生产补贴

一、相关文献述评

在过去的二十多年，反倾销已经逐渐成为重要的贸易保护手段。使用反倾销措施的国家急剧增加，越来越多的发展中国家也将反倾销措施纳入其贸易保护的政策。这一现象引起了普遍的关注，从而引发了大量相关的理论研究。

现有反倾销研究大都侧重于寡头市场结构中企业的战略行为和反倾销规则的制定，对于能够替代反倾销的产业政策并没有太多的关注。通常的观点是，由于生产补贴有助于矫正寡头竞争导致的生产扭曲，因此比反倾销税更能增加进口国的整体社会福利。但这有悖于进口国政府往往会倾向于选择反倾销税为代表的进口贸易政策，而不是受限制较小的生产补贴为代表的产业政策的现实观察。

Dixit（1984，1988）运用推测变差模型分析了最优的反倾销和反补贴进口税。他关注的是最优进口贸易政策是如何针对外国的补贴而变化的。但他认为生产补贴是不现实的工具，因而没有明确地分析最优进口贸易政策的选择，而是用反倾销进口税（反补贴税）代表生产补贴。Cheng（1988）也使用推测变差模型对于本国市场的干预问题做了深入而详尽的分析，他考虑了产品差异化程度、竞争类型、成本结构和需求结构的各种不同组合情况下的最优贸易和产业政策组合。其中，贸易政策指进口进口税，或者进口补贴，产业政策指生产补贴，或者生产税。他指出，最优政策组合对于企业竞争类型是很敏感的。然而，他也没有涉及二者之间的比较和最优国内支持政策的选择问题。White

① 江东坡，男，贵州大学经济学院。主要研究方向：国际贸易理论与政策。

(2002)的研究基于同质库诺特模型,并假设成本为二次函数。他指出,进口税和生产补贴政策的排序取决于产业使用的生产技术状况,二者的排序取决于企业成本曲线的倾斜程度。当边际成本曲线完全平行(边际成本不变的情况)和相对平缓时,生产补贴对于增加进口国社会福利的作用强于进口税,因为此时补贴带来的额外产量并未显著地提高边际成本;反之则亦然。Tushimitsu(2002)指出,在同质产品库诺特寡头竞争下,最优贸易保护政策的选择取决于进口国和出口国之企业的相对数量和两国企业生产成本的差距。当出口国企业数量大于进口国企业数量时,生产补贴优于进口税。但当进口国企业数量大于出口国企业数量时,最优政策的选择取决于企业之间的成本差异。如果成本差距很小,生产补贴优于进口税;反之,则进口税优于生产补贴。

在上述分析中,伯川德竞争的情况显然并没有得到重视。但至少在出口补贴政策分析中,库诺特模型和伯川德模型已经导致不同甚至相反的最优的政策选择结论。这使得我们不应忽视这两个模型之间的差别。据此,本文提出的问题是,当进口国和出口国都存在伯川德寡头价格竞争导致的扭曲,如果限于经济和(或)政治考虑,进口国政府只能在进口税和生产补贴政策中选择一种,进口国政府是应该选择反倾销为代表的进口贸易政策还是生产补贴为代表的产业贸易政策?本文运用水平差异产品的伯川德模型回答了这个问题,指出了反倾销税为代表的进口贸易政策作为国内支持手段的优越性,并给出其适用的条件。

本文组织结构如下。第二部分将提出分析模型。本文假设进口国市场为伯川德垄断竞争市场结构。在此,本文将导出最优政策作为参照,即进口国政府同时使用进口税和生产补贴的组合政策。第二部分还包括进口税和生产补贴两种单一政策的情况。第三部分通过比较使用单一进口税和单一生产补贴政策时进口国的社会福利,给出双寡头价格竞争下的最优单一国内支持政策选择。第四部分进行总结,并指出未来研究的方向。

二、模型

假设有两个国家,本国和外国各有一家企业从事生产,分别称作本国企业和外国企业。本国企业的产品只供给本国市场,外国企业的产品既可以供给外国市场,也可以供给本国市场,外国企业向本国市场出口产品没有运输成本。假设两家企业的产品是水平差别替代品,生产技术表现为不变的边际成本,分别用 c_1 和 c_2 来表示。①

① 在本文中,字母符号的右下标中“1”和“2”分别表示涉及本国和外国企业的数值,而右上标中大写字母则表示不同的政策,例如 W^F 表示自由贸易下的本国社会福利,t^{SB} 表示“次优”单一进口税等。

假设本国的代表性消费者具有拟线性偏好,并可用二次效用函数表示。①

$$U = U(q_1, q_2) + m = \sum_{i=1}^{2} aq_i - \frac{1}{2}\sum_{i=1}^{2} q_i^2 - kq_1q_2 + m \tag{1}$$

两家企业的产品差异程度介于完全独立到完全相互替代之间,用产品差异程度系数 k 表示,$0 < k < 1$。

由效用最大化过程,可以导出本国消费者对于本国企业和外国企业产品的需求函数和反需求函数分别为:

$$q_1 = \frac{a \cdot (1-k) - p_1 - k \cdot p_2}{1-k^2} \qquad q_2 = \frac{a \cdot (1-k) - p_2 - k \cdot p_1}{1-k^2} \tag{2}$$

$$p_1 = a - q_1 - k \cdot q_2 \quad p_1 = a - q_2 - k \cdot q_1 \tag{3}$$

消费者剩余为:

$$CS = U - p_1 \cdot q_1 - p_2 \cdot q_2 - m = \frac{1}{2}(q_1 + q_2)^2 + k \cdot q_1 \cdot q_2 \tag{4}$$

本国社会福利函数为本国消费者剩余、本国企业利润与本国政府进口税收入之和减去支付产补贴的财政支出:

$$W = CS + \pi_1 - s \cdot q_1 + t \cdot q_2 \tag{5}$$

本文可用一个完全信息的两阶段动态博弈(Two Phases Dynamic Game)进行描述。在第一个阶段,本国政府根据本国社会福利最大化原则,制定包括从价进口税的进口贸易政策或(和)生产补贴的产业政策。② 在第二个阶段,外国企业在观测到政府政策之后进入本国市场,与本国企业同时选择价格以及相应的产量。因此,可以运用逆向归纳法(Backward Induction)来求得这个两阶段动态博弈的子博弈精炼均衡(Sub - game Perfect Equilibrium)解。③

(一)"最优"(First Best)政策组合

在此,"最优"政策组合指可以同时使用进口税和生产补贴政策组合的情况。④ 进口税具有利润转移(Profit - shifting)的效应,但会降低本国消费;而生产补贴能够减少垄断带来的本国扭曲。二者同时使用时,可以获得利润转移和消除扭曲的双重效果。

根据逆向归纳法,从博弈第二阶段开始求解。此时,在给定政府制定的进口税、生产补贴政策和对方价格的条件下,本国和外国企业根据利润最大化原则同时选择各自的

---

① 这一效用函数由 Vives(1989)引入,用于比较库诺特竞争和伯川德竞争,现广泛用于伯川德模型分析,如 Collie(2005)。

② 在此假设,本国政府将会用一种一次总付的方式,或者通过其他服务,把进口税收入返还给本国消费者。

③ 尽管本文模型可以包含角点解的分析,但限于篇幅,本文将只考虑存在内点解。

④ 实际最优政策组合还包括配额等在内的众多政策工具,本文在此之所以选择进口税和生产补贴,因为这两类政策工具具有代表性,也更为研究所关注。因此,"最优"是相对"次优"的单一政策而言,绝非绝对意义上的最优。

价格。

本国企业利润函数为:

$$\pi_1^{FB} = (p_1 - c_1 + s) \cdot q_1 \tag{6}$$

外国企业利润函数为:

$$\pi_2^{FB} = (p_2 - c_2 - t) \cdot q_2 \tag{7}$$

由(5)式和(6)式的一阶条件组成方程组,可以解出纳什均衡解:[①]

$$p_1^{FB} = \frac{a \cdot (-2 + k + k^2) - k \cdot (c_1 + s) - 2(c_2 + t)}{-4 + k^2}$$
$$p_2^{FB} = \frac{a \cdot (-2 + k + k^2) + k \cdot (c_2 + t) - 2c_1 + 2s}{-4 + k^2} \tag{8}$$

代入(2)式,可得产量:

$$q_1^{FB} = \frac{-2c_1 + 2s - a \cdot (-2 + k + k^2) + k \cdot (c_2 + c_1 \cdot k - s \cdot k + t)}{4 - 5k^2 + k^4}$$
$$q_2^{FB} = \frac{a \cdot (-2 + k + k^2) - 2 \cdot (c_2 + t) + k \cdot [c_1 - s + k \cdot (c_2 + t)]}{4 - 5k^2 + k^4} \tag{9}$$

对(8)式和(9)式求 s 和 t 的导数,可以分别得到进口税和补贴对均衡价格的比较静态影响:

$$\frac{\partial p_1^{FB}}{\partial s} = \frac{2}{-4 + k^2} > 0 \quad \frac{\partial p_1^{FB}}{\partial s} = \frac{k}{-4 + k^2} < 0 \tag{10}$$

$$\frac{\partial p_2^{FB}}{\partial t} = \frac{-k}{-4 + k^2} > 0 \quad \frac{\partial p_2^{FB}}{\partial t} = \frac{-2}{-4 + k^2} < 0 \tag{11}$$

博弈第一阶段,本国政府根据本国和外国企业对于组合政策的最优反应的预期,同时选择进口税和生产补贴水平,使其社会福利最大化。根据 (5)式,社会福利最大化的一阶条件为:

$$\frac{\partial W^{FB}}{\partial t} = (p_1 - c_1) \cdot (\frac{\partial q_1}{\partial p_1} \cdot \frac{\partial p_1}{\partial t} + \frac{\partial q_2}{\partial p_2} \cdot \frac{\partial p_2}{\partial t}) - \frac{\partial p_2}{\partial t} \cdot q_1$$
$$+ q_2 + t^{FB} \cdot (\frac{\partial q_2}{\partial p_1} \cdot \frac{\partial p_1}{\partial t} + \frac{\partial q_2}{\partial p_2} \cdot \frac{\partial p_2}{\partial t}) = 0$$
$$\frac{\partial W^{FB}}{\partial s} = (p_1 - c_1) \cdot (\frac{\partial q_1}{\partial p_1} \cdot \frac{\partial p_1}{\partial s} + \frac{\partial q_2}{\partial p_2} \cdot \frac{\partial p_2}{\partial s}) - \frac{\partial p_2}{\partial s} \cdot q_1$$
$$+ t^{FB} \cdot (\frac{\partial q_2}{\partial p_1} \cdot \frac{\partial p_1}{\partial s} + \frac{\partial q_2}{\partial p_2} \cdot \frac{\partial p_2}{\partial s}) = 0 \tag{12}$$

将 (2)式分别对 p_1 和 p_2 求导,分别得到$\frac{\partial q_1}{\partial p_1}$、$\frac{\partial q_1}{\partial p_2}$、$\frac{\partial q_2}{\partial p_1}$和$\frac{\partial q_2}{\partial p_2}$,将它们和(10)式以及

① 线性需求函数和固定边际成本的假设保证了唯一和稳定的纳什均衡解的存在。

(11)式代入(12)式,可得到“最优”政策组合中的进口税和生产补贴为:

$$t^{FB}=\frac{1}{3}[(\alpha+\beta)-k\cdot\alpha]\quad s^{FB}=\frac{1}{3}[-k\cdot(\alpha+\beta)-(-3+2k^2)\cdot\alpha]\qquad(13)$$

企业产量:

$$q_1^{FB}=\frac{-k\cdot(\alpha+\beta)-\alpha\cdot(-2+k^2)}{3(-1+k^2)}\quad q_2^{FB}=\frac{(\alpha+\beta)-\alpha\cdot k}{3(1-k^2)}\qquad(14)$$

本国社会福利为:

$$W^{FB}=\frac{(-3+2k^2)\cdot\alpha^2+2k\cdot\alpha\cdot(\alpha+\beta)-(\alpha+\beta)^2}{6(-1+k^2)}\qquad(15)$$

为了排除完全垄断(Monopoly)的情况,即保证外国和本国企业产量都存在内点解,本文模型参数必须满足条件:

$$\alpha>0\text{ 和 }\frac{(2-k-k^2)\cdot\alpha}{k}>\beta>0\qquad(16)$$

在此,$\alpha=a-c_1$,表示本国市场规模的大小;$\beta=c_1-c_2$,表示本国企业与外国企业边际成本的差距,其数值为负时表示外国企业对本国企业具有成本优势。

根据(13)式,可以得到命题1:

当两国企业成本差异大于0时,即外国相对于本国企业具有成本优势时,“最优”政策组合为正的进口税和生产补贴。当本国企业成本保持不变而外国企业成本降低时,成本差距会加大,生产补贴将降低,而进口税将增大。

这是因为,外国企业更低的成本增加了本国企业面临的竞争压力,也降低了本国市场的扭曲程度,从而减弱了生产补贴的作用;而更低的外国企业成本会增加其利润空间(Profit Margin),刺激本国政府提高进口税来取得更大的利润转移。

为了后面的比较,在此顺便给出实行自由贸易政策时的产量和本国福利。这时,进口税和生产补贴都为零,两阶段博弈退化为一阶段博弈,设(5)式和(6)式中 t 和 s 值为0,由一阶条件可得自由贸易时的价格为:

$$p_1^F=\frac{a\cdot(-2+k+k^2)-k\cdot c_2-2c_1}{-4+k^2}$$
$$p_2^F=\frac{a\cdot(-2+k+k^2)-k\cdot c_1-2c_2}{-4+k^2}\qquad(17)$$

代入(2)式,可得产量为:

$$q_1^F=\frac{-k\cdot(\alpha+\beta)-\alpha\cdot(-2+k^2)}{4-5k^2+k^4}\quad q_2^F=\frac{-k\alpha-(\alpha+\beta)\cdot(-2+k^2)}{4-5k^2+k^4}\qquad(18)$$

本国社会福利为:

$$W^F=\frac{(3-2k^2)\cdot\alpha^2-2k\cdot\alpha\cdot(\alpha+\beta)+(\alpha+\beta)^2}{2(4-5k^2+k^4)}\qquad(19)$$

(二)"次优"(Second - best)的单一进口税政策

假设本国政府只征收从量进口税,则进口税具有利润转移的效应,但会加剧本国市场扭曲程度。由博弈的第二阶段开始求解。在给定政府制定的进口税政策,以及对方价格的条件下,本国和外国企业根据利润最大化原则同时选择各自的价格。将(6)式和(7)式中的补贴 s 值设为0,由一阶条件可得到两国企业的产量和价格。

第一阶段,本国政府选择单位进口税水平,使其社会福利最大化,一阶条件为:

$$\frac{\partial W^{SBT}}{\partial t}=(p_1-c_1)\cdot\left(\frac{\partial q_1}{\partial p_1}\cdot\frac{\partial p_1}{\partial t}+\frac{\partial q_2}{\partial p_2}\cdot\frac{\partial p_2}{\partial t}\right)-\frac{\partial p_2}{\partial t}\cdot q_1 + q_2+t^{SB}\cdot\left(\frac{\partial q_2}{\partial p_1}\cdot\frac{\partial p_1}{\partial t}+\frac{\partial q_2}{\partial p_2}\cdot\frac{\partial p_2}{\partial t}\right) \tag{20}$$

将(2)式 p_1 和 p_2 依次求导,分别得到$\frac{\partial q_1}{\partial p_1}$、$\frac{\partial q_1}{\partial p_2}$、$\frac{\partial q_2}{\partial p_1}$和$\frac{\partial q_2}{\partial p_2}$,将它们和(11)式,以及第二阶段产量和价格一起代入(20)式,可得单一进口税为:

$$t^{SB}=\frac{(\alpha+\beta)\cdot(-1+k^2)}{-3+2k^2} \tag{21}$$

两国企业产量分别为:

$$q_1^{SBT}=\frac{(-2+k^2)\cdot[-k\cdot(\alpha+\beta)-\alpha\cdot(-3+2k^2)]}{-12+23k^2-13k^4+2k^6}$$

$$q_2^{SBT}=\frac{-(\alpha+\beta)\cdot(-2+k^2)^2-\alpha\cdot(-3+2k^2)}{-12+23k^2-13k^4+2k^6} \tag{22}$$

本国社会福利为:

$$W^{SBT}=\frac{(-3+2k^2)\cdot\alpha^2+2k\cdot\alpha\cdot(\alpha+\beta)-(\alpha+\beta)^2}{6(-1+k^2)} \tag{23}$$

比较(13)式和(21)式,可以看出 $t^{SB}>t^{FB}$。这是由于在"最优"政策组合下,生产补贴会增加本国生产,减少本国市场扭曲,并间接地起到利润转移的作用,从而部分替代了进口税的效应;而在单一进口税政策中,进口税要全部承担利润转移的作用。因此,单一进口税的水平要高于"最优"政策组合中的进口税水平。

定义 $\Delta t[\beta,k]=t^{SB}-t^{FB}$,对其分别取 k 和 β 的导数,得:

$$\frac{\partial\Delta t}{\partial\beta}=\frac{k^2}{9-6k^2}\qquad\frac{\partial\Delta t}{\partial k}=\frac{(-9+6k+12k^2-4k^4)\cdot\alpha+6k\cdot\beta}{3(3-2k^2)^2} \tag{24}$$

单一进口税与"最优"政策组合中的进口税的差异为成本差距的减函数,即随着两国成本差距的减少,进口税水平会趋于接近;当 $k\geq 0.69$ 时①,二者之间差异随着产品差异

① $k^*\approx 0.69$。

增大；当 $k<0.69$ 且 $0<\beta<\frac{(9-6k-12k^2+4k^4)\cdot\alpha}{6k}$ 时，差异会随着产品差异程度增大缩小，但 $\frac{(9-6k-12k^2+4k^4)\cdot\alpha}{6k}<\beta<\frac{(2-k-k^2)\cdot\alpha}{k}$ 时，则随着产品差异程度增大而增大。

(三)“次优”的单一生产补贴政策

假设政府不征收进口税，只能给予本国企业从量生产补贴，则生产补贴将会减少本国市场扭曲，同时也部分起到利润转移的作用。

在博弈的第二阶段，在给定政府制定的从量生产补贴政策，以及对方价格的条件下，本国和外国企业根据利润最大化原则同时选择各自的价格。在此，将 (6)式和(7)式中的进口税 t 值设为0，即可得到两国企业的产量和价格。

第一阶段，本国政府选择单位生产补贴水平，使其社会福利最大化。(5)式的一阶条件为：

$$\frac{\partial W^{SBS}}{\partial s}=(p_1-c_1)\cdot\left(\frac{\partial q_1}{\partial p_1}\cdot\frac{\partial p_1}{\partial s}+\frac{\partial q_2}{\partial p_2}\cdot\frac{\partial p_2}{\partial s}\right)-\frac{\partial p_2}{\partial t}\cdot q_1 \\ +s^{SB}\cdot\left(\frac{\partial q_2}{\partial p_1}\cdot\frac{\partial p_1}{\partial s}+\frac{\partial q_2}{\partial p_2}\cdot\frac{\partial p_2}{\partial s}\right) \tag{25}$$

将 (2)式分别对 p_1 和 p_2 依次求导，分别得到 $\frac{\partial q_1}{\partial p_1}$、$\frac{\partial q_1}{\partial p_2}$、$\frac{\partial q_2}{\partial p_1}$ 和 $\frac{\partial q_2}{\partial p_2}$，将它们和 (10)式，以及第二阶段的产量和价格一起代入(25)式，可得到单一生产补贴为：

$$s^{SB}=\alpha\cdot(1-k^2) \tag{26}$$

企业产量分别为：

$$q_1^{SBS}=\frac{-k\cdot(\alpha+\beta)-\alpha\cdot(2+k^2)}{4-5k^2+k^4} \\ q_2^{SBS}=\frac{-(\alpha+\beta)-\alpha\cdot k\cdot(-2+k^2)}{4-5k^2+k^4} \tag{27}$$

本国社会福利为：

$$W^{SBS}=\frac{(4-k^2+2k^4)\cdot\alpha^2-2k\cdot\alpha\cdot(\alpha+\beta)+(\alpha+\beta)^2}{2(4-5k^2+k^4)} \tag{28}$$

比较 (13)式和(26)式，可以看出 $s^{SB}>s^{FB}$。这是由于在“最优”政策组合下，除了生产补贴外，进口税会增加本国生产，从而部分替代生产补贴的效应；而在单一进口税政策中，生产补贴要全部承担此作用。因此，单一生产补贴的水平要高于“最优”政策组合下的量值。

定义二者差异为 $\Delta S[\beta,k]=S^{SB}-S^{FB}$，分别取 k 和 β 的导数，得：

$$\frac{\partial \Delta s}{\partial k}[\beta,k] = \frac{(1-2k)\cdot+\beta}{3} \quad \frac{\partial \Delta s}{\partial \beta}[\beta,k] = \frac{1}{3} > 0 \tag{29}$$

单一生产补贴政策与“最优”政策组合下的补贴水平差异为成本差距的增函数,随着两国成本差距的增大,二者差异会增大;当 $0<k\leqslant 0.50$,补贴水平差异随着产品差异增大,$\sqrt{\frac{2}{3}}<k<1$ 则反之;当 $0.50<k<\sqrt{\frac{2}{3}}$ 时,且 $0<\beta<(2k-1)\cdot\alpha$ 时,补贴水平差异随着产品差异程度减小而减小,但 $(2k-1)\cdot\alpha\leqslant\beta<\frac{(2-k-k^2)\cdot\alpha}{k}$ 时,补贴水平差异随着产品差异程度减小转而增大。

三、“最优”单一国内支持政策

Tushimitsu(2002)指出,当生产同质产品的企业进行库诺特产量竞争时,“最优”政策组合带来的社会福利水平总是高于单一政策所带来的。因此,在可能的情况下,本国政府应该选择使用进口税和生产补贴的政策组合。但当本国政府不能同时使用这两类政策时,哪种单一政策是最优选择取决于两国企业成本差距和企业的数量。本部分将主要通过比较三种不同政策选择下的本国政府社会福利水平来决定本国政府在企业进行伯川德价格竞争时的最优政策选择。

(一)社会福利的比较

根据(15)式、(19)式、(23)式和(28)式,可以得出:

$$W^{FB} > W^{SBT} > W^{F} \text{ 和 } W^{SBT} > W^{F} \tag{30}$$

因此,“最优”政策组合与单一生产补贴政策带来的本国福利之间的关系是不同于库诺特竞争下得出的结论的。定义二者之间社会福利差距为:

$$\begin{aligned}\Delta W[\beta,k] &= W^{FB} - W^{SBS} \\ &= -\frac{(-1+2k)\cdot(1+2k^3)\cdot\alpha^2 - 2(-1+k)\cdot\alpha\cdot\beta + (-1+k^2)\cdot\beta^2}{6(4-5k^2+k^4)}\end{aligned} \tag{31}$$

当 $0<k<0.50$,$\Delta W>0$;当 $0.72<k<1$,$\Delta W<0$;当 $0.50\leqslant k\leqslant 0.72$,$\Delta W\geqslant(\leqslant)0$ 取决于 $\beta^*\geqslant(\leqslant)\beta$①。

由此得出命题 2:

在水平差异产品的伯川德模型中,当产品差异程度缩小到一定程度以下,“最优”政策组合明显优于单一生产补贴政策。但当产品差异程度扩大到一定程度后,两种政策的

① β^* 为 $\Delta W=0$ 时 β 的取值。

排序取决于两国成本差距 β 的大小。当成本差距较小时,即外国企业成本优势较低时,"最优"政策优于单一生产补贴政策,当成本差距增大到一定程度时,即外国企业成本优势较高时,单一生产补贴政策就会优于"最优"政策组合(证明与本文主要的结论命题3相似,在此从略)。

定义单一进口税政策和单一生产补贴政策带来的福利水平差距为:

$$\Delta W^*[\beta,k] = W^{SBT} - W^{SBS}$$
$$= \frac{(2-6k^2+9k^4-4k^6)\cdot\alpha^2 - 2(-1+k^2)^2\cdot\alpha\cdot\beta - (-1+k^2)^2\cdot\beta^2}{-24+46k^2-26k^4+4k^6} \tag{32}$$

当 $0.72<k<1$, $\Delta W^*<0$;当 $0<k\leqslant 0.72$, $\Delta W^*\geqslant(<)0$ 取决于 $\beta^{**}\geqslant(<)0$。①

由此得出命题3:

产品差异程度缩小到一定程度时,本国政府根据本国社会福利对单一政策的取舍取决于两国成本差距的相对大小。当成本差距较小时,即外国企业成本优势较低时,单一生产补贴政策优于单一进口税政策;当成本差距增大到一定程度时,即外国企业成本优势较高时,单一进口税政策就会优于单一生产补贴政策。

但当产品差异程度增大到一定程度后,单一生产补贴政策是明显优于单一进口税政策的(证明见附录)。

命题3的逻辑很明显。当产品差异程度较小时,二者的相对优越性取决于成本差异的大小。在此情况下,本国市场扭曲问题不是那么严重。如果成本差异较小,外国企业的利润空间(Profit Margin)并不大,本国企业承受的竞争压力也相对小些。这样,使用单一进口税产生的利润转移效应带来的本国企业和政府的收益不足以弥补本国扭曲带来的损失。因此,本国政府更倾向于使用单一补贴政策来削弱本国市场扭曲。反之,当成本差异较大时,外国企业的利润空间增加,而本国的竞争压力变大。进口税利润转移效应所带来的收益将会大于由此增加的本国市场扭曲导致的损失。从而,单一进口税政策变成了此时的最优政策选择。

当产品差异程度较大时,单一补贴政策明显优于单一进口税政策。因为此时本国市场的扭曲问题更为显著,本国政府更倾向于忽视成本差距,而用单一生产补贴来削弱扭曲。从而本国社会福利、本国消费量和本国企业产量都高于使用单一进口税时的量值。此外,单一补贴对于进口量的限制更大。因此,产品差异程度较大时,单一补贴政策是最优进口贸易政策选择。

---

① β^{**} 为 $\Delta W^*=0$ 时 β 的取值。根据(30)式、命题2和命题3,可以推测 $\beta^*<\beta^{**}$。否则"次优"进口税政策带来的福利将会在某个产品差异和成本差距的交叉的区间大于"最优"政策组合,从而与式(30)矛盾。

(二)消费量、产量和进口量的比较

根据(14)式、(18)式、(22)式和(27)式,可得:

$$q_1^{SBS}+q_2^{SBS}>q_1^{SBT}+q_2^{SBT}\qquad q_1^{SBS}>q_1^{SBT}>q_1^{F}\tag{33}$$

即在单一生产补贴政策下的本国消费水平总是大于单一进口税政策时的量值;单一生产补贴政策带来的本国企业产量高于单一进口税政策下的本国企业产量。这意味着前者会带来提高本国企业产量,从而带来更多的生产者剩余。

定义单一进口税政策和单一生产补贴政策的进口量差距为:

$$\Delta q_2[\beta,k]=q_2^{SBT}q-q_2^{SBS}=\frac{-2(\alpha+\beta)+3\alpha\cdot k+(\alpha+\beta)\cdot k^2-2\alpha\cdot k^3}{(-4+k^2)\cdot(-3+2k^6)}\tag{34}$$

当$0<k<\frac{\sqrt{17}-1}{4}$,$\Delta q_2<0$;当$\frac{\sqrt{17}-1}{4}\leqslant k<1$,$\beta^{***}\geqslant(<)0\Rightarrow\Delta q_2\geqslant(<)0$。①

这意味着,当产品差异程度缩小到一定程度,无论成本差距如何,单一生产补贴政策对于进口的限制效果都强于单一进口税政策。因为,此时来自外国的竞争压力较大,本国政府可以直接用生产补贴政策来提高本国生产。由此增加的本国产量导致了进口量的下降。反之,如果本国政府选择进口税而非生产补贴来减少进口量的话,就必须选择相对较高的进口税水平,而这样会显著地降低本国的消费量,大大地降低社会福利。

当产品之间差异程度扩大到一定程度以上时,如果成本差距足够小,单一进口税的进口限制效果就强于单一生产补贴。因为此时本国市场存在较大程度的扭曲,但随着成本差距的缩小,扭曲程度将会有所缓解。即使进口税会降低本国消费量,本国政府仍然有运用进口税而非生产补贴限制进口量的动机。更进一步,假设采纳了单一生产补贴政策,生产补贴水平需要足够大才能取得一定的限制进口效果。因此,从限制进口量的角度出发,进口税比生产补贴更为合适。

四、结论

尽管以往研究指出,进口税和生产补贴的政策组合是进口国政府的最优国内支持政策选择。但现实中往往存在不能同时使用这两种政策的情况,此时进口国政府就不得不面临最优单一政策的选择问题。本文在水平差别产品的双寡头伯川德模型中考察了进口国政府的最优国内支持政策选择问题。分析表明,生产补贴和进口税相对优越性取决于两国的成本差异和产品差异程度。当产品差异程度较小且成本差距较小,单一补贴政策优于单一进口税政策;当成本差距较大时,单一进口税政策优于单一补贴政策,而且,

① $\beta^{***}=\frac{(2-3k-k^2+2k^3)\cdot a}{k^2-1}$,是 $\Delta q_2=0$ 时 β 的取值。

"最优"政策组合并非总是优于单一生产补贴政策,二者之间的相对优劣也取决于成本差距和产品差异程度。

本文从供给的角度揭示了国际贸易中反倾销为代表的进口贸易保护手段的频繁使用的根源。因为,根据本文的假设,即使不考虑进口国内的产业保护的政治压力和提供生产补贴所带来的财政扭曲,产品之间较小的差异程度和外国企业明显的成本优势也将刺激进口国政府倾向采用反倾销为代表的进口贸易政策,而不是以生产补贴为代表的产业政策。因为反倾销税有可能达到更高的社会福利和更强的进口限制的双重政策目标。由此得到的重要启示是,出口国在提高生产效率,保持一定成本优势的同时更要注意产品的多样化,提高与外国产品之间的差异程度,从而有效地避免反倾销及其带来的损失。

本文的结论还需要运用一般的需求和成本函数形式来对伯川德模型进一步考察。另外,本文假设本国政府拥有关于市场需求和企业成本的完全信息。但政府往往并不能够充分掌握这类信息。因此,在不完全信息情况下,进口国政府如何选择最优国内支持政策将是下一步研究方向。

附 录

证明:

当$0<\beta<\frac{(2-k-k^2)\cdot\alpha}{k}$时,$\Delta W^*[\beta,k]$为$\beta$的连续函数,且对于$\beta$和$k$都是二阶可导的。

设$\beta=0$,可得:

$$\Delta W^*[\beta,k]=\frac{(2-6k^2+9k^4-4k^6)\cdot\alpha^2}{-24+46k^2-26k^4+4k^6}<0 \tag{A1}$$

设$\beta=\frac{(2-k-k^2)\cdot\alpha}{k}$,可得:

$$\Delta W^*[\beta,k]=\frac{(4-15k^2-219k^4+164k^6-5k^8)\cdot\alpha^2}{-24k^2+46k^4-26k^6+4k^8} \tag{A2}$$

$$k\geqslant(<)0.72\Rightarrow\Delta W^*[\beta=\frac{(2-k-k^2)\cdot\alpha}{k},k]\geqslant(<)0 \tag{A3}$$

对$\Delta W^*[\beta,k]$求β的一阶导数,得:

$$\frac{\partial\Delta W^*[\beta,k]}{\partial\beta}=-\frac{(-1+k^2)\cdot(\alpha+\beta)}{12-11k^2+2k^4} \tag{A4}$$

当 $$\frac{(2-k-k^2)\cdot\alpha}{k}>\beta>0,\ \frac{\partial\Delta W^*[\beta,k]}{\partial\beta}>0 \tag{A5}$$

综合(A1)、(A3)和(A5),可得:

(1)当$0.72\leqslant k<1$,且$\frac{(2-k-k^2)\cdot\alpha}{k}>\beta>0$时,$\Delta W^*<0$;

(2)当$0<k<0.72$,$\beta<\beta^{**}$时,$\Delta W^{*}<0$;$\frac{(2-k-k^2)\cdot\alpha}{k}>\beta>\beta^{**}$时,$\Delta W^{*}\geqslant0$。

命题3得证。

参考文献

[1] 马捷. 差别产品双头竞争与最优进口税的决定[J]. 世界经济,2002(6):13-19.

[2] 彭立志,王领. 不完全信息、反倾销威胁与最优出口贸易政策[J]. 经济研究,2006(6):70-77.

[3] Bhagwati, J. N. and Srinivasan, T. N. Optimal Intervention to Achieve Non-economic Objectives[J]. Review of Economic Studies, 1969, 36(1): 27-38.

[4] Bhagwati, Jagdish N., Ramaswami, V. K. and Srinivasan, T. N. Domestic Distortions, Tariffs and the Theory of Optimal Subsidy: Some Further Results[J]. Journal of Political Economy, 1969, 77(6): 1005-1010.

[5] Bhagwati, Jagdish N. and Ramaswami, V. K. Domestic Distortions, Tariffs and the Theory of Optimal Subsidy[J]. Journal of Political Economy, 1963, 71(1): 44-50.

[6] Bhagwati, Jagdish N. The Generalized Theory of Distortions and Welfare. in J. N. Bhagwati et al., eds. Trade, Balance of Payment, and Growth: Papers in International Economics in Honor of Charles P. Kindleberger[M]. Amsterdam: North-Holland, 1971.

[7] Brander, James A. and Barbara J. Spencer. Tariff Protection and Imperfect Competition. in H. Kierzkowski ed. Monopolistic Competition and International Trade[M]. Oxford: Oxford University Press, 1984.

[8] Cheng, Leonard K. Assisting Domestic Industries under International Oligopoly: The Relevance of the Nature of Competition to Optimal Policies[J]. American Economic Review, 1988, 78(4): 746-58.

依托工业园区，推进城镇化发展

蒋雪梅　黄婧婧
（贵州大学经济学院）

摘　要：“三化”同步实质是解决好工农关系、城乡关系，让农民平等参与工业化、城镇化进程，工业园区建设是实现工业化的重要载体，又是推进城镇化的重要方式。本文分析了工业园区建设推进城镇化的作用机理及作用途径，提出“城区带园、园区带镇、区域一体化”的园区建设模式能更好推进城镇化，并分析了贵阳金石产业园实践的几点启示。

关键词：工业园区　城镇化　园区选址　管理模式　融资模式

贵州省“十二五”规划提出要实现工业化、城镇化和农业现代化，国发二号文也强调了坚持统筹协调，促进“三化”同步发展。“三化”同步的本质是在工业化、城镇化进程中处理好工农关系、城乡关系，缩小工农差距、城乡差距；核心是建立健全以工促农、以城带乡的长效机制，让农民平等参与工业化、城镇化进程，公平分享工业化、城镇化成果；目标是形成工业化、城镇化带动农业现代化，农业现代化支撑工业化、城镇化，工业化、城镇化互促共进，推动城乡经济社会一体化发展的新格局。工业园区的建设是实现工业化的重要载体，同时又是推进城镇化的重要方式，工业园区是联结工业化和城镇化的重要纽带。“三化”同步为贵州省城镇化进程提供了新的战略思路。

一、工业园区建设推进城镇化的作用机理及作用途径

（一）工业园区建设带动城镇化的作用机理

1. 工业园区通过产业结构演化效应带动城镇化

库兹涅茨的产业结构演化规律表明，随着国民经济的发展，第一产业创造的产值比重不断下降，从工业化初期到后期再到后工业化时期，第二产业产值比重会呈现出先上升后下降的趋势，第三产业的产值比重会持续上升，产业结构的演化和由此产生的劳动力由第一产业向二、三产业转移的过程就是城市化发展的过程。工业园区的形成毫无疑问会增强地区第二产业的财富创造能力，推进区域工业化发展。另外，当工业园区发展到一定阶段，对生产性服务业及消费性服务业的需求逐渐增加，由此将促进第三产业的发展。传统产业向现代产业、农业向非农产业的转变过程，同时拉动区域第二、三产业就业人口的提高，产业就业结构起了变化，从而推动城市化进一步发展。

2. 工业园区通过集聚经济效应带动城镇化

集聚经济是城市化的基本动力。集聚经济是各种产业和经济活动在空间上集中产生的经济效果以及吸引经济活动向一定地区靠近的向心力,是导致城市形成和不断扩大的基本因素。而集聚经济的典型形式是产业集群,产业集群的主要载体是工业园区。工业园区之所以能产生集聚经济,是由于其具有特殊的环境支撑体系,如特殊政策、地理位置、产业配套设施和管理体制等,因此能对周边地区的劳动力、资金、技术、信息等经济要素产生吸引力,集聚经济效应得以实现。另外,产业集聚良好的工业园区,其园内企业间能形成特有的产业关联,这种产业关联性会带来乘数效应,将进一步推进要素集聚和城市化进程。

如中国小商品城义乌市,在围绕小商品大市场已形成服装、针织、饰品、拉链、玩具、小五金、印刷与毛纺八大优势制造业集群的基础上,在产业集群经济效应与政策的引导下,制造业迅速向义乌经济技术开发区、五个工业园区与七个特色工业园区集聚,进一步形成以园区为载体的新型制造业集聚中心。产业集聚在空间布局上日趋完善,工业园区有效地提升了农村工业化的质量。更重要的是,在产业集群经济促进下,交通运输业、电信服务业、旅游餐饮业、房地产业与各种服务业迅速发展,2003 年第三产业在 GDP 的比重达 43.7%。而工业、各种服务业的迅速发展产生的就业乘数效应促进了农村劳动力的转移,自 20 世纪 80 年代初以来,义乌市 31.6 万农村劳动力中,就有 22 万人转向了第二、第三产业,实质性地推动了城镇化进程,城镇化水平从 1978 年的 8% 提高到 2003 年 55%。显而易见,义乌产业集群与工业化、城镇化互动发展成功模式就表现在农村工业—产业集群(围绕小商品市场)—工业园区—产业劳动力结构升级—就业乘数效应—城镇化进程这种互促共进的良性循环关系上。

(二)工业园区建设带动城镇化的作用途径

1. 延伸产业链

在工业园区产业链中,产业或产品作为其中的构成环节和要素,并与其他部门和环节发生密切的技术经济联系。一般来说,不同的产品往往可以形成一条产业链。工业园区可以构建这样几种产业链:园区内的封闭的产业链;园区内的产业链中某一产业同时加入园区外的某一产业链;根据园区内某些优势条件所形成的某一产业,可以完全加入到园区外的某一产业链中去,而与园区内的其他产业链无关。园区内的产业链中某一产业同时加入园区外的某一产业链的这种形式可以带动其他产业的发展,从而带动第二、三产业的发展,使第二、三产业向城镇聚集,且需要的劳动力增加,使得农村富余劳动力入城,经济的增长会促进基础设施建设等,从而推动城镇化进程。

2. 促进非农产业就业

城镇工业园区的建立吸引大量企业入园,各乡镇入园企业的集聚导致了企业规模的扩大，企业规模的扩大就导致所需劳动力增加，从而吸引农村劳动力向工业园区集聚。工业园区的企业多为劳动密集型产业，促使周边地区的大批农村富余劳动力进入城镇就业，随着这些人的涌入，必然使其流动人口增加，且一部分人逐步脱离土地进镇落户，成为新的城镇居民。这样，生产、生活的消费需求同样得到增加，正是这种消费需求的动力，推动着其他各业的加快发展，进而又促使城镇吸纳更多的农村富余劳动力进入二、三产业。如此循环作用，使小城镇的人口数量伴随着工业园区的不断发展壮大，形成了城镇人口的规模集聚效应。另外，在工业园区就业的居民可使自己的才能在企业的生产实践中得以充分发挥和锻炼，并不断增长新知识、新观念和掌握运用现代科学技术的本领，其精神面貌有了很大改善，这有助于提高城镇人口的素质，对城镇化发展起正面作用。

3. 增加用地规模

工业园区建设需要占用大量的土地，同时工业园区成为城镇对外开放的窗口、项目建设的载体、招商引资的基地。工业园区和基地依城镇而建，城镇借园区和基地快速发展。此外，以工业园区为主导，可打造出一系列高标准的休闲广场、高层住宅、会展中心、学校、医院、金融服务、物流、餐饮、通信等行业，城镇规模迅速膨胀。随着园区的扩大，农村劳动力加快向城镇转移，第二、三产业不断积聚，城镇化水平越来越高，不仅改善了投资环境，促进了产业结构升级，还提高了小城镇的聚集能力和承载能力，形成城镇化发展的巨大动力。

4. 吸引资本流入，带来扩散效应

工业园区会吸引资金流入，而工业园区经济的发展，到了一定的阶段必然要寻求新的投资领域、寻求新的市场、寻求新的资源，这个时候必然发生市场的扩张效应，工业园区的资本要素会向周边地区扩散。必然导致岗位的增加、所需劳动力的增加以及用地规模的增加。理所当然也就是促进该地区的城镇化进程。

二、贵州省工业园区建设推进城镇化的模式选择

（一）总体思路——城区带园，园区带镇，区域一体化

中心城市是区域发展的源点和增长极，在制定工业园区发展战略时应充分考虑其与中心城市的关联性，体现“城区带园”的发展战略。城镇发展定位应坚持“工业兴镇”发展道路，以建设和发展工业园区为手段，合理布局规划工业园区，安排能使工业园区可持续发展的制度和管理模式，创造良好的产业集群环境，使工业园区成为带动城镇化发展的发动机，最终实现城乡区域一体化。

(二)工业园区的选址——城区带园,依托乡镇

1. 不同的工业园区选址推进城镇化的作用不同

(1)包含式。包含式工业园区位于城市内部。包含式有利有弊,其“利”在于工业园区可以直接利用城市的道路交通等基础设施和生活服务设施,从而节省了前期开发建设成本;“弊”则体现在因工业园布局在建成区内,其规模的进一步扩大受到了限制,同时也会造成一定的城市问题。

(2)边缘式。边缘式将工业园区选址在现有市区边缘。这类工业园区与原有中心城较为接近,能充分利用市区的基础设施和生活服务设施,使工业园区与建成区融为一体,从而节约开发初期投资,使之能将重点放在发展生产性项目上。此外,边缘式工业园区还可带动城市周边建设薄弱、急待开发区域的发展,加快其城市化进程。但这种布局方式助长了城市摊大饼式的发展弊端。

(3)子城依托式。因中心城区十分拥挤、城市规模过大、城市环境污染等问题,不宜将工业园区设置在老区边缘,而是依托子城(卫星城、郊区区县城镇),利用子城的基础设施,这样既可减少投资成本,又带动了子城的发展。同时,通过工业园区的建设可以增强子城的向心力,子城的开发还可以缓解母城人口压力等城市问题。工业园区与城镇之间的区位关系有两种类型,即一园一镇和一园多镇。目前,大多数城镇与工业园区布局多采用一园一镇方式。处于利益博弈角度,各区乡镇政府都更愿意在自己管辖区域内建设工业园区,以实现自身利益最大化,避免发展滞后于其他城镇。但这种发展模式造成区域范围内工业园区密度过高,这种遍地开花的局面,一是容易引起基础设施重复建设,资源浪费严重;二是造成区域产业雷同现象普遍,内部竞争激烈,不利于区域竞争力的形成。一园多镇则合理选择地理区域比较靠近、产业特色相似的城镇群,集中投资建设一个工业园区,有利于优化配置区域资源,整合城镇产业,提高工业园区的质量和市场竞争力。

(4)独立发展式。独立发展式工业园区位于城市中、远郊,选址及用地性质比较自由,发展余地较大,但与母城相距较远,基本上不受中心城区扩散效应的影响,而且这类工业园区对母城的基础设施和服务设施依托困难,建园成本高。另外,园区因投资环境形成过程较长,其吸引力往往不如其他类型的工业园区,其建设和发展的速度也都比较慢,城市化效应需相当长的时间才能显现。

2. 选择“城区带园,依托乡镇”选址方式有利于城镇化的推进

笔者认为,“城区带园,依托乡镇”是最有利于城镇化的贵州工业园区建设选址方式。“城区带园,园区带镇”作为依托工业园区建设带动城镇化发展的实现路径,体现了以下两点思想:

(1)合理规划工业园区空间布局,利用中心城区的扩散效应,以及乡镇原本所具有的经济要素发展工业园区。

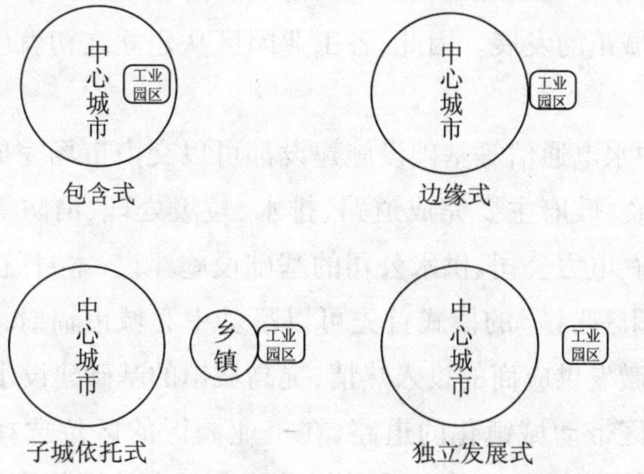

图1　从区位角度划分的工业园区建设模式

（2）在产业发展是城市化内生动力的经济学主流观点基础上，坚持“工业强镇”发展道路，以建设和发展工业园区为手段带动城镇化进程，而非使产业发展从属于次要地位。

从生产环节上看，“城区带园”体现了目前利用中心城市的扩散辐射效应重点发展中小城市和小城镇的主流思想，该思想源于佩鲁的增长极理论以及一系列丰富增长极理论的学术思想。增长极分为吸引中心和扩散中心两类，而扩散效应是极化效应的反向过程，主要表现为资金、劳动力、技术、信息等经济要素由中心城市向周边地区的流动。中心城市发展初期，极化效应是主要的，当增长极发展到一定程度并且必须在政府干预的情况下，扩散效应才会增强。中心城市的扩散效应也会表现为产业的梯度转移，随着吸引中心劳动力、土地等要素价格的提高，生产成本随之上升，到达一定阶段时，就会发生产业在地区之间的转移；政府为缓解人口压力、交通拥挤、环境污染等城市问题而使工业企业搬离中心城区，也是产业转移的缘由。

从销售环节上看，“城区带园”的好处表现为中心城市为工业园区的发展提供了广大的需求市场。

建园成本低。一方面，考虑到乡镇原本就具备的基础设施和生活服务设施能降低园区建设成本；另一方面，乡镇的居民也为园区企业提供了劳动力支持，降低了园区企业的人力资源成本。

有助于基础设施建设。走“城区带园，园区带镇”发展模式，充分依托工业园区建设带动城镇化发展，工业园区就必须与周边地区、与中心城市发生物质、信息等交流，因此，基础设施就成为工业园区与外界交流的载体。工业园区的基础设施有硬件基础设施和公共服务平台两大部分。硬件基础设施既包括一般的硬件基础设施，如所谓的“九通一平一厂一站”，即通供水、排水、电网、公路、铁路、通信、供热、供气和雨污管网，达到场平，建立固废处理场和消防站，同时也包括与产业相关的硬件基础设施。公共服务平台主要包括科技服务、金融服务和教育服务。工业园区基础设施水平越高，与外界的交流能力越强,就能更好地与外界产生联动效应,从而推动自身发展。同时,工业园区的基础设施也会带动周边农村、城镇的发展。因此,各工业园区从建立之初就应致力于高标准、高起点的基础设施建设。

工业园区建设中水电通信等基础设施建设都可以交由市场完成,因为相关的企业看到商机,就会愿意投资,政府主要完成道路、排水、垃圾处理、消防等基础设施的建设,企业的入驻带动电信商、电力公司、供水公司的基础设施建设,本身就推进了当地的城镇化发展。"城区带园,园区带镇"的模式首先可以享受中心城市辐射,使这些供应商的投入成本不会太多,又能激发供应商的投入热情,提高城镇的基础建设水平。

总之,走工业园区带动城镇化的道路,在工业园区的区位选择上就必须综合考虑。过于远离中心城市的园区不能充分享受"增长极"所带来的扩散效应,难以集聚经济要素和承接产业转移,且过于远离市场将增加产品运输等成本,降低了园区企业的竞争力;独立于乡镇的工业园区则无法与乡镇联动发展。

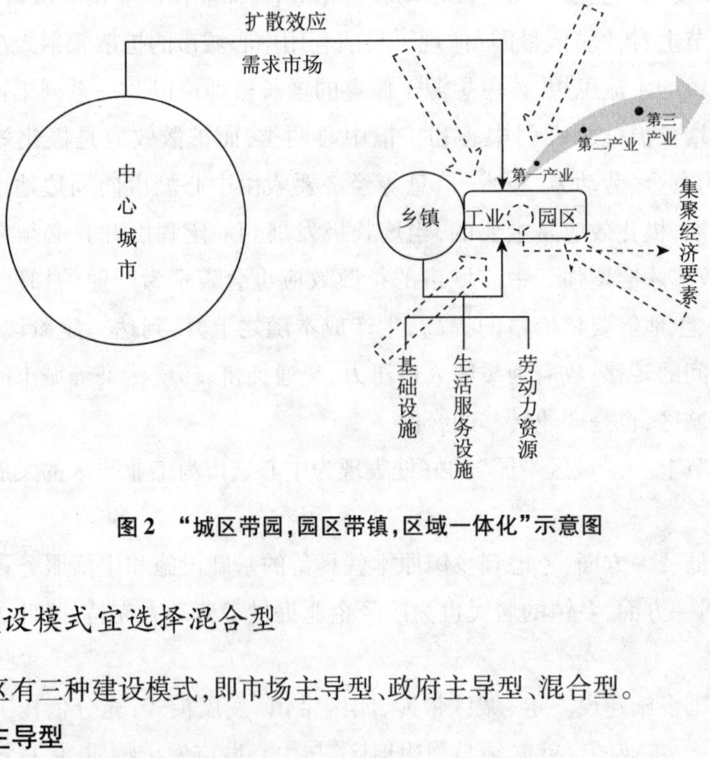

图2 "城区带园,园区带镇,区域一体化"示意图

(三)建设模式宜选择混合型

工业园区有三种建设模式,即市场主导型、政府主导型、混合型。

1. 市场主导型

市场主导型工业园区多见于高新技术产业开发区,如美国的斯坦福工业园("硅谷"的雏形)。这一模式一般没有政府的组织和引导,而是科研单位、企业自发或半自发地集聚于某区域形成的。高新技术产业开发区往往以中心城市、高等院校或科研机构为依托,高科技的快速发展使园区具有强劲的发展活力和市场竞争力,从而吸引了大量社会资金流向园区,例如,硅谷成熟的风投机制孵化了一个又一个优质项目(微软、英特尔、

Facebook 等)。这类型工业园区更容易产生根植性的集聚效应、产业带动效应,能够促进新的城市和城市群的产生,其内生发展模式更有利于城市化。

2. 政府主导型

政府主导型工业园区有两种类型:一是以税收、土地等优惠政策吸引企业入驻的筑巢引凤型;二是以城市规划为目的强制企业搬迁入园的强制搬迁型。由于第二类工业园区的政策导向较强,因此园区形成的速度较快,然而若政府存在错误干涉、低层次干涉、无边界干涉的问题,会阻碍园区的可持续发展,对城市化的促进作用较小。急功近利的地方政府在规划和建设工业园区时会带来诸多矛盾和问题,主要有:土地矛盾,如违规征用大量耕地、征地补偿不合理、未妥善安置失地农民,园区与失地农民的矛盾频频爆发,园区筑巢多、引凤少,大片土地被闲置;资金矛盾,园区建设资金来源渠道单一,主要是财政投资。另外,园区建设前期所筹集资金用于征地后所剩无几,园区企业因资金短缺而举步维艰甚至难以为继,财政资金心有余而力不足或迟迟无法到位。

3. 混合型

政府重视市场机制并合理引导的工业园区属于混合型工业园区。政府不仅为园区提供最初的系列性安排,包括空间布局规划、财政倾斜、基础设施建设、项目支持等,而且为园区的稳步发展制定了相关制度,如合理规划用地、征地,拓宽投融资渠道,保障失地农民的基本权利。这类型工业园区注重政府角色定位,并且能在政府合理边界内,不断促进园区集聚经济等效应的形成,利用其内生动力良性推动城市化发展。

市场主导对推进城镇化最有利,但是落后地区的工业园区建设仅仅依靠市场自发完成是不现实的,而仅仅依靠政府又会带来很多问题,不利于工业园区可持续发展和城镇化的推进。宜采取混合型管理模式,以政府为引导、市场为主体,这样既符合贵州实际,又能更好利用市场的内生动力。

(四)发展模式的选择——让农民更能享受工业化的成果

工业园区建设应该创新管理方式、融资模式、土地使用方式,使工业园区的发展更有利于城镇化的推进,农民更能享受到工业化的成果。

首先,工业园区建设在推进城镇化过程中最重要的就是土地问题,目前工业园区建设用地主要依靠大量农民集体所有土地将转为工业用地,以征收方式取得是目前唯一途径,即土地"农转非"是这样实现的:土地先由国家征收,土地由农民集体所有转变为国家所有,然后国家再将土地出让给企业等组织。土地征收方式在实践中存在诸多问题,如征地中农民尽管能得到一定经济补偿,但土地增值收益分配给农民的比例却很少,这样一来,农民就难以积累向城镇和非农产业转移的起始资本,城镇化进程受到影响。另外,土地被征收后,农民失地等同于失业,安置不当容易产生纠纷,甚至会引发社会矛盾,失地农民安置制度同样必须适应城镇化的发展需要。城镇化无疑关系农民问题,农村土地因关系着农民生计,其制度的完善显得尤为重要,农村土地制度必须适应城镇化的发展需要。因此,“园区带镇”战略应首要解决土地“农转非”系列问题,园区建设管理模式的创新可从土地着手。其一,创新土地“农转非”方式,农村土地用途的转变,并不一定要以土地所有权的变更为前提;其二,土地“农转非”的延伸问题同样不能忽视,即农地非农化后农民的就业问题,失地农民的文化程度不高、缺乏职业技能、综合素质低等因素都使得其就业竞争力很小,政府应采取措施促进失地农民就业,如搭建公共就业服务平台,提供职业技能培训机会,优先安排失地农民入职于当地园区企业,以创业带动就业,等等。

其次,目前贵州省工业园区建设中资金短缺也是重要问题。目前,贵州省园区基础建设以政府投入为主,依托工业园区建设带动城镇化,需要巨额资金投入,资金投向主要包括以下几部分:取得建设用地资金、硬件基础设施投入(生活性基础设施和生产性基础设施)、公共事业以及公共服务。这些仅依靠地方财政税收是难以满足庞大资金需求的。以贵州省为例,根据《贵州省统计年鉴 2011》,2010 年全社会固定资产投资共 3186.28 亿元,财政总收入为 969.57 亿元,财政收入全部投入项目还有约 2/3 的资金缺口。从全社会固定资产投资资金来源上看,国家预算内资金占 8.7%,国内贷款占 20.8%,利用外资占 0.3%,自筹资金占 45.5%,其他投资占 24.8%。数据显示,贵州省工业化和城镇化建设资金筹集虽已显露出多元化趋势,但传统投融资方式——银行贷款、中央及地方财政资金加总所占比例高达 75%,政府面临着十分大的财政压力。而各级政府财力有限,特别是县级以下园区资金来源渠道少,建设资金严重缺乏,导致园区基础设施建设滞后,园区整体档次不高,影响新企业、新项目的引进,制约全省工业园区的建设和发展。

贵阳金石产业园建设的一些探索为我们提供了一些有意义的启示。

三、案例分析——贵阳金石产业园

(一)贵阳金石产业园建设推进城镇化的基本情况

金石产业园于 2010 年 11 月 8 日批准建立,同年 11 月 12 日开工建设,并于 2010 年 11 月被贵州省贵阳市市委、市政府正式确立为十大产业园区之一,于 2011 年 7 月被贵州省经济和信息化委员会评选为省级工业园区一类培育区,是贵阳市循环经济推广园,并被列为贵州省 2011 年重大工程重点项目。金石产业园位于贵州省贵阳市花溪区石板镇、小河区金竹镇之间的 19.8 平方公里区域内。2011 年,金石产业园累计投资 70 亿元,园区产值达 60 亿元,生产经营场所建筑面积达 62 万平方米,已入驻 3000 多家企业,其中有 8 家规模以上企业,2000 余家民营企业,实现就业 3000 余人,实现税收 1407 万元,园区内居民人均纯收入达 7061 元,园区于贵阳市十大园区年终考核中荣获三等奖。5 平方公里核心区域内已初步形成石材深加工、钢材加工、工程机械、二手车及货车改装、农副产品物流五大产业。石材深加工是金石产业园的核心产业,目前共有四个石材加工组团,可形成年产2050万平方米中高端石材板材和100万件以上石材工艺品的生产规模,实现年产值20亿元以上,此举正是响应石材产业被列为贵州省建材产业“十二五”发展规划重点产业和项目的经济发展政策。2011年11月,作为统一战线的金石同心产业园项目正式挂牌开工。目前,金石产业园已形成4项“贵州之最”:贵州最大的石材加工销售基地、最大的二手车及商用车市场、最大的五金机电市场、最大的农产品物流交易市场,预计2012年实现园区产值100亿元,税收1亿元。

金石产业园建设的一大亮点是其大胆尝试,创新土地流转制度,让农民以土地入股,土地仍为村委会集体所有,小城镇村民由土地主人转变为园区主人,由农民转变为股东,参与企业盈利分红。

(二)几点启示

1.金石产业园建设是“城区带园,园区带镇”城镇化路径的切实体现

金石产业园位于贵阳花溪区石板镇,石板镇位于贵阳市花溪区西部,距贵阳市中心20公里,距花溪区中心8公里。贵阳市绕城高速公路南环线穿过石板镇通往贵阳龙洞堡国际机场,园区距机场20公里,中广线(中曹司—广顺)、花清线(花溪—清镇)贯穿全镇,贵昆铁路穿境而过,境内有石板哨、天河潭2个火车停靠站,再加上目前正在建设的新中广线(甲秀南路与南二环立交—贵阳石板农产品物流园),交通四通八达;石板镇矿产资源丰富,石灰石尤其是青石板,是当地独具特色的矿产资源;石板镇供水设施完善,境内及周边有松柏山水库、花溪水库、阿哈水库等中型水库,水资源丰富。金石产业园横跨贵阳市花溪区石板镇、小河区金竹镇两个行政区域,其核心区域选址于石板镇,很明显是看重了石板镇的区位优势、特色资源优势以及基础设施优势,这是依托工业园区建设带动城镇化的关键所在。

2.突破行政区划限制,形成经济共同体

园区从谋划建设之初就立足于“开门式”发展,打破行政区划限制。首先,园区规划区域涵盖花溪区和小河区。其次,园区向各市(州、地)敞开大门,利用贵阳市各种有利平台,鼓励和支持各市(州、地)石材资源丰富的地区和企业参与建设,参与投资,实现资源整合和利益共享,形成经济共同体。

3.金石产业园创新了园区建设管理模式和融资模式,促进了城镇化

金石产业园建立之初就明确提出采取“政府主导,企业市场化运作”的建设管理模式,这套模式充分调动了民间资本和当地群众的积极性,使企业成为园区的主人,以市场为主体推进园区建设的模式,不仅解决了土地矛盾,资金问题同样迎刃而解,而且能让农民更好地享受到工业化的成果。

第一,农民以土地入股,创新土地流转制度。

根据我国《农村土地承包法》,土地流转是指土地承包经营权的流转,该法第32条规定,通过家庭承包取得的土地承包经营权可以依法采取转包、出租、互换、转让或者其他方式流转。土地承包经营权包括两种权能,即土地承包权和土地经营权。所以,土地流转就包括了两种情况:一是农民仅把使用权(土地使用权俗称土地经营权)转让出去,保留承包权,保留承包合同,收取一定的收益;二是农民把承包合同、土地经营使用权一起转让,在合同约定的转让期限内,农民脱离土地,不再保留任何权利,也不再与土地发生任何关系。目前存在的、有其名称的农村土地承包经营权流转方式主要包括以下12种:转包、转让、出租、互换、入股、代耕、拍卖、抵押、土地信托、反租倒包、继承、赠予。同时,《农村土地承包法》还明确规定在农村土地流转过程中,不得改变土地用途,而土地"农转非"的唯一途径是国家征收土地,然后国家再将土地出让给企业等组织。如前所述土地征收方式在实践中存在诸多问题,土地流转制度、土地征收制度明显已不适应城镇化发展的需要。

土地流转时土地用途受到制约,主要是为了避免土地无规律地大量流转,导致耕地减少。笔者认为,土地流转制度在这一点上"一刀切"的做法有很大弊端,例如,中国西南多个地区遭遇石漠化。相关资料显示,西南喀斯特地区是以贵州为中心,包括贵州大部及广西、云南、四川、重庆、湖北、湖南等省的部分地区,面积达50多万平方公里,是全球三大岩溶集中连片区中面积最大、岩溶发育最强烈的典型生态脆弱区,这里居住着1亿多人口,且以农业为主,人地矛盾突出,水土流失和石漠化极为严重,部分地区的石漠化面积已接近或超过所在地区总面积的10%,如贵州六盘水(27.9%)、安顺(24.6%)、黔西南(23.4%)、毕节(16.1%)、黔南(14.6%)、铜仁(9.4%)及广西的百色与河池(>12%)、云南滇东、川渝的涪陵(12.77%)、泸州(9.5%)、万州(9%)等,更严重的是西南岩溶山区的石漠化目前仍在快速发展,如贵州每年新增石漠化面积就达933平方公里,广西石漠化则以每年3%~6%的速度在发展。石漠化侵蚀了土壤,恶化了农业生产条件,据国土资源部2012年4月26日发布的数据,石漠化现象正以2%的速度吞噬着宝贵的土地,导致我国每年损失耕地30万亩。因此,《农村土地承包法》对土地用途的限制在西南石漠化地区实践中存在诸多问题。

合朋村原来是个典型的贫困村,由于80%土地是常年缺水的石漠化土壤,外出打工成为当地农民的主要收入来源,70%以上的田土常年被"丢荒弃种",全村3000多村民,80%在温饱线上挣扎。穷则思变,合朋村村委在金石产业园建设中大胆尝试,土地"农转非"时并不采取传统的国家征收方式,而是创新土地流转制度,让农民以土地入股,土地仍为村委会集体所有,小城镇村民由土地主人转变为园区主人,由农民转变为股东,参与企业盈利分红。这种方式不仅创新了土地流转制度,同时也避免了土地征收方式所带来的弊端。

第二,妥善安置失地农民,创造零上访率。

土地是农民生存、就业、养老的保障,因此妥善安置失地农民包括三个方面:(1)完善土地征用制度和土地流转制度，切实保障农民的土地财产性收入；（2）促进农民就业；（3）逐步建立城乡统一的社会保障体系。金石产业园在第1点的创新性举措上文已经阐述，金石产业园在促进农民就业和安排其参与社会保障上也是有缜密考虑的。

2011年，金石产业园已入驻3000多家企业，其中有8家规模以上企业，2000余家民营企业，共实现就业3000余人，园区企业招聘时就优先考虑该地区村民，如金石产业园核心区域合朋村有近八成村民被安排在园区企业就业，2011年全村已有600多劳动力到园区企业就业，每人年薪都在2万元以上。

农民往往会担心土地流转后就失去了养老保障而放弃流转。《农村土地流转的现状、问题及对策——兼论土地流转对现代农业发展的影响》一文对浙江省56个行政村（社区）和320个农户进行调查，结果显示，有33.8%的人认为“放弃了土地也没有什么好处或得不到其他保障”，成为农户继续保留土地承包权的主要原因，而有高达47.8%的农户认为如果政府能够为他们提供适当的养老保障，就愿意放弃承包地。因此，为了让农民积极主动流转土地，政府还应该给农民提供基本社会保障。合朋村村委会在这点做得很好，给村里的农民都办理了农村基本社会养老保险和新型农村医疗合作保险。因此，居民对工业园区的建设是非常欢迎以及满意的，居民对村委会也是给予肯定的。失地农民无一人上访。妥善安置失地农民对于城镇化建设具有十分重要的意义。

第三，创新投融资方式，破解资金难题。

依托工业园区建设带动城镇化，需要巨额资金投入，资金投向主要包括这几部分：取得建设用地资金、硬件基础设施投入（生活性基础设施和生产性基础设施）、公共事业以及公共服务。工业园区建设和发展所需资金量大但资金来源渠道单一，主要是财政投资和银行贷款，这部分资金往往用于征地后便所剩无几，资金常常是棘手难题。金石产业园创新土地流转方式之举，为园区建设前期节省了一大笔征地费用，降低了资金机会成本，这样可以把资金投入到更重要的基础设施建设中去，提高了资金利用效率。

此外，金石产业园建设中还创新性地采用了PFI（Private Finance Initiative）模式，即私人主动投资，是指以获取最大化价值的公共服务为基本原则，在公共产品（公共设施等）的设计、建设、维护管理及运营上充分、有效地运用民间资金、技术、知识及管理能力，以民营为主导提供公共产品的运营方式。例如，在新中广线建设中的近5亿元资金就是由贵州大商汇地产开发有限公司融资开发的，贵州大商汇地产开发有限公司是由贵州泉州商会（福建泉州市是全国最大的石材贸易市场）会长黄金桦、贵州大商汇董事长王文科等企业家发起设立的公司。作为民营企业，贵州大商汇地产开发有限公司投资的5亿元，将由园区封闭运行的收益中偿还，除此之外企业还可参与土地一级开发，企业用地也可获得国家许可的最大优惠。

第四，“保姆式”服务，加快园区基础设施建设。

园区建设开工前由贵阳市政协牵头的贵阳市工业和服务业重大项目第四服务工作

队统筹协调相关工作,开工后,继续沿用“工作队—乡镇”管理模式,减少中间环节,简化管理程序,为企业和园区建设提供“保姆式”服务。这样的管理服务模式加快落实了园区基础设施建设项目,推进了城镇化发展:投资1000多万元的“人饮工程”已竣工并投入使用;原计划2013年实施的供电专线已于一周内接通;花溪区政府挤出资金1.2亿元,为石板农产品物流园区新建了1080米园区环线;企业渴盼已久的园区主干道——新中广线项目,投资约4.75亿元,已于2012年3月开工建设。

第五,“以商引商”,企业市场化运作。

工业园区招商引资方式以引资主体来分类,可分为园区招商引资和企业招商引资两种,园区招商引资即是俗称的“筑巢引凤”模式,主要表现为政府主导型的招商引资模式,是常用模式,而企业招商引资即是“以商引商”。园区招商引资主要有四个缺点:一是过度优惠和盲目招商使地方利益严重受损;二是缺乏成本约束机制;三是效率低下;四是阻碍了有效市场的公平市场的形成。企业招商引资模式则更注重有限政府原则及市场功能的发挥,政府退出招商引资第一线,并积极发挥中介组织和企业的力量。金石产业园的招商引资过程正是采取了“政府引导,企业市场化运作”的“以商引商”战术,园区开工建设起短短一年间,金石同心产业园就聚集了3000多家民营企业。截至2011年底园区已完成的70多亿建设投资,全部是民间资本、优良资本。“以商引商”,企业市场化运作比起政府主导型的园区招商引资更富有市场竞争力,更能带来集聚经济效应,也能更多地促进产业产值结构和产业就业结构的优化,进而城镇化效应也越显著。

(三)结束语

金石产业园的建设模式对推进城镇化有很多有益的启示,但是仍然存在很多问题,比如土地入股收益的核算问题,股份制企业管理的完善问题,对农民而言如何接受收益共享,风险共担问题;高水平的管理人才缺乏问题;企业投资建设园区基础设施,企业的回报如何体现,当地政府如何更好承担相应责任问题;等等。

参考文献

[1]程工,等.中国工业园区发展战略[M].北京:社会科学文献出版社,2006.

[2]曲红.产业集群升级与创新型城市建设互动发展机制研究[J].求索,2007(9).

[3]张新芝.工业园区发展与工业化、城市化进程关系实证研究[J].生产力研究,2010(8).

[4]雷鹏.产业集聚与工业园区发展研究[M].南京:东南大学出版社,2009.

[5]蔡宁,杨闩柱.基于企业集群的工业园区发展研究[J].中国农村经济,2003.

[6]吴晓军.产业集群与工业园区建设[M].南昌:江西人民出版社,2004.

[7]杨劲松.工业园区产业发展模式选择[J].上海经济研究,2006(3).

[8]顾强,王缉慈.产业集群、工业园区发展与新型工业化[EB/OL].http://www.doc88.com/P-005843900750.html.

西南山地生态旅游发展的系统解析

李锦宏[①] 王娜[②]

(贵州大学经济学院)

摘 要:近年来,西南地区凭借自身地理优势,山地生态旅游业得到了大力发展。山地型旅游资源作为开展生态旅游的重要载体,能够整合区域资源优势,推动区域生态、经济、社会、文化的全方位发展。但是,由于山地旅游资源具有脆弱性、地理封闭性的特征,如果缺乏系统科学的规划指导,将会严重破坏地域生态失衡进而影响区域可持续发展。因此,对西南山地生态旅游进行系统全面的解析,对西南地区乃至整个国家的山地生态旅游发展具有重大的理论价值与现实意义。

关键词:山地生态旅游 系统反思 评价体系 发展模式 政策建议

我国是一个多山的国家,狭义上的山地(h > 500 米)面积占国土总面积的1/3,广义的山地(包括丘陵和高原)面积比例更高达69%。西南地区是我国高原山地最为集中的区域,区内河流纵横、峡谷广布,且分布着广泛的喀斯特地貌、河谷地貌与盆地地貌。复杂多样的地形地貌、水热气候条件与特殊的地质史,令该地区具备了丰富的生物物种资源。此外,西南地区也是我国少数民族最集中、人口聚集最多的地区,相对封闭的地理环境,促使西南山地地区的多民族的原生态文化得以完好留存。以上种种地理环境优势使西南地区发展山地生态旅游具备了十分巨大的潜力。

近年来,随着"原生态资源体验旅游"的盛行,西南山地旅游凸显价值,本文以川、黔、滇、渝三省一市为例对西南地区生态旅游进行深入研究。这些省市区的山地(丘陵)面积均高达90%以上。且该区域仅国家级重点名胜区就多达45个,4A级风景名胜区53个。2010年创下旅游总收入4847.94亿元,国际旅游收入251043万美元,接待旅游总人数86827.92万人次,为西南地区的资源利用、经济社会发展提供了强劲的动力。因此,深入了解西南山地地区的生态旅游资源状况与特征,对深度挖掘该地区优势生态资源,合理规划旅游产业,优化升级发展模式,协调相关运行机制具有十分重大的理论价值与现实意义。

---

① 李锦宏,男,贵州大学经济学院副院长、马克思主义经济学发展与应用研究中心主任,博士,教授。主要研究方向:区域经济可持续发展。

② 王娜,女,贵州大学经济学院2010级区域经济学硕士研究生。

一、研究视角的选取

随着旅游市场消费需求的差异化,以及公众参与生态旅游积极性的不断提高,山地生态旅游已成为火爆的新型旅游产品。山地作为生态旅游的重要载体,具有资源整体性、生态脆弱性及经济、社会、文化封闭性的多重特征。目前,我国对生态旅游尚处于较为初步的研究阶段,而对于山地生态旅游更是缺乏富有针对性与较为深入的研究。因此,构建一套完整的山地生态旅游研究体系来引导当今的山地生态旅游市场逐渐走向成熟化与规范化,对于我国这样一个多山的国家实现生态、经济、社会、文化全面可持续发展具有举足轻重的现实作用。

基于此,本文从对西南山地环境的生态旅游适应性、旅游资源开发行为对生态环境的影响以及山地生态旅游产品本身的属性评价出发,对西南山地生态旅游发展进行系统的研究解析。本文将采取层次分析法对西南山地生态旅游发展进行系统评价。该方法是一种定性分析与定量分析相结合的层次式、综合性、系统化的科学分析方法。首先构建合理的目标评价指标体系,体系由总目标层下设多个分目标,分目标由多个评价因素构成,通过对多因素对多目标、多目标对总目标、多因素对总目标的权重求解,得出各因素与分目标对总目标的重要性。评价模型的建立是为了通过对西南山地生态旅游的合理评价,进而为西南山地生态旅游景区的发展模式选择、运行机制构建、发展总体思路的提出提供理论依据。

二、西南山地生态旅游发展要素的框架设计

山地生态旅游作为一种特殊的旅游产品应当将其置于产品市场上进行分析评价。因此,以“市场—绩效”的评价模型对西南山地生态旅游发展进行系统评价更具合理性。“市场”主要包括西南山地生态旅游产品、环境、参与者行为三大要素;“绩效”则主要指西南山地生态旅游的效益要素。其中,产品要素包括游览的景观、景区设施建设、旅游服务质量;环境要素包括自然环境、人文环境与景观环境;参与者行为要素包括旅游者、开发商、政府、社区居民的行为;效益要素包括旅游景区的生态效益、经济效益、文化效益。

产品要素主要是从旅游资源产品自身属性出发,判断生态景区的等级。产品内容主要包括游览的景观、活动项目、硬件设施及无形的服务。对于旅游产品的评价,是旅游消费者选择旅游产品的重要指标。因此,该部分是评价西南山地生态旅游发展的重要组成部分。环境要素评价不仅考察的是生态景观的山体水体质量、资源丰度概率、完整性等方面,更要注重景区的大气污染度、噪声水平、污染物处理能力、社区居民的友好程度等自然、人文环境综合状况。行为要素重点指人类行为与生态旅游景观的相容性,各参与

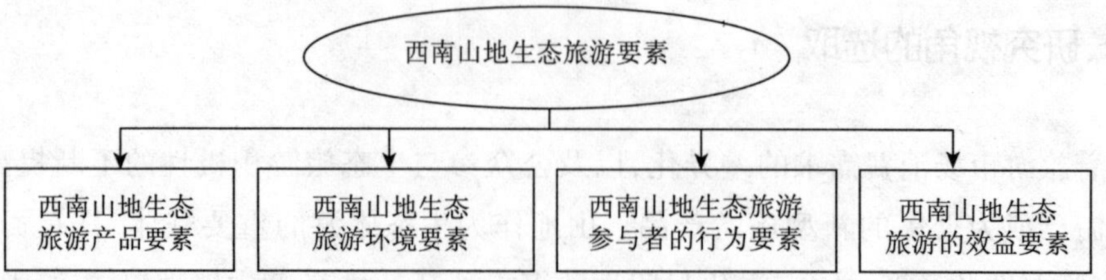

图1　西南山地生态旅游的要素框架

主体要在生态景区容量范围内进行合理的开发活动,注重景观开发行为与景观的匹配程度,游览者对景区环保性、学习型、参与性的认知情况,以及社区的参与管理状况。西南山地生态旅游作为一种旅游活动,尽管不以追求利润最大化为主要目标,但是也会带来相当可观的经济效益,并且能够创造持续的就业机会,促进地方经济的发展;同时,能够通过增加目的地的收入改善居民的生活状况,引导人们的绿色生产消费观念,从而体现出良好的社会效益与生态效益。

三、西南山地生态旅游系统的反思

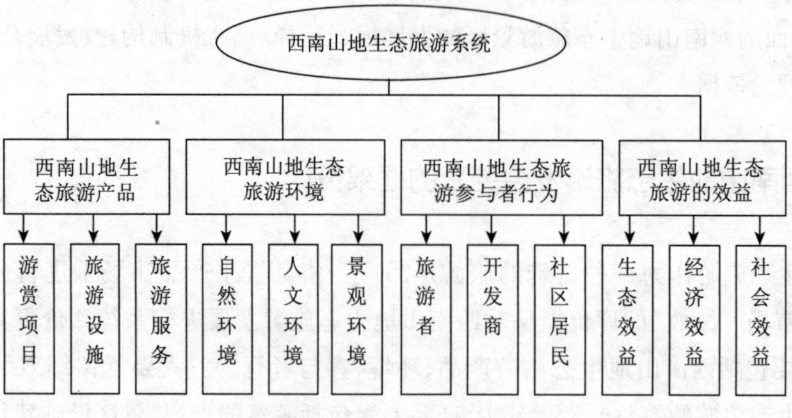

图2　西南山地生态旅游系统构成

(一)系统的构成

从图2可以看到,西南山地生态旅游系统主要由“产品”“环境”“参与者”以及“效益”四大子系统构成。每个子系统都是一个完整而复杂,相对独立而又相互联系的系统。西南山地生态旅游的整个系统包括:客体——山地生态旅游产品;载体——山地生态旅游环境;主体——山地生态旅游参与者;形式——山地生态旅游效益。

（二）系统的特点

1. 地理环境的制约性

山地生态旅游资源形成得益于地理环境的特殊性，但是地理环境对区域经济发展的阻碍影响也是不容忽视的。排除地理环境的制约而仅从几个独立单一的要素出发构建的评价模型是片面而不可行的。地理环境包含自然地理环境与人文地理环境两个方面。自然地理环境则涵盖地理区位、地质地貌、资源气候条件等；人文地理环境则包括民族、科技、政策、生产力发展状况等方面。地理环境对西南山地生态旅游地区的制约主要表现在其对交通设施、市场范围、农业发展及资源开采程度的制约。

2. 社区参与主体的封闭性

西南山地生态旅游社区的参与主体主要包括当地政府及相关的工作人员、社区居民。由于地域的封闭性造成山区内的人们长期处于一种思想、生活生产方式相对保守落后的状态，社区居民可能会对外来的主流文化与行为方式产生排斥甚至发生冲突。社会监管的空白，使得很多上级政策在此难以贯彻执行，可能会出现自行变更政策或损害当地百姓利益的情况，而通常情况下，破坏资源环境、生态环境、百姓利益的诉求难以解决。

3. 外来市场的入侵性

市场经济主要是依靠市场机制调节经济运行与资源配置。市场的竞争性决定了人类为追求利益最大化，会持续不断地扩大物质财富生产，同时消耗大量的资源。由于长期的开发与利用，发达的沿海、平原地区资源已经消耗殆尽，人们将更多地挖掘尚未开发的原生态地区中的资源与潜在财富。山地生态旅游资源的开发必将吸引更多的商家，他们带着新思想、新的生活生产方式，为追求利益而进入原生态山地地区，从而形成了外来市场的入侵。

（三）系统的冲突

由于不同西南山地生态旅游景区在地理区位、资源禀赋、基础设施、社会文化环境、经济发展状况等方面存在差异性，会呈现出不同的旅游现象；且由于山地环境特点和资源类型的独特性，在资源开发模式、发展理念方面与平原、海洋、高原地区也有着明显的不同。例如：山地生态的最大特征是其不同高度地带之间的空间幅度很小，山地生态过渡带的急变性是造成生态脆弱易受破坏的主要原因，因此山地生态旅游资源的开发应更加注重其脆弱性和敏感性的特征，在遵循山地地段规律的基础上实现生态旅游产品开发的高品位性。具体来讲，西南山地生态旅游系统存在以下三方面的冲突：山地原生态自然景观与人为建造景观之间的冲突，山地生态旅游景观环境的脆弱性与开发行为破坏性之间的冲突，山地生态旅游资源有限性与人类索取欲望的无限之间的冲突。

(四)系统的优化

鉴于山地生态景观的脆弱性和敏感性,对山地原生态景观的附加建造应该更加侧重于精神文化产品的打造与宣传。将传统旅游地强加建设的有形产品导向当地民俗文化原真性、珍惜动植物资源丰富性等的体验型消费产品。必要性的食宿类的建筑应当远离景区,且要将选址定在地形平缓开阔的地段,避开生态敏感区域,选取环保、本土材质,突出地方民族特色风格。景区内的路标、景观说明、休息桌凳、卫生间等的设立均可就地取材,如贵州都匀的斗篷山景区内,路标、景观说明、休息处均以景区内的大块岩石为材料,形状上加以修饰,达到完全的环保建设。在山地生态旅游景区的建设上应当以原生态型、环保教育型、民俗文化体验型为重点。

相对于传统旅游对旅游环境污染的"后补型"开发方式,山地生态旅游应当在旅游景区的规划设计上将"保护型开发"的理念贯穿其中。因此,深入了解山地景观的构造与变化规律及其影响因素,有助于科学地把握山地景观的发展态势,从而更加合理地规范人为开发行为与方式,实现山地生态旅游"天人合一"的可持续发展。基于此,在对山地生态旅游资源进行开发之前,应当对景区进行深入全面的调查分析,根据物种情况确定旅游景区的合理开发面积。山地环境具有严格的季节性,因此旅游活动的开展应当避开动植物易受损害的季节,例如,初春季节避免幼嫩草木植物受到人为践踏;野生动物繁殖的季节,应当避免旅游活动对其的干扰。不同的季节开展不同形式的旅游活动有利于保持山地生态系统的完整性与及时恢复性。

山地生态旅游资源有限性与人类索取欲望的无限之间的冲突的优化,要重点规划山地生态旅游消费者、资源开发经营者以及旅游景区社区居民的行为。生态旅游者的本质特点既具有"生态行为",这就要求他们在旅游行为过程中要有高度的环保认知度与自觉度,然而仅仅依靠旅游消费者的主动性是远远不够的,这需要从行为规范、生态教育、制度管制等多方面加以约束。对于山地生态旅游的开发经营者要以生态环境保护开发为出发点,减少人工构筑物的开凿建设,尽可能地实现就地取材的原生态建设模式,严格控制景区开发时间,适时分流游客数量,以精简高效的高质量旅游项目替代粗放式的低质旅游项目数量。社区作为重要的山地生态旅游资源吸引物,其有效参与生态旅游程度应当予以充分重视,建立有效的社区参与激励机制,充分调动居民主动、全面参与旅游资源开发与保护管理监督,实现经济社会利益共享是实现山地生态旅游得以可持续发展的根本途径。

四、西南山地生态旅游发展评级指标体系的建立

在遵循区域经济、社会、资源和环境协调发展的生态旅游可持续发展基础上,通过对西南山地生态旅游发展的指标的科学选取,建立综合评价指标体系,以期能够反映出西

南山地生态旅游产品的特性，山地生态旅游开发行为对环境所造成的影响，及西南山地生态旅游的经济、社会、生态效益状况。进而为西南山地生态旅游的可持续发展提供行之有效的政策建议。

（一）评价体系的构建

本文基于科学性、明确性、可操作性以及定性与定量相结合的原则，构建西南山地生态旅游综合评价指标体系。本着相关性、实用性、可操作性选取评价因子，以使评价体系能够实行有效现实监测与发展预测。结合大量相关研究与课题的实际调查研究，提出西南山地生态旅游综合评价指标体系框架，如表1所示。

表1　西南山地生态旅游综合评价指标体系

目标层	要素层	准则层	指标层
西南山地生态旅游综合评价指标体系（A）	西南山地生态旅游产品（B1）	产品竞争力（C1）	产品独特性（D1）
			产品绿色度（D2）
			产品等级（D3）
			产品知名度（D4）
		市场需求水平（C2）	旅游资源的规模度（D5）
			产品市场地位（D6）
		开发适宜程度（C3）	与景区环境协调性（D7）
			与已有产品的相关性（D8）
	山地生态旅游环境（B2）	旅游景观环境（C4）	地貌景观质量（D9）
			山体水体质量（D10）
			游客对景观的满意度（D11）
			景观敏感度（D12）
			资源空间承载力（D13）
			珍稀奇特程度（D14）
			科学考察价值（D15）
			观赏休憩价值（D16）
			资源丰度与概率（D17）
			完整性（D18）
			景观组合程度（D19）
			景区景点通达条件（D20）
		自然生态环境（C5）	大气 SO_2 浓度（D21）
			污水处理率（D22）
			噪声水平（D23）
			旅游资源类型（D24）
			旅游环境安全（D25）

续表

目标层	要素层	准则层	指标层
西南山地生态旅游综合评价指标体系(A)	山地生态旅游环境(B2)	自然生态环境(C5)	旅游污染物处理能力(D26)
			旅游人数发展规模与理论旅游生态环境容量的比率(D27)
			森林覆盖率年均变化率(D28)
			垃圾处理率(D29)
		人文旅游环境(C6)	当地社区对旅游环境保护的态度(D30)
			游客对相关设施与服务的满意度(D31)
			当地社区居民对游客的友好程度(D32)
	西南山地生态旅游参与者行为(B3)	开发行为(C7)	景观开发行为匹配程度(D33)
			行为对景观的破坏程度(D34)
			行为对景观的建设程度(D35)
			生态风险评价程度(D36)
			游客行为引导程度(D37)
		游客行为(C8)	环保性(D38)
			替代性(D39)
			学习性(D40)
			参与性(D41)
		社区行为(C9)	社区参与程度(D42)
			旅游者管理者基本素质(D43)
	西南山地生态旅游效益(B4)	生态效益(C10)	景区(点)保护程度(D44)
			旅游(生态)环境协调程度(D45)
			旅游资源稀缺性(D46)
			景区民族文化特色体现程度(D47)
		社会效益(C11)	旅游对当地传统文化的影响(D48)
			投资环境的变化状况(D49)
			教育经费总支出占 GDP 的比率(D50)
		经济效益(C12)	近年来旅游收入增长速度(D51)
			旅游收入占 GDP 比率(D52)
			单位旅游收入的资金投入(D53)

由表 1 可以看到,西南山地生态旅游产品综合评价体系主要从西南山地生态旅游产品的竞争力、市场需求水平以及开发适宜程度三个方面的 8 个指标来衡量,这样避免了通常只重视环境的评价而忽略了人们越来越追求生态体验需求和产品质量。在西南山地生态旅游环境评价体系中,主要从西南山地生态旅游景观环境、自然生态环境、人文旅游环境这三个方面的 24 个指标来衡量。在西南山地生态旅游参与者行为评价体系中,主要从开发行为、旅游行为以及社区行为这三个方面的 11 个指标来衡量。效益评价体

系，则主要从生态效益、社会效益、经济效益这三个方面的10个指标来衡量。由此，西南山地生态旅游综合评价指标体系共计53个指标西南山地生态旅游产品评价体系中，主要从产品竞争力、市场需求水平以及开发适宜程度三个方面（含8个指标）来衡量，如此避免了人们通常只重视对旅游环境的评价而忽略了现代人对生态体验和产品质量的需求。在西南山地生态旅游环境评价体系中，主要从西南山地生态旅游景观环境、自然生态环境、人文旅游环境三大方面的24个指标进行衡量。在西南山地生态旅游参与者行为评价体系中，主要从资源开发行为、旅游者行为以及社区行为三个方面（含11个指标）进行衡量。效益评价子系统，则主要包括生态效益、社会效益、经济效益这三个方面的10个指标。

（二）指标权重的确立

1. 方法与各层次权重的确定

指标体系权重是每个指标相对于各层分目标和总目标的重要性的一种度量，不同的权重会导致不同的评价结果。指标权重确定的方法的选择也在很大程度上影响着生态旅游景观综合评价的正确性与科学性。确定权重的常用方法有层次分析法和德尔菲法。其中，德尔菲法主观性较强，但简单易行；层次分析法则是将定量与定性相结合，具有较强的客观性和科学性。因此，本文将两种方法相结合，以层次分析法为主、德尔菲法为辅对西南山地生态旅游资源进行综合评价分析。

层次分析法采用1~9及其倒数的标度方法，通过对各指标进行对比、数值量化，得出各指标的相对重要性。为了使结果更为准确和科学，我们通过咨询专家意见来确定标度值，并选择相关专业的专家来编制权重判断矩阵表，各矩阵判断取专家意见的几何平均值。最后，对判断矩阵的量化采用德尔菲法。为此，本研究围绕构建的指标体系设计出专家评分表，对评价指标体系中需要专家打分的指标予以评分。

表2　不同指标相对重要性的标度

标度 a_{ij}	定　义
1	i因素与j因素相同重要
3	i因素比j因素略重要
5	i因素比j因素较重要
7	i因素较j因素非常重要
9	i因素较j因素绝对重要
2、4、6、8	为以上前后两级之间相对应的标度值
倒数	若j因素与i因素比较，得到的判断值为 $a_{ij}=1/a_{ij}$

求解各矩阵的最大特征根和对应的特征向量，进行归一化处理，并进行一致性检验。

即引入判断矩阵最大特征根以外的其余特征根的负平均值,作为度量判断矩阵偏离一致性的指标,记作:层次单排序一致性指标 $CI=(\lambda_{max}-n)/n-1$,如果 $CI=0$,则表示判断矩阵满足完全一致性;$CI\neq0$ 且 $CR<0.1$ 时表示判断矩阵具有满意的一致性,否则需要调整判断矩阵的标度值,然后重新计算、检验。其中 $CR=CI/RI$,称为判断矩阵的随机一致性指标。

2. 指标的具体量化

对于评价指标,要求能够同时考虑到技术和伦理的多方面准则,并能给予定量描述和运算。技术性的客观性指标是较为"硬"性的,是基本的;而伦理准则,则偏重于主观的,较为"软"性的,但也是必不可少的。基本上可以分为以下三大类:第一,能直接定量的条目,即定量指标;第二,可间接定量的条目,介于定量和定性指标之间;第三,定性条目的定量化,即定性指标的量化。指标的量化方法主要有三种单项指标评价法:

(1)选取单项指标,参照标准值进行评价。该方法简单明了,易于操作。同时也是综合指标评价法的基础,在西南山地生态旅游综合评价指标体系中,指标 D4、D6、D21、D22、D23、D24、D26、D27、D28、D29、D45、D50、D51、D52 选取单项指标评价法。

(2)专家打分法。选取指标,向相关专业专家征求意见,请他们打分,然后将结果进行汇总分析。该方法使用较为方便,是对不易量化指标进行定量分析的有效手段,但是对于专家的选择要慎重,且应提供给专家准确、详细的资料,使他们熟悉评价标准,以利于做出科学的判断。在西南山地生态旅游评价体系中,指标 D1、D7、D8、D9、D10、D12、D13、D14、D15、D16、D17、D18、D19、D33、D34、D35、D36、D37 选用专家打分法。

(3)调查问卷分析法。按评价指标设计若干调查项目制成调查表格,项目的设计要求能够反映指标状况,明确、易于理解。请游客和当地居民及旅游景区管理人员与其他相关的部门和人员填写调查问卷,将结果进行整理分析。因此,在西南山地生态旅游评价体系中,指标 D2、D11、D20、D30、D31、D32、D38、D39、D40、D41、D42、D43、D44 采用调查问卷分析法。

(4)实地调查研究法。在确定研究对象的前提下,对大面积难以收集获取的资料,可以采取代表性区域实地调研的方式,获取相关数据信息,以此来分析研究,说明研究对象的整体现实状况。在西南山地生态旅游评价体系中,指标 D3、D5、D25、D46、D47、D48、D49、D53 采用实地调查研究法。

3. 权重值的计算方法

首先,分别计算单项指标权重:西南山地生态旅游综合评价指标的权重(A-B);西南山地生态旅游产品评价指标的权重(B1-C);西南山地生态旅游环境评价指标的权重(B2-C);西南山地生态旅游参与者行为评价指标的权重(B3-C);西南山地生态旅游效益评价指标的权重(B4-C)。

其次,分别计算次级单项指标的权重:西南山地生态旅游产品竞争力评价指标的权重(C1－D);西南山地生态旅游产品市场需求评价指标的权重(C2－D);西南山地生态旅游产品开发适宜度评价指标的权重(C3－D);西南山地旅游自然景观生态环境评价指标的权重(C4－D);西南山地生态旅游景观环境评价指标的权重(C4－D);西南山地旅游自然景观生态环境评价指标的权重(C5－D);西南山地生态旅游人文环境评价指标的权重(C6－D);西南山地生态旅游开发行为评价指标的权重(C7－D);西南山地生态旅游旅游行为评价指标的权重(C8－D);西南山地生态旅游社区行为评价指标的权重(C9－D);西南山地生态旅游生态效益评价指标的权重(C10－D);西南山地生态旅游社会效益评价指标的权重(C11－D);西南山地生态旅游经济效益评价指标的权重(C12－D)。

利用同一层次中所有单排序的结果以及上层次所有元素的权重,来计算针对总目标而言,本层次所有因素的权重值的过程,称为层次总排序。层次总排序需作一致性检验,即:

$$CR = \frac{\sum_{j=1}^{m} a_j CI_j}{\sum_{j=1}^{m} a_j RI_j}$$,当 $CR < 0.1$ 时,则表示层次总排序结果具有满意一致性。

最后,将计算结果整合,得出西南山地生态旅游综合评价指标一览表,分别比较各因素及其所含各指标在整个西南山地生态旅游综合评价体系中所占的比重。

4. 西南山地生态旅游评价指标体系各指标权重值计算

递阶层次模型已由表1给出,它的最高层是RTSD,即西南山地生态旅游综合评价指标体系;B1、B2、B3、B4是第二层;依次是第三层Cn和第四层Dn。

构造两两比较判断矩阵。判断矩阵是表示针对上一层次某因素(如总目标层)对本层次有关因素之间相对重要性的状况。如:总目标层——西南山地生态旅游综合评价指标体系;B1:西南山地生态旅游产品,B2:西南山地生态旅游环境,B3:西南山地生态旅游参与者行为,B4:西南山地生态旅游效益,构造RTSD总目标层判断矩阵。

A	B1	B2	B3	B4
B1	1	2	5	7
B2	1/2	1	3	5
B3	1/5	1/3	1	4
B4	1/7	1/5	1/4	1

(1)计算判断矩阵的最大特征根及其特征向量。计算过程如下:

$$\begin{bmatrix} 1 & 2 & 5 & 7 \\ 1/2 & 1 & 3 & 5 \\ 1/5 & 1/3 & 1 & 4 \\ 1/7 & 1/5 & 1/4 & 1 \end{bmatrix} \xrightarrow{\text{列向量归一化}} \begin{bmatrix} 0.5426 & 0.5660 & 0.5405 & 0.4118 \\ 0.2713 & 0.2830 & 0.3243 & 0.2941 \\ 0.1085 & 0.0943 & 0.1081 & 0.2353 \\ 0.0775 & 0.0566 & 0.0270 & 0.0588 \end{bmatrix} \xrightarrow{\text{行向量求和}}$$

$$\begin{bmatrix}2.0609\\1.1727\\0.5462\\0.2199\end{bmatrix}\xrightarrow{\text{归一化}}\begin{bmatrix}0.5193\\0.2950\\0.1326\\0.0531\end{bmatrix}=W$$

$\lambda_{max}=1/4\times(2.0609/0.5193+1.1727/0.295+0.5462/0.1326+0.2199/0.0531)=4.1291$

(2)矩阵的一致性检验。为了保证层次分析得出的结论具有合理性,有必要对判断矩阵进行检验。

求 CI:$CI=\lambda_{max}-n/(n-1)=4.1291-4/4-1=0.043$

根据下表的随机一致性指标 RI 的值:

n	1	2	3	4	5	6	7	8	9
RI	0	0	0.58	0.9	1.12	1.24	1.32	1.41	1.45

得出当 $n=4$ 时 $RI=0.9$。

求 $CR=CI/RI=0.043/0.9=0.048<0.1$ 且 $\neq 0$,表示判断矩阵具有满意的一致性。

综上计算分析可得到:

西南山地生态旅游综合评价指标权重计算结果(A-B)

A	B1	B2	B3	B4	权重
B1	1	2	5	7	0.5193
B2	1/2	1	3	5	0.2950
B3	1/5	1/3	1	4	0.1326
B4	1/7	1/5	1/4	1	0.0531
$\lambda_{max}=4.1291$ $CI=0.043$ $RI=0.9$ $CR=0.048$					

以同样的方法可以求得其他层次的权重,最后整合得到西南山地生态旅游评价指标体系的指标权值层次总排序情况,如表3所示。

表3　西南山地生态旅游综合评价指标体系

目标层	要素层	准则层	指标层	权重	总排序权重
西南山地生态旅游综合评价指标体系(A)	西南山地生态旅游产品(B1)(0.5193)	产品竞争力(C1)(0.3308)	产品独特性(D1)	0.1203	0.0398
			产品绿色度(D2)	0.6017	0.1990
			产品质量等级(D3)	0.2085	0.0690
			产品生命周期(D4)	0.0695	0.0230
		市场需求水平(C2)(0.1341)	产品容量(D5)	0.75	0.1006
			产品市场占有率(D6)	0.25	0.3353
		开发适宜程度(C3)(0.0544)	与景区环境协调性(D7)	0.75	0.0408
			与已有产品的相关性(D8)	0.25	0.0136
	西南山地生态旅游环境(B2)(0.2950)	旅游景观环境(C4)(0.0762)	地貌景观质量(D9)	0.1243	0.0095
			带有风景价值的水景(D10)	0.1502	0.0114
			生态旅游适宜度(D11)	0.1911	0.0146
			景观敏感度(D12)	0.1129	0.0086
			资源空间承载力(D13)	0.0255	0.0019
			珍惜奇特程度(D14)	0.0674	0.0051
			科学考察价值(D15)	0.0321	0.0024
			观赏休憩价值(D16)	0.0924	0.0070
			资源丰度与概率(D17)	0.0761	0.0058
			完整性(D18)	0.0700	0.0053
			景观组合程度(D19)	0.0406	0.0031
			景观可达性(D20)	0.0174	0.0013
		自然生态环境(C5)(0.0309)	大气质量指标(D21)	0.2795	0.0086
			水环境质量指标(D22)	0.1695	0.0052
			环境噪声指标(D23)	0.0510	0.0158
			生物多样性(D24)	0.1458	0.0045
			生态系统稳定性(D25)	0.1184	0.0037
			生态环境承载力(D26)	0.0743	0.0023
			旅游生态容量(D27)	0.0761	0.0024
			生态承受能力(D28)	0.0560	0.0017
			废物处理能力(D29)	0.0294	0.0091
		人文旅游环境(C6)(0.1879)	当地居民素质(D30)	0.6370	0.1197
			旅游心理承载力(D31)	0.1047	0.0197
			当地对旅游者的态度(D32)	0.2583	0.0485

续表

目标层	要素层	准则层	指标层	权重	总排序权重
西南山地生态旅游综合评价指标体系(A)	西南山地生态旅游参与者行为(B3)(0.1326)	开发行为(C7)(0.0845)	景观开发行为匹配程度(D33)	0.4218	0.0356
			行为对景观的破坏程度(D34)	0.1004	0.0085
			行为对景观的建设程度(D35)	0.2689	0.0227
			生态风险评价程度(D36)	0.1574	0.0133
			游客行为引导程度(D37)	0.0514	0.0043
		游客行为(C8)(0.0343)	环保性(D38)	0.5160	0.0018
			替代性(D39)	0.1375	0.0047
			学习性(D40)	0.2559	0.0088
			参与性(D41)	0.0906	0.0031
		社区行为(C9)(0.0139)	社区参与程度(D42)	0.75	0.0104
			社区管理水平(D43)	0.25	0.0035
	西南山地生态旅游效益(B4)(0.0531)	生态效益(C10)(0.0338)	环保投入与产出比(D44)	0.0799	0.0027
			生态环境质量改变程度(D45)	0.1281	0.0043
			生物多样性保护(D46)	0.2817	0.0095
			生态旅游示范效应(D47)	0.5101	0.0172
		社会效益(C11)(0.0137)	收入返回社区的比例(D48)	0.6370	0.0087
			居民满意程度(D49)	0.1047	0.0014
			对居民教育的贡献率(D50)	0.2583	0.0035
		经济效益(C12)(0.0056)	景区投资收益率(D51)	0.6370	0.0036
			景区投资利润率(D52)	0.1047	0.0006
			投资回收率(D53)	0.2583	0.0014

(三)评价模型

采用多目标线性加权函数法建立西南山地生态旅游综合评价模型：

$$S = \sum_{n=1}^{p}\left[\sum_{j=1}^{m}\left(\sum_{i=1}^{n}A_iB_i\right)C_j\right]D_h$$

其中，S 为西南山地生态旅游综合评价模型总得分；A_i 表示第 i 个单项指标的分值；B_i 表第 i 个单项指标的权重；C_j 为第 j 个准则的权重；D_h 表示第 h 个要素的权重；n 为指标个数，本研究中 $n=53$；m 为准则层的个数，本研究中 $m=12$；p 表要素层的个数，本研究中 $p=4$。

澳大利亚生态旅游认证项目(NEAP)将生态旅游分为四个等级，即天然旅游、一级生态旅游、二级生态旅游及三级生态旅游。由此，可以了解某一旅游景区的生态旅游整体状况；同时，还可以发现存在问题，及时解决。由于生态旅游等级只停留在原则和概念上，要确定具体等级还必须进行评价。为此，提出生态程度这一概念。生态程度可以被定某一目的地范围内，生态旅游活动发生的整个过程中所能体现出的生态观念及行为程度。它可以用生态旅游目的系统的构成要素来体现，且受制些要素。该系统中的任何一个要素发生变化都会引起生态程度的变化。它表述成下列函数式：

$$ED = f(ER, ET, EP, LD/LC, G)$$

该式中 ED 代表生态程度，ER 代表生态旅游资源，ET 表示生态旅游者，EP 指生态旅游提供者或经营者（有时会与当地居民重叠），LD/LC 为当地居民区，而 G 则指当地政府（这一要素主要指政府生态旅游政策中包含的生态和倾向）。通过对生态程度的评估，将获取的域值与生态旅游等级对应，以判断出某一目的地生态旅游的等级。

本文将生态旅游评价等级分为泛生态旅游、准生态旅游、纯生态旅游三个等级。这样就把生态旅游划分为几个可操作的阶段性目标，为那些不同得分景区提供了激励和改进的途径，鼓励景区的持续改进。其中，泛生态旅游阶段（得分≤0.6），是将生态理念贯穿于大众旅游之中，是生态旅游发展的最初阶段，适于生态旅游资源的原生性较差地区。准生态旅游阶段（得分介于0.6～0.8），是介于泛生态旅游与纯生态旅游之间的过渡阶段，是生态旅游发展的中级阶段，适于生态旅游原生性相对较好的地区。纯生态旅游阶段（得分≥0.8），属于生态旅游的高级阶段，是生态旅游发展的高级形式，适合于生态旅游资源原生性最好的地区，开展严格意义上的生态旅游。

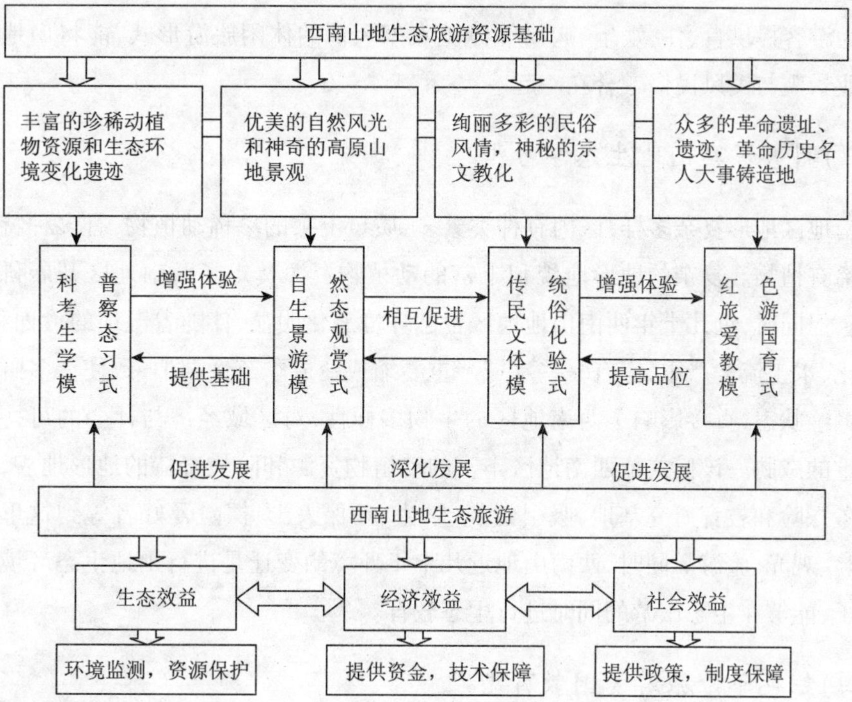

图3　西南山地生态旅游发展模式

五、西南山地生态旅游的发展模式

(一)山地自然生态景观游赏型

西南山地地区可供观光欣赏的高原自然生态旅游资源丰富,自然风光迷人。高山大草原充满了大自然的神韵,高原湖泊星罗棋布。气势雄浑的黄果树瀑布、深邃优美的九寨沟等景区自然风光无限。西南地区峰峦叠嶂,怪石嶙峋,山间云雾缭绕,似仙境般妙不可言。原生态的自然生态景观和风光对向往纯正大自然体验的游客具有极强的吸引力。

(二)山地传统民俗文化体验型

西南地区居住着众多的少数民族,形成了独具特色的区域民俗风情,如节日文化、服饰文化、饮食文化、沙朗文化等。具有代表性的贵州省,作为西南民族流动的大走廊,古代南方的四大族系——氐羌、苗瑶、百越、百濮的交汇地。此后,这四大族系演变成苗族、布依族、侗族、水族、彝族、土家族、白族、瑶族等多个单一民族,他们各自具有自身独特的传统文化,形成了各具特色的文化特征。经过长期的迁徙与对流,形成了现如今"大杂居、小聚居"的分布状况,多种不同体系的民族文化在贵州各自发展,因地理环境的因素都打上了"山地文化"的烙印。使贵州呈现出"多元并存,共生繁荣"的文化面貌。而生态旅游为游客提供食、住、娱乐、购物等体验农家风情的休闲旅游形式,能将山地乡村特有的农业景观与民风民俗融合在一起。

(三)科普考察山地生态学习型

西南地区地形复杂多样,区内有种类繁多、质量上乘的珍稀动植物,有多种特有植物和濒危稀有植物。复杂的地形地貌和丰富的动植物资源奠定了西南地区开展科考探险的基础。但同时,近几十年西南山地地区生态环境恶化明显,伴随着湿地的大面积减少,沼泽旱化,水土流失严重,还有一些水域严重萎缩或变成季节性湖泊,致使许多野生动植物处于濒绝状态,直接影响了西南地区的生物多样性,对区域经济与社会的可持续发展造成严重的威胁。该模式依西南地区丰富的动植物资源和险峻奇特的地形地貌,能够建立起科考探险和教育研究基地,吸引学者、学生、环保人士、探险爱好者等到这里来进行科考探险、观光、旅游。同时,西南山地近几十年环境的变迁是进行山地生态环境教育的鲜活例子,能够在生态旅游的同时进行生态教育。

(四)红色革命旅游爱国教育型

举世闻名的二万五千里长征在西南地区留下了宝贵的革命财富和丰富的红色旅游

文化资源。西南地区也是红军长征途中环境最艰险、斗争最艰苦的地方。红军经过艰苦的草地行军，取得了包座战役的胜利，为红军北上扫清了道路。党中央在此召开了闻名于世的“巴西紧急会议”“遵义会议”等，这是红军长征史上的又一次重大历史转折，对中国革命历史的影响深远。通过发展红色旅游这种模式既可以进行爱国主义教育，同时也可以带动当地社会经济的发展，促进老区人民增收致富。

西南山地自然生态景观观赏模式、传统民俗文化体验模式、科考探险与生态教育模式、红色旅游爱国教育模式是相辅相成、密切联系的。前两种模式是比较成熟而且对游客吸引力最大，而后两种模式的发展，将提高西南山地生态景区的品位，扩大景区知名度，提高社会效益、生态效益。西南山地生态旅游应充分利用本区域的优势资源，合理处理四种模式的关系，在政策支持和制度保障下，有计划、有组织地引导当地居民及工作人员实施旅游发展模式，能使四种模式协调有序发展，以创造多赢局面。

六、西南山地生态旅游总体发展的政策建议

（一）加强地方政府规制，实现生态旅游保护性发展

在过去的发展中，西南地区在生态旅游的规划和教育方面都比较薄弱，旅游业主要以营利创收为目的，有的生态旅游区甚至不进行环境影响评价便进入运营状态。为此，地方政府要加强政府规制，通过加强宣传和教育的力度，提高旅游相关主体对景区生态环境的认识、了解和重视程度，营造浓厚的保护和发展当地生态旅游的氛围。西南山地生态旅游要实现可持续发展的目标，要从培育环保思想和观念入手，而非仅仅对违规违法行为进行约束和惩罚。应该增强开发商、旅游消费者及社区居民对山地生态旅游可持续发展的认识，从长远的观点和战略的角度来审视西南山地的生态资源和文化，增强其自觉性和主观能动性。

（二）严格实施环境监测，保证旅游资源可持续利用

应从系统的观点、整体的观点和可持续发展的观点出发来考虑西南山地生态旅游业的开发与管理。如果没有系统、整体和长远的观点，只考虑某个系统、本单位和短期利益，生态环境就很难得到有效的保护。因此，需要让山地生态旅游区的旅游企业和旅游者都能认识到保持良性山地生态系统的前提下开展旅游活动的必要性。山地生态旅游资源的开发必须遵守山地生态学原则，按生态学有关理论对旅游区的山地生态系统的负载极限进行预测，要预测该旅游区的生态系统能被旅游企业及旅游消费者利用的可能性，尤其是这一系统能否长期提供相同质量服务的可能性。山地生态旅游资源的开发应遵循因地制宜和适度的原则，山地旅游资源开发要发挥民族和地方的特色，发展利用环

境潜力的同时必须遵循维护山地景区环境的生态平衡。

(三)资源开发管理并重,实现总体规划和区域规划

山地生态旅游规划要对生态旅游发展未来状态做出科学设想、设计,使旅游业得到可持续发展。在总体规划和区域规划中,一个重要环节是在规划阶段就进行各项相关建设项目的环境影响评价,如景观大气环境影响评价、土壤环境影响评价、水环境影响评价、生物环境影响评价及环境影响综合评价等。在山地生态旅游总体规划中,既要考虑山地生态旅游资源的开发建设,合理布局设施,维护生态平衡,又要紧密结合景区所在的重点依托城市发展目标、发展规划及相关行业的配套发展,避免在实施中的局限性、盲目性及不必要的损失,营造协调发展格局。区域规划布局必须以效益最大化为中心目标,即经济效益、社会效益和环境效益共进,实现山地生态旅游业的可持续发展。

(四)提高参与人员素质,培养创新型服务管理人才

高素质的人才是实现生态旅游合理开发和管理的关键,缺乏适宜的、高素质的各类人才,山地生态旅游就不可能实现可持续发展。从专业角度讲,真正意义上的山地生态旅游对产品设计有专业化的要求,技术较为复杂,要求相关工作人员既具备扎实的生态学和旅游学知识理论,又熟悉山地生态旅游业的科学运行规律和机制,并且能正确把握山地生态旅游内涵。因此,加强培养高素质、专业型、创新型的管理和服务旅游人才,可以为西南山地生态旅游发展提供智力支持。

(五)促利益分配社区化,构建社区居民参与机制

山地生态旅游发展的最大挑战之一就是如何避免陷入财团与外力的主导范畴,且还能产出潜在的利益,让当地的社区居民分享。生态旅游本质上就强调当地社区参与生态旅游业管理并从中获取利益。旅游经济产生的乘数效应主要体现在促进区域经济发展及提供大量就业两个方面。然而由于种种原因,生态旅游理论上的经济效益在实践过程中远没有充分发挥出来,其实际效果与理论效益之间还存在相当大的差距。目前,95%以上山地生态旅游景区的居民没有从旅游业中获得明显好处;居民在与政府和商人的对话中总是处于完全被动的弱势地位,这样的状况使他们的权益无法得到根本上的保障。正因如此,大量的旅游经济收入通过各种渠道产生了严重的渗漏,甚至有些地方出现地方旅游业欣欣向荣,而当地居民经济赤贫的现象。因此,在和谐社会的框架内,西南山地生态旅游的发展一定要纳入社区发展规划,在完善地方产业结构的同时,进行产品的创新和产业的多元化建设,使山地生态旅游利益社区化。

（六）结合消费市场需求，加强地域民族特色项目开发

要坚持把实施精品建设作为西南山地生态旅游发展的一项重要战略。通过实施精品战略，把生态旅游的科学理念贯穿到发展中去，在市场上树立起西南山地生态旅游的真实形象和鲜明形象，推进生态旅游发展。如以自然山林为主题可推出热爱自然的艺术创作游、认识自然的生物考察游、回归自然的森林沐浴游、探索征服自然的高山峡谷游、保护自然的青少年绿色夏令营游等生态旅游活动；以人文特色为主题可推出地域民俗文化生态游、宗教文化生态游、古城遗址生态游等。同时，为适应西南山地生态旅游业发展的需要，进一步规范生态旅游发展，建议有关部门联合制定生态旅游认证标准，按照国际上发展生态旅游的要求，对西南地区典型的生态旅游产品进行认证，以便普及生态旅游的先进理念，树立西南山地生态旅游的独特形象。

参考文献

[1]郑群明，钟林生. 参与式乡村旅游开发模式探讨[J]. 旅游学刊，2004(4)：33－37.

[2]王丽华，张宏胜. 社区参与型旅游产品开发的"IDPC"模式研究：以非民族旅游地为例[J]. 财经问题研究，2004(6)：60－64.

[3]连玉銮. 生态旅游的"小众"模式管窥：从王朗等自然保护区的实践谈起[J]. 四川师范大学学报(社会科学版)，2005(1)：35－40.

[4]许春霞. 山岳型旅游地生态旅游评价与规划研究[D]. 同济大学，2007.

[5]钟林生，等. 生态旅游规划原理与方法[M]. 北京：化学工业出版社，2003.

[6]杨载田. 中国旅游地理[M]. 北京：科学出版社，2010.

[7]印开蒲，鄢和琳. 生态旅游与可持续发展[M]. 成都：四川大学出版社，2003.

[8]叶文，蒙睿. 生态旅游本土化[M]. 北京：中国环境科学出版社，2006.

[9]贾银忠. 西南民族地区旅游经济发展研究[M]. 北京：民族出版社，2007.

[10]章家恩. 旅游生态学[M]. 北京：化学工业出版社，2005.

[11]张广瑞. 生态旅游理论辨析与案例研究[M]. 北京：社会科学文献出版社，2004.

[12]张幼琪，等. 贵州开发引出的考量[M]. 贵阳：贵州人民出版社，2008.

[13]田里，李常林. 生态旅游[M]. 天津：南开大学出版社，2004.

[14]杨龙. 生态旅游在贵州[M]. 贵阳：贵州科技出版社，2002.

[15]徐赣丽. 民俗旅游与民俗文化变迁[M]. 北京：民族出版社，2006.

[16]谢芳，张艳玲. 旅游生态与环境管理[M]. 北京：清华大学出版社，2010.

[17]汪宇明，等. 山岳型生态旅游目的地规划的理论创新与实践[M]. 北京：中国旅

游出版社,2005.

[18]程励.生态旅游脆弱区利益相关者和谐发展研究[M].成都:四川大学出版社,2008.

[19]李伟.民族旅游地文化变迁与发展研究[M].北京:民族出版社,2005.

浅析国际货币体系改革下人民币国际化的进程

梅雅洁

(贵州省马克思主义经济学发展与应用研究中心)

摘　要:在当今世界格局的深刻变化之下,全球经济金融环境变得日益复杂。“美元本位制”的国际货币体系逐渐显露出其弊端,美国以印刷美元、迫使他国汇率升值等方式逃避责任,欧元区相继出现债务危机。而中国的经济持续增长,在危急中表现出的负责态度,赢得他国的信任与支持。随着中国在世界经济和国际贸易中的地位越来越强大,“人民币国际化”已成为世界关注的问题。本文主要分析了在国际货币体系改革下人民币国际化的现状、制约因素和利弊等,得出对人民币国际化的启示,对“人民币国际化”提出具有针对性的建议,为我国寻求一条科学的人民币国际化道路。

关键词:汇率改革　清偿力　自由兑换

一、当前国际货币体系的现状及问题

经过了金本位制和布雷顿森林体系,全世界正处于牙买加体系。一个健全的国际货币体系应具备以下条件:第一,为保持国际货币体系的良好运行,应拥有稳定的货币发行基础;第二,要与经济形势的变化和世界经济格局相适应;第三,要有充足的国际储备使之能满足国际经济与贸易的增长,同时能避免全球性的通货膨胀;第四,能够有效地调节国际收支不平衡。如果一个国际货币体系不能满足这些条件,那它在运行过程中累积的矛盾将会越来越多,直至其更迭。从现在国际货币体系的运行状况来看,国际金融市场的动荡有其深刻的制度根源,为了揭示该国际货币体系的不合理性及其与当前金融危机的联系,本文对该体系的可持续性进行简单的分析。

(一)作为主要货币的美元与其经济实力不匹配

第二次世界大战以后的布雷顿森林体系中,美元取得国际货币的地位,实际上成了世界的银行,控制着全球的货币发行权。时至今日,虽然这种以美元为中心的货币体系已不复存在,但它仍然是国际贸易领域中最主要的结算货币。而在国际收支调节中对于美元的高度依赖使现在的国际货币体系存在一定的制度问题。处于中心地位的美元通过发行美元为其贸易赤字融资,推动其高赤字、低储蓄、高消费的经济模式,加剧了全球经济的失衡。在其经济扩张中,长期采取扩张的货币政策也使得全球出现流动性过剩。

在全球金融一体化的背景下,国际金融市场不稳定,投机行为盛行,过多的流动性导致金融体系的脆弱、世界范围内的危机不断。通常我们用 M2 去衡量一国国内的货币供应量,但是对于美元这个国际货币来说,最好的指标应该是 M3(包括 M2、大额定期存单,机构货币市场共同基金余额、短期回购协议等),可以说 M3 是衡量美联储发行货币速度的最好指标。在布雷顿森林体系崩溃以后,美国 M3 不断增加,M3 与 M2 之间的差额从 1973 年的 1000 亿美元到 2006 年 2 月(之后数据美联储不再公布 M3 的数值)已经超过了 3.5 万亿美元,这意味着大量的美元流向世界,全球流动性过剩及其推动的金融创新泛滥也是引发 2008 年美国金融危机的重要原因。

(二)由于美元在国际货币体系的核心地位,美国将其国内政策目标作为其货币政策的指针

与其他国家不同,美国对于其汇率的干预更加倾向于将其作为调整国内经济的一种工具。当其调整汇率时,可以使得美国在一定程度上缓解贸易逆差的状况同时引起财富的转移。各国的美元资产累积到一定程度以后,美元发生贬值,导致美元资产迅速缩水。另外,在开放的经济条件下,美国利率和汇率政策的调整对于那些和美国经贸关系密切的国家来说,通常会造成严重的影响甚至是冲击。比如 20 世纪 90 年代相继发生的墨西哥金融危机、东南亚金融危机和俄罗斯金融危机,都与美国的货币政策、资本的频繁流动有关,这给"美元本位制"的国家带来了巨大的损失。

(三)浮动汇率制度的不公平性

现行体系下的汇率制度,难以建立起稳定的汇率形成机制,存在发达国家对汇率制度的主动安排和发展中国家被动选择的矛盾。发达国家以市场经济充分发展为基础,一般实行浮动汇率制,并能左右国际汇率水平及其变动趋势。而浮动汇率制动对于一些发展中国家是不公平的,通常发展中国家选择盯住某一国家的货币,比如美元,而美元本身就没有办法保证其币值的稳定,它的波动必然会影响到发展中国家的货币币值。在这一次的金融危机中,发展中国家首先遭遇就是其货币的大幅度贬值。由于其经济与金融发展的依附性,大多数发展中国家只能被动地选择盯住美元等少数几种货币的盯住汇率制,汇率缺乏弹性,且极具脆弱性,汇率水平难以反映发达国家和发展中国家的实际水平,削弱了汇率杠杆对经济发展的调节作用。且在大规模无序的国际资本流动中,维持盯住汇率制度的成本很大,破坏了发展中国家货币政策的独立性。另外,对于发展中国家的国际收支调节浮动汇率制度的作用也不大。由于发展中国家出口产品大多是一些初级产品,而进口的主要是一些资本和技术密集性产品,也就是说发展中国家的出口供给弹性和进口需求弹性都很低,无法满足"马歇尔勒纳"条件中利用货币贬值达到改善国际收支的目的。

（四）储备资产的分布和使用不合理、国际收支不平衡持续存在

如果通过汇率的调整能够有效地调节国际收支的话，那么各国也就没有必要累积大量的外汇储备。但是由于国际收支失衡的常态同时也出于风险的防范，很多国家特别是发展中国家不得不累积大量的外汇储备资产，而这些国家所持有的资产相当于一种信用，即美元的变现能力和购买力（很多国家仍然把美元作为重要的储备资产）。由于追求大量的美元资产，大量的美元流入美国，其利率下降，不仅可以弥补其国际收支的赤字，也可以使美国以很小的成本实行扩张性的货币政策。同时，发展中国家特别是一些很不发达的国家，其国际收支很困难，它们只能通过大量地举债引发债务危机。这与资本大量流入发达国家的情况形成了鲜明的对比。在这种体系下由于缺乏对于中心国家的监督，使得美国信用过度扩张，形成严重的偿付能力危机，这次金融危机实际上就是对这种国际货币体系的一种警告和惩罚。

二、人民币国际化的现状及实现的条件

作为最大的发展中国家、第一大外汇储备国和全球第三大贸易体，国际货币体系的运作与变化都牵涉到中国的实际利益。此次全球性的金融危机对中国的发展产生了一定的影响，因此，随着中国经济实力的上升和贸易开放程度的加深，人民币区域化、国际化的条件正在不断成熟，中国也必将更加积极地加入到国际金融体系的改革中，为全球经济的稳定发展做出一定的贡献。

（一）人民币国际化的现状

作为最大的发展中国家、第一大外汇储备国和全球第三大贸易体，国际货币体系的运作与变化都在牵涉中国的重大利益。包括中国在内的广大发展中国家是现行国际货币体系的被动接受者和受害者。此次全球金融危机对中国的发展造成了严重的不利影响。随着中国经济实力的上升、贸易金融开放程度的不断提高以及逐步改善的金融环境，人民币的国际化条件正在不断成熟，人民币势必将成为国际货币体系中的重要货币。中国将循序渐进地推动人民币国际化。我国真正从制度层面上推动人民币国际化的进程是以 2009 年 7 月推行的人民币跨境结算试点改革为标志的。随着中国经济的高速增长，人民币汇率的持续稳定，以及中国政府在历次危机中展现出的高度责任感，人民币国际化的声望大大提高，周边国家和地区逐渐认可和接受人民币作为交易货币的国际清算手段，大量人民币开始境外流通。

1. 人民币在港、澳、台地区流通情况

港澳地区由于与内地存在密切的经济联系，每年相互探亲和旅游人数日益增多，人

民币的兑换和使用已相当普遍。从1993年的人民币现钞业务到2010年7月的允许个人和企业通过银行自由进行人民币资金转账和支付。目前,除汇丰、恒生等银行办理人民币兑换业务以外,香港已有100多家货币兑换店,许多商家也接受人民币直接购物。同时,海峡两岸经贸往来逐步扩大,两岸实现"小三通"之后,人民币在台众多地方充当交易媒介,并成为当地民众日常生活的重要支付手段。

2. 周边国家中人民币结算情况

伴随着边境旅游和边境贸易的发展,在中蒙、中俄、中朝、中越、中缅、中老等地区,由于人民币稳定的币值和广泛使用,这些地区的居民间的商品交换也有使用人民币的迹象。目前,我国已与越南、蒙古、朝鲜、俄罗斯、老挝、尼泊尔等国家签订了双边结算与合作协议,明确了双方商业银行可以相互开立代理账户实行本币结算。人民币在中越边境贸易中的结算量约占81%,中蒙边境贸易中的结算量约占90%,人民币逐渐成为周边国家边贸结算中的主要货币。

3. 货币互换协议规模扩大

2000年5月,东盟10国和中、日、韩财长会议上通过《清迈倡议》后,中国分别与菲律宾、马来西亚、泰国、日本、韩国签署了双边货币互换协议,反映出亚洲国家对人民币的信心增强,对人民币的潜在需求增大。

此后中国加快与周边国家和地区的金融合作步伐,2008年12月12日,中国人民银行与韩国央行签署1800亿元人民币的框架协议。2009年1月20日,中国人民银行与香港特区金融管理局签署2000亿元人民币的正式协议等。截至2011年末,中国人民银行与韩国、马来西亚、中国香港、白俄罗斯、阿根廷等14个国家和地区的中央银行或货币当局签署了双边本币互换协议,总额为1.3万亿元人民币。2012年第一季度,中国人民银行已与阿联酋、蒙古等5家央行签署了双边货币互换协议,合计规模达4350亿元人民币。

4. 跨境交易人民币结算情况

为顺应国内外市场和企业要求,保持我国与周边国家和地区的贸易正常发展以及为企业提供更多便利,国务院于2009年4月8日决定在上海市和广州、深圳、珠海、东莞5城市现行开展跨境贸易人民币阶段试点工作。2010年6月,经国务院批准,将境内试点地区扩大到20个省(自治区、直辖市),将地域范围由港澳地区和东盟扩大到所有国家和地区,明确试点业务范围包括跨境货物贸易、服务贸易和其他经常项目人民币结算。2011年8月,将跨境贸易人民币结算境内地域范围扩大至全国。2011年10月,允许境外投资者以人民币来华投资。

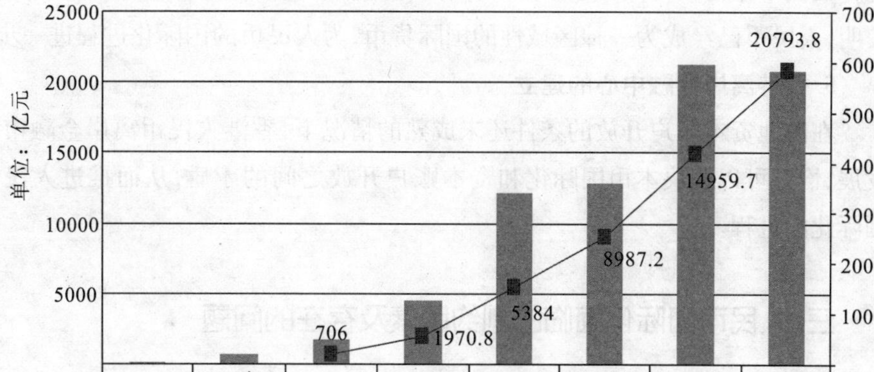

	2009年	2010年一季度	二季度	三季度	四季度	2011年一季度	二季度	三季度
当季贸易额	35.8	183.5	486.6	1264.8	3413.2	3603.2	5972.5	5834.1
自试点以来贸易额累计			706	1970.8	5384	8987.2	14959.7	20793.8

图1　跨境贸易人民币结算额

资料来源:《中华人民共和国2011年国民经济和社会发展统计公报》,中华人民共和国国家统计局。

(二)当前人民币国际化已具备的实现条件

1. 呈多元化发展趋势的国际货币体系创造了发展空间

2008年金融危机爆发以来,美元的币值难以稳定,一再下跌。随着各国相继减少美元在其国际储备中的份额,其他国家货币地位逐步上升,美国已无法阻止其他国家货币国际化的进程,国际货币体系正朝多元化的方向发展。这样,国际货币多样化趋势以及亚洲区域化货币的缺失为人民币走向国际化创造了良好的发展空间与国际环境。

2. 逐步增强的经济实力和综合国力

一国经济实力的强大必将导致其在世界范围内的国际地位的上升和经济影响力的扩张,而这种地位的上升和经济的扩张也为该国货币走向国际化创造条件。改革开放以来,我国经济一直保持着持续快速增长,给人民币国际化带来坚实的经济基础,并且这个基础还将不断增强,而这必将有力推动人民币成为国际主导货币之一。从历史上看,无论是美元、欧元、马克还是日元,其国际地位的建立均与其经济实力的强大直接相关。

3. 良好的国际信用和充足的国际清偿力

在历次经济危机中,我国政府为顾全大局,坚持人民币汇率稳定等,防止了危机的进一步扩大和加深,赢得了良好的声誉,为人民币奠定了牢固、可靠的信用基础。同时,我国的外汇储备也在不断上升,使得我国具有充足的国际清偿力。

4. 人民币已一定程度地实现区域化

近些年,在我国与周边国家或地区的边境贸易中,人民币已经被普遍作为支付结算的硬通货,人民币与这些国家或地区的货币已经可以自由兑换,一些国家或地区的居民还将人民币作为一种储藏手段加以保存,甚至官方公开宣布人民币为自由兑换货币。这表明,人民币已经成为一种区域性的国际货币,为人民币的国际化进程进一步揭开序幕。

5. 香港离岸金融中心的建立

在内地资本账户开放的条件还未成熟的情况下,香港人民币离岸金融市场的建立和发展,恰好可以解决本币国际化和资本账户开放之间的矛盾,从而推进人民币区域化和国际化的进程。

三、人民币国际化面临的制约因素及存在的问题

(一)制约人民币国际化的因素

1. 国际因素

(1)国际政治斗争对人民币国际化的影响。随着国际经济领域竞争和经济全球化的加剧,经济问题将成为大国政治竞争上的一部分。我国的国际竞争力、国际话语权随着人民币国际化的进程扩大也必然深刻改变国际上政治、经济的格局。欧、美、日等发达国家出于国家战略的考虑,也有可能会阻碍人民币国际化。所以人民币国际化进程中有可能会遇到一些复杂的政治阻碍。

(2)美元惯性对人民币国际化的影响。虽然美元的币值在下跌,但是庞大的美元交易量,以及美元衍生产品提供了各种各样的风险管理工具,都会导致交易者更倾向于使用美元而非其他货币,这就是美元带来的惯性。同时由于我国拥有巨大的美元外汇储备,当美元价值遭到损害时也会使我国所持有的美元资产价值受到影响。所以,美元惯性在很大程度上关系着人民币国际化的进程。

(3)在国际贸易和国际投资领域的影响力不足。一国综合国力和经济实力的强大是该国货币成长为国际货币的基本条件,从根本上一国货币国际化也是该国经济实力的一种反映。国家经济实力越强、经济规模越大,其货币的竞争力也相对较强,给交易者带来的信心越足。改革开放以来,虽然我国的国际贸易保持了较快的增长,但不管是总量还是国际分工地位,都还缺乏足够的影响力,同时出口产品缺乏一定的竞争力,技术含量不高。总之,在国际上,就经济实力而言,我国与发达国家相比,还存在很大的差距。

2. 国内因素

(1)资本项目下的不可自由兑换。目前,由于人民币在资本项目上仍然不能自由兑换,虽然对于国际资本对中国的冲击有一定的抵御能力,但是也让人民币的自由兑换和跨国间的资本流动大大受限。人民币的国际化和资本项目的开放是密切相关的,如果没有彻底开放资本项目,人民币就不是完全可自由兑换的,也就不可能实现人民币的国际化。

(2)外汇市场发展的水平低。从2005年7月21日的汇改后,中国外汇市场取得了

很大进展,但其水平和规模依然有限。首先,我国外汇市场交易量小、交易规模偏小。其次,外汇市场交易币种单一,无法形成像纽约那样的国际外汇市场在交易品种上显现出主次分明的局面。最后,在我国外汇市场里交易品种单一,银行间外汇市场缺乏远期、期货、期权、互换等衍生交易品种。可以看出,我国外汇市场发展水平低也会影响到我国人民币国际化的进程。

(3)金融市场的落后和金融监管水平滞后。一国货币要成为世界货币,必须满足其兑换基本不受管制,拥有一个具有相当广度和深度的金融市场等要求。一个高度发达且开放的金融市场则能够提供大量多样的金融交易工具,从而满足不同持有者的安全性和营利性要求,为该货币的国际化供需提供便利。而目前国内金融市场的发育也很滞后,与发达国家存在很大差距。货币国际化也将使一国的金融风险增加,这就要求该国政府有很强的防范金融风险的能力,而我国的金融监管体系尚不完善,应对经济变化的经验不足。

(二)人民币国际化中存在的问题

1. 增加宏观调控难度

根据克鲁格曼[①]在20世纪90年代末提出的“三元悖论”即一国货币政策的独立性、汇率的稳定性以及资本的自由流动是不可能同时实现的,如果人民币国际化程度提高,国际金融市场上人民币的流通数量将显著增加,央行对国内人民币的控制能力会因人民币在国际流动而遭到削弱。这样,中国政府在制定货币政策、国际收支政策、汇率政策时还需考虑政策的外溢效应,从而增加了政策的制定、实施和效果预判的难度。

2. 加大人民币现金管理和监测的难度

人民币国际化后,由于对境外人民币现金需求和流通的监测难度较大,将会加大人民银行对人民币现金管理的难度。同时人民币现金的跨境流动可能会加大一些非法活动如走私、赌博、贩毒等的出现。这些一方面影响中国金融市场的稳定,另一方面也会增加反洗钱、反假钱工作的难度。

3. 恶化国际收支状况

如果人民币实现国际化,作为国际储备货币必须能够为其他国家提供足够的国际清偿力。这就要求在贸易上其进口大于出口,保持国际收支逆差,而这样将会恶化中国的国际收支状况。我国在多年的双顺差和高额的外汇储备保证了在短期内不会出现“特里芬难题”,可以为周边国家和地区提供人民币资产。但随着人民币国际化程度的进一步加强,中国的国际收支必将受到一定程度的约束,这就意味着国内部分市场的丧失和外需的减少,这将对国内就业、国内经济增长形成一定的负面效应。人民币国际化进程中,随

① 保罗·克鲁格曼,美国经济学家,是自由经济学派的新生代,目前是普林斯顿大学经济系教授。

着中国“双顺差”、经济持续增长,人民币持续坚挺,以美国为首的西方国家开始展开一场场“货币战争”,目的是逼迫人民币升值,而持续的人民币升值对国内经济的影响是消极的。

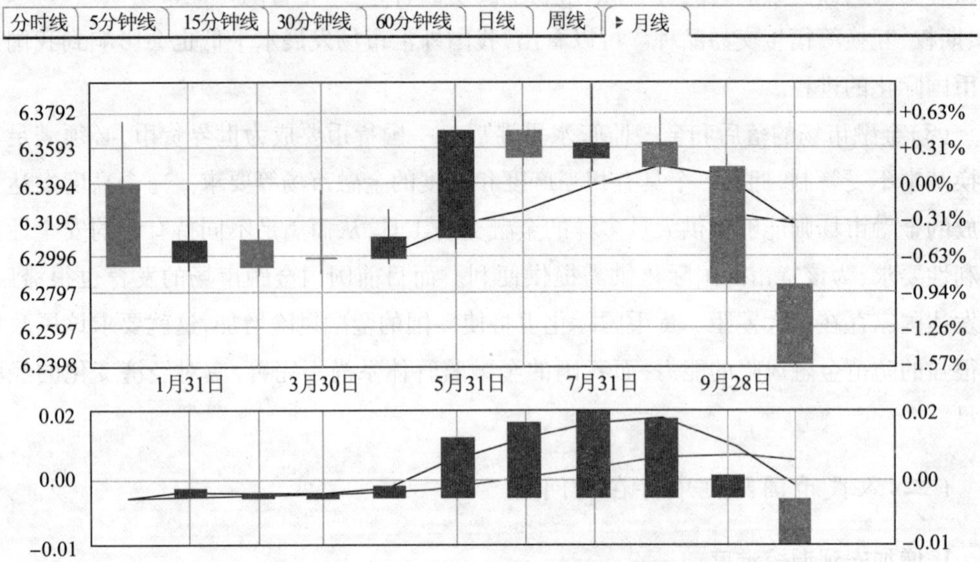

图2　2012 年美元对人民币汇率 K 线走势图

资料来源:http://www.zhjtong.com/rmb_huilu.asp。

人民币升值,对于一国的出口贸易是非常不利的,这将导致出口的数量有所减少。由图 3 可知,随着我国经济的增长,我国对外贸易的进出口总额差额逐年增长。但近年来,随着人民币的升值,在一定程度上打击了我国的出口企业积极性,出口利润减少,出口降低,严重影响了我国出口产品的国际竞争,我国对外贸易的进出口总额差额呈逐渐下降趋势。

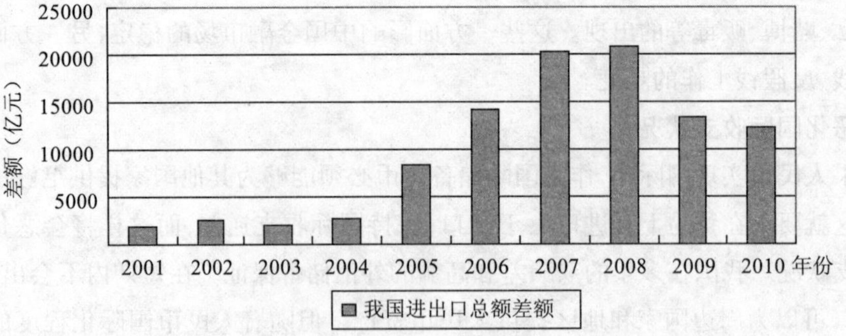

图3　2001—2010 年我国进出口总额差额

资料来源:《中华人民共和国 2011 年国民经济和社会发展统计公报》,中华人民共和国国家统计局。

4. 我国外汇储备的价值随人民币的升值而缩水

我国的外汇储备总额逐年增加，现在已经是全世界最大的外汇储备国，一旦人民币升值，将减少我国外汇储备的价值，这对我国的外汇储备以至经济发展都将是一个沉重的打击。

表1　我国外汇储备总额

年份	我国外汇储备总额（亿美元）
2008 年末	19460
2009 年末	23992
2010 年末	28473
2011 年末	31811

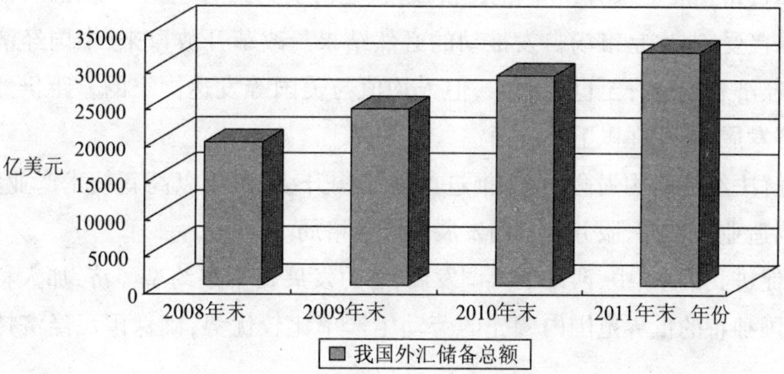

图4　我国外汇储备总额

资料来源：《中华人民共和国2011年国民经济和社会发展统计公报》，中华人民共和国国家统计局。

5. 国际投机性资金的涌入

在人民币国际化进程中，当本币的名义利率和实际利率出现偏差，或者即期汇率、利率与远期汇率、利率出现偏差时，将会给国际投资者以套利的机会，刺激短期投机性资本的流动，大量的投机性资金流入国内，形成“国际热钱”。它对一国经济造成一定的冲击。一是当一国经济过热时，为抑制通货膨胀，货币当局会提高利率，就会导致大量国际游资流入，从事套利、套汇、投资活动，迫使其货币升值，引发贸易上的逆差。与此同时，证券价格与房地产价格也逐步上升，形成“泡沫化”经济。当货币贬值后，证券市场和房地产市场上的外资开始出逃，价格下跌，经济泡沫破裂。二是“蓄意投机型”，当国际游资发现某国汇市或证券市场上的获利机会时，便综合运用多种金融手段，调集大量资金，大肆进行投机活动，1997年东南亚金融危机则是国际游资两种冲击方式复合运用的结果。

我国的外汇资产逐年增长，近几年尤为突出，其中部分是国际热钱，现在热钱已经流向我国的房地产领域、股票市场领域等。在房地产领域中，房价的飞速上涨已是普遍现象,这除了是相关政策的原因,更是因为热钱的流入,抬高房价,催生房地产泡沫。这是当前我国经济的一大担忧,再不加以控制,等到泡沫破灭,对我国的经济将是致命的打击。我们要牢记日本、泰国和越南等国经济危机的教训。

四、推动人民币国际化的相关措施

结合我国经济发展的特点和状况以及与亚洲地区货币合作的进程,从人民币国际化的路径选择来看,从符合我国经济发展战略和对外合作战略的角度出发,可以考虑以周边为目标,先使人民币在亚洲自由地流通和使用,再逐步实现人民币的国际化。

(一)增强经济发展的实力

从国际货币发展史来看,一国的经济规模、经济实力只有达到一定程度,该国的货币才会被他国接受,这也是市场自发推动的必然结果。改革开放以来,中国经济以较快的速度发展,经济总量跃升至世界第二,但人均值与美国等发达国家的差距仍然较大。如何实现经济发展,表现在以下几方面:

第一,解决经济结构失衡问题,推进产业结构升级,形成以高新技术产业为先导、基础产业和制造业为支撑,服务业全面发展的产业格局。

第二,促进我国东、中、西部的协调发展,着力发展资本集约型经济,加大科技研发力度,形成我国独特的世界范围内领先的劳动生产率比较优势,确保国民经济持续快速健康发展。

第三,扩大国内需求,改变经济增长长期以来由投资和出口拉动的局面向由投资、出口和消费拉动的局面,进一步增强中国经济增长的内生性和可持续性。

(二)保持人民币币值对内对外的稳定

保持人民币对外价值的稳定,是人民币国际化的重要基础性条件。进一步深化人民币汇率机制改革,最终目的在于保障人民币资产的价值稳定,让世界各国的投资者相信人民币国际资产的安全、可靠,并且能够保值和增值,这样人民币才有可能国际化。然而人民币汇率稳定就是增强人民币双向浮动的弹性,但要避免人民币汇率大幅波动。同时,也要完善汇率形成机制,核心就是加快发展外汇市场,完善市场交易主题准入和退出机制,丰富外汇交易方式和交易品种。

(三)加强与周边地区的经贸金融合作

经贸合作是金融合作的基础。可以先从经贸合作入手,渐渐由关税同盟、经济同盟到货币联盟。第一阶段是继续扩大和深化与周边国家的经贸关系,增加其对于人民币的需求,同时改善对境外人民币的监控和管制。第二阶段是建立关税同盟即建立与周边地区和国家的多边自由贸易区,并将人民币作为主要的结算货币之一。第三阶段是继续推动实质性的亚洲货币合作机制,实行人民币的可自由兑换,让人民币成为主要的国际储备货币之一。

(四)人民币国际化与资本项目下的一定管制并不完全矛盾

人民币没有实现完全可自由兑换并不是现阶段人民币国际化的障碍,其决定因素还是在于中国经济实力、综合国力的增强。目前我国已经实现了经常项目上的可自由兑换,而一半以上的资本项目也实现了可兑换,但是仍然处于严格的管制当中。所以从整体上看,人民币不仅有良好的经济基本面的支撑,而且其本身在一定程度上具备了一定的可兑换性。所以从本质上来看,人民币的国际化进程最终的决定因素在于中国综合国力、经济实力的提升和增强以及国内金融市场的完善配合发展。

(五)防范中国在推进国币体系改革中面临的风险

成为国际货币体系中的重要的货币必须要经济规模足够大、成为全球经济增长的重要动力以及能向全球提供开放的资本市场和贸易市场。就我国现在的实际情况而言,第三个条件还需要较长的过程才能完成,尤其是资本市场的开放,我国现在还不具备开放资本市场的能力、基础和条件。而在开放的金融市场中一定要注意对金融风险的防范,研究风险的类型,找出防范风险的方法,而不是一味地放慢开放资本市场的脚步,这样也会放弃一些机会,要认真地在防范风险和开放市场中找出平衡点。

(六)完善金融市场体系,提升金融监管水平

一个国家如果没有完善的金融市场体系,也就无法使国内金融与国际金融结合起来并快速地反映国际金融形势与走向,也无法使该国货币真正实现货币国际化。要实现人民币国际化,首先,要依托上海国际金融中心建设,大力发展银行间货币市场、股票市场、债券市场,完善二级市场的交易机制,丰富交易品种,吸引国内外更多的交易主题参与交易,扩大市场交易量,使它们的数量足够形成外部资金冲击与我国实体经济之间的缓冲期。其次,在中国香港建立人民币离岸金融中心,具体可参照 QFII、QDII 的模式,推进境内外"人民币"投资业务,让境外人民币进入中国资本市场,让境内人民币更大规模地进入香港地区,而后融入全球资本市场。

参考文献

[1]李若谷. 国际货币体系改革与人民币国际化[M]. 北京:中国金融出版社,2009.

[2]李稻葵,刘霖林.双轨制推进人民币国际化[J].中国金融,2008(10).

[3]刘力臻,徐奇渊.人民币国际化探索[M].北京:人民出版社,2006.

[4]张琦生.人民币国际化进程的路径探析[J].金融理论与实践,2007(7).

[5]博源基金会.人民币国际化:缘起与发展[M].北京:社会科学文献出版社,2011.

[6]何帆,徐奇渊,等.人民币汇率改革的经济学分析[M].上海:上海财经大学出版社,2009.

[7]韩复龄.一篮子货币:人民币汇率形成机制、影响与展望[M].北京:中国时代经济出版社,2005.

[8]吴思铭."热钱"进出对经济的影响[N].上海证券报,2005-04.

[9]姚枝仲.盯住与参考一篮子货币[J].金融信息参考,2005(9).

[10]覃东海.人民币升值:中国制造业的机会[N].中国经营报,2005-08.

[11]隋平,罗康.人民币汇率的卫国战争:国际金融法律体系中的是与非[M].北京:法律出版社,2011.

[12]王贵国.国际货币金融法[M].北京:法律出版社,2007.

[13]郑启明.美元与战争[M].北京:中国经济出版社,2009.

[14]贝依林.汇率战争[M].北京:企业管理出版社,2010.

[15][美]希亚特.货币阴谋:全球化背后的帝国阴谋与金融潜规则[M].王少国,杨永恒,译.北京:当代中国出版社,2009.

[16] 张杨.从国际收支角度解析中国经济发展方式转变的必要性[J].理论导刊,2009(1).

[17] 张艺博,周琪.中国互利共赢的金融开放新战略[J].武汉大学学报(哲学社会科学版),2009,62(5):656-660.

[18] 张辉.汇率政策与国际贸易政策互动研究[M].北京:中国金融出版社,2008.

[19] 储幼阳.论汇率制度转换[M].北京:社会科学文献出版社,2006.

[20] 古克鉴,等.汇率变化与中国产业结构调整研究[M].北京:中国人民大学出版社,2008.

[21] 康邵邦.金融危机后中国的政策选择[M].北京:现代出版社,1999.

[22] 王慧.盯住一篮子货币与人民币汇率制度改革[M].北京:经济科学出版社,2009.

关于促进贵州民营企业发展的思考

王峰[①]

（中共贵州省委政研室党建处）

摘　要：民营经济是市场经济的天然主体，具有旺盛的生命力，蕴藏着巨大的生产力。近年来，贵州民营经济发展迅猛，已经成为区域经济社会发展的“生力军”和“冲锋队”，成为地方经济的重要支撑。文章首先探讨了贵州的民营企业发展的现状，然后分析了存在的问题与困难，最后提出了加快民营企业发展的对策与建议。

关键词：贵州　民营企业　发展　对策

贵州是我国西部多民族聚居的省份，也是贫困问题最突出的欠发达省份。《国务院关于进一步促进贵州经济社会又好又快发展的若干意见》（国发〔2012〕2号）指出，“贫困和落后是贵州的主要矛盾，加快发展是贵州的主要任务。贵州尽快实现富裕，是西部和欠发达地区与全国缩小差距的一个重要象征，是国家兴旺发达的一个重要标志。”鉴于发展民营企业是新阶段发展生产力、完善社会主义经济制度、建立社会主义市场经济体制的现实要求，是推进经济结构调整的必然途径，是缓解就业压力、提高国民收入的有效举措，是促进区域经济增长的重要力量，贵州应当在实施工业强省战略和城镇化带动战略过程中，充分发挥民营企业在地方经济社会发展中的重要作用，积极加大扶持，全力促其发展。

一、贵州民营经济发展的现状

在贵州，民营经济已经是经济社会发展的“生力军”和“冲锋队”，是全省经济的重要支撑。目前，民营经济在全省经济中的作用和地位已经十分突出：一是民营经济已成为国民经济的重要支撑。贵州民营经济增加值由2005年的570亿元增加到2010年的1608亿元，年均增长17.5%，高于生产总值年均增速4.9个百分点，占全省生产总值的比重从24.4%提高到35%，年均提高2.1个百分点。2010年，贵州民营经济单位注册资本1862亿元，是2005年的3.2倍，年均增长44%；登记在册的私营企业和个体工商户分别达7.8万户和64.7万户，比2005年增长87.5%和50%，其中年销售收入超过500万元

① 王峰，男，系中共贵州省委政研室政策法规与党建研究处干部。主要研究方向：区域经济、党委决策服务。

的规模以上民营工业企业2591户,占全省规模以上工业企业总户数的85.1%。特别是在特色食品、民族制药等行业,民营企业成为主导力量,涌现出了“老干妈”“百灵制药”等一批骨干企业。二是民营经济已成为财政收入的重要来源。“十一五”期间,贵州民营经济累计上缴税金1549亿元,年均增长30.2%,占全省税收总额和财政总收入的52.7%和45.2%,分别比“十五”时期提高12.2个和11个百分点。三是民营经济已成为增加就业的重要渠道。“十一五”贵州民营经济累计新提供60.1万个城镇就业岗位,占城镇新增就业岗位的62.9%。四是民营经济已成为扩大投资的重要主体。2010年,贵州民营经济投资1551亿元,是2005年的3.4倍,占全社会固定资产投资的比重达到48.7%。尤其在房地产业、批发零售业、住宿餐饮业、租赁和商务服务业、居民服务和其他服务业中,民营经济投资比重均超过70%。总之,贵州民营经济呈现出加快发展的良好态势,为推动全省经济发展、调整产业结构、繁荣城乡市场、扩大社会就业、改善人民生活做出了重要贡献。

在充分肯定成绩的同时,还要清醒地看到,目前贵州还比较落后,关键是工业化、城镇化滞后,尤其表现在民营经济发展不足。当前,贵州省民营经济只占经济总量的36.9%,比全国要低20来个百分点。从实践上看,越是经济发展好的地方,民营经济发展就较快,越是经济发展慢的地方,民营经济发展就较慢。贵州等贫困地区发展的主要差距在民营经济上,潜力和希望也在民营经济上。

二、制约贵州民营企业发展的问题

贵州作为民族贫困地区,民营经济发展慢,既有地方发展环境的问题,也有民营经济自身的问题。

(一)从外部环境看

一是交通不便,城市化水平低。贵州属于山区,交通发展难度大,速度慢,而交通不便所带来的运输成本上升、人才引进困难、信息传递缓慢、中心城市辐射和带动区域经济发展的功能低,不同程度地制约了民营企业的发展。2011年,贵州的城镇化率为35.0%,低于全国16个百分点。城镇是民营经济发展的硬环境,城镇化率过低必将对民营经济发展后劲产生消极影响。二是人才困乏。高层管理人才缺乏,企业家队伍整体知识层次偏低。科技人才缺乏,导致许多民营企业中粗放产品多,终端产品少,产品科技含量不高。市场人才缺乏,致使民营企业的市场开发受到很大限制,企业发展缓慢。三是企业融资难。目前,银行对大型企业“争贷”,而对民营企业“惜贷”。融资渠道不畅,企业缺乏发展资金,严重制约了企业的发展。四是软环境亟待提高。治安环境上,恶势力仍存在,欺行霸市时有发生。行政服务环境上,个别职能部门服务不到位,变相的“三乱”(乱收费、乱罚款、乱摊派）现象还不同程度存在；一些地方和部门对民营经济管理越位、服务缺位，重监管轻服务、重检查轻支持的问题突出。

（二）从民营企业自身看

一是产品档次较低，附加值低，市场竞争力不强。二是创新能力差，管理水平低。多数企业还没有建立技术创新机制，产品研发滞后，附加值不高，市场竞争力不强。特别是大多数企业仍采用“家族式”的管理模式，它们以血缘关系为基本纽带，以追求家庭利益为目标，以实际控制权为基本手段，以亲情第一为首要原则，其决策上的家长制、用人上的唯亲性，严重制约着企业健康发展。三是缺乏拼搏奋进的进取精神，缺乏创业文化和创业精神，小富即安、不富也安，导致很多民营企业长期不能发展壮大。

因此，贵州民营企业要实现第二次创业，既需要自身去克服技术水平、管理水平、人员素质低以及对市场风险承受能力弱和资本规模尚处于“原始积累”阶段这些问题，更呼吁政府行为的介入，以加速其发展。

三、转变政府职能，大力加快贵州民营企业发展

如何破解民营经济发展中的难题，结合实际实施可行的措施，已成为发展壮大贵州经济的关键所在。如果说东部地区民营经济的发展和民营企业竞争力的提升，靠的主要是政府的无为而治和宽松的政策支持的话；那么，作为西部贫困地区的贵州由于市场主体不发达，市场体系不完善，民营经济的发展和民营企业竞争力的提升，将不仅要靠企业自身的努力，还要靠政府的积极、适度的引导和扶持，切实发挥民营经济发展“第一推手”的作用。简言之，政府要当好经济发展的“清道夫”和“守夜人”，为经济发展提供环境、服务保障，特别是要念好“搭台”“引导”“服务”六字文章，助推民营企业发展。

（一）搭台——创造发展条件，搭建民营企业发展舞台

“栽下梧桐树，引得凤来栖。”市场经济是开放的，生产要素是流动的。哪里发展环境好，“梧桐树”长势喜人，哪里就对各种资源吸引力强，就能聚集更多资本、技术、人才，就会持续“有凤来仪”，迎来“百鸟争鸣”。可以说，区域经济竞争越来越表现为发展环境的竞争。发展环境已成为影响和推动经济社会发展的关键因素。优化发展环境，这是政府应该做的事情。

1. 加快基础设施建设，加快城镇化步伐

硬环境的完善与否与企业的营销成本、制造成本有着密切的联系，贫困地区的劣势在交通上表现更为明显。贵州山多路少，交通不便，加快发展交通、信息等基础设施，尤为突出、尤为关键、尤为紧迫。必须把加快基础设施建设放在重要位置，抓紧抓好。同

时,只有提高城镇化水平,才能提高吸引力和辐射带动功能,为民营经济更好发展创造条件。

2. 筑巢引凤,建好工业园区

工业园区是实施大开放的主战场,是加快工业化和城市化的重要载体,是发展民营经济的主要平台。走园区之路是全国各地民营经济发展的一条成功经验,而园区建设滞后正是贵州等西部贫困地区民营经济发展慢的一个重要原因。大力实施产业园区建设行动计划,坚持量力而行、集约节约、规模适度,加快建设一批各具特色的民营经济产业园区,引导民营企业向园区集中,形成产业集群,以集中促进集约,以集群带动规模扩张,以特色强化产业竞争力。加强对园区规划的指导,避免重复投资。在园区内规划建设一批标准厂房,吸引民营企业进驻租用。鼓励有条件的地方规划建设创业基地和创业园区,加快培育一批创新孵化企业。设立创业投资引导资金,支持高校毕业生、留学归国人员、科研人员、返乡农民工等自主创业。

3. 进一步扩大开放,加大招商引资力度

民族贫困地区许多民营企业不乏先进的技术和良好的产品,但由于缺乏资金、市场,难以发展壮大。解决资金投入问题,靠国家投入太少,靠现有家底太薄,靠自身积累太慢,靠银行贷款太难。最现实、最有效的途径是,牢固树立"无外不快、无外不强、无外不富"的发展新理念,两眼向外,坚定不移地实施外向带动战略,深化各项改革,扩大对外开放,大力进行广泛的招商引资,借助外力求发展。紧紧抓住东部产业加快转移机遇,鼓励企业"引进来",发展壮大产业;鼓励企业"走出去",开拓外部市场,开展对外投资。依托自身资源优势,积极引进东部沿海地区特别是珠三角地区资源精深加工、大宗农产品加工、装备制造等方面的企业,借助外力带动民营经济发展壮大。

(二)引导——帮助提升素质,引导企业发展壮大

引导民营企业在扩大规模的同时,更加重视内部素质的提高,重视企业核心竞争力的培育,重视企业可持续发展能力的提升,重视企业社会责任意识的加强。

1. 引导企业科学制定发展战略

企业战略其实就是企业的远景发展规划,是企业为求得长期生存和不断发展而采取的竞争行动和管理业务的方法。一个没有战略的企业,就如同一艘没有舵的船,只能原地打转,又像一个流浪汉一样无家可归。具体地讲,企业战略管理过程中,长期和短期目标的制定,必须结合企业的实际,充分进行行业竞争分析和企业资源分析与能力分析,在保证实现企业使命的条件下,树立科学的发展观,合理地调动企业的结构和分配企业的全部资源,从而使企业获得某种竞争优势,确保企业战略目标的实现。

2. 帮助企业加强文化建设管理

企业如果没有很好的企业文化就如同没有精神支撑,缺乏凝聚力,自然无竞争优势

可言。对于企业文化，认识上不能仅局限于企业的业余文体活动。其实企业文化就是企业的指导思想、精神理念、工作作风，包括价值观念、行为准则、道德规范、文化传统、风俗习惯、典型仪式、管理制度以及企业形象，它不单包括思想和精神方面的内容，也包括社会心理、技能、方法和企业自我成长的特殊方式与各种因素。促进企业在管理活动中特别注意以人为本，重视加强对职工的企业文化培养，以企业精神为统领，正确引导职工以爱厂如家的主人翁意识与企业同呼吸、共命运，忠诚于企业，发挥主观能动性和创造性，为企业发展尽职尽责，创造企业的辉煌，实现职工收入与企业效益的双赢。

3. 抓好企业管理者的学习培训

知识经济时代，管理知识的培训显得尤为重要。特别要加强管理人员的综合管理知识的培训，提高知识层次。加强管理人员"企业战略管理""人力资源管理""组织行为学""公司理财""企业经济法"及证券等管理课程的培训，拓宽他们的视野和知识面，在管理中发挥重要的作用。比如运营管理学，会让管理人员明确如何将人力、物料、设备、技术、信息、能源等生产要素变换为有形产品和无形服务，如何制订运营的活动计划、组织与控制，如何进行运营系统的设计、改造与升级。从而为企业创造价值，获得利润。再如"企业经济法"，进一步让他们熟悉企业法律环境的主要特点，对企业设立、经营过程中所涉及的主要法律关系的性质、类型、特点有基础性的了解，增强法律意识。"组织行为学"会让他们充分掌握现代社会的三大支柱，即信息、材料和能源，如何获取信息、分析信息和处理信息，作为管理者所需信息的基本要求，提高决策能力。人力资源管理学告诉我们，随着全球经济一体化的到来，竞争的程度空前加剧，这种竞争说到底是人才的竞争，人力资源的开发与管理，就是制订计划、规划，进行人力资源的合理配置。要善于用人、量才而用，用其所长，补其所短，就会事得其人。其他管理知识点的提出，为我们今后管理工作提供了不可或缺的知识层面。

4. 促进民营企业建立现代企业管理制度

管理创新是企业发展的动力源泉。根据企业特点和实际，帮助民营企业选择适宜的企业制度，完善法人治理结构，形成广纳资本和人才的制度，克服家族企业和家庭管理的弊端，淡化和提高家族制，按适应市场经济的要求，从管理思想、管理内容、管理方式和管理手段上进行创新，积极学习应用现代企业管理方法和先进管理经验。加强人力资源、财务、产品质量的管理，建立健全的管理机制。要引导民营企业家适应经济全球化的趋势，转变经营理念，建立现代化的管理机制。

5. 引导企业创新发展

鼓励和支持民营企业加大科技创新投入，积极推广应用新技术、新工艺、新装备，使民营企业尽快成为技术创新需求主体、研发投入主体、技术创新活动主体和创新成果应用主体，不断增强企业的科技创新能力。大力推进政产学研结合，促进民营企业与大专院校、科研院所"联姻"和协作，加快科技成果转化和产业化步伐。引导民营企业增强品牌意识,加强品牌创建,努力打造一批国家和省名牌产品,积极申请地理标志保护,争创中国驰名商标、省著名商标,支持"中华老字号"做大做强。重点支持一批创新能力和市场竞争力强的骨干民营企业拓展市场、做强企业、做大产业,通过兼并重组等方式加快扩张,提升民营经济整体竞争实力。此外,还应该推动企业用人创新、智力创新,为企业发展提供人力资源上的保证,促进民营经济快速、健康、协调地发展。

(三)服务——转变政府职能,以服务型政府促进民营经济发展

民营企业能否发展得好,关键要看政府的服务意识、服务水平和服务质量如何。要提高政府和职能部门办事效率、依法行政水平和办事行为的规范程度,在努力改善优化软硬环境的同时,着眼于为民营企业提供更周密、更周到、更优质、更高效的服务。

1. 营造良好服务环境

按照"一视同仁、公平待遇、非禁即许"的原则,对符合国家法律法规、产业政策的行业和投资领域,都对民营企业开放,给民营企业以"国民待遇",破除体制性障碍。进一步放宽民营经济投资领域、登记条件、出资限制、经营场所限制、经营范围和经营方式,支持民营经济放开手脚加快发展。不折不扣贯彻执行各项促进民营企业发展的优惠政策,决不允许从部门利益出发任意裁减、截留政策。行政执法部门要坚持依法行政、公正执法,对明令禁止和取消的一些收费项目、审批事项、审批程序,该取消的坚决取消;对保留事项,要最大限度减少审批环节,收费标准和办法要公开透明;大力推行"一站式服务"和并联审批、限时办结、办理公示、服务承诺等制度,提高办事效率。

2. 着力解决项目落地问题

在继续争取国家用地指标支持的同时,统筹安排民营经济投资项目用地,切实保障重点民营企业发展、民营企业重大项目实施的用地需要;坚持集约节约用地,尽可能提高单位土地面积的投资强度,企业用地、园区用地要尽量多利用山地、坡地,尽量少占耕地;深入开展闲置土地清理,盘活存量土地。

3. 着力解决资金短缺问题

作为后发地区,推进工业化、发展民营企业的最大困难就是缺乏资金投入。资金是企业的"血液",没有资金投入,发展就是一句空话。要鼓励金融机构在防范风险的前提下,积极创新和灵活运用多种金融产品,降低信贷门槛,逐步提高民营企业贷款的规模和比重。积极发展小额贷款公司,引进一批为中小企业服务的专业银行,为民营企业提供资金支持。加强民营经济融资担保体系建设,建立健全担保机构,加快发展县、乡担保机构,综合运用资本注入、风险补偿和奖励补助等方式,提高担保机构的担保能力。鼓励和支持民营企业通过发行股票、债券等方式融资。

4. 解决人才问题

企业要想在当今这个激烈的竞争市场中取得成功,就必须有一个优秀的高层管理

者，懂得先进的管理理念，降低公司运行成本，提高公司运作效率；并且需要一群优秀的科技研发人才，提高产品竞争力，以及一批营销人才，懂得如何打开销售市场和如何开拓市场。针对民营企业技术人才、管理人才缺乏的实际，积极引进人才，并将民族地区民营经济人才送到省外培训，借助外部力量尽快满足紧缺人才的需求；大力发展职业教育，加快培养一批职业技术人才；大力加强民营企业家培训，通过组织民营企业家开展专题培训、与党政领导干部座谈等多种形式，提升企业家素质，增强他们把握政策、制定战略、谋划发展、开拓市场等方面的能力。

贵州省实现产业升级的对策研究
——基于承接产业转移的视角

魏琴[①] 秦宇[②]

摘　要:随着国家中西部大开发战略的实施,中西部进一步加快开放,贵州省地处西部,可以借助国家的扶持政策。全面的开发和建设,新一轮的西部大开发,国发〔2012〕2号文件的出台,使贵州省面临着产业升级的巨大机遇,贵州省应根据自身的优势有选择地承接产业转移,进而通过承接产业转移实现产业升级。本文从分析贵州省面临产业转移的形势入手,重点研究贵州省通过承接产业转移实现产业升级的对策,并提出一些建议。

关键词:贵州省　产业转移　产业升级　对策

一、贵州省面临承接产业转移的形势分析

(一)贵州省产业现状

西部大开发以来,贵州省产业结构调整不断取得成效。三次产业增加值结构由2000年的27.2∶38.8∶34.0逐步演变为2011年的12.7∶40.9∶46.4。三次产业结构由2000年的"二、三、一"逐步演变为2011年的"三、二、一"(如表1)。其中2009年是转折点。从发展态势来看,第一产业稳步下降,第二产业先上升后下降,第三产业总体呈上升趋势。与西部地区平均水平相比,第二产业偏低。与全国平均水平相比,第二产业偏低。

同时,贵州省产业总体水平偏低,尤其服务业发展滞后。随着市场经济的发展,以原材料、初级产品生产为主的产业结构模式给贵州经济发展带来了一系列负面影响。三次产业结构演进为"三、二、一"格局,但比较优势行业大都集中传统优势产业,主要集中在资源开采及加工业,新兴产业和高附加值行业优势不突出。第二产业内部结构有待进一步优化升级,综合竞争力还有待加强。虽然贵州省第三产业发展速度较快,但整体上仍不适应国民经济发展的要求,近年来第三产业对经济的贡献率和贡献度都呈现出逐年减弱的趋势。另外,贵州第三产业主要是批发和零售服装、餐饮业等传统行业,现代服务业所占比重过低,关键的第三产业(金融、科技)发展滞后,作为贵州省后续支柱产业的旅游

① 魏琴,女,武汉大学教育科学学院在读博士,马克思主义经济学发展与应用研究中心人文社科研究基地研究人员,贵州大学经济学院教授,硕士生导师。主要研究方向:教育经济与管理,国际贸易理论与实务。

② 秦宇,男,贵州大学经济学院在读研究生。主要研究方向:国际商务。

业也还急需加强。

表 1　贵州省三次产业产值构成对比(%)

年份	贵州			西部			全国		
	第一产业	第二产业	第三产业	第一产业	第二产业	第三产业	第一产业	第二产业	第三产业
2000	27.2	38.8	34.0	22.3	41.5	36.2	15.1	45.9	39.0
2001	26.3	38.9	35.7	21.0	40.7	38.3	14.4	45.1	40.5
2002	23.8	40.2	36.0	20.1	41.3	38.6	13.7	44.8	41.5
2003	21.9	42.5	35.6	19.4	42.8	37.8	12.8	46.0	41.2
2004	21.0	44.9	34.1	19.5	44.3	36.2	13.4	46.2	40.4
2005	18.5	42.4	39.1	17.7	42.8	39.5	12.1	47.4	40.5
2006	17.3	43.3	39.4	19.1	53.4	45.5	11.1	48.0	40.9
2007	16.8	42.3	40.9	16.0	46.3	37.7	10.8	47.3	41.9
2008	16.4	42.3	41.3	15.6	48.1	36.3	10.7	47.5	41.8
2009	14.2	37.9	47.9	13.7	47.5	38.8	10.3	46.3	43.4
2010	13.7	39.2	47.1	13.1	50.0	36.9	10.1	46.8	43.1
2011	12.7	40.9	46.4	—	—	—	10.1	46.8.	43.1

资料来源:根据历年《中国统计年鉴》整理所得。

(二)贵州省面临的机遇

随着金融危机的影响不断深入,我国东部地区的外向型经济受到了巨大的冲击,加之美元的持续贬值,导致了东部地区以出口贸易为主的企业大规模减产和停产乃至倒闭,东部已经有很多产业失去了以往拥有的区位、资源和人力资本等方面的优势,多年快速增长积累下来的产能在找不到外需时,急需寻求释放空间,迫使东部地区加快了产业结构调整步伐,形成了产业转移的内在动力和依靠内需拉动经济增长的战略导向。加之西部地区的劳动力、土地、资源、市场政策等的优势,东部产业向西部地区转移就成为必然。在这样的大形势下,积极地承接国际国内的产业转移,促进产业结构优化和提升竞争力,是贵州省深入扩大开放,加快建设内陆开放经济,实现工业强省的重大战略举措。

(三)贵州省承接产业转移所具备的优势

与其他地区比较,贵州具有承接产业转移所具备的比较优势,主要包括以下方面:一是能源资源丰富,贵州煤炭资源远景储量在全国排第 5 位,贵州一个省的煤炭储量,是我国南方 12 省煤炭储量的总和。二是矿产资源丰富,目前贵州磷矿储量资源居全国第 3 位,铁矿资源储量居全国第 3 位。三是生物资源丰富,生物多样性保持较好。四是文化资源丰富,除了具有民族风情的“苗族飞歌”“侗族大歌”等,还有红色旅游地遵义、黄果树等自然风光。五是地理位置重要,贵州位于西南陆路交通大通道。

除了比较优势外,贵州还具有发展的后发优势。贵州可以充分吸取发达地区在发展中的教训,采取优化的赶超战略,最大限度降低发展成本。通过工业化和城镇化带动战略,构建现代特色优势产业体系,实现弯道超车,走一条"以特取胜"的追赶型、跨越式的后发赶超之路。

最后,在人力资本方面,贵州省有着充裕的劳动力,在贵州省第一产业的从业人数在70%,存在大量的剩余劳动力,因此在劳动力价格方面较东部地区有着较大优势。

(四)贵州省承接产业转移所存在的不足

贵州地处中国西部,经济发展缓慢,基础设施以及产业配套能力相对落后,造成了产业配套能力不足。加之相应技术人才的不足,先进科技支撑的缺乏,交通能力的相对落后而导致的物流成本的大幅提升,使得产业转移到贵州的成本相对较高。此外,贵州基础设施落后,工业设施不完善,政府的工作效率较低,办事规范程度不高,人们的思想不够开化,都会影响到企业在贵州的发展。因此,贵州省的投资环境有待改善。

在面临着机遇与挑战并存的情况下,贵州省可以根据自身优势、克服自身不足,通过积极地承接产业转移,实现自身产业结构的升级,利用好国家政策,把握住产业转移大潮,实现自身的经济、社会发展。

二、通过承接产业转移实现产业升级的对策

贵州省要实现产业升级,现在不断深化的产业转移是一个良好的契机,贵州省可以根据自身的比较优势和产业布局合理地接纳对于自身发展有利的产业,来实现跨越式的发展。

同时,2012 年 2 月 13 日《国务院关于进一步促进贵州经济社会又好又快发展的若干意见》(国发〔2012〕2 号)的发布,对于贵州省加速产业升级,促进经济又快又好发展,是一个很好的契机,贵州省应该利用国家的有利政策,根据自身优势和可持续发展的思想,通过承接产业转移,实现自身的产业升级,走出一条科学发展的道路。

(一)根据自身的合理定位承接产业转移

根据国发〔2012〕2 号文件,贵州省被定位为全国重要的能源基地、资源深加工基地、特色轻工业基地、以航空航天为重点的装备制造基地和西南重要陆路交通枢纽。大力实施优势资源转化战略,构建特色鲜明、结构合理、功能配套、竞争力强的现代产业体系,建设对内对外大通道,打造西部地区重要的经济增长极。

根据这一定位,贵州省应当围绕着能源的开发与加工,资源加工而且是深加工来吸

引能源资源消耗型产业，实现自身能源资源利用的最大化，而且要避免仅仅依靠初级采用带来的环境、土地的破坏，提升经济效益的同时也可以实现经济的可持续发展。

在工业方面，贵州省要重点承接具有促进自身优势的产业，如轻工业方面的白酒加工及相关产品的配套产业，中医药的制作以及保健产品产业，特色农产品的加工产业和销售公司等。使得自身的优势产品得以实现产业链的最大化以及经济效益的最大化，尽最大可能地实现优势产品的充分利用。同时贵州具有一批有优势的重型工业，如以航空航天为重点的装备制造业，那么在承接产业转移的同时可以优先承接相关产业以及配套产业，如零配件加工产业、上下游配套产业，实现核心制造业的集中连片发展，建设重点突出的产业园区，通过承接相关产业的进入，实现优势产业的规模化。

最后，在交通方面贵州省应当发挥其西南交通枢纽的优势大力吸引物流运输及相关服务业的进入，通过承接相关第三产业实现产业升级，同时应充分利用中国—东盟自由贸易区、大湄公河次区域、泛珠三角地区等平台，面向东南亚发展优势工业，发展服务贸易，这些都是贵州省需要重点承接的产业，通过承接可以实现其自身的产业升级与发展。

（二）根据合理空间布局承接产业转移，实现产业升级的集聚效应

按照“黔中带动、黔北提升、两翼跨越、协调推进”的原则，充分发挥黔中经济区辐射带动作用，加快建设黔北经济协作区，积极推动毕水兴（毕节、六盘水、兴义）能源资源富集区可持续发展，大力支持“三州”（黔东南州、黔南州、黔西南州）等民族地区跨越发展，构建区域协调发展新格局。

根据规划，在承接产业转移上应当依照当地的定位与规划，有目的、有重点地承接先进产业。

黔中经济区。建设以贵阳—安顺为核心，以遵义、毕节、都匀、凯里等城市为支撑的黔中经济区。推进贵阳—安顺经济一体化发展，加快建设贵安新区，重点发展装备制造、资源深加工、战略性新兴产业和现代服务业。在产业的承接上就应当突出对先进装备制造业、高新科技产业、现代服务业的吸引，通过承接使得黔中地区成为科技雄厚、人才聚集、服务业繁荣的增长极，实现黔中产业质的跨越。

黔北经济协作区。以遵义、铜仁为节点城市，以黔北、黔东北为腹地，积极构建连接成渝经济区和黔中经济区的经济走廊。重点发展航天等装备制造、金属冶炼及深加工、化工、特色轻工、旅游等产业。推进武陵山地区经济协作和扶贫攻坚。黔北地区可以通过建设工业园区，集中承接东部的重工业、装备制造业、特色轻工业、金属加工业等，实现工业走廊的规模效益。提升黔北地区工业产业的科技含量，形成集约式的增长，实现产业结构的合理升级。

毕水兴能源资源富集区。以毕节、六盘水、兴义为节点城市，充分发挥能源矿产资源优势，建设我国南方重要的战略资源支撑基地。重点发展煤电煤化工、钢铁有色、汽车及

装备制造、新能源等产业,深入推进毕节试验区建设。在承接产业转移时,当地应当注重能源资源的充分且合理的利用,吸引一批新兴能源产业进入,在发挥当地能源最大优势的情况下,实现能源产业由初级采掘向深度加工的产业升级,同时可以保护当地的环境与资源。

"三州"等民族地区。加快推进黔东南州、黔南州、黔西南州及其他民族自治地方跨越发展。重点发展文化旅游、磷煤化工、新型建材、民族医药和农林产品加工业,打造具有国际影响的原生态民族文化旅游区。少数民族资源是当地无可比拟的资源优势,当地应当大力发展民族特色旅游业,民族工业、农业产业,应当承接一批先进的服务产业,同时承接一批民族产品的深加工及配套产业,实现当地经济在第二产业和第三产业上共同的发展,促进当地产业从粗放的自然经济向以旅游、餐饮、住宿为代表的先进第三产业及当地农产品、民族手工业深加工的第二产业升级。

(三)根据区位比较优势承接产业的转移

贵州省东北部的铜仁地区,南部的黔东南州、黔南州各县(区)由于地形、气候特点,确立了以第一产业为主导的产业结构。例如铜仁地区、黔南州是省内优质肉牛、商品羊生产基地。黔南州和黔东南州是全国知名的高产名优茶基地。黔东南州依赖农业发展的优势,这些地区可以通过承接新型农业项目,发展生态农业、特色农业、农业深加工,依托农业资源吸引企业和资金,形成农业产业链,实现农业—工业—服务业的链式发展,形成新型农业产业集聚区,实现集群发展。

贵州省有丰富的资源,在这些地区,重点做好以煤、磷、铝等产业为主体的重型化产业的承接,促进资源深度开发和产业链的延长,抓好工业集群和工业示范园区的建设,使贵州省在资源方面所拥有的比较优势转变为竞争优势。比如贵州省西部的毕节地区、六盘水市、黔西南州由于矿产资源蕴含丰富,这些地区围绕能矿资源开发,以煤化工为主导的优势原材料等优势产业,重点承接一批电力、煤及煤化工、黄金等工业项目,将该区域建设为循环经济生态型工业示范基地。

贵州省中部的贵阳市、安顺市由于地理位置优越、旅游资源丰富等特点,确立了以第三产业为主导的产业结构。这些地区应大力发展旅游业、金融业、物流业,着力打造省内文化、教育、科技产业中心。在承接产业转移时注重引进这一类的项目。

(四)通过承接产业转移强化品牌建设

贵州的能源、矿产、生物等资源丰富多样,资源加工型企业较多,但大中型企业明显偏少,经济发展缺乏强大的支撑力量。2010 年,贵州规模以上工业企业排名全国第 25 位,品牌数量居全国第 24 位,驰名商标持有量居全国第 25 位,使得企业竞争居全国第 23 位,整体竞争实力较弱。而通过这次产业转移,贵州省可以着力吸引一批大中型企业,做大做强本经济区的重点优势行业，强化企业品牌建设，突出行业领军品牌，通过培养壮大一批竞争实力强的大中企业，发挥品牌效应，带动同行内的小企业加速发展，增强企业整体竞争力，实现区域内产业的集体升级。

三、通过承接产业转移实现产业升级需要注意的几点建议

贵州省在把握良好契机，根据自身优势，合理布局，突出特色地承接产业转移实现产业升级的同时，应当注意避免产业快速发展所带来的弊端，主要有以下几个方面：

（一）承接产业转移时提防其负面效应

产业转移是一把双刃剑，虽然承接东部的产业可以促进贵州省当地的经济社会发展，但转移过来的产业是东部地区淘汰的相对落后的产业，自然不少企业也存在落后产业高耗能、高污染、高成本、利润低的现象。而贵州省恰恰是拥有良好的自然资源禀赋，这样的天然自然资源在粗放型的经济增长中会显得相当脆弱。因此，贵州省在承接产业转移，提升产业产能的时候，一定要认识到承接产业转移是既有利又有弊的，注重挖掘东部产业的先进技术、先进理念等去升级自身产业，也要避免粗放地、无选择地发展经济，注意保护当地优势资源，要避免走先污染后治理的弯路。

（二）发掘自身优势避免同质竞争

贵州省在产业结构方面与其他西部省份存在高度趋同化现象，贵州省应该充分发掘自身所拥有的比较优势，在相同的行业中找出自身不同的特点，实现自己差异式的发展，在产业承接时，避免发生内耗式的过度竞争和重复的发展。根据资源禀赋、区位条件、产业现状、成本等方面的差异性，找准自身的比较优势所在，着力提升产业竞争实力，大力发展优势产业，在承接产业转移时应该注重优势产业的引进，避免高度趋同而又不具备自身优势的产业大量引入。

（三）合理利用资源避免“资源陷阱”

贵州虽然有自己独有而丰富的资源禀赋，然而在现代信息网络和物流业高度发达的今天，资源禀赋已不再是区域经济发展的唯一决定力量。过分地依赖资源来振兴经济的做法，就会使贵州坠入“资源陷阱”，终有一天资源将濒临枯竭，对生态环境造成的破坏也将难以弥补，完全背离了可持续发展的要求。在产业承接时应注意避免走入“资源陷阱”，通过承接产业实现资源优势转化为竞争优势，跨越“资源陷阱”。

（四）提升产业时注重当地特色资源的保护

在国发〔2012〕2 号文件中，对贵州的定位不仅仅是全国重要的能源基地、资源深加

工基地、特色轻工业基地、以航空航天为重点的装备制造基地和西南重要陆路交通枢纽和扶贫开发攻坚示范区。同时也是文化旅游发展创新区、长江、珠江上游重要生态安全屏障以及民俗团结进步繁荣发展示范区。贵州的青山绿水、文化资源以及民俗风情是其独特的战略资源,是不可再生的宝贵财富,贵州在大力承接现代产业,实现产业升级的同时,一定要注意保护当地的环境、文化以及民族资源,走新型工业化路子,加强生态建设和污染治理,确保贵州在经济发展、民生改善的同时青山常在、碧水长流。经济发展与环境保护并不是对立的关系,相反,这两者应该是相辅相成的关系。经济发展了,才能为环境保护提供物质基础,在更高层次实现保护环境、建设生态文明。环境保护好了,经济发展才可持续,贵州有特色、有优势的生态产业才能得到更好的发展。而民族文化的传承与保护则功在当代,利在千秋。为子孙后代保留下来的宝贵财富是贵州经济可持续发展的保证,是贵州社会安定和谐的保证,是贵州承接产业转移实现产业升级的首要前提。

东部产业升级为产业向西部转移提供了条件,西部地区又可以利用东部转移过来的产业升级自己相对落后的产业结构。对于贵州省,根据自身优势与特点,有计划、有选择、有特点地选择承接产业转移,对于自身经济发展、产业升级具有积极的作用,同时注意产业升级中所造成的环境、文化、资源的破坏,利用后发优势,自身优势走出一条承接产业转移、实现产业升级、发展经济社会的赶超之路。

参考文献

[1] 蒋雪梅.从比较优势看贵州省产业结构的优化[J].理论与当代,2011(10).

[2] 张伟.贵州省产业结构变动与经济增长关系实证研究[J].四川农业大学学报,2009(9).

[3] 李炳昌.贵州省产业结构的技术经济分析[J].贵州民族研究,2008(1).

[4] 文芳.贵州省产业结构发展现状及对策研究[J].企业导报,2009(2).

[5] 张伟.贵州省产业结构空间演化实证研究[J].地域研究与开发,2010(12).

[6] 帅亮乾.贵州省产业结构与经济增长关系实证研究[J].价格月刊,2011(4).

[7] 刘鸿雁,吴永贵,安艳玲,毛键全.贵州省主要工业区发展现状与循环经济改造[J].贵州化工,2009(8).

[8] 刘舒.西部地区承接产业转移政策研究[D].广西大学,2010.

[9] 方海燕.我国西部地区承接加工贸易梯度转移问题研究:以"西三角"为例[D].西南大学,2010.

[10] 王海霞,王轶,白洁.新时期西部地区承接产业转移相关问题的思考[J].改革与战略,2011(3).

[11] 张建斌.西部地区承接产业转移过程中的环境规制问题研究[J].内蒙古财经

学院学报,2011(1).

[12] 国务院关于进一步促进贵州经济社会又好又快发展的若干意见[R]. 国务院,2012.

[13] Egger Hartmut, Egger Peter. The Determinants of EU Processing Trade[J]. The World Economy,2005(2).

[14] Pan and Van Regemorter. The Costs and Benefits of Early Action before Kyoto Compliance[J]. Energy Policy,1997(32).

基于线性扩展支出模型(ELES)贵州消费结构研究

熊德斌

(贵州大学经济学院)

摘　要:本文采用线性扩展模型研究贵州省城乡居民消费结构的变化与未来趋势,发现:贵州省总体消费拉动经济增长能力呈现下降趋势,从城乡消费结构来看,农村比重下降速度快于城镇比重,农村消费对经济增长贡献越来越弱;从边际消费倾向来看,贵州城乡居民消费结构还处于比较低端的层次;从需求收入弹性来看,贵州城乡居民支出方向存在较大差异,城镇主要把收入增长用于家庭设备用品,而医疗保健和文化相对较少,农村居民则主要用于服装、医疗、居住和交通通信,而文化教育支出相对较少。本文在实证分析基础上提出了相应的对策建议。

关键词:ELES 模型　消费需求　消费结构

消费是经济研究重要内容之一,按照凯恩斯宏观经济模型理论,消费是经济增长三驾马车之一。消费现状主要可以从消费水平和消费结构两个方面衡量。消费水平主要体现规模、发展速度等,消费结构体现消费变迁,反映生活质量变化的基本趋势。金融危机导致了全球经济的衰退,进出口贸易拉动经济增长模式受到冲击,研究内需成为经济发展重要动力。贵州地处内陆,如何在后金融危机中寻求经济发展动力,必须认真思考消费结构变迁对经济发展的影响。

一、ELES 模型及估计理论

线性支出系统把消费者对某种商品的消费支出额分为两部分:一部分用于该商品的基本消费支出,另一部分为预算总支出 C 或收入 Y 扣除基本消费总支出后的余额用于消费该商品的部分。

1954 年,Stone 用效用函数推出了 LES 模型(线性支出系统模型)。LES 模型把需求看作总支出和价格的函数,具体模型如下:

$$P_iX_i = P_iX_i^0 + b_i(C - \sum_{i=1}^{n} P_iX_i^0)(i = 1,2,\cdots,n) \quad (1)$$

其中,P_i 为第 i 种商品的价格,X_i^0 为消费者对第 i 种商品的基本需求量,b_i 为边际预算份额,C 为预算总支出。LES 模型中 X_i 是内生变量,且外生变量 P_i 的数据不易取得,这使模型中的参数难以估计。

1973 年,Lunch 对 LES 模型做了两点修改推出了 ELES 模型(扩展的线性支出系统模型)。这两点修改为:①以收入 Y 代替总预算支出 C;②以边际消费倾向 b_i^* 代替边际预算份额 b_i。ELES 的具体模型如下:

$$P_iX_i = P_iX_i^0 + b_i^*\left(Y - \sum_{i=1}^{n} P_iX_i^0\right)(i = 1,2,\cdots,n) \tag{2}$$

式(2)可写成如下计量形式:

$$P_iX_i = \left(P_iX_i^0 - b_i^*\sum_{i=1}^{n} P_iX_i^0\right) + b_i^*Y + \mu_i = a_i^* + b_i^*Y + \mu_i \tag{3}$$

其中:

$$a_i^* = P_iX_i^0 - b_i^*\sum_{i=1}^{n} P_iX_i^0 \tag{4}$$

利用最小二乘法可得参数 a_i^* 和 b_i^*。根据式(4)可得基本消费总支出为:

$$\sum_{i=1}^{n} P_iX0_i = \sum_{i=1}^{n} a_i^* / (1 - \sum_{i=1}^{n} b_i^*) \tag{5}$$

第 i 种商品的基本消费支出为:

$$P_iX_i^0 = a_i^* + b_i^*\sum_{i=1}^{n} a_i^* / (1 - \sum_{i=1}^{n} b_i^*) \tag{6}$$

二、贵州省消费需求的现状及基本特征

(一)贵州省社会消费品零售现状及问题

社会消费品零售总额指各种经济类型的批发零售贸易业、餐饮业、制造业和其他行业对城乡居民和社会集团的消费品零售额以及农民对非农业居民零售额的总和。这个指标反映通过各种商品流通渠道向居民和社会集团供应生活消费品来满足他们生活需要的情况,是研究人民生活、社会消费品购买力、货币流通等问题的重要指标,也是研究消费特征的重要指标。

表 1 贵州省 1978—2008 年社会消费零售总额

年份	生产总值(亿元)	社会消费品零售总额(亿元)			社会消费品零售总额占生产总值比重		
		城镇	农村	合计	城镇比重	农村比重	总比重
1978	46.62	14.83	6.4	21.23	31.81%	13.73%	45.54%
1979	55.28	14.99	8.58	23.57	27.12%	15.52%	42.64%
1980	60.26	15.07	11.66	26.73	25.01%	19.35%	44.36%
1981	67.89	17.89	12.59	30.48	26.35%	18.54%	44.90%
1982	79.39	20.04	14.51	34.55	25.24%	18.28%	43.52%

续表

年份	生产总值(亿元)	社会消费品零售总额(亿元)			社会消费品零售总额占生产总值比重		
		城镇	农村	合计	城镇比重	农村比重	总比重
1983	87.38	22.23	16.2	38.43	25.44%	18.54%	43.98%
1984	108.27	29.69	13.95	43.64	27.42%	12.88%	40.31%
1985	123.92	35.58	16.67	52.25	28.71%	13.45%	42.16%
1986	139.57	37.05	20.2	57.25	26.55%	14.47%	41.02%
1987	165.5	42.56	23.83	66.39	25.72%	14.40%	40.11%
1988	211.79	55.99	27.41	83.4	26.44%	12.94%	39.38%
1989	235.84	56.34	27.5	83.84	23.89%	11.66%	35.55%
1990	260.14	59.44	26.46	85.9	22.85%	10.17%	33.02%
1991	295.9	65.32	27.6	92.92	22.08%	9.33%	31.40%
1992	339.91	74.95	31.8	106.75	22.05%	9.36%	31.41%
1993	417.69	109.32	33.77	143.09	26.17%	8.08%	34.26%
1994	524.46	124.65	40.36	165.01	23.77%	7.70%	31.46%
1995	636.21	156.48	47.97	204.45	24.60%	7.54%	32.14%
1996	723.18	184.14	57.43	241.57	25.46%	7.94%	33.40%
1997	805.79	209.43	65.25	274.68	25.99%	8.10%	34.09%
1998	858.39	227.26	72.71	299.97	26.48%	8.47%	34.95%
1999	937.5	247.84	76.83	324.67	26.44%	8.20%	34.63%
2000	1029.92	273.27	82.31	355.58	26.53%	7.99%	34.53%
2001	1133.27	302.5	88.64	391.14	26.69%	7.82%	34.51%
2002	1243.43	334.07	96.57	430.64	26.87%	7.77%	34.63%
2003	1426.34	370.01	104.56	474.57	25.94%	7.33%	33.27%
2004	1677.8	420.64	114.67	535.31	25.07%	6.83%	31.91%
2005	1979.06	478.54	128.38	606.92	24.18%	6.49%	30.67%
2006	2270.89	542.2	147.57	689.77	23.88%	6.50%	30.37%
2007	2741.9	639.5	182.25	821.75	23.32%	6.65%	29.97%
2008	3333.4	791.7	223.15	1014.85	23.75%	6.69%	30.44%

按照当年价格计算,城镇社会消费品零售总额年均增长速度为14.18%,农村社会消费品零售总额年均增长速度为12.57%,农村平均每年比城镇低了1.61个百分点,表明农村市场现实购买力与城镇相比还存在较大差距,也从另一方面表明,农村市场潜力巨大。

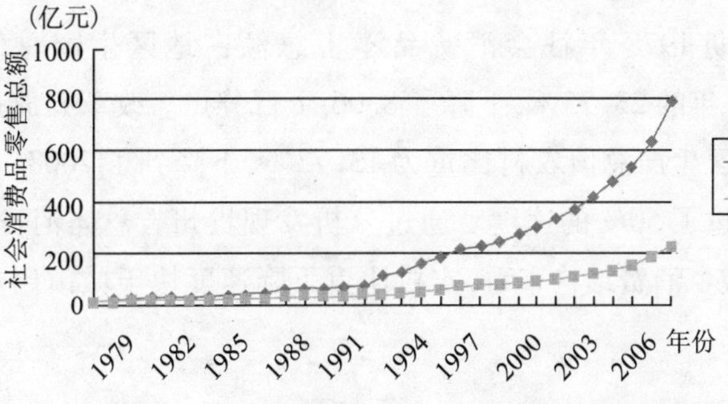

图1　贵州省城乡社会消费品零售总额对比

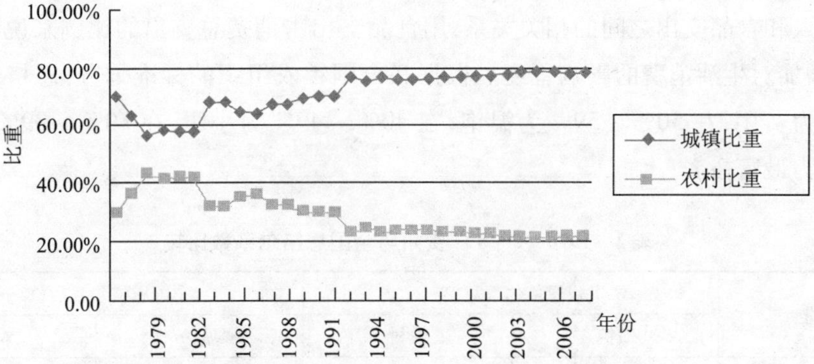

图2　贵州省城乡社会消费品零售总额比重对比

从城乡社会消费品零售总额比重来看，在改革开放初期，农村比重有所上升，城镇比重有所下降外；其他时期都表现为城镇比重逐年上升趋势，而农村比重则呈现逐年下降趋势；在2008年城镇比重达到78.01%，农村下降到21.99%，也表明呈现消费城乡二元结构特征。

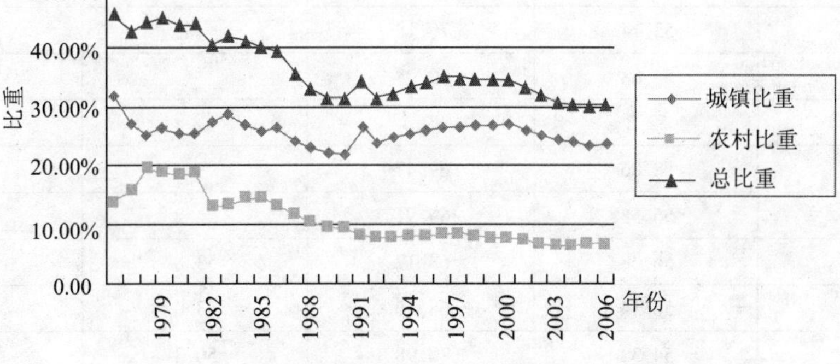

图3　贵州省社会消费品零售总额占地区生产总值比重

从社会消费品零售总额占地区生产总值比重来看，在改革开放初期1978年社会消费品零售总额占地区生产总值总比重为45.54%,下降到2008年的30.44%,减少了15.1个百分点;改革开放初期1978年社会消费品零售总额占地区生产总值城镇比重为31.81%,也下降到2008年的23.75%,下降了8.06个百分点。改革开放初期1978年社会消费品零售总额占地区生产总值农村比重为13.73%,下降到了2008年的6.69%,下降了7.04个百分点,超过了50%的速度。通过分析发现贵州省总体消费拉动经济增长能力呈现下降趋势,从城乡消费结构来看,农村比重下降速度快于城镇比重,农村消费对经济增长贡献越来越弱。

(二)从贵州城乡恩格尔系数来看消费结构现状

恩格尔系数(Engel's Coefficient)是食品支出总额占个人消费支出总额的比重,揭示了居民收入和食品支出之间的相关关系,用食品支出占消费总支出的比例来说明经济发展、收入增加对生活消费的影响程度。根据联合国粮农组织的标准划分:恩格尔系数在60%以上为贫困,在50%~59%为温饱,在40%~49%为小康,在30%~39%为富裕,30%以下为最富裕。

表2 1978—2008年贵州与全国恩格尔系数比较

年份	贵州恩格尔系数(%)		全国恩格尔系数(%)	
	城镇	农村	城镇	农村
1978	60.91	69.26	57.5	67.7
1979	64.56	70.93	—	—
1980	60.52	69.27	56.9	61.8
1981	60.42	64.71	—	—
1982	60.4	65.06	—	—
1983	60.69	68.04	—	—
1984	58.18	68.94	—	—
1985	52.43	69.85	53.3	57.8
1986	53.14	70.18	—	—
1987	54.68	69.98	—	—
1988	52.8	70.7	—	—
1989	58.06	69.47	—	—
1990	56.58	69.91	54.2	58.8
1991	56.08	68.17	53.8	57.6
1992	56.54	68.16	53.0	57.6
1993	54.32	70.98	50.3	58.1
1994	53.32	70.79	50.0	58.9

续表

年份	贵州恩格尔系数(%)		全国恩格尔系数(%)	
	城镇	农村	城镇	农村
1995	53.79	71.12	50.1	58.6
1996	53.7	72.52	48.8	56.3
1997	51.07	69.64	46.6	55.1
1998	48.16	69.22	44.7	53.4
1999	42.22	67.5	42.1	52.6
2000	42.95	62.68	39.4	49.1
2001	40.54	60.03	38.2	47.7
2002	38.9	58.14	37.7	46.2
2003	39.77	56.93	37.1	45.6
2004	41.14	58.19	37.7	47.2
2005	39.91	52.81	36.7	45.5
2006	38.68	51.53	35.8	43.0
2007	40.24	52.17	36.3	43.1
2008	43.09	51.7	37.9	43.7

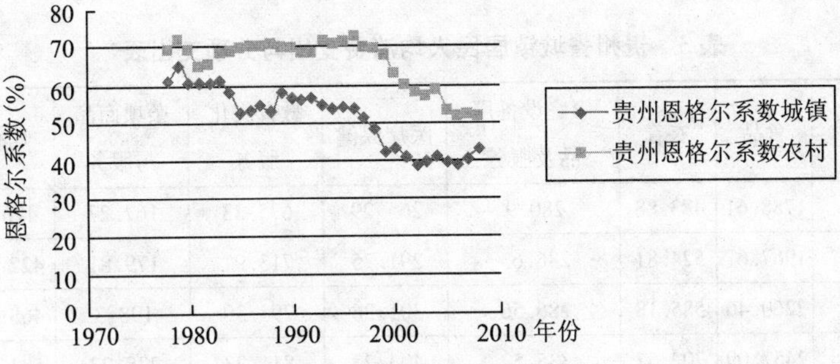

图4 贵州城乡恩格尔系数对比

从城镇恩格尔系数来看,贵州在1978—1983年该系数高于60%,表明该阶段生活处于贫困线以下;1984—1997年处于50% ~60%,处于温饱水平;1998年以后都低于50%,表明生活处于小康水平。从农村恩格尔系数来看,1978—2001年高于60%,表明生活处于贫困水平;2002—2008年该指标低于60%,但还处于50%,脱离贫困整整落后于城镇18年之久,也说明贵州城乡消费结构差异巨大,生活质量差异明显。

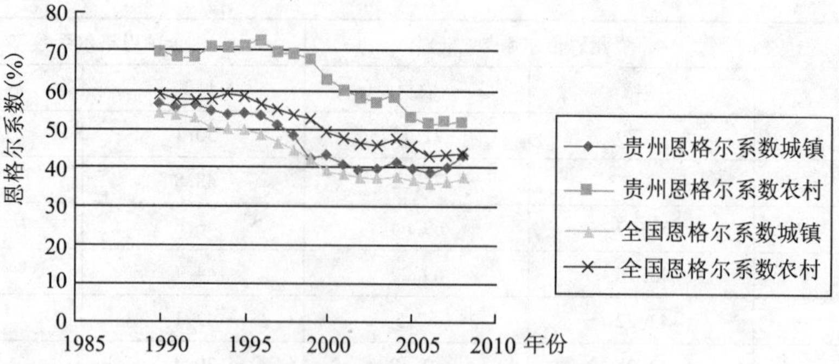

图5 贵州与全国恩格尔系数比较

从贵州与全国对比来看,恩格尔系数其变化趋势基本一致。但是从城镇恩格尔系数来看,贵州还是要高于全国系数,表明贵州城镇居民生活质量落后于全国平均水平,也反映贵州城镇居民消费结构与全国不同步发展趋势。从农村恩格尔系数来看,也是贵州高于全国系数,表明贵州农村居民生活质量落后于全国平均水平。

三、基于线性扩展支出模型(ELES)贵州消费结构特征分析

(一)人均消费支出动态变化

表3 贵州省城镇居民人均消费支出与分项支出表 (元/人)

年份	人均消费性支出	食品	衣着	家庭设备用品及服务	医疗保健	教育文化服务	杂项商品与服务	居住	交通通信
2002	4598.3	1788.61	483.88	280.9	265.29	675.33	167.27	476.1	460.92
2003	4947.62	1967.67	524.81	286.63	291.75	713.91	179.81	422.01	561.03
2004	5494.43	2260.46	585.18	286.56	301.26	793.39	198.3	468.21	601.08
2005	6156.27	2457.09	702.57	335.52	403.23	811.33	238.23	583.17	625.14
2006	6848.39	2649.02	832.74	446.53	329.77	938.37	249.66	627.23	775.07
2007	7758.69	3122.46	910.3	463.56	354.52	1035.96	258.21	718.65	895.04
2008	8349.21	3597.94	851.5	525.7	471.39	934.73	260.27	836.54	871.15

从表3和图6可知,2002—2008年中,城镇居民消费性支出中,食品达到了41%的比例,教育文化服务达到了13%,衣着和交通通信分别都达到11%,医疗为5%。除食品消费之外,教育文化服务消费上升到第二位,表明城镇居民对文化需求的基本趋势,也是未来消费重点关注和培育的经济增长点。

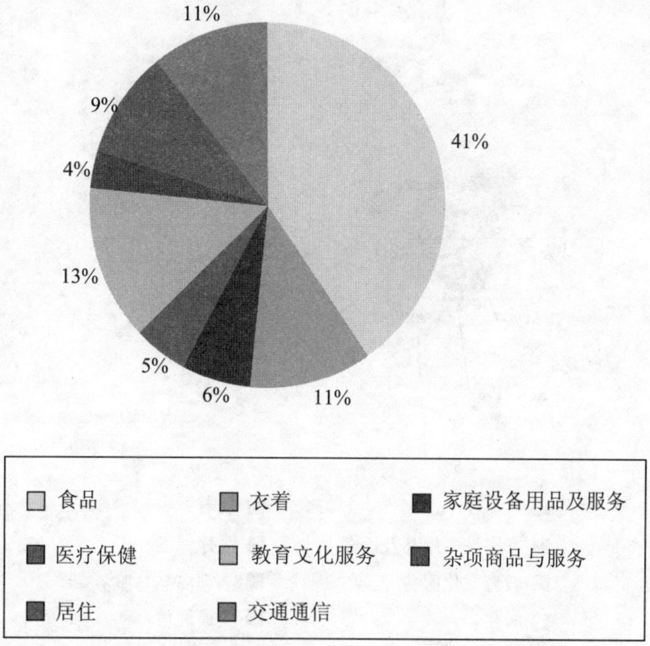

图6 贵州省2002—2008年城镇居民消费结构图

表4 贵州省农村居民人均消费支出与分项支出表 (元/人)

年份	人均消费性支出	食品	衣着	家庭设备用品及服务	医疗保健	教育文化服务	杂项商品与服务	居住	交通通信
2002	1137.56	661.35	55.16	49.04	32.36	108.56	32.71	149.69	48.69
2003	1185.17	674.71	54.46	41.51	46.62	128.13	19.59	170.56	49.69
2004	1296.34	754.39	55.63	41.48	47.19	140.21	21.07	165.95	70.41
2005	1552.39	819.87	79.59	61.69	71.79	160.91	23.82	235.5	99.22
2006	1627.07	838.42	88.56	64.91	76.76	138.13	32.28	265.54	122.47
2007	1913.71	998.39	99.44	70.93	79.31	147.31	34.16	329.44	154.52
2008	2165.7	1119.64	112.46	94.36	96.38	122.1	33.75	427.4	159.61

从表4和图7可知,2002—2008年中,农村居民消费性支出中,首先是食品依然占据主导地位,达到了54%,与城镇仍有不小差距;其次是农村居住占到了16%,这与农村传统观念有比较大的关系,改善居住环境仍是目前的重要生活目标;最后是教育消费需求所占比重占到了9%,居于第三位,表明农村居民对教育的高度重视,也是农村经济发展的重要力量。

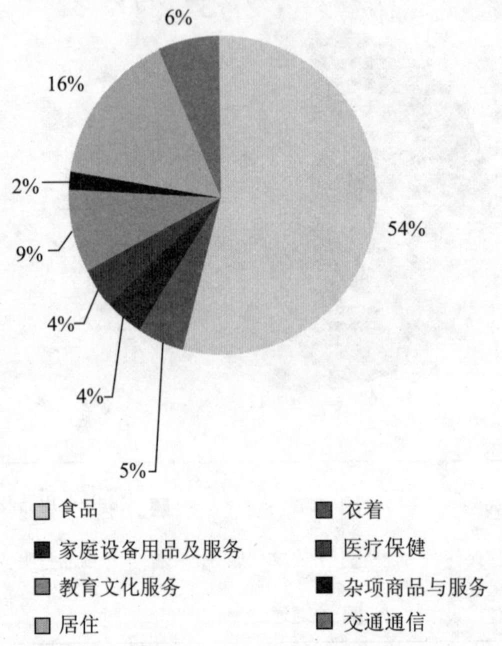

图7　贵州省2002—2008年农村居民消费结构图

(二)基于ELES(线性支出扩展)模型消费边际倾向和收入弹性分析

1. 城镇居民消费边际倾向和收入弹性分析

表5　城镇居民ELES模型参数估计

项目	C	t-统计量	边际消费倾向 b	t-统计量	R^2	标准误差	F
生活费支出	696.83	4.38	0.659	36.21	0.996	95.55	1311
食品	24.745	0.21	0.29	23.02	0.990	67.617	530.199
衣着	62.426	0.57	0.074	6.005	0.878	65.35	36.06
家庭设备	-13.55	-0.27	0.0456	8.209	0.930	29.19	67.4
医疗保健	110.19	1.49	0.0276	3.28	0.683	44.17	10.77
教育服务	371.80	3.67	0.055	4.79	0.821	60.69	22.959
居住	12.94	0.19	0.067	8.907	0.940	39.97	79.35
交通通信	50.055	0.669	0.074	8.704	0.938	44.93	75.77
杂项商品和服务	78.208	2.9023	0.0168	5.46	0.855	16.18	29.88

按照5%的显著性水平,t检验的临界值为$t_{0.025}(6)=2.4469$,通过表5可知,所有变量都能通过显著性检验。从贵州省城镇居民来看,总边际消费倾向为0.659,其中最高的边际消费倾向为食品0.29,衣着和交通通信的边际消费倾向都为0.074列第二,居住的

边际消费倾向都为0.067居于第三,教育服务的边际消费倾向都为0.055居于第四。由此看出,贵州省城镇居民消费中首先考虑的是基本生活保障吃、穿、行;其次考虑的是教育服务和医疗保健等需求,表明贵州城镇居民消费结构还处于比较低端的层次。

按照5%的显著性水平,t 检验的临界值为 $t_{0.025}(6)=2.4469$,从截距项 C 来看,总模型 $t=0.38$,能够通过检验,表明城镇居民人居基本需求达到696元;教育服务模型对应的 $t=3.67$,能够通过显著性检验,表明城镇居民教育服务已经成为必需品,人均基本需求已达到371元,成为最大的基本需求。杂项商品和服务模型对应的 $t=2.9023$,能够通过显著性检验,该类消费主要包括奢侈品以及美容等消费,该基本需求人均消费已经达到78元。尽管其他模型对应的常数项 C 没通过显著性检验,也可以通过 t 统计量的大小看出基本需求依次为医疗保健、交通通信、衣着、食品等。

表6　城镇居民需求收入弹性

年份	需求收入弹性							
	食品	衣着	家庭设备用品及服务	医疗保健	教育文化服务	居住	交通通信	杂项商品与服务
2002	0.964	0.909	0.9649	0.618399	0.484091	0.836483	0.954303	0.596996
2003	0.968	0.926	1.045	0.621429	0.506072	1.042906	0.866441	0.613746
2004	0.939	0.926	1.1651	0.67081	0.507584	1.047771	0.901429	0.620324
2005	0.962	0.858	1.1073	0.557649	0.552293	0.936018	0.964404	0.574536
2006	0.998	0.81	0.931	0.763012	0.534345	0.973826	0.870411	0.613471
2007	0.992	0.868	1.0504	0.831332	0.566925	0.995551	0.882867	0.694772
2008	0.948	1.022	1.02	0.688478	0.691892	0.94178	0.99885	0.759009
平均弹性	0.967	0.902	1.0405	0.6787	0.5490	0.9677	0.9198	0.6389

从城镇居民收入弹性来看,由表6可知2002—2008年家庭设备用品几乎超过1,表明该项支出增长高于收入增长速度;食品、衣着、居住和交通通信需求收入弹性几乎接近1,基于第二位,表明食品、衣着、居住和交通通信支出增长速度基本接近收入增长速度;医疗保健和教育文化服务远低于1,基本在0.70左右,表明贵州城镇居民医疗保健和教育服务支出明显低于收入增长速度。

2. 农村居民消费边际倾向和收入弹性分析

表7　农村居民ELES模型参数估计

项目	C	t-统计量	边际消费倾向 b	t-统计量	R^2	标准误差	F
生活费支出	-48.08	-0.4405	0.81	15.02	0.978	61.09	225.83
食品	129.9019	5.0027	0.35	27.92	0.9936	14.72	779.71
衣着	-17.144	-1.27	0.048	7.237	0.912	7.626	52.37

续表

项目	C	t－统计量	边际消费倾向 b	t－统计量	R^2	标准误差	F
家庭设备	－14.73	－1.265	0.038	6.623	0.897	6.60	43.86
医疗保健	－24.082	－1.433	0.0448	5.3875	0.853	9.53	29.026
教育服务	125.84	3.82	0.00466	0.286	0.0161	18.67	0.081
居住	－174.164	－6.29	0.21	15.666	0.9800	15.69	245.43
交通通信	－85.85	－2.98	0.0945	6.28	0.897	16.3	43.93
杂项商品和服务	12.32	1.226	0.008047	1.617	0.343	5.7	2.61

按照5%的显著性水平，t 检验的临界值为 $t_{0.025}(6)=2.4469$，从边际消费倾向来看，由表7可知总模型 $t=15.02$，表明该模型变量是显著的，农村居民总的边际消费倾向为0.81，远高于城镇居民0.659，这是农村居民纯收入偏低的主要根源，必须满足基本需求后就所剩无几的结果。从农村居民各消费模型来看，教育服务方程的 $t=0.286$，该方程是不显著的，表明收入增加对农村居民教育支出没有显著影响，这也说明农村居民对教育未来预期收入模糊，不愿意增加教育消费。杂项商品和服务模型的 t 统计量也只有1.617小于临界值，表明该模型也不显著。其他消费项目模型的 t 统计量都超过临界值，模型显著。食品边际消费倾向为0.35，居住边际消费倾向为0.21，两项之和达到了0.56，表明当前农村消费结构主要集中在食品和居住项目上，这也与现在各地农村都在修建住房有密切的关系。交通通信边际消费倾向为0.0945居于第三，表明农村居民收入增加中交通通信增加较快。衣着、医疗保健和家庭设备边际消费倾向都较低，约为0.045左后，居于第四位。

按照5%的显著性水平，t 检验的临界值为 $t_{0.025}(6)=2.4469$，从截距项 C 来看，总消费、衣着、家庭设备以及杂项消费支出模型不显著，其余消费支出项模型通过显著性检验。食品消费支出模型中的基本消费支出人均达到130元，教育服务支出模型中的基本消费也达到人均125元，构成农村居民主要的基本需求，表明农村居民满足食品需求后，非常重视对基础性教育的投入。

衣着、家庭设备、医疗保健、居住及通信基本消费都表现为负值，说明农村居民收入整体偏低，满足了食品与教育之后无法满足更多的基本需求，只有收入增加到一定程度后才会考虑这些项目的基本需求。从基本需求数值从小到大排序来看，依次分别为家庭设备、衣着、医疗保健、交通通信以及居住，表明只有满足食品与教育需求后，逐渐才能依次满足家庭设备、衣着、医疗保健、交通通信及居住需求。

表8 农村居民需求收入弹性

年份	食品	衣着	家庭设备用品及服务	医疗保健	教育文化服务	居住	交通通信	杂项商品与服务
2002	0.7885	1.2965	1.1545	2.0627	0.0640	2.0902	2.8917	0.3665
2003	0.8117	1.3791	1.4324	1.5036	0.0569	1.9265	2.9757	0.6427
2004	0.7987	1.4854	1.5771	1.6344	0.0572	2.1785	2.3106	0.6575
2005	0.8013	1.1320	1.1562	1.1713	0.0544	1.6737	1.7877	0.6341
2006	0.8285	1.0757	1.1618	1.1583	0.0670	1.5695	1.5314	0.4947
2007	0.8322	1.1459	1.2718	1.3410	0.0751	1.5133	1.4519	0.5592
2008	0.8743	1.1938	1.1264	1.3001	0.1067	1.3743	1.6560	0.6669
平均弹性	0.819	1.24	1.269	1.4531	0.0688	1.761	2.086	0.5745

由表8可知,从农村居民消费的收入弹性来看,衣着、家庭设备、医疗保健、居住和交通通信的收入弹性都大于1,表明这些产品消费增长高于收入增长,也可以反映农村消费的基本未来趋势依次主要是交通通信、居住、医疗保健、家庭设备和衣着,这与当前汽车下乡、家电下乡、危房改造和农村医疗保障等政策一致。教育文化服务弹性很小,表明农村居民文化教育消费明显滞后于收入增长水平,也表明农村居民在满足基本教育服务后,由于无法预期教育收益,而不愿意增加更多教育消费。

四、结论与建议

(1)农村市场现实购买力与城镇相比还存在较大差距,也从另一方面表明,农村市场潜力巨大。建议通过加大农村公共产品投入、调整农产品结构、增加扶贫力度,增强农村购买力,有效释放农村消费潜力,保证经济增长。

(2)通过分析发现贵州省总体消费拉动经济增长能力呈现下降趋势,从城乡消费结构来看,农村比重下降速度快于城镇比重,农村消费对经济增长贡献越来越弱。因此,必须加大消费市场研究,扩大城市与农村消费在整个经济中的比重。

(3)从城镇恩格尔系数来看,贵州系数要高于全国系数,表明贵州城镇居民生活质量落后于全国平均水平,也反映了贵州城镇居民消费结构与全国不同步发展趋势。从农村恩格尔系数来看,贵州高于全国系数,表明贵州农村居民生活质量落后于全国平均水平。因此,必须进一步提高最低生活保障标准、最低工资标准,采取有效措施调节收入分配。

(4)从贵州城镇居民人均基本消费需求大小来看依次为教育服务、医疗保健、杂项商品与服务、衣着、交通通信、食品和居住,从收入需求弹性大小来看依次分别为家庭设备、居住、食品、交通通信、衣着、医疗保健、杂项商品与服务及教育文化服务。表明贵州省城镇消费的热点主要集中在家庭设备及服务。

(5)从贵州农村居民人均基本消费需求大小来看依次为食品与教育服务,其余均为负值,表明交通通信、居住、医疗保健、家庭设备、衣着都还存在巨大缺口,市场潜力巨大。从收入需求弹性大小来看依次分别为交通通信、居住、医疗保健、家庭设备、衣着、食品、杂项商品与服务及教育文化服务;交通通信、居住、医疗保健、家庭设备、衣着收入弹性都大于1,表明这几项消费支出在农村市场未来增长空间也是最明显。因此,在贵州进一步加大汽车下乡、通信下乡、建材下乡,搞好农村基本医疗保障都能拉动贵州经济发展。同时加大农村技能培训,改变农村居民对教育预期收益模糊认识,把被动培训变为主动需求学习,使农村经济发展具有真正的可持续性。

贵阳市装备制造业产业空间布局优化研究

——基于产业集聚的视角

张遵东　张元雄

(贵州大学经济学院中共贵州省委宣传部)

摘　要:产业集聚对于一个地区产业竞争力的提升和产业空间布局的优化具有重要的促进作用,本文从产业集聚的视角对贵阳市装备制造业产业空间布局进行了研究。梳理了贵阳市装备制造业发展的历程,分析了贵阳市装备制造业的产业集聚与布局的现状,探讨了贵阳市装备制造业产业集聚的影响因素及产业空间布局中存在的问题。最后,结合贵阳市实际发展情况,提出优化贵阳市装备制造业产业空间布局的对策建议,并提出相关的保障措施。

关键词:产业集聚　装备制造业　空间布局优化　贵阳市

产业集聚是工业化过程中的一般规律,是经济社会发展到一定阶段的产物,体现了一个地区产业的竞争力,是一个地区经济集聚发展水平的标志。发展装备制造业对于国民经济的发展具有重要的意义,国务院相继发布发展装备制造业的意见和规划,并且在西部大开发战略中指出要着力振兴西部装备制造业,贵阳市如何抓住发展装备制造业的战略机遇期,优化产业空间布局,推动装备制造业的集聚化发展,正是本文的出发点和目的。

一、贵阳市装备制造业产业集聚及布局的现状

(一) 贵阳市工业及装备制造业发展历程

装备制造业是为国民经济和国家安全提供技术装备的企业的总称。它覆盖了机械、电子、武器弹药制造业中生产投资类产品的全部企业。它所提供的产品包括系统、主机、零部件、元器件和技术服务。装备制造业是国家的战略产业,是国民经济的脊梁、经济增长的动力、高新技术的载体、产业升级的手段、国家安全的保障,高度发达的装备制造业是实现工业化的必备条件,是衡量国家国际竞争力的重要标志,是决定国家在经济全球化进程中国际分工地位的关键因素。

根据国家统计局制造业分类标准,制造业包括16个子行业,其中全口径装备制造业包括:金属制品业、通用设备制造业、专用设备制造业、交通运输设备制造业、电气机械及

器材制造业(去除家用电器制造)、仪器仪表及文化办公机械制造业、通信设备计算机及其他电子设备制造业七个类别。

新中国成立以后,贵阳迈出了现代化建设的步伐。贵阳市的工业及装备制造业大致经历了如下的历程:

“一五”期间,重点恢复城市供水、发电等基础设施,建设了贵阳水泥厂、发电厂。1953年筹建开工,1956年2月建成投产贵阳水泥厂,1957年10月建成贵阳发电厂。

“二五”期间,新建了一批大中型工业企业,形成了白云铝工业中心,中曹机械制造中心,清镇钢铁、水电中心,甘荫塘机械、水泥、轻化工中心,林东煤矿中心,油榨街、二戈寨、马王庙等地也是新兴的工业生产基地,经济得到了一定程度的发展。随着黔桂、川黔、贵昆三条铁路交汇于贵阳,开始确立了贵阳市交通枢纽中心的职能。

“三线建设”时期(1966—1976年),贵阳市的工业得到第一次飞速的发展,沿海大型工业企业、国防企业内迁贵阳,奠定了贵阳市工业的基础,给贵阳市的工业带来了真正意义上的进步,使得贵阳冶金、机械制造、机电、化工工业开始起飞发展。

中共十一届三中全会后,我国的经济建设进入了新的转型时期。贵阳经济建设大量恢复,一些重大基础设施相继完善。新添寨建设国家级高新技术开发区;小河区建设国家级经济技术开发;白云区建立省级经济技术开发区;花溪区建设现代生态农业示范区并发展科教和旅游产业。

“十一五”以来,贵阳市装备制造业保持了较快的增长速度,产品研发取得了明显突破。2008年,全市规模以上装备制造业完成工业总产值204.5亿元,同比增长19.5%,实现工业增加值52亿元,同比增长17%;利税12.8亿元,同比增长12.3%;利润6.8亿元,同比增长17.2%;分别占全市规模以上工业的18.9%、7.6%、14.3%①。

(二)贵阳市装备制造业产业集聚和空间布局的现状分析

贵州省主要装备制造业集中在贵阳、安顺、遵义、黔南和六盘水,各地区的主要装备制造业企业数量如表1所示②。

表1 贵州省及贵阳市主要装备制造业企业数量

单位:家数	贵阳市				安顺	遵义	黔南	六盘水
	小河区	乌当区	贵阳高新区	贵阳其他地区				
飞机及零部件	6	0	3	2	7	6	0	0
汽车及零部件	8	0	3	6	2	4	0	0
工程机械及零部件	4	0	2	9	1	1	1	1

① 贵阳市经贸局统计资料。
② 贵州省经信委《贵州省振兴装备制造业发展现状调研(2007年)》。

续表

单位:家数	贵阳市				安顺	遵义	黔南	六盘水
	小河区	乌当区	贵阳高新区	贵阳其他地区				
数控机床及功能件	2	0	3	9	2	1	1	0
电子元器件及电子信息产品	2	15	0	3	0	4	0	0
铁路车辆及配件	0	0	0	2	1	0	0	0
新装备	6	5	0	11	9	9	1	0
合计	28	20	11	42	22	25	3	1

资料来源:根据贵州省经信委《贵州省振兴装备制造业发展现状调研(2007年)》整理。

由此可见贵阳市是贵州省装备制造业最重要的集聚区,而在贵阳市小河区的装备制造业又是集聚程度最高的地区。

为推动区域间分工合作,推进重点产业招商,根据《关于振兴工业经济若干政策措施的意见》和《加快推进工业园区建设的实施意见》要求,贵阳市开展了小河—孟关装备制造业生态工业园、麦架—沙文高新技术产业园、乌当医药食品工业园区、南明龙洞堡食品工业园区、开阳磷煤化工(国家)生态示范工业基地、息烽磷煤化工生态工业基地、清镇煤化工、铝加工循环经济生态工业基地、白云铝工业园区、修文扎佐医药工业园10个重点工业园区的建设工作。

在贵阳市九大园区的定位中,小孟工业园区以发展装备制造业为主,可与麦架—沙文高新技术产业园区形成产业合作,可为开阳磷煤化工(国家)生态示范工业基地、息烽磷煤化工生态工业基地、清镇煤化工、铝加工循环经济生态工业基地提供矿用设备、工程机械和传送设备等装备支持。白云铝工业园区可成为小孟工业区发展装备制造业的原料基地及矿用工程机械销售市场。小河区可为乌当医药食品工业园区、南明龙洞堡食品工业园区、修文扎佐医药工业园提供食品及药品加工机械定制服务。

"十一五"以来,贵阳市装备制造业保持了较快的增长速度,平均发展速度约为14.2%。

2000—2008年贵阳市的GDP、规模以上企业增加值、装备制造业增加值的数据如表2所示。

表2 2000—2008年贵阳市装备制造业占GDP、规模以上企业增加值比重

年份	国内生产总值(亿元)	全市规模以上企业增加值(亿元)	装备制造业增加值(亿元)	装备制造业占国内生产总值的比重(%)	装备制造业占全市规模以上企业的比重(%)	装备制造业对GDP的贡献率(%)
2000	264.81	92.3	20.7	7.82	22.43	
2001	302.75	98.2	20	6.61	20.37	1.85

续表

年份	国内生产总值(亿元)	全市规模以上企业增加值(亿元)	装备制造业增加值(亿元)	装备制造业占国内生产总值的比重(%)	装备制造业占全市规模以上企业的比重(%)	装备制造业对GDP的贡献率(%)
2002	336.37	104.7	24.9	7.40	23.78	14.57
2003	380.92	130.6	27.1	7.11	20.75	4.94
2004	469	175.1	35	7.46	19.99	8.97
2005	525	191.8	28.5	5.43	14.86	11.61
2006	602.88	228.9	39.5	6.55	17.26	14.12
2007	694.4	242.7	43.5	6.26	17.92	4.28
2008	811.05	278.6	51.7	6.37	18.56	7.15

从表2我们可以看到装备制造业占GDP的比重还不够高,占规模以上企业的比例达到1/5左右,但是装备制造业的发展还不够稳定,对GDP的贡献率还偏低。

根据《贵州省统计年鉴2009》计算出贵阳市及贵州省其他地区的2008年制造业全行业的区位商,区位商的计算公式取行业从业人数计算。

表3　2008年贵阳市及贵州省其他地区制造业区位商

行业 \ 地区	黔南	遵义	毕节	贵阳	安顺	六盘水	铜仁	黔西南	黔东南
金属制品业	0.85	10.00	0.25	6.26	1.12	5.15	1.49	0.17	2.09
通用设备制造业	7.73	5.01	0.08	10.00	6.17	0.80	4.39	0.00	6.15
专用设备制造业	0.60	3.80	0.96	9.38	10.00	0.73	0.98	0.36	1.37
交通运输设备制造业	0.43	1.23	0.34	3.83	10.00	0.52	0.35	0.09	0.50
电气机械及器材制造业	3.76	10.00	0.00	7.34	0.98	0.16	0.82	0.00	1.15
通信设备、计算机及其他电子设备制造业	0.85	0.13	0.07	10.00	0.00	0.00	0.00	0.00	0.00
仪器仪表及文化、办公机械制造业	6.55	0.03	0.00	10.00	0.00	0.77	1.29	0.00	1.80

资料来源:根据《贵州省统计年鉴2009》计算得出。

根据装备制造业的定义,表3中标出的七大类别:金属制品业、通用设备制造业、专用设备制造业、交通运输设备制造业、电气机械及器材制造业(去除家用电器制造)、仪器仪表及文化办公机械制造业、通信设备计算机及其他电子设备制造业,贵阳市在2008年的区位商分别是:6.26、10.00、9.38、3.83、7.34、10.00、10.00,都远远大于1,相比较贵州省其他地区这7大类别的区位商都是最高的,因此我们可以知道贵州省贵阳市的装备制造业的集聚程度是最高的。

二、贵阳市装备制造业产业集聚的影响因素分析

影响产业集聚的因素有很多,包括资源、土地、劳动力、产业规模、区域创新环境、制度等。本文选取土地资源、道路交通、资源、产业链完整程度等因素作为影响贵阳市装备制造业集聚的强因素;选取劳动力、公共基础设施、信息交流等因素作为影响贵阳市装备制造业集聚的弱因素,结合对部分装备制造业企业的调研,进行贵阳市装备制造业产业集聚影响因素分析。

(一)强影响因素

1. 土地资源

贵阳市地貌上属以山地、丘陵地貌为主的丘原盆地地区,土地总面积 8034 平方公里,其中山地面积 4217.97 平方公里、丘陵面积 2842.37 平方公里,各占土地总面积的 52.5% 和 35.4%。贵阳市位于我国喀斯特地貌特征最典型的贵州高原的中心区,城区四面山丘环绕,平地少,这一特殊地理环境导致城区面积狭小,人口密度过大,城市用地紧缺。贵阳市城区用地被百花山脉、黔灵山脉和南岳山脉分割,几无集中连片发展的平地,用地较为零碎。对于贵阳市的装备制造业产业来说土地资源非常稀缺,需要加大装备制造业的产业集聚化发展。

2. 矿产资源

贵阳市矿产资源十分丰富。已发现矿产(含亚矿种)四十余种,已查明资源储量产地 239 处(合共伴生矿产),保有资源储量排名贵州第一位的矿产有 5 种(铝土矿、镓、冶金用砂岩、耐火黏土、砖瓦用页岩),第二至第三位的矿产有 4 种(熔剂灰岩、磷矿、水泥用灰岩、饰面灰岩)。其中,以铝、磷、水泥原料等矿产具有比较优势。

贵阳市矿产资源具有以下特点:储量丰富,优势矿产突出,能保证中长期开发所需;优势矿产铝、磷、水泥用灰岩等矿产分布相对集中,质量好,规模大,利于规模开发。

丰富的矿产资源为贵阳市装备制造业的发展提供了良好的基础,同时装备制造业也能够为采矿相关的企业提供相应的设备。

3. 道路交通

贵阳市是 320 国道、321 国道、210 国道的交汇地,自贵阳市沿 320 国道向东可至长沙、向西可至昆明,沿 210 国道向北可至重庆,向南可至南宁,沿 321 国道向西北可至成都、向东南可至广州,几条国道将西南片区各省会级城市联系起来。而贵阳恰恰是这几条国道的交汇点,因而是区域几个省会级城市联系的中转点。其中部分国道沿线已经建成或正在建设高速公路复线,如贵黄高速、贵遵高速、贵南高速等,使得区域间的公路联系更加方便。

贵阳市也是铁路线路交汇的地方。东西向的上海到昆明铁路线路联系了上海、长沙、贵阳、昆明,南北向铁路联系了重庆、贵阳、南宁。

省域交通在逐步改善的同时,市区的道路交通随着经济发展和城市化进程的加快,交通拥堵也日益严重,有许多装备制造业企业反映由于道路交通的拥堵经常影响上下游企业之间的交货,道路交通问题制约了不少企业的发展。

4. 产业链完整程度

装备制造业具有产业链条较长、相互配套协作多、产业网络较复杂等特点。一个地区产业链条越完善,越能吸引产业的集聚。

根据调研结果显示,贵阳市的装备制造业产业链:在工程机械方面,以詹阳重工为核心,本地突出的机械加工与汽车零部件产业为基础,逐步建立了一定规模的产业集群,产业链比较完全;在汽车零部件行业,由于区内没有规模以上的汽车生产的主机企业,零部件产品中缺关键总成件,离集成化、模块化供应相距遥远,汽车电子产品几乎空白;更多的汽车贸易、服务、物流以及产品的上下游延伸还有待于扩展。

总体上来看,龙头企业带动力不强,行业整体呈现小、散、低,产业链有待扩展拉长。

(二)弱影响因素

1. 劳动力

劳动力的素质、规模、增长速度也是影响装备制造业产业集聚的因素。贵州是我国的人口大省,大规模快速城市化使得大量城市化人口进入贵阳市。

但是高素质的人力资源相对紧缺,人力资源存在总量与结构两个方面的缺陷,科技人才资源利用率低,人才队伍建设亟待加强。贵阳市科技人才总量虽占全省1/3,但整合度低,人才的部门所有制极大地束缚了科技人才潜力的发挥,人才资源的浪费和流失现象较严重。另外,人才结构性矛盾突出。在贵阳市的各类人才中,研究生以上的高学历人才仅占人才总量的0.2%,在总人口中不到0.1%。科技领军人才和高技能人才缺乏是贵阳市实现装备制造业跨越式发展的一大瓶颈。

2. 公共基础设施

公共基础设施对于产业集聚具有重要的作用,也是评价一个地区投资硬环境的指标。公共基础设施包括道路、交通、通信、电力等,还包括培训机构、公共检测平台、物流中心、展览中心等。一个地区的公共基础设施越好,越有利于节约区域内企业的生产成本,提高企业的竞争力。

目前,贵阳市对于装备制造业的公共设施还比较少,突出的问题是道路交通问题制约了不少企业的发展,这里面有贵阳市本身山多路窄的因素,同时也需要政府加大投入,其他公共设施比如行业协会有一些,但是还不多,采购中心、物流中心还处于建设的过程中。

3. 信息交流

信息交流对于处于产业集聚中的企业来说具有重要的意义，信息交流可以促进企业的创新，了解行业的变化、产业发展的趋势、市场需求的变化。信息交流是产业集聚外部效应表现的手段，成熟的产业集聚区内的企业具有很多的正式和非正式的信息交流途径。

目前，贵阳市装备制造业企业除了产业本身的要求自然形成的上下游联系和交流外，还成立了相关的行业协会，每年开展全省的装备制造业恳谈会及装备制造业的展销会，正在朝加强装备制造业信息交流与技术扩散的方向发展。

4. 信任度

产业集聚内的企业具有“根植性”，这个根植性就是指在共同产业文化背景下，企业之间通过不断的交流与协作建立起很高的信任度。区域内企业信任度的提供同样有利于减少企业的交易成本。由于目前贵阳市的装备制造业的集聚程度还比较低，产业网络的发展还不成熟，装备制造业企业间的信任度还比较低，共同的产业文化氛围还不浓厚。

三、贵阳市装备制造业产业空间布局中存在的主要问题

（一）空间功能格局比较散乱

贵阳市装备制造业产业布局受地形约束比较明显，但产业布局指向亟待加强科学引导。在产权要素急剧变革的改革过程中，城市中心城区的“退二进三”与城郊地区开发区的配置，没有抓住机遇，进一步形成土地集约利用的空间格局，反而造成城市空间治理的失范；工业开发区也是依据行政建制来配置的，土地粗放批租。这种典型的行政区经济格局，极大削弱了城市空间经济的整体效率，造成城市宝贵土地资源利用不经济现象。

（二）产业聚集规模不够大

从贵州省来看，贵阳市装备制造业的集聚程度较高，但是从整体上看贵阳市的装备制造业产业集聚尚处于起步发展阶段，集聚规模不够大。集聚内企业之间还没有形成真正的专业化分工和相互协同关系，也没有形成上、下游产业及支撑产业相互关联的互补作用效应，缺乏既竞争又合作的创新动力，限制了集聚的成长和集聚规模的扩大。

（三）产业网络尚未形成

目前，贵阳市装备制造业更多的是企业在空间的集聚，缺乏关联、配套与协同效应，没有真正形成众多企业相互分工合作的产业网络。区域整体优势无法形成，导致区域产业发展的重点过多，产业整合目标过于分散，影响到集群战略的聚焦和力量的集中。只有工程机械、汽车零部件等少数主导产业形成了以少数大企业为主导、大量中小企业配

套协作、产业链分工为基础的产业组织网络,但其他产业均缺乏各自产业内的具有竞争力的价值链。

(四)产业链不完整

目前,还没有形成一条完整的装备制造产业链条。贵阳市装备制造业企业中除了詹阳公司生产工程机械最终产品、海信电子、主力电器生产电器的最终产品之外,其余绝大多数是生产中间性产品的,整车生产企业与零部件生产企业没有形成密切的分工合作关系。如贵航集团的飞机制造业全是零部件生产,其最终产品军用飞机不在区内组装;区内企业生产的汽车零部件涉及发动机、散热器、门锁、橡胶件、金属基础件等,但都是给省外企业配套,区内开不出一辆整车出去。

(五)支撑体系不健全

目前,贵阳市缺乏完善的社会化服务体系,企业、政府、科研、中介等机构间的合作机制尚未完全建立;各类生产性中介机构发展相对滞后,生产要素市场,如产权市场、技术市场、人才市场等已跟不上时代和区域发展的需要,产品质量缺乏保障监督体系,社会保障事业发展相对滞后,缺乏足够的风险投资企业等,支撑体系的不健全制约了贵阳市装备制造业向更高形态发展。

四、贵阳市装备制造业产业空间布局优化的对策建议及保障措施

(一)贵阳市装备制造业产业空间布局优化的对策建议

1. 制定产业规划

进一步明确产业布局规划的指导、约束作用,根据产业发展与布局要求积极调整土地利用规划,确保城镇建设用地和产业发展用地。各区县要加强本区域内的工业产业园区规划工作,按照发展装备制造业的要求,制定装备制造业产业园区规划、布局调整规划,确定重点装备制造业产业园区,园区装备制造业发展重点以及相关的金融、土地、财税、产业等保障措施。

2. 构建圈层结构

根据贵阳市装备制造业的现状与特点,总体上贵阳市的装备制造业布局将形成核心圈层、核心辐射圈层两个层次的结构,并与辖区外的外围辐射圈共同架构贵阳市装备制造业的产业体系。

核心圈,该核心圈包含贵阳市区范围,与城市空间布局相对应,包括中心城市的内城,即南明—云岩—小河、金阳—白云,以及老城区的外城,即乌当、花溪。该圈内是目前装备制造业最集中的区域,是未来装备制造业布局的重点。

核心辐射圈,该外围圈包含未来贵阳中心城市新区的两个外城,即清镇—站街—麦坪、修文—扎佐—久长,以及开阳、息烽两个外围城市。该圈内主要根据自身的优势发展相应的装备制造业。

外围辐射圈,贵阳市的生产力布局将辐射行政辖区外的贵定、龙里、惠水、平坝、西秀、镇宁、长顺、福泉、瓮安等,即贵阳城市经济圈的其他城镇。该圈以发展相应装备制造业配套为主。

3. 产业向园区集中

产业集聚的形成和发展是政府与市场共同作用的结果,地方政府通过产业政策导向、提供公共物品和服务,对产业集聚的发展有着重要的影响。为了促进贵阳市装备制造业产业集聚的发展,根据《贵阳市装备制造业振兴发展计划》的精神,原则上装备制造业都向麦架—沙文高新技术开发区、小河—孟关装备制造业生态工业园区集中。

4. 制定产业发展重点

两大园区应根据自身的特点,选取相应的产业发展重点。小河—孟关装备制造业生态工业园区选取特种车辆、新能源汽车及汽车零部件、工程机械及矿用机械、航空航天、数控机床、医疗器械、风电设备、环保机械设备等作为产业发展的重点。麦架—沙文高新技术开发区选取新型加工制造业。从产业发展策略来看,依托已有的资源和资源加工的产业基础,进一步拓展产业发展链条、强化其精深加工的能力,既是提升产业竞争力的重要方略,也是提升城市综合竞争力的必然选择,对于城市的发展具有战略性的意义。依托白云地区已有的铝及铝加工等方面的产业基础、麦架—沙文地区的土地资源优势、南部金阳新区作为区域性生产服务中心的职能特征,打造具有区域竞争优势的新型加工制造业集群。

5. 积极承接产业转移

产业转移是优化生产力空间布局、形成合理产业分工体系的有效途径,是推进产业结构调整、加快经济发展方式转变的必然要求。当前,国际国内产业分工深刻调整,我国东部沿海地区产业向中西部地区转移步伐加快。贵阳市发挥资源丰富、要素成本低、市场潜力大的优势,积极承接国内外产业转移,不仅有利于加速中西部地区新型工业化和城镇化进程,而且有利于贵阳市装备制造业的产业链完善,集聚化发展。

贵阳市需要因地制宜,积极承接关联产业和配套产业,加大技术改造投入,提高基础零部件和配套产品的技术水平,鼓励有条件的地方发展新能源、节能环保等产业所需的重大成套装备制造,提高产品科技含量。把产业园区作为承接产业转移的重要载体和平台,加强园区交通、通信、供水、供气、供电、防灾减灾等配套基础设施建设,增强园区综合配套能力,引导转移产业和项目向园区集聚,形成各具特色的产业集群。

6. 开展旧工贸区改造

在城市化进程中,贵阳城区的城市建设用地构成和空间格局得到了较大的调整。居住用地、公共设施用地、道路广场用地和公共绿地等城市生活性用地大幅增加,而工业用地、特殊用地等大幅减少,贵阳城区的区域中心地位逐渐凸显。

城区需要实行“退二进三”,通过旧城区及工业区改造,将以前布局在城区的装备制造业企业迁入到规划的重点装备制造业园区。需要遵循以下原则:①循序渐进原则。旧工业区改造是一个长期、复杂的系统工程,更新改造过程中存在许多不确定性因素,并需要以市场需求为前提,这就决定了旧工业区改造必然是一个循序渐进过程,应分期、分时段推进。②厉行节约原则。在改造中应坚持节约理念,拆建与整治相结合,尽可能利用原有厂房发展新产业,慎重对旧的工业厂房推倒重建,应根据环境条件成熟程度和计划发展的需要进行适时改造。③市场运作原则。坚持政府引导与市场化运作相结合,充分发挥市场在改造中的直接推动作用;同时,政府要利用规划、监督、优惠等政策手段,对改造进行必要引导以及适当调控和推动。④弹性改造原则。为适应市场变化和过程管理的需要,在一些工业区的改造过程中,采取比较弹性灵活的管理方式,即一定时段内允许“工业用地性质+允许相容用地性质”的混合发展。⑤分类改造原则。结合园区分类整合和产业集聚指引要求,针对特区内外面临的不同问题和需求,采取分类改造的思路,通过综合评估,针对不同类型分别制定不同的改造对策。⑥功能保留原则。旧工业区改造首先应有利于城市产业结构的优化和升级,有利于工业竞争力的提高。

(二)贵阳市装备制造业产业空间布局优化的保障措施

1. 产业发展保障措施

(1)建立多层次的产业发展联盟。

加强与江南航天集团061、贵航集团011两大基地的联系,建立军民合作的长期合作模式,建立长期发展同盟。深化与相关企业总部的联系,加强与行业协会、咨询公司等机构的合作,建立产业联盟;加强本地园区与外省园区的沟通机制,共享招商引资项目,最大限度地实现产业集聚化发展。

(2)培育大企业、大集团及龙头企业。

引进和扶持培育一批有较强竞争力的骨干装备制造业企业或集团,鼓励企业强强联合,提高经济规模和企业竞争力,培育其成为国内产业发展的排头兵。

以重大项目为依托,重点培育詹阳重工、枫阳液压等大型集团,引导这些企业作为骨干力量继续细分市场,力争通过技术的改造,实现制造技术与产品生产的升级换代,不断错位发展,做优做强。

重点培育贵航集团011基地和江南航天集团061基地两大军工集团,坚持航空航天产业市场化发展、拓展军民结合项目。依托贵航军转民高新技术产业园,重点发展航空航天产品。抓住国家发展大飞机项目的历史机遇,重点发展大飞机零部件,积极为大飞机配套,发展飞机发动机、机载电子设备、机载附属设备、机载电气仪表设备、复合材料构件、零部件的修理服务等。

(3)积极开展产业链招商。

围绕重点发展的产业格局,依托工业园区,积极采取重点招商、委托招商、以商引商等方式,不断拓展招商渠道,创新招商方式,坚持"走出去,请进来"的方法,实施全方位、宽领域、多渠道的招商引资战略,引进一批技术含量高、投资规模大、产业链结构比较合理的项目。围绕构建主导产业链、产业群,应继续鼓励重点企业做大做强,以大项目、大企业带动大产业,对重点企业在争创品牌、技术创新、技术改造等方面进行鼓励,对企业在经营发展中遇到的困难和问题,比如对资源、能源的需求方面,加强服务,优先办理。积极引导企业走内涵式、集约式发展道路,鼓励重点企业增资扩股,延伸产业链。

(4)促进市区内企业的调迁与升级。

逐步推进小河区西南环线以北企业的调迁,通过区内外与国内外企业的联合、重组,借助外力做大做强装备制造业。鼓励具有创新能力的企业实施技术改造和升级,鼓励市场前景好的企业扩大产能,促进国有装备制造业企业全部完成改革改制,按照现代企业制度,建立和完善公司法人治理结构。

2. 政府服务保障措施

(1)制定合理土地开发政策。

土地规划理念和机制是实施产业布局与选择进驻产业和企业类型、激励企业的重要先决条件。普遍的优惠政策和低门槛(通常土地低价是其中一项),会导致区域产业之间缺乏有机联系,从而难以形成集群,不利于产业整体竞争力的提高与企业长期扎根。透支未来发展的稀缺资源,将导致经济增长质量的下降和后劲不足。按产业集群、大项目带动的模式,积极、慎重地滚动开发土地项目。

(2)多渠道增加建设资金来源。

发挥政府投资对社会投资的引导作用,由政府牵头财政局协同相关单位搭建工业投融资平台,整合各种资源,力争实现国家投资、省市财政资金、优势资产和土地资源的有效结合。创新融资模式,在园区建设中采取合资合作以及 BOT、TOT、BOO 等方式,吸引国有大中型企业、外资、民企和其他投资机构进行投资。鼓励建立风险投资公司,设立风险投资机制,广泛募集社会资金支持园区建设和产业发展。鼓励建立小额贷款公司、会员互助式担保公司,解决短期小额资金需求,促进中小企业发展。鼓励符合条件的装备制造企业通过上市融资、发行企业债券等方式筹措资金。

(3)提高政府服务水平。

在项目审批程序、工商登记、外汇管理、社保体系、用工、通关等方面进行改革。对涉及公共资源配置的外资项目实行公开招标。在工商登记方面,简化企业登记手续。仿效其他地方的做法,企业可以直接向工商登记部门申请名称登记。建立"绿色通道",凡资料齐全、在市工商局窗口进行名称登记的企业,一个工作日予以核准。开展"网上登记",

企业可以上网查询有关规定、下载登记表、查询登记状况等。

3. 支撑体系保障措施

以政府、科研院所、教育机构、中介服务机构和生产企业为支撑,共同构建基于产、学、研、用合作协同模式。通过政府推动与市场调节,培育一批服务专业化、发展规模化、运行规范化的中介服务机构,造就一支具有较高专业素质的中介服务队伍,逐步形成符合产业集群建设要求的,开放协作、功能完备、高效运行的中介服务体系。各部门协调合作,共同构建产业集群的公共服务平台,促进企业技术升级、产业集群优化发展。

(1)共性技术服务平台建设。

一方面,鼓励企业建立技术中心或研发中心,开发具有自主知识产权的核心技术和优势技术,提高自主创新能力;另一方面,引导高校和科研机构以多种方式的合作开展平台建设,包括企业委托研发、科研机构技术转移以及联合攻关,共建实验室、工程技术中心等,以及通过共同出资或以技术入股的形式组建研发实体,进行技术开发和产业化。

(2)创业孵化服务平台建设。

由政府引导,鼓励和支持企业、科研院所、投资机构及其他社会实体以独资或合资的方式兴办创业孵化平台,充分发挥国家级生产力促进中心组织社会科技力量为广大中小企业提供综合配套服务的作用,通过提供研发、生产、经营等服务,为企业发展创造必备的物理孵化空间,积极构建通信、网络与办公等方面的共享设施;同时,为中小型创业企业提供政策、管理、法律、财务、融资和市场推广等方面多渠道的支持,以降低创业企业的创业风险和创业成本,以提高企业的成活率和成功率,从而为社会培养成功的企业与企业家。

(3)公共检测服务平台建设。

整合全省范围内的大型科学仪器设备,为全市企业的研究开发提供公共检测服务;整合全市实验平台、小型检测中心、技术鉴定机构等资源,搭建电子元器件、工业基础件、民用航空航天零部件、汽车及零部件公共检测服务平台,同时加强公共检测平台能力建设及检测技术人员与中介人员培训。

(4)公共信息服务平台建设。

搭建公共信息服务平台,以促进全市企业相互交流协作、帮助企业解决技术难题、拓展外部市场。建成一个专业化网站,构建多个信息库,包括项目数据信息库、成果数据信息库、专家数据信息库、文献数据信息库、专利数据信息库、法规数据信息库、自然科技资源数据信息库、大型仪器信息库等,积极为全市大中小企业发展提供公共信息。

(5)人才培训服务平台建设。

由政府引导并提供财政支持,由企业与政府共同负担,从高校、科研院所、技术中心及相关企业聘请专家教师和企业骨干,共同建设人才培训服务平台。以贵航技校为区内企业提供并培训技术人员,积极探索和建立为全市企业中高层管理人员提供培训、交流的平台,完善人才信息库,建立服务全市的人力资源市场。

黔川桂三省(区)三大需求与经济增长关系的比较研究

——基于对三省(区)1990—2009年时间序列数据的检验

赵亮[①] 臧秀娟[②]

(贵州大学经济学院)

摘 要:采用1990—2009年黔川桂三省(区)各自三大需求与地区生产总值的时间序列数据,运用定性与定量相结合的研究方法,对三省(区)三大需求与经济增长的关系进行了比较研究。研究结果显示:消费对三省(区)经济增长的推动作用不断降低,但对贵州省经济增长的影响仍十分显著;投资对三省(区)经济增长的推动作用不断提高,并已成为三省(区)经济增长的最主要动力。从经济增长方式上看,贵州已由消费主导型变为消费、投资并重的方式;四川由消费驱动为主、投资驱动为辅变为投资驱动为主、消费驱动为辅的方式;广西由消费主导型变为投资驱动为主、消费驱动为辅的方式。另外,出口对三省(区)经济增长的推动作用不明显。

关键词:三大需求 经济增长 比较研究 时间序列数据

一、引言

消费需求(最终消费支出)、投资需求(资本形成总额)和出口需求(货物和服务净流出)这三大需求被认为是推动经济增长的“三驾马车”。按照支出法的计算公式,国内生产总值就是最终消费支出、资本形成总额与货物和服务净流出共同作用的结果。但不同的地区,三大需求对其经济增长的影响程度又各有不同。为了对比考察西南地区不同省份间经济运行的质量及特点,本文选取了西南地区“不临边、不临江、不临海”的贵州省、经济实力最强的四川省和拥有西部唯一出海通道的广西为研究对象,对三省(区)自1990年以来三大需求与经济增长的状况进行研究,以期得出三省(区)经济运行的不同特点,这将对推动西南地区省际协调发展、优势互补以及检验三省(区)二十多年来经济发展的成就有较大意义。

---

① 赵亮,男,贵州大学经济学院2009级国际贸易学硕士研究生。主要研究方向:国际商务。

② 臧秀娟,女,贵州大学经济学院2010级社会保障硕士研究生。主要研究方向:社会保障政策与法律。

二、黔川桂三省(区)三大需求与经济增长关系的定性比较

利用1990—2009年黔川桂三省(区)各自的GDP和三大需求的数值,通过分析消费率、投资率、净出口率以及拉动率、贡献率指标对三省(区)三大需求与经济增长的关系进行定性比较研究。

(一)利用消费率、投资率、净出口率进行的分析

消费率又称最终消费率,是指一个国家(或地区)在一定时期内(通常为一年)的最终消费支出占当年国内(或地区)生产总值的比率;投资率是指一个国家(或地区)在一定时期内(通常为一年)的资本形成总额占当年国内(或地区)生产总值的比率;净出口率是指一个国家(或地区)在一定时期内(通常为一年)的货物和服务净流出总额占当年国内(或地区)生产总值的比率。

1. 使用的计算公式

$$设\ GDP_t = C_t + I_t + NX_t \tag{1}$$

式(1)中,GDP_t 代表某地区某年的GDP,C_t 代表某地区某年的最终消费支出,I_t 代表某地区某年的资本形成总额,NX_t 代表某地区某年的货物和服务净流出,t 代表年份。消费率为 C_t/GDP_t;投资率为 I_t/GDP_t;净出口率为 NX_t/GDP_t。

2. 具体分析

根据图1,总体上看贵州省历年来的消费率几乎都高于川桂两省(区)10~15个百分点,而广西大部分年份的消费率又略高于四川省。2009年贵州省的消费率为65.7%,同期广西为55.9%、四川省为51%,说明消费支出对贵州省经济增长推动作用较大,内需是推动贵州经济增长的重要"引擎",消费支出对四川省经济推动作用在三省(区)中最小。但自2005年以来贵州省的消费率呈现逐年递减的趋势,降低幅度又高于川桂两省(区),这又说明推动贵州经济增长的内需作用呈现递减趋势。根据图2,黔川桂三省(区)的投资率都呈现出上升的趋势,但四川省是稳步上升,而桂黔是交替波动上升。从1990年到2008年,贵州省的投资率由30.9%上升到52.5%;四川省的投资率由26.79%上升到51.78%;广西的投资率由23.92%上升到53.25%,2009年又猛增到74.7%。这表明投资对三省(区)经济增长的重要性逐渐增大,这与三省(区)不断下降的消费率对比鲜明。根据图3,三省绝大多数年份的净出口率小于零,而且贵州省历年的净出口率又远低于川桂两省(区),2001年更是降为-43.79%,而同期四川、广西仅为-4.16%、-5.49%。这表明在三省(区)货物和服务的贸易方面都存在"入超"情况,而贵州"入超"情况尤为突出,这与三省(区)经济基础较薄弱、制造品生产能力低及省内劳动力大量出省打工密切相关。

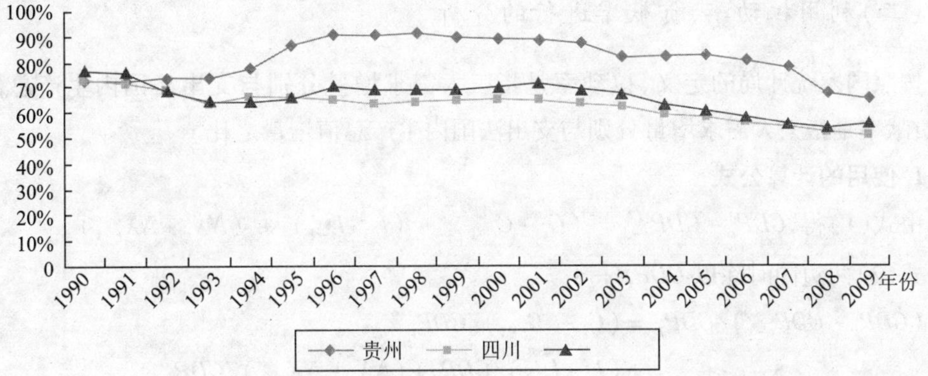

图 1　1990—2009 年黔川桂三省(区)历年消费率变化比较图

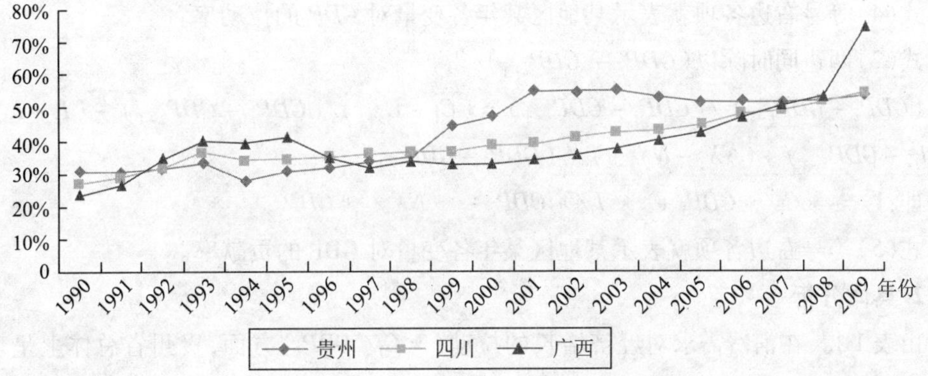

图 2　1990—2009 年黔川桂三省(区)历年投资率变化比较图

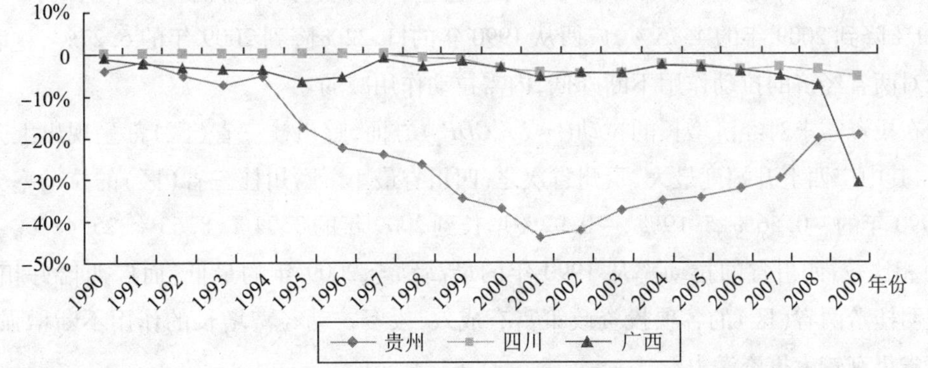

图 3　1990—2009 年黔川桂三省(区)历年净出口率变化比较图

图 1～图 3 资料来源:根据《新中国六十年统计资料汇编》和黔川桂三省(区)各自的统计年鉴整理而得。

(二)利用拉动率、贡献率进行的分析

按照国家统计局的定义,拉动率是指三大需求增量分别与支出法国内生产总值之比;贡献率是指三大需求增量分别与支出法国内生产总值增量之比。

1. 使用的计算公式

由式(1)得,$GDP_t - GDP_{t-1} = (C_t - C_{t-1}) + (I_t - I_{t-1}) + (NX_t - NX_{t-1})$ (2)

式(2)两边同时除以 GDP_t,得:

$$(GDP_t - GDP_{t-1})/GDP_t = (C_t - C_{t-1})/GDP_t + (I_t - I_{t-1})/GDP_t + (NX_t - NX_{t-1})/GDP_t \quad (3)$$

令 * 表示增量(下同),则式(3)也可以写为:

$$*GDP_t/GDP_t = *C_t/GDP_t + *I_t/GDP_t + *NX_t/GDP_t \quad (4)$$

式(4)等号右边各项就表示某地区某年各变量对 GDP 的拉动率。

式(2)两边同时除以($GDP_t - GDP_{t-1}$),得:

$$(GDP_t - GDP_{t-1})/(GDP_t - GDP_{t-1}) = (C_t - C_{t-1})/(GDP_t - GDP_{t-1}) + (I_t - I_{t-1})/(GDP_t - GDP_{t-1}) + (NX_t - NX_{t-1})/(GDP_t - GDP_{t-1})$$

即:$1 = *C_t/*GDP_t + *I_t/*GDP_t + *NX_t/*GDP_t$ (5)

式(5)等号右边各项就表示某地区某年各变量对 GDP 的贡献率。

2. 具体分析

由表 1 得,在消费需求对经济增长的拉动($*C_t/GDP_t$)方面,贵州省总体上呈现出缓慢上升的趋势,从 1990 年的 8% 缓慢上升到 2009 年的 8.72%,这表明内需的拉动作用稳步增强;川桂两省(区)表现出大幅下降的趋势,两省在 1996 年之前分别有 5 次和 6 次拉动率超过 9%,而 2000 年以后则几乎再未超过 9%,并且四川省的拉动率从 1990 年的 11.21% 降到 2009 年的 4.75%,广西从 1990 年的11.22% 降到 2009 年的 6.27%,这表明消费对两省经济的拉动作用不断降低,内需拉动作用减弱。

在投资需求对经济增长的拉动($*I_t/GDP_t$)方面,黔川桂三省(区)都呈现出上升的趋势,其中广西上升幅度最大,贵州省次之,四川省最小。黔川桂三省(区)的拉动率分别从 1990 年的 -0.56%、5.19%、-0.92% 增长到 2009 年的 8.94%、8.63%、25.48%,三省(区)相比较,四川省的拉动率从 1990 年的最高跌至 2009 年的最低,而广西恰好相反。这表明桂黔两省(区)的各项投资政策富有成效,投资拉动经济增长的作用不断增强,而四川省仍有较大投资潜力。

在净出口需求对经济增长的拉动($*NX_t/GDP_t$)方面,黔川桂三省(区)多数年份都在 0 或 0 上下浮动,这表明三省(区)对省外货物和服务需求量大,同时也表明自己省内多数货物和服务的竞争力差,难以"走出去"。

由表 2 得,贵州省消费需求的贡献率由 1990 年的 85.68% 降到 2009 年的 58.86%,

投资需求的贡献率由1990年的-5.97%增长到2009年的60.38%,这表明贵州省的经济增长方式由消费主导型向以投资驱动型和消费驱动型并重的方式转变;四川省消费需求的贡献率由1990年的68.43%降到2009年的40.87%,投资需求的贡献率由1990年31.65%增长到2009年的74.21%,这表明四川省的经济增长方式由以消费驱动型为主、投资驱动型为辅转变为以投资驱动型为主、消费驱动型为辅的方式;广西消费需求的贡献率由1990年的76.89%降到2008年的46.87%,投资需求的贡献率由1990年的-6.32%增长到2008年的64.53%,这表明广西的经济增长方式由消费主导型转变为以投资驱动型为主和消费驱动型为辅的方式。

表1　黔川桂三省(区)三大需求对GDP的拉动率(%)

年份 t	* C_t/ GDP_t			* I_t/ GDP_t			* NX_t/ GDP_t		
	贵州	四川	广西	贵州	四川	广西	贵州	四川	广西
1990	8.00	11.21	11.22	-0.56	5.19	-0.92	1.89	-0.01	4.31
1991	7.90	7.26	9.14	2.90	5.07	5.73	1.28	0.00	-1.47
1992	10.81	6.53	7.90	5.47	7.13	13.96	-3.34	0.02	-2.06
1993	14.06	9.33	13.67	7.71	11.41	14.13	-3.15	0.00	-1.97
1994	18.65	18.92	17.91	1.08	6.83	10.16	0.63	0.00	-0.82
1995	22.56	11.18	14.37	8.18	6.88	9.78	-13.17	0.02	-4.16
1996	14.33	9.17	12.29	4.63	5.73	-1.28	-6.89	0.01	0.79
1997	9.52	6.47	2.92	4.83	4.93	-1.01	-4.10	0.01	4.66
1998	6.12	5.00	2.78	3.77	2.62	3.78	-3.77	-0.93	-2.05
1999	6.61	3.27	1.75	12.10	1.99	-0.25	-10.27	-0.47	1.07
2000	7.37	4.71	4.89	7.14	4.70	1.49	-5.54	-2.31	-1.65
2001	7.05	5.44	6.90	12.36	4.00	4.16	-10.29	-0.93	-2.95
2002	6.87	4.98	4.13	4.26	4.91	4.43	-2.27	-0.77	0.56
2003	5.88	5.93	5.57	7.54	6.07	5.57	-0.59	-0.59	-0.91
2004	11.82	7.45	6.88	6.23	7.51	9.47	-3.07	1.44	1.27
2005	13.10	6.26	9.76	6.60	8.10	9.88	-4.48	-0.74	-1.10
2006	8.70	6.45	6.75	6.60	9.54	10.61	-2.44	-1.49	-1.78
2007	11.29	8.06	8.06	8.98	9.85	13.01	-3.09	-0.13	-2.14
2008	2.89	6.95	7.95	9.89	10.32	10.94	4.06	-1.26	-2.98
2009	8.72	4.75	6.27	8.94	8.63	25.48	-2.08	-1.75	-23.21

表 2 黔川桂三省三大需求对 GDP 的贡献率(%)

年份 t	$*C_t/*GDP_t$			$*I_t/*GDP_t$			$*NX_t/*GDP_t$		
	贵州	四川	广西	贵州	四川	广西	贵州	四川	广西
1990	85.68	68.43	76.89	-5.97	31.65	-6.32	20.21	-0.08	29.56
1991	65.41	58.85	68.16	23.97	41.11	42.77	10.63	0.03	-10.93
1992	83.48	47.73	39.88	42.29	52.14	70.50	-25.77	0.13	-10.38
1993	75.52	44.57	52.92	41.40	54.49	54.71	-16.92	-0.02	-7.63
1994	91.59	73.92	65.70	5.31	26.67	37.29	3.10	0.00	-2.99
1995	128.42	61.84	71.88	46.58	38.06	48.93	-75.00	0.10	-20.81
1996	122.91	61.48	104.16	39.73	38.43	-10.86	-59.07	0.09	6.70
1997	89.59	56.71	44.52	45.50	43.18	-15.40	-38.59	0.11	70.88
1998	99.89	74.73	61.67	61.56	39.13	83.86	-61.44	-13.86	-45.53
1999	78.35	68.22	68.11	143.36	41.52	-9.78	-121.70	-9.74	41.67
2000	82.18	66.35	103.52	79.60	66.14	31.46	-61.78	-32.50	-34.98
2001	77.30	63.96	85.00	135.51	46.99	51.33	-112.81	-10.95	-36.32
2002	77.52	54.58	45.27	48.09	53.81	48.57	-25.62	-8.39	6.15
2003	45.81	52.00	54.43	58.82	53.20	54.50	-4.63	-5.20	-8.93
2004	78.90	45.40	39.06	41.57	45.80	53.70	-20.47	8.80	7.21
2005	86.08	45.95	52.64	43.35	59.49	53.29	-29.43	-5.44	-5.93
2006	67.68	44.48	43.32	51.34	65.81	68.07	-19.02	-10.29	-11.39
2007	65.73	45.34	42.59	52.28	55.41	68.73	-18.01	-0.75	-11.32
2008	16.29	43.41	46.87	55.74	64.49	64.53	22.90	-7.90	-17.56
2009	58.86	40.87	82.81	60.38	74.21	336.40	-14.07	-15.08	-306.45

表 1 ~2 资料来源:同图 1。

此外,在货物和服务的净流出方面,根据表 1 和表 2 的相关数据,黔川桂三省(区)的净出口对 GDP 的拉动率、贡献率多数是负值,也就是说货物和服务的净流出降低了 GDP 的增长,但需要强调的是,这些指标否认了进口对经济增长的拉动和贡献作用,没有体现出高新技术及设备的进口、高素质人才的引进对经济增长的重大促进作用。

三、黔川桂三省(区)三大需求与经济增长关系的计量比较

利用 1990—2009 年的相关数据进行计量回归分析,其中 LNGDP 是 GDP 的自然对数,LNB 是最终消费支出的自然对数,LNI 是资本形成总额的自然对数。由于货物和服务净流出的数值中存在负值,不能对其进行对数计算,所以将货物和服务历年来出口值的自然对数定义为 LNX。

(一)样本数据的选取与处理

本文采用黔川桂三省(区)1990—2009年的年度数据作为研究样本,三省(区)的相关数据均来源于《新中国六十年统计资料汇编》和三省(区)各自的统计年鉴。为了增强可比性,剔出通货膨胀等引起的价格因素对计量结果的影响,所有数据都利用GDP平减指数(以1990年数据为基期)进行处理。另外,由于通过自然对数变换能够有效消除时间序列经济数据剧烈波动性,使数据呈现线性化趋势,而且还能消除数据中可能存在的异方差,且并不改变和影响时间序列变量之间长期稳定的均衡关系,所以对各变量数据取自然对数形式。

本文研究使用的计量分析软件为EViews 5.0。

(二)贵州省数据检验

由于用非平稳的经济变量建立回归模型会带来虚假回归的问题,因此要对样本数据进行单位根检验。对于平稳的时间序列可以直接运用最小二乘法OLS进行计量分析,而对于非平稳的时间序列,在建立模型之前,首先应通过差分把非平稳的时间序列转换为平稳的时间序列,然后再建立模型。

1. 数据平稳性检验

根据图4,原序列LNGDP、LNB、LNI和LNX均表现出持续增长的趋势,并且纵轴起点的数值都大于2,这表明采用ADF单位根检验时的检验形式应带有漂移项和时间趋势项。图5表明一阶差分后的各时间序列变量表现为平稳序列,而且采用ADF单位根检验时的检验形式应带有漂移项,但无时间趋势项。

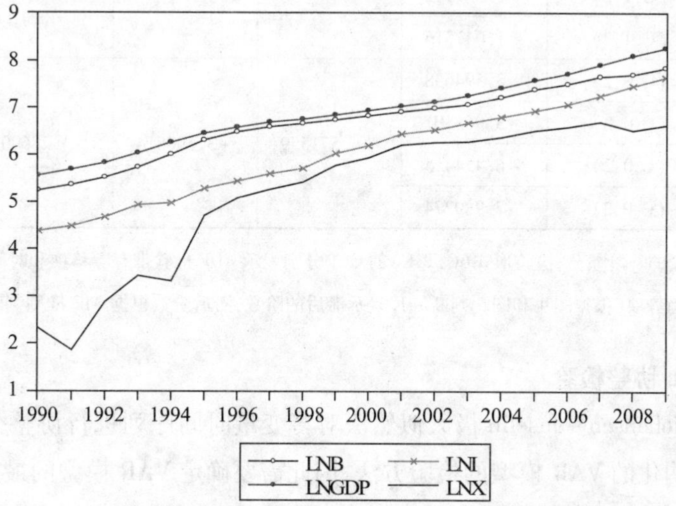

图4 原序列LNGDP、LNB、LNI、LNX的变化趋势

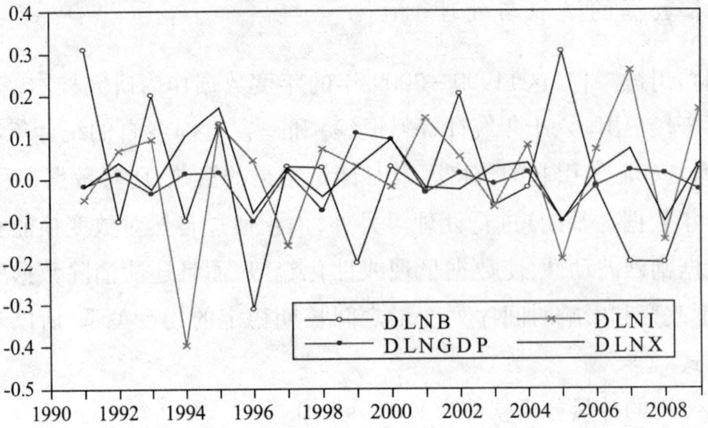

图5　一阶差分序列 DLNGDP、DLNB、DLNI、DLNX 的变化趋势

下面对原序列 LNGDP、LNB、LNI、LNX 进行 ADF 单位根检验,检验结果见表3。由表3得,变量 LNGDP 在95%的置信水平下不平稳,LNB、LNI 和 LNX 甚至在90%的置信水平下都不平稳;一阶差分序列 DLNGDP 在90%的置信水平下平稳,DLNB 在95%的置信水平下平稳,DLNI、DLNX 在99%的置信水平下都平稳。以上分析标明,一阶差分后的时间序列都是 I(1)序列,满足进行协整检验的条件。

表3　原序列 LNGDP、LNB、LNI、LNX 的 ADF 单位根检验结果

	检验形式(C,T,K)	ADF 检验值	1%的临界值	5%的临界值	10%的临界值	检验结果
LNGDP	(C,T,2)	-3.595272	-4.532598	-3.673616	-3.277364	不平稳
LNB	(C,T,2)	-3.073345				不平稳
LNI	(C,T,2)	-2.557912				不平稳
LNX	(C,T,2)	-1.047516				不平稳
DLNGDP	(C,0,2)	-3.594638	-4.571559	-3.690814	-3.286909	平稳
DLNB	(C,0,2)	-3.965501				平稳
DLNI	(C,0,2)	-6.424415				平稳
DLNX	(C,0,2)	-7.989274				平稳

注:D 表示变量的一阶差分;检验形式(C,T,K)的 C,T 分别表示 ADF 检验带有漂移项和时间趋势项,T=0 表示 ADF 检验没有时间趋势项(根据图4和图5判断),K 表示滞后的阶数,滞后阶数根据 AIC 准则判断。

2. Johansen 协整检验

本文采用 Johansen-Juseliu 极大似然法对多变量时间序列进行协整分析,此方法是一种基于非结构化的 VAR 模型的检验方法,因此需要确定 VAR 模型的最佳滞后期数,其标准主要有 LR 统计量、AIC 准则和 SC 准则。通过软件 EViews 5.0 计算,可以确定最优滞后阶数应为2(见表4)。

表 4　VAR 模型最优滞后阶数确定

滞后阶数	LR 统计量	AIC 准则	SC 准则
0	NA	0.176	0.429
1	39.632	-8.134	-7.109
2	30.245@	-8.698@	-7.748@

注:@ 表示在各种判断标准下的最优滞后期。

通过 Johansen 协整检验对时间序列 LNGDP、LNB、LNI、LNX 变量进行检验,表 5 的结果表明:在 95% 的置信水平下,当 Trace Statistic = 35.117 时,35.117 > 29.79707,并且伴随概率 1.11% <5%,因此拒绝原假设;而在 Trace Statistic = 11.16887 时,11.16887 < 15.49471,并且伴随概率 20.13% >5%,因此接受时间序列之间最多存在一个协整关系的原假设,即表明 LNGDP 和 LNB、LNI、LNX 之间存在一个长期稳定的均衡关系。

表 5　Johansen 协整检验结果

原假设	特征值	迹统计量	5% 临界值	相伴概率
没有协整关系#	0.735642	35.11700	29.79707	0.0111
至多有一个	0.376831	11.16887	15.49471	0.2013
至多有两个	0.137185	2.655982	3.841466	0.1032

注:#表示在 95% 的置信水平下拒绝原假设。

根据表 6 的协整方程系数可以得到具体的协整方程如下:

$$LNGDP = 0.486LNB + 0.497LNI + 0.114LNX - 0.416 + ec \quad (6)$$
$$(-0.022) \quad (-0.023) \quad (-0.007) \quad (0.021)$$

式(6)中,协整系数估计值下面括号内数值是渐进标准误差,ec 表示误差修正项。

表 6　Johansen 标准化协整方程系数

一个协整方程:		最大似然估计	122.3738
协整方程系数标准化(括号内是标准误差)			
LNGDP	LNB	LNI	LNX
1.000000	-0.486098	-0.498710	-0.170539
	(-0.02177)	(-0.022699)	(-0.00693)

由式(6)可知,贵州省的最终消费支出对其 GDP 影响的弹性系数为 0.486;资本形成总额对 GDP 影响的弹性系数为 0.497;货物和服务的出口对 GDP 影响的弹性系数为 0.114,即最终消费支出对数每增加 1%,将会使 GDP 对数增加 0.486%;资本形成总额对数每增加 1%,将会使 GDP 对数增加 0.497%;货物和服务出口对数每增加 1%,将会使 GDP 对数增加 0.114%。

(三)四川省数据检验

采用与研究贵州省时间序列数据同样的计量方法分析四川省的相关数据,得出以下结论:

原时间序列 LNGDP、LNB、LNI、LNX 不平稳,经过一阶差分后的数据平稳。经过协整检验后得到协整方程为:

$$LNGDP = 0.427LNB + 0.623LNI + 0.214LNX - 0.231 + ec \qquad (7)$$
$$(-0.025) \quad (-0.036) \quad (-0.011) \quad (0.009)$$

式(7)中,协整系数估计值下面括号内数值是渐进标准误差,ec 表示误差修正项。

由式(7)可知,四川省的最终消费支出对其 GDP 的影响系数(弹性值)为 0.427;资本形成总额对 GDP 的影响系数(弹性值)为 0.623;货物和服务的出口对 GDP 的影响系数(弹性值)为 0.214,即最终消费支出对数每增加 1%,将会使 GDP 对数增加 0.427%;资本形成总额对数每增加 1%,将会使 GDP 对数增加 0.623%;货物和服务的出口对数每增加 1%,将会使 GDP 对数增加 0.214%。

(四)广西数据检验

采用与研究贵州省时间序列数据同样的计量方法分析广西的相关数据,得出以下结论:

原时间序列 LNGDP、LNB、LNI、LNX 是平稳的,可以直接利用 OLS 进行检验,检验后得到的样本回归方程如式(8):

$$LNGDP = -0.421 + 0.46LNB + 0.538LNI + 0.174LNX \qquad (8)$$
$$(-1.958) \quad (5.632) \quad (7.043) \quad (3.451)$$
$$R^2 = 0.9984 \quad \overline{R}^2 = 0.9981 \quad DW = 1.956 \quad F = 3406.318$$

式(8)表明模型整体拟合得较好。通过运用异方差检验、多重共线性检验、正态性检验和自相关检验对参数估计值进行检验,发现通过所有的计量检验;所有的参数估计值都符合正常的经济意义,因此也通过经济学检验。

最终消费支出的弹性系数为 0.46,资本形成总额的弹性系数为 0.538,货物和服务出口的弹性系数为 0.174,表明广西最终消费支出对数、资本形成总额对数和货物和服务出口对数每增加 1%,将会使其 GDP 对数分别增加 0.46%、0.538% 和 0.174%。

(五)黔川桂三省(区)计量结果的比较分析

通过比较式(6)、式(7)和式(8)可以发现,推动黔川桂三省(区)经济增长的主要动力都是投资需求和消费需求,但对于四川省,投资需求的推动作用比消费需求高 0.196%;广西投资需求比消费需求高 0.078%;贵州省投资需求的推动作用与消费需求几乎持平。出口对三省(区)经济增长的推动作用较小,影响不明显。这与前面分析三大需求贡献率时的结论基本吻合。

四、结论

通过定性与计量分析,可以得到以下结论:

总体上看,黔川桂三省(区)的消费、投资需求各有特点,既有相同点又有不同之处。其中消费对三省(区)经济增长的推动作用近年来呈不断下降的趋势,黔川桂三省(区)的消费率分别从1990年的73%、73.19%、77.2%降到2009年的65.7%、51%、55.9%,三省(区)消费需求的贡献率分别由1990年85.68%、68.43%、76.89%降到2009年的58.86%、40.87%和2008年的46.87%。但消费对三省(区)经济的增长仍有重要作用,其中对贵州经济的影响最大,贵州消费需求的拉动率,从1990年的8%上升到2009年的8.72%。而川桂两省(区)则分别从1990年的11.21%、11.22%降到2009年的4.75%、6.27%。

投资对三省(区)经济增长的作用越来越重要,并且已经成为三省(区)经济增长的最主要推动力。具体表现在黔川桂三省(区)的投资率分别从1990年的30.90%、26.79%、23.92%上升到2009年的53.7%、54.4%、74.7%;三省(区)投资需求的拉动率分别从1990年的-0.56%、5.19%、-0.92%增长到2009年的8.94%、8.63%、25.48%;三省(区)投资需求的贡献率分别从1990年-5.97%、31.65%、-6.32%增长到2009年的60.38%、74.21%和2008年的64.53%。

从三大需求推动经济增长方式的角度来看,贵州省的经济增长方式正由消费主导型向以投资驱动型和消费驱动型并重的方式转变,消费支出对数每增加1%,会使其GDP对数增加0.486%,投资对数增加1%,将会使其GDP对数增加0.497%;四川省的经济增长方式由以消费驱动型为主、投资驱动型为辅转变为以投资驱动型为主、消费驱动型为辅的增长方式,消费支出对数每增加1%,将会使其GDP对数增加0.427%,资本形成总额对数每增加1%,将会使其GDP对数增加0.623%;广西的经济增长方式由消费主导型转为以投资驱动型为主和消费驱动型为辅的增长方式,消费支出对数和投资对数每增加1%,将会使其GDP对数分别增加0.46%、0.538%。三省(区)不同的经济增长方式与三省(区)各自的经济基础及地理位置等多方面因素有关。

仅从数据上看,净出口需求对三省(区)经济增长带来副作用,但净出口指标忽视了进口对经济增长的推动作用,因为高新技术的吸收和高素质人才的引进能极大地带动经济的发展。此外,通过计量分析也肯定了出口对经济增长的正面作用:黔川桂三省(区)货物和服务出口对数每增加1%,将会使各自的GDP对数分别增加0.114%、0.214%、0.174%。

参考文献

[1]孙国锋,王家新. 消费、投资、净出口与经济增长:基于江苏省数据的实证分析[J]. 财贸经济,2008(12): 85 -90.

[2]董晖. 福建省三大需求要素对 GDP 贡献研究[J]. 福建财会管理干部学院学报,2007(1):1 -4.

[3]闫鸿鹂. 滇桂黔三省(区)对外开放度与经济增长关系的比较研究:基于三省(区)面板数据和分省(区)时间序列的检验[J]. 云南财经大学学报,2010(3):152 -160.

[4]赵晓雷,申海波. 上海 GDP 三大需求要素的贡献度和相关性研究[J]. 财经研究,2004(1):104 -112.

[5]易丹辉. 数据分析与 Eviews 应用[M]. 北京:中国人民大学出版社,2008.

[6]张晓峒. 计量经济学基础(第 3 版)[M]. 天津:南开大学出版社,2007.

[7]李新义,陈英. 三大需求对中国经济的贡献研究:基于新中国 50 年数据的分析[J]. 九江学院学报:哲学社会科学版,2010(1): 70 -73.

[8]张雪松. 三大需求要素对我国 GDP 的贡献[J]. 宏观经济研究,2003(3):15 -21.

关于民营经济发展环境建设的思考
——以贵州省为分析案例

苟以勇

(贵州省社会科学院西部开发研究所)

摘 要:民营经济是我国独有的一种经济形态和经济概念,民营经济绝大部分是中小企业。民营经济的环境建设包括民营企业外部(宏观)环境和内部(微观)环境。民营经济的宏观外部环境,主要包括制度环境、市场环境、融资环境、技术环境、交通环境、地理环境、社会化服务环境等。贵州省民营经济在制度环境、融资环境、技术服务环境和社会化服务环境建设等方面取得了一定的成绩,但还存在制度环境不足、市场环境发育不良、(自身)内部环境营造不够等问题。要进一步优化民营经济环境建设的对策建议,从转变政府职能着手努力推进民营经济的制度环境建设,从融资环境、科技环境、监管环境等方面着重加强市场环境建设,从规范民营企业的经营机制与管理、加强对民营企业的会计监督、重视企业文化建设等方面加强企业内部环境建设。

关键词: 民营经济 环境建设

民营经济作为我国当今社会经济发展的重要经济力量,对社会发展和人类文明的推进具有非常明显的作用和极其重要的现实意义。当然,民营经济能够健康成长并取得长足发展与其成长发展的环境息息相关,甚至可以说,环境因素直接决定着民营经济发展的快慢强弱,是当今我国发展民营经济必须认真研究的重要课题。就贵州来讲,由于历史、自然和社会等因素的影响,民营经济的发展十分缓慢。改革开放以来,通过发展大量的乡镇企业、民营企业,以及引进各类“三资”企业、省外民营企业等,有力地促进了民营经济的发展。目前,民营经济已成为贵州省国民经济发展的重要组成部分,在启动需求、增加供给、吸纳就业、保证社会稳定等方面发挥着重要作用。但是贵州省民营经济的发展仍受到很多因素的制约,表现为规模总量小、产业分布散、发展速度慢、管理水平低、经营范围窄等诸多问题。因此,从某种意义来说,贵州没有民营经济的跨越式发展,就难以实现全省经济社会发展的历史性跨越。

一、民营经济、民营经济的环境及其内涵

(一)民营经济

民营经济是我国独有的一种经济形态和经济概念,民营经济绝大部分是中小企业。

从经济学的一般意义上讲,民营经济就是按照商业原则和市场规则运作的微观经济组织形式。从产权和企业理论的角度看,民营经济一定是以营利为唯一目标的;民营经济治理结构的形成是建立在纯粹经济利益关系基础上的;民营经济拥有较为灵活的内部用人和分配激励机制。

目前,贵州省民营经济体系大致由以下几个部分构成:①私营经济,包括个体私营工商户和私营企业;②外商独资企业;③合资企业中外资控股的企业;④改制后的国有企业、乡镇企业;⑤非国有控股企业;⑥非国有控制的企业,或称国有民营企业,如被租赁、托管出去的国有企业等。

(二)民营经济的环境建设内容

企业总是在一定环境中运营的,环境决定企业的战略。一般而言,从影响民营经济发展的因素来看,民营经济的环境建设包括民营企业外部(宏观)环境和内部(微观)环境。企业与其外部客观的经营条件、经济组织及其他外部经营因素之间处于一个相互作用、相互联系、不断变化的动态过程之中。这些影响企业成败、在企业外部而非企业所能全面控制的外部因素就形成了企业的外部环境。民营经济的宏观外部环境,主要包括制度环境、市场环境、融资环境、技术环境、交通环境、地理环境、社会化服务环境等。其中,制度环境(含政治因素环境)是民营经济生存和发展的关键因素,市场环境是民营经济发展的重要因素。在制度环境确定之后,市场环境作为影响民营经济发展诸多因素中一个重要方面,在某个地区或者是某个时期却决定着民营经济的发展方向、发展速度、技术含量和价值取向。市场环境中产业结构的合理化程度,决定着民营经济的发展方向。民营经济朝哪个方向发展与当地的产业结构有着千丝万缕的关系;市场环境中竞争秩序的健康程度,决定着民营经济的技术含量和发展速度;市场环境中企业的文化建设,决定着民营经济的价值取向;企业的竞争是多方面的,其中,文化竞争是企业引进人才、尊重人才、利用人才的关键。

二、民营经济在环境建设方面的绩效和存在的问题——以贵州省为分析案例

(一)民营经济在环境建设方面的绩效

民营经济在环境建设方面的绩效,主要体现在对环境建设的改善方面。近几年来,贵州省民营经济呈现出加快发展的良好态势,民营经济(企业)为推动全省经济发展、调整产业结构、繁荣城乡市场、扩大社会就业、改善人民生活做出了重要贡献。同时,贵州省委、省政府在发展民营经济的环境建设方面也做了许多工作,如省委、省政府出台了《关于进一步加快全省民营经济发展的意见》,全面放宽限制,努力创造宽松环境,以改革开放为动力推进民营经济发展加力、开路。概括起来讲,贵州省民营经济的环境建设取

得了如下成绩：

一是政策环境显著改善。做大做强民营经济，政府的职责就是创造一个公平公正的环境，尤其是法制、政策等制度环境。贵州省委、省政府高度重视民营经济发展，高层领导多次强调解决“民营经济发展过程中遇到的困难和问题”，省政府还对民营企业提出统一承诺享受“四个方面”的优惠服务。2011 年 3 月，省委、省政府召开了“全省加快民营经济发展暨表彰大会”，出台了《关于进一步加快全省民营经济发展的意见》，明确了 8 个方面、38 条支持民营经济加快发展的具体措施，解决了制约贵州省民营经济发展的一系列政策问题。2011 年 5 月底省政府印发了《贵州省民营经济倍增计划》，明确到 2013 年底，民营经济增加值占全省生产总值比重要从 35% 提高到 40%。2011 年 9 月，贵州省民营经济发展局、省中小企业局正式挂牌成立，这是贵州省进一步强化民营经济、中小企业的管理、协调和服务职责的重要战略举措。毕节、安顺、黔南、黔东南、黔西南等市(州、地)也相继设立民营经济发展局。各级政府大力投资建设园区，吸引民营企业集中在园区发展，这是贵州省扶持民营经济发展的又一项重要措施。据统计，至 2011 年 9 月底，全省民营经济完成投资 1464. 49 亿元，同比增长 86. 6%，占全省固定资产投资总额的 43.4%。

二是融资环境建设取得一定成效。民营经济在发展的初始阶段，融资困难的问题比较突出。民营企业的融资渠道包括内部融资和外部融资，外部融资又分直接融资和间接融资。考虑贵州省民营企业的发展阶段和现状，事实上全省多数民营企业的融资均以间接融资为主。作为建设金融生态环境、增强企业信用和分担分散银行贷款风险的重要手段，贵州建立中小企业融资担保体系是缓解当前中小企业、民营经济融资难的最有效举措。目前，贵州以中小企业为服务对象的融资担保业已初步形成，有效缓解了贵州省中小企业民营经济融资难的问题。融资担保行业已成为贵州的一个新兴行业，为中小企业、民营经济快速发展提供了有力支撑。同时，全省还建立了贵州省小额贷款激励机制。目前，全省整合政府、民间资源的混合所有制形式融资性担保机构不断涌现，大量民间资金投入融资担保业，投资主体多元化明显，担保业商业化、市场化进程加快。据统计，至 2011 年 9 月底，贵州省经审批部门批复的融资性担保机构共有 198 户，注册资本 129 亿元(不含省外分支机构注册资本)；担保贷款余额 132. 4 亿元，在保中小企业、个体工商户近 8000 户。

三是技术服务环境得到高度重视。创新是企业生存之本，严酷的市场竞争推进民营企业走创新之路。贵州省民营经济有力地推动了全省科技创新和知识产权战略的实施，成为科技创新、品牌发展的主力军。据统计，2011 年 9 月底，全省民营企业申请专利 827 件，授权 701 件。品牌、技术对企业战略环境的影响越来越强，继贵州茅贡米业有限公司获得全国驰名商标后，贵州省民营经济已拥有全国驰名商标 11 件、省内著名商标 277 件，分别占全省驰名商标和省著名商标的 44% 和 63. 24%。民营高新技术企业新增 6 户，达到79家,占全省高新技术企业的51.9%。

四是社会化服务环境建设成效明显。主要体现在四个方面:第一,政府对民营经济提供公共服务的方式大大改变,按照“简、优、限”要求,全省各地结合“三个建设年”和“四帮四促”活动,加快清理政府规范性文件、行政许可和非行政许可事项,减少达30%以上。切实简化程序、优化流程、限时办理,加强调控、下放权力、激发活力。据统计,2013年以来省直机关共取消、下放、转变管理方式、合并行政审批事项579项,占全部省直机关原有行政许可事项的59%。共清理、停止征收收费项目130项,降低收费标准11项,预计可减少收费金额9.1亿元;省国税局前3季度为民营经济纳税人落实税收优惠政策减免退抵税收34亿元。第二,开展公开办事承诺活动,压缩办理时限,加快政务中心建设,努力做到“进一扇门,办全部事”,并对行政处罚自由裁量权进行细化和量化等。第三,各地都建立了领导责任制,把民营经济发展纳入年度目标绩效考核体系,加大对民营经济的扶持力度,设立中小企业(民营经济)发展专项资金,用于支持民营经济发展。第四,切实转变工作作风,加强主动服务意识,各地通过各种形式,增进政府与民营企业家相互了解,帮助企业解决具体问题和困难,营造“亲商、爱商、安商、敬商”的发展环境。

(二)民营经济环境建设方面尚需解决的问题

目前,贵州省和周边省市区相比,差距最主要还体现在民营经济发展这一块。贵州省民营经济主要经济指标在全国排名25~27位,占全省经济总量的27.8%,云南占36%,甘肃占36.2%,重庆占51.8%,而浙江占七成以上。究其原因,主要是认识不到位,政策执行不到位,政府服务不到位,社会环境、舆论氛围不到位。

一是制度(政策)环境不足。目前我国对民营企业明显的所有制歧视已不存在,但由于我国经济管理体制长期高度集中管理,所有制又长期实行单一公有制形式,因此,对民营经济还存在所有制方面的隐性歧视,表现在我们缺少民营经济在特定的环境下给予特殊的法规政策乃至制度的支持。

二是市场环境发育不良。改革开放以来,民营经济已经成为我国国民经济的重要组成部分。市场环境发育不良,主要表现在金融环境、科技环境和监管环境等方面,金融环境尤其是民营企业资金匮乏、融资困难的现状成为制约民营经济发展的重要因素。

三是(自身)内部环境营造不够。许多中小企业自身素质不高,经营管理不善,家族式管理普遍存在,缺乏长远的规划和对策,许多企业尚未建立所有权与经营权分立的现代企业制度。产品质量差,市场占有率不高。另外,在会计核算方面,设账不规范,核算随意,信息披露不真实,造成民营企业的资信度不高。民营企业为数众多,经营状况参差不齐,资信等级较低,大量的民营企业还未建立信用档案,银行难以判断贷款给民营企业是否会造成损失,所以贷款要求有适当的财产作抵押。而许多中小型民营企业又缺乏足够可变现资产做抵押,这样就加大了银行的贷款风险,提高了交易成本,使得银行为中小城市企业提供服务的单位成本要比为大企业提供服务的单位成本高得多。信用体制不健全,银行与企业间信息不对称,阻碍了金融机构对民营企业的融资支持。

三、优化民营经济环境建设的对策建议

宏观制度是民营企业生存和发展的外部大环境,每一个变化都将对企业产生或积极或消极的影响。总体而言,目前的宏观环境是积极向上的,是引导企业走向健康、可持续的发展道路。民营企业协会所要做的,就是让更多的会员更深入地了解政策意图,解读、利用好政策。从县域经济发展角度来看,民营经济代表社会发展的方向,民营经济的健康发展也就是社会的健康发展。从这个意义上说,改善民营经济发展的环境尤其是制度环境,制定一系列有利于民营企业发展的政策措施,十分重要。我们着重探讨改善民营经济(企业)发展的制度环境、市场环境、企业自身内部环境等问题。

(一)努力推进民营经济的制度环境建设

民营经济的制度环境主要包括市场准入问题、融资便利问题、税费合理问题和保障权益问题。从制度环境建设来看,重要的是进一步转变政府职能,加大改革力度,推进市场经济建设,明晰众多市场主体的产权和责任,健全法制,构造公平竞争的环境,完善支持民营企业发展的金融、基金、担保等法规体系。要运用政策杠杆调整好产业结构平衡,加大对外向型、高科技、环保型企业的政策倾斜力度,建立合理的企业产业优化布局局面。政府的职责就是创造一个公平公正的环境,千方百计把民营经济这篇文章做好。因此,目前贵州各地政府积极投资建设园区,吸引民营企业集中发展,这也应是扶持民营经济的一项重要措施。各级政府可以成立行政服务中心,推行"限时办结""一站式服务"等制度,努力创造高效的服务环境。要鼓励全民创业,鼓励广大群众各显其能,让人民群众在法制的环境下自由地劳动创造,让社会财富在诚信的环境中充分流动。

(二)着重加强民营经济的市场环境建设

在融资环境方面,民营企业融资障碍的关键在于拓宽间接融资渠道,加快金融体制改革,放松民营资本进入金融领域的限制,打破行业垄断,促进公平竞争,优化金融资源配置,建立一个多层次的资本市场体系。同时大力发展民营信用机构,完善信用担保体系,弥补金融机构与企业之间长期存在的信息不对称问题。民营企业也应加强自身素质建设,以解决融资困难的问题,适应激烈的市场竞争。要进一步深化金融体制改革,建立多元化的融资方式,为民营企业的发展提供更多的支持;有条件的地区,要积极创建专门服务于民营企业的地方性中小型民营银行;要努力建立一个多层次的、能够为广大中小民营企业融资提供服务的资本市场,通过多层次的股权融资体系,发行企业债券等各种

融资活动,使广大民营企业得以迅速发展。

创新科技环境方面,政府要鼓励、支持民企技术创新、产业升级,积极引导民企投资的战略方向,帮助民企做大、做强、做高。创新是企业生存发展之本,科技创新、产品创新,才能促进民营企业快速、持续发展。要取消一切限制农民创业的政策规定,要革除一些束缚农民创业的体制弊端,激发农民自主创业的潜能,鼓励农民创业和干事的氛围。严酷的市场竞争规则催迫着贵州省民营经济走创新发展之路。同时,随着民营经济发展领域的拓展,越来越多的民营企业开始重视品牌的经营。要以市场创新为理念,加大广告宣传和市场营销力度,通过树立品牌来开拓和占领市场。

在监管环境方面,要加大执法部门对市场竞争的监督管理力度,强化个体私营协会和各类行业协会的引导教育力度,促进行业自律,营造公平竞争的市场环境。同时要发挥个体私营企业协会作用,与其他各类行业协会一起加强对经营户的引导教育,强化法制宣传,注重开展"讲诚信、重操守"和争当"光彩之星"等活动,促使民营经济健康、持续、快速发展。

(三)进一步强化民营经济(企业)内部环境建设

要进一步规范民营企业的经营机制与管理,建立现代企业制度,克服家族式管理、作坊式经营,提高产品质量,增强市场竞争意识,不断完善提高自身素质和管理水平,增强支付和偿债能力,提高民营企业的资信度。要根据会计法的要求加强对民营企业的会计监督,依法建立会计账簿,规范会计核算,同时充分发挥中介机构的作用,为规模较小的中小企业提供、收集、汇总会计信息,严格执行有关法律,保证民营企业的会计资料真实、完整,财务信息准确、有效,从根本上改变民营企业的融资基础。同时,还要注重企业、个体经营户的思想道德建设和精神文化建设,端正新闻舆论导向,大力宣传弘扬正气,打击压制歪风邪气,营造文明健康的市场环境。

民营经济与城镇化发展

林玲

（贵州省社会科学院）

摘　要：在我国发达地区，民营经济得到了蓬勃发展，也强力带动了经济的快速发展。通过研究总结，我们发现这些地区民营经济快速发展有一个共同点——产业集聚，而产业集聚能推进城镇化。因此，研究发达省市区的民营经济与城镇化互促发展对推进贵州省城镇化进程有着重要的借鉴意义。

关键词：民营经济　城镇化　产业集聚

一、浙江省

（一）民营经济促进浙江省城镇化发展

2011年，浙江省城镇人口比重达到了62.3%，比2000年提高了13.6个百分点，高于全国11.03个百分点。民营经济的发展有力地推动了经济要素向城镇的流动和集聚，吸纳了大量的城镇下岗人员和农村剩余劳动力。1978年，浙江省城镇私营个体从业人员只有1.51万人，占总从业人员的0.08%，2011年达到了916.54万人，比重增加到24.95%；1978年，乡村从业人员1480.56万人，占总从业人员的82.48%，2011年为1780.4万人，比重减少到48.46%。

（二）浙江省民营经济专业市场块状经济的发展促进了城镇化

浙江省被誉为市场大省，已有专业市场4000多家，超亿元市场数、单个市场成交额都位于我国榜首，专业市场数量多、规模大，辐射范围广。义乌的中国小商品城、绍兴的中国轻纺城是我国经营规模最大的专业市场。

专业市场的集聚效应促进了城镇化的发展。在浙江省民营经济发展的初期，我国正处于计划经济时期，农村商品短缺，流通不畅。浙江省较早地进行了市场取向方面的改革，大力地推动民营经济的发展，形成了产业、市场、城市化相互推动发展的“三位一体”结构。专业市场的形成，提高了生产与流通的组织化程度，使那些规模小、技术层次低、组织结构单一的企业有了集中交易的平台，大量劳动力密集型和替代性较强的商品有了集中交易的场所，促进和加快了经济要素的聚合，为农村的市场提供了廉价的消费品，产生了交易的集聚效应与规模效应。通过人口、资金等要素的流动与集聚，加快了浙江省的城镇化进程。据统计,浙江省有60%以上的小城镇是伴随市场的发展形成的。

浙江省在专业市场基础上形成的块状经济将众多资源聚集,有效带动了民营企业的区域调整与集群发展。“块状经济”的特点是同类产业的区域性集聚。浙江省通过将民营企业、支柱产业的生产要素集聚,和专业市场相结合,形成小企业群、产业群及区域特色突出、规模效应明显的块状经济,产生群体化的规模优势与极具带动力和辐射力的特色产业优势,将局部的生产优势转化为综合的经济优势,节约了交易费用,促进了区域经济的发展。

通过“块状经济”的形成与发展,打破了城乡分割的二元结构,促进城乡之间人口和各种生产要素的流动与重组,人口与资源向“块状经济”中心城镇集聚,带动城镇化发展。

目前,浙江省的块状经济涉及制造、纺织、加工、运输、建筑、养殖、工贸、服务等10多个领域、100多个工业行业及30多个农副产品加工业。海宁皮革服装、乐清低压电器、永康五金制品、浦江水晶工艺品、诸暨珍珠和嵊州领带等在全国享有盛誉。工业总产值达亿元以上的块状经济有500多个,52个区块的产品在国内市场的占有率达30%以上。年销售收入达10亿元以上的块状经济达到312个,占全省工业销售收入的一半以上,从业人员占全省工业从业人员的56%。

二、重庆市

(一)重庆市民营经济的发展促进了城镇化

2011年,重庆市GDP突破万亿元,达到10011.37亿元,增长16.4%,增速位居全国第一。重庆市是全国统筹城乡综合改革试验区,2011年城镇化率为55%,城镇居民人均可支配收入、农民人均纯收入分别为20249.7元、6480.41元,分别增长15.5%、22.81%,城乡收入比由2007年的3.58:1缩小为2011年的3.12:1。

2011年,重庆市民营经济增加值4894.32亿元,占全市GDP的48.89%,增长18.3%,对全市经济增长的贡献率为54.3%,拉动经济增长8.9个百分点。民营经济成为吸纳城乡就业的主渠道,为众多的进城务工人员提供了工作岗位。1996年,重庆市私营和个体就业人员为280.24万人,占就业人员总数1719.43万人的16.3%;2011年,私营和个体就业人员为628.15万人,占就业人员总数1585.16万人的39.63%,总量及比重都增加了一倍多。

(二)重庆市民营经济产业集群的发展有力推进了城镇化

1. 中小企业集群及工业园区

重庆市将建立与发展中小企业集群和工业园区作为发展民营经济的有力措施。针对中小企业分散、产业链不健全、缺少产业集聚效应等问题,重庆市按照“布局集中、用地集约、产业集聚、功能集成”的原则，注重培育区域中小企业特色产业集群，在特色工业园区建设标准厂房发展楼宇工业，在市内发展都市楼宇工业园，积极推进园区的拓展。完善帮扶机制，加快园区基础设施和标准厂房建设，打造中小企业发展和返乡的创业平台。发挥大型企业的集聚带动效应，吸引更多相关中小企业集聚。引导民营企业向园区集中，形成产业集聚，延伸产业链。

中小产业集群与工业园区的发展促进了城镇化。工业园区是产业集群的主要载体，有利于资源利用的最大化、降低企业成本，还增强了招商引资的吸引力，是推进工业化的有效形式。产业的区位集聚过程是城镇化发展的主要推动力。工业园区的规模经济促使企业及人口集中，通过特色产业板块、生产力布局、人口集中，带动消费的增长、就业渠道的增多、公共基础设施的完善、第三产业的发展，产生集聚经济，吸引其他企业及人口的集聚，推动城镇化进程。

重庆市已形成百亿级园区20个，除2个国家级开发区——重庆高新技术产业开发区及重庆经济技术开发区外，现有43个市级特色工业园区。

2. 发展生产性服务业、农产品加工业

重庆市的生产性服务业及农产品加工业得以较快发展。重庆市的金融、会计、担保、咨询、评估、法律、代理、会展、贸易、物流等生产性服务业快速发展。2010年，重庆市在国内率先开展了离岸金融结算及电子商务国际结算，将成为内陆地区的金融高地；已形成国际级的物流通道3条，国家级的物流通道5条，正加快升级建设物流中心；形成解放碑、江北等百亿级商圈，正努力建设会展之都。此外，农产品加工业已成为重庆市的经济支柱产业之一。

民营经济有力地带动了生产性服务业及农产品加工业的快速发展。2011年，重庆市非公服务业增加值达1866.23亿元，增长17.6%，占全市第三产业增加值的51.5%。2011年，重庆市农副食品加工业私营企业数为218个，从业人员2.76万人，工业总产值226.66亿元。而国有控股的农副食品加工业企业数仅为21个，从业人员0.69万人，工业总产值89.77亿元。

生产性服务业及农产品加工业的发展推动了城镇化进程。城市由于聚集了大量的资源、信息、人口和工业企业是生产性服务业的集中所在地。生产性服务业的发展推动了产业的集聚和工业化，进而促进了城镇化的发展。发展农产品加工业及生产性服务业是加快农村剩余劳动力转移，促进农民增收的重要途径。农产品加工业的发展满足了城镇化过程中对农产品的需求，延长了农业产业链，促进了农业生产的专业化、基地化，促使生产者集中连片，推动了农民向产业中心的集聚，推动了城镇化。

三、广东省

(一)民营经济已成为广东省经济发展的主要推动力量,带动了城镇化发展

2011 年,广东省民营经济实现增加值 23336.44 亿元,同比增长 11.9%,占经济总量的 44.3%。民营企业 468.40 万家,上缴税收 3718.96 亿元,同比增长 26.8%。私营企业个数突破百万,达 110.83 万个,同比增长 16.9%。广东省城乡居民收入差距由 2007 年的 3.15∶1 缩小为 2011 年的 2.87∶1。

(二)广东省民营经济产业集群镇的发展推进了城镇化

广东省的民营经济发展通过专业镇为龙头的产业集群扩张拉动了地区经济的增长与城乡统筹发展。企业、劳动力、运输设施等生产要素的高度集聚是产业集群的基本特征,从而也带动了人口、住房等生活设施的集中,这是城镇的基本特征。产业集群带来了规模报酬递增及市场规模的扩大,吸引了大量企业及产业的地区性迁移,形成了城市化集聚。产业集群与小城镇互相促进,互动发展。分散的乡镇企业通过产业集群实现了农村工业化,而农村产业、人口、资金等的集聚形成了城镇。在珠江三角洲的 404 个建制镇中,产业集群专业镇占了 1/4 以上。目前,广东省的 1145 个镇中,年产值超过 10 亿元的有 300 多个,超过 20 亿元的 120 多个,财政收入达到 1 亿元的 98 个。

参考文献

[1] 国家统计局. 2011 年我国人口总量及结构变化情况[EB/OL]. http://www.stats.gov.cn/was40/gjtjj_detail.jsp? searchword = % B3% C7% D5% F2% C8% CB% BF% DA% B1% C8% D6% D8&channelid = 75004&record = 1,2012 - 01 - 18.

[2] 浙江省统计局. 2012 年浙江统计年鉴[EB/OL]. http://www.zj.stats.gov.cn/zjtj2012/indexch.htm,2012 - 07 - 01.

[3] 陈文玲,王飞. 浙江非公有制经济发展与制度创新[J]. 经济社会体制比较,2003(6):11,12,14.

[4] 重庆市统计局,国家统计局重庆调查总队. 重庆统计年鉴 2012[EB/OL]. http://www.cqtj.gov.cn/tjnj/2012/indexch.htm.

[5] 重庆市统计局. 民生导向促共富,科学发展谱新篇[EB/OL]. http://www.cqtj.gov.cn/html/tjfx/12/03/5874.html,2012 - 03 - 09.

[6] 重庆市统计局. 2011 年重庆市非公经济实现又好又快发展[EB/OL]. http://www.cqtj.gov.cn/html/tjfx/12/03/5873.html,2012 - 03 - 09.

[7] 重庆市统计局,国家统计局重庆调查总队.重庆统计年鉴2010[EB/OL].http://www.cqtj.gov.cn/tjnj/2010/yearbook/index.htm,2010.

[8] 重庆市政府公众信息网.非公经济成渝发展主动力,5年内占GDP比重达70%[EB/OL]. http://www.cq.gov.cn/today/news/287537.htm,2011-02-03.

[9] 重庆工业园区—重庆园区网.重庆工业园区概况[EB/OL].http://www.cqyqw.com/About.asp?/452.html.

[10]金灿.2010年重庆非公经济持续快速增长[EB/OL]. http://www.cqtj.gov.cn/UploadFile/20110301151129140.pdf,2011-03-01.

[11]广东统计信息网. 2011年广东宏观经济形势分析及2012年展望[EB/OL]. http://www.gdstats.gov.cn/tjzl/tjfx/201203/t20120308_89874.html,2012-03-08.

[12] 广东统计信息网. 科学发展造福人民　转型升级闯出新路:党的十七大以来广东经济社会发展成就[EB/OL]. http://www.gdstats.gov.cn/ydzt/jjxsxwfbh/201209/t20120919_95582.html,2012-09-19.

[13] 黄建华,彭俊杰,张晓雯,等.民企扎堆珠三角专业镇,形成全国最大产业集群[N].广州日报,2007-05-19.

民营经济面临的约束与发展思路探讨

王俊

(贵州省社会科学院西部开发研究所)

摘　要:民营经济是一种以产权归属关系为民间所有并以民众经营为机制特征的经济发展形式,是具有中国特色的一种经济形式,由于其具有明确的产权关系以及较强的创新能力,在活跃社会主义市场经济方面具有不可替代性。然而,随着民营经济的不断发展,民营经济的发展空间开始出现需求与供给不对称的问题,民营经济的制度供给并不能很好地满足制度需求,发展困境不断出现。如何根据市场发展需求来提供合理有效的制度供给从而促进民营经济的健康、有序、高效发展就显得至关重要。

关键词:民营经济　发展　约束

一、民营经济发展的约束分析

制度与机制在促进经济发展过程中起着至关重要的激励作用,制度的缺失或是机制设计的不完善都将会严重阻碍经济的长期持续发展。目前就民营经济而言,存在的制度约束主要有产权制度约束、金融制度约束、商会制度约束、文化观念约束、市场准入制度约束等。

(一)产权制度约束

民营企业在发展中存在的产权制度约束主要体现在家族企业内部的产权模糊,产权并未界定到自然人。这种产权的不清晰有着历史的原因,企业最初的建立与发展是在作为一个家族或家庭基础之上的,发展初期较为自然地采取了所有权与经营权合一的产权制度,这种制度安排最大限度地避免了信息不对称所带来的委托代理成本,较快地促进了企业的发展。但是,这种产权制度随着企业的发展壮大开始形成发展阻力,产权不清晰以及权责不明确会引起严重的激励问题。

(二)金融制度约束

金融是现代经济的核心,金融最主要的功能在于引导资金流向生产性用途,实现资源的跨期合理配置。然而由于信息不对称导致的逆向选择以及道德风险的存在,使得民营企业的融资渠道相当狭窄,主要的资金来源于企业内部融资,外源性融资(主要来源于信贷)以及风险投资依然不足,长期以来形成的融资难问题仍待有效破解。

(三)商会制度约束

有效合理的商会运行可以弥补一定的市场缺陷以及政府失灵,从而维护会员合法权益、促进企业繁荣。但是目前我国的商会建设以及运作存在滞后现象,相关政府、社会以及企业仍存在认识不足,建立商会组织的也存在组织机构不健全、章程规范不完善、角色定位不明确以及职责履行不到位等现象,这些问题的长期存在也给民营经济的发展造成了一定的约束。

(四)文化观念的约束

文化观念约束对于企业发展来讲是一种非正式的制度约束,这种约束主要指的是企业文化的建设以及道德诚信的坚守。企业要实现可持续的健康发展,除了依靠生产要素的合理配置以及技术创新的大力推动外,还需要一种文化底蕴的支撑。一种好的企业文化能够凝聚人心强化创造,同时也能树立起一种良好的社会形象赢得口碑。与此同时,民营企业的健康发展,也需要树立起诚信意识,不断提升诚实守信的理念,形成良好的社会氛围,这些都是一种无形的生产力。然而,目前大多数的民营企业都存在重发展轻文化、重效益轻诚信的现象。文化观念的缺失很大程度也约束了企业的长期发展。

(五)市场准入制度的约束

民营经济作为一种在体制外发展起来的经济形式,长期以来,存在行业进入难或者是进入不充分的问题。进入难的问题有着诸多方面的原因,有的是由于市场壁垒的存在形成市场准入的约束;有的是由于相关行业的发展存在规模报酬,而民营企业在现有的融资环境以及融资规模下难以达到规模所需;有的是由于市场准入过程中存在差别化的待遇,使得民营企业很难被“选中”从而进入相关行业。

二、民营经济发展思路探讨

(一)明确界定产权,规范企业运作

企业产权的清晰界定对于明确权责归属,充分发挥激励机制至关重要。对于家族式或家庭式的民营企业需在成员之间明确界定产权,使权责明晰化,有条件的企业可以通过实行现代企业制度来重建产权结构,通过所有权与经营权的分离,规范企业运作,从而充分发挥专业化优势扩大规模经营。

(二)加大金融支持,拓展融资渠道

进一步深化金融体制改革,转变发展理念,加大信贷资金投放力度,同时,逐步建立

并完善信息传递机制,完善信用担保,弱化市场信息不对称效应,积极引导民间资本、风险投资等市场资金介入民营经济的发展。通过直接融资和间接融资的有机结合不断拓宽企业的融资渠道,充分发挥内源融资和外源融资的作用,积极支持民营企业的发展,从而做大做强民营经济。

(三)建立健全商会,增强服务能力

商会的建立需有法可依、有章可循,通过规范的商会运作、明确的角色定位来发挥其在市场经济中的协调作用。商会要通过自身建设来不断承接政府相应经济职能的转移,做好行业规范与监督、行业协调与自律以及行业指导与服务,建立起政府、市场、商会三方的良性互动机制,不断拓宽市场准入渠道,从而最大限度弥补政府失灵以及市场不足,推动民营企业稳定发展。

(四)树立企业文化,增强发展后劲

企业的可持续发展需要文化作为支撑,企业文化具有导向、凝聚、激励等功能,优秀的企业文化能够有效降低企业运作成本,同时也能够通过企业文化的传播树立起良好的公众形象以及品牌认可。企业文化的建设需要企业家精神,需要通过诚实守信的道德约束以及文化底蕴的培养来加以积累。企业文化的选择代表了一个企业的发展理念,只有积极向上的具有历史使命感和社会责任感的企业才能持续增强自身的核心竞争力。

三、结　语

民营经济作为社会主义市场经济不可或缺的一部分,在推动我国经济结构的调整发展以及增强经济发展活力方面起着至关重要的作用。民营经济的自身实力虽随着我国社会主义市场经济的发展不断得以加强,但是做大做强民营经济仍然任重而道远。民营经济的发展离不开企业的发展壮大,企业的发展离不开制度的支持以及市场的竞争,政府和市场在推动民营经济的发展过程缺一不可。只要充分发挥好政府与市场的配置功能,不断加强自身建设,就一定能逐步解决融资难、产权乱等束缚民营经济发展的难题,从而充分发挥好民营经济在活跃市场、扩大就业等方面的积极作用,积极推动民营经济的发展。

加强产业园区建设　引领贵州新型工业化快速发展

陈成

（中共贵州省委政策研究室）

摘　要：产业园区是民营经济发展的重要载体。抓好产业园区建设是落实“工业强省”战略、引领贵州新型工业化，推动全省经济又好又快、更好更快发展的重要举措。国发〔2012〕2号文件指出，按照整体规划、严格管理、滚动发展、务求实效的原则，规范发展产业园区，充分发挥产业集聚和辐射带动作用。贵州省第十一次党代会报告强调，要“集中打造产业园区，充分发挥工业对国民经济的主导作用”。因此，本文就加强产业园区建设，引领贵州新型工业化快速发展进行探讨。

关键词：产业园区　新型工业化　产业集聚

一、产业园区对贵州新型工业化的重要引领作用

近年来，贵州省坚定不移地把产业园区发展作为落实主基调、实施主战略的重大举措，充分发挥产业园区在科技引领、体制创新、产业聚集、要素集成、土地集约等方面的独特作用，引领新型工业化、推动全省经济社会又好又快发展，扎实抓好项目投资和基本建设，统筹推进产业发展和园区建设，全省产业园区建设步入了一个快速成长、良性提升的快车道，成为工业经济的主导力量。2011年，全省产业园区实现工业总产值1977亿元，占全省规模以上工业总产值的33.9%；工业增加值495亿元，同步增加26.5%；工业总产值超亿元的园区87个，其中年产值10亿元的27个，30亿元的17个；入园企业3231个，累计投产项目1685个，全省在建产业项目1572个；产业项目投资完成276.7亿元，占全省工业投资的44%，现有从业人员36万人，产业园区越来越成为推动贵州经济跨越发展的主导力量。

（一）产业园区推动了产业结构调整和优化升级

近两年随着贵州产业园区的快速发展，扩大了全省的经济总量，促进了贵州产业结构的调整和优化。在园区建设中，始终把握技术创新作为推动产业升级优化的核心作用，引进先进技术，不断推动高新技术产业发展和传统产业的更替、改造。在做大经济总量的同时，三次产业结构比例不断优化，信息、生物、新材料、装备制造等产业对经济增长的贡献越来越大，不断涌现具有一定市场竞争力的产业。如百灵、神奇等制药企业在贵

阳或周边地带投建工业园,形成以苗药、中成药等为主的研发、生产、营销一体的产业群,推动贵阳、贵州制药业产业结构升级。

(二)产业园区有利于优化产业空间布局和实现绿色发展目标

制定科学的产业园区规划,推动产业、企业聚集,空间布局更紧凑、合理,行业之间关联度进一步加大,有效避免了不同产业、产业内部之间的无序竞争和重复建设。产业园区能利用国家产业政策、发挥好资源禀赋作用和规模效应,延长产业链,吸引众多的民营企业集群发展。在推进生产要素向优势产业聚集过程中,企业在园区内共同发展,共享公共设施,能有效减少非生产性用地数量,极大缓解项目建设用地和农业用地之间的矛盾,也有利于集中处理废料、废气、废水,降低污染治理成本,实现环境建设的规模效应,从而实现绿色发展目标。

(三)产业园区有利于吸纳劳动力和安置被征地农民就近就业

产业园区发展提速,使贵州的就业容量扩大,就业机会明显增加,成千上万的农村富余劳动力因产业园区建设发展实现就地就业,本地农村富余劳动力在产业园区转移就业、成为产业工人后,在园区企业上班的同时,下班后还可以照顾家庭,种些庄稼,既有工资收入,又有务农收入,成为让人羡慕的"双薪农民",实现了企业和群众的双赢。尤其是余庆等县积极打造"归雁经济",创建返乡农民工创业园,通过土地、信贷、税收等方面的政策优惠,积极吸引外出农民工回乡创业、以创业带动就业,目前已经初具规模。2012 年以来,贵州省产业园区大力实施区域劳动力转移规划,加快劳动力向园区聚集,吸纳劳动力的用工规模不断扩大,劳动力素质也不断提升,2011 年贵州第二产业就业人数 215 万人,比 2010 年增加了 12 万人。

(四)产业园区提高了对内对外开放水平。工业园区建设,展示了贵州的开放姿态,标志着贵州的对内对外开放程度和水平更上了新台阶

作为"三不沿"的内陆腹地,贵州经济封闭发展的特征曾经比较明显,现在随着工业园区的建设发展正在打破这种局面。为解决资金、技术、管理等瓶颈问题,贵州工业园区以电力、磷煤化工、装备制造、有色金属、建材、烟酒、特色食品及民族制药等产业为重点,优选项目,进一步扩大开放,积极搭建招商引资平台,全方位开展招商引资,着力吸引央企和省外其他优强企业、企业集团进驻园区发展。贵阳市国家高新区麦架—沙文生态科技园紧紧围绕战略性新兴产业,紧盯世界 500 强、国内 500 强、民营 100 强及省内大企业实施"招大引强",成功引进 20 余个基地化产业项目落地,总投资 174 亿元,形成了较为鲜明的产业特色。

（五）产业园区有利于产业集群发展、集约化发展

通过引导企业向园区集聚，加强关联产业链接，培育发展专业分工突出、协作配套紧密、规模效应显著的产业集群。依托大项目积极发展上下游产业，不断优化产业结构，不断提高产业集中度，促进产业集群发展。如，以承接珠三角地区劳动密集型产业转移为主的兴仁工业园，产业集群优势明显，产品市场竞争力逐步扩大。建设产业园区也是一条集约化发展工作的路子，可以统一协调发展、统一配套设施，节约企业成本，提高产业发展效益。

二、产业园区建设中面临的主要困难和问题

（一）开发资金筹措困难，基础设施建设滞后

贵州工业园区的基础设施建设主要采取政府对土地进行一级开发的模式，即由政府投资开发使园区具备通路、通电、给排水、通信、通天然气或煤气，以及平整场地等条件，以便让企业入园后可以迅速开发建设。园区基础设施建设需要大量的投入，而贵州是财政穷省，2011 年财政总收入不过 1330 亿元，地方政府财力有限，用于解决园区道路、供水、供电、通信、场地建设等方面的资金普遍不足，进展缓慢，严重影响了园区投资环境，削弱了园区对客商的吸引力和对企业发展的支撑力，阻碍了园区项目的顺利引进和落地项目的开工建设。为突破园区建设基础设施方面的投入不足，不少地方采取了 BT 模式筹集建设资金，但项目在移交政府时依然需要支付大量的资金，要为建设投入埋单，并未在根本上解决项目基础设施资金匮乏这一难题。

（二）土地供需矛盾突出，企业入驻园区难

入园的企业比较多，土地供应指标有限，征地拆迁矛盾大等问题日益呈现，园区土地紧缺成为园区发展的"瓶颈"，导致大量引进的企业无法落地。如，2013 年省下达黔南新增用地 284 公顷，仅上半年，黔南实际用地 513 公顷（其中，工业项目 57 个，用地 143 公顷），超出下达指标 229 公顷，预计全州 2013 年新增建设用地总需求量达 2000 多公顷，缺口用地达 500 多公顷，州内无法调剂解决。

（三）产业特色不鲜明，缺乏集群发展

2010 年后贵州工业园区建设热潮涌动，工业园区遍地开花，截至 2011 年底，贵州工业总产值超亿元的园区达 87 个，贵州工业园区的总数超过了 100 个，建设的速度较快。但其中存在县县建园区、一个县建几个园区的局面，不少园区产业定位不准，特色不鲜明，工业园区之间产业雷同、产业同构现象严重，很多园区的定位方向多元化，分散了有

限的财力和物力,和当前地区经济水平不相吻合。园区之间的链接,整合效果不明显,产业的依存度不高,缺少龙头企业、企业关联度普遍较低,产生不了集群效应,整体效益偏低。有的园区产业规划定位明确,但招商中仍存在“饥不择食”现象,难以形成产业集聚、产业配套。

(四)园区人才缺乏,自主创新能力还不够强

对高层次人才的引进机制还不健全,园区及工业类人才匮乏。据黔南州人力资源和社会保障局统计,全州2000多家各级行政事业单位,5万多专业技术人员中,工业类专业技术人员仅229人,不到0.5%。部分园区科技创新能力弱,不具备基本的研发能力,难以形成核心竞争力。2010年贵州工业化综合指数为26.2,处于工业化初期后半阶段,在全国31个省市区中仅高于西藏,需要进一步提升科技水平。近年来,贵州省把与国内外知名科研机构、高校和企业的合作,作为尽快提升科技创新能力的一条捷径,但自主创新能力还不强。企业的自主创新资金、政府推动技术创新的体制机制和保护科研成果的法规还不健全、成果转化率还满足不了现实的需要,这些都制约了自主创新的步伐。

(五)园区组织管理体系不完善,管理关系有待进一步理顺

管理机构不明确,有的园区管委会还是临时机构,人员从不同单位借调;园区管理机构人员多属于事业编制,有的园区干部不愿从公务员身份转为事业编制,园区干部队伍不稳定,影响了园区工作的正常开展。园区建设管理体制未完全理顺,有的园区属市、县两级联办的园区,园区开发存在两级职责分工不明确、建设管理不到位、激励机制不配套等问题,协调配合不够,未能形成推进园区建设的合力。

三、加快产业园区建设的对策思考

(一)多渠道加大投入,提升产业园区综合承载能力

园区建设投入十分巨大,平均每平方公里投入高达10亿元,所以园区建设投入仅靠政府远远不够。目前各园区基础设施建设项目很大部分采取BT模式融资,未来1~2年内回购高峰将给园区建设资金链造成极大压力,采取BT等市场融资模式不能根本性解决园区融资问题,最终解决园区投入问题要通过提高园区市场化融资能力,积极探索多元化、多渠道的园区投资建设运营模式。可引入公司制开发模式,从开发到管理全过程运用市场手段,逐步将园区建设由政府行为转化为企业行为,由开发企业以投资土地开发和设施建设并通过其产品和服务的销售来获得收入,使政府降低投资风险,转移投资成本,实现政府和企业的互利共赢。进一步明确市、县对园区投入责任、利益分享权力,建立园区建设偿债机制。在加快推进园区内电、水、路、电信、天然气等基础设施建设同

时,加快外围基础设施配套,使园区内部配套与外部基础设施有效衔接,做到"开发一片,收益一片,繁荣一片"。

(二)全力保证园区建设用地,做好服务强化招商引资工作

园区是扩大开放的主战场,要不断扩大贵州产业园区的宣介力度,狠抓招商引资工作,以更加开放的姿态、更好的优惠措施、更好的服务,吸引更多的企业进驻园区。要站在更高的起点上宣传园区,明确招商引资的方向,通过在国内主要媒体宣介的同时,积极参加各种商务会议、商务活动,把贵州的产业发展的优良环境和资源优势、政策优势宣传出去,让更多的企业看到贵开放奋进、协力争先的精神面貌。加强对接,争取得到更多支持,最大限度地缓解用地矛盾,土地供应指标向园区倾斜,保障园区用地需求。探索建立工业建设用市(州)内县(市、区)调剂机制,减少有项目时无地供给的困难。坚持集约用地,向低山、丘陵要地,建梯田工业园区,尽量减少占用耕地。坚持"一园一策"招商,着力引进知名品牌、知名企业落户贵州工业园区,鼓励企业发展循环经济、低碳经济。对进驻园区的企业,提供优惠的政策条件、税费减免、开辟"一站式"服务,帮助企业办理相关手续。支持园区加快投融资和担保体系建设,提升园区筹资担保能力,支持各类金融机构到产业园区设立分支机构,鼓励发展小额贷款公司,优化园区产业发展的环境。

(三)明确园区产业定位和发展方向,推进产业集聚集群发展

一是借鉴国内成功工业园的做法,按照"园区向城镇集中,企业向园区集中,人口向城镇聚集"的发展思路,高起点、高水平地编制产业园区发展规划。紧紧围绕"四基地一枢纽""三区一屏障"的战略定位和"黔中带动、黔北提升、两翼跨越、协调推进"的空间布局,明确不同园区的产业定位和发展方向,使不同产业、企业和项目都能快速准确地找到适宜发展的园区落户。二是按照各地区位、资源、产业等优势特点努力培育本地区特色优势产业,防止重复建设。对全省各类产业园区的主导产业进行认真梳理,明确功能定位,形成各具特色、功能完备、有机链接的产业园区空间布局,每个园区着力抓好2~3个主导产业,推动产业聚集。三是依托大项目积极发展上下游产业,延长产业链,不断提高产业集中度,充分发挥核心企业龙头带动作用和大中小企业集聚功能互补作用,优化园区企业之间的协作配套体系,培育新的经济增长点。

(四)加大园区人才建设力度,增强科技创新能力

一是要加快培养适应园区发展需要的经济管理干部、企业家、专业技术人才和产业工人。要通过"走出去"和"请进来"等多种形式,培养一批事业心强、政策水平高、懂经济工作的管理干部和社会责任心强、懂经营、善管理、善于开拓的企业家。要建立健全人才引进的政策体系,大力引进一批专业技术人才。要进一步整合全省各类培训资源,围

绕全省园区产业发展,系统化地培训产业工人。二是鼓励科技创新。支持骨干企业和科研机构、高等院校联合申报各类科技项目,同等条件下优先安排科技经费,努力攻克一批关键技术、核心技术。坚持自主创新与技术引进,积极鼓励企业加大科研投入力度、提高科研成果转化速度,推动贵州省战略性新兴产业的快速崛起。

(五)完善园区管理体制,推进园区健康有序发展

一是进一步落实市、县级政府及其部门乃至乡镇与园区管委会的职责,形成共同推进园区建设的合力。明确园区干部交流任用、身份等待遇认定,以公务员身份调入园区工作的,可保持原有身份不变,工资待遇就高不就低,以稳定园区干部队伍。二是加强园区台账和调度制度建设。全面掌握即正上马的项目、即将上马的项目基本情况,项目建设中存在的主要问题是什么,要做到底数清、情况明。建立全省工业园区发展日常调度分析制度,监测运行状态,查找发展问题,提出政策建议,推进园区健康有序发展。三是建立园区工作考核推进机制,对园区工作目标实行月调度、季考核,考核结果通过媒体向社会公示,对排名靠前的园区管委会进行奖励,对因主观因素导致目标任务未实现的实行问责制,确保目标任务落到实处。

打造黔中增长极,促进贵州崛起

钱龙①

(贵州大学管理学院)

摘 要: 贵州是全国贫困面最大的一个省份,是典型的欠发达、欠发展、欠开发区域。贵州的工业化、城镇化水平远远滞后,低于全国平均水平达15年。贵州应紧紧抓住第二轮西部大开发的历史机遇,加快打造区域性的增长极,形成黔中经济区,发展黔中城市群,带动全省经济奋力崛起,实现贵州三化建设历史性跨域。本文重点分析了黔中经济区的基本情况和优势,论证了打造黔中经济区的必要性,并提出进一步发展的相关政策建议。

关键词: 黔中经济区 增长极 政策建议

黔中经济区这个概念并非新近才有,陈钊(2004)在其《发展西部经济核心区的对策》一文中,已经对比分析了包括黔中经济区在内的西部已经形成和正在形成的10个经济核心区的实力。然而,黔中经济区由理论概念变为政府决策却是发生在最近两年。

2010年6月,国务院审议通过《全国主体功能区规划》,黔中经济区名列其中,成为全国主体功能区规划的18个重点开发区域之一。2010年7月在北京召开的西部大开发工作会议中,黔中经济区被列为国家实施新一轮西部大开发布局的12个重点经济区之一,被定性为第三层次的区域性增长极。2011年3月,全国《"十二五"规划纲要》明确指出要"推动黔中等经济区加快发展,培育新的经济增长极"。贵州省委、省政府高度重视黔中经济区建设,省委十届九次全体会议通过了《加强城镇化进程促进城乡协调发展的意见》,明确了以贵阳为中心、迅速培育黔中经济区的原则。提出要把黔中经济区建设成为全国重要的能源原材料基地、以航天航空为重点的装备制造业基地、烟草工业基地和南方绿色食品基地,西南连接华南、华东地区的陆路交通枢纽和全国的商贸物流中心。《关于支持贵阳市加快经济社会发展的意见》明确提出未来五年要举全省之力,全力打造黔中经济区,加快培育以贵阳为中心,遵义、安顺、都匀、凯里为支撑,贵阳—遵义、贵阳—安顺、贵阳—都匀和凯里三大城市带为骨架,一批重要县城为节点的黔中城市群,建设成为全省城镇化的核心区,使黔中经济区成为全省工业化和城镇化的"火车头"和"发动机"。应该说,贵州迎来了有史以来最大的发展机遇,全省上下必须紧紧把握这次千载难

① 钱龙,男,贵州大学管理学院2010级硕士研究生。主要研究方向:农业经济理论与政策、制度演化。

逢的机遇,推进贵州奋力崛起!

一、黔中经济区基本情况

对于黔中经济区的界定,存在多种说法。主要分歧在于对“黔中”二字的理解不一样。部分学者从地理区域角度出发,认为黔中代表的是贵州中部是以贵阳市为中心的贵州中部城市群。另一部分学者则认为,黔中代指的是贵州经济的中坚的意思,选取贵州省内经济发展程度较高的区域组成的新的增长极。这两种划分,有很大的一致性。贵州省内较为发达的贵阳、安顺等地市基本都位于贵州中部,因而我们采用区域划分法,这也是目前政府采用的通行的黔中经济区的定义。

按照贵州省制定的《黔中经济区发展规划》,黔中经济区地理范围包括贵阳市全部和遵义市、安顺市、黔东南州、黔南州部分地区,新近又加入了毕节市的织金、黔西等地。经济区是以贵阳环城高速公路为纽带核,建设1小时经济圈,增强贵阳对周边地区的辐射带动作用,距贵阳环城高速50公里以内的带动圈,距贵阳环城高速约100公里的辐射圈。经济区包括32个县(区、市),土地面积约5.1万平方公里,2009年末总人口约1568万人,计划到2020年达到2000万人。

省委、省政府明确地指出,“黔中经济区”应当成为推动贵州全省经济社会加快发展的“火车头”和“发动机”以及西部地区重要的经济增长极。黔中经济区的核心战略在于城镇化和工业化,必须大力培育发展以中心城市为支撑的区域经济增长极,形成构建黔中经济区奠定重要基础和支撑平台。

黔中经济区包括贵阳市全部10个区(县、市),遵义市红花岗区、汇川区、遵义县、仁怀市,安顺市西秀区、平坝县、普定县、镇宁县,黔南州都匀市、瓮安县、福泉市、龙里县、贵定县、长顺县、惠水县,黔东南州凯里市、麻江县,毕节地区毕节市、织金县、金沙县、黔西县、大方县。这些县(区市)涵盖了贵州省基本所有的经济发达区域,经济强县均在上述名单之列(见表1)。黔中经济区人口、经济、财政比重在全省均占较大比例,2009年末,其地区生产总值占贵州省的59%,人口约占全省的41%,人均1.47万元(见表2)。

表1 贵州省经济强县前20名

排名	地区	人均生产总值(元)	2009年比2008年增长(%)	排名	地区	人均生产总值(元)	2009年比2008年增长(%)
1	云岩区	33692	11.9	11	花溪区	18910	17.1
2	小河区	32704	13.5	12	兴义市	16858	14.1
3	钟山区	30655	5.2	13	清镇市	16280	14.1
4	乌当区	29687	15.5	14	盘县	15394	15.1
5	仁怀市	29324	13.3	15	福泉市	15188	12.4

续表

排名	地区	人均生产总值(元)	2009年比2008年增长(%)	排名	地区	人均生产总值(元)	2009年比2008年增长(%)
6	白云区	28421	11.2	16	凯里市	15128	11.5
7	南明区	26801	11.2	17	铜仁市	14570	13.1
8	汇川区	24986	9.3	18	修文县	14099	14.6
9	红花岗区	23734	13.4	19	开阳县	13518	11.9
10	息烽县	20740	19	20	都匀市	13469	14.1

表2　2009年黔中经济区基本情况

指标	贵州省	黔中经济区	黔中经济区所占比例(%)
土地面积(万平方公里)	17.6	5.1	28.6
人均GDP(万元)	1	1.47	
年末人口(万人)	3798	1568	41.3
地区生产总值(亿元)	3912	2306	58.95
一般预算收入(亿元)	416	190	45.67

黔中经济区除了拥有较好的经济基础外,区位交通优势也十分优越。就省内而言,黔中经济区的核心区域地理环境优越,生态承载力强,全省坡度低于6度的平坝地一半左右集中在这个区域①。随着贵阳—安顺一体化已经提上日程,和高速公路逐渐覆盖全省,贵阳作为省会城市的带动效应会越来越明显。就全国层面而言,贵州省地处西南数省之间,历来为西南地区南下的交通要道。黔中经济区更处于全国"两横三纵"城市化战略格局中沿长江通道横轴和包昆通道纵轴交汇地带,区位优势十分明显。黔桂、贵昆、川黔、湘黔线在境内交汇,随着即将投入运营的内昆线、水柏线、渝怀线、隆黄线和贵广线的相继建成,贵州作为西南大十字的作用将会更加突显。公路建设方面,西部大开发十年来,在国家财政大力支持下,贯穿贵州的国道数大幅增加,G320、G321、G326、G60、G210、G75等将贵州各地州与周边地区连成一片,通行难成为历史。2000年,贵州高速里程只有258公里,而2010年同期就达到1507公里,2011年更是一举超过2000公里,87%的县实现了高速公路覆盖,黔中大地的交通网络正在区域完善②。

黔中经济区另一个优势在于具有丰富的电力资源。推进工业化和城镇化需要大量的电力作为支撑,电力匮乏现象在经济发达地区的弊端已经显现,拉闸限电会极大地损

① 赵克志主推:贵州黔中经济区浮出水面[EB/OL]. http://www.house.ifeng.com/rollnews/detail_2011_06/02/6772161_0.shtml,2011-06-02.

② 金黔在线-贵州日报.贵州高速公路里程年底将超2000公里[EB/OL]. http://www.sina.com.cn,2011-11-02.

耗企业的经济效益,造成非生产性损失。而贵州省有着丰富的煤炭资源和水电资源,水火并济,电力资源十分充足。自2000年全省电力装机容量只有500万千瓦,2010年同期则达到了3000万千瓦,“十二五”期间则有望进一步达到4500万千瓦,在满足西电东送的前提下,完全能够以较低的成本供应园区内的企业,使其降低成本,提高市场竞争力。

贵州省是矿产资源大省,除煤炭储量高居长江以南数省之冠以外,其他矿产资源诸如磷矿和铝矿等的存量在全国位居前列。2009年,贵州黄磷产量居全国第二,约占全国产量的25%;铝储藏量达4亿吨,是全国三大铝生产基地。这为贵州发展与这些资源相关的重化工产业提供了有利的前提。目前,煤及煤化工、磷及磷化工和铝及铝化工已经成为贵州省的支柱产业,是黔中经济区具有相对优势的产业集群。

此外,该区域在航空、航天、电子工业以及磨料磨具、矿山机械、农业机械、电工仪表、轴承、机床工具、汽车零配件等行业具有较强技术实力和产业基础,尤其在航空、航天和电子三大国防军工基地的专业技术人才优势,新型航空航天产品和重大装备的研发能力和技术创新能力,具备建设事关国家安全的航空航天、重大装备制造、电子信息等特色装备制造业基地的优势和条件。

丰富的矿产资源和相对完备的工业体系,为全省计划到2015年初步建成国家重要能源基地、资源深加工基地、装备制造业基地、战略性新兴产业基地、国家优质轻工产品基地,并推动电力、煤炭、冶金、有色、化工、装备制造,奠定了良好的基础。

二、建设黔中经济区的必要性

改革开放以来,我国已经形成了环渤海经济圈(京津冀经济区、山东半岛经济区和辽宁半岛经济区),以沪浙苏宁为主的长三角经济区和珠三角经济区的三大全国性的经济区。这三个经济区整体发展水平领先于全国,属于第一梯队,对全国经济贡献率大,发挥着领头羊的作用。

东部地区率先崛起,中西部也不甘落后。正在形成的具有国家层面影响的经济区,包括成渝经济区、东北经济区、大武汉经济区、长株潭经济区、中原经济区、关中经济区和北部湾经济区。这些经济区发展迅速、基础雄厚,大有后起之秀之势。

其他各省也在积极酝酿本省的区域性经济区规划,推动其经济战略获得国家首肯。2010年1月,安徽《皖江城市带规划》获得国务院批准;2010年3月,国务院正式批准实施《青海省柴达木循环经济试验区总体规划》;2010年6月,跨越内蒙古和宁夏回族自治区的“呼包银”重点经济区获得国家正式认定;2010年12月,江西《鄱阳湖经济区》上升为国家级战略;2011年5月,山西省《太原经济区》获批上升为国家战略;2011年7月,福建省海峡西岸经济区获准。另外,面向中亚的新疆天山北坡经济区,横跨三省的陕甘宁经济区、宁夏沿黄经济区、兰西格经济区、西江上游、滇中经济区、西藏“一江三河”等经济区也在积极申报，等待国务院最后的批复。

由此可见，我国已经进入了各省区独立或联合作战的“战国时代”，群雄逐鹿，争取本区域经济规划成为国家级战略，从而获得更多的政策和资金支持。贵州地处西南边陲，远离经济中心，如果不适应形势，无所作为，必然会在未来的省际竞争中落败，与其他省份的差距会越来越大。因而，推动黔中经济区建设是适逢其时的，也是不可缺少的。

从理论上来讲，加快推进黔中经济区建设，形成增长极，带动全省经济发展，符合经济发展过程。现代区域经济学和发展经济学都对此进行了深入研究。

法国经济学家佩鲁在1950年提出了著名的增长极理论。该理论认为：一个国家要实现平衡发展只是一种理想，在现实中是不可能的，经济增长通常是从一个或数个“增长中心”逐渐向其他部门或地区传导。因此，应选择特定的地理空间作为增长极，以带动经济发展。

增长极理论是不平衡发展理论中十分具有代表性的理论，该理论自提出以来，被许多国家用来解决不同的区域发展和规划问题，较为成功的有巴西和马来西亚等国。我国在改革过程中，基本上遵循了佩鲁的增长极理论，培养了四个较大的增长极，对国家综合进步做出了巨大贡献（见表3①）。国家通过优先支持沿海地区，培育主导产业，推进核心城市建设，发挥增长极的乘数效应和扩散效应，让有条件的地方先富起来，先富带动后富，实际上就是一种不平衡发展战略。

表3　2010年四大增长极对全国GDP贡献率

区域	全国	长三角	珠三角	环渤海	成渝	四大经济区总计
GDP（亿元）	396999.8	69871.97	56250	119099.95	21000	266221.92
占全国比重（%）	100	17.6	14.2	30.0	5.3	67.1

贵州作为全国最为落后的区域之一，必须加快构建以黔中经济区带核心的增长极建设，带动全省经济协调发展，并加强与周边经济区特别是成渝经济区和北部湾经济区的联动机制，形成区域分工，从而带动全省经济再上一个新的台阶！

三、进一步建设黔中经济区的思路和建议

第一，进一步深入、科学地制定区域规划。制定一个科学的、完备细致的规划是建设区域核心经济区的第一步。它的作用和意义就如建造房子需要图纸一样。这个基础打不好，后续开展就会失去方向，缺乏步骤和层次，效度会相对低下，进度也会受到影响，因而十分不利于整个计划的实施。黔中经济区作为贵州省第一个上升为国家级战略的规

① 数据整理自2010年上述三地统计公报与统计年鉴。

划区,不能仅仅停留在一个概念或构想上。要把它付诸实施,变成事实上的区域增长极,就必须通盘考虑,合理规划,在发展新型工业化,推进城镇化的两大核心思想下,科学地制定发展近期和远景规划,重点考虑黔中地区具有比较优势的产业,以及那些新兴的具有较强带动效益的现代制造业和现代服务业,为其提供更好的展示平台,促进经济区内产业联动,分工协作,形成规模效益。

第二,切实做好财政、金融、土地等方面政策落实。经济区作为全省的发动机,需要从财政税收、金融、土地等方面给予照顾,必要时开辟绿色通道,保证其得到全面的支持,较快地形成规模。省政府应加强引导,督促各级地方政府,在不破坏当地生态平衡的前提下,优先保证黔中经济区相关项目建设用地,解决城镇化和工业化方面的土地制约问题。财政支持方面,需要国家和地方共同加大投入,按照人均服务均等化的原则,完善经济区内的基础设施,给经济区发展奠定结实的硬件基础。另外,应给予经济区内企业一定的税收优惠,尤其是对经济社会效益双重高效企业的优惠奖励,吸引更多先进的,能够带动上下游产业链的企业进驻黔中经济区。金融方面,在鼓励商业性、合作性、政策性银行放宽对园区企业的支持的基础上,大力发展资本市场,积极探索设立产业投资基金和创业投资基金,积极争取扩大企业债券发行规模,保障其筹集资金渠道多元化。

第三,调整产业结构,延长产业链。黔中经济区是贵州省内产业基础较好,产业结构较为完整,具备一定条件的规划区域。然而,必须清醒地认识到,经济区内的产业结构仍然欠合理、产业链不长、规模效益差、联动效应差的现实局面。黔中经济区的希望在于工业化,而贵州的工业化表现为重工业特点,其支柱产业是以原料开发为主的资源消耗性工业,产业链较短,与其他产业联系薄弱,带动能力十分有限。重化工型企业自我积累能力差,消耗资金多,对于我们这个资金十分匮乏,而劳动力相对充裕的西部省份来说,走重化工的工业化道路是十分不明智的。对比长三角、珠三角等发达地区,其增长来源大多来自现代制造业和服务业,既能保证其劳动力的充分就业,产业链也较长,形成了环环相扣的网络型产业结构。可喜的是,近年来,各地根据比较优势理论,发展起来了一批具有地方特色产业(如民族医药业,茶叶、烤烟等产业),形成了一批具有影响力的龙头企业,对于经济的贡献率在逐渐增加,应给予充分重视。

第四,加强经济区域内分工协作。黔中经济区不是某一个地市的规划,而是跨越了贵阳市、遵义市、安顺市,黔东南州、黔南州和毕节市的大型经济区。如果只是单兵作战,将很难培养黔中经济区的内生增长动力。只有在区域经济一体化的框架下,各种经济要素才能得到更充分的流通,区域间的地方保护、各种经济要素的流动壁垒也才能大幅度减小,经济发展的成本才会降低。国内外成功经验也表明,一个增长极要实现对地区经济的重大影响,必须打造一超多强的城市圈。即打造一个核心城市,带动一批次级核心城市,互相联动、分工协作。因此,必须做好各地州市的协调分工合作,避免抢夺资源、产业重叠、内部消耗。省级政府应加紧构建各地市定期商讨会商机制平台建设,打造黔中经济区协同委员会,实现共享信息,利益共赢,在区域内部加强分工、完善针对那些做出牺牲的区域进行适当补偿的机制。最终形成各地市之间产业分工明确、区域分工协作良好的态势。

参考文献

[1]张晓阳.推进黔中经济区的建设思路和政策建议[J].贵州财经学院学报,2011(1):102-106.

[2]白明,王孝平.黔中经济区现状、问题与对策[J].贵州财经学院学报,2011(5):100-104.

[3]廖洪泉.黔中经济发展的制约因素与重大机遇[J].安顺学院学报,2011(2):5-8.

[4]蒙珺.黔中经济区:大手笔谱写大文章[N].当代贵州,2010(23):23-25.

[5]白明,刘庆和.贵州"十二五"发展思路研究报告[M]//西部蓝皮书(2010).北京:社会科学文献出版社,2010:217-227.

对黔南州民营经济发展的几点思考

魏明禄[①]

摘　要:改革开放以来,民营经济为黔南州经济腾飞注入了强劲动力,逐步成为黔南经济快速增长的重要引擎、推动"三化"同步战略的生力军与和谐黔南的建设者。但我们也应看到,黔南经济实力差距在民营,民营经济发展差距在环境,民营经济产业差距在核心竞争力。只有凝心聚力,大力营造支持民营经济发展的良好氛围;切实转变政府职能,为民营经济构建最好发展环境;加快实施民企品牌战略,促进产业集群形成和发展,才能促进民营经济在工业化、城镇化和农业产业化战略中"挑大梁",成为助推黔南后发赶超的中坚力量。

关键词:黔南民营经济　核心竞争力　对策

随着我国逐步建立完善以公有制为主体、多种所有制经济共同发展的基本经济制度,个体私营等民营经济从无到有、从弱到强,不断发展壮大,逐渐成为市场经济的重要组成部分,成为地方经济发展和社会进步的重要力量。民营经济健康稳定发展,创造了大量财富,增加了财政税收,缓解了就业压力,为促进产业结构调整,维护社会稳定做出了积极贡献。实践证明,哪里的民营经济活跃,哪里的经济就发达,哪里的人民群众就富裕。黔南州站在新的发展历史起点上,要加快实现"三化"同步的战略意图,全面建设小康社会,发展民营经济显得尤为重要和紧迫。

一、黔南州民营经济发展现状

改革开放以来,始终鼓励、支持和引导民营经济发展是黔南州各级党委、政府长期坚持的方针。在这一方针的指引下,民营经济不断发展,作为地区经济中具有活力和生命力的亮点,成为支撑和推动经济增长的重要力量。

(一)民营经济成为黔南经济快速增长的重要引擎

2011 年,全州有个体工商户 6.7 万户,从业人员 10.38 万人,注册资本(金)23.15 亿元;私营企业 0.51 万户,投资者人数 1.16 万人,雇工人数 8.29 万人,注册资本(金)

① 魏明禄,男,中共黔南州委常委、州纪委书记。

114.93亿元。全州民营经济增加值完成150.6亿元,同比增长26%,占地区生产总值比重为34.8%;民间投资完成181.3亿元,同比增长26%,占全社会固定资产投资比重为50%;完成税收39.3亿元,占财政收入的55%。截至2012年上半年,黔南州有1个民营产品荣获“中国驰名商标”称号,占全州“中国驰名商标”总数50%,17个民营产品获“贵州省名牌产品”称号,占全州“贵州省名牌产品”总数63%。民营经济为全州经济快速增长、创造社会财富、增加税收、推动科技创新、促进人文交流与社会和谐做出了巨大贡献。

(二)民营经济成为推动“三化”同步战略的生力军

2011年,全州规模以上民营工业企业198户,占全州规模以上企业81%,完成总产值286.3亿元,同比增长61.1%,完成增加值63.2亿元,同比增长47.2%。随着改革开放和市场准入的放宽,以及“三化”同步战略的实施,越来越多的民营资本进入到能源、建筑、交通运输、住宿餐饮、市政公益、特色农业、旅游等行业,民间投资渠道开始多元化,一、二、三产业的一些领域的民营经济已经占有绝对比重,促进了地区市场繁荣。特别是2011年民营企业助推贵州发展大会以来,大批外地民营企业进入黔南投资兴业,涉及园区开发、工业、基础设施、农业、服务业等领域,对进一步优化经济结构,加快推进“三化”同步战略奠定了坚实基础。

(三)民营经济成为构建和谐黔南的建设者

2011年,全州个体工商业和私营企业从业人员17.08万人,较2010年增加3.54万人,增长近26%。民营经济不断发展壮大,扩大了就业岗位,拓宽了就业渠道,缓解了社会就业压力。民营经济人士积极参政议政,自觉承担起社会责任,广大个体工商户和私营企业面对各种自然灾害和社会公益事业,积极踊跃为社会捐助各类款物,扶贫济困。一些个体工商户和私营企业获得“贵州省十佳民营企业纳税大户”“贵州省十佳民营企业家”等称号,民营经济成为建设和谐黔南的一支重要力量。

二、黔南州民营经济发展存在的问题

当前和今后一段时期,是全省“加快发展、加速转型、推动跨越”的关键时期,在各地竞相发展的情况下,制约黔南州民营经济发展的瓶颈问题日益突显,民营经济面临更加严峻的市场洗礼和挑战。

(一)黔南经济实力差距在民营

黔南民营经济发展离不开全州经济发展的现实格局。2009—2011年,包括国内生产总值、固定资产投资、一般预算收入在内的一些主要经济指标(见表1),在全省增比进位趋势不明显,各项指标面临又要赶、又要超、先赶后超的严峻形势。全州总体经济实力不强,归根结底,差距在民营经济,短板在民营经济,在于民营经济总量偏低,增量偏弱,对经济发展的倍增效应不明显。例如,2011 年,中国民营经济总量已占国民生产总值比重 50% 以上,民营经济发达的福建省和浙江省分别占 66.5% 和 61% ~62.2%。从贵州看,全省为 36.9%,贵阳市为 44.4%,黔南州为 34.8%,分别低于全国平均水平15.2%、全省 2.1% 和贵阳市 9.6%。

表 1　黔南州部分经济指标全省排位情况(万元)

部分指标名称	2009 年		2010 年		2011 年	
	绝对数	位次	绝对数	位次	绝对数	位次
1. 国内生产总值	297.97	5	356.68	5	443.59	5
其中,增速	14.6	2	14.2	6	15.5	7
2. 固定资产投资	104.84	8	221.05	5	400.02	5
其中,增速	14.8	7	81.2	2	81	4
3. 一般预算收入	20.85	6	27.15	6	39.2	7
其中,增速	35.3	2	30.2	6	44.4	5
4. 城镇居民可支配收入	1.3	5	1.48	4	1.7	5
其中,增速	10.4	2	11.7	3	15	6

(二)民营经济发展差距在环境

软环境就是生产力,优化软环境就是发展生产力。哪里软环境好,哪里就会形成强大的人流、物流、信息流、资金流,形成优势明显的"洼地"效应,促进经济的快速发展。黔南州有 9 条外联通道,交通便捷,是西南地区重要南下出海通道,区位优势明显。在硬环境逐步改善的同时,黔南州民营经济发展的软环境却还存在多方面的差距。

1. 政府指导管理职能发挥不够

随着国务院"新 36 条"和省委、省政府"贵州民营经济 38 条""民营经济三年倍增计划"等政策出台,民营经济的战略地位逐渐凸显,发展进一步提速。虽然各地党委、政府围绕促进民营经济发展相继制定了一些鼓励性的优惠政策措施,但实际操作过程中,一些政策措施导向不明确,缺乏相关配套政策,增比进位目标没有详细量化,没有结合自身实际形成自上而下一套完整的民营经济发展的政策体系。在工作体制机制方面,全州各级目前还没有专门机构具体负责对民营经济进行管理、协调和服务,相关部门职能分散,资源整合度不高,党委、政府和各部门指导协调民营经济发展的作用没有充分得到发挥。在统计分析方面,除了 2010 年统计部门对民营经济进行过一次测算外,目前没有对民营经济开展过全面系统的统计,对民营经济发展的现状分析不够,家底不清,不利于党委、政府和部门制定政策,明确工作方向,指导民营经济发展。

2. 部门追求自身利益加重企业负担

贵州力帆时骏振兴集团入驻毕节并引来几十家配套民营企业；长顺县引进晨龙精密计时有限公司，吸纳当地员工650人；贵定引进现代大型水泥企业贵定海螺盘江公司，创造了水泥行业“建厂速度最快，预期效果最佳”的“贵定速度”，都带给我们深深的启示，发展软环境是吸引民营资本的关键。就行政审批而言，黔南州目前州级还保留有158项行政许可事项，经济总量和财政总收入分别占全省1/4和1/3左右的贵阳市，市级行政许可事项只有93项，不足黔南的59%。2012年上半年全省经济发展增比进位综合测评中列全省第一的遵义市，2013年下半年再次对行政许可事项进行“减改放”，市级只保留72项，不足黔南的46%，“简政放权”的差距不言而喻。在政策落实上，一些领域对民营投资虽没有明文限制，但民营经济在市场准入、贷款支持、征用土地、人才使用等方面应当享有的相关政策，与国有经济仍然存在一定差异。政府部门对民营企业不同程度地存在重查处、轻帮扶，监督办法多、服务办法少，审批门槛多、扶持政策少的现象。少数部门对外来民营投资重视程度不够，服务意识差，人为设置各种门槛，采取各种手段向企业收取评估、评级、评审费用，索要协会费、管理费、赞助费。外来资本进入管卡多、手续杂、费时长，加大了企业投资成本，加重了企业负担。

3. 融资体系不健全让民营企业“行路难”

截至2011年，黔南州共获准成立18家小额贷款公司。前段时间，中国工商银行和省联社分别与黔南签订战略合作框架协议，在“十二五”期间共为黔南州提供总额900亿元的信用额度，并成立了11家小微企业金融服务中心。但客观来看，黔南仍缺乏面向民营经济的民营商业化银行，大部分民营企业和个体工商户还缺乏获得银行贷款所需的正规渠道，现有的金融体系远无法适应民营经济发展需要。同时，由于民营企业实力不强，缺乏可持续发展能力，各项财务信息透明度不高，缺少可供担保抵押的财产（多数民营企业融资担保的抵押物以土地使用权和设备所有权为主，个体工商户以私人房产产权为主），信用担保体系不健全，也是民营企业和个体工商户融资难的重要原因。

（三）民营经济产业差距在核心竞争力

各级党委、政府为企业发展提供良好的政策和市场竞争环境，是促进民营企业发展的外部动力，驱动企业发展的内部动力则是民营企业的核心竞争力。黔南民营企业核心竞争力不强是不争的事实。

1. 品牌占比低

衡量一个地区竞争力的强弱，要看它有多少品牌，只有品牌化才能赋予一个地区和企业长久的竞争力和生命力。根据有关部门统计，黔南州目前有驰名商标2个（其中民营产品1个），仅占全省的7.2%，而贵阳、遵义分别占全省的46%和29%；贵州省有效著名商标41件，仅占全省521件的8%；注册商标1590个，仅占全省2.91万个的5.5%，贵阳市达到46%。特别是民营企业的各类名牌产品在全省占比不高,与企业不重视质量建设和品牌建设,缺乏龙头产品和名牌产品分不开。缺少竞争实力强的名牌产品,民营企业市场竞争力不强,效应不佳,降低了创新力和市场开拓力。

2. 个体经济实力不强

截至2011年,全州个体工商户户均资本金为3.4万元,从业人均资本金仅2.23万元;私营企业投资者人均资本金99.3万元,从业人均资本金仅13.9万元;个体工商户户均雇用员工1.5人,私营企业户均雇用员工16人。而民营经济发达的浙江省,在2007年时已经各项指标均已超过黔南州2011年的平均水平(见表2)。个体工商户和私营企业发展不平衡,实力弱,带动力、吸收就业能力不强,与发达地区相比还有较大差距。个体工商户和私营企业起点较低,大多数还处于以个人产权为基础的家庭、家族式管理的经营管理模式,发展缺乏长期规划和长远眼光。普遍选择技术和管理门槛相对较低的批发零售、房地产、服务等领域进行发展,生产方式粗放,现代企业经营模式少,个体和整体实力不强。

表2 黔南州与浙江省部分民营经济指标比较(万元/人)

地区名称	个体工商户户均资本金	私营企业投资者人均资本金	个体工商户户均雇用员工	私营企业户均雇用员工
浙江省(2007年)	3.6	192	2.17	16.9
黔南州(2011年)	3.4	99.3	1.5	16
低于比例	6%	48%	31%	5%

3. 产业缺乏"领军人"

遵义仁怀市茅台镇正是依托于贵州茅台集团才使白酒工业不断做大做强,现拥有白酒企业300余家,白酒品牌3000余个,从业人员2万余人,聚集资本上百亿元,成为贵州省的经济强镇。从2011年全州个体工商户和私营企业产业分布来看,个体经济主要从事商业、服务业、交通运输业,大私营企业多集中于高能耗、初级产品、采矿、制造业和批发零售业等行业,虽然一些行业民营经济占有较大比重,但除制药、食品加工等行业有个别龙头企业外,其他如旅游、能源、制造、服务、零售等均缺乏本土的大企业大集团作为产业"领军人",发展产业规模经济实力较弱。

三、黔南民营经济发展的对策

知人者智,知己者明。黔南经济发展的落后,是工业化、城镇化和农业产业化的落后,是民营经济的落后。要想实现经济社会的跨越发展,潜力在民营经济,实力在民营经济,希望在民营经济。差距是潜力所在,是希望所在,我们不能消极等靠、等闲视之。"临渊羡鱼,不如退而结网。”在缺少国有经济支撑经济社会发展的情况下,只有大力发展民营经济,努力找准民营经济发展突破口,才能在赶超中跨越,在跨越中赶超。

(一)务必凝心聚力,大力营造支持民营经济发展的良好氛围

2012年,黔南州第十次党代会明确:到2016年,全州地区生产总值确保实现1000亿元、力争达到1200亿元,年均增长18%以上,人均生产总值突破4000美元,发展速度高于以往历史时期、高于全省同期平均水平、高于全国30个自治州平均水平。按照黔南州民营经济三年倍增计划,到2013年,民营经济增加值要达到285亿元,民间投资要达到325亿元,注册资金要达到225亿元,新增就业1.81万人。要实现这些发展目标,任重而道远,没有民营经济支撑不行,脱离民营经济谈发展无异于纸上谈兵、空言无补。因此,必须要以大力解放思想作先导,牢固树立发展民营经济是硬道理、发展民营经济是第一要务的思想,把发展民营经济作为各级党委、政府的中心工作和经济工作的出发点、落脚点和着力点,抢抓民营经济发展新机遇,改造发展新观念,升级发展新思路,努力营造全社会支持民营经济发展的良好氛围。

(二)切实转变政府职能,为民营经济构建最好发展环境

在完善服务机制、改善融资环境、促成产业集群形成和发展等方面充分发挥政府和相关职能部门的推动作用,形成良好的外部发展环境。

1. 完善政府服务机制

加强政府对民营经济的规范化管理和领导,为民营企业的健康发展提供良好的市场环境、政策支持和制度保证。一是建立协调机制。完善对民营经济的领导体制,将相关部门纳入领导体系进行统一的协调指挥,强化对民营经济的领导。合理划分党委、政府和工商联、统计、工信委、财政等部门职责。对相关部门资源进行整合,加快在州、县两级成立民营经济发展局(办)等机构,加强对民营经济的服务。二是积极推进民营经济政策制度建设。对现有民营经济政策进行彻底清理,形成统一规范的政策体系。大力推进民营经济政策服务计划,根据民营经济发展的不同阶段,适时调整发展战略,积极引导民营企业和个体工商户调整经营方向。三是建立对民营经济统计调查的长效机制。加强对民营经济统计分析队伍的建设,通过项目等形式,定期组织专家学者开展统计调查和分析研究,准确掌握民营经济的发展情况,为合理制定产业政策、引导民间投资者合理投资提供有力支撑。

2. 进一步净化投资环境

哪里政策最优、审批最快、服务最好,哪里企业入驻就多,发展就越快。要认真清理压缩涉及民营经济发展的行政许可和非行政许可事项,对不适应发展的审批事项实行“零容忍”,坚决予以取消、转变管理方式或下放,将各级保留的审批事项全面纳入电子监

察系统和行政服务中心,全程接受监督。全面清理民营企业和个体工商户收费项目,重点清理行政许可和强制准入的中介服务收费项目、垄断性经营服务收费项目等,进行量化公示,减少行政执法的自由裁量权。不断完善各项规章制度,建立民营企业和重点交易市场的检查、罚款、考察备案制、报批制和责任追究制。加大对乱收费、乱摊派、乱罚款"三乱"行为的惩处力度,切实保护民营企业和个体工商户的合法权益,让民营企业和个体工商户"轻装前进",维护平等竞争的投资环境。

3. 完善各级交易市场建设

加强各类有形市场和无形市场的建设,形成一批覆盖城乡的名特优市场。一方面,在放宽市场准入的同时,相关职能部门要当好民营经济发展的"清道夫"和"守夜人",切实加强市场监管,严厉打击损害市场环境的各类侵权盗版和制假售假等行为,营造有利于民间投资健康发展的良好氛围。另一方面,要利用黔南交通和区位优势,加强城乡各类交易市场建设,规划建设一批有特色的、带动力强的能源、农特优产品、手工制品等交易市场,引导微小民营经济实体向这些市场集中,向集约化、规模化、市场化发展。

4. 加强民营经济发展平台建设

江苏等地的经验说明,民营经济实现腾飞必须依托园区作为平台,只有在园区建设上的高起点规划、高标准建设、严格的园区准入政策,才能促进民营经济高速发展。黔南州现有 13 个工业园区,其中有 7 个省级经济开发区,仅次于贵阳、遵义;1 个全省"511"千亿元企业培育示范园区;3 个全省"511"中小型企业培育示范园区。然而,我们也应看到,一些工业园区也存在重建设、轻引进,重签约、轻落地,重落地、轻服务的"三重三轻"问题。因此,在加强园区硬件建设的同时,要重点加强软件建设。现有园区在产业上要坚持调整现有产业和发展新兴产业为主,在主导产业上要实行差异化发展,结合本地资源、地域、交通、市场等特点对进驻园区的民营企业进行重点扶持,形成特色产业集聚区,发挥示范和带动作用。要坚持支持大项目建设和扶持中小企业两条腿走路,适当规划一些创业园区、标准厂房、科技孵化园区、农民工返乡创业园、青年创业示范园,重点扶持中微小企业特别是初创型企业的发展,真正为民营经济中的"弱势群体"成长提供有力支持。要完善园区民营企业投资保障机制,出台支持特色民营企业入驻园区的政策措施,从金融服务、人才引进、部门重点挂帮等方面进行支持,不断提高园区吸引力和项目入园率。

(三)加快实施民企品牌战略,促进产业集群形成和发展

"可口可乐公司即使一夜间化为灰烬,它也能靠品牌支撑起死回生"的说法有力证明了品牌的价值。发展黔南民营企业品牌,对于提高民营经济实力和市场竞争力,促进产业集群形成和发展,带动和促进区域经济发展都具有重要的现实意义和长远的战略意义。

1. 强化品牌扶持,提高民营企业自主创新能力

高起点规划黔南州商标品牌发展目标,将规划纳入"十二五"总体布局,以提高区域

竞争力为目标，以企业为主体，以市场为导向，以商标和品牌为龙头，建立健全“政府推动、部门联动、企业主动”的民营企业品牌建设工作机制。支持企业开展品牌建设，积极引导企业参加中国名牌产品、国家免检产品和中国地理标志等评比、认定活动。积极出台名牌产品奖励办法，对获得中国驰名商标、贵州省著名商标、贵州省名牌产品和获得国家免检产品以及中国地理标志产品等称号的民营企业进行奖励。认真落实鼓励民营企业增加研发投入的税收优惠政策，强化企业创新能力，推动自主创新和转型升级，提高自主创新能力，掌握拥有自主知识产权的核心技术。

2. 坚持民企均衡发展，形成高低搭配的民营经济格局

把坚持本土民企与外地民企、优势民企与中微小企业四类民企均衡发展，作为冲出“经济洼地”，实现民营经济高速发展的基础。对本土民企和中微小民企，要在资金、政策上进行倾斜，鼓励企业争创品牌；对优势民企，要大力扶持做强品牌，推进结构优化、加快产品升级改造和多元化拓展；要敢于“开门揖客”，积极引进省内外大型民营企业，利用它们的资金、人才和技术优势，促进地方民营企业加快产业结构调整和升级改造。

3. 整合资源，集中打造民营经济“联合舰队”

贵州宏立城集团作为贵州唯一的2012年全国民营企业500强，就是以房地产开发等为重点，继而带动酒店投资及管理、园林绿化、建材销售等多个领域发展，闯出了一条高起点打造自主品牌的新路。六盘水市贵州久益矿业股份公司最初就是由7个私营“煤老板”为应对市场竞争共同组建的民营工业企业，现年生产能力达到350万吨以上，产值12亿～15亿元左右，利润3亿元以上。黔南作为少数民族贫困地区，只有充分利用自身的各类自然资源、历史资源和人文资源，打造自己的民营经济“联合舰队”，拥有民营经济自主品牌，才能提高地区经济发展的影响力和话语权。一方面，借鉴扶贫开发经验，将促进中小企业转型升级、提升技术进步、增强市场竞争力的中小优强项目，分类、分专项列入重点支持范围，每年在各个产业选择一定数量有发展潜力和行业代表性的民营企业，集中政府及相关部门的所有人力培训、金融贷款、项目资金等政策和资源，采取集中帮扶的形式，对它们实施“整企推进”和全方位“包装”，将这些特色企业扶上马、送一程，支持它们做大做强，发挥示范带动效应。另一方面，积极引导民营企业向集团化、市场化方向发展。对一些能源、特色农业、民族特色旅游以及房地产开发等产业，应敢于先行先试，积极出台鼓励政策，推动民营企业加快资源整合，积极向集团公司、上市公司方向发展，集中建设一批各产业的龙头企业，着力打造民营经济的产业领军人。

随着党的十八大胜利召开，黔南州将迎来民营经济发展的春天，民营经济作为经济社会发展的领头雁和重要增长点，将成为推动黔南富民兴州的中坚力量。我们只有积极优化环境、搭建平台、强化服务，不断完善“爱商、安商、护商”环境，才会促进民营经济在“三化”同步战略中“挑大梁”，成为助推黔南后发赶超的中坚力量。

反思民营经济现状　如何化解制约因素

阳建刚

摘　要:国发2号文件明确提出:改革开放特别是实施西部大开发战略以来,贵州经济社会发展取得显著成就,进入了历史发展的最好时期。但由于自然地理等原因,贵州发展仍存在特殊困难,与全国的差距仍在拉大。贵州是我国西部多民族聚居的省份,也是贫困问题最突出的欠发达省份。民营经济作为贵州经济社会发展的重要组成部分,也是贵州经济社会发展的薄弱环节,面临着诸多问题。如何打破瓶颈化解制约民营经济的因素,成为摆在贵州人民面前最迫切的问题,更是落实国发〔2012〕2号文件的重要途径,还是完成2020年与全国同步实现小康社会的目标的必要条件之一。

关键词:民营经济　融资难　集聚效应　措施

一、贵州省民营经济发展的现状

贵州省位于中国西南的东南部,是典型的内陆省,辖6个地级市和3个自治州,经济总量在全国处于靠后位置。国家提出西部大开发后,贵州省通过努力,加快了经济发展的步伐,特别是通过大力发展民营经济来振兴贵州经济,带动了贵州经济的大幅提升,收到了良好的效果。“十一五”期间,贵州省委、省政府提出了要大力扶持民营企业,出台了一系列针对民营企业发展的优惠政策,并“走出去”宣传贵州民企发展环境,吸引众多外来企业落户贵州。贵州原省委书记栗战书在贵州省召开的加快民营经济发展表彰大会上指出:“要为民营经济发展创造条件。”

贵州的发展离不开民营经济,必须进一步加大投资需要的民间资本,鼓励和支持民营经济。民营经济作为富民经济,也是改变贵州贫穷和落后的重要力量,在各级干部群众中已经形成了共识,所以贵州省的民营经济在“十一五”期间有了长足的发展,取得了耀眼的成绩,具体表现在以下几个方面:

第一,民营经济在全省国民经济中的地位有所提升。一是在GDP增长中,民营经济是生力军,对整个经济社会发展起着助推作用,在GDP中占有重要分量。“十一五”期间,贵州省民营经济增加值增长了2倍多,年均增长率为17.3%,高于同期GDP增速4.9个百分点。二是在县域经济发展和城镇建设中,民营经济是主力。贵州的县域经济和小城镇建设还处在欠发达、欠开发的阶段,很多大企业在这种情况下找不到投资的行业,但是民营企业却能很快地融入当地的经济发展中。三是税收总额不断增加。近几年,贵州的民营经济增长迅速,仅税收就增长109.4%,年增长率为21.4%,比全省税收总额平均增长率15.9%高5.5个百分点,占全省税收总额的比例由49.1%上升到61.9%。

第二,在工业发展中,民营经济发展空间最大,增长最快,是最具有活力的生产力。很多民营企业在快速发展的经济社会中很快找到了自己的定位,在激烈的竞争中脱颖而出。贵州省2011年前三季规模以上工业民营企业增加值增长36.1%,高于全部规模以上工业增加值增速15.2个百分点,这也充分说明了民营经济在工业发展中的优势。

第三,民营经济的发展,贵州省民营企业数量不断增加,改善了贵州省就业情况。2006—2010年,贵州省私营企业户数从36105户增加到77773户,增长了1.2倍,年平均增长16.6%。在"十一五"期间,70%以上城镇新增就业岗位都是由个体工商户和私营企业提供的。很多民营企业都是劳动密集型企业,大型的龙头民营企业还有可能带动一个产业的发展。比如"老干妈"食品一个项目,就带来了很多效益,解决了大批劳动力,形成了农业产业化带动作用。民营企业通过提供就业岗位,改善贵州省就业状况,其地位也随之得到了提高,从而又促进全省民营经济的发展。

第四,到贵州投资的民营企业越来越多,成为投资的重要力量,为贵州经济注入了新的活力。"十一五"期间,民营企业投资从565.2亿元增加到1510.4亿元,增长了1.7倍,年增长率达21.7%。

第五,民营经济还是维护社会稳定的重要力量。大量的工作岗位和就业渠道,给广大群众和外出打工者提供了选择的余地,让老百姓在自己门口也能挣到钱,既照顾了家庭又挣到了钱,维护了社会的和谐稳定。企业参与扶贫济困救灾,参与社会公益事业十分普遍。

贵州与全国的发展还有一定差距,贵州省仍然是一个欠发达、欠开发的省份,特别是三州地区的发展更是在贵州处在靠后的位置。贵州落后的关键是工业化、城镇化的滞后,一个省没有工业的支撑,没有城镇化的带动是发展不起来的,尤其表现在民营经济发展不足。当前,贵州省民营经济只占经济总量的36%,比全国要低20来个百分点,有些贫困县几乎没有民营企业,有的民营企业发展举步维艰,完全靠政府支持强撑,面临破产。我们要充分认识到自身的不足和差距,找准切入点,扭转局面,为民营经济的发展创造条件。同时,我们也要挖掘自身的潜力,让民营企业的发展充满希望,为发展铺平道路。民营经济在"十一五"期间的优秀表现,为贵州省委、省政府提出"到2015年民营经济占总产值45%"的目标提供了参考,并奠定了坚实的基础。

二、存在的主要问题及其制约因素

(一)民营企业相对分散,管理难度大

贵州的民营企业相对分散,特别是县级民营企业,没有集聚效应,政府难以兼顾各方

利益,管理难度很大。贵州成规模的龙头民营企业更是凤毛麟角,很多民营企业都是原始的分工,根本没有专业化的技术团队,导致企业后续生产力严重不足。贵州省全省民营企业主要集中在商贸、餐饮、娱乐等技术含量低的劳动密集型的第三产业,第二产业主要集中在医药、食品等优势资源产品方面。制造业少并且分布分散。近年来,贵州省通过一系列措施在开发区实行各种优惠政策,并针对民营企业提供便利,吸引民营企业集中到开发区设立厂房,在一定程度上实现了小规模的民企集聚。但因其规模小,企业关联度不高,从而分工效应难以形成,集聚效应的好处没有显现出来。

(二)民营企业缺乏融资平台,融资难

在贵州省民营企业通过不断发展,已经有十来家成长为大企业并与上交所、深交所合作实现了直接融资,但是民营经济要繁荣发展,必然需要中小企业的大量存在,其融资是最大的难题。近年来,贵州省民营企业数量倍增,这些增加的民营企业无疑大多将处于发展初期,并且属于中小型企业,多数甚至会是微型企业。而原来存在的企业中,中、小、微也占绝大多数,对于这些类别的企业间接融资是其主要融资方式,甚至是唯一的方式。为中小民营企业贷款的风险性是很高的,也是产生信贷供需不合理的根本原因。由于中小企业信息内部化的特征,在寻找贷款以及各种外源性资本时,向金融机构提供证明其真实的信用水平变得极为困难,特别是中小民营企业本身就缺乏规范的财务信息核算和披露制度,名誉制约也难以发挥作用,银行对于民营中小企业放贷无规模经济优势,并且还要面临更大的信贷管理成本和违约风险,所以银行作为以营利为目的的金融机构必然会减少对中小民营企业的信贷配给。民营企业同时也面临信贷歧视,通过"过度繁荣的河南担保业"和"温州钱荒"这两个事件进入公众视线,引起了极大的关注。通过对当事民营企业企业家的采访,这一问题在民企十分普遍,正是正规金融机构的歧视造成地下金融的蓬勃发展,最后企业家背负不了地下金融的巨额利息而导致企业倒闭。2013年9月出现在浙江温州的"钱荒"将我国中小企业融资难、生存难的问题曝光,虽然政府通过实行一系列救济措施,帮助困难企业渡过难关,但是融资难问题仍然是限制企业发展的主要因素。在我国普遍存在中小企业融资难问题,在贵州省这个经济欠发达的省份更显突出。一方面,贵州省正在大力发展民营经济,特别是发展中、小、微型民营企业,这些企业融资需求大;另一方面,贵州省全省经济发展水平较低,金融业发展滞后。这样供需不均衡造成贵州民企总量上及规模上发展的双重存在困难,外来企业不愿意进来,本土企业难以发展壮大。在贵州虽然融资问题并没有到尖锐的地步,但形势依然严峻。

(三)企业自身存在的问题

1. 企业规模小,竞争力弱

近年来,省委、省政府鼓励民营企业发展,各地也相继出台了相应的鼓励措施,一大批民营企业如雨后春笋般出现，但是这些企业大多是起点低、规模小，没有能力形成自己独创的品牌产业，也就无从谈起品牌产品发展。小企业自由资金极其有限，贷款来源少，贷款难，这就严重制约了企业的品牌创新。小企业的小本经营竞争力弱，对厂房、设备等固定资产的投资资金占据其资产的绝大部分，企业资本流动性差。

2. 技术含量普遍不高，人才匮乏

贵州的很多民营企业，都是规模很小、技术含量不高的企业，很少有深加工和大型的龙头企业。在现代企业的效率竞赛中，多以产品所含的技术含量的多少来体现出其产品市场价值的多少。技术含量高的产品占有高端的市场核心，并带动产业的整体技术改造与创新。贵州省民营企业主要集中在商贸、餐饮、娱乐等技术含量低的劳动密集型第三产业，第二产业主要集中在医药、食品等优势资源产品方面。贵州省民营制造业企业技术开发水平较低，一方面受到资金限制，较少引进先进技术；另一方面受到人才限制，难以自主创新、自主研发。

3. 管理机制不健全，效率低

由于贵州地处内陆，山高坡陡，交通不便，既不沿海，也不沿江，投资硬环境相对较差，文化落后，思想、观念、科学技术滞后制约民营经济的因素很多，主要是市场准入限制多，政策不平等，认识上有很大的差距，思想观念滞后，仍存在“恐私”“怕嫌”“轻私”的思想，再加上服务体系远未建立。对于民营企业的管理，其中重要一环就是观念的更新、思想和认识上的深化和改变。目前，贵州民营企业在管理方面产生的问题很多，如家族化管理、封闭性管理，由此导致的人才流失、劳资关系紧张、利润分配不均、激励办法不到位等，这些都不同程度地制约了民营企业的竞争力，从而也丧失了面向市场创新的能力。

三、化解制约因素的路径探析

第一，充分发挥工业园区作用，增加民营企业的集聚效应。贵州实施“工业强省”以来，各地纷纷建立了工业园区，如果加大对民营企业的指引，是民营企业有条件的都嵌入园区。一方面有助于资源的共享，政府通过园区的集聚效应，对园区的资源进行整合，让企业间相互交流，利用有限的资源引进有限的人才，使人才和资源得到充分的利用，形成资源共享的大氛围；另一方面有利于统一管理，进驻园区的企业，政府可以统一补助，设立工业园区管理办公室，对园区的企业实行统归统管，对有关审批手续实行一站式服务，方便了企业，缩短了行政审批时间。贵州民营企业还应以贵州省“十一五”规划为发展契机，把握住政府加强对各类经济技术开发区的扶持力度，包括政策上和资金上的大力支持。继续扩大规模化生产，发挥民营经济的集聚效应，促进民营企业的规模化发展。

第二，把做大做强民营科技企业作为重点，提高竞争实力，带动贵州民营经济的发展。在经济结构调整中，所有制结构的调整，为民营科技企业的发展拓展空间，加大技术结构的调整,为民营经济的发展提供更多的机会。因此,要采取有效的政策措施,对科技民营企业给予重点扶持,优先发展。政府要把民营科技企业纳入科技发展总体规划,让国家西部大开发的优惠政策首先惠及民营科技企业。引导具有一定规模的民营企业成为区域经济的支柱。大力推动民营科技企业向产业规模化、组织集团化、技术创新化、运营现代化方向发展,尽快培养出一批龙头企业,特别是具有很强带动作用的民营科技龙头企业。要用市场化办法来抓民营经济,不能急功近利,要防止“乐于规范,长于管卡”的倾向。要拓宽民营企业的投融资渠道对具备条件的民营科技企业,要支持其发行股票和债券,允许使用商业贷款,积极制定相应的政策、法规,鼓励以科技成果入股。要鼓励民营企业与大专院校、科研单位合作,扩大开放,引进先进的设备、管理、技术。民营企业相对比较灵活,在产业转移过程中所需的时间成本、资金成本等相对较小,积极正确地引导民营企业的合理健康发展对中西部产业转移具有重大意义。积极正确引导民营企业承接东中部地区产业转移,使民营企业在地区间产业转移的进程中发挥着重要的作用。

第三,进一步统一认识,把大力发展民营经济作为事关全局、事关长远的重要战略问题来抓。目前,贵州民营经济发展中出现的问题和困难,其主要原因是非公有制经济的法律地位没有得到充分尊重。很多还强化非公有制经济是社会主义市场经济的重要组成部分概念。各级党政领导班子更是要高度重视,抓好民营经济。只有把民营经济抓好抓活了,经济社会的发展才更加具有活力。对干部抓民营经济要实行考核制度,只有列入了目标管理考核,工作才能责任到人。把民营经济的“引导、监督、管理”落实到基层政府和部门身上,联系考核兑现奖惩,具有很强的可操作性。加强对民营企业员工的培训和教育,保证民营经济健康发展。应组织企业主和代表人士学习国家的有关法律法规、方针政策和市场经济知识、经营管理知识等,提高他们的法制观念、政策观念和经营管理水平。要充分发挥各级组织特别是自律组织的作用,鼓励民营经济人士争做有中国特色社会主义建设事业的建设者。妥善解决好民营经济领导体制问题,目前,民营经济的发展,需要一个权威的协调机构和牵头管理部门。目前贵州省把非公有制经济领导小组办事机构设在省经贸委,在经贸委内专设一个处作为办公室,但是在县级设立这样的机构值得探讨。同时,要理顺关系,改进管理,集中使用好政府资源,首先强化政府的服务功能,提高部门的服务意识和服务质量。其次是清理各项收费,实行“轻收费,重支持”的政策。各级各部门要倾听民营经济人士的意见和建议,排忧解难,为民营经济解除后顾之忧。继续鼓励民营企业收购、兼并国有企业,参与国有企业的资产重组,鼓励民营企业通过承包租赁、兼并、购买、参股等多种形式,积极参与国有中小企业改革,在改制、改组中实现制度创新和管理升级。

第四,鼓励民营企业创新,建立有利于民营企业快速发展的环境。民营企业要想发展壮大必须要进行技术创新和管理创新,一方面要引进先进的生产技术,改变落后的生产方式;另一方面也要进行管理创新,学习现代企业管理制度,促进民营企业的不断发展。同时,还要扩大民营经济的市场准入,在经营范围上,消除所有制歧视,逐步开放准入领域。凡是国家法律、法规没有明令禁止个体、私营经济生产经营的行业和商品,都应允许其生产经营;凡是允许外商投资进入的领域,都应允许民营企业进入、发挥;凡是实行特殊优惠的政策的领域,对国有企业、外资企业、民营企业都应一视同仁。保护民营经济特别是个体、私营企业主的合法利益,适时制定有关对民营企业权益保护的条例,逐步实现对民营企业的支持由政策支持转向法律支持。

第五,着重解决民营企业的融资难问题和人才匮乏问题。民营企业在寻找贷款和外源性资本时有很大困难,一方面我们需要政府在政策方面对民营企业的融资问题给予大力支持,另一方面也需要民营企业不断发展壮大,增强对金融行业的信用度,拓宽自身的融资渠道。要千方百计拓宽融资环境,多渠道解决民营企业的发展资金问题。各类商业银行要把支持民营经济发展作为一项重要任务,逐年提高信贷比例。为降低国有商业银行的风险,应该建立民间信贷担保机构,负责为民营企业的信贷提供适当的担保。同时,要发挥好中小企业的担保基金作用,想方设法进一步扩大担保基金的规模,提高其使用效益。要重视民间融资渠道,发挥其对民营经济的直接服务作用。要千方百计地解决民营企业优质人才缺乏问题,完善知识产权保护制度和完善企业内部分配制度,鼓励科技人员用科技成果和知识产权作价入股,进入民营企业,适当提高股权、期权和知识产权入股比例,让科技人员乐于参办实业。要舍得聘用技术和经营管理人才。可适当提高高级技术人才的年薪。要进一步疏通搞活国有企业人才疏通的渠道,发挥各类人才市场的作用,同时还要加紧自己培养适用型人才。

四、发展贵州民营经济未来展望

"十一五"以来,贵州省委、省政府做了很大努力,非公经济得到了长足发展,但和沿海地区或周边省(市、区)相比,仍然相对滞后。与党的十五大提出的"非公有制经济是我国社会主义市场经济的重要组成部分,对个体私营等非公有制经济要继续鼓励、引导,使之健康发展"的要求还有很大差距。贵州省要把握住"十二五"这一关键时期,用好用足全省有限的资源,大力发展全省的民营经济。目前仅靠国家和银行投入资金,已无法满足日益增长的投资需求。稳定拓宽居民投资渠道,启动民间投资,大力发展民营经济已刻不容缓。为把民营经济引向健康有序的发展道路,贵州今后需要从以下几个方向努力:

一是进一步解放思想,提高认识。解放思想是大前提,提高认识是总开关。从贵州省经济发展来看,民营经济在全省国民经济结构、产业结构、就业结构、财政收入结构中的地位日益明显。没有民营经济,社会主义市场经济就不完整,全社会各方面的积极性就难以充分调动,许多矛盾和问题就难以解决,人民的物质文化生活水平就难以得到丰富和提高。因此,全省上下要大做解放思想的文章,使各行业、各部门的干部对发展民营经济有一个新的认识,形成发展贵州省民营经济是当务之急的共识。

二是放宽政策、优化环境,加快贵州民营经济发展的步伐。政策是社会资源,也是经济发展的推动器。党的十五大以来,在省委、省政府的领导下,结合当地的实际,制定了一系列发展民营经济的政策措施,对贵州省民营经济的发展起到了积极的推动作用。目前的问题是:第一,有的政策、措施没有得到很好的落实,写在纸上,说在口上,停留在文件上,如对民营经济乱罚款、乱摊派、乱收费的现象依然存在,据了解有的地方对个体私营经济,尤其是个体工商户,收费项目多达 50 多种,有的地方收费金额超过上缴税收 9 倍。挫伤了个体私营者的积极性。第二,政策措施不完善。如个体私营企业贷款难、用地难等突出问题,没有解决。优化环境是一个动态的概念,它包括思想、观念、政策、投资经营和服务等整体环境,各级政府和职能部门要提高服务质量,优化个体私营经济的投资与经营环境,要深入研究加入世界贸易组织后引导民营经济发展的政策,简化投资审批程序,降低行业准入的门槛,积极鼓励民营企业参与基础设施、教育、卫生等公共事业的投资和经营,参与国有企业,集体企业兼并重组,积极鼓励具备一定实力的民营企业在国内和海外上市。切实研究解决民营企业贷款难、经营场地难等问题,帮助民营企业进一步壮大。

三是理顺体制、强化服务。目前,民营经济管理体制不健全,缺乏统一的协调部门。民营经济涉及多家管理,除了工商行政管理、税务部门、物价管理部门外,还有 10 多家部门对其进行行业管理。由于多头管理、重复管理,重收费、轻服务等现象比较严重,往往造成都管而实际上谁都不管的局面,致使有关法律、法规、政策得不到及时有效、正确的贯彻执行;同时,对民营企业存在的问题,也不能及时得到指导、引导、服务、管理和纠正。因此,理顺管理体制,加强政府宏观管理与服务。第一是引导个体私营经济的业主结合贵州省和当地的实际,及时调整产业和产品结构,以市场为向导,主动淘汰那些虽是长期经营,但已过时或将要过时的产品,提高经济效益。第二是为个体私营经济引导、协调、培训和输送专业技术人才,提供政策,信息服务。欠发达地区专业技术人才短缺现象尤为突出,因此,提高个体私营经济的整体素质,增强竞争意识,学习和掌握参与国际市场竞争的游戏规则,依法保护企业的利益,是一项应当引起高度重视的工作。第三是要引导个体私营经济业主,按照省委、省政府的精神积极投入发展第一产业,积极参与贵州省扶贫攻坚战,为贵州经济发展做出贡献。

四是顺应金融市场对外资开放的新形势,加快金融业对内开放步伐。积极发展非国有地方银行和中小金融机构,允许有实力的投资者开展各类投资基金和发起设立民营银行的试点工作,支持各类民间投资认购城市商业银行股份,支持民间资本进入风险投资领域,允许民间投资者探索民间资本进入金融领域的其他途径和方式。

五是发展中介组织和行业商会,为民间投资者提供各类信息服务、维权服务和管理服务等；同时强化行业自律行为，避免投资过程中的不正常竞争，保护投资者的利益。

总之，发展好民营经济关乎贵州能够尽快实现富裕，能否实现后发赶超，能否在2020年与全国同步实现小康，也是贵州人民能否改变现状，实现经济腾飞的关键。

贵阳市现代物流业与区域经济协调发展现状及对策建议

曾方俊[①]

(贵州商业高等专科学校)

摘　要: 本文根据现代物流业与区域经济协调发展的重要性和内在机理,对贵阳市现代物流业与区域经济发展情况进行调研,阐述了其发展情况,针对其可能存在的问题,提出了相关对策建议。

关键词: 贵阳　物流业　区域经济

一、贵阳市现代物流业与区域经济发展情况

(一)贵阳市物流业发展现状

贵阳市是西部大开发的重点城市,中国—东盟自由贸易区的建立,使贵阳进一步成为泛珠三角经济圈与大东盟经济圈的汇合部。贵阳独特的区位优势,使其肩负着既为我国内陆地区提供便捷的出海通道,又为东南亚邻国提供深入我国内陆腹地的快速通道,促进双方经济大流通的历史重任。

2010 年贵阳市物流业总收入 220.26 亿元,年均增长 13%,占全市 GDP 比重达 8.9%;2011 年贵阳市物流业总收入 252.2 亿元,年均增长 14.6%,占全市 GDP 比重达 8.23%。截至 2012 年 6 月,贵阳市登记注册的物流企业已有 854 家,比 2008 年增长 34.3%,其中,年收入过亿元的物流企业已有 5 家,初步形成了以穗黔物流、山水物流、商储物流为代表的第三方物流企业。贵阳物流业已从单一基础物流向化工品物流、日用消费品物流、农资物流、烟草物流和装备制造业等综合型物流转变。初步确立了区域物流中心城市地位。具体来说,主要体现为如下现状:

1. 以铁路运输和公路运输为龙头的物流运输规模得到不断扩展

表 1　2009—2011 年交通运输完成情况

指标	2009 年		2010 年		2011 年	
	绝对数	比上年增长(%)	绝对数	比上年增长(%)	绝对数	比上年增长(%)
货运量(万吨)	9061.96	24.5	10397.23	14.7	13885.90	33.6

① 曾方俊,男,贵州商业高等专科学校讲师。主要研究方向:工商管理。

续表

指标	2009年		2010年		2011年	
	绝对数	比上年增长(%)	绝对数	比上年增长(%)	绝对数	比上年增长(%)
铁路(万吨)	1378.20	-1.4	1780.00	29.2	1645.30	-7.6
公路(万吨)	7645	30.8	8596.00	12.4	12219.00	42.1
水运(万吨)	33.60	3.4	15.06	-55.2	14.69	-2.5
航空(万吨)	5.16	22.9	6.17	19.6	6.91	12.0

从表1可以看出,贵阳市年货运量在逐年增加,从2009年的9061.96万吨增加到了2011年的13885.90万吨。从绝对数量上来说,呈现出一种线性递增的态势。其中,贵阳作为内陆城市在地理区域上所展现出来的交通运输特征决定了其物流货运的构成以公路和铁路运输为主。这两个项目规模的逐年迅猛递增,确保了贵阳以公路和铁路为龙头的现代物流业的持续发展。

2. 重点物流项目和物流园区建设稳步推进

随着对“西南物流出海大通道”认识的加深,立足于自身“黔中经济区核心发展区”的区位优势,贵阳市重点物流项目和物流园区建设得到了顺利推进。这必将有利于完善以贵阳为主体城市的区域物流服务功能,为贵阳物流业的发展提供重要保证。

2011年,贵阳市建成了改貌货运中心站、石板农产品物流园,并开始正式营运。与此同时,二戈寨物流园、西南国际物流中心等项目也在加快建设。改貌集装箱物流园、龙洞堡国际航空物流园区两个国际性枢纽物流园区及扎佐、清镇、金阳三大区域性物流园区也进入了贵阳市“十二五”规划建设项目。

3. 物流政策体系不断得到完善,物流运营环境不断优化

在经济发展和强劲物流需求的客观条件下,贵阳市积极探索物流业体制改革,力求形成政府扶持、市场引导、企业运作的物流业成长机制。为了更好地促进区域物流的发展,贵阳市委、市政府先后出台了《关于促进服务业加速发展的若干政策措施(试行)》《关于进一步加快现代物流业发展的措施》《贵阳市重点物流企业和重点物流项目认定暂行办法》《贵阳市物流业振兴与发展实施计划(2009—2012)》等文件。初步建立了现代物流业发展的政策支撑体系、组织领导和工作推进机制,为贵阳市物流业发展提供了有力的政策支持。

(二)贵阳市经济发展的成就

1. 经济发展由单纯的数量扩张转变为注重质量与规模

国民经济持续快速健康发展。“十一五”期间,贵阳市GDP的增长比“十五”快1个百分点,高于全国、全省平均增速,创新中国成立以来用5年时间翻番的最快增速。其中三次产业年均分别增长7.9%、12.2%和16.9%。农民人均纯收入2008年首次超过全国平均水平。进出口总额从11.36亿美元增加到22.75亿美元,增长1倍。县域经济发展壮大,建制区(市、县)全部进入经济强县行列。生产总值、固定资产投资、工业总产值均突破千亿元,部分重要监测指标达到全面小康社会标准,站在科学发展新的战略起点上。中国社会科学院发布的《全球城市竞争力报告(2009—2010)》显示,在全球500个城市中,贵阳名列综合竞争力上升最快城市的第4位。[①]

2. 经济结构优化,投资稳步增长

"十一五"期间,贵阳市经济总体呈现较快增长的发展态势。工业生产平稳增长,企业效益有所提高。2010年全年规模以上工业增加值比上年增长15.0%,增速比上年加快4.9个百分点。从注册类型看,国有及国有控股企业增长15.2%;集体企业增长2.8%;股份制企业增长17.9%;外商投资企业增长16.8%。分轻重工业看,轻工业增长15.9%,重工业增长14.2%。全年规模以上工业企业产销率达95.6%。全市规模以上工业企业实现利润总额56.56亿元,比上年增长25.9%;工业综合经济效益指数195.4。固定资产投资突破1000亿元。全年全社会固定资产投资1019.31亿元,比上年增长30.2%。其中,基本建设投资完成423.52亿元,增长26.6%;更新改造投资完成215.59亿元,增长29.4%;房地产开发投资完成310.68亿元,增长47.7%。分产业来看,第一产业投资增长27.8%,第二产业投资增长28.9%,第三产业投资增长30.8%。[②]

3. 城市枢纽和服务功能不断增强,初步转变为区域经济中心城市

"十一五"期间,贵阳市被确定为首批国家服务业综合改革试点城市。第三产业增加值达607.76亿元,占全市生产总值的比重从45.9%提高到54.2%。从旅游业来看,贵阳市在"十一五"期间,召开了四次旅游发展大会,青岩古镇、南江峡谷、阳明文化园等景区知名度大幅提升,推出修文野生动物园、开阳十里画廊、泉城五韵等新景点,"中国避暑之都""爽爽的贵阳"城市旅游品牌效应凸显。新增国家4A级景区6个,星级以上酒店达到55家,建成和在建五星级酒店达15家,酒店年接待人数超过600万人次,实现由全省旅游集散中心向全国重要旅游目的地、西南旅游服务中心的重大转变,旅游总收入从60.38亿元增加到425.96亿元。从金融业来看,"引金入筑"工程取得实效。开工建设贵阳国际金融中心,成功引进花旗银行、中信银行、浦发银行、招商银行等国内外知名银行在贵阳市开设分支机构;银河证券、华泰联合证券以及人寿保险公司等保险、证券公司获批筹建分支机构。会展业取得突破,建成西部规模最大、功能最全、设施最先进的国际会展中心,生态文明贵阳会议、亚洲青年动漫大赛、医药博览会等成为全国知名会展活动,荣获"中国绿色会议城市"称号,为打造"中国夏季会展名城"夯实基础。软件和动漫产业初具影响。建立数字内容产业园,朗玛科技、青年影视等动漫企业崭露头角,产值年均增长

① 《贵阳市政府工作报告》(2011年)。
② 《贵阳市政府工作报告》(2011年)。

50%以上。[①]

二、贵阳市现代物流业与区域经济的协调发展可能存在的问题

(一)物流项目与物流园区建设与产业实际需要的匹配问题

大量的研究和实践证明,产业集群是提升区域经济竞争实力的有效形式。客户的需求是物流企业生存和发展的基础,因此,只有第三方物流的市场需求发展到一定程度时,才会产生物流园区等物流项目。从这个意义上来说,物流企业的集聚是由客户企业产业组织决定的,所以,对区域经济来说,只有区域内企业产业组织形成完整产业链,从而达成相应的集群效应时,才可以考虑物流园区建设。通过配套、完善的物流服务使在其服务范围内的产业集聚发展,同时也为区域物流自身创造更广阔的物流需求空间,促进物流产业的发展。

从贵阳市经济发展实际情况来看,大量的产业集群规模并没有出现,也就是说经济还没有发展到以集聚方式组织的物流企业来进行配套的程度。所以,贵阳市物流业的发展必须要考虑到与区域整体经济发展的协调性问题。

(二)经济发展与物流资源整合问题

区域经济的发展,客观上要求对区域内各项经济资源进行有效整合。相对自身进行纵向比较来看,贵阳物流资源集中度相对较好,但与国内外物流业发展情况比较,资源的分散和利用程度就显得非常不足。前文已叙述过,截至2012年6月,贵阳市在册登记的物流企业已达854家,但年收入过亿元的物流企业仅有5家。数量虽然比较多,但绝大多数企业规模偏小,企业与企业之间关联度不强,信息沟通不畅,无法有效统一协调和合理调度,表现为物流资源分散,很难构成有效的竞争力。

(三)物流规模与经济发展水平的适应性问题

贵阳市现代物流的发展应当充分考虑区域经济的发展对物流的需求,合理估计物流市场容量或规模,使服务提供和服务需求相互适应。既要避免供大于求,出现资源浪费的现象,也要防止供小于求而致使区域经济的正常发展受到制约。

物流作为一项重要的业务被企业重视和推崇,其中最重要的一个原因就是物流是“节约成本的宝库”、是企业的“第三利润源泉”。从前述贵阳市物流业的发展来看,为了配合物流中心城市的建设,推进贵阳市物流业的发展,政府规划了几个大型的物流中心。作为区域物流的基础平台来说,这样的规划是必需的,其积极、正面的作用得到很好的展

① 《贵阳市政府工作报告》(2011年)。

现。但同时,一些生产制造型企业也在建设自己的仓库等物流设施;一些仓储企业也在积极扩充库容,大上新的仓储项目;再加上各种连锁企业在建或将建的配送中心等,这将促成贵阳仓储物流设施等趋于过剩。对于要发展现代物流的贵阳来说,这是需要进行深入研究和论证的。

(四)物流企业经营管理水平与经济发展所要求的物流服务质量的矛盾

区域经济的发展,需要高质量的物流服务。然而,对贵阳来说,多数物流企业表现为服务规范的缺失和内部管理流程的混乱,企业缺乏懂得现代物流运作的人才,服务质量低下。

从贵阳市总体物流行业来看,企业规模普遍相对较小,管理水平不高,设备落后,缺乏核心竞争力,大量企业仓储、运输等设施不适应现代物流集约化高效运营的需要,难以提供一体化的供应链物流服务,致使相关制造型企业寻求不到合适的物流服务提供商,这从一定意义上来说,形成了经济发展的一个瓶颈。

三、贵阳市现代物流业与区域经济协调发展对策建议

(一)发展产业集群,加快产业集聚,推进物流资源聚集

贵阳要推进现代物流业的发展,就必须要发展产业集群。产业集群的发展,要通过产业园区的建设来实现。产业园区的建设,要通过改善投资软环境,依托开发区或工业园区等来实施。这样,在园区内对物流企业进行集中布局并加以扶持,使其逐步形成物流集聚效应。

贵阳市在“十二五”规划中,明确提出了要实施“百亿企业”“千亿产业”行动计划和工业园区建设计划,做大总量,做强企业,做优产品,为此,提出了要积极发展装备制造业;改造提升资源型工业;发展壮大生物产业;培育发展战略性新兴产业;加快工业园区建设;加快发展服务业等目标。可以预见,随着上述目标的实现,贵阳市产业集聚基地将逐步形成。产业集聚区的发展,将会汇聚大量的物流量,现实地转化为物流企业的业务需求源;集聚区企业与企业之间既竞争又合作的关系,反过来又促进物流业向集群化的模式发展。

(二)以政府政策为导引,促进区域内物流资源的有效配置

物流产业的发展,就是要使物流资源整合的优势得到充分发挥。为做到这一点,贵阳市应出台相应政策,有效引导和推动物流资源的合理流动。从目前贵阳市的物流企业来看,大部分规模偏小,管理水平不高。因此,政府应要立足宏观,引导资源逐步向效益高的企业流动,鞭策企业经营逐步向集约化方式转变。

（三）注重物流规模与经济发展水平的适应性

从可持续发展的角度来说，其要求经济社会各子系统之间是均衡、协调发展的关系，这就要求发展应适度和合理，这就需要在发展的同时，注重不断提高资源利用效率，注重系统间相互促进作用的发挥，尽力限制或规避系统间的制约作用。

从贵阳市的长期经济发展情况来看，相对于经济增长，物流水平的提升表现为一定的滞后性。这就呈现出系统间不均衡和非协调的特点。因此，需要考虑加快物流基础设施建设，对贵阳区域内公路、铁路、水路、航空等物流基础设施进行统筹规划，有效整合贵阳市物流体系，实现贵阳市物流体系与经济系统之间的协调发展。

（四）积极采取各种措施促进物流服务质量的提升，实现区域经济整体效益

1. 积极发展第三方物流

贵阳要发展现代物流，不可缺少的一个途径就是要大力发展第三方物流，通过第三方物流的发展达到建设现代化物流企业的目的。具体的做法可以是：一方面由政府引导，组建大型第三方物流集团，使之对行业发生影响力，从而发挥示范作用，带动区域内物流产业的发展；另一方面也要采取切实措施鼓励区域内物流企业积极参与国内外市场竞争，实现走出去的战略。与此同时，也需要引进具有一定特色的国内外优秀物流企业，在本地区建立总部或分支机构，制定相关政策措施，鼓励其参与贵阳市物流基本设施的建设和经营；鼓励物流企业之间的相互合作，注重对国内外先进物流技术和管理经验的吸收和消化，使得贵阳市物流企业经营管理水平与服务质量得到不断提升。

2. 在物流产业中积极推进技术创新和应用

目前，在国内外，3G 网络、物联网、云计算等高新技术已普遍为人们所认识和应用。尤其在物流业，已正在逐步推行。贵阳市要发展现代物流业，就必须注重提升区域内物流业的智能化水平。这可以通过选择重点物流园区，试点和扩展物联网等高新技术的应用，同时，还可以引进一批实现高新技术应用、具有一定示范效应的物流企业，搭建高层次的智能化物流服务体系。另外，还可以设立相应的物流信息中心，提升区域物流服务的智能化、网络化、自动化水平。

3. 推动区域物流企业网络化建设，鼓励各类企业外包自身物流业务

区域物流企业要获得发展，自身的网络建设是一个关键要素。因此，要有相应措施和办法鼓励区域物流企业在各大城市、港口建立属于自已的网点，以增强物流业务的网络支持，这就促进企业增加信息技术的需求，以完善业务实施中的信息收集和整理的功能。

同时，也需要制定相关政策，鼓励区域内的各类企业外包自身的物流业务，使其能够专注于自身的主营业务，倾力打造其核心竞争力，这又反过来促进区域内各类企业的发

展,推动区域经济的进一步提升。

4. 积极引进、培训各类物流人才

从现代物流业的运作来看,其是一个知识密集型的行业。其重要的一个特征就是强调运用专业化的物流知识和信息手段来运作各类物流业务,降低物流运作成本,从而为客户创造价值。因此,可以说,现代物流的发展,离不开具有现代物流业务技术和管理知识的物流从业人员。

从贵阳现在的情况来看,现有的绝大多数物流从业人员是从传统运输、仓储等行业转化而来,先天不足的特征明显。因此,贵阳现代物流业的发展,表现为对具有广阔知识视野和专业化物流知识体系的物流从业人员的极度渴求。从某种程度上来说,物流人才的缺乏已经成为阻碍物流企业发展的紧迫问题。这需要采取措施,一方面大力提升物流从业人员素质,另一方面建立起吸引人才、留住人才的机制。

(五)推动物流产业与信息产业、金融业协调发展的政策

在现代经济活动中,物流、信息流、资金流是紧密联系、不可分割的有机统一体,它们相互影响、相互促进、相互制约。区域经济系统要持续、健康、稳定发展,离不开物流产业与信息产业、金融业(子系统)的协调发展。它们是维系整个区域经济,乃至国民经济系统有效运行、健康发展的桥梁和纽带。可以预见,随着信息经济的发展,现代物流产业将发展成为支柱产业,信息产业将发展成为核心产业,金融业将发展成为基础产业。在信息经济时代,区域物流产业的健康发展,客观上需要有信息产业的协同发展和金融业的协调共进,使物流、信息流、资金流的数量、质量状况、协调成本和流动成本具有最佳的状态。贵阳市物流产业政策的制定,需要充分反映这种客观要求,促进区域物流产业与信息产业、金融业的协调发展和进步。

参考文献

[1]李晓蕙. 中国区域经济协调发展研究[M]. 北京:知识产权出版社,2009:43.

[2]郭岚. 中国区域差异与区域经济协调发展研究[M]. 成都:巴蜀书社,2008:13.

[3]孙庆. 区域经济发展与现代物流[J]. 商务论坛,2003(10):45 -46.

[4]贵阳市现代物流业发展规划(2008—2020 年).

[5]贵阳市 2009—2011 年国民经济和社会发展统计公报.

[6]贵阳市国民经济和社会发展第十二个五年规划纲要.

[7]贵阳市物流业振兴与发展实施计划(2009—2012).

[8]贵阳统计局. 贵阳统计年鉴(2011 年)[M]. 北京:中国统计出版社,2011.

高新技术园区创新功能的自增强机制研究

张胜荣　杨英杰

（贵州财经大学）

摘　要：高新技术产业园区的创新功能的强弱是关系到园区的可持续发展和园区对区域经济的辐射带动作用成败的关键因素。本文借鉴产业生命周期理论，分析了高新技术园区创新功能发展阶段，指出了不同时期自增强机制的主要来源。最后，通过对创新功能自增强机制的产生和制约条件分析，阐述高新区建设过程中的相关对策。

关键词：高新技术园区　创新功能　自增强机制

中国高新技术产业园区经过二十多年的探索和发展正逐步由出口加工型向创新与孵化型和研究与开发型转化，高新园区内经济的增长已不再是依靠传统意义上的要素投入，取而代之的是技术知识和创新的水平。知识创新的重要作用还表现为改变了经济增长的内在结构，使得知识成为现代经济竞争中的核心力量，知识创新已成为全球经济发展中的主流趋势，是科技成果产业化的重要阶段。美国硅谷及世界各地高新区的蓬勃发展，都表明高新区在区域经济中的带头作用，作为区域增长极的高新技术园区其技术创新的可持续性和创新的水平高低直接取决于园区内创新功能的强弱。国内外高新产业园区发展经验表明，创新主体和行业规模达到一定临界值，由于外部经济、创新要素等因素，产业园区存在创新功能递增作用的正反馈，呈现自我强化机制。通过自我增强机制使园区内企业的创新水平和创新规模迅速扩张，使产业园区彻底摆脱要素驱动的低端模式而转为创新驱动的领先模式，进一步使园区发展成为区域范围内的技术增长极。

一、理论基础——自增强机制

经济学中的自增强机制是由美国斯坦福大学人口与经济学教授 W. 布雷恩·阿瑟于1988 年在《经济学中的自增强机制》一书中首先提出的。他在书中指出，基于边际报酬递增情形下，经济系统能产生一种局部正反馈的自增强机制。在众多的自增强机制来源中，他指出了常见的四种：①高昂的沉没成本；②学习效应；③合作效应；④适应性预期。自增强机制使经济系统产生以下四个特征：①多态均衡，系统可能存在两个或两个以上的市场份额的渐进“解”，其结果存在不确定性、不唯一性和不可预测性。②可能无效率，如果一项技术先天的“好于”另一项，但由于“坏运气”而未被采用，那么，最后的结果也许就不是最大可能收益。③锁定,一旦系统达到某个"解",便难以退出。④路径依赖,市场份额的前期历史一部分是微小事件和随机事件的结果——能够决定哪个解优先。经济学中的自增强理论,迄今未被纳入主流经济学,它本身还未完全地体系化,但这一理论所包含的思想对人们却具有很大的启发作用。

根据布雷恩的理论,创新技术的采用和创新活动的实施往往具有边际报酬递增的性质。由于创新功能的发挥首先发展起来的技术通常可以凭借先占优势,利用规模经济促成的单位成本降低、广泛流行导致的学习效应提高、众多行为者共同采用产生的协同效应、市场中人们对越流行则会进一步流行的预期等,实现创新的自增强良性循环。高新产业园区是由众多的中小企业、研究机构、中介组织等节点构成的自组织网络系统,是众多新技术、新品牌的孵化器。高新区内的各个节点发生高频率、高强度的互相交流和接触成为园区健康发展的常态。各个网络节点都可能产生创新,当某一新技术、新产品、新观念在网络节点产生之后,就会沿网络关系线在整个网络中传播、反馈,形成震荡。这一过程中与该项创新有关的各行为主体主要是企业在新思想的冲击下产生创新的概率大大加强,从而使整个产业园区形成企业创新网络。只要网络中某个环节发生创新,通过这一乘数效应,就会使创新扩散开来,使与之相关的产品都产生创新。同时,园区内创新网络的这种乘数机制不仅可以使创新产品成倍增长,更重要的是引发创新的高速发展,实现创新功能的市场应用,使得整个园区内企业获得创新引发的规模效益。

高新技术产业创新借助网络平台,加速变革创新主体,以适应不断变化的外部环境,大大降低不确定性对高新技术产业成长的影响,而作为创新功能重要动力的自增强机制,将增加主导产品的裂变扩张的速度和产业链延伸的广度,使得创新网络中企业获得由成本递减引起的收益递增效益(如图1所示)。

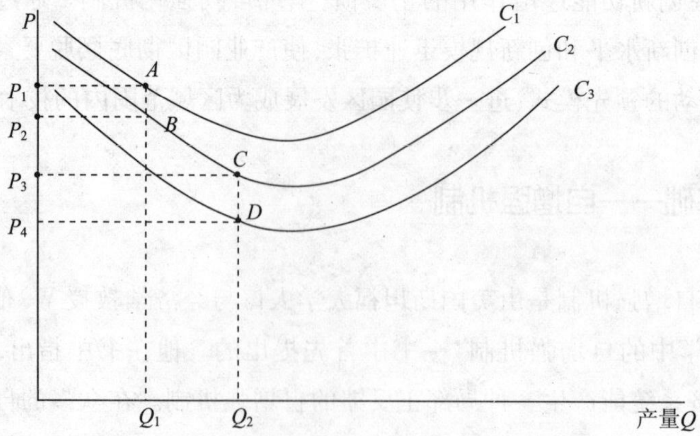

图1 自增强机制引发的企业成本递减效应图

在创新产生之前,设某企业 I 的平均成本曲线 C_1,此时 I 在 A 点生产,单位成本为

P_1，产量 Q_1，当 I 采用新技术/研发新产品后，平均成本曲线下降到 C_2，此时企业在 B 点生产，企业单位成本下降为 P_2，则 P_1ABP_2 为企业 I 的超额利润。在高新区内由于创新功能的自增强机制，技术在园区内扩散，产生规模经济，I 在维持新技术不变的情况下，生产规模从 Q_1 增加到 Q_2，单位产品成本下降到 C 点的 P_3。同时，创新的自增强机制在园区创新网络中产生创新乘数效应，使整个园区内的相关产品的技术水平迅速提高，处于网络链中的 I 企业的生产成本曲线进一步下降到 C_3，在 Q_2 的生产规模下，单位成本由 P_3 下降到 P_4，企业 I 获得更多的超额利润。创新的自增强机制为高新园区创新网络节点提供多元化的选择集合，使得创新的演化过程不断持续，在系统地改变产业体系中技术结构和市场份额结构的同时，也改变着创新企业群体的特征和生产力状况。

二、创新功能自增强机制的阶段分析

高新技术具有较高的市场贡献率和较强的产业关联度，其市场化和产业化可以带动整个产业结构的合理化和高度化。高技术产业作为经济增长的“先导产业”和增强国家竞争力的“战略产业”越来越得到各国的广泛重视。国内外学者对高新技术产业发展的研究表明，影响其发展的诸因素在不同的发展阶段具有一定的规律性。成思危从技术转化的角度探讨产业周期，指出高新技术转化为现实生产力一般经历三个阶段，即高新技术的研发、高新技术的资本产业化、高新技术的金融市场化。张贵在苏东水研究的基础上提出来高新技术产业发展的孕育、发展、成熟和衰退四个阶段。而作为发展高新技术产业的有效载体，高新技术园区的发展与创新功能的发展是互为因果、共同进退的，有规可循，从发展阶段来考察可分为功能萌芽期、功能成长期、功能稳定期、功能衰退期。

（一）创新功能萌芽期自增强机制

高新技术园区在布局上指向智力密集程度高的区位，对知识密集度、技术创新、人才网络、基础设施和生活条件的要求较高。同时，高新技术由于自身的复杂性、开创性、不确定性决定了在园区建设过程中需要参与者进行大量的专用性投资，而这些投资大多是不可收回的沉没成本。我国的高新区大多基于市场因素和政策因素建立的，政府在园区建立过程中需要建立一系列基础设施，包括道路厂房、水电气、排污设施、环境治理等，更重要的是政府还参与企业直接投资专用性强市场难以提供的公共设施、大型实验装置、通用监测设备等。政府和企业的这种沉没成本作为抵押构成进行持续性的企业参与和政府支持的显示信号。政府为高新技术园区的创新发展提供了间接的信用背书，诱导创新企业增加参与园区建设的信心。沉没成本的投入使得园区建立之初具有强大的向心力，吸引更多的企业参与到整个园区创新系统的建设中。各类科技型中小企业也可以利用园区内的公共服务平台，在追求成本最小化的同时发挥自身的核心创造力，在企业有限资源条件下发挥创新功能的最大化。园区内企业在建立与生产规模相适应的配套设施、提高整个产业链的市场效率过程中,不断地投入大量的精力、时间和资金,企业的沉没成本也就相应地增加,出现套住效应,园区对各种创新要素的吸引力增强,加速了创新功能的萌芽和体系的完善。

(二)创新功能成长期自增强机制

当高新技术园区的发展进入成长期后,区内企业基于主体的创新价值活动和辅助的创新价值活动,逐渐构成了一个以密集多边联系、互动和交互式的平等合作关系为特征的创新网络,即集资源、技术、信息、资金和服务为一体的复杂系统,这时创新功能的自增强机制动力来源主要是学习效应和合作效应。

学习效应与整个园区内的核心能力密切相关,园区内的成员组织为了获取持续的竞争优势,主动适应园区内外的环境进行变革创新,积极改变自身的知识结构。创造知识的同时吸收园区内外的先进知识,进而促进整个园区的创新功能优化。创新个体之间、个体与群体之间以及群体之间知识交流频繁,在进行显性知识学习的基础上不断识别、挖掘隐性知识,加快隐性知识向显性知识转化的速度。在这一过程中,创新活动由企业内部逐渐转移到企业间、企业与科研院所之间,通过"干中学"提高了创新能力和创新效率,为创新功能提供了不断地创新动力源。

高新技术产业的这一特性决定了企业难以单独依靠自身的力量实现创新功能的规模经济和范围经济,通过联合开发、共用实验设备、共用数据库等方式可以降低创新成本和风险,更重要的是这种合作效应可以使企业专注于核心创造力上,避免规模扩大带来的大企业病,可以保持创新功能的灵活性和持续性。梅西等人就指出,只忙于房地产开发,忽略创造产业链与技术转移,孤立与周围社会的高新区,不太可能促成任何具有创新性的产学协同机制,只是"高技术的幻想"。合作效应使得企业的异质性资源得到更大范围的利用,增加创新活动的来源。企业之间的合作常采用专利权的技术保护手段,从而保证了超额利润在某个阶段内稳定地获得,随着外界相关技术的不断冲击和保护期限的临近,创新技术会有一种向外溢出的倾向,这增加了创新功能的活力。企业间在技术创新基础上相互服务、相互促进的良性互动机制,可以提升整个园区的创新规模和技术水平,实现园区内的技术飞跃,形成自增强的创新系统。

(三)创新功能稳定期自增强机制的来源分析

当高技术园区的发展进入稳定期时,成熟的创新网络已经在园区内形成,创新功能的自增强机制来源中除了沉没成本、学习效应、合作效应外,还体现在适应性预期。适应性预期(Adaptive Expectations)理论最早由美国经济学家 Philip Cagan(1956) 提出,在经济学中是指人们在对未来会发生的预期是基于过去(历史)的。在估计或判断未来的经济走势时，利用过去预期与过去实际间的差距来矫正对未来的预期。适应性预期对创新功能的自增强机制主要表现为信任和品牌效应两个方面。

信任使园区内创新主体之间形成一种相互依存和同行业之间的非正式交流，“干中学”“用中学”，加快了思想、新观念和创新的扩散速度，创新主体之间建立的相互适应性增强了创新功能的外溢作用，强化了主体创新能力以及创新功能的升华和拓展。高新区成功地运转将形成区域辐射带动作用，突出园区的品牌能够更好地发挥资源地域集中和创新要素共享的优势，使创新功能更好地植根于当地创意生活中，更具有活力。信任和品牌的吸聚作用促进区域内人力资源配置、流动、优化，提升园区的人力资本互补和良性互动的竞争局面。园区内企业基于信任和品牌价值条件下的适应性预期开展与高校、科研院所、中介机构等的横向联系，形成创新的人才联盟，并在联盟体系内使创新功能的自增强机制得到完善。

在高新技术园区的衰退阶段，创新功能得不到有效的发挥，创新要素资源与园区生产脱节，创新功能失去动力来源，创新功能的自增强机制必然得不到实现，整个园区的创新系统衰变为一个负反馈系统，创新功能最终将消失。

三、创新功能自增强机制的运行条件和制约条件分析

创新功能的自增强机制使高新技术园区内企业的技术水平、创新能力和规模迅速扩张，新技术和新产品开发中衍生出新企业的同时也提高了原企业的竞争力。现实中各高新园区发展都谋求创新功能的自增强机制的建立，因此需要对创新功能的自增强机制的产生和约束条件做出分析。

（一）机制产生的宏观条件

1. 基础设施条件

硬件基础设施是创新功能自增强机制运转的基本物质保证，它可以强化和补充创新功能的发挥，例如，交通、通信设施的不断完善为创新功能发挥提供强大的基础支撑。我国高新区的发展实力薄弱，内部企业实力弱小，完善的硬件设施能使园区企业获得稳定供应的原料和高素质的劳动力，形成品牌效应。良好的基础设施条件促进企业的互动合作和知识交流，特别是隐含经验类知识交流的平台设施完善将促进创新功能的发挥，减少机会成本和创新功能扩散的时间成本，提高创新主体捕捉创新信息的灵敏度。

2. 社会文化环境条件

创新功能的自增强机制的发挥离不开高新产业园区的区域文化的支持。与产业园区发展相关的社会文化因素包括：教育水平和人口素质；人口变动趋势；文化传统。科技部原部长徐冠华在其《大力构建创新文化环境》一文中指出：观念的创新、科技的创新、体

制的创新,无不回归于文化的创新。社会文化因素为自增强机制的运行提供了最初的智力资本,决定着园区发展的最初技术优势,提高园区快速收集处理以及整合各种资源的能力。人力资本的快速流动促进技术交流和研发合作,为自增强机制提供了原始的动力。开放和包容的文化传统,形成高度灵活的创意氛围,重视合作与非正式交流,使得职业的高转换率和信息与技术的快速扩散等。相反,保守、消极的社会文化环境在鼓励企业家的冒险精神、重视合作与非正式交流的社团文化方面,都是相当匮乏的。

(二)机制产生的微观条件

1. 企业自身条件

高新技术园区组成主体——企业,主导着创新功能的发挥和自增强机制的运行。由于企业技术内核的不可复制性,企业的发展战略决定了技术与时俱进的能力。企业对产品研发投入培育了创新功能,凭借人才、资金条件取得技术优势,利用规模经济促成技术成本降低,新技术条件下的产品推广导致学习效应的产生,众多企业共同采用和改进新技术的协同效应进一步推动了技术创新的升华,实现了创新功能的自增强机制的良性循环。创新能力和创新投入不足将降低企业技术战略的竞争力,技术产品偏离市场需求,技术创新的经济效益得不到体现,因此,创新功能失去了自增强机制运行的动力。企业技术创新功能的错位将失去创新的向心力和技术扩散的离心力,园区内各企业主体之间失去了交流和接触的物质条件,创新功能自增强机制得到了遏制。

2. 中介组织

创新功能的自增强机制运行过程中,创新知识的生产、知识的转移、知识的应用等活动都离不开技术中介服务的支持,技术中介以其具有的信息搜寻能力、信息甄别能力以及信号传递能力为创新功能自增强机制的运行提供独立的、公正的服务。技术中介组织主要有服务于共性技术知识生产的技术中介、服务于知识转移的技术中介、服务于知识运用的技术中介(徐雨森、张世君,2009)。技术中介组织与园区内创新主体和要素市场紧密联系,为创新活动提供重要支撑性服务,在降低创新风险,加速成果产业化进程中发挥着不可替代的作用。其中共性技术生产的技术中介组织加强创新技术研究单位知识成果的转化、转移环节,密切企业与科研院所的联系。知识转移的技术中介组织能优化知识转化路径,促进出现功能的完善和价值增长,创新功能的作用强度和广度得到提升。服务于知识应用的技术中介组织在高新技术产业园区中的主要变现形式就是企业的孵化器,其为创新型中小企业提供优良的发展环境,最终使技术成果商品化,为自增强机制提供新的动力源。

(三)园区的市场定位和自增强机制

高新技术园区在市场中的位置决定园区的发展前景,决定着园区自增强机制的良性运转。我国高新区是建立在市场配置和政府配置两种资源配置方式基础上的，是定位于政府配置为主的行政管委会性质的园区，还是定位于市场配置为主导的市场自发性质的组织模式，对自增强机制的发挥甚至是创新功能的实现至关重要。高技术产业的性质决定了园区应实施增长型的发展战略，园区内企业必须取得大大超过社会平均利润率的利润水平，园区的发展必须立足于创新，倾向于创造新的市场需求或发展新的技术来改变外部环境，而这些都不是行政性质的管委会所能满足的。只有定位于市场配置的市场自发性质的组织模式才能发展成为产业特色鲜明，园区内企业关联性强，企业间形成专业化分工和协作，彼此建立基于信任与承诺的非正式联盟。关联企业的竞争与合作又推动园区企业的创新，从而形成发展的“自强化机制”。

四、对策与建议

自增强机制的创新组织是有机的，具有很强的整合能力，但是各类创新过程中具有很多的不确定性，其并不是以一个完美的线性方程出现，而是系统内部各要素之间相互作用和反馈的结果。由于创新功能会出现宏观层面的生产体系和知识体系的非对称失衡，因此必须对其建立和发展加以政策支持和指导。

（一）加强基础设施环境建设，为高新技术园区内创新功能提供环境支撑

完善专业物流发展的软硬件设施，建造区域性物流中心，加快物流业的信息化建设，提高物流从业人员素质。重点建设以计算机网络、信息情报网络和办公自动化网络为标志的网络结构的建设。高新产业园区应鼓励创新文化的生长和本土根植，要大力宣扬富于冒险和进取的企业家精神，重视信任与合作文化的建立，培养专业忠诚而非企业忠诚的观念，促进人员的流动，淡化等级观念和重视非正式交流等。大力建设园区品牌，培育根植于当地，具有磁场效应的著名品牌，依托深厚的地域特色文化，促进创新氛围的形成。

（二）完善技术创新和扩散的中介服务平台建设

组建多途径的共性技术研发中心，制定长期规划，确立发展目标和研发方向。扶助官助民办的新型共性技术生产平台，拓展现有的技术中介组织的知识生产服务功能。政府应鼓励区域性的生产力中心结盟，建立统一的服务平台，把联盟发展成为服务标准化、质量一流的集团化服务联盟。重点集中在服务的深化和细化，通过提供全配置、集约化的孵化空间，整合政府扶持、专业机构、公共平台、专家顾问等各类资源，提供针对性的阶梯式服务。促进孵化器和风险投资的融合，积极谋求新的孵化模式以形成更强大的资源集聚与整合功能，更有利于知识应用和扩散的组织模式创新。

(三)搞好调查,科学论证

制定园区技术发展战略,把园区技术发展的指导思想、远景目标和分阶段的目标、产业结构、主导产业、人力资源的丰度和组合特点、生产力技术体系、最终需求结构及规模、个人消费结构及变动趋势、投资水平及投资结构等对策作为重点。加强政府作用与市场作用的衔接,逐步将权利交给市场和企业,政府主要起“市场增进”的作用,即“尽可能的市场,必要时的政府”。只有这样才能保证自增强机制的稳定发展和良性循环。

贵州零售业基层员工流失及其对策研究

冯宇①

（贵州商业高等专科学校）

摘　要:本文通过问卷、实地访谈等方法,力图对贵州零售业基层员工流动率居高不下的现状进行研究,并从降低员工流失率的重要性,剖析员工流失的原因,有针对性地提出降低贵州零售业员工流失的对策。

关键词:零售业　员工　流动率　对策

零售业作为商贸服务业的重要组成部分,是一个用工需求大、劳动密集型行业,大量的采购、理货、仓管、收银、防损、质监、导购以及电脑维护等工作都是由基层员工完成的。商务部《关于"十二五"时期促进零售业发展的指导意见》指出:"'十二五'时期,商品零售规模保持稳定较快增长,社会消费品零售总额年均增长 15%,零售业增加值年均增长 15%;零售业发展方式加快转变与创新,各种业态协调发展;大型零售企业整体优势要进一步增强,跨区域发展成效显著,中小零售企业健康发展,零供双方互利共赢、和谐发展;节能减排取得明显进展,节能型购物中心、商场(店)、超市层出叠现;零售业结构布局更趋完善,城乡、区域间协调发展,基本形成结构合理、布局科学、竞争有序的现代零售业"。而在贵州已有沃尔玛、家乐福、北京华联、国美电器、苏宁电器等多家年销售额 5000 万元以上大型零售企业,也有管家婆、合力、红华等小型连锁零售企业。然而贵州省零售业基层员工的流动率居高不下,个别企业还存在上升趋势,根据收集的资料以及现场调查,有些企业员工的流动率最高可达 50%,这已严重影响到本地零售组织的发展壮大。零售业尤其是超市门店的用工荒、招工难成了制约企业发展的桎梏。有的门店工龄半年以上的员工不超过 30%,也就是说不到半年时间员工走了近七成;门店平均缺员 30% 左右,在每年的春节前后尤甚,甚至公司后台人员全部到门店顶岗都难以为继。笔者通过问卷的方式,调查了 105 位贵州省零售企业的基层员工,同时与数十家零售企业的人力资源经理进行交流,掌握了大量的一手资料,力图对此问题进行一个较为全面的研究,提出解决的对策。

---

① 冯宇,女,贵州商业高等专科学校工商管理系教师,副教授职称,北京工商大学企业管理硕士。主要研究方向:工商企业管理。

一、贵州省零售业基层员工的现状

贵州省零售业在近几年发展速度很快,在该行业就业的人数逐年有较大幅度的增长。由于该行业的特殊性,员工中绝大部分为基层员工,通过调查分析,基层员工的基本构成,有如下一些现状。

(一)零售业基层员工以男性为主体

调查显示,74.3%的员工为男性,而女性员工只占到25.7%,如图1所示。这说明,零售业基层员工的主体依然是以男性为主,这与该行业的工作强度较大有密切关系。

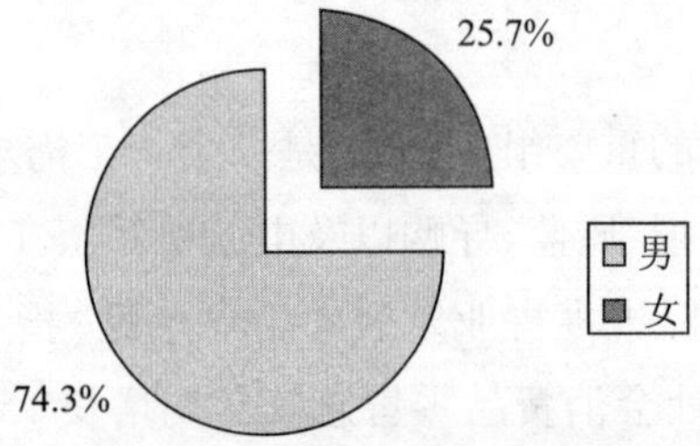

图1 被访者的性别结构

(二)基层员工中以年轻人为主体

根据调查数据分析,29岁以下的年轻员工占到51.4%,30~39岁的员工占到23.8%,两项加起来占到基层员工总数的75.2%,40~49岁的员工占到16.2%,50岁以上的员工占到8.6%。这说明,基层员工中,年轻人占到绝大多数,是一支朝气蓬勃的队伍,如图2所示。

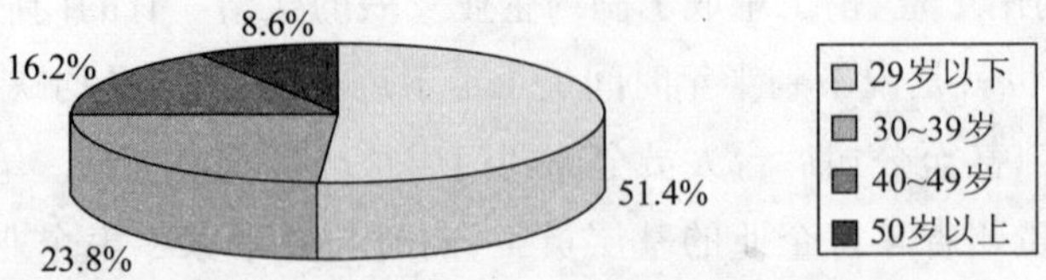

图2 被访者的年龄

(三)基层员工中,未婚者居多

在婚姻状况的调查中,未婚者占到60%,而已婚者只占到40%,这也与这个行业中年轻人多是相符合的,如图3所示。

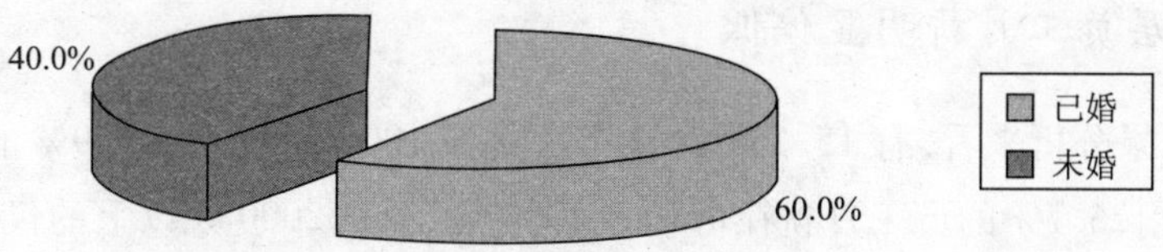

图3 被访者的婚姻状况

（四）基层员工整体学历偏低

分析基层员工的学历状况可以非常明显地发现，员工整体学历素质偏低。初中学历的占到28.6%，高中（含中专、职校）学历的占到44.8%，这两项相加就占到员工总数的73.4%。而大专学历的占到21%，本科学历的占到1%，硕士及以上学历的占到4.8%，如图4所示。

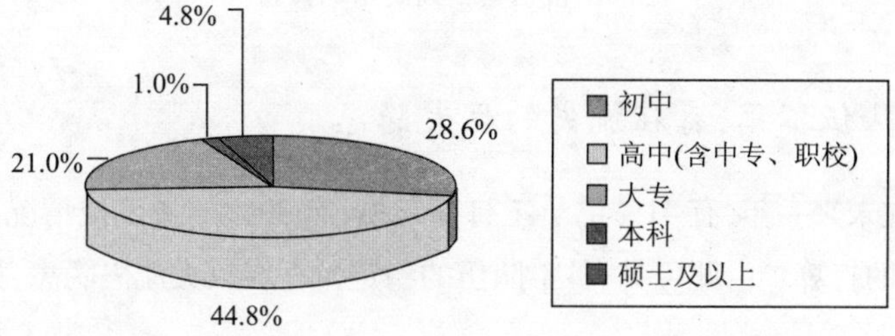

图4 被访者的学历

（五）员工从业时间普遍不长

在“您在零售业从业时间”这项调查选项中，有41.9%的员工在1年以内，25.7%的员工在3年以内，18.1%的员工是3～5年，而5年以上的仅占14.3%。由此可以很明显地发现，基层员工的从业时间普遍较短，如图5所示。

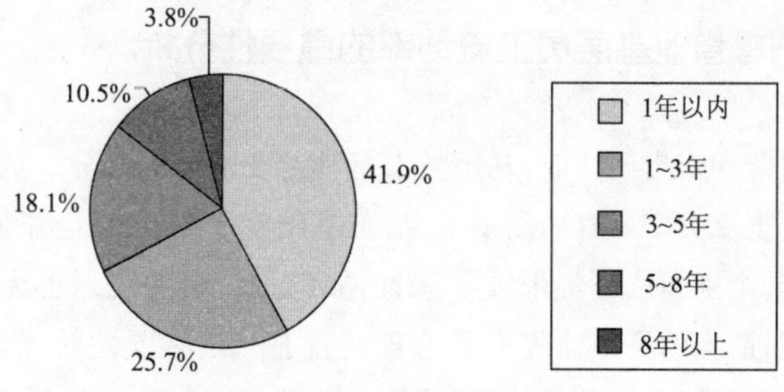

图5 被访者零售业从业时间

(六)基层员工月薪明显偏低

从调查结果分析来看,有15.2%的员工月薪在1000元以下,41.9%的员工月薪在1001~1500元,26.7%的员工月薪在1501~2000元,而在2000元以上的仅占到16.2%。这非常清晰地说明目前该行业的工资水平明显缺乏吸引力和竞争力,如图6所示。

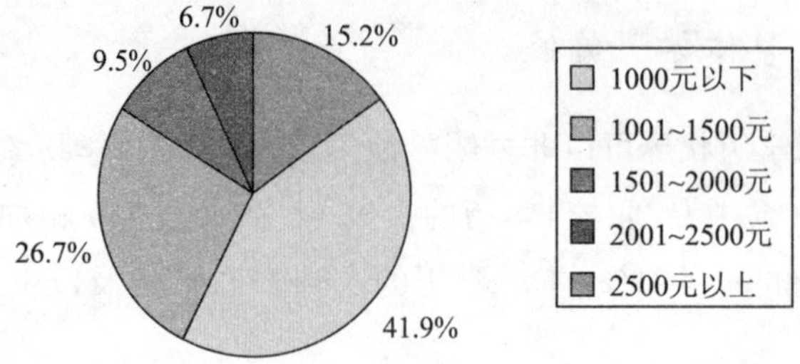

图6 被访者目前的平均月薪

(七)员工队伍不稳,存在流失的巨大隐患

调查显示,在未来一年,有41%的员工打算跳槽,有39%的员工视情况而定,只有20%的员工没有跳槽的打算。由此可见,员工队伍的稳定性存在较大流失隐患,如图7所示。

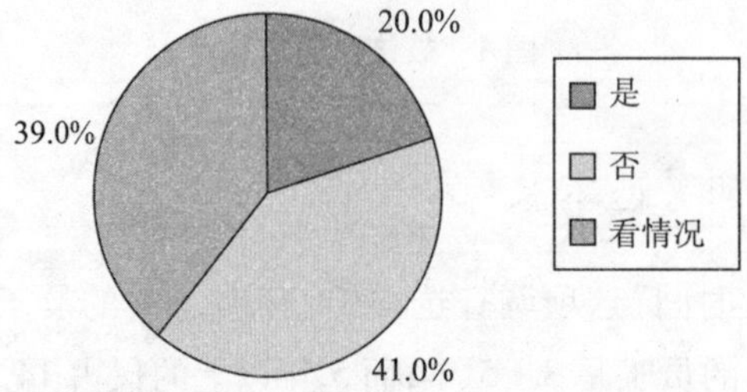

图7 被访者未来一年内是否打算跳槽或者换公司

二、降低贵州零售业基层员工流动率的重要性分析

零售业是一个劳动密集型产业,基层员工是其重要的组成部分。从调查来看,目前,贵州零售业企业员工流失率一直居高不下,员工基础壁垒较低,综合素质不高,人力资源部门终日疲于应聘,个别岗位已经形成了恶性循环,人力资源规划也无从谈起。根据国内外研究可以发现,适当的员工流失率是合理而且有一定必要性的,但是过高的员工流失率对于企业来说却是明显不利的。据《哈佛商业周刊》的报道,降低5%的人员流动率可以降低企业10%的运作成本,并且提高25%~65%的生产率,而且还能带来更高的员

工满意度和更有活力的工作团队等无形收益。从多数情况看，业绩较好的零售企业，往往就是员工流动率较低的公司。

过高的员工流失，也会给企业带来诸多负面影响。

首先，会大大增加企业的员工更替成本。研究显示，招聘新员工的成本是挽留老员工成本的2~3倍。其次，员工流失除了造成直接成本损失外，还会造成间接的成本损失，特别是招商、企划等核心员工，他们离职所造成的损失要等到招聘进来的新员工完全胜任为止。再次，过高的员工流失率会影响队伍的稳定和凝聚力的增强。一个具有很强凝聚力的核心员工一旦流失，就会带来巨大的连锁反应，曾经在零售业中就发生过收银主管离开后，带走一批收银员到竞争对手公司的事件，给企业的日常运行带来了非常不利的影响。同时也不利于企业的文化建设和企业形象、品牌的树立。最后是过高的员工流失率会带来其他隐性的不利影响。众所周知，作为零售企业核心竞争力之一的工作流程和高效的服务技巧是靠员工在长期不断地摸索中总结出来的，而此类员工一旦流失，就会使企业自身的优势无形中消失，而与此同时却增加了竞争对手的竞争力。

三、贵州零售业基层员工流失的原因剖析

贵州省零售业发展速度很快，需要大量的基层员工，而过高的基层员工流失是所有贵州零售企业都头痛的问题，它与部分企业所面对的员工流失主要是高层次人才的流失问题不同，即使员工发生流失，岗位空缺的及时填补也相对容易。但是对于零售业来说，高比例的基层人员流失给企业的正常运营带来不利影响，增加了招聘、培训的成本，更给企业人力资源部带来了不小的压力。

从调查来看，对于基层员工流失的分析，如果从微观角度而言，基本上是薪酬、个人发展、个人与组织文化及企业环境的匹配等几个方面。从企业实际角度来看，大多数基层员工流动的主要原因是薪酬。作为零售企业的基层员工，其薪酬水平一般不会太高。而基层员工薪酬水平较低的原因是企业盈利能力、利润率较低。而对于零售业这些劳动密集型企业而言，人工成本占了总成本的主要部分，企业对人工成本提高异常敏感；而且这类行业无论是资本还是技术，进入门槛很低，往往容易造成恶性竞争、利润率不断走低。通过综合分析，主要有以下一些原因：

（一）贵州零售企业的薪酬、福利待遇低，管理不科学

调查显示，贵州零售企业基层员工的基本人均薪酬每月在2000元以下，同时他们的主要压力就是因为薪酬太低所带来的经济压力。如图8所示，有42.1%的基层员工表示生活中最主要的压力是经济问题。同时，在调查公司为员工购买的保险中，有17.4%的员工表示，未享受过公司所购买的任何保险。这也说明，部分零售企业未按规定给基层

员工应该有的社保待遇,如图9所示。只有55.2%的员工表示公司会定期组织职工进行体检,关注其身体健康,如图10所示。而另一个调查显示,有5.7%的基层员工对于公司最不满意的是“薪酬低”和“薪酬制度不合理”,有38.5%的基层员工离开原来的工作单位,是因为要去寻找更高薪酬的工作,如图11、图12所示。

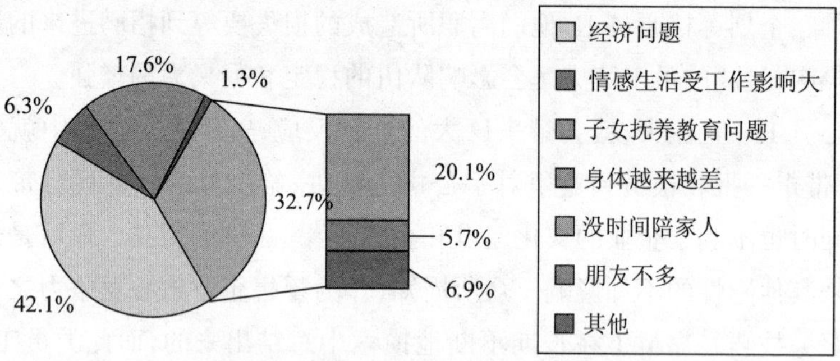

图8 被访者生活中压力的主要来源

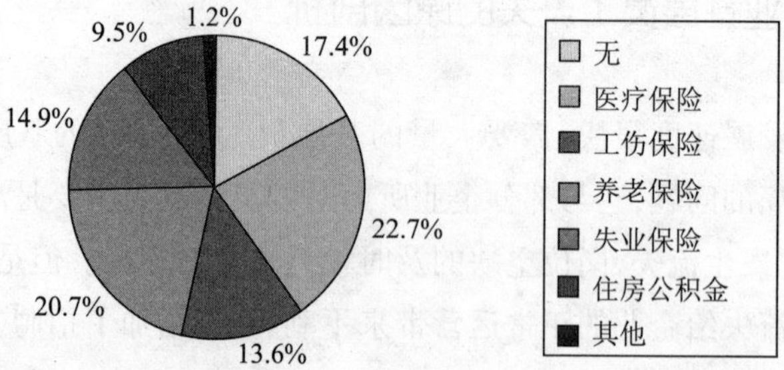

图9 被访者目前享有公司购买的保险有哪些

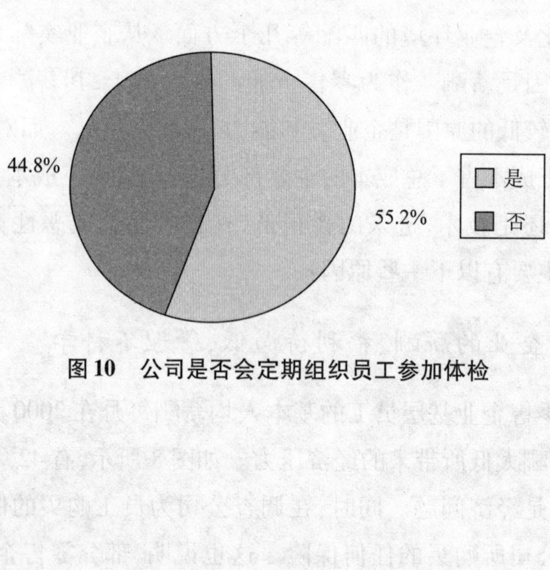

图10 公司是否会定期组织员工参加体检

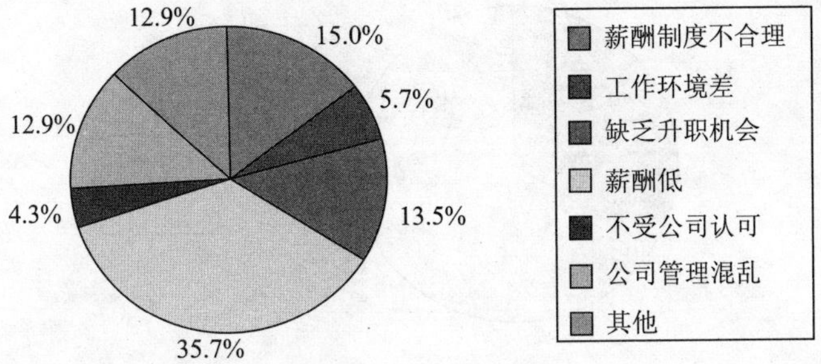

图 11 频数

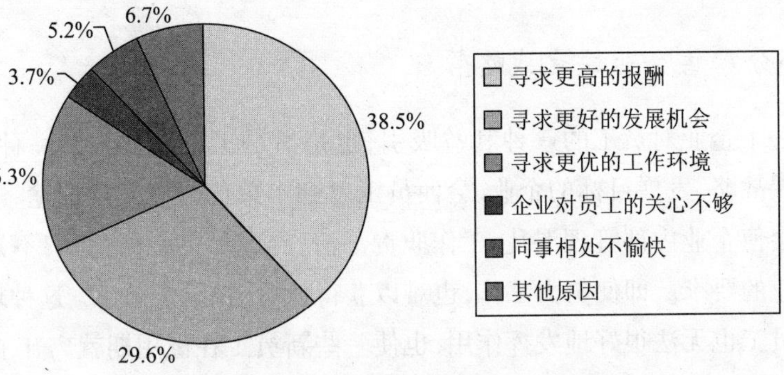

图 12 被访者跳槽或者换公司的原因

综上所述,薪酬、福利实际上是每一个基层员工最为关心的问题,部分零售企业的工资、福利既不能体现按劳分配的原则,又不能完全体现岗位职责、权限高低、承担风险和责任的大小,也不能反映基层员工劳动强度和工作难度的区别。而员工又面临着较大的现实生活压力,所以难以充分调动员工的积极性和创造性,也导致基层员工流动率偏高。

(二)贵州零售企业缺乏有特色的企业文化

贵州零售企业中,有部分企业只做表面文章,没有培育出自己的企业理念,不去构筑自己的企业文化,也不注重去增强基层员工的向心力和凝聚力,企业文化建设流于一种形式,而不能为员工真正创造一个自我发展的空间。企业文化建设就是要留住全体员工的心,"留人先留心",企业文化就是留住全体员工的"心" 的东西。建立一个相互信任且具有创造精神的团队,这些人必将会具有高度的创造性、自尊心和自制力。调查显示,有34.3%的员工从来就没有参加过公司组织的旅游、聚餐、Party 或其他文体比赛,这也说明,部分企业从来没有有意识地去凝聚人心,留住基层员工。

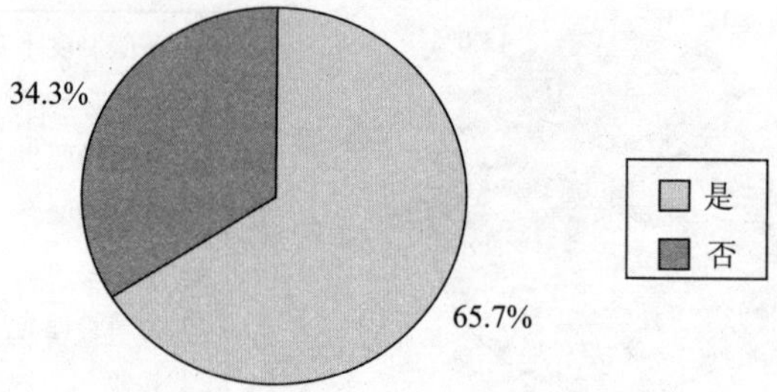

图 13 被访者是否参加过公司组织的旅游、
聚餐、Party 或其他员工文体比赛

(三)部分零售企业缺乏战略管理

战略是一个企业对员工的一种利益吸引,也是对员工行为方向的一种界定和引导。缺乏明确发展战略、发展目标的企业,会使员工感到本单位没有发展前途,缺乏职业安全感。同时也会使企业内部管理混乱,工作职责不清,导致员工无所适从,不知道应该怎么做才符合企业的要求。即使努力工作,也难以获得认可、缺乏成就感。这种环境使得那些想有所为的员工也无法很好地发挥作用,也使一些新员工在试用期就离开了。

(四)贵州部分零售企业的绩效管理不科学

根据笔者与部分零售企业的人力资源经理座谈,了解到有企业没有建立起由企业高层管理人员和专业人士组成的考核机构。企业也没有根据工作的需要,按照定期或不定期的方式,对公司员工进行考评。有企业即便是做了一定的考核,但考核结果既没有及时反馈给员工,同时运用也不当,如没有与晋升和薪酬紧密地联系起来。这样的绩效管理,导致基层员工看不到希望,以致员工选择离开企业。

(五)贵州部分零售企业的用人机制不健全

调查显示,有 33.3% 的基层员工没有与所在公司签订正式合同,这也就意味着,贵州部分零售企业存在不遵守国家法律法规的问题,这对于劳动者来说是不公平的,如图 14 所示。同时,有 88.6% 的基层员工每个月的休假时间是在 4 天以内,甚至有 1.9% 的基层员工连一天的休息时间都没有。

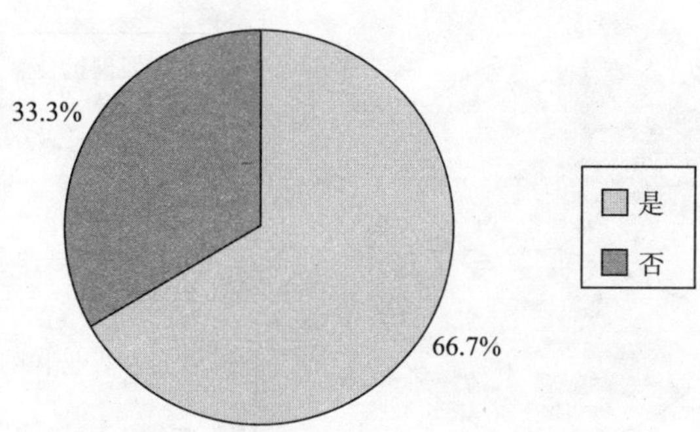

图 14 公司是否与员工签订正式合同

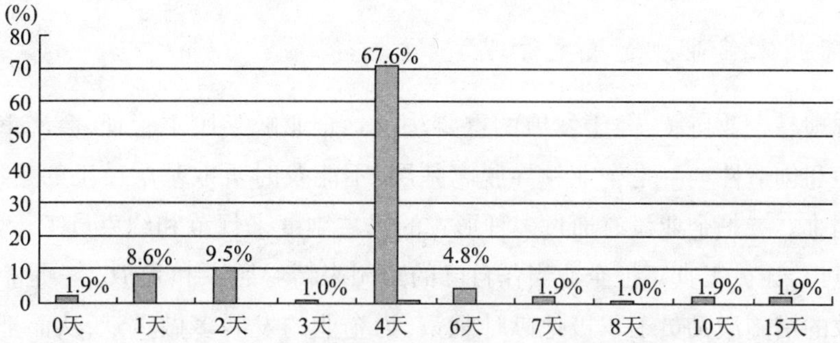

图 15 根据公司规定，员工每个月的休息时间

（六）贵州部分零售企业缺乏员工的职业生涯计划设计

一般来说，人们应聘到企业工作，最初的动机是获得较高的薪金，但工作稳定后，就会考虑个人的发展机会和前途问题。每个人都自觉或不自觉地有自己的职业发展计划。调查结果也印证了这种规律，在“看重工作中的哪些因素”选项中，有40%的基层员工看重薪酬福利，也有28%的基层员工是比较注重个人发展机会的。作为企业员工，其职业发展的途径，通常是从低级的岗位或职务向高级的岗位或职务升迁，从简单工作向复杂工作过渡，或从不喜爱的工作岗位到喜爱的岗位等。如果员工发现在企业无法实现其职业计划目标，他就可能跳槽到更适合自己发展的其他单位去。但是，目前贵州零售企业普遍不太重视基层员工的培养发展工作，一贯把他们当作单纯的劳动力来使用，这也导致部分员工离开原来的企业，如图16所示。

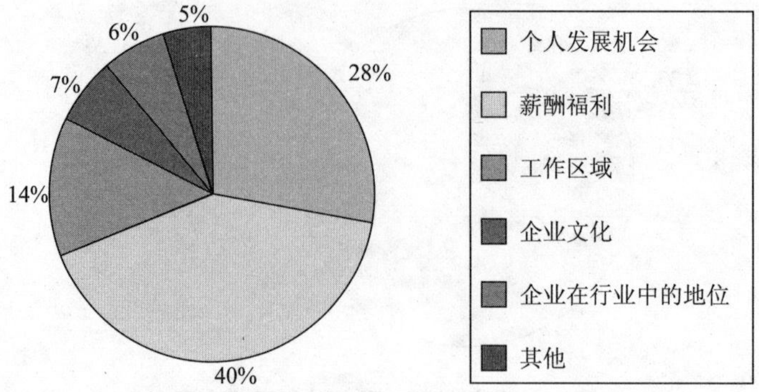

图16 目前员工比较看重工作中的哪些因素

(七)贵州零售业缺乏民主管理

民主管理是企业持续、健康发展的重要法宝。企业缺乏民主管理,会严重地挫伤员工的积极性和创造性。一是企业领导脱离基层,不能及时听取基层员工的建议,及时解决他们的困难。二是企业没有通过多种形式的民主制度来规范和约束员工行为,提高员工的参与意识,让员工真正把企业当作自己的家园来精心照顾和爱护。三是企业领导没有采取有效的措施激励员工积极地献计献策,为企业的发展多做贡献,从而把员工利益更加紧密地和公司利益捆绑在一起。这些也导致部分员工对企业缺乏感情,难以对企业产生较强的依赖性,员工辞职率自然就会偏高。

四、降低贵州零售业基层员工流失率的对策

作为员工数量众多特别是基层员工占到主体的零售企业来说,稳定员工队伍应该引起企业高层领导的高度重视,这样才能真正使企业在快速发展的同时拥有强有力的人力资源保证。因此,如何留住员工就成了企业管理中的重要环节。

(一)从招聘入手,把住源头关

零售企业由于其工作的特殊,在招聘工作中一定要坚持人职匹配、人事相宜,人力资源部门一定要事先做好应聘者的测评工作,既不进行人才低消费,也不实践人才高消费,只有这样才能保证所招募的人员是合乎企业需要的"合适人才",企业后续的留才策略才能对其行之有效。否则若是求职者仅将企业当一块跳板,充当的只是一名"匆匆过客"的角色,那无论有多少留才妙招都只能是"对牛弹琴",毫无价值。特别是对于基层员工来说就显得尤为重要。

(二)贵州各大零售企业应提供具有竞争力的薪酬

调查显示,有38.1%的员工未来最期待公司的事情是加薪,如图17所示。前面数据也显示,40%基层员工最看重的是公司的薪酬福利,如图16所示。这说明,薪酬是稳定零售业基层员工队伍的重要砝码,提供富有竞争力的薪酬显然能够起到非常重要的作用。那么多少薪酬具有加强的竞争力呢? 调查显示,57.1%的基层员工期待的理想薪酬都在每月2500元以下,只有24.8%的员工理想薪酬在3001元以上。

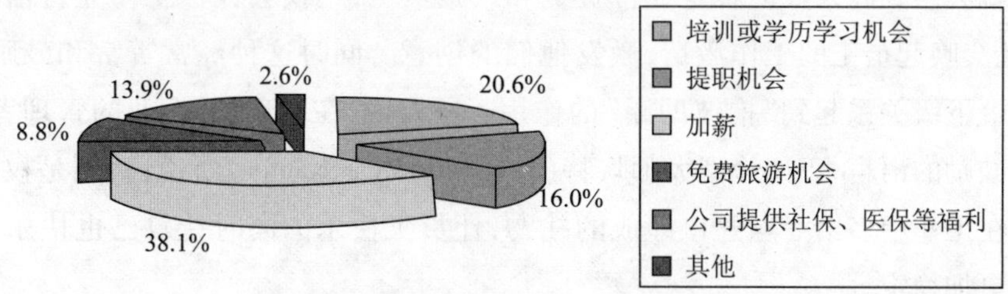

图17　被访者未来最期待公司提供什么

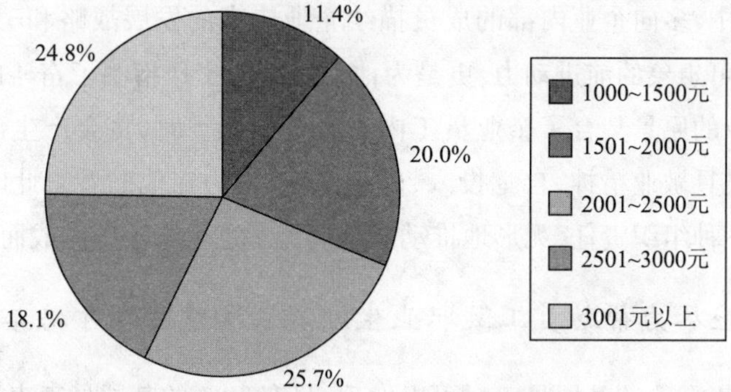

图18　被访者目前期望的月薪

具有竞争力的薪酬是留住员工时无法回避的问题。就如同高楼大厦的根基,若是缺失这个根基的稳固性,那其他的诸多留才策略也只能是空中楼阁,可望而不可即。具有竞争力的薪酬是要与企业同行同类岗位的横向比较,审视企业的薪酬所处的层次;同时也要在组织内部进行纵向薪酬比较,这不仅是一种显性的价值回报,更是对其一种隐形的鞭策。其实通过调查可以发现,贵州零售业基层员工的期望薪酬是不算太高的,总体上也是公平和合理的,企业应根据自身实际情况,逐步实现员工的期望薪酬,这样,员工队伍就会更加稳定。

(三)企业各级领导应多赞赏和鼓励员工

根据研究,企业员工最重视的五个激励因素中,有三个是与赞赏、鼓励有关,即出色完成工作任务后,上司亲自致谢、书面致谢以及个人得到公开表扬。试想一下,无论员工取得了多么大的成就,其上司总是一言不发,好像事不关己一样,这会带来什么样的问题?结果只有一个恶性循环,员工将会认为企业各级领导是非常苛刻、冷漠、没人情味,长此以往,员工的自尊被摧毁,智慧被扼杀,上下级的关系步入井水与河水之处的境地,员工自然就会想到离开。但若是经常赞赏和鼓励员工,不仅会让员工树立自信心、充满成就感,还会唤起员工的工作激情,激发他们的创意。同时这种经常赞赏和鼓励也对建立融洽的上下级关系起到"推波助澜"的作用。所以说,在管理中,企业的管理者不要吝啬赞赏和鼓励的语言,正如管理大师坎特(Rosabeth Moss Kanter)所说:薪酬是权利,认可是礼物。在工作中多给一点开口即成的礼物,让员工快乐的同时让自己也快乐,员工队伍也就会更加稳定。

(四)零售企业领导应向员工多勾勒企业美好的未来

在企业管理中,多向企业内部的成员描绘企业未来的发展战略和美好蓝图,这不仅会给他们带来不可想象的前进动力,更是为他们后续的工作指明了奋斗的方向。大量的事实表明,当企业的愿景契合了企业员工内心真正的愿望时,将会产生出一种强大的驱动力,能使员工极具敬业精神,自觉投入、乐于奉献,因为在他们看来此时的工作不仅是谋生手段,更是一种组织责任,无形地推动着他们为了这个责任的完成而努力奋斗。

(五)企业应尽力帮助员工做职业生涯规划和建立人才培养机制

调查贵州零售企业的基层员工时可以发现,只有20%的基层员工表示会长期从事零售业工作,39%的员工表示要视情况而定,41%的员工表示不会长期从事零售业工作,如图19所示。

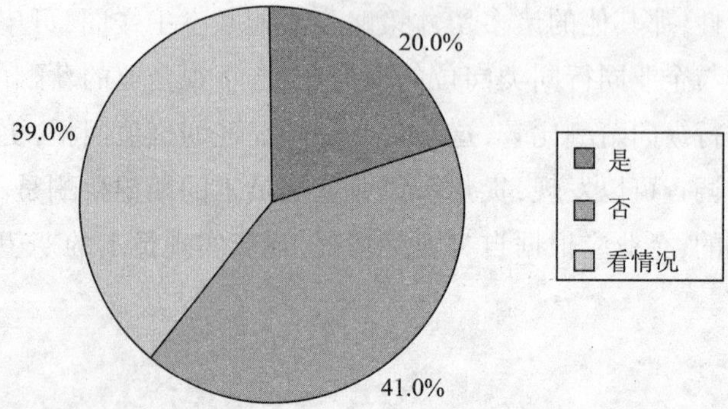

图19 被访者是否继续长期从事零售业工作

由此可见,贵州零售企业的多数基层员工对自己的发展和前途往往感到非常迷茫,不知自己的明天该如何去规划,方向在哪里。于是就会产生其他企业、其他行业的世界可能更精彩的想法,从而萌生去意。这就要求零售企业的人力资源部工作重心要下移,要帮助基层员工不断进行提升,搞好自己的职业生涯规划。同时要建立完善的人才培养机制,打通基层员工的上升通道,使基层员工能够看到自己发展的目标和希望,树立为企业终身服务的理念。这样,也能使企业人力资源部门不用长年累月忙于招聘工作,实现企业人力资源发展的良性循环。

(六)贵州零售企业应加强对员工的精神关怀,打造团队文化

在企业人力资源管理中,经常有"待遇留人、事业留人和感情留人"的说法,人都有感情,员工作为人,而人又是感情动物,尤其在中国这个人情味很浓的国家里。企业要对员工的感情投入,注重精神关怀,让员工有一种家的感觉,有时能收到事半功倍的效果。特别对于一般基层员工,企业往往会忽视其心理感情需要的满足。必须要看到,一般基层员工也绝非仅仅具有生理和安全的需要,对于大量"80后""90后"员工而言,他们的诉求多元化,因而企业不能再用老眼光看待、对待一般员工,而要顾及其多层次的需求,这其中当然包括对员工的精神需求的满足。比如,在节日期间不仅是提供若干节日用品作为福利,而是举办更具人文关怀的节日晚会;再如可以在企业内开展各种形式的兴趣组织等。

(七)贵州零售企业要打造个性化、人性化的培训

笔者调查显示,有34.5%的基层员工之所以选择零售业是因为自身学历、经验的限制,还有38.7%的员工是因为自身个人的兴趣,而其他所有的原因加起来也只有26.9%,如图20所示。

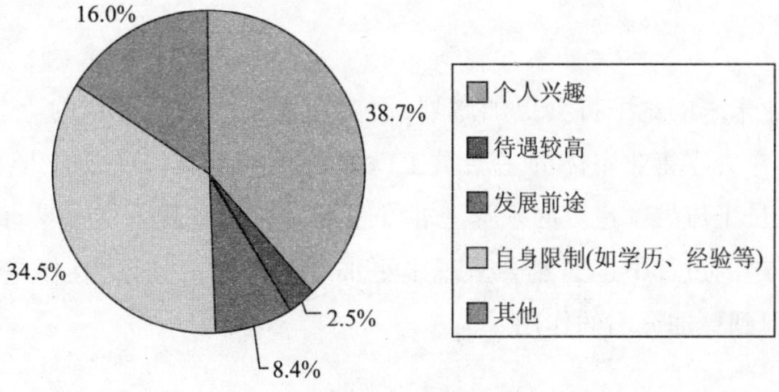

图20 被访者选择零售业的原因

这也说明,贵州零售企业面临的基层员工的现状是不容乐观的,需要企业不断加强

对这些员工的培养,对员工开展培训,既可以增强企业的核心竞争力,促进企业战略目标的达成,也有利于将员工个体的素质不断提升,具备市场价值的工作技能,也就意味着员工可以在市场上获得更高的薪酬。如果企业重视帮助员工学习与成长,那么他们更可能愿意留在公司,因为他们知道,企业真心关注他们的最大利益。同时培训也是企业塑造人才,提高竞争优势的重要手段之一。个体目标与企业战略目标进行整合和统一,满足员工个体的自我发展的需求,提高员工的组织归属感,增强企业凝聚力和向心力。当然,在为人才提供培训的机会时,一定也要遵循个性化和实用性的原则,力求将员工的培训要求与企业的发展战略合二为一。

(八)贵州零售企业要对离职者有包容的心态

中国有句俗话叫"好马不吃回头草",但在今天看来,作为企业的一方不仅需要摒弃这种思想,更是要营造一种欢迎"好马来吃回头草"的氛围和机制。要对离职者进行离职谈话,并表示随时欢迎其回来。在人才竞争日趋激烈的今天,得人才者得天下,让离职人才再次回到原来的企业重操旧业,不仅可以给企业的人才竞争力增色不少,更可以带来诸多益处:

其一,可以大大节省人力成本,美国《财富》杂志研究发现:一个员工离职后,企业从寻找新员工到顺利接手所花费的人力成本,高达原供职员工薪水的1.5~2.5倍,而关键人才的替换成本更是不可想象。其二,可以在员工心目中树立企业以人为本,宽容大度的形象。其三,此举将会增强企业的向心力和凝聚力,尤其是对那些"吃回头草"的人来说,他们将会更加珍惜现有的工作机会,为企业的发展鞠躬尽瘁。除此之外,对内部在职员工也可以起到一个很好的警示作用,告诫他们外面的世界很精彩,外面的世界也很无奈,在稳定基层员工队伍方面客观上会起到良好的作用。

五、结语

贵州零售业未来的竞争将会更加激烈,而要在竞争中取得有利的竞争地位,人才是其中的关键,而作为零售业主体的基层员工就显得尤为重要。采取有力措施,稳定基层员工队伍,降低员工流失率也就必须提上非常重要的议事日程。贵州零售业在贵州社会经济大发展、跨越的过程中也必然会呈现出更加欣欣向荣的景象,在促进贵州第三产业发展的过程中起到更加突出的作用。

参考文献

[1]魏文颖,刘珊珊.百货零售业员工流失带来的不利影响分析[J].科协论坛(下半

月),2011(4).

[2]翟庆华.岗位能力素质模型在中广核集团人力资源管理中的应用[D].兰州大学,2010.

[3]赵丽.基于工作和素质的人力资源管理模式研究[D].西南财经大学,2007.

[4]段莹,杨丽杏,殷义斌.零售企业高学历一线员工的激励机制分析[J].改革与开放,2009(16).

[5]黄培伦,田在兰.员工离职意向影响因素述评[J].科技管理研究,2006(5).

[6] 张勉,张德.国外雇员主动离职模型研究新进展[J].外国经济与管理,2003(9).

贵州民营经济滞后机理研究

曾春花[①]

(贵州师范大学经济与管理学院)

摘　要:文章从横向比较的视角对贵州民营经济与其他地区的发展差距予以正视,从滞后表现、滞后原因和滞后出路对其滞后机理进行剖析。贵州民营经济滞后表现为规模差距、民营科技企业的差距、产业聚集差距和从业人员素质差距等,其滞后原因在于区位条件、思想观念、品牌缺乏和园区建设、企业主与从业人员素质等因素的制约。据此,贵州民营经济滞后的出路为:政府政策的"外在推力"、市场消费者偏好的"外在压力"与民营经济自身生存与发展的"内在动力"一致,形成合力。

关键词:贵州民营经济　机理　滞后原因　滞后出路

一、贵州民营经济研究简述

关于贵州省民营经济研究,已有少量研究成果,主要集中于两个方面:一是民营经济对贵州经济发展的作用;二是贵州民营经济发展存在的障碍以及相应的对策。

对于民营经济对贵州经济发展的作用,学者们一致予以肯定。民营经济对贵州省在就业、维护社会安定、地区经济发展、减少贫困、产业结构调整、优化资源组合等方面贡献巨大(何律琴,2008),"民营经济是富民兴黔的'主力军'和'冲锋队',贵州民营经济的大发展是促进贵州经济的大发展的有力保障"(刘月等,2012)。

对于贵州民营经济发展障碍及相应的对策,学者们则从不同角度进行了阐释。陆发云(2004)分别从内部和外部分析了制约贵州民营企业发展的因素。在全球化背景下,制约贵州民营企业发展的外部因素包括竞争格局发生重大转变,发展空间仍较窄,政府职能转变不到位,服务意识差,社会信用缺乏,融资环境亟待改善等;内部因素则包括产权结构不合理,传统家族制管理仍很盛行,经营观念落后,人才匮乏,产品缺乏竞争力,违法违章现象严重等。也有学者提出,贵州民营经济的发展存在思想认识、法制环境、政策环境和融资难等问题,应从这四个方面提出相应的对策和措施,消除影响贵州民营经济发展的障碍(田贵义,2006)。何律琴(2008)认为,贵州是个多民族的内陆省份,既不沿海,也不沿江,投资硬环境较差,文化落后,思想、观念、科学技术滞后,制约个体私营经济发

① 曾春花,女,贵州师范大学经济与管理学院,管理学博士,副教授。主要研究方向:民营企业管理。

展的因素也很多;应该解放思想、优化环境、强化服务、加快金融业发展以及发展中介组织和商业协会。陈英葵(2010)指出贵州民营企业存在同质化、散沙状、规模小、产权结构单一、市场抗风险能力低等问题。贵州民营企业应该转变观念,转变行动;转变管理模式;加快人力资源开发;实施和推进品牌战略;着力解决融资难,引进风险投资基金;促进技术创新。刘月等(2012)对贵州省的民营经济发展状况进行了研究,发现贵州民营经济存在集聚不足、融资渠道不畅通以及民营企业自身发展不足等问题,并提出相应的政策建议。郎贵飞等(2012)对贵州民营科技企业进行了研究。贵州民营科技企业已经成为贵州省国民经济发展新的增长点,但贵州省民营科技企业经营管理水平低,人才匮乏;资金来源不足,融资渠道狭窄;自主创新能力不足,竞争力较差;产权制度不规范,政策法规落实不到位。

许国松(2009)还对贵州民营企业的生态问题进行了研究。认为贵州民营企业在生态管理方面,环境意识淡薄;技术落后,缺乏创新意识;企业规模小,合作少;对资源综合利用的效率不高;对污染进行的是末端治理;在生态化管理的宣传上力度不够,生态化管理没有深入人心;资金来源不足等,并提出了贵州民营企业生态管理的相应对策。

学者们关于贵州民营经济发展的研究取得了一定成果,明确了民营经济对贵州经济发展的积极作用和重大贡献,从不同视角,如内部视角和外部视角,对贵州民营经济发展存在的障碍进行了定性分析,并提出了相应的对策。从理论上推动了贵州民营经济发展的研究,从实践上对促进和指导贵州民营经济发展具有一定参考价值。但是,研究方法基本为定性研究,缺乏定量研究;研究内容忽视较为深层次的原因与机制叩问;研究视角缺乏横向比较,对差异相对漠视。民营经济的发展对地区经济的发展作用是毋庸置疑的,胡大立(2006)通过定量研究得出结论:地区经济发展差距与其民营经济发展差距呈强正相关性,即地区经济发展差距的本质是民营经济发展的差距。本研究以此为前提,撇开民营经济对贵州经济发展的重要作用,拟从横向比较的视角对贵州民营经济与其他省份的发展差距予以正视,对其滞后机理进行深刻剖析。找到贵州民营经济发展滞后的“根”,才能收获贵州民营经济蓬勃发展的“果”。

二、贵州民营经济发展滞后表现

贵州民营经济已经取得了显著的成就,具备明显的政策优势与后发优势。但是,与其他省份比较之下仍然存在巨大的差距。这些差距主要表现为规模差距、民营科技企业的差距、产业聚集差距和从业人员素质差距。

(一)规模差距

规模差距首先表现为贵州民营经济总量少,比重低。2011 年,贵州省民营经济占贵州经济总量的比重为36.9%,比全国低约21个百分点,四川、重庆等省市区民营经济占经济总量的比重均超过50%,在西南四省市区中贵州民营经济总量最少,比重最低。和发达地区经济发展指标相比,贵州民营经济增加值占全省生产总值的比重2007—2011年五年间仅提高5.6个百分点,增速缓慢。如图1所示,贵州私营企业数与江苏、浙江等地差距悬殊。2011年,贵州民营企业数为31875个,是云南的33.3%、四川的23.9%、湖南的22.8%、浙江的5.8%。另据贵州省工商联统计数据显示,2008年贵州个体工商户数和民营企业户数仅为云南的61%和64%、四川的29%和23%、湖南的46%和48%、浙江的26%和12%①。2008—2011年,贵州民营经济总量与其他地区的差距进一步拉大。

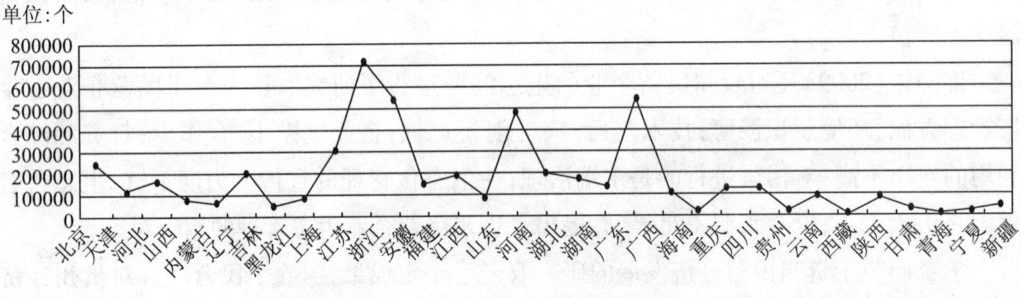

图1 2011年各地私营企业数

资料来源:根据《2012年中国统计年鉴》(中华人民共和国统计局编,中国统计出版社,2012年版)整理而得。

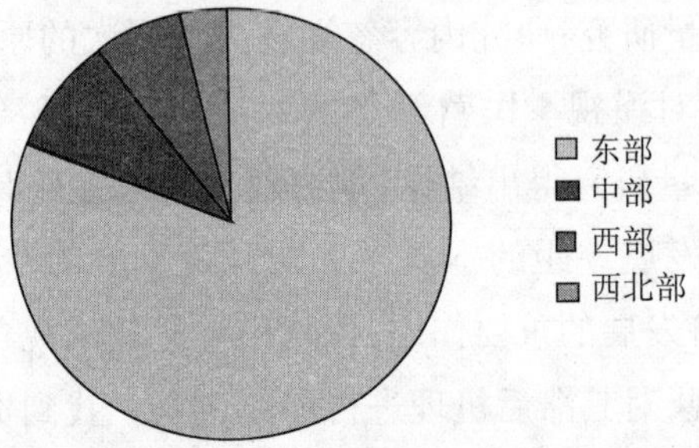

图2 民营企业500家地区分布图

资料来源:根据《中国民营经济发展报告2009—2010》(黄孟复主编,社会科学文献出版社,2011年版)整理而得。

规模差距其次表现为贵州规模以上民营企业数量少,产值低。截至2011年,贵州规模以上工业企业1129个,仅占私营企业数的3.5%,95%以上为中小企业。贵州规模以上民营工业企业数量为1129个,产值为1214.36亿元,分别是云南的87.9%和74.3%、四川的15.9%和10.2%、湖南的13.7%和10.1%、浙江的5.0%和5.3%。以医药行业

① 数据来源:若无特别说明,文中数据均来自历年统计年鉴,下文不再一一标注。

为例,2010 年排名前列的上海医药营业收入 374 亿元、哈药 180 亿元、云南白药 80 亿元、重庆太极 60 亿元、四川科伦 40 亿元,而贵州益佰仅 15 亿元、百灵 9 亿元、信邦 3 亿元,差距很大。2010 年中国医药企业利润最新 100 强排名中,没有一家贵州企业。考察 2009 年度中国民营企业 500 家,东部地区具有绝对优势,有 405 家,占比 81%;西部地区 34 家,占比 6.8%,主要分布情况为四川 11 家,重庆 9 家,内蒙古 6 家,陕西和云南各 3 家,宁夏和新疆各 1 家。2012 年 8 月,贵州实现了零的突破,有 1 家民营企业——贵州宏立城集团上榜中国民营企业 500 强,排名第 381 名。

(二)民营科技企业的差距

贵州科技民营企业与其他地区民营科技企业的差距,主要表现为总量少,比重低,研发投入少。贵州民营经济绝大多数分布在劳动密集型和低技术产业中,初级产品加工所占比重大,深加工产业比重低。大多数民营企业产品开发与创新能力差,科技含量低,研发投入少。贵州民营科技基本情况如表 1 所示,2011 年民营科技企业研发经费为 3.2 亿元,占当年贵州全省 GDP 的比重仅为微不足道的 0.056%,相对 2010 年无论是总量上还是比重上还略有下降。而福建省民营科技企业则是民营经济发展的中坚力量。经过认定的软件企业共 611 家,其中 95% 以上为民营企业;更有一批福建民营科技企业凭借各自优势产品,已纷纷占据国内工控、IC 设计、动漫游戏等行业的龙头地位。

表 1　2006—2011 年贵州民营科技基本情况

指标	2006 年	2007 年	2008 年	2009 年	2010 年	2011 年
机构数(个)	238	243	216	260	223	219
#集体经济	11	8	8	9	10	12
从业人员(人)	23631	27278	23170	33927	37529	37016
#高级职称	474	375	471	509	513	474
中级职称	1795	1744	1475	1725	1926	1470
技术性收入(亿元)	0.25	0.13	0.73	2.44	2.28	7.52
研发费用(亿元)	0.81	2.03	1.10	1.39	3.43	3.20

资料来源:根据 2012 年《贵州统计年鉴》(贵州省统计局编,中国统计出版社 2012 年版)整理而得。

2011 年,贵州研发经费支出 36.3 亿元,经费投入强度仅为 0.64%,低于全国研发经费的投入强度 1.84%,更是远低于北京的 5.76%,研发经费投入强度排名倒数第五;贵州规模以上工业企业研究与试验发展(R&D)的经费投入为 275217 万元,仅为四川的 26.3%、湖南的 15.1%、浙江的 5.7%。

(三)产业聚集差距

贵州民营企业主要集中分布在商贸、餐饮、娱乐等劳动密集型产业,在医药、特色食品等优势资源方面也有一定集中,如贵阳制药业、遵义辣椒加工业、仁怀白酒业、六盘水煤及煤化工业、开阳磷化工业等已逐步形成产业聚集。但贵州民营企业制造业整体上仍然呈散沙状。贵州近年通过一系列措施实施各种优惠政策,并针对民营企业提供各种配套便利设施,想方设法引导民营企业实现产业聚集。这在一定范围内实现了小规模的民营企业聚集。但规模过小,民营企业之间相互关联度不高,分工效应难以形成,聚集效应的优势尚未显现出来。克鲁格曼认为,集聚效应的发挥是由于各种经济活动在空间上集中所生产的经济效果以及吸引各种经济活动向一定地区靠近的向心力,它是造成城市的形成和不断扩大的基本因素。同时聚集效应也伴随着分工效应。分工和专业化是导致企业集聚的直接原因,它使得与某种产品的生产相关的上游企业与下游企业密切联系在一起,从而产生"1+1>2"的效应。比较典型的集聚效应,如浙江的制扣、汽车零件、打火机、小家电、制鞋、制衣等行业,大多各自集聚在特定的地区,呈现了一种地区集中化的制造业分布。再如湖北省早在2006年就形成各类产业集群206个,形成了冶金、机电、纺织服装、电子信息、汽车及零部件、食品加工、化工、建材、医药等产业聚集,关联企业10667家,实现销售收入4354亿元,占全省工业销售收入的60%,年销售收入10亿元以上的集群达到超过100个。

(四)从业人员素质差距

贵州民营经济从业人员与其他地区的从业人员的素质差距主要表现在学历、职称和技术等级结构上。贵州民营经济从业人员学历较低,具有大学本科和研究生以上学历的人员比重低,大学本科学历以下的人员比重高;具有高级职称的从业人员比重低,初级职称的人员占比高;具有技术等级的从业人员中,高级技师和技师占比低,中级工占比高。根据《贵州民营经济发展报告》,2004年贵州民营企业就业人员具有研究生及以上学历者仅占0.3%,具有大学本科学历者占8.59%,而初中及以下学历者比重最高,达到40.62%;具有高级技术职称者仅占6.15%,而初级职称者高达65.39%;在具有技术等级证书的民营企业人员中,高级技师和技师分别占2.42%和7.89%,而中级工占到了54.84%。无论是从业人员的学历结构,还是职称结构和技术等级结构,均呈现出低端化。

三、贵州民营经济滞后原因

综上种种贵州民营经济与其他地区民营经济发展差距,无论是规模、民营科技发展差距,还是产业聚集、从业人员素质方面的差距,都应对背后的滞后机理追根溯源,力求从根源上消除民营经济发展的桎梏。贵州民营经济发展滞后,虽然有民营经济自身的问题,但又不单纯是民营经济自身的问题。表现在民营经济身上,实质是贵州经济社会发展体制机制和文化思想观念落后的综合反映。

(一)区位条件制约贵州民营经济发展

贵州恶劣的地理条件、“三不沿”的地理位置以及由此导致的薄弱的经济基础均会制约贵州民营经济发展。

首先,贵州相对恶劣的地理条件,如贵州总面积的61.9%是生态脆弱的喀斯特地区,“地无尺里平”,山地和丘陵占地92.5%等,这些自然条件造成贵州社会闭塞和经济贫困。由于地理区位偏僻,交通、通信状况较差,信息闭塞,几乎与世隔绝,社会经济文化十分闭塞落后。

其次,从整体地理位置来看,贵州“由于地处西部‘三不沿’(不沿江、不沿边、不沿海)边远内陆地区,受地形地貌、历史文化等因素影响,贵州经济发展长期滞后,基础薄弱”(陈英葵,2010),基础环境硬件设施薄弱,且自有资金积累不足,融资渠道单一,交通设施、通信设施等受区位的制约相对落后,造成整个社会经济闭塞。

最后,由于区位造成的社会、经济和文化落后又会反作用于贵州民营经济。区域经济与民营经济的发展具有交互作用机制。民营经济的发展能促进地区经济发展,是地区经济发展的生力军;反过来,地区经济的发展状况也会反作用于该地区民营经济的发展。贵州相对落后的经济大环境同样会影响贵州民营经济的发展。

(二)思想观念上的桎梏制约贵州民营经济发展

思想观念上的桎梏首先应追溯到贵州传统的历史文化。在地缘关系和历史传统的影响下,贵州传统文化基本上“以农为本,以商为末,重农轻商,固本抑末”“日出而作、日落而息”的小农经济思想意识根深蒂固,传统文化中相对缺乏竞争意识和冒险精神。贵州这种“以商为末”的传统文化对民营经济乃至贵州整个社会经济发展的制约作用比较明显,如较为缺乏市场经济意识;竞争意识较弱,思想观念守旧;冒险精神缺乏,满足于小富即安。

思想观念上的桎梏还表现为对民营经济的认识存在偏差。没有认识到民营经济的发展对地区经济发展至关重要的作用,或者认识较晚,且迟迟没有落实到行动之中,如贵州省较大力度促进民营经济发展的一系列重要文件和思想在近年才得以发布和落实,而民营经济不是那么发达的湖北省早在2003年就已经完成民营经济比重达到80%的任务,更不必说民营经济发展较早的浙江省。这表明贵州部分部门对民营经济还存在一定的歧视,对发展民营经济的重要性认识还存在一定偏差,涉及扶持民营经济时在行动上表现得较为消极。

(三)品牌缺乏和工业园区建设滞后制约民营经济发展

一个行业要形成聚集效应,首要条件是要形成“龙头”,而“龙头”在该行业的具体体现就是品牌的成功创建。创建和发展品牌产品是贵州民营经济乃至整个社会经济实现跨越式发展的迫切要求。品牌已经越来越成为一个企业、一个行业和一个地区经济实力的象征。诸多成功经验表明,创建一个品牌,可振兴一个企业,聚集一个行业,致富一方经济,如贵州茅台。要求得生存和发展,只有创建更多的品牌,才能更好实现聚集效应,在日益激烈的市场竞争中占有一席之地,从而有力推动贵州民营经济快速发展。

贵州工业园区的建设相对滞后也是聚集效应形成的制约因素。全国各地民营经济发展的一条成功经验就是引导民营企业向园区集中,实现集聚发展和集群发展。而贵州园区建设相对滞后,这正是制约贵州民营经济聚集发展的一个重要原因。遵义的工业园区建设相对较好,如遵义湘江工业园区、遵义和平工业园区、桐梓煤电化工业园区、仁怀名酒工业园区、湄潭绿色食品工业园区、汇川机电制造工业园、务正道煤电铝工业园区、绥阳风华工业园区、新蒲高新技术工业园区等10余个重点工业园区,着力打造白酒、材料、装备制造、能源、化工、"两烟"、名优特色食品、制药、新兴产业等十大产业。但由于受自然条件、资金条件、土地瓶颈等不利因素的制约,园区建设投入大,成本高,推进难度大,资源配套设施建设尚需完善,大部分工业园区尚未完全成熟,聚集效应效果没有完全显现出来。

(四)民营企业主和从业人员的自身素质制约民营经济发展

上述问题最终均可归结为"人"这一重要资源的问题。首先是贵州民营经济缺乏企业家,缺乏企业家精神,高层次创新创业人才普遍缺乏。熊彼特将企业家精神与创新紧密联系在一起,企业家的任务是"创造性地破坏";刺激企业家创新的因素有两个,一是创新能给企业家带来丰厚盈利的机会,特别是创新在短期内能带来超额垄断利润;二是创新的成功能凸显企业家自己"出类拔萃"的才能,满足追求成功的欲望,这种欲望、事业心或"荣誉感"是企业家积极进取的内在冲动力,是一种强大的精神支撑。熊彼特认为,企业家"……特有的动机毫无享乐主义一类的意味"。受传统文化价值观的影响,贵州民营企业主大多趋于保守,冒险精神和创新意识较为欠缺。没有冒险精神和创新意识的企业主,是没有企业家精神的企业主,缺乏"企业家精神"的企业主不能称之为"企业家"。

此外,民营经济从业人员中高层次人才缺失,这也是制约贵州民营经济发展的重要因素。受区位条件、工资条件、住房条件、教育环境等因素的影响,高层次人才总量少、比重低,人才发展空间小,人才队伍结构不合理,人才难以引进,引进也留不住,容易流失等,由此导致贵州民营企业高层次人才缺乏、研发能力不足、科技创新滞后等困境。

四、贵州民营经济滞后出路

贵州经济要腾飞,贵州民营经济就必须突破现有桎梏。我们可以从政府、市场和企业三个层面一起发力,以合力摆脱贵州民营经济发展的种种桎梏。贵州民营经济实现突破性发展的思路和模型如图3所示。

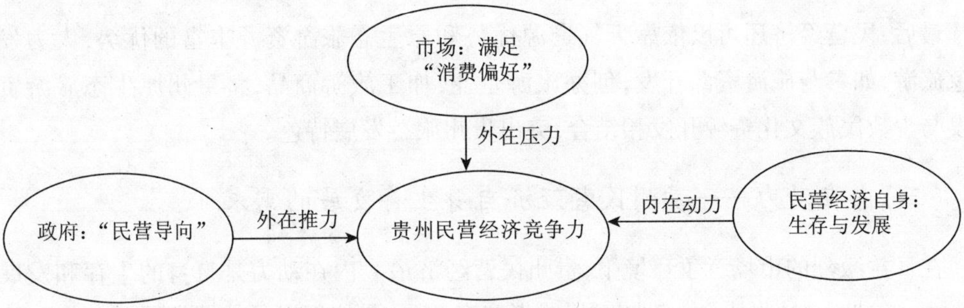

图3 贵州民营经济发展合力模型

(一)外在推力——政府政策的“民营导向”激励机制

事实证明,政府政策导向在地区民营经济的发展之中起到了重要的引导作用。贵州政府已经通过一系列旨在大力推动贵州民营经济发展的政策文件和措施,政府自身关于发展民营经济的思想观念已经转变。但是整个社会关于民营经济的观念尚未完全转变。在贵州民营经济发展软环境方面还可以有所作为,对民营经济发展真正发挥“外在推力”的作用。如引导贵州社会传统观念转向适合企业家生存与发展的氛围,大力倡导企业家精神,鼓励创新和冒险,宽容失败;对科技民营企业给予政策上的鼓励和优惠;改善民营经济从业人员的福利待遇和社会保障,实现真正的“平等”,让民营经济从业人员不再“脚下没有土地”,帮助民营企业高层次人才引得进、留得住;积极扶持民营经济的品牌建设,改善配套设施,克服由于自然条件和区位劣势带来的不利因素,引导民营企业实现产业聚集等。

(二)外在压力——满足省内外乃至国内外消费者的“消费偏好”

来自市场的外在压力是贵州民营经济发展的最重要因素之一。发展贵州民营经济,就是要满足市场消费者的消费需求,以产品或服务为消费者提供价值。而贵州的特色产业就具有较强的竞争优势。满足省内外乃至国内外的“消费偏好”,贵州民营企业可以立足贵州特有的资源,在特色产业中充分发挥优势,还可以将发展民营经济与构建贵州特色产业体系相结合。

首先,民营经济可以依赖贵州丰富的矿产资源发展特色工业,如发展煤、磷、铝等优势原材料精深加工和配套加工,延长产业链,提高产业配套能力,并对传统产业进行改造提升。

其次,民营经济可以依托贵州生物资源丰富、生态环境良好的优势,大力发展特色农业和生态农业,满足市场的“低碳化”诉求。“靠山吃山”,民营经济可以在民族制药、生态蔬菜、生态茶叶、核桃、板栗、辣椒、马铃薯等农业和生态畜牧业进行生态农副产品加工。

最后,民营经济还可以依靠天气资源优势和原生态旅游资源丰富的优势,大力发展特色旅游,如参与旅游资源开发,创办旅游企业,加工旅游商品,将贵州原生态旅游资源开发与少数民族文化资源开发相结合,突出贵州旅游发展特色。

(三)内在动力——贵州民营经济自身生存发展的需求

在日益激烈的市场竞争环境下,贵州民营经济最大内在动力是自身的生存和发展需求。民营企业通过“做大”或者“做强”或者二者兼具,最终得以可持续发展。

首先,贵州民营企业通过整合聚集可以达到做大乃至做强的目的。虽然贵州民企数量不少,但普遍实力弱,在市场上竞争力不强。整合聚集可以使处于散兵游勇状态的产业集中,避免低水平重复建设和恶性竞争等现象,在激烈的市场竞争壮大成优势产业。已经取得成功的贵州“永吉模式”值得借鉴。贵州民营印刷企业五家竞争对手整合而成的贵州永吉印务股份有限公司借助联合的力量,改写了贵州本土企业不能印刷高档包装的历史,贵州民营印刷业也跃居全国前列。贵州诸多的民营小水电在应对凝冻等自然灾害以及突发性事件时不可替代,但贵州民营水电正“遭遇生死劫”。由于定价过低,“贵州水电资源虽然丰富,但由于缺乏一定的优惠政策,生产运行中遇到诸多困难,使小水电生产经营缺乏利润,无法吸引更多的社会资金,小水电建设缓慢,大量可再生清洁能源白白浪费,导致这一行业的民营企业发展滞后”。对此,民营小水电可以借鉴“永吉模式”,考虑抱团取暖、聚沙成塔的策略,通过整合聚集做大规模。一方面,加强自律,树立清洁能源良好形象,通过挖掘内部管理潜力尽可能降低成本;另一方面,联合起来发出自己的声音,争取政策上的支持乃至优惠,最终达到做强的目的。

贵州民营经济要做强,还必须重视人才。人才是贵州民营经济发展的根本,无论是提升企业管理水平,还是民营科技创新,都离不开人才的智慧和贡献。可以通过形式多样的激励方式引进和留住人才,物质激励和精神激励齐驱并驾,不仅在待遇、福利等物质条件方面引人留人,还可以在归宿感、成就感等精神方面留人,有条件的可以用股权方式让民营经济高层次人员既有丰厚的物质回报,又有精神层面的归宿感。更重要的一个层面是,民营企业主作为民营企业的“统帅”,必须不断自我学习,不断自我提升。只有民营企业主自我的发展与企业发展相匹配,才能驾驭好企业;只有民营企业主具有企业家精神,企业才能不断创新持续发展。

(四)“外在推力”“外在压力”与“内在动力”一致——民营经济“竞争力”培育

物理学的“合力”概念告诉我们,各种力方向一致时合力最大,方向相反时合力最小。

当上述政府政策的“外在推力”、来自市场消费者的“外在压力”与贵州民营经济的发展“内在动力”方向完全一致时,贵州民营经济发展的力量最大,最能有效促进其发展。因此,“外在推力”的主体——政府必须充分了解市场消费者的偏好和民营经济的状况,而“内在动力”的主体——贵州民营经济亦是如此,必须充分了解政府政策的导向、市场消费者的偏好和自身的状况。只有在掌握充分信息的情况下,才能保证彼此之间发力方向一致,合力最大,即政府政策的“外在推力”、市场消费者的消费偏好的“外在压力”与民营经济自身生存与发展的“内在动力”一致起来,才能更好培育贵州民营经济竞争力。

五、研究不足与展望

文章从滞后表现、滞后原因和滞后出路三个方面对贵州民营经济滞后机理进行了研究,主要是针对贵州民营经济发展较为突出的问题而进行,因而不够全面。如对造成贵州民营经济发展滞后的诸多因素没有进行全面分析,如融资困难等,这是考虑到融资难是一个普遍性的难题,对尚未进入大发展时期的贵州民营经济而言,表现得不具有特殊性,因而没有对此进行专门的分析,但是并不是意味着这一难题不存在,或者可以忽视。另外,一个很重要的研究缺陷是对贵州民营经济滞后机理没有进行定量研究。前文的文献综述已经表明,对于贵州民营经济的研究缺乏定量研究,本文同样没能突破。因此,对贵州民营经济滞后机理或者贵州民营经济发展进行定量研究,是我们有待深入探究的另一重要课题。

参考文献

[1]何律琴. 促进贵州民营经济发展的对策研究[J]. 贵州工业大学学报(社会科学版),2008(4):27-29.

[2]刘月,曾政南. 贵州省民营经济发展状况及其出路浅析[J]. 商,2012(5):180-181.

[3]陆发云. 制约贵州民营企业发展的外部因素分析[J]. 贵州大学学报(社会科学版),2004(11):22-25.

[4]陆发云. 制约贵州民营企业发展的内在因素分析[J]. 贵州民族学院学报(哲学社会科学版),2004(2):61-63.

[5]田贵义. 贵州民营经济发展中若干障碍探析[J]. 贵州社会科学,2006(6):38-39.

[6]陈英葵,张琴. 贵州民营企业现状及发展战略路径研究[J]. 贵阳学院学报(社会科学版),2010(1):43-49.

[7]郎贵飞,王溢纯. 贵州省民营科技企业发展研究[J]. 现代商贸工业,2012(11):54-55.

[8]许国松.贵州民营企业生态管理问题研究[D].贵州大学,2009.

[9]胡大立.中国区域经济发展差距与民营经济发展差距的相关性分析[J].上海经济研究,2006(2):17－25.

[10]陶谋立,等.贵州统计年鉴(2012)[M].北京:中国统计出版社,2012.

[11]贵州省工商联.贵州实现全国民营企业500强零的突破[EB/OL]. http://www.gzcofc.com/publish/content.php/11149,0.html,2012－08－31.

[12]黄孟复.中国民营经济发展报告(2009—2010)[M].北京:社会科学文献出版社,2011:262－263,414.

[13][美]约瑟夫·熊彼特.经济发展理论[M].何畏,易家详,等,译.北京:商务印书馆,1990:102－103.

[14]管弦.贵州民营小水电遭遇生死劫[N].中华工商时报,2012－06－18.

贵州民营经济存在的问题及发展路径选择

张攀春

（贵阳学院）

摘　要：民营经济是贵州经济高速发展的重要力量，贵州民营经济在充分利用资源、吸纳劳动力、优化市场环境、培养优秀企业家等方面起着重要作用。由于历史和现实的原因，贵州民营经济的发展还存在诸多障碍，加强政府的主导力量，为民营企业提供更多的便利，培育完善的服务体系，是促进贵州民营经济进一步发展的有效路径。

关键词：贵州　民营经济　问题　路径

一、民营经济的内涵及组成

民营经济是指除了国有和国有控股企业以外的多种所有制经济的统称，包括国有民营经济、集体所有制经济、个体经济、私营经济、外商经济和港澳台经济、混合所有民营经济和民营科技企业等类型。民营经济是具有中国特色的一种经济概念和经济形式。民营经济曾一度在中国消失，在中国经济体制改革和社会主义市场经济渐进发展中，民营经济得以复兴，成为中国经济高速发展的生力军。

需要强调的是，民营经济并不完全等同于私营经济，也并非完全不包括公有经济。和其他经济组织形式一样，民营经济同样有一个有效的激励机制和约束机制，通过市场机制与自然的和谐，在追求最大利润的动力驱动下，在不断的技术创新下最终会导致资源的合理配置。中国民营经济大致由以下几部分组成：①私人部门的经济，包括个体经济、私营企业；②外商独资企业；③合资企业中外资控股的企业；④经过改制后的国有企业、集体企业、乡镇企业；⑤非国有控股企业，以及被托管租用出去的国有企业等。以上五种经济形式共同构成了我国的民营经济，这些经济形态反映了民营经济的一些特点，同时，我国对民营经济的划分还是比较宽泛的。

二、民营经济在贵州经济社会发展的重要作用

由于民营经济具备产权清晰、机制灵活、商业化程度高的特点，对市场的变化适应能力较强，民营经济对贵州经济的发展具有重要的支持和促进作用。

(一)民营经济可以充分、有效地利用资源,提高资源的利用率,发挥贵州资源的比较优势,增加贵州企业的经济利益,更好地挖掘和发挥贵州的经济潜力

由于民营企业的产权比国有经济实体更为清晰,企业的主体明确,由此导致民营经济风险自负,在追求利润最大化的目标下,民营企业都尽可能地利用各种技术和各种先进的管理手段,以降低成本,提高企业的经济效益。另外,民营企业的组织形式简单,管理机制灵活,所以民营企业面对市场有很强的适应能力,更能够有效地实现资本增值。在分布范围上,民营经济是最广泛的,各种行业,各个地区,无论城市和农村,只要有市场机会,都会有民营企业的存在。在人力资源的利用上,民营企业能够吸纳不同层次的人员就业,因而能够充分利用贵州丰富的人力资源优势。

(二)民营经济能够吸纳大量的劳动力,有利于扩大就业

民营企业分布在贵州的各个行业,但更多的民营企业集中于第三产业,而第三产业在吸纳劳动力就业方面具有很大的优势。目前由于国有经济处于转轨改制的关键时期,国有企业吸纳劳动力有限,而且侧重于文化素质较高的劳动力,对于文化素质较低、技术能力较弱的劳动力来讲,大多数国有企业是不愿意接收的。而民营企业分布广泛,技术能力有高有低,而且更多的民营企业集中于劳动密集型行业,这对于吸纳文化素质较低、技术能力较弱的劳动力具有很大的优势,能够解决大量的劳动力就业,同时对于农村剩余劳动力的转移就业也有很大的优势。

(三)民营经济的快速发展,可以优化贵州的市场经济环境,加快企业改革的步伐

我国的绝大多数民营企业,由于缺乏政府的财政支持,在市场上,民营企业是自负盈亏的主体,面对市场竞争,民营企业必须生产出适销对路的产品,否则,就会被市场淘汰。因此,民营企业必须更多地研究市场运行规律,寻找市场机会,培育和增强市场经济的竞争意识,进而能促进市场体系的完善和市场化程度的功能。另外,民营经济的快速发展,也增大了国有企业的竞争压力,从而使国有企业也必须研究市场运行规律,根据市场需求进行生产,提高国有企业资源利用效率和增强国有企业适应市场的能力,增强国有企业的综合效益,有助于加速国有企业的改革进程。

(四)民营经济的快速发展有利于培养贵州的企业家队伍

我国现阶段正处于国有经济转轨改制的关键时期,贵州也同样处于这样一个时期,为实现我国国有经济的顺利转轨改制,急需一批有才华、能力出众的优秀企业家。我国的民营企业总体上规模较小,资金供给不足,技术薄弱,在市场竞争中如果要生存下来,企业领导者的能力至关重要。因此,民营企业需要能力出众的领导者,同时,民营企业也

是培养和锻炼优秀领导者的场所。

(五)民营经济已经成为贵州经济的一个新的增长点

自20世纪90年代以来,贵州民营经济开始快速发展,民营经济的增长速度超过了国有经济的增长速度。其中,个体经济在总产值、销售或营业收入、消费品零售总额以及社会消费品方面的增长率都保持在两位数以上;私营经济的发展也同样突出,同样表现出了较高的增长趋势,并在扩大内需、增加就业等方面体现出明显的优势,成为贵州经济的一个新的增长点。

三、贵州发展民营经济存在的问题

自20世纪90年代以来,贵州的民营经济开始快速发展起来,同时,政府也加大了对民营经济的扶持力度,并为民营经济的发展制定了一些优惠的政策。在政府的支持下,贵州的民营经济发展很快,比如,2001年全省个体工商户发展到39.4万户,比1995年增加近23户,从业人员近57.9万人;全省私营企业达2.2万户,比1995年增加了近1.5万户,从业人员近28.3万人,比1995年增加了近18万人。贵州省的民营经济主要分布在餐饮、商贸、建筑、运输和社会服务业等,以第三产业为主。但近年来,由于部分国有企业的改制及民营科技企业的崛起,有一些民营企业也开始进行技术革新,进入到新材料、电子信息、制药等高新技术产业领域,形成了一定的技术开发和技术创新能力,开拓了民营企业的发展领域和生存空间。如今,民营经济已逐渐成为贵州国民经济的重要支撑力量。但是,贵州的民营经济还存在很多问题,这些问题的存在,将会影响贵州民营经济的进一步发展,甚至会限制贵州民营经济的发展空间。从总体上看,贵州民营经济呈现出以下几个主要特点:

(一)高资源消耗

贵州省拥有丰富的自然资源,对于贵州的产业结构来讲,合理的产业结构应该是以自然资源的利用为主导,并根据各地区的自然资源禀赋情况,比较均衡地分布于各个地区。但由于各种原因的限制,再加上利润的刺激,贵州的产业都是以各种矿产资源开发、能源、冶金、化工原料的加工工业为主,生产结构和资源禀赋结构虽然并不是背离的,但是生产结构和资源禀赋结构却并不一致。矿产资源开发、能源、冶金、化工原料的加工等这些产业的发展,能够实现相应的经济利益,但是,这类产业由于对能源的消耗过多、污染物的产生和排放过多,导致环境污染严重,不利于贵州经济的可持续发展。另外,贵州的高耗能企业的工业技术装备落后,企业管理理念落后,资源的利用率低,而这些特点在贵州的中小型民营企业中表现得尤为明显。据统计,贵州的能源利用效率远低于全国平均利用效率,贵州单位产值能耗是全国平均水平的2.58倍,全省约70%以上的主要产品单位能耗高于全国同行业的平均能耗水平。时至今日,贵州很多中小型民营企业仍然采取“高投入、低效率、高污染”的经济发展模式,虽然在统计层面上为社会创造了财富,但是,这种粗放型的经济增长消耗了大量的不可再生资源,既破坏了生态环境,也使贵州的资源面临进一步利用的困境,不利于贵州民营企业的技术改进和贵州经济社会的可持续发展。

(二)人力资源质量不高,人力资本存量低

贵州的人力资源情况主要表现在以下几个方面:第一,贵州就业人口受教育程度低。据统计,贵州人口受教育程度远低于东、中部地区的平均水平,甚至也低于西部的平均水平。早在2003年,全国15岁及15岁以上人口中文盲、半文盲所占比例,全国为11.63%,西部平均18.30%,而贵州却高达18.74%,而农村人口受教育程度又远低于城镇人口。不过这种情况至今也没有多大的改变,2010年,贵州受过教育的人当中,具有大学(指大专以上)文化程度的人口占全省总人口的比例仅为5.3%,而全国具有大学文化程度的人口占总人口的比例为9.9%,远低于全国的平均水平。而具有小学文化程度人口的比例却高达39.4%,如果算上没有受教育的人口,小学及小学以下文化程度人口所占比例还会更高,在当今科技迅速发展的情况下,仅仅只受过小学教育的人在本质上其实还是个文盲,由此看出,贵州人口的整体文化素质是很低的。第二,贵州人力资源质量不高,专业技术人才严重不足。人力资源质量不高主要表现在高校在校学生人数以及专业技术人员的数量上。据统计,除了中等专业学校的在校学生人数超过西部平均水平外,贵州高校在校学生人数以及专业技术人员的数量都远低于全国平均水平甚至西部平均水平。至于专业技术人才方面,贵州不仅在科研、经济管理、工程技术、高新技术方面人才十分匮乏,甚至连一般的专业技术人员也比较缺乏。据人事部统计,贵州从事科技工作的仅占全国科技人员总量的1.4%,而专业技术人员仅159.76万人,低于西部平均值210.45万人,全国排名倒数第二,仅高于西藏。

(三)企业的经营理念落后,管理水平较低

优胜劣汰是市场竞争的必然规律,如何在激烈的市场竞争中保住相应的市场份额,除了相应的资金、技术和人才支撑外,更关键的是先进的企业经营理念和较高的企业管理水平。我国每年都有很多民营企业在市场竞争中被淘汰,甚至有些大型的民营企业同样无法适应激烈的市场竞争,其关键原因就是经营理念和管理水平问题。贵州的很多民营企业的经营理念很落后,管理水平很低。以贵州民营经济中的个体私营企业为例,这些企业大部分都是土生土长,白手起家,在创业初期并没有远大的抱负,创业的动机主要是为了改善生存环境,一旦发家致富,生存环境改变之后,便不再关心企业的发展问题,

所以这些企业的基础工作差,很多企业厂房破旧,设备简陋,技术薄弱,对环境的污染严重,产品质量不高,生产基本上以手工劳动和简单技术为主,工人劳动时间长、强度大、条件差,生产的产品多靠仿造。管理很不规范,甚至有很多企业根本就没有管理,完全靠企业的惯性运行,缺少完善的规章制度,不少企业缺乏法制观念,为追求眼前高额利润,假冒名牌,制造伪劣产品。短期行为和投机心理使不少中小私营企业定位不清,战线过长,不顾自身实力,盲目追逐"高效益"产业。特别是那些单独、薄弱的民营企业面对市场缺乏判断力和驾驭能力,往往在激烈的市场竞争中惨遭淘汰。

(四)市场准入政策不公平

2005 年 2 月,国务院下发《国务院关于鼓励支持和引导个体私营等非公有制经济发展的若干意见》(即发展非公经济的 36 条意见(以下简称《意见》)),在《意见》精神的指导下,我国发展非公有制经济的法律、政策和市场环境不断得以改善,非公有制经济取得了更大发展。但在具体落实《意见》的相关措施的时候,相关部门根据实际的利益取舍,人为地造成了《意见》精神贯彻得不彻底,区域差别大,针对不同性质的企业采取不同的措施,造成民营企业发展环境差。尽管《意见》对市场准入做了不少原则性规定,但在实际工作中有一些隐性壁垒。民营经济的市场环境普遍存在的问题表现在:一是在准入领域方面,民营经济还存在准入壁垒;在融资和社会舆论方面对民营经济还存在一定程度的歧视。二是产业行政垄断,一些风险较小、利润较高的行业禁止民营企业进入,即使有少部分民营企业能够进入,也有很多限制条件,形成国有企业寡头垄断的格局,民营经济难以进入。

(五)中介服务体系不完整

中介服务体系包括专业技术人员的教育和培训、技术开发、创业辅导、信息服务、融资、法律服务等中介服务机构,各行业协会以及商会等自律性组织。民营经济的健康成长和发展,拓展发展空间,相应的配套服务体系显得尤为重要。贵州为民营企业提供相应配套服务的中介服务体系很不完善,在很多地区甚至尚未建立。目前贵州市场上为民营企业提供服务的中介机构,主要是以获取利润为目的,所提供的服务很不完善,甚至很多中介机构自己本身还不具备所从事的行业所需的专业知识,没有能力提供相应的服务。因而贵州的中介服务体系至今还很不完整,在一定程度上制约了贵州民营经济的发展。

四、加快贵州民营经济发展的路径选择

自 20 世纪 90 年代以来,贵州的民营经济获得了快速的发展,但是,贵州的民营经济

由于起步较晚,虽然有过快速的发展时期,但与沿海地区甚至中西部的一些省份相比,进步仍然很慢,水平仍然较低,民营经济的发展仍然是贵州国民经济的薄弱环节。加快贵州民营经济的发展,不仅关系到贵州经济的增长和区域竞争优势,同样关系到贵州经济、社会的可持续发展和贵州经济的全面崛起。因此,如何适应新世纪、新阶段的新形势,并以相应的政策促进贵州民营经济的持续、快速、健康发展,成为贵州经济建设中的一项重要而紧迫的战略任务。

(一)政府要解放思想、转变观念,给民营经济平等的政策支持

与发达地区相比,贵州的民营经济还是有很大的差距,原因有很多,最主要的原因还在于思想观念和工作作风方面。管理部门的思想观念和工作作风都还不适应现代市场经济发展的需要,因而,解放思想转变观念首先要从政府做起。首先,必须克服计划经济的影响和小生产意识,克服地方保护主义,尤其要克服利益关系造成的思想观念及其政策原则的局限性,树立现代市场经济观念、开拓创新观念和为经济发展服务的观念,努力提高制定与执行政策的水平。政府经济管理部门要从偏重于国有经济管理向各种经济成分的全方位管理转变,把民营经济的发展切实摆到议事日程上来。其次,政府应制定对各种经济成分平等的政策法规体系并认真贯彻执行,在市场主体地位上对民营经济应一视同仁,平等对待,各级政府应把民营经济纳入统一的国民经济和社会发展计划,在产业政策、投资方向、重点建设项目等方面为民营经济提供及时的指导和协调,为各种所有制经济平等竞争、共同发展营造良好的体制环境和政策环境。再次,各种经济成分的市场准入条件要平等,建立民营中小企业市场进入和退出的良好机制,给予民营企业与国有企业相同的市场准入政策。进一步放宽市场准入政策,降低民营投资准入门槛。凡竞争性领域,都应该允许民营企业进入,凡是鼓励外资进入的行业,也应向个体、私营经济开放,垄断行业,在国有经济控股的条件下也应允许民营企业参股,扩大民营经济的投资领域,以改变民营经济"拾遗补阙"的局面。最后,在资源配置上要一视同仁,平等对待。政府应积极从维护市场公平竞争的原则出发,使各类市场主体处在同一起跑线上,对民营企业用地难、规划难等热点问题要重点研究,集中力量解决"瓶颈"制约,鼓励民营企业进入产权交易市场进行产权交易。改革行政审批制度,公开办事程序,提高办事效率。

(二)加大对民营企业的支持力度

政府对民营企业的支持除了政策层面上要一视同仁以外,还需要在技术研发和管理创新方面向民营企业提供相应的支持,让民营企业获得进一步发展的条件。政府应该为民营企业制定相应的政策,引导民营企业在技术研发和管理创新方面做出成绩,对于民营企业自主进行的技术开发项目,政府应该根据相应的实际情况主动提供担保贷款,当自主研发的成果投入使用时,政府应当给予相应的税收优惠。即使是引进技术成果,也

应该给予相应的税收优惠,以确保将技术尽快转化为现实的市场利润,增强民营企业再投资的能力。对民营企业运用税后利润进行高新技术开发和项目投资,只要符合产业政策导向的就可以给予相应的财政贴息等贷款支持。更为重要的是,政府要针对民营企业设立相应的风险投资基金,鼓励、支持民营企业引进、开发、采用先进技术。

(三)加强对民营企业发展的引导

政府要把民营企业的发展纳入国民经济和社会发展计划,克服目前民营企业各自为政、一盘散沙的局面,鼓励引导民营企业以购买、租赁、承包等形式参与国有、集体企业的改革。支持和倡导民营企业间的联合、兼并、重组,对民营中小企业进行股份制改造,优化民营中小企业的组织结构,形成合理的经济规模。同时政府在企业创立、制定发展规划、企业治理、科技进步、融资、行业竞争等方面对民营企业进行指导培训,引导民营企业进行制度创新,建立主导企业,增强竞争能力。

(四)完善中介服务体系,尤其是要完善金融服务体系,拓宽民营企业的融资渠道

良好的融资环境是民营经济健康、迅速发展的前提和保障。为此,必须采取有效措施,构建多元化的资金融通渠道,建立和完善为民营企业服务的金融组织体系。要鼓励具备条件的民营企业特别是民营高科技企业进入资本市场,通过发行企业债券和股票上市,扩大直接融资规模。国有银行要针对民营企业的特点,适当下放贷款权限,扩大授信额度,切实改进金融服务,对符合条件的民营企业发放信用贷款,加大对民营企业的信贷支持。要加快构建信用担保体系,成立省、地、县三级民营经济信用担保机构,其资金来源可实行多元化筹集,按市场原则实行规范化操作。要加大银行体制创新,大力发展面向民营中小企业的中小金融机构,包括发展股份制商业银行,改造现有的城市商业银行,发展城乡信用合作社等。要努力创造条件,给予政策优惠,引导和支持大量的民间资金组建产业投资基金和风险投资基金,以支持民营企业特别是民营科技企业的快速发展。

参考文献

[1]刘璟.论贵州县域民营经济发展存在的问题及成因分析[J].经济研究导刊,2009(15):182-183.

[2]王小然.贵州民营经济发展政策取向[J].贵阳金筑大学学报,2003(3):12-14.

贵州省民营经济发展面临的问题及对策探讨

陈成　杨旭

(中共贵州省委政策研究室)

摘　要:本文从民营经济在经济中的地位与作用出发,分析了贵州民营经济发展面临的主要困难和问题,积极探索符合贵州省民营经济发展的对策。

关键词:民营经济　对策　产业集群效应

改革开放以来,贵州省民营经济得到了很大的发展,已成为贵州省国民经济的重要支撑、财政收入的重要来源、增加就业的重要渠道、扩大投资的重要主体。近年来,面对复杂多变的国内外经济形势,贵州省积极妥善应对各种危机的影响,民营经济总体保持正常趋好、运行平稳、较快增长的态势。2011 年,贵州省民营经济生产总值突破 2000 亿元,同比增长近 30%。2012 年贵州民营经济占生产总值比重达到 39.5%。2013 年 1—8 月,贵州省民营经济工业增加值增速持续保持在 20% 以上的高位,民营经济延续上年以来的高速发展。但是,在现实中民营经济发展还面临着许多困难和问题,如何破解这些问题成为摆在我们面前的一项重要课题,本文就此进行探讨。

一、民营经济发展面临的主要困难和问题

(一)地方政府管理的思维方法、工作方法落后

一些地方政府和部门受到封闭的历史地域以及传统所有制的长期影响,对民营经济的态度不是积极的,政府的角色还没有及时转换。地方政府职能还存在缺位现象。地方经济仍然处于政府主导型经济中,政府依然是经济的主体和主要投资主体,直接表现就是政府直接招商引资、审批土地,甚至直接上项目,短期来看这极大地推进了经济的加速发展。然而政府主导型的经济,它的主要着眼点放在大的企业、大的项目上,无力顾及培育中小企业,尤其是民营企业的发展,没有把培育和发展民营经济、培育新的经济增长源作为政府工作的重要指导思想,客观上影响和制约了民营经济的发展。

(二)政府的有关政策亟待完善、落实不到位

在政策环境上国有经济、外资经济与民营经济在市场准入方面仍然存在很大的政策差异。尽管国家强调要逐步放宽投资领域,使民间投资与公有制企业和外商投资企业享

有同等的待遇，但一些部门、行业垄断和歧视性的准入政策依然存在，有些领域虽然允许民间资本涉足，但体制性障碍导致明显的不公平竞争。受传统观念、思维定式和部门利益、地方利益的影响，中央和省支持民营经济发展的税收、用地、融资等方面的优惠政策在一些地方和部门变成一纸空文，长期得不到落实。民营经济在投资、生产和经营诸多方面，面临更多的前置审批，手续杂、关卡多、缴费多、效率低，在竞争中处于不利地位。

（三）公共服务体系不能满足民营经济的发展

完善的服务体系是企业获得技术、信息和人才的必要保证。然而，贵州省很多地区对民营企业的社会化服务机构偏少，开展面向民营经济的技术培训、管理培训等活动还不多，民营企业在融资担保、信息收集、法律咨询、财务管理等方面还面临着很多困难，影响了企业发展，增加了企业成本。公共服务体系的缺乏，使得贵州省民营企业很难得到规范的管理及技术指导，加上民营企业本身的局限，会导致其发展难以有较大的突破，从而影响全省经济发展的进程。

（四）融资困难制约民营经济的发展

缺乏足够的融资支持，是贵州民营经济不能做大做强的最大的制约因素。当然，这是中小企业普遍面临的问题，只不过在贵州民营经济中体现得更为突出。融资难的主要原因是：从金融部门看，国有金融机构在对待公有制经济和非公有制经济的资金需求时还是存在区别对待的政策，它们认为给公有制企业贷款，即使出现坏账，也是没有太大的责任。而给个体户和私营企业贷款则要求很严格，导致金融企业贷款给民营企业时把防止坏账的安全系数提到不必要的高度，以尽量避免追究责任。从企业本身看，融资难主要体现在抵押和担保两难上，主要因为企业的无抵押、信用差，这是小企业的薄弱环节。由于资金紧张，很多企业放弃了扩大规模、技术改造升级、新产品研制开发以及增加新的经营项目、拓展市场等机会，影响了民营经济发展。

（五）民营企业管理水平不高、人才缺乏

人才的缺乏也是制约贵州民营科技企业进一步发展的重要因素。随着经济发展速度的加快，竞争日趋激烈，越来越多的民营企业家感到力不从心，现存的管理水平落后，已成为不少民营企业发展的瓶颈。经营者、管理者仍停留在凭过去经验进行市场判断、凭主观愿望进行经营决策、凭个人威信进行内部管理的初级阶段，降低了企业的运转效率，增加了企业的风险成本，影响企业的可持续发展。另外，人才缺乏也严重阻碍着民营经济的发展。众所周知，民营企业家族化现象是比较普遍的，然而随着企业不断发展壮大，家族化经营由于缺乏有效规范的制度化管理，容易造成家族成员和非家族成员之间的不和与冲突，致使企业内部沟通困难，影响企业工作效率。

二、民营经济发展的路径选择

按照贵州省委、省政府关于进一步加快全省民营经济发展的意见要求,认真实施民营经济"三年倍增计划",着力抓好以下几个方面的工作,推动贵州省民营经济发展迈上新台阶。

(一)走政策倾斜推动加快发展民营经济之路

各地各有关部门要贯彻落实支持非公有制经济和中小企业发展的政策方针,将国家和贵州加快非公有制经济发展、扩大民间投资、扶持中小企业发展的一系列方针政策细化、配套化、可操作化,把政策的着力点真正落实在民营企业上。增加财政支持,有重点地安排一部分财政资金或财政贴息,带动民间投资参与基础设施和社会公益项目建设,国债贴息范围应由国有企业向民营企业扩大。

(二)走借助外力壮大发展民营经济之路

贵州要依托与"泛珠三角"、成渝经济区等区域合作的有利环境,借力发展、借梯登高。贵州省民营经济发展相对滞后,规模小、实力弱,通过借助外力带动贵州省民营经济发展壮大,积极引进东部沿海地区特别是珠三角地区资源精深加工、大宗农产品加工、装备制造等方面的企业来黔发展。从全省经济发展形势来看,急需外来投资为经济发展增量,通过市场化和民营化对存量的改造和提升。要紧紧抓住东部产业加快转移、贵州省交通物流条件加快改善的机遇,依托贵州省资源优势,在大力发展本土民营经济的同时,加大对省外优强企业的招商引资力度,要创新招商引资方式,通过以商引商、窗口招商、专业队伍招商等方式,提高招商引资效率。要充分发挥商会等组织的作用,通过它们引来更多的外省企业。贵州省许多民营企业不乏先进的技术和良好的产品,但由于缺乏资金、市场,难以发展壮大,各级政府既要扩大招商引资,又要引导省内民营企业以开放的姿态,扩大与省外优强企业的交流合作,实现互利共赢。促进民营企业与国有企业、省外企业与省内企业公平竞争。

(三)走立足特色优势发展民营经济之路

要把发展民营经济与构建贵州省特色产业体系有机结合起来,充分发挥民营企业机制灵活、市场反应灵敏等优势,积极引导民营企业调整产业结构,重点投向符合国家产业政策、符合贵州省产业导向、具有比较优势和较大潜力的产业领域。结合贵州省的资源优势,发展特色工业,鼓励民营企业发展煤、磷、铝等优势原材料精深加工和配套加工,延长产业链、拓宽产业幅,提高产业配套能力。引导民营企业改造提升传统产业,加强对贵州省传统产业的横向联合和纵向兼并,发展上下游关联产业。结合贵州省各地区具有特色的农产品,发展特色农业和产业化,支持民营企业投资发展蔬菜、茶叶、核桃等干鲜果品和草地生态畜牧业,发展辣椒、蔬菜、茶叶、马铃薯、肉类、禽蛋等农副产品加工。依托贵州省生物资源丰富、生态环境良好的优势,支持民营企业大力发展民族制药,加快做大做强一批民营医药企业。发展特色旅游业,要充分发挥贵州省旅游资源丰富的优势,支持民营经济参与旅游资源开发,创办旅游企业,开展旅游商品加工,使民营经济在贵州省建设旅游大省过程中发展壮大,特别是要把旅游资源开发与文化资源开发紧密结合起来,突出贵州省旅游发展特色。

(四)走科技创新助推发展民营经济之路

创新是民营经济的活力源泉。提高创新能力,促进民营产业优化升级,是增强科技型民营经济核心竞争力和可持续发展能力的关键之举。科技创新的关键是以合理适宜的理论及科学技术为指导,加快建设以企业为主体、引进消化吸收与自主创新相结合的创新体系。要鼓励和支持民营企业加大科技创新投入,积极推广应用新技术、新工艺、新装备,使民营企业尽快成为技术创新需求主体、研发投入主体、技术创新活动主体和创新成果应用主体,不断增强企业的科技创新能力。创新民营经济发展方式,大力推进政产学研结合,促进民营企业与大专院校、科研院所协作,使科学研究成果真正转化为生产力。品牌是民营经济市场竞争力的集中体现。民营企业自身需要增强品牌意识,准确定位,加强品牌创建,努力打造一批国家和省名牌产品,积极申请地理标志保护,争创中国驰名商标、省著名商标。政府应尽快研究制定贵州省著名商标认定和保护办法,推进企业质量控制体系和标准化建设,积极开展省优产品认定。要重点支持一批创新能力和市场竞争力强的骨干民营企业拓展市场、做强企业、做大产业,通过兼并重组等方式加快扩张,带动全省民营经济的发展,提升贵州省民营经济整体竞争实力。

(五)走产业园区引导集聚集群集约发展民营经济之路

产业集群效应是推动区域经济增长的重要方式,是区域创新系统的一种重要实现方式,是提升区域竞争力的重要方式。民营经济产业集群的发展需要良好的制度环境和软硬件配套体系,这就需要政府的有效引导和支持。政府应当按照市场规律和产业集群的基本属性,按照服务型政府的角色加强对民营经济产业集群的引导。大力实施产业园区建设行动计划,坚持量力而行、集约节约、规模适度,加快建设一批各具特色的民营经济产业园区,引导民营企业向园区集中,形成产业集群,以集中促进集约,以集群带动规模扩张,以特色强化产业竞争力。在园区内规划建设一批标准厂房,吸引民营企业进驻租用。鼓励有条件的地方规划建设创业基地和创业园区,加快培育一批创新企业。有条件的市(州、地)、县(市、区)要设立创业投资引导资金,支持高校毕业生、留学归国人员、科研人员、返乡农民工等自主创业。贵州省基础条件较差,建设产业园区需要大量投入,园区建设要坚持政府主导,但对于那些有条件、有意愿投资建设产业园区的民营企业,要给予大力支持。

三、民营经济发展的保障措施

(一)更新管理观念,转变政府职能

从贵州省经济发展来看,民营经济在全省国民经济结构、产业结构、就业结构、财政收入结构中的地位日益明显。因此,要进一步解放思想、更新观念,对民营经济高看一眼、厚爱三分,实现地方政府管理理念的创新。如果管理理念不转变,其他如体制创新、技术创新等都将失去前提和动力。通过确立全新的理念,切实把地方政府职能转变到经济调节、市场监管、社会管理、公共服务方面来,收缩政府管理范围,把更多的事交给企业、市场与社会去做,减少地方政府对经济活动的直接干预,发挥市场对资源配置的基础性作用,实现市场交易的自由化。建立促进中小企业发展政策贯彻落实情况的长效督察机制,定期邀请民营企业家参加行风评议座谈会,通过改革审批制度、简化办事程序、推行政务公开、整治"三乱"等,切实转变政府职能和机关作风,提高对民营企业的服务水平。

(二)放宽发展限制,解决市场准入问题

为了创造民营经济发展公平有序的竞争环境,凡是竞争性行业,都应该允许私营企业进入。根据国务院的两个"36 条",贵州省按照"非禁即入"的原则,对放宽民营经济市场准入做出了明确具体的规定,强调"除国家法律法规明确禁止的领域外,一律对民营经济开放","严禁在国家法律、法规、规范、标准之外提高行业准入、市场准入门槛"。进一步放宽民营经济投资领域、登记条件、出资限制、经营场所限制、经营范围和经营方式,支持民营经济放开手脚加快发展。

(三)健全社会服务体系,提供有力保障

政府要将建立、完善社会化服务体系作为向中小企业提供帮助的最佳切入点。建立民营经济行业协会或民营经济服务中心,并带动社会专业服务和民间中介服务,共同构筑多主体、多层次、全方位的服务体系,为民营经济提供创业辅导、政策咨询、管理诊断、市场信息、投资指南、资产评估和技术培训服务,如提供专利技术、技术咨询,进行技术交流、技术合作攻关,开展技术人才培训等。政府可责成有关部门组织民营企业产品展览会,协助民营企业打造市场,建立完善的市场体系,提高民营企业产品的竞争力。通过建立健全社会服务体系,会增加民营企业发展的信心,给民营企业的发展带来便利,使得其

发展不断取得新的突破,为贵州省民营经济的发展做出贡献。

(四)完善民营经济融资渠道,解决融资困难

良好的融资环境是民营经济健康、迅速发展的前提和保障。进一步完善金融体制,促进以中小型和微型企业为主要对象的地方性中小银行的发展,将村镇银行纳入正式的金融体系,拓宽民营企业的融资渠道。加快建立中小型企业信用担保体系,包括由政府出资设立的独立机构,由社会团体或协会组织共同组成互助团体为民营企业贷款提供担保,由中介商业机构组织营利性的商业组织为民营企业提供服务等。要积极创新金融产品,充分运用个人生产资料、财产使用权、企业经营权、知识产权、持有的股权、承包经营权以及其他可用于担保、抵押质押的财产或权益进行抵(质)押并经公证机关办理公证,赋予强制执行等措施,扩大贷款范围和规模。要努力创造条件,给予政策优惠,引导和支持大量的民间资金组建产业投资基金和风险投资基金,以支持民营企业快速发展。

(五)加强民营企业家队伍建设,提高民营企业管理水平

民营经济要快速发展,关键还要提高民营企业经营管理者的水平。针对贵州省民营企业技术人才、管理人才缺乏的实际,要将民营企业家教育培训工作纳入贵州重点人才培训体系,积极从省外引进人才,并将贵州省人才送到省外培训,借助外部力量尽快解决贵州省民营经济发展对一些紧缺人才的需求。大力发展职业教育,加快培养一批职业技术人才;大力加强民营企业家培训,通过组织民营企业家开展专题培训、与党政领导干部座谈等多种形式,提升企业家素质,增强他们把握政策、制定战略、谋划发展、开拓市场等方面的能力。鼓励高层次人士创业,尤其是要鼓励大学生、研究生或专业人士创办科技企业,并在政策服务上给予支持。

贵州民营科技企业融资策略

蔡福顺①

摘　要:本文首先阐述了民营科技企业的内涵,按照金融成长周期理论,根据贵州民营科技企业融资环境,分析各阶段企业的融资策略。

关键词:民营科技企业　融资　策略

民营科技企业融资策略是指民营科技企业针对自身的企业特征及其生命周期规律,选择可行的融资渠道,为达到企业持续快速的发展和实现企业价值最大化,结合各种融资渠道的特点和企业自身的发展状况,从而实现最佳的融资方案选择的过程,并最终实现资本结构的优化。处于不同发展阶段的民营科技企业应动态地选择不同的融资策略,从而不断推动企业做大做强。

一、民营科技企业概述

(一)民营企业

什么是民营企业,理论界和实务界各有不同观点。主要可分为以下三类:

第一类是从所有权上界定广义的定义民营企业,可称作"特色论",认为民营企业是包括集体企业在内的一切非政府或国家直接经营的企业形态。

第二类是从所有权上界定狭义的民营企业定义,可称作"趋同论",认为民营企业就是私营企业和以这些企业为主体的联营企业,如国家统计局企业调查总队课题组认为:"民营企业是指民间私人投资、民间私人经营、民间私人享受投资收益、民间私人承担经营风险的法人经济实体。"

第三类是从经营控制权上进行划分,认为民营是一个"经营"概念,是不同于国有企业的灵活的经营方式的代称,而不是一个"所有制"概念。"民营企业是国有企业的对称,是指除国家直接经营管理的企业以外的所有企业的总称。"突出了民营企业的字面含义,即民营企业贵在"民营",是相对"国有企业"而言的。这样的民营经济就包括国有、集体、股份制、股份合作制、私营、个体等多种经济成分。

本文所述"民营"的含义采用第二类定义,企业的经营控制权、人事任免权、收益权等

---

① 蔡福顺,男,贵州省政府发展研究中心副主任、研究员、经济学博士、省管专家。

权利全权属于企业。

(二)科技型企业

科技型企业也称为高技术企业。科技企业的形成与发展是高技术持续发展的必然结果。从高技术本身来看,它是一个动态、发展的过程,由于不同角度和不同阶段的多维认识,产生了高技术企业认定的多种标准。美国对高技术企业的界定主要是两个指标:R&D 强度在总产出中的比例,R&D 人员占总劳动力的比重。法国主要以产品循环论来界定。日本对高技术企业的界定主要以节约资源和能源、技术密集程度高、技术创新速度快,并在将来拥有一定市场规模和能对相关产业产生巨大作用为标准。经济合作与发展组织(OECD)将 R&D 强度作为界定高技术企业的主要指标 8,不仅考虑直接 R&D 经费,同时也考虑间接 R&D 经费,对 R&D 强度,分别选用 R&D 总经费(直接 R&D 经费和间接 R&D 经费之和)占产值比重、直接 R&D 经费占产值比重和直接 R&D 经费占增加值比重 3 个指标,由于其具有代表性,因而为许多国家和地区所采用。根据国家科技部、财政部和国家税务总局于 2008 年 4 月 14 日印发的《高新技术企业认定管理办法》的规定,高新技术企业是指在国家重点支持的高新技术领域内,持续进行研究开发与技术成果转化,形成企业核心自主知识产权,并以此为基础开展经营活动,在中国内地(不包括港、澳、台地区)注册一年以上的居民企业。

一个企业将技术转化为现实的生产力,可以通过产品创新与工艺创新两种形式,还可以运用高技术生产一般产品的企业或运用高技术提供各种服务。三者都是对科学技术的高度集成,只是使用的着力点不同而已,故运用高新技术生产一般产品的企业或运用高新技术提供各种服务的企业都可包括在科技型企业的范畴。

(三)民营科技企业

在现阶段的经济生活中和学术理论界,民营科技企业有其特定的含义。根据 1993 年 6 月 12 日国家科委、国家体改委发布的《关于大力发展民营科技型企业若干问题的决定》以及各地相继颁布的促进民营科技型企业发展的相关条例对民营科技型企业的定义,民营科技型企业是指相对国有而言的,不仅包括以科技人员为主体创办的,实行集体经济、合作经济、股份制经济和个体经济、私营经济的民办科技机构;而且包括由国有科研院所、大专院校、大中型企业创办的,实行国有民营的科技型企业。由上述定义可以看出,民营科技型企业有着多种所有制形式,甚至一些国有企业也在特定的条件下被纳入到民营科技型企业的范畴之中,比如联想集团就是一个最著名的国有民营科技型企业的例证。

按照《贵州省民营科技企业条例》的定义:民营科技企业是以科技人员为主体,以科技成果转化为主要特征,按照“自筹资金、自愿组合、自主经营、自负盈亏”的原则,独立承担民事责任,从事技术开发、技术转让、技术咨询、技术服务、中间试验,实行科研、生产、销售一体化的知识密集型企业。其以技术创新和科技成果转化为主要特征,对整个社会生产力的发展起了巨大的促进作用。按照《贵州省民营科技企业条例》的划分,贵州省民营科技企业的主要业务范围是技术开发、技术转让、技术咨询、技术服务以及新技术、新产品、新工艺、新材料的研制、中间试验、生产与经营。民营科技企业中的“民营”两字,不是对这一企业群体经济成分的标识,而是对其所共同拥有的灵活的经营机制的高度概括。

对于贵州民营科技企业而言,由于其自身的特点和目前所处的融资环境,企业在制定融资策略时,应特别注重融资的时机选择。因为融资要付出相应的成本和代价,所以融资并非越早越多就越好,更应考虑所得和所失,若能实现双赢或多赢则更好。根据贵州省民营科技企业的发展特点及目前的融资现状,制定合理的融资策略是至关重要的。下面按照金融成长周期理论分析各阶段融资策略。

二、企业生命周期

1998 年伯格(Berger)和戴尔(Dell)提出了“企业生命周期理论”,认为融资方式与企业的成熟程度密切相关。企业成长周期融资理论就是研究企业成长的不同阶段,随着信息、资产规模等约束条件的变化,企业的融资渠道和融资结构的变化规律。民营科技企业的生存之本是产品的生产科技含量,故民营科技企业的成长周期也是与科技型企业相一致的。综观国内外科技企业的发展模式,科技型企业的生命周期一般可分为四个阶段,即种子阶段、创建阶段、成长阶段(早期成长阶段、加速成长阶段和稳定成长阶段)和成熟阶段。

(一)种子阶段

这一阶段属于企业的创意或开发研究阶段,即运用发明或研究的成果研制出雏形产品,并形成比较完整的工业生产方案,但是尚无正式的产品,无销售收入,无正式的销售渠道。创业者此时融资目的是进行技术、产品的研究开发,以形成样品或样机,推出比较完整的工业生产方案。这一阶段面临的风险主要是技术风险和资金风险。技术风险主要表现:技术成功的不确定性、技术完善的不确定性、研发所需时间的不确定性、商业目的的不明确性、研究成果容易为外界共享的危险性。资金风险是指企业或项目因得不到足够资金支持而无法生存下去的风险,该风险与技术风险紧密相连。这一阶段由于企业主要处于研究开发环节,没有进行正常的生产经营,所以一般项目的资金需求量相对较小。

(二)创建阶段

这一阶段,企业已开发出产品,并向市场推销新产品,但还须在很多方面进行改进,尤其需要在与市场相结合的过程中加以完善,使新产品成为市场乐于接受的定型产品,为工业化生产和应用做好准备。这一阶段融资的主要目的是形成生产能力和开拓市场,使企业尽快实现盈亏平衡,解决生存问题。这一阶段的主要风险是技术风险、市场风险和资金风险。技术风险主要包括新产品生产的不确定性和新产品技术效果的不确定性。市场风险则主要表现在难以确定市场对新产品的接受能力、接受时间和产品的市场扩散速度,难以把握产品的市场竞争力,而这正是最常见的市场风险。资金风险是由于初创期资金需要量较大(大约是种子阶段的10倍),而高新技术企业这时还没有以往的经营记录,因此存在很大的资金缺口。

(三)成长阶段

1. 早期成长阶段

这一阶段企业的技术等资源优势已经确立,已逐步形成主导型高新技术产品,市场逐渐趋好,企业具有了一定的销售收入,其盈利已经开始能补偿它在创业初期所耗用的资金。这一阶段企业融资的主要目的是增加设备、扩大生产规模、提高生产能力,而企业的自我资金积累较少,必须再度从外部融资才能满足经营的需要。因此,这一阶段的主要风险是市场风险和经营风险,而技术风险已逐渐降低。

2. 加速成长阶段

这一阶段企业已初具规模,基本形成了核心能力,随着市场的拓展,企业的盈利数额迅速增加,但面临着进一步扩大生产规模、开拓产品市场、完善管理等诸多问题,因此需要投入大量的资金。

3. 稳定成长阶段

这一阶段企业的高新技术产品已占领了一定的市场,且市场占有率逐渐提高。管理机制也日趋完善,有专业的管理人员,工作效率提高。因此,该阶段企业的各种风险都较低,企业融资的目的是保持现有的经营状况,并且在可能的范围内使企业的经营业绩稳步上升。

(四)成熟阶段

这一阶段企业技术开发成功,并且市场需求迅速扩大,要求进行大批量的生产,购置更多的设备、材料,还需要扩建厂房、招聘员工等,因此资金需求量极大,达到自种子阶段以来的最高水平。这时,企业已开始大量盈利,各种风险降为最小,同时由于企业的融资条件已大大改善,所以融资领域已显著扩展。

三、各生命周期贵州民营科技企业融资策略分析

由于民营科技企业许多都是先有研究成果,再建立企业以实现技术的商品化,而在企业建立之初其商品的市场前景如何、后续研发项目的成功率如何,都存在许多的不确定性,导致民营科技型企业虽然可能是高成长性企业,但是建立在企业经营的高风险之上的。下面,根据贵州民营科技企业融资环境,按照金融成长周期理论,分别分析各阶段企业的融资策略。

(一)种子阶段融资策略

在种子阶段,由于民营科技企业主要处于研究开发环节,没有进行正常的生产经营,所以一般项目的资金需求量相对较小,此时一般靠自有资本,或者合伙人资金等内部融资方式,或者靠通过民间借贷等融资渠道筹集资本。其中个人积蓄是最主要的资金来源方式。但是一般情况下,这部分资金的数量相对较少,可能只够企业家维持几个月或一年左右,因此仅靠个人积蓄是明显不足以支持企业的生存的。另外,处于种子期的民营科技企业的资金来源还主要来自向亲友的贷款。这种资金常以短期贷款的形式进行,优点在于资金的所有者对创业者比较了解,故这种资金较易获得,但也同时存在资金的所有者可能会对企业进行干预。

除了自有资本和民间借贷等方式,处于种子阶段的民营科技企业可以主动寻找创业资金的支持。创业资金的一个重要来源是私人投资,主要由一些创业投资公司的发起者组成。他们资金充足,富于冒险精神,并有一定的投资经验。从美国的创业资本的发展历史来看,私人投资者也是创业资本市场最早的投资者之一。此外,创业资本有另一种形式是天使投资者。天使投资者是最早和最典型的创业资本家。天使投资者与创业资本家不同,风险投资一般投资额较大,而且是随着风险企业的发展逐步投入。风险投资对风险企业审查很严。天使投资投入资金金额一般较小,一次投入,不参与管理,对风险企业审查不太严格,更多的是基于投资人的主观判断或者甚至是喜好而决定。风险投资是大手笔,往往是几家机构的资金,而天使投资往往是一人掏钱,见好就收。风险投资是一种正规化、专业化、系统化的大型商业行为,而天使投资则是一种个体或者小型商业行为。由此可见,天使投资是种子阶段民营科技企业应该积极寻找的外部融资来源。

(二)创建阶段融资策略

在创建阶段,内源融资已不能满足企业生存和发展的需要。由于此时企业的规模不大,想要通过发行债券的方式融资几乎是不太可能的;如果选择民间借贷,没有未来现金流的保障,高额的利率也许会更快地压垮初生的民营科技企业。当然,在民间借贷中有

一类为关系融资,即民营企业利用社会网络关系再寻找新的合伙人,向其他企业或资金主体进行借贷等进行融资,这在企业创业阶段是非常适用的一种融资方式。

股权融资是民营科技企业在创建阶段引入大额资金的最优方式。由于民营科技企业的生存基础是科技产品,故企业未来可能会实现高速成长,故可以吸引股权资金。但付出的代价可能是企业核心技术外泄的危险和创业者失去控股地位的危机。

除了选择股权融资以外,在可能的情况下可以申请各种政府支持性基金或企业资金,如科技型中小企业技术创新基金、政府配套资金等,这些资金是政府通过拨款资助、贷款贴息和资本金投入等方式扶持和引导技术含量高、市场前景好、风险较大、商业性资金进入尚不具备条件、最需要由政府支持的科技型中小企业项目,促进科技成果的转化,并将为其进入产业化扩张和商业性资本的介入起到铺垫和引导的作用。企业如果申报成功,那对于初创期的民营科技企业而言,那无疑于是雪中送炭。

(三)成长阶段融资策略分析

1. 早期成长阶段

在早期成长阶段,股权融资、风险投资仍是其大额资金的主要来源。与此同时,民营科技企业应注重企业资金的积累,以此积累来发展企业。由于这一阶段企业融资的主要目的是增加设备、扩大生产规模、提高生产能力,所以对融资的主要目的是购买机器设备的成长阶段的民营科技企业而言,融资租赁应该成为此时企业的最优融资策略之一。融资租赁是集融资和融物于一体,企业的这种租赁行为本质上可以看成是一种融资。当企业缺乏资金购买比较昂贵的机器设备时,向租赁公司租用设备,并按期向租赁公司支付租金,这样企业既增添了所需设备,也减轻了其资金压力。

2. 加速成长阶段

在加速成长阶段,企业经营业绩得到体现,技术风险、市场风险开始降低,企业已经初具规模,获得资本的渠道增多。处于该阶段的民营科技企业融资方式是企业积累、融资租赁、股权融资和债务融资。企业的资金来源首先主要是留存盈利,其次是信贷资金和风险资本,并可准备申请在创业板上市。

(1)企业自我积累。通过发展已有产品和控制股利分配政策,企业在一定时期内可积累相当的利润,通过留存盈得进行合理的再投入,不断地增强企业资金的自我积累能力,从而在一定程度上保证企业成长所需的资金投入。通过自我积累方式筹集成长资金,这要求企业家有符合市场需求的产品,企业主能放弃近期的物质利益,经营者能合理地使用积累资金实现资产增值。

(2)股权融资。当民营科技企业发展到一定规模时,企业可以通过扩张股本的方式募集成长资金。只要外部条件许可,民营科技企业存在获得高利润的前景,将使企业在快速成长阶段易于从外部环境中筹集所需要的资金。其中包括吸收风险投资公司和其他的投资公司及私人投资者入股,以及申请在创业板上市等方式进行直接融资。

(3)借贷资本。随着生产经营规模的扩大,企业的资产规模也迅速扩张,企业可供抵押的资产也就随之增加,这就为采取债务融资创造了条件。资金借贷方式要求企业有一定的抵押物,并且对企业有到期还本付息的要求,所以采用借贷资金的融资方式对于企业经营者的资金动作水平有较高的要求,并要求企业所有者有较强的风险承受能力。

3. 稳定成长阶段

这一阶段企业的各种风险在降低,企业融资的目的是保持现有的经营状况,并且在努力使企业的经营业绩稳步上升。企业的主导产品已经确立,核心竞争力及资源优势已经形成。可以通过股权融资、商业银行借款等方式进行,亦可考虑扩大商业信用的运用范围。此阶段的融资策略主要是股权融资。

稳定成长阶段的股权融资,其方式方法是通过公开发行股票并上市。由于企业的成长性好,经营业绩优良,资本市场较认可此类公司,这时通过公开发行股票融资,能为广大投资者所接受,且可以最大限度地募集到企业扩大规模所需的资金。股票上市公开上市也为前期进入企业的风险资本提供了理想的退出渠道。

(四)成熟阶段融资策略分析

进入成熟阶段,企业经营业绩比较平稳,经营活动中各种风险已降低到最低限度,企业可以通过银行贷款、融资租赁、主板上市等多种渠道筹集资本,满足企业发展对资本的需求。

在上市渠道的选择上,买壳上市是民营科技企业解决融资难问题可以积极利用的融资手段之一。所谓买壳上市,就是非上市公司对上市公司的控股达到间接上市地位,然后通过"反向收购"的方式注入自己有关业务及资产,实现间接上市的目的。贵州省民营科技企业在因种种限制无法直接上市的情况下,可以通过参股、控股等资本运营方式,来盘活上市公司的存量资产,提高上市公司的质量,进而实现间接上市。同时这也为民营科技企业的再筹资创造了条件。

此外,处于成熟阶段的民营科技企业也可能更为依靠债务融资方式。银行等金融机构作为从事货币经营的特殊企业,安全性、流动性和营利性是其经营原则。此时处于成熟阶段的民营科技企业经营业绩稳定、资产收益率高、企业扩张性好、可抵押的资产越来越多,这就成了银行安全稳健的客户。所以在这个阶段,金融机构的贷款就成了企业资产的主要来源。

经历过上述四个成长阶段后,民营科技企业开始进入衰退阶段,企业原有产品逐步被市场上新产品淘汰掉,企业要生存和发展下去,必须寻找新的事业机会,开发新的产品。如果没有新项目的支撑,企业往往面临着被兼并收购或破产的可能。所以民营科技企业必须在成熟阶段之初就加大 R&D 投入力度,开始研发新产品,以成为此后企业持续盈利的利润增长点。

贵州民营企业非正规金融融资研究

李靖

(贵州师范大学经济与管理学院)

摘　要:改革开放以来,贵州省民营经济快速成长,已成为保增长、扩内需、调结构、扩大就业、推动创新和形成新兴产业的重要力量,对贵州的经济社会发展起着举足轻重的作用。本文分析了贵州民营企业发展面临正规金融融资约束的问题,提出非正规金融是解决当前贵州民营企业融资难的建议。

关键词:民营企业　融资约束　非正规金融

一、引言

改革开放以来,贵州的民营经济得到了迅速发展。细数贵州民企"名片",神奇、老干妈、益佰、同济堂、北极熊、永红、詹阳动力、江南精工、酒中酒等企业抢人眼球。从制药、食品加工、装备制造、农产品加工等一批优势产业,到现代服务、信息技术、旅游商品等新兴产业,贵州省民营经济的领域不断扩大,不断发展壮大。数据显示,从1978年起步到2010年,全省民营经济已占全省GDP总量的35%,全省工业增加值的60%,全省全部社会投资额的48.7%,上缴税收约占全省总量的半壁江山。按照民营经济"三年倍增计划",贵州在2013年底力使民营经济发展实现"四个倍增"。即:到2013年底,全省民营经济增加值3200亿元以上,比2010年增长1倍以上;投资4000亿元,比2010年增长1.6倍;注册资本4000亿元,比2010年增长1.2倍;新增就业30万人以上,比2010年增长1倍以上。民营经济增加值占全省生产总值的比重从35%提高到40%。2011年上半年,全省民营企业申请专利655件,授权385件。贵州省民营经济已拥有全国驰名商标11件、省内著名商标277件,分别占全省驰名商标和省著名商标的44%和63.24%。民营高新技术企业达到67家,占全省高新技术企业的48.6%。这一切显示,贵州省民营经济正快速成长,已成为加快贵州省经济社会发展的生力军。当前,贵州的民营企业已经成为保增长、扩内需、调结构、扩大就业、推动创新和形成新兴产业的重要力量,对贵州的经济发展起着举足轻重的作用。

当前,受国际金融危机的影响,世界经济复苏充满艰难曲折。这场危机给全球一些国家和地区造成严重冲击。我国的民营企业成为受冲击的群体,民营企业遇到最大的问题就是资金短缺、融资难、贷款难。当然,贵州省内的民营企业面临同样的难题。在这种大背景下,其一,单个民营企业很难从金融机构获得贷款。金融机构为防范风险,对民营企业的贷款设置了严格的标准,单个民营企业渴望的中长期资金很难从金融机构获得。其二,通过创业板上市融资门槛相对较高,大部分民营企业很难从股票市场获得资金。其三,由于发债条件比较苛刻,大部分民营企业难以在债券市场直接发行债券进行融资。其四,担保机构不愿为民营企业融资提供担保。由于一部分民营企业信用意识缺乏,诸如,制度不健全、家族式管理、经营不规范等问题,导致担保机构不愿为大部分贵州民营企业融资提供担保。贵州民营企业融资困难一直成为制约其发展的"瓶颈"。笔者建议,拓宽融资渠道,让非正规金融支持贵州民营企业发展不啻是解决当前贵州民营企业融资难题的一种思路。

二、贵州民营企业面临正规金融融资约束的理论分析模型

目前,贵州民营企业遇到最大的问题就是资金短缺、融资困难。贵州民营企业从正规金融渠道融资困难一直成为制约其发展的"瓶颈"。在此,笔者运用博弈论的有关理论和方法,证明在任何经济体中都存在中小企业面临正规金融融资约束。为了推导方便,做出如下假设:

(1)贵州金融市场上存在民营企业和正规金融机构两个交易主体。

(2)正规金融机构对民营企业的策略有两种,即贷款和不贷款。民营企业对所得到的贷款有两种策略,即守信和违约,民营企业守信的收益小于违约的受益。

(3)正规金融机构接到民营企业贷款申请后,如果正规金融机构不信任民营企业,正规金融机构不发放贷款,双方收益为(0,0)。

正规金融机构在选择是否贷款时,是以利益最大化为前提的,这便形成了正规金融机构与民营企业合作博弈中的"囚徒困境"的博弈模型(见表1)。

表1 银企合作博弈的"囚徒困境"

中小企业	正规金融机构	
	贷款	不贷款
守信	(m,n)	(0,0)
违约	$(m,-v)$	(0,0)

在表1中,括弧内第一个数字表示民营企业的收益,第二个数字表示正规金融机构的收益,其中,$m>0$,$n>0$,$v>0$,$w>0$,且 $w>m$。在企业与正规金融机构合作"囚徒困境"博弈中将会出现两种情况:

(1)正规金融机构接到民营企业贷款申请后,如果正规金融机构不信任民营企业,正

规金融机构不发放贷款,则博弈结束,双方收益为(0,0)。

(2)如果正规金融机构信任民营企业并放款,则博弈进入第二阶段。当民营企业选择守信博弈时,民营企业与正规金融机构同时受益,民营企业收益 m,正规金融机构收益 n,双方收益为(m,n)。当民营企业选择违约博弈时,民营企业受益,收益为 w,正规金融机构受损,损失为 $-v$,双方收益为(w, $-v$)。

综上所述,所谓“囚徒困境”是说:对民营企业与正规金融机构来说,都只想自己的利益最大化,且无法影响对方的行为。那么,对民营企业来说,获得贷款后,选择赖账,得到的收益为 w;选择守信,得到的收益为 m,由于 m 小于 w,民营企业的最优选择是赖账。对正规金融机构来说,正规金融机构的决策取决于民营企业能否守信,正规金融机构放款后,在民营企业选择赖账策略下,正规金融机构获得损失为 $-v$,因此,正规金融机构的最优策略是不放款。可见,企业与正规金融机构博弈均衡结果是,正规金融机构不放款,民营企业也不能获得正规金融机构的资金,企业与正规金融机构双方收益为(0,0)。企业与正规金融机构博弈陷入了“囚徒困境”,帕累托最优策略(m,n),即正规金融机构放款民营企业守信并没有实现,正规金融机构从民营企业信贷市场退出成为理性选择,在正规金融制度安排下贵州民营企业融资存在较大的“缺口”。

正规金融机构对民营企业选择不放款的原因来自以下几个方面:

一是信息不对称。信息不对称是指市场交易或者签订契约的一方比另一方拥有更多信息这样一种状况。在信贷市场上信息不对称分为事前不对称和事后不对称。事前信息不对称是指正规金融机构不能清楚地了解民营企业的经营状况、经营能力以及贷款所投项目的真实情况;事后信息不对称是指正规金融机构在监督民营企业经营者是否努力工作以及资金使用的真实情况方面存在困难。一般来说,事前信息不对称会导致逆向选择,事后信息不对称会导致道德风险。由于存在逆向选择和道德风险导致正规金融机构贷款风险增加。Stiglitz 和 Weiss(1981)认为由于在金融市场上普遍存在信息不对称问题,正规金融机构很难从众多的贷款申请者中甄别出哪些借款者有还款能力,哪些借款者无还款能力,这会导致逆向选择和道德风险问题,使得正规金融机构贷款的质量严重恶化。金融机构为了自身的盈利不得不采取信贷配给政策,这是造成民营企业融资供给约束的主要原因。林毅夫和孙希芳(2005)认为,由于中小企业常常不能提供充分的担保或抵押,且信息不透明,所以正规金融机构难以有效克服信息不对称造成的“逆向选择”问题。而非正规金融则在收集关于民营企业的“软信息”方面具有优势,这种信息优势使得非正规金融广泛存在。

二是交易成本。交易成本是指为达成交易所耗费的各种资源,包括市场交易主体的信息搜寻成本、保证契约履行成本、签约成本以及讨价还价成本等。在更广泛的意义上交易成本还可以理解为经济制度的运行成本。根据交易成本理论,交易的实质是市场主体之间的权利交换。在制度经济学中存在完全竞争市场交易成本为零的假设,而在现实中,市场参与者进入市场不可能获得完备的市场信息,更不可能实现交易费用等于零。正规金融机构与民营企业交易的费用可以分为以下几项:①高昂的信息搜寻成本,包括搜集、处理信息的费用;②形成交易的谈判费用,包括签约、监督等费用。民营企业资金需求量小、贷款频率高,交易主体相对分散,所以总体来说,交易次数多,而交易成本一般与市场交易次数呈正比,较多的交易次数必然意味着较高的交易成本。在利率受国家控制和正规金融机构追求利润最大化的前提下,交易成本偏高影响了正规金融机构对民营企业的信贷投放力度。

三是交易风险。当前,国际金融危机与欧债危机仍在蔓延和深化,贵州一些民营企业成为受冲击最大的群体。由于资金困难,贵州一些民营企业处于停产、半停产状态。民营企业一般生命周期短、经营规模小、生产稳定性差、竞争和抵抗风险能力较弱,亏损民营企业偏多,其破产率远远高于国有大型民营企业。民营企业一般处于产业链的低端,缺乏市场和技术上的竞争力,在具有高成长性的同时,也具有不确定性。此外,民营企业高出生率与高死亡率并存。据估计,贵州省有一些民营企业在1~2年内消失了。面对民营企业失败率高的特点,正规金融机构为了规避交易风险自然而然抑制了发放贷款的冲动。

三、非正规金融的界定及其优势分析

非正规金融很难有一个统一的定义,有诸如"非组织金融""非制度金融""体制外金融""灰黑色金融""地下金融"等内涵不同、褒贬不一的叫法。本文主要采用世界银行的定义,世界银行认为,非正规金融是指那些没有被中央银行监管当局所控制的金融活动。在亚非许多发展中国家,非正规金融活动有着悠久的发展历史,对各国的经济发展起到了积极的推动作用。在印度的 Nagpur 和乌干达的 Kampala,非正规金融是非正规部门的企业主创办企业所需资金的主要来源。在肯尼亚,正规部门的小企业和非正规部门的企业向非正规金融的借款较多,尽管从借款规模来看,企业从非正规金融获得的融资额不是很大,但从借款范围来看,对非正规金融的利用较多。在我国,非正规金融主要包括基金会、互助会、合作性小额信贷、新型农民资金互助合作社、典当业信用、私人钱庄、合会、民间集资、民间借贷等形式。非正规金融所分流的资金在体制外进行循环,这些资金不能被货币当局统计观测和监控,不受法定体系的约束,是民营企业根据资金的可获得性和经营发展目标,可自主选择和创造的融资方式。调查表明,在我国从计划经济向社会主义市场经济转型期间,民营企业发展在时空上表现出不均衡,这就决定了金融交易方式存在一定差异。同时,我国现行金融体系设计存在缺陷,已滞后于民营企业的发展,形成了一定的金融"空洞"。在这些大背景下,非正规金融应运而生。史晋川和朱康的研究发现,民间金融在温州非常普遍,温州民营经济的融资特征是,在创业初期,以自有资金和民间融资为主;当企业具有一定的规模和实力以后,以自有资金和银行借贷为主,而民间融资仍是重要的外部资金来源。

非正规金融的出现和繁荣,是对正规金融支持不足和扭曲的融资制度环境的一种理性回应,其对民营企业的支持作用主要体现在拓宽了家族企业的融资渠道。在现实融资制度环境下,融资问题成为许多民营企业萌生、成长与发展过程中无法解决的难题。普遍面临正规金融渠道"融资缺口"困境的民营企业,必然有动力寻求非正规金融的支持。贵州民营企业是非正规金融发育的最肥沃的土壤,非正规金融具有正规金融所不具备的几个优势:

一是非正式制度的独特优势。非正式制度是人们在长期的社会生活中逐渐形成的风俗习惯、伦理道德等对人们行为产生非正式约束的规则。在发展非正规金融方面具有独特的优势,在非正规金融市场上,借贷双方能够绕过政府法律法规以及金融机构关于最小交易数额的限制,是一种纯粹的市场金融形式和市场金融交易制度。

二是信息优势。民营企业很难从正规金融机构贷款的一个重要原因在于民营企业的有关信息无法有效地传递给金融机构,从而产生信息不对称。而非正规金融大都是以"血缘""地缘"和"业缘"为基础,借贷双方接触较多,当事人彼此比较了解,与融资相关的信息极易获得且高度透明,从而在很大程度上克服了信贷市场上的信息不对称问题。

三是成本优势。非正规金融能够低成本地了解到当地民营企业的经营状况、项目前景和信用水平,可以省去大量的调研费用,减少审核批准程序,交易手续一般均很简便,大多是借款人向债主写下借据,再由担保人签字,其交易过程快捷,融资效率高,借款人能迅速地筹到所需资金。此外,非正规金融在交易过程中一般不需要对融资方"公关"而支付"寻租"成本,其信息搜寻成本和管理成本很低。从而使得民营企业的资金融通变得非常便捷和成本低廉,使供求双方达到双赢。

四是担保优势。非正规金融对抵押担保物品的要求比较灵活,一些不能在正规金融机构作为抵押担保的物品在非正规金融市场上可以作为抵押担保。正规金融机构对于担保品的类别、价格、数量都有一套严格的标准与要求。通常情况下,正规金融的担保方式单一、担保品种较少、担保品管理复杂、担保品处置成本高。而非正规金融由于借贷双方的地缘、血缘、业缘等关系性特征,借贷双方能够绕过正规金融机构关于担保数额、担保金额、担保品类别的限制,因此,很多不被正规金融接受的抵押担保品都可以用来抵押担保,具有很大灵活性,降低了非正规金融贷款契约的执行成本。

此外,非正规金融的优势还体现在贷款选择自由、借贷数额自由、期限灵活、利率定制灵活等方面。非正规金融的这些独特优势,使其与正规金融形成了强烈的互补效应,有力地促进了我国民营企业的发展,成为我国金融体系中不可或缺的组成部分。

非正规金融是一种非制度化、非组织化的体系,适应于传统的民营企业发展模式,在活跃金融市场、扩大民营企业生产经营资金来源、促进企业发展等方面起到了积极作用,但也容易加大金融风险:其一,非正规金融缺乏保障机制。非正规金融是一种自发、盲目、分散的信用活动,没有组织领导,缺乏制约保障机制,风险较大。其二,非正规金融利率高。一些民营企业从非正规金融机构所借资金利率水平一般都比较高,要比银行同期利率高3~4倍,从而加重了民营企业负担。其三,非正规金融影响国家货币调控政策。一方面,非正规金融所分流的大量资金游离于银行监督体系之外,容易造成严重的金融风险,冲击国家正常经济秩序;另一方面,非正规金融借贷利率是借贷双方根据资金的市场供求关系自发制定的。这些问题的存在很容易导致政府宏观调控能力减弱,货币政策效果下降。

四、政策建议

在发展民营企业的问题上,贵州省已围绕贯彻落实《关于进一步促进贵州经济社会又好又快发展的若干意见》《国务院关于进一步促进中小企业发展的若干意见》和《国务院关于鼓励和引导民间投资健康发展的若干意见》,结合贵州实际,出台了《关于进一步加快全省民营经济发展的意见》,共38条。此外,贵州还采取了几项措施来加快民营企业发展。第一,把省级的经济管理权限直接放到县,扩大县一级的经济管理权限。第二,制定出台了支持微型企业发展的"3个15万"政策,一是个人筹资10万元,省级财政补贴5万元;二是地方金融机构配套贷款15万元;三是企业营业后,利用企业实际缴付的所有税收中地方留存部分对企业进行奖励,累计奖励不超过15万元。这"3个15万元"的政策,不仅鼓励创业,而且带动就业,通过就业的增加来提高农民的收入,尽快实现脱贫致富。非正规金融健康发展与否关系到贵州金融产业政策取向,关系到贵州民营企业的稳定发展与否。从现实情况出发,引导非正规金融支持贵州民营企业发展应从以下几方面入手:

(1)加强非正规金融的法规建设。政府要把非正规金融纳入法制建设的轨道,给非正规金融一个合法的活动平台。政府应通过法规引导非正规金融组织从"地下"走向"地上",向规范化、合法化转变。在目前情况下,要组织专门机构、专业人员认真研究农村钱庄、标会、互助基金会等民间非正规金融组织的法律地位、运行规则等问题。引导、规范非正规金融的交易行为。

(2)加强非正规金融的制度建设。政府不应直接干预非正规金融组织,而是发挥市场机制的基础性调节作用,通过制度建设来引导非正规金融组织在优胜劣汰机制中求得生存和发展。政府要放松非正规金融机构的市场准入限制,确定非正规金融合理的产权制度,建立存款保险制度,建立对非正规金融市场的检测系统,稳步推行利率市场化。

(3)鼓励正规金融与非正规金融的合作。要鼓励正规金融与非正规金融开展适度竞争与有效合作,使正规金融和非正规金融能够共享客户信息。我们可以利用正规金融机构的资金优势与非正规金融的信息和履约机制的优势来开展合作，从而更好地为民营企业发展提供资金支持。此外，政府应在引导二者的合作上要有所作为，支持部分满足条件的非正规金融向正规金融转化。

（4）开辟直接融资渠道，加强对民间资金投向的引导。可以考虑建立民营企业发展基金，吸引民间资金投向民营企业。支持一批符合条件的民营企业发行债券或股票，吸纳民间资金。贵州民营企业主动对接国发〔2012〕2 号文件中金融、投资、产业、土地、人才等方面提出了一系列突破性支持政策，发现商机、顺应商机、引领商机。

（5）重视非正规金融的产业导向机制。贵州要通过制度创新发展民营企业，让民营企业活跃地发展起来，认真清理环境，培养创业氛围，鼓励该发展的产业和抑制不该发展的产业，要让民营企业发展享受到公平待遇，让贵州民营企业真正愿意到实业投资。当前民营企业资本大量集中于传统产业，具有规模小、产品创新不足等特征。为了更好地发挥民营企业非正规金融融资的经济效益与社会效益，帮助民营企业渡过资金难关。当前，应鼓励与引导非正规金融向在科技创新、节能环保与自主品牌建设等方面有潜力的成长型民营企业提供融资。民营企业所募集到的资金重点投向民营企业的科技创新、节能环保的研究、开发和技术成果的转化及自主品牌建设等方面。

（6）改善民营企业非正规金融融资的市场环境。截至 2011 年 9 月底，全省经审批部门批复的融资性担保机构共有 198 户，注册资本 129 亿元（不含省外分支机构注册资本）；担保贷款余额 132.4 亿元，在保中小企业、个体工商户近 8000 户。同时，整合政府、民间资源的混合所有制形式融资性担保机构不断涌现，大量民间资金投入融资担保业，投资主体多元化明显，担保业商业化、市场化进程加快，全省融资性担保机构有 80% 以上为民营企业。目前，贵州已初步建立了与地区经济发展相适应、覆盖省市县三级的融资性担保机构分布规划，有近半数的融资性担保机构在全省开展业务，27 个经济强县全部设有融资性担保机构①。为进一步改善民营企业非正规金融融资的市场环境，笔者建议：要采取措施切实改善非正规金融发展的市场环境，充分发挥其在民营企业发展中的积极作用。一是完善和建立多种类型的信用中介机构管理公司如征信公司、贷款信用担保公司、会计师事务所、律师事务所等，为非正规金融提供民营企业征信、法律咨询和信用担保服务，支持和引导对非正规金融借贷的规范化运作。二是发挥政策导向作用，改善民营企业的融资环境。三是强化民营企业自身信用建设，通过对民营企业信用资料的大量收集和分析，建立信用制度，给民营企业开设信用档案，包括企业的完税状况、守法状况、财务状况、产品质量状况、企业法人资信状况等。四是中介机构与协作非正规金融机构要建立良好的合作关系，树立风险共担意识。

① 贵州发展融资担保业缓解中小企业民营经济融资难[N].贵州日报，2011－11－24。

参考文献

[1]林毅夫,孙希芳.信息、非正规金融与中小企业融资[J].经济研究,2005(7).

[2]罗丹阳,殷兴山.民营中小企业非正规融资研究[J].金融研究,2006(4).

[3]蒋伏心,周春平.交易成本、非正规金融与中小企业融资[J].世界经济与政治论坛,2009(2).

[4]曹强.非正规金融:中小企业融资的一个有益补充渠道[J].沈阳大学学报,2009(1).

[5]刘民权,徐忠,俞建施.信贷市场中的非正规金融[J].世界经济,2003(7).

贵州民营企业融资问题浅析

吴琛琛①

（贵州省人民政府研究室）

摘　要：由于我国金融体系、资本市场建设不完善，以及民营企业自身发展等因素影响，民营企业融资难成为一个普遍问题。贵州民营企业所获融资与其对经济所做贡献不平衡，融资难制约着其可持续发展。贵州民营企业融资有其自身特点，融资难的原因多样。分析相关问题，提出解决融资难的对策建议，对于贵州乃至及其他经济欠发达地区民营企业的健康发展具有借鉴意义。

关键词：民营企业　融资　对策建议

改革开放以来，我国民营企业发展迅速，逐渐成为推动我国经济保持高速增长、转变经济发展方式的主要动力。虽然民营企业经济总量占 GDP 的 50% 以上，但获得的信贷资金却仅占银行信贷总额的 15% ~20%。根据国务院发展研究中心对民营企业的一次抽样调查，1424 家企业中有 613 家把“资金不足”作为“不利于企业发展最主要的问题”，远超“市场营销能力不足”“市场需求不足”等选项。贵州省作为经济欠发达省份，民营经济的发展壮大对增强经济活力、增加就业、推动区域经济发展极为重要。但贵州民营企业所获得的银行借贷资金与其对经济所做贡献不平衡，通过间接融资、自筹资金等方式无法满足其可持续发展的资金需求。分析融资难问题的成因，提出对策建议，对贵州而言意义明显，对于解决阻碍落后地区民营企业发展的瓶颈问题，也具有重要启示。

一、贵州民营企业融资现状

近年来贵州省积极探索多元化的金融服务，大力促进民营经济持续健康发展。一是健全金融机构组织体系，扩充提供融资服务的主体范围。截至 2011 年 9 月末，全省银行业金融机构共 126 家，各级银行业机构约 4000 家，资产总额 10250.5 亿元，同比增长 23.7%。法人证券公司 1 家、证券分公司 1 家、证券营业部 42 家、期货营业部 7 家。二是推动和扩大中小企业集合债券和短期融资券的发行规模。2005 年贵州省企业开始通过短期融资券、中小企业集合票据等直接融资工具融资。截至 2011 年上半年，全省有 8 家

① 吴琛琛，女，博士。主要研究方向：经济学、国际关系。

企业发行12期短期融资券、1期中期票据,共募集资金85.9亿元。其中3家中小企业发行5期短期融资券融资33.9亿元。三是创新担保方式,为中小企业顺利获得融资提供保障。人民银行贵阳中心支行联合相关部门制定出台《贵州省专利权质押贷款管理办法》《贵州省林权抵押贷款实施意见》《贵州省小额担保贷款实施办法》等实施意见和办法,拓宽了中小企业的融资担保工具。并在湄潭县开展金融支持湄潭县民营经济发展的试点,探索运用中小企业集合票据、专利权质押贷款、动产质押贷款等在内的多种金融工具支持民营经济发展。四是完善社会信用体系建设,将融资与信用挂钩。自2008年以来,全省共有186户企业和70户担保公司接受信用评级与咨询服务。截至2010年6月,全省为6.5万企业和1516万多自然人建立征信档案,为1.85万户无贷款中小企业建立了经济信用档案,直接帮助中小企业获得贷款116亿元。

但是,贵州民营企业仍然面临融资困难。2009年贵州省金融机构各项贷款额为4656.50亿元,私营企业及个体的贷款额仅为46.34亿元,占总贷款的1%不到。2005—2011年9月末,贵州省金融机构各项贷款余额为6611亿元,中小企业贷款余额1841亿元,占比27.85%。从对中小企业发放贷款较多的农信社来看,2005年到2010年9月末,全省农村信用社各项贷款余额达到947.19亿元,其对个体经营户和小企业发放的贷款占其贷款总规模的28%左右。另据贵州省银监局统计,2011年1—8月贵州新增贷款的中小企业只有1300户,新增中小企业贷款150.2亿元。从以上数据看,中小企业仍然难于从金融机构获得贷款。而贵州省"十一五"期间民营经济生产总值比重从2005年的28.4%上升到2010年的35.0%,可见民营企业对经济所做贡献与其所获得的融资很不平衡,全省中小企业的资金缺口仍然很大。

二、贵州民营企业融资难的原因分析

(一)间接融资不畅,资本所有者缺少投资渠道和企业缺少发展资金的现象并存

民营企业主要资金来源是自有资本、民间借贷和银行贷款。总体来看贵州省金融机构对民营中小企业发放的贷款额度有限,融资支持还没有质的突破,主要是因为:

首先,银行类金融机构对民营企业"惜贷"。尽管国家鼓励国有银行向民营企业贷款,但自主经营、自负盈亏机制下运作的商业银行,出于规避贷款风险的考虑,对经营规模相对较小、财务能力相对较弱、经营风险相对较大的民营企业持保守态度,其贷款对象市场定位主要还是大型国有企业。这种观念使国家对民营企业的政策扶持难以充分落实。在此情况下,部分民营企业只能用捉襟见肘的自有资金来弥补流动资金短缺,在流动性严重不足时只能靠高利贷周转。

其次,国家信贷政策总体收缩,现阶段银行类金融机构流动性存在难度,民营企业融

资也受这一宏观政策的影响。2008 年金融危机以来,包括中国、美国在内的很多国家普遍推行经济刺激计划,大规模增加市场流动性。我国相对强劲的经济增长和人民币升值预期吸引了大量国际资本流入,加大了通胀压力,物价不断攀升。为调控物价,央行在2010—2011 年间 12 次上调存款准备金率,3 次提高存贷款基准利率,并将商业银行保证金存款纳入存款准备金的缴存范围,以收缩流动性。尽管近期央行下调存款类金融机构人民币存款准备金率 0.5 个百分点,且 2012 年中央经济工作会议明确 2013 年要保持货币信贷总量合理增长,以应对我国逐渐减缓的经济增长速度、进出口萎缩、通胀等经济问题。但是,现阶段国家货币政策不会出现大的调整,金融机构流动性不足、民营企业融资难的问题依然存在。

在中小企业缺乏发展资金的同时,贵州省居民掌握一定数量资金,却缺乏储蓄以外的资金保值增值渠道。以储蓄存款反映的资金数量为例,截至 2011 年 9 月末,全省金融机构(含外资)人民币各项存款余额 8294.23 亿元,其中个人存款余额就达到 3785.45 亿元,占 45.6%。贵州省应积极建立有效融资渠道,在有效制度安排下,引导个人资金流向民营企业,鼓励民间资本积极投资民营企业发展。既缓解民营企业资金不足,又为民间资本找到适当的投资领域,实现民营企业发展与民间资金增值的“双赢”。

(二)直接融资渠道不畅,资本市场发展缓慢和民营企业融资困难的现象并存

贵州省资本市场发展缓慢,民营企业利用资本市场直接融资的机制并不成熟,主要体现在:

一是证券机构分布较少。据统计贵州省目前仅有法人证券公司 1 家、证券分公司 1 家、证券营业部 42 家、期货营业部 7 家。而邻省四川在 2007 年底时辖内就有 132 家证券营业部。

二是现有证券机构交易规模较小。2010 年底贵州证券交易总额 1454.69 亿元,投资者开户账户数为 53.4 万户。而四川省在 2007 年底时投资者证券账户开户数就达 540 万户,证券交易量为 33013.33 亿元。

三是上市公司数量少,股票发行规模小。截至 2010 年底,贵州共有 19 家上市公司,主要分布在机械、化工、医药等传统行业,全部为 A 股。而目前四川省仅成都市就有 A 股上市公司 43 家,中国共有 A 股上市公司 1955 家,贵州 A 股上市公司数量占全国数量的 0.97%。从募资情况看,2008 年底贵州 17 家上市公司共募资 87.69 亿元,融资额占全国总融资额的 0.7%。

造成资本市场不发达的主要原因:

一是资本市场直接融资机制并不成熟。目前我国证券市场只有证交所一个层次,缺乏适应各类企业融资需求的多层次资本市场体系,私人权益资本市场连接资本供给方和

需求方的渠道尚未沟通,长期票据市场发育程度很低。

二是资本市场直接融资的条件相对较高。在资本市场发行股票或债券,要求上市公司必须连续三年盈利且三年内无重大违法行为,股本总额不少于人民币5000万元,持有股票面值达人民币1000万元以上的股东人数不少于1000人等准入条件。贵州省大多数民营企业达不到这些条件,且在资本市场上挂牌的费用也过高,存在规模不经济。创业板市场条件稍低,在一定程度上解决了民企上市融资需求,但证监会对创业板高成长性的市场定位,使之不可能为众多劳动密集型中小民营企业提供融资服务,且创业板偏向于高科技企业,对行业有一定限制。此外,目前发行的企业债券主要集中于资产密集型项目投资,具有较强的所有者歧视和高壁垒,民营企业难以通过发行企业债券进行融资。

三是贵州经济尚不发达,人均收入远低于我国经济发达地区,加上省内大型的工商企业较少,导致贵州省内的机构投资者不多。这是贵州省资本市场发展缓慢的最根本原因。由此,民营企业"直接融资为辅、间接融资为主"的融资格局没有改变,直接融资对民营企业还未能形成有效的补充。

(三)信用担保体系不健全

贷款信用担保体系作为增强企业信用和分散银行贷款风险的重要手段,是有效缓解当前民营经济融资难的重要举措。自2008年我国开始实行中小企业信用担保试点以来,截至2010年底全国中小企业信用担保机构共4817家,筹集担保资金3915亿元,当年为35万户企业提供贷款担保总额1.58万亿元。但目前我国90%以上担保机构是由政府出资的政策性担保机构。受地方财力限制,90.9%的信用担保机构的资金规模在3000万元以下,与中小企业实际贷款担保要求差距较大。在数量上,信用担保机构为中小企业融资服务提供担保的户数仅为中小企业总数的13%左右。此外,大部分地区尚未建立再担保机构,现有再担保机构的经营机制和业务拓展能力有待改善,再担保风险分担机制仍需进一步完善。

从贵州担保业的情况来看,以中小企业为服务对象的融资担保机构有所发展,但规模仍然相对较小。截至2011年9月底,全省经审批部门批复的融资性担保机构共有198户,注册资本129亿元(不含省外分支机构注册资本);担保贷款余额132.4亿元,在保中小企业、个体工商户近8000户。相较民营经济较发达的省份,贵州担保体系还很落后。如浙江省担保机构资本金就达355亿元,2011年担保总额预计超过800亿元。全省1亿元以上规模的担保机构有99家。此外,担保公司的组织机制大都不规范,担保费率居高不下,民营企业融资成本偏高。贵州省虽建立了覆盖省市县三级的融资性担保机构体系,27个经济强县设有融资性担保机构,但担保机构80%以上为民营企业,管理尚不规范,其对民营企业融资提供帮助的潜力仍有待挖掘。

(四)民营企业自身经营管理体系不完善,难以吸引融资

贵州民营企业发端于体制外生长出来的乡镇企业,起步较晚,发展时间短。乡镇企业从产生之日就不具有和国有企业同等的基础条件,经营者素质总体偏低,企业治理结构存在缺陷,自身经营管理体系不完善。

其一,民营企业在技术变迁中被低端锁定。民营企业购买大量的机器设备,获得制造业的技术并熟悉了低端市场后,就可能被锁定在价值链的低端。要实现价值链的攀升,需要抛弃大量已有的设备、技术和市场,面临未来发展的不确定性。加上融资环境不佳,处于价值链低端的民营企业看不到发展的前景,投资信心不足。这是贵州省民营企业多集中在房地产业、制造业和采矿业的主要原因之一。

其二,民营企业治理结构存在缺陷。多数民营企业的股权结构与资本结构较为单一,公司治理结构尚不健全。改革开放以来,民营企业在发展中致力于建立现代企业制度,但有的民营企业仍采用家族式管理方式,存在所有权与经营权高度集中,家族成员之间产权界定不清的现状。

其三,民营企业经营者素质总体偏低。民营企业在公司治理、发展前景等方面的缺陷都无法真正吸引技术人才和管理人才留在企业中,企业发展缺乏支撑。这使得多数民营企业经营风险较高,偿债能力受到制约,发展前景不明,难以取信金融机构和其他投资者。

三、加强贵州民营企业融资的对策建议

(一)加强企业自身建设,提高融资能力

目前,很多民营企业存在经营管理体制不顺、财务制度不健全等问题,导致信誉低下,发展前景不明,银行业金融机构及其他投资者不愿给民营企业融资。“内强素质,才能外树形象”,提高民营企业自身素质是解决融资难问题的关键。一方面,加强企业治理结构,建立现代企业制度。强化企业内部建设,推行民营企业制度的多元化和社会化,建立适应市场经济的管理治理模式。另一方面,加强企业财务控制,规范财务制度。强化资金管理,提高资金的使用效率,从根本上提高信用度,增强筹资能力。

(二)创新融资方式,拓宽融资渠道

我国现有的金融体制决定了国有大型商业银行很难将信贷资金大规模投放给民营企业。应加强深化金融体制改革和金融创新,建立民营企业金融服务新模式。

首先,放开民间投资进入银行业的限制,建立面向民营企业融资的民营银行。在加强监管的前提下适当放宽民间金融机构的设立条件,促进民营银行机构发展。

其次,利用贵州省民间资本较为充裕的优势,大力发展小额贷款公司。

再次,充分发挥以民营中小企业为服务对象的民营经济发展局在支持企业融资中的重要作用。可借鉴发达国家的做法,美国中小企业管理局的主要职责之一就是制订针对中小企业的各种优惠贷款计划、为中小企业融资提供担保服务。贵州省民营经济发展局可针对银行类金融机构因对中小企业资信状况和履约能力不很了解而拒绝贷款申请的状况,为符合条件的中小企业提供贷款担保。

最后,应大力发展民营企业投资公司或合作社,为民营企业开辟更多资金来源渠道。在发达国家,中小企业管理局主导的中小企业投资公司或风险投资公司是中小企业筹集资金的一个重要来源。建议成立由省民营经济发展局主导的民营中小企业投资公司,其主要目的不是面向高科技的风险投资或资本密集型的设备投资,而是解决因负债率过高制约其向银行贷款的问题。民营企业投资公司作为为中小企业提高融资服务的创业投资公司,可从政府获得非常优惠的融资支持,用于民营企业的发展和改造。

(三)完善担保体系,提高担保能力

贵州省民营企业担保机构存在的突出问题是担保能力不强,解决民营企业融资担保问题,一是设立包括中央、地方财政出资和企业联合组建的多层次中小企业贷款担保机构和担保基金。建立由政府出资为主导,以民营经济管理局和行业协会为主要管理组织机构,由金融部门和民营企业界共同参与的民营企业担保运营和管理体系。二是对具有一定担保能力的机构,对提供民营中小企业的信贷担保给予地方财政支持,并允许直接放贷,办理部分银行业务等。三是政府成立信用度较高的再担保机构,利用再担保公司对担保公司的担保来扩大担保公司的放大倍数,支持民营企业贷款需求。四是积极探索多种贷款方式,采取动产、应收账款和知识产权抵押的方式,解决项目融资、缓解民营企业贷款抵押不足的矛盾。五是把建立信用担保制度和建立其他社会化服务体系,如民营企业资信评估机构、民营企业投融资信息服务机构结合起来,为民营企业提供形式多样的服务。

(四)争取国家财政支持,增加专项资金规模

从 2003 年起我国开始设立中小企业发展专项资金,用于支持中小企业结构调整、产业升级、品牌建设以及中小企业信用担保体系、市场开拓等。此后又增加了公共技术服务平台和小企业创业基地建设专项补助资金等。近 5 年来贵州省共获得国家中小企业发展专项资金项目 80 项,资金 6888 万元,远不及 2009 年内蒙古自治区获得的国家中小企业发展专项资金及中小企业服务体系建设专项资金 7388 万元。贵州省应充分利用国家深入实施第二轮西部大开发、深入推进现阶段扶贫开发的契机,紧抓国家即将出台《进一步促进贵州经济社会又好又快发展的意见》的历史机遇,争取国家中小企业发展专项

资金对贵州省扩大分配份额和投入,加大对贵州省民营企业结构调整、节能减排、技术创新和参与国内国际市场竞争等方面的财政支持。

参考文献

[1] 周文天. 工信部:中小企业信用担保配套政策将细化[EB/OL]. http://www.news. xin huanet. com/fortune/2011-10/14/c-122155991. htm.

[2] 齐春霞. 完善我国中小企业信用体系研究[J]. 现代商贸工业,2009(1):205-207.

[3] 丁蕊. 浙江省担保机构全年担保总额预计超过800亿元[EB/OL]. http://www. edai. com/news/trz/64976. html,2011-10-14.

贵州民营药业发展思考

刘有祥

(贵州省委讲师团)

摘　要:依托资源优势和民族医药优势,贵州民营药业得到快速发展。然而从总体来看,贵州民营药业发展面临规模效应不明显、产业发展资金不足等问题,因此,贵州应创造条件加大企业整合力度、建立多元投资体系等支持民营药业采取多种形式向集团化发展。

关键词:民营药业　问题　对策

贵州是一个资源富集、民族众多的中医药资源大省,医药行业充分发挥优势,抢抓机遇,实现了较快的发展。贵州医药生产企业以民营为主,当前贵州有医药生产企业154家,其中民营占95%左右,经济规模占行业95%以上。2007年全省医药工业总产值突破百亿元大关,2011年进入200亿元“俱乐部”,益佰、百灵、神奇等7个民族药业品牌被评为中国驰名商标。贵州制药业已成长为继煤炭、电力、饮料和烟草行业之后拉动工业增长的主力之一,并成为全省高技术产业的主导产业。

一、取得成效

(一)经济效益明显,产业发展较快

依托资源优势和民族医药优势,以中药制药业为主的贵州省医药工业得到快速发展。1989年贵州省药业总产值不足1亿元,民族药生产企业及产值均为零,1989—1999年的10年间,贵州省医药工业总产值增长到25亿元,2001—2006年的5年里,贵州省药业总产值增长到99.1亿元,2007年突破百亿元大关,2011年突破200亿元大关。

通过发展,一批龙头骨干企业的工艺技术和装备达到国内先进水平,重点企业应用信息技术提升了产品质量,提高了生产经营效率和企业经济效益。2011年,全省医药行业纳入统计的135家企业共实现工业总产值209.15亿元,工业销售产值160.70亿元。在生产销售的中药民族药产品中,仙灵骨葆胶囊、抗妇炎胶囊、艾迪注射液、银杏达莫注射液、咳速停糖浆、克咳胶囊、银杏天宝等17个品种销售收入达亿元以上。贵州药业拥有益佰、百灵、同济堂、神奇等7个中国驰名商标,154家企业获得全省医药行业药品生产

许可证，全省30家医药行业制药企业获得高新技术企业认定，122家中药民族药制药企业获得GMP认证。神奇、益佰、信邦及百灵进入全国中药工业企业主营业务收入百强。“益佰制药”“信邦制药”“威门药业”的个别产品，分别位列肿瘤疾病类、消化系统疾病类、泌尿肝胆疾病类全国中药10强。至此，贵州医药行业进入了高速发展的快车道。

（二）创新能力提高，研发成果丰硕

近年来，贵州积极投入科技扶持资金，鼓励企业引进科技研发人才，促进科研单位、大专院校与企业的结合，注重药业品种结构调整，加大新药开发力度，提高药业研发能力。高等院校设置了药学、中药学、苗医药、药物制剂、制药工程等15个专业，已形成研究生、本科和专科多层次办学体系，每年为医药业输送大批的医药专业人才，为贵州医药业的发展提供智力支持，帮助制药业提高新产品研发水平，取得成效较为明显。

加强药业研发中心建设，推进新品研发，为贵州制药业的快速发展注入不竭动力。截至2011年底，全省中药领域共建设了38个省级以上重点实验室、工程（技术）研究中心、企业技术中心等研发机构，形成覆盖中药材种植、活性筛选、药效及安全性评价、临床实验及中成药生产技术、工艺和质量控制等研究的科技支撑体系；全省中药领域10家相关事业单位（包括高校、科研院所）和70家制药企业共拥有科研人员3656人；承担实施中药领域科研项目（课题）总计568项，项目经费支出达2.17亿元，申请专利163件，获得授权专利42件，出版著作14部，获省科技进步奖10项。贵州省新药研发步伐明显加快，目前获得中药新药证书20余个，在研中药新药120余个，其中40余个获得临床批件，中药新药注册申报30余个，在工艺技术、质量标准等方面的研究也显著提高。随着制药业创新能力的不断增强，新品的不断问世，贵州药业初步形成了以苗药为主的“黔药”品牌效应。

（三）中药材规范种植取得突破

贵州生态环境好，生物资源丰富，据有关部门统计，贵州全省有中药材资源品种达4802种，是我国四大地道药材主产区之一。全省9个市（州）都把发展中药材生产作为农业结构调整的重点，药材种植面积迅速增加，一批中药材生产基地正加速建设，中药材种植得到快速发展。

中药材种植品种多，初具规模。2011年，全省种植的中药材品种达120余种，其中单品种种植面积上万亩的品种有杜仲、金（山）银花、厚朴、花椒、五倍子、银杏、黄檗、刺梨、喜树、桃仁、钩藤、香桂、吴茱萸、薏苡仁、生姜、荞麦、艾纳香、太子参、石斛、百合、鱼腥草、桔梗、玄参、党参、白术、山药、砂仁、天麻、葛根等29个，上十万亩的品种有杜仲、金（山）银花、厚朴、花椒、五倍子、银杏、黄檗、刺梨、薏苡仁9个，单品种总产量超过万吨的有刺梨、生姜、鱼腥草、薏苡仁、前胡、艾纳香、太子参、白术、山药、桔梗、何首乌11个，中药材太子参、半夏、金钗石斛等的种植面积、产量均位居全国首位。

中药材GAP种植基地建设步伐加快。何首乌、太子参、头花蓼、淫羊藿4个品种已通过国家GAP认证。已完成天麻、杜仲、吴茱萸等20余个中药材品种的GAP标准化、规范化种植技术研究。建立了40余个中药材品种的规范化、标准化种植试验示范基地,面积达30余万亩。赤水金钗石斛、德江天麻、大方天麻、连环砂仁、顶坛花椒、织金竹荪、正安野木瓜、剑河钩藤、威宁党参9个品种获得地理标志产品保护。

2011年全省中药材种植面积达到287.5万亩,是1999年65万亩的4.4倍,全省中药材总产量为62.53万吨,总产值为34.03亿元,其中中药材单品种产值超过亿元的有金(山)银花、花椒、太子参、薏苡仁、生姜、石斛、半夏、鱼腥草、山药、桔梗、艾纳香11个。中药材大规模、标准化的种植,为贵州制药业的快速发展提供了原材料支持。

(四)产业集群逐步形成

近年来,益佰、百灵、同济堂、信邦、神奇等贵州龙头制药企业,按照市场规律,对省内部分中小制药企业进行兼并、收购等,组建大型制药集团,改善了贵州省医药产业过于分散的市场结构。积极引进国内外大型制药企业和各种资金投资贵州制药行业,实现资源优配、资产重组、架构优化。以大集团带动,促进中小型制药企业向"专、精、特、新"方向发展,形成了贵州制药行业以大型集团为主导、大中小型企业协调发展的新格局。

加强医药工业园区建设,推动贵州药业集群化发展。按照设施配套、服务功能完善、具有产业集群特征、特色优势突出的现代医药产业园标准,全省先后建成了乌当、花溪、清镇、修文、息烽、红花岗、龙里、惠水等8个医药工业园区,形成了全省医药产业集群的区域构架。通过建设,以贵阳为中心的"环贵阳制药产业带"基本形成,入驻医药工业园区的医药企业达到近百户,产业聚集效应逐步显现。通过发展,2011年,全省医药行业纳入统计的135家企业共实现工业总产值209.15亿元,其中年营业收入超过5亿元的7家,超过1亿元的28家,以益佰、神奇、同济堂、信邦、百灵等贵州龙头骨干企业为代表的中药现代化产业集群逐步形成。

二、存在问题

(一)企业规模总体偏小

从总体来看,贵州省医药生产企业普遍偏小。贵州现有医药生产企业154家,其中大中型企业不到20家,上市企业只有几家。2011年,贵州医药生产企业年营业收入超过5亿元的仅7家,占总数4.5%,超过1亿元的28家,占总数18.2%,大部分医药生产企业年营业收入只有几千万元。由于医药生产企业普遍偏小,不能产生规模效应,导致整体实力不强,综合竞争能力弱。

贵州省医药生产企业与大部分省外医药生产企业相比，在规模、产值等方面还存在较大的差距。近年来，全省医药企业实现工业销售产值还没有一些省份一家企业的年销售产值多，如2011年，贵州全省医药行业实现工业销售产值不到200亿元，而江苏扬子江药业实现销售产值突破300亿元；贵州医药销售产值排名第一的益佰制药2011年实现销售产值19亿元，仅占全国销售产值排名第一的扬子江药业的百分之几。同时，在贵州制药企业中公司股权结构有待优化，家族式管理较多，引进现代化经营管理的较少，这使得众多的中小制药企业，尤其是缺乏特色优势的企业在市场的竞争中常常处于被动和劣势，规模偏小带来的负面影响是十分明显的。

（二）技术创新有待增强

过去很长一段时间，贵州大部分制药企业长期定位在开发和利用丰富的药材资源上，对于产业链的延长、新品的研发等方面重视不够，一些产品停留在原料型或初级产品阶段，资源消耗量大，竞争力不强，产品附加值低，经济效益不佳，资源消耗量与经济的增长量不成比例。部分企业缺乏独家生产的优势品种，只能在一些技术含量低、档次不高的常规药品市场中进行恶性竞争。

研发机构建设进展缓慢，有核心竞争力的新品少。全省建立省级以上重点实验室、工程（技术）研究中心、企业技术中心等中药研发机构仅38个，而且每年推出新品并运用在临床上的也不多。部分企业建立了自己的研发中心，但是受到设备、资金、人才等的限制，很难研发出有核心竞争力的药品。大部分制药企业没有自己的产品研发中心，没有专门的研发队伍，药品开发还主要依赖购买、仿制和仿创结合，自主创新药品极少。

部分企业生产的药品科技含量不高，差异性不大，治疗的针对性不强。据有关部门资料数据显示，在贵州医药企业中，70%以上的发明专利属于组方专利，涉及中药重大工艺创新、新制剂、新用途及药用植物有效成分和有效部位的提取、分离和纯化等技术领域的专利较少，核心技术和关键技术专利极其匮乏。部分制药企业依靠仿制药、普药生存，品种单一、技术含量低，缺乏名牌产品和拳头产品，市场竞争力不强，发展较慢。部分中成药在药理及疗效上同国内甚至本省所生产的药品雷同，如止咳化痰、类风湿、风湿性疾病类、妇科疾病类、心脑血管疾病类药品在本土药品中就存在不少的雷同情况，呈现出相同疗效而不同品名的药品相互争夺市场的现象。部分制药企业所生产的药品在剂型上较单一，中成药与民族药品很少有精度、纯度较高的针剂，缺乏适应于不同年龄层次的药品剂型，部分药品剂型是老中青少年龄段的人都适用，治疗的针对性不强。

（三）产业发展资金不足

从总体上来看，贵州药业自有资金有限，资本需求缺口大。由于贵州药业普遍偏小，融资渠道主要形式还是单一的抵押贷款，与经济发达地区组建上市公司、发行企业发展债券、企业之间实行资本优化重组等多渠道融资手段相比,显得单一、狭窄。由于银行十分注重资金的安全性和流动性,因而整个贵州制药业融资能力明显不强,发展资金严重不足已经成为贵州医药企业开发研制新药、更新设备、开拓市场的障碍。

资金短缺,企业扩张抢占市场受到制约。大部分医药生产企业以普药单一品种发展起家,资本金本身就不雄厚,由于前期 GMP 建设占用了大量资金,企业面临流动资金短缺的问题。对运行比较困难的企业来说,资金短缺已经使企业难以为继,更谈不上新产品的开发,市场竞争力大大降低,企业扩张抢占市场受到制约。

资金不足,导致企业新药研制投入不足。据有关机构资料数据显示,世界十大制药公司研发费用占销售收入的比例最低为 9%,最高达 26%。而据国家发改委《医药行业“十一五”发展指导意见》中的数据显示,2005 年我国医药行业研发投入占销售收入的比重平均仅为 1.02%,除个别企业在 5% 以上外,大部分企业的研发投入比重非常低。和国内大多企业一样,贵州省制药企业这个投入比例多数仅为 0.5% ~2%,近年来这一比例虽有提高,但提高幅度不是很大。

(四)药材基地建设缓慢

贵州省虽然是药材资源大省,但药材生产基地建设缓慢,尤其是近年来野生资源受破坏较为严重,中药材、民族药材产量增长慢,不能满足制药企业的需要。

从省内看,2011 年,全省中药材总产量为 62.53 万吨,需求缺口大,远不能满足贵州制药企业对药材的需要,直接影响医药企业的规模化发展,几乎所有医药企业都不得不到省外甚至国外购买药材,这无疑增加了企业的成本。同时,由于 GAP 种植标准受多种因素影响,成本过高,中药企业 GAP 标准种植的药材不能满足自身制剂加工,市场上流通的多数中药材不符合 GAP 标准,导致药材质量参差不齐。2011 年,贵州全省有中药材种植基地 40 余个,种植的中药材品种达 120 余种,但仅何首乌、太子参、头花蓼、淫羊藿 4 个品种通过国家 GAP 认证。

从全国看,当前市场上的中药材总体上是供小于求,药材价格总体仍处于历史高位。使中药企业的业绩增长不能得到支撑。国家发改委虽然于 2011 年 7 月份整顿了中药材市场的流通秩序,并促使部分药材价格回落,但是据中国中药协会中药材信息中心数据显示,国内中药材价格在经历 2011 年下半年的大幅下跌后,2012 年上半年出现趋稳回暖,部分药材价格处于历史高位,而心脑血管和滋补类中药材保持同比持续上涨趋势。目前远志、柴胡、山银花的栽培较为成熟,但胡黄连、雪莲、石斛、千层塔等 20 多种药材已严重影响生产,未来 5 ~10 年,苍术、黄精、鸡血藤、威灵仙等 60 余种药材将延续资源危机。中药材数量增长慢,价格进一步上涨,必将影响制药企业的规模化发展。

三、对策建议

(一)厘清思路明确目标

贵州药业要结合实际,根据市场发展现状及趋势,厘清发展思路。在未来一段较长时间里,贵州药业要坚持突出重点、优化结构、自主创新、集团化集约化、可持续发展原则,以市场为导向,以企业为主体,以技术创新为核心,以医药现代物流为支撑,以医药工业园区为载体,以政策为保障,充分发挥资源优势和人才优势,不断调整优化产品结构,完善医药产业链,促进医药产业升级,形成区域特色明显、关联集聚性强的医药产业集群。

在厘清发展思路的同时,要确定产业的近期、中期、远期目标。贵州医药业的近期目标是,到2015年全省医药产业实现总产值500亿元,年均增长20%以上;利税110亿元,年均增长20%以上;投资达到200亿元以上;年均增长25%以上;从业人员达到5万人以上。到2015年,鼓励支持组建2~3家大型制药企业集团,培育年产值超5亿元以上的制药企业15家,其中:10亿~30亿元的5家,30亿元以上的3家。到2015年,力争培育年销售额超1亿元以上的单品种药品40个,其中:5亿元以上的11~15个,10亿元以上的3~5个。

(二)加大企业整合力度

针对贵州制药企业规模总体偏小、规模效应不明显的问题,贵州应创造条件支持制药业采取多种形式向集团化发展。以益佰、百灵、同济堂、信邦、神奇等骨干大中型制药企业为主体,按照市场规范,通过联合、兼并、收购等方式进行整合重组,组建大型制药集团,提高产业集中度。积极引进国内外大型制药集团和各种资金投资贵州省制药行业,进行资产重组、架构重建。通过新产品开发立项、贷款贴息、土地使用、种植基地扶持、人才培训、出口优惠等政策上的引导和帮助,鼓励企业在自愿互利的基础上采取改组、联合、兼并、股份合作等多种形式进行协作、联合,组建区域性的产业集团,重点培育和发展一批规模大、技术后劲足,管理现代化的中药制药企业或企业集团成为龙头企业和骨干企业。有针对性地培育拥有自主知识产权和核心技术、具有较强国际竞争力制药大企业集团,增强市场竞争力和抗风险能力,促进贵州制药业从量的扩张向质的提高转变。以大集团带动和促进中小型制药企业向“专、精、特、新”方向发展,形成贵州省制药行业以大型集团为主导、大中小型企业协调发展的格局。

(三)加强自主创新研发

加强研发机构建设,强化民族药基础理论研究,提高自主创新能力,为企业发展注入强大动力。结合贵州省制药业实际,建立以企业为主体、市场为导向、产学研相结合的共性技术创新平台和产业技术创新联盟,突破产业发展的关键技术,凝聚和培育创新人才,提升贵州省医药产业的技术创新能力与核心竞争力。进一步扶持现有实验室、工程(技术)中心的创新能力建设,整合优势资源,建设国家级、省级综合性创新药物研发技术大平台,达到国内先进水平。以科技创新为支撑和突破口,增强自主创新能力,以市场为导向,依托贵州省丰富的中药材和民族药资源优势,培育出一批疗效确切、科技含量高、附加值大、市场需求旺盛的中药民族药大品种。开展以苗药为主的民族药基础理论研究,深入研究民族医学、民族药物的病因病理、药物理论、药物加工、组方配伍、用药方法等基本理论,为民族药的科学开发和可持续发展提供理论支撑。

加强贵州省医药业标准化建设,提高产品质量,推动企业不断创新发展。大力推行和实施 GAP、GMP、GLP、GCP 和 GSP,规范药材研究、开发、生产和流通过程,不断提高医药行业的标准化水平。加快研究制定贵州省中药民族药的质量标准和指标体系,建立更加完善的中药民族药质量标准。加强中药质量控制技术和方法研究,提高中成药、中药饮片、中药新药等的质量控制水平和能力。加强规范化饮片加工技术研究和生产开发,建立药材和中药饮片的质量标准及有害物质限量标准,全面提高中药饮片的质量。

(四)强化中药材种植及保护

结合贵州省中药材资源大省的实际,多形式地加强中药材种植基地建设,大力推动中药材基地向规范化、规模化方向发展,为贵州医药业发展提供丰富的高质量的药材。以龙头企业为依托,围绕贵州省重点发展的中药材品种,遴选有条件的品种,加强种子种苗基地建设,为中药材生产提供优良种子种苗,满足中药材种植规模不断扩大的需求。在现有中药材 GAP 种植技术研究的基础上,加强示范基地建设,构建试验、示范、辐射推广相结合的中药材规范化生产示范多元化推广体系。以地道特色、大宗常用、名贵珍稀药材,喀斯特石漠化治理用药材,林药间作与食药保健多用药材为重点,加强规范化种植基地建设。加强贵州省用量较大的野生药材变家种与保护抚育的研究及其基地建设,推进药材基地规模化发展。

加强药材资源保护。强化对重要药材资源和野生濒危药用资源的有效保护。建立紧缺野生药材繁育基地,加强濒危药材繁育和替代工作,建设规模化栽培、养殖基地,采用其他类似物种替代濒危稀缺药材,采用生物技术生产繁育濒危药材,因地制宜建设珍稀濒危药材野生抚育基地,促进资源修复和增长。

(五)建立多元投资体系

充分发挥市场在资源配置中的基础性作用,加强投融资体系建设,形成政府投资引导、企业投入为主、民间投资参与、吸收外商投资的多元化投资格局。

拓宽投融资渠道。以政府为主导,企业为主体的前提下,搭建由政策银行、商业银行、投资机构和担保公司参与的产业投融资平台。强化企业投资主体地位,引导企业充分利用信托投资、融资租赁、风险投资、创业投资等融资方式,积极吸引社会投资和国际合作资金,扩大对内对外招商引资,鼓励有条件的制药企业在国内外上市,筹集发展资金,形成多元化、多渠道的投融资体系。同时,鼓励医药企业加大对科技创新经费的投入,每年研究开发投入不低于其年销售额的5%。

争取银行信贷支持。充分发挥再贷款、再贴现的政策导向作用,促使金融机构增加对医药业的投入。加快建设企业和个人诚信体系,为商业银行改善对制药企业的金融服务提供支持。允许商业银行在现有贷款利率的浮动范围内根据企业的信誉、效率等确定利率档次,以鼓励和支持商业银行开发对企业的信贷服务。探索建立省级企业互助会,筹集资金为企业贷款提供担保,解决企业贷款担保难的问题。

优选项目争取国家支持。优选一批属于国家产业政策鼓励类和国家科技发展规划重点领域优先主题,并具有贵州特色优势的项目(如苗药开发生产、创新药物开发、中药产业化、地道中药材种植等类项目),做好前期工作,积极向国家有关部门申报,争取列入国家相关计划,取得国家各类专项资金的支持。鼓励、支持企业通过技术改造和技术创新,以新项目、新产品争取国家扶持资金。

加大政府投入。全省各级财政设立专项资金支持医药产业的重点项目、科研开发、品牌发展、企业重组、人才培养和创新能力建设等。在各级技术改造贴息专项资金中,设立中药专项,支持医药企业技术改造项目;在各级技术创新扶持资金中,安排一定比例的资金用于支持中药技术创新项目。各级各部门要根据本地的资源情况、基础条件和财力状况,安排一定数量的医药现代化科技产业发展资金。

(六)加强人才队伍建设

加强人才培养工作。围绕贵州省医药产业发展和重大研发项目的实施,加强贵州省高校、科研机构医药相关学科体系建设,有计划地造就一批学术和技术带头人,为贵州省医药产业培养专业技术人才,培养高级研究人员和高级管理人才。大力发展在职人员职业技术教育和培训,多形式、多渠道培养一批中药材种植技术人员、药物生产和质量管理技术骨干。加快培养一批栽培技术研究、育种、病虫害防治研究、栽培技术推广、生产管理等科技人员队伍。大力培养、培训中药新药研发、药品生产管理、药品销售等科技人员和管理、营销人员。着力培养造就一支具有战略思维和懂技术、善经营、精管理、重信誉的企业家队伍。企业通过选拔深造、重点资助、创造工作条件等方式,培养、引进、稳定一批优秀学术、技术带头人,培养一批药物生产和质量管理的技术骨干,培养一批药物研发的专门人才。实施"候鸟式"人才引进工程,定期或不定期邀请国内外知名专家来贵州讲学、开展科技活动。

对外引进人才。鼓励和支持国内外医药人才通过技术入股、技术转让、项目合作、担任业务顾问等多种形式参与贵州省医药产业发展。采取多种形式引进高层次复合型人才和技术攻关带头人,形成结构合理、层次丰富的人才梯队,向他们提供有挑战性的丰厚的经济待遇和优越的工作环境,在住房、子女入学、配偶工作调动等方面给予特殊政策,解决其后顾之忧,增强其归属感和向心力。

建立、完善考核评价体系,留住人才。建立经营管理者和企业家队伍健康成长的激励、考核、培训、监督机制,并逐步制度化、规范化。建立企业高技能人才考核评价链,根据不同领域、不同层次、不同类型企业高技能人才的特点,建立和完善各有侧重、各具特色的具体考核指标,科学考核评价人才。

参考文献

[1]贵州省"十二五"医药产业发展规划.

[2]龚晓宽,等.贵州经济社会发展60年研究(1949—2009)[M].北京:中央文献出版社,2009.

[3]龚晓宽,等.贵州实施工业强省战略研究[M].北京:中央文献出版社,2011.

[4]陈文峰.基于产业集群理论的贵州医药产业发展研究[D].贵州师范大学,2008.

[5]陈学良.贵阳市制药企业集团化研究[D].贵州大学,2008.

贵州省农产品流通问题探析

张成甦[①] 宋山梅[②]

（贵州大学管理学院）

摘　要：农产品流通对农业经济增长、农民增收和加快农业产业结构调整有重要影响。贵州省农产品流通效率较低的原因在于受到自然环境、农产品总量、基础设施、市场化程度以及流通体系等因素的限制。改善贵州省农产品流通现状应该从稳定农产品价格、推行农业产业化发展、完善流通体系建设以及加强政府宏观调控等方面入手。

关键词：贵州省　农产品流通　体系建设

一、引言

随着政府对“三农”问题的日益重视，农产品物流的发展也备受学术界关注。农产品物流不仅能为农产品创造时间价值和空间价值，而且对繁荣农村市场、增加农民收入、推动农业产业化发展等方面有重要意义。我国“十二五”时期以“加快转变经济发展方式”为发展主线，同时面临着“一产不够稳，二产不够强，三产不够大”的问题，农产品物流有着巨大的发展空间。

近年来，农产品物流在我国取得了巨大进步，农产品总量和种类不断丰富，流通基础设施不断完善，市场体系日趋健全，宏观调控成效日益明显。但由于农产品物流在我国起步较晚，加上经济基础差、底子薄，农产品物流效率一直处于较低水平。与产品物流发展水平较高的国家相比，差距主要体现在我国的农产品深加工率低、出口比重较小、设施不全或技术跟不上导致农产品流通中的损耗高、农业合作组织参与少以及从业人员素质低等方面，还处于亟待发展阶段。

随着农村改革开放的不断深入，贵州等西部省份的农业产业化进程加快，农产品流通状况在以往基础上有了较大改善：农村市场体系日益健全，多渠道、多形式的农产品购销体系初步建立，农产品流通基础设施建设不断完善，新兴的交易方式和交易渠道不断涌现，政府监管力度不断加强等，使得农村市场日趋活跃，有力促进了贵州省农村经济社会的发展与农业现代化。然而，由于历史条件、自然环境、资源禀赋、社会经济发展水平

① 张成甦，女，贵州大学管理学院硕士研究生。主要研究方向：农业经济理论与政策。

② 宋山梅，女，教授，贵州大学管理学院研究生导师。主要研究方向：主要农林经济管理。

以及流通机制与政策等诸多因素的影响,贵州省在建立健全农产品流通体系过程中,出现了可供流通的农产品数量波动大、流通渠道不畅、市场秩序混乱、相关法律法规建设滞后、政府监管不够等诸多问题,导致农产品流通各个环节低效率运作,使其成为制约农民增收和农村经济社会发展的关键因素。能否实现“有货可流、有货能流、货畅其流”三者的有机结合,不仅关系到农产品流通本身的效益问题,还对农民增收、维护市场稳定、优化农业产业结构以及维持国民经济的正常运行影响颇深。因此,针对上述问题对贵州省农产品流通问题进行研究并辅之以必要的政策措施,意义重大。

二、贵州省农产品流通现状及特点

改革开放以来,我国经济发展迅猛,居民收入节节攀升,产业结构不断优化调整。随着国家对“三农”问题的关注,国家加大对涉农相关产业的资金投入,农产品流通发展也取得了显著成效。贵州地处我国西部,是我国典型的欠发达省份,但随着改革开放不断深入,农产品流通领域也发生了巨大变化。“十二五”时期,国家对贵州经济社会发展做出新的战略部署,“加速发展、加快转型、推动跨越”的发展主基调为贵州省新时期的经济建设指明了方向,也为农产品流通业发展带来了新的契机。

(一)贵州省农产品流通现状

通过对全省9个地(州、市)、88个县(区、市)农产品流通状况进行排序研究,并选取典型示范点对照调研,利用SPSS 13.0统计软件对贵州省农产品流通过程中的重要影响因素进行层次分析,了解到贵州省农产品流通的发展既取得了突破,也存在很多问题。

1. 缺乏完善型农产品交易市场

改革开放以来,贵州省初步建立了包括集贸市场、批发市场、专业市场、期货市场和零售网点等在内的,以各类批发市场为中心、城乡农贸市场为基础、直销配送和连锁超市为补充,产区、销区、集散地市场相结合的农产品市场体系,并使不同市场之间有机衔接,功能互补,协调联动,保障农产品顺利流通。但是,在全省1451个乡镇形成的1398个不同形式的集贸市场中,设施简陋的简易市场和马路市场占到总数的63.17%,交易额为交易总额的62.21%。大规模、实施完善的交易市场所占比重十分有限。

表1 贵州省农村集贸市场(按交易设施分类)数量与交易额统计表

项目	市场数(个)	比重(%)	成交额(万元)	比重(%)
马路市场	317	22.68	518829	23.58
简易市场	566	40.49	849892	38.63
完善型市场	515	36.84	831164	37.78

续表

项目	市场数(个)	比重(%)	成交额(万元)	比重(%)
合计	1398	100	2199885	100

资料来源:根据调研数据整理得出。

2. 可供流通的农产品总量不足

对于目前贵州农村来说,可供流通的农产品无论是从数量还是质量上看,缺乏按照商品化、市场化标准进行科学种植的条件和技术,这就造成了农产品无论是从品质还是数量上来说都难满足流通需要,总量严重不足。从主要农产品人均占有量看,贵州的主要农产品人均占有量大多低于全国平均水平,如图1所示。

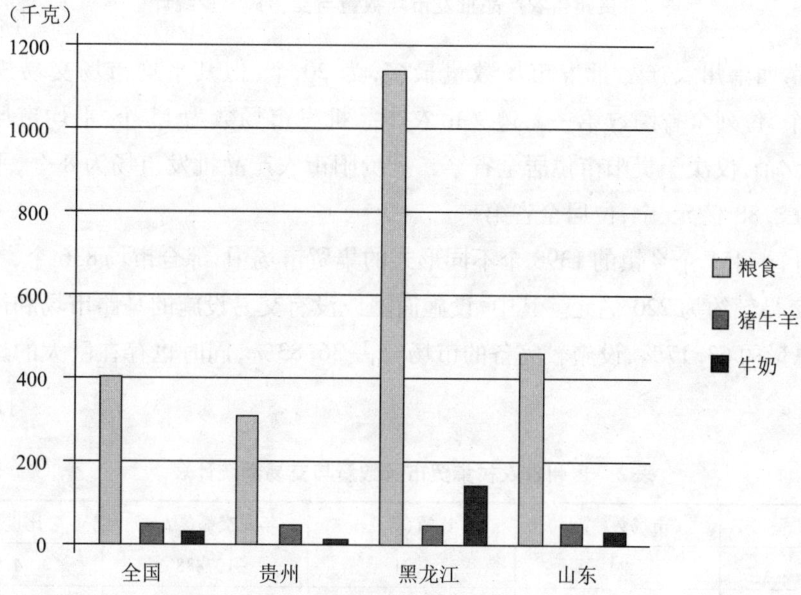

图1　2009年部分地区主要农产品人均占有量

3. 农产品流通市场地区差异较大

农村集贸市场和农产品批发市场是贵州省农产品流通市场的重要组成部分。其中,农村集贸市场是贵州省最原始、最基础的交易场所。农产品批发市场主要是包括粮油、蔬菜、生猪、干果、农业生产资料在内的以农副产品批发为主的批发市场。近年来,贵州省这两大市场发展迅速,以农产品批发市场为例,据统计,全省已建农副产品批发市场134个,按地域分,地级城市78个,县级城市56个;按种类分,粮食批发市场4个,肉、菜专业批发市场117个,干鲜果批发市场13个。但是,由于各地区之间经济发展水平差异明显,地区间两大市场在数量以及交易量上也表现出较大差异。

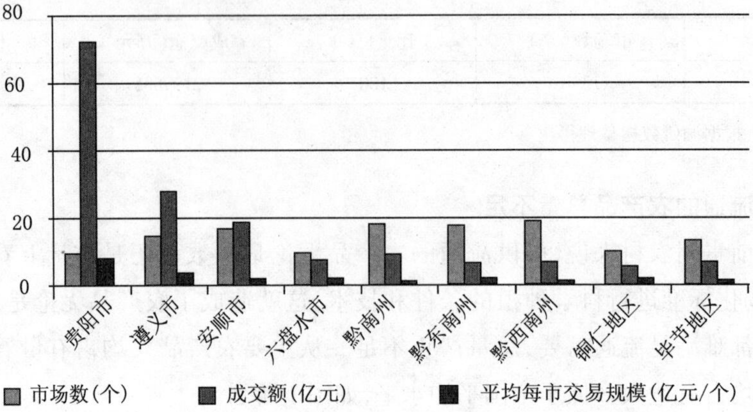

图 2 贵州省农产品批发市场数量与交易额调查统计

其中,黔西南州农产品批发市场数量最多,为 20 个,但其平均市场交易规模仅为 0.40亿元/个,位列全省倒数第一。遵义市农产品批发市场数为 15 个,平均市场交易规模为 2 亿元/个,仅次于贵阳市位居全省第二。贵阳市农产品批发市场为 8 个,平均市场交易规模为 8.88 亿元/个,位居全省第一。

在贵州省 1451 个乡镇的 1398 个不同形式的集贸市场中,综合市场 836 个,专业市场 563 个,年交易额约为 220 亿元。其中,设施简陋或没有交易设施的马路市场和简易市场占到市场总量的 63.17%,设施较完备的市场仅占 36.83%,同时也存在巨大的地区差异(详见表 2)。

表 2 贵州省农村集贸市场数量与交易额统计表

项目	市场数(个)	比重(%)	年成交额(万元)	比重(%)
贵阳市	84	6.01	107888	4.90
遵义市	166	11.87	245698	11.17
安顺市	98	7.01	191800	8.72
六盘水市	101	7.22	235234	10.69
黔南州	193	13.81	293880	13.36
黔东南州	139	9.94	254323	11.56
黔西南州	207	14.81	246579	11.21
铜仁地区	162	11.59	322342	14.65
毕节地区	248	17.74	302141	13.73
合计	1398	100	2199885	100

资料来源:根据调研数据整理得出。

(二)贵州省农产品流通的特点

从近年国内出现的重点自然灾害和食品安全事件以及省内少数农产品出现的价格大幅波动的情况来看,给农产品经营者和农民带来的损失大过收益。农产品“忽多忽少”,价格“时高时低”,经营者和农户“增收—减收—增收—减收”的循环怪圈已引起了全社会的广泛关注。

1. 农产品深加工比重小,技术水平低

在贵州,受传统思想影响,农户只注重农产品产量和价格能否上升,对产品的质量问题往往缺乏有效的认识。农村农产品生产条件的限制,使得生产管理过程随意,没有形成统一的生产标准和一套规范的流程。加上生产品种老化,不能及时了解市场信息更新品种。由于贵州省特殊的地理环境,大部分农村生产不集中,凭经验生产,户与户之间生产的农产品无论在类别、品种还是管理技术、操作规程方面都存在相当大的差别。而且品种单一,很多都是未经加工的初级产品,这些问题使得与消费者需求的多样性形成了尖锐的矛盾。另外,目前贵州省的农产品包装基本上仍停留在以实用为主的低水平上,只是单纯为了好拿、好装、好运,造成了农产品档次低、价格卖不高、损耗严重等一系列的问题。

2. 社会化服务体系不健全与大市场对接方面的矛盾

农产品流通过程中,需要从最初的产品生产者到最终消费者各个环节的有效配合,除了买卖双方之外,中介服务、相关监管部门等第三方的积极参与也很重要。在贵州,除了农产品营销管理体制不够完善之外,信息和科技服务不到位,农产品流通引导不力以及营销主题散乱等问题都较严重。另外,贵州虽然有一批与优势产业关联度大、产品竞争力强、发展前景好的企业品牌,如“老干妈”辣椒制品、“牛头牌”牛肉制品、“都匀毛尖”茶等在国内外具有较高知名度的品牌,但这些龙头企业规模不是很大、辐射带动能力不强,真正对农户生产和营销的带动面不到30%,仍然有70%以上的农户没有长期而稳定的生产和销售预期。

3. 政府宏观调控有待加强

近年来,为提高农村生活质量和生活水平,建设新农村,贵州省委、省政府出台了一系列扶持政策,但由于贵州农产品流通基础平台较差,特别是农村市场体系较薄弱,贵州在全国仍属于贫困人口比例最大,人均收入最低的省份之一。省委、省政府新任领导对发展贵州、改善民生提出了更高要求,要全面贯彻落实省委、省政府提出的“切实抓好民生项目”。农产品物流发展离不开政府的宏观调控、政策支持和法律法规的保护,然而,当前贵州省在农产品物流宏观管理、政策支持和法律法规的完善方面还有待完善。

首先,在农产品进出口业务方面,贵州省目前农产品进出口业务体制是由国有外贸部门垄断经营的,不仅使农产品外贸体制改革得不到快速发展,而且也难以实现农产品国际贸易组织的多元化;农产品出口配额是以分配的形式进行的,这也不能有效保证出口配额发放的透明度;农产品出口保险制度(如各种经营风险保险)目前也不是很完善,容易导致或削弱农产品市场波动对贵州省农业生产的冲击。此外,当前政府对农产品营销的支持力度仍有待加强,而且还存在结构取向上的偏差,重点不突出。其次,在相关法律法规、监管执行方面,常出现“部门分立,多头管理”的局面。同时,国家支持政策的落实不到位,产品质量检验流于形式,对破坏市场秩序的行为惩罚也缺乏相应的依据,惩罚力度也不够等。

三、制约贵州省农产品流通的主要因素分析

针对贵州省农产品流通过程中出现的诸多问题,研究利用 AHP 方法,从农产品价格、农业产业化发展、农产品流通市场体系建设以及政府宏观调控等方面入手构建层次结构模型进行深入分析,探讨影响贵州省农产品流通发展的主要因素。

目标层 A:完善贵州省农产品流通机制与政策。

准则层 B:稳定农产品价格,推行农业产业化发展,完善农产品流通体系建设,适时调整政府政策,加强宏观调控。

对策层 C:加大价格支持力度,保证农产品供需基本平衡;稳定市场预期;实现标准化生产,切实提高农产品质量,改善农产品品质结构;深化农产品加工,延长产业链;大力发展农民合作组织;加大专业人才教育和培训力度;促进农产品交易方式和渠道向现代化、多元化转变;建立健全农产品信息系统和服务平台;加大农产品流通组织建设;完善基础设施建设;建立健全相关法规体系,强化市场监管;加大扶持力度,发挥龙头企业带头作用。

通过构建层次结构模型,确定上下层元素间的隶属关系后,按照 T. L. Saaty 制定的 1 ~9标度方法对各元素进行重要程度赋值,形成判断矩阵 $A=(a_{ij})_{n\times n}$,并进行一致性检验(结果如表 3 所示)。

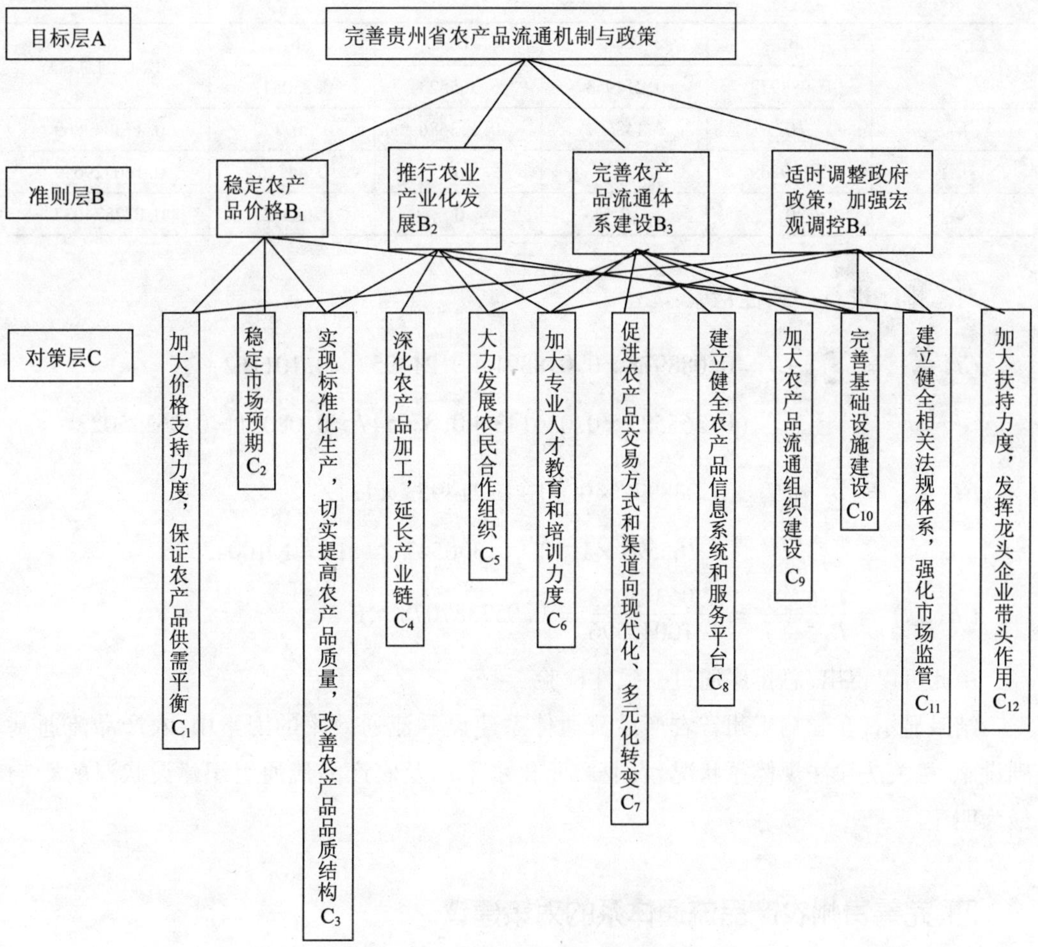

图3　层次结构模型图

表3　层次总排序及一致性检验

序列	B_1	B_2	B_3	B_4	层次C的总排序
	0.088978	0.214953	0.365523	0.330547	
C_1	0.466653	0	0	0.123742	0.082424398
C_2	0.079532	0	0	0	0.007076598
C_3	0.314576	0.387061	0	0	0.111190266
C_4	0	0.223234	0	0	0.047984818
C_5	0	0.191849	0	0	0.041238518
C_6	0	0.04925	0.045382	0.0435	0.041553395
C_7	0	0	0.37215	0	0.136029384
C_8	0	0	0.23439	0	0.085674936
C_9	0	0	0.234391	0	0.085675301

续表

序列	B_1	B_2	B_3	B_4	层次 C 的总排序
	0.088978	0.214953	0.365523	0.330547	
C_{10}	0	0.148607	0.113686	0.301172	0.173049869
C_{11}	0.139239	0	0	0.44726	0.160229659
C_{12}	0	0	0	0.084327	0.027874037

对总排序进行一致性检验：

$$CI(\text{总}) = \sum_{i=1}^{12} a_i CI = 0.088978 \times 0.018891 + 0.214953 \times 0.101162 + 0.365523 \times 0.036143 + 0.330547 \times 0.08021 = 0.06315023$$

$$RI(\text{总}) = \sum_{i=1}^{12} a_i RI_i = 0.088978 \times 0.90 + 0.214953 \times 1.12 + 0.365523 \times 1.12 + 0.330547 \times 1.12 = 1.10042596$$

$$CR(\text{总}) = \frac{CI(\text{总})}{RI(\text{总})} = \frac{0.06315023}{1.10042596} = 0.057387078 < 0.1$$

由此可以得出，总排序通过一致性检验。

结果显示，在影响贵州省农产品流通体系建设和流通效率的因素中，农产品流通基础设施、相关法律法规体系状况、农业产业化水平以及农产品流通组织建设状况的影响最为明显。

四、完善贵州农产品流通体系的对策建议

(一)建立健全农产品流通市场体系

通过促进农产品交易方式的现代化和多元化，发展扁平化交易渠道；积极促进农产品流通组织建设，同时要构建并完善农产品信息系统和服务平台。

(二)加强政府宏观调控

农业作为国民经济发展的基础，其竞争的核心已经由过去的农产品本身的竞争转向了农产品流通领域以及农产品市场服务方面的竞争。农产品市场的运行状况固然重要，但是，运行过程中的政府宏观调控也不可缺少。政府可以加大基础设施建设的支持力度，完善农产品流通的硬件设施；建立健全相关法律法规体系建设，加大市场监管力度，严厉打击违规违法交易行为，维持良好的市场交易秩序；组织进行专业化人才培训和教育等。

(三)推行农业产业化发展

农业产业化是在分散的农户小生产同大市场之间的矛盾过程中产生的。产业化经营是以市场为导向,以农户为基础,以龙头企业为核心,实现产供销、农工商一体化经营,进而将分散的农户小生产以较高的组织化程度引入市场,从而提高农业生产者的市场化水平和市场竞争力。其主要目的是通过产业化经营实现农户与市场的高效对接。要大力推行农业产业化发展,可以通过实行标准化生产,以此提高产品质量;积极发展农产品深加工,增加产品附加值;大力发展农民合作组织,发挥龙头企业的带头作用等来实现。

参考文献

[1]夏春玉. 中国农村流通体系改革研究[M]. 北京:经济科学出版社,2009.

[2]罗必良,李孔岳,王京安,等. 农业产业组织:演进、比较与创新[M]. 北京:中国经济出版社,2002.

[3]赵敏. 农产品物流[M]. 北京:中国物资出版社,2007.

[4]黄祖辉,刘东英. 我国生鲜蔬菜物流体系研究:制度、组织与交易效率[M]. 杭州:浙江大学出版社,2007.

[5]贾卫丽. 我国农产品物流问题研究[D]. 山东大学,2005.

[6]黄祖辉,刘东英. 我国农产品流通体系建设与制度分析[J]. 农业经济问题,2005(4).

[7]李炳坤. 农产品流通体制改革与市场制度建设[J]. 中国农村经济,1999(6):11-18.

[8]李春海. 改善农产品流通影响因素分析[J]. 财贸研究,2006(1).

[9]李光跃,李毅,贺绪军. 发展农产品物流促进农村增收的思考[J]. 农村经济,2006(8).

[10]孙德海,张林峰,凌哲明. 农产品流通指数影响因素评价模型的构建[J]. 统计与决策,2009(2).

[11]王晓红. 农产品流通体系建设中的若干问题研究[J]. 农村经济,2009(11):99-101.

[12]刁小林. 农产品流通体系利益错位的原因与对策[J]. 农村经济,2006(7):113-115.

[13] 赵利梅. 农业产业化发展与农产品流通体系建设[J]. 农村经济,2007(7):39-40.

[14] 陈小静. 基于优质农产品供应链的我国农产品流通体系研究[J]. 农业经济,

2010(7):81 -82.

[15] 寇荣,谭向勇.论农产品流通效率的分析框架[J].中国流通经济,2008(5):12 -15.

[16]中国统计年鉴2010[DB/OL].http://www.stats.gov.cn/tjsj/.

贵州省茶叶加工企业发展战略研究
——以六盘水市水城县为例

王喜[①]

（贵州大学管理学院）

摘　要：随着国民经济的快速发展，加快现代农业发展成为推动贵州省地区经济发展的主导因素。但传统的农产品加工企业往往还面临着规模小、资金少、技术水平落后等问题。不仅难以满足人民群众日益提高的生活水平，也阻碍了农产品加工企业的发展。如何解决原材料供应不足、产业链断裂、企业管理体制落后等问题，推动农产品加工企业集群、规模化发展，成为贵州省龙头企业发展的重要研究课题之一。

关键词：茶叶加工企业　水城县　发展

一、六盘水市水城县茶业生长环境分析

贵州高海拔、低纬度、寡日照，是最适合绿茶生长的环境，同时也在我国规划的绿茶生产金三角地带，是我国绿茶的优势产区。全省茶园面积不断扩大，仅水城县茶园面积就从2007年的799公顷到2010年增加到1349.7公顷。2010年，水城县茶叶产量达到159吨，其中绿茶达到30吨。

（一）水城县茶产业发展的自然环境

水城县处于滇东高原向黔中山原过渡，全县地势西北高东南低，由西北向东南缓缓倾斜，全县自然环境适合茶叶生长。

大部分茶园规划区海拔在1400～1900米之间，平均海拔1723米；全县年平均气温12.3℃，年平均降雨量1223.6毫米；年辐射量为3768～4187兆焦耳/平方米；全县年总积温在4400～6200℃之间，无霜期220～349天，全县范围内的温光条件有利于茶树的生长发育；年降水量在940～1450毫米之间，充分满足茶树生长盛期（4—10月）的水分需求；水城水资源较为丰富，境内河流分属长江流域乌江水系和珠江流域北盘江水系，有大小河流20多条，主要河流是北盘江、三岔河等，水质较好，适宜饮用、灌溉等用水；全县土壤pH值在5.5～7.5之间，主要为黄壤、黄棕壤和紫色土，均为宜茶土壤。

---

① 王喜，女，贵州大学管理学院2010级企业管理专业硕士研究生。主要研究方向：战略管理。

(二)水城县具有抗污能力的生物资源

水城县拥有较多极具抗污能力的环保动植物,为茶叶生长提供了较为良好的生态环境。水城县野生动物资源有世界二级、国家一级保护动物黑叶猴,国家二级保护动物岩羊、蟒、穿山甲、红腹锦鸡、猕猴、水獭等。野生植物资源有国家濒危植物珙桐、银杏、红豆杉等;药用植物有三七、杜仲、黄连、半夏、何首乌、胆草、厚朴等。可供绿化、美化和观赏价值的园林植物及具有抗污染能力的环保植物有100余种。

二、水城县茶叶加工企业发展的制约因素

随着国民经济和社会发展的"十二五"规划地不断推进,发展农产品加工业,促进农业生产经营专业化、标准化、规模化、集约化,已经成为推动现代农业示范区建设和农业科技创新,实现现代化农业的有效动力。可见,培育和引进农业产业化经营龙头企业,发展特色农产品加工,提高农产品附加值已经成为企业经济增长的重要途径。

(一)农户生产积极性不强,原材料供应不足

茶叶加工企业的原材料生产主要是当地的农户,而农户的思想相对落后,大多数的农民思想仍然停留在短期经济利益上,导致外出务工人员较多,大量田地闲置,生产积极性不高,茶产量低下。水城县2010年农村居民家庭经营收入仅占全年纯收入的43.4%,其中农业收入占到37.4%,可见全县打工现象相对较普遍。

另外,茶叶种植区域的选址存在"见地就种"的误区,很多不适应茶叶生长的土地仍然在种植茶叶,生产种植基地的不合理导致茶叶产量不高。全县20世纪90年代建成的1.4万亩茶园中,低产茶园0.5万亩,占35.7%;而无性系良种茶园面积约0.2万亩,约占14.3%。实际采茶0.8万亩,平均亩产量约30公斤,低于贵州省平均亩产量,与全国平均亩产量55公斤差距较大。这样,也就使得加工企业的原材料供应不足现象严重。

(二)经营模式单一,缺乏规模化的龙头企业

茶产业的经营方式缺乏创新性和参与性,企业和农户没有形成有效的利益联结机制。目前,全县主要的经营方式还是"企业+农户",即农户生产,企业加工。由于农户的主要收入仅仅来源于生产销售原材料,相对利润较低,也就使得这样的经营模式在一定程度上无法带动农户的积极性。

另外,茶园格局分布分散,除水城县茶叶发展有限公司外,目前全县的其他4个加工企业,生产规模小、实力不强,缺乏强有力的市场竞争力。茶叶的加工以中小型加工为主,生产加工设备较为落后。多建设小型粗制加工厂,缺乏大型茶叶精制加工厂,没有形

成具有带动作用的龙头企业。

(三)企业产业链断裂,没有产生相关的附加值

企业必须将产业链前端转移到后端,通过大力扶持农业龙头企业,完善产业链条,大幅提高农产品附加值,从而带动农业整体实力增强。茶叶加工技术落后,产品附加值较低,茶叶多为初级新产品,结构单一,不分等级,新产品质量不高,经营效益差。综合实力不强,产品开发欠缺,科技含量低,优势不明显,难以带动整个产业的同步发展。同时,没有形成多产业同步发展、相互促进的格局,从而缺乏附加值。

(四)体制建设不完善,营销管理方式落后

企业缺乏相应的专业管理人员和工作力度,缺乏具有导向性和指导服务的工作方法和手段,企业经营体制落后,工作人员素质偏低,企业负担过重,市场竞争意识差,企业的发展仍依赖于政府投资,与农户没有形成很好的利益机制。

另外,企业各自为政,茶叶企业生产管理体制、销售机制已不适应市场经济的需要,企业管理水平、营销手段滞后,致使产品的市场竞争力不强,处境艰难。营销观念和手段落后,一方面缺乏对茶叶品质、茶文化历史的系统宣传,形成自身的品牌;另一方面企业只侧重本地销售,没有健全的销售网络,多数还是直接在厂房进行销售,销售人员很少,企业普遍缺乏现代市场营销理念,缺乏专业的营销人才和专门的市场开拓。

三、促进水城县加工企业发展的途径

茶叶加工企业的发展需要结合区域的特色优势,因地制宜,将自身的发展与自然条件、现有基础、发展潜力有机结合起来,注重质量效益的增长,加快茶叶加工系列产品的开发。

一方面巩固在本地的发展,另一方面又要努力将其产品发展到省外,从而走向国外消费市场,不断满足市场的需求。

(一)建立适合茶叶生长的种植基地

目前,企业原材料的来源还只是停留在从当地农户那进行购买,缺乏自己的种植基地。这样就会使得茶青来源受限,甚至出现企业间原料的竞争,从而产生内耗。水城县范围内茶园生产规模偏小,茶叶总产量也少,大大限制了中小茶厂加工规模的扩大。另外,多数加工企业自身没有茶园,没有基地而保证不了原料来源的加工企业面临市场的风险是很大的,一旦收不到茶青就可能面临着倒闭的风险。所以企业应该建立自身的种植基地或者建立长期合作的原料供应基地。

同时,应该积极稳妥地扩大种植基地面积,选择适合茶叶生长的区域,解决种苗和品种改良问题,提高茶叶的存活率,从而增加经济效益。除此之外,种植基地应该向交通方便的村镇靠拢,方便生产运输,建设茶青交易市场,减轻因茶农加工技术落后所带来的加工难问题,促进茶青自由流动,带动当地茶农种茶的积极性。

(二)逐步形成农户和企业的利益联结机制

对于农产品加工企业来说,农户与企业之间存在密切的联系,企业的经营效益很大一部分取决于农户的作用。而对于大多数企业来说,和农户之间的关系往往只是停留于农产品的买卖,二者是各自独立的经济个体,这样也就很难带动农户的生产积极性,所以建立农户与企业之间的利益联结机制也就成为企业发展的必由之路,使得农户也成为企业主人,通过产业链的串联,将单一农户吸纳为链条中的一员,提高了其抗风险能力。围绕生产、加工、销售,与生产基地和农户实行有机的联合,能形成一体化经营,达到“风险共担、利益共享”的经济共同体。

同时,在发展加工企业与农户的联结机制时,首先应该确立1~2个龙头企业,面向适合茶叶生长的村镇建立原料基地,给予3~5年的扶持,正确处理龙头企业与贫困农户的利益分配关系。企业根据市场情况引导农户发展,并负责开辟产品市场,解决了一家一户分散经营的局限性和农业生产的不稳定性,有利于给予农民一定的实惠,从而实现农民增加收入。

另外,企业也可以集中资源进行市场推广,从而大大增加了农产品的销售量和特色茶业的美誉度。在增加收入的同时,也提高了农户利用科技成果的积极性,从而为提高茶叶生产的质量奠定了坚实的基础。

(三)增加茶叶加工企业的附加值

贵州省的茶叶加工企业往往只是局限于简单的加工、销售,从而出现产业链短的现状,产品的附加值也相对较低。针对这种现象,企业应该大力发展茶叶加工、贮藏、包装、运输,延长产业链,同时结合地区民族文化、茶文化,提高产品附加值,增强市场竞争力。

第一,将企业的茶产品打上具有贵州特色的民族标记。贵州省是个少数民族聚集的地区,全省拥有56个民族,其中六盘水市主要以苗族、水族、彝族为主,具有浓厚的民族文化气息。针对这一特点,企业可以结合地区的民族文化,将民族特色融入本土茶的宣传推广中,从而区别于企业的茶产品,形成差异化。

第二,结合茶文化,将简单的销售茶叶增加到赏茶、品茶的领域,从而提升产品的附加值。茶文化历史悠久,文化底蕴深厚,企业不应该仅仅局限于销售茶叶,同时应该注意发展饮茶、品茶的文化,增加茶产品的观赏价值。从而扩大企业的利润来源,增加企业的经济收入。

（四）加强品牌建设，创新销售渠道

在市场经济条件下，产品的品牌对于其市场的竞争力具有极为重要的作用。高品牌的产品具有高质量、高市场占有率、高知名度的特点。然而，目前六盘水市还未形成具有特色的本土品牌，很多茶产品也没有注册商标，缺乏产权保护意识。企业要形成差异化，首先需要进行技术改造和设备引进，促进企业提高质量，建立其特色茶叶产品品牌，降低成本，使企业在市场竞争中具有较强的竞争力，要树立品牌意识，实施名牌战略，不断开发新品种，创造名牌，使企业获得最大的经济效益。

其次，企业应该创新其营销渠道，从简单的产房销售，发展到多渠道销售，特别是对于龙头企业应该设立专门的营销部门，聘请专业化的营销策划人员。企业需要利用各种宣传平台推广茶产品，如贵州省茶博会，通过茶博会的平台大力宣传本地茶。另外，可以建立网络宣传、销售平台，使茶叶的销售网点扩张到各个地区，而不仅仅局限于当地。

四、总结

贵州的茶叶加工企业的发展不仅仅关系到企业自身的发展，在一定程度上也影响着当地经济的发展。充分发挥地区优势，延长产业链，建立本地品牌，扩充其销售渠道，将有效地增加企业的经济效益。同时，农产品加工企业的发展在一定范围内也带来了社会效应与生态效应。总之，企业应该建立一套适合其发展的经营模式，使得贵州茶产业持续、稳定地发展，提高农民的收入水平和人们的生活水平，塑造优美的生态环境，实现良好的整体效益。

参考文献

[1] 中国生态学会旅游生态专业委员会. 中国旅游发展论坛[M]. 北京：中国环境科学出版社，2006：110.

[2] 刘家彦. 中国·贵州生态环境[M]. 贵阳：贵州教育出版社，1999.

[3] 蒋伏心，张继彤. 小企业产业定位与发展[M]. 南京：南京师范大学出版社，2004：10－13，113－115.

[4] 林汉川，管鸿禧. 我国中小企业竞争力评价与实证研究[M]. 北京：中国财政经济出版社，2004：2－10，193.

[5] 沈玉良，浦再明，黄辉. 中小企业产业选择[M]. 上海：上海财经大学出版社，2001：1－14.

[6] 余蓓，孟宪忠. 中国中小企业传统生存空间前景研究[J]. 安徽农业科学，2006，

34(7):1488 - 1491.

[7] 金喜成,赵凤霞.金融危机下企业自主创新策略研究[J].中国软科学增刊(下),2009(31):166 - 170.

[8] 李清娟.区域功能定位与产业发展[M].上海:上海三联书店,2007.

[9] 车维汉.发展经济学[M].北京:清华大学出版社,2006.

贵州省物流产业发展能力提升途径研究

王玉荣[①]
（贵州大学管理学院）

摘　要：本文对物流产业发展能力进行了定义，并描述了物流产业发展能力的特点。在此基础上对物流产业发展能力的评价指标和影响因素进行了研究。最后结合贵州省物流产业发展实际对贵州省物流产业发展能力存在问题进行了分析并提出改进建议。

关键词：物流产业　发展能力　问题　提升途径

当前部分学者都在其领域进行了相关产业或行业的“发展能力”的研究。发展能力与一个产业或行业未来的发展程度和水平密切相关。物流产业发展能力是一个地区物流产业长期、稳定、健康发展的决定因素，也是衡量一个地区产业发展能力的重要方面。贵州省地处内陆，区位优势不明显，物流产业当前的发展水平也落后于东部发达省份乃至中部省份。如何促进贵州省物流产业的发展水平，提高贵州省物流产业的发展能力成为一个极具前瞻性和统筹性的课题。

一、相关理论

（一）发展能力相关理论综述

很多学者都在不同领域、不同层面开展了发展能力的研究。部分学者从中观层面开展了对城市、企业发展能力的研究。毕于榜对城市经济发展能力进行了研究，指出一个城市的经济发展能力是由基础能力、产业扩张能力、创新能力、管理能力四个方面组成，同时还为各个一级评价指标进行了二级指标的分解和计算公式的解析。胡安俊、沈山、胡瑞山等人，以江苏省陇海产业带为例，对区域发展能力进行了探究，并对区域发展能力进行了定义。他们认为，区域发展能力是区域竞争力与发展潜力的集中反映。区域发展能力包括经济发展能力、社会发展能力、生态环境能力、人力资源能力等方面。同时，很多学者也在企业管理领域对企业的发展能力进行了研究。考虑到可量化性等原因，企业发展能力的研究多从企业的财务指标上开展，没有多方面、多维度、多层次地进行企业发展能力的分析。

---

① 王玉荣，女，贵州大学管理学院企业管理专业研究生。主要研究方向：物流系统规划。

(二)物流产业发展能力

虽然各领域对于物流产业发展能力的研究已经逐渐地开展,但是各领域对于发展能力的定义还没有明确的界定,对于物流产业发展能力的定义更是空白。但是,物流以外领域对于发展能力的内涵已经取得了较高程度的一致性。产业发展能力多具有以下特点:①着眼于未来能够取得怎样水平的发展,即注重研究发展主体的潜力。②以增长型指标作为衡量指标,从增长速度、增长质量方面总结主体的发展情况。③当前发展现状表现不佳的主体可能具备较大的发展潜力,并在未来一段时间内取得良好的发展。④发展能力大致包括硬能力和软能力两个大的方面。

因此,本文参照不同领域对于发展能力内涵的分析,结合物流产业的特点,将物流产业发展能力定义为:物流产业发展能力是指某一企业、地区或者一个国家具有的能够依靠自身内在动力、发展机制和外在资源禀赋,促进物流产业取得良性、可持续发展的各种资源潜力的综合力。物流产业发展能力包括硬实力和软实力两个方面。物流产业发展能力有以下特点:①物流产业发展能力是一个前瞻性概念,与物流产业当前现状相比,更关注未来的发展状况。②物流产业的发展质量和速度依赖于物流产业发展能力水平的高低。③物流产业发展能力的提升包含了一定的主观能动性的发挥,主动追求物流产业的发展是物流产业发展能力提升的应有之义。

二、物流产业发展能力评价指标分析

根据前文论述,物流产业发展能力注重的是一个地区未来发展的潜力。建立物流产业发展能力评价指标体系意在更好地从不同层面、不同角度分析一个地区物流产业发展能力存在的问题,并着手解决。同时,也能够更好地指导一个地区在促进物流产业发展能力提升过程中扬长避短。

笔者认为物流产业发展能力包括了基本能力、产业扩张能力、产业带动能力三大方面。基本能力是指衡量物流产业基本功能,如运输、存储、装卸搬运、流通加工、物流信息处理等业务功能在业务量、服务质量等方面的健康、可持续发展的综合潜力。考虑到衡量指标的可量化性、数据收集的可行性,同时兼顾产业划分标准,物流产业基本能力包括货运量增加量、货运量增长率、货运周转量增加量、货运周转量增长率。基本计算公式如下:

C1:货运量增加量=当年货运量-上一年货运量

C2:货运量增长率=(当年货运量-上一年货运量)/上一年货运量×100%

C3:货运周转量增加量=当年货运周转量-上一年货运周转量

C4:货运周转量增长率=(当年货运周转量-上一年货运周转量)/上一年货运周转

量×100%

产业扩张能力是衡量物流产业自身产业规模扩大、产业素质增强的重要指标，依靠资金的投入和设施设备的购置来促进，主要具体表征为物流园数目增加量、物流园数目增加率、物流企业数量增加量、物流企业数量增加率。各个指标的计算公式如下：

C5：物流园数目增加量=当年区域内物流园数目－上一年区域内物流园数目

C6：物流园数目增加率=（当年区域内物流园数目－上一年区域内物流园数目）/上一年区域内物流园数目×100%

C7：物流企业数目增加量=当年区域内物流企业数目－上一年区域内物流企业数目

C8：物流企业数量增加率=（当年区域内物流企业数目－上一年区域内物流企业数目）/上一年区域内物流企业数目×100%

物流园、物流企业是物流产业发展的重要推动力和重要载体。依靠物流园和物流企业，可以极大地提高物流产业的物流信息、物流基础设施等的共享程度。因此，物流园及物流企业数量的增加量、增长率是物流产业扩张能力的重要表征。

随着产业经济学研究的深入开展和社会分工的细化，产业与产业之间的界限越来越不明显，交叉领域越来越多，因此产业与产业之间的相互影响程度也越来越大。一个产业对于其他产业的带动能力能够充分地彰显其在国民经济中的地位和作用。一个地区物流产业对于其他产业的带动作用越大，带动产业的领域越广，说明该地区物流产业对于其他产业带动的杠杆作用越大，在国民经济发展过程中的地位和作用越重要。因此，物流产业带动能力指标主要具体表征为物流产业对于工业发展的带动能力、物流产业对于第三产业发展的带动能力、物流产业对于国民经济发展的带动能力三个方面。

三、物流产业发展能力影响因素分析

物流产业发展能力的影响因素通过作用于物流产业发展能力的各个评价指标，进而作用于整个物流产业发展能力的提升。从物流产业发展能力指标分解出发，一个地区物流产业发展能力主要受以下因素的影响：

（一）地质地形条件和自然资源条件

地质地形条件和自然资源条件是影响物流产业发展能力的基础条件。地质地形和自然资源的组合状况决定了一个地区的物流产业发展的规模及模式。山区地形不能提供更多的连续平整土地供物流中心、道路建设使用，加大了基础设施建设的成本，不利于物流产业的发展。自然资源，如矿产资源、水资源、气候资源等既影响物流产业的物源资源，也决定着物流产业发展的对外依存程度。

(二)总体经济发展水平及预期

一个地区的产业发展与该地区的经济发展水平相互影响、相互促进。国民经济的各行各业的发展也是相互影响、相互促进的。总体经济发展水平及预期在很大程度上决定作用于物流产业的产业带动能力和产业扩张能力。经济的进步和发展为物流产业提供了强大的资金、设施设备等支持。另外,经济发展水平及预期也影响着整个市场上物流产业运行主体的投资信心,进而影响物流产业的发展水平。

(三)工业产值及预期

在国民经济三大产业中,第二产业对于物流产业发展及物流发展能力的促进影响和作用巨大,尤其是以制造业为主的工业是物流产业发展的重要支撑点之一。一方面,制造业以物流产业为支撑,以其产品实现时间价值和空间价值的需要向物流产业的发展提供强大的物源;另一方面,工业的发展也决定了物流产业所需设施设备的可得性和质量水平。

(四)电子商务发展水平

消费者的个性化需求是推动物流配送业务深入、快速发展的内在动力之一。配送的发展推动了支线运输的发展,推动了支线运输和干线运输的完美结合,繁荣、活跃了物流市场,提高了物流对现代化生活的渗透程度。电子商务是促进配送业务发展的主力军,商家电子商务平台能够为B2C、B2B形式的电子商务提供了物流信息和物源基础,最终为一个地区的货运量、货运周转量的提高做出贡献。所以说,电子商务发展水平是促进物流产业发展能力提高的重要影响因素。

(五)基础设施规划及建设水平

基础设施的建设规划和建设水平决定了一个地区未来很长一段时间内物流产业的发展空间。道路、仓库、物流中心及物流企业的建设是物流产业发展的重要载体和支撑,也是地区构筑物流产业发展能力提升的内在动力的重要途径之一。一个地区基础设施规划及建设水平是物流产业市场主体的盈利途径之一,基础设施的规划和建设能够提高市场主体积极主动地推动物流产业发展能力的提升。

(六)政府人才培养和物流科研机构建设计划

一个地区的物流产业的发展必须保障各个时期、各个层次及各个功能的物流学科专业人才的需求。对于物流产业在未来时期的发展,当前的人才培养和人才引进非常重要。科技是第一生产力的规律同样适用于物流产业的发展。物流产业借助自身内在动力取得长远发展的机制离不开物流科研机构的参与和推动。

四、贵州省物流产业发展能力存在问题分析

贵州省地处我国内陆，与东部及中部省份相比在地理区位方面有很多不利因素，但是作为资源大省，具备将资源优势转化为物流产业发展能力的巨大潜力。贵州省物流产业发展能力主要存在以下问题：

（一）经济总体发展水平及工业发展水平低，不能为物流产业发展能力的提升提供强大的支撑

从国内生产总值和工业增加值方面来看，贵州省经济发展水平远远地落后于东部发达省份。经济发展基础及水平的落后直接造成了贵州省物流产业发展能力落后的后果。以东部省份江苏省作为对比对象，贵州省的经济发展和工业发展水平远远落后于东部省份和全国平均水平，直接导致贵州省物流产业落后于东部省份和全国平均水平。

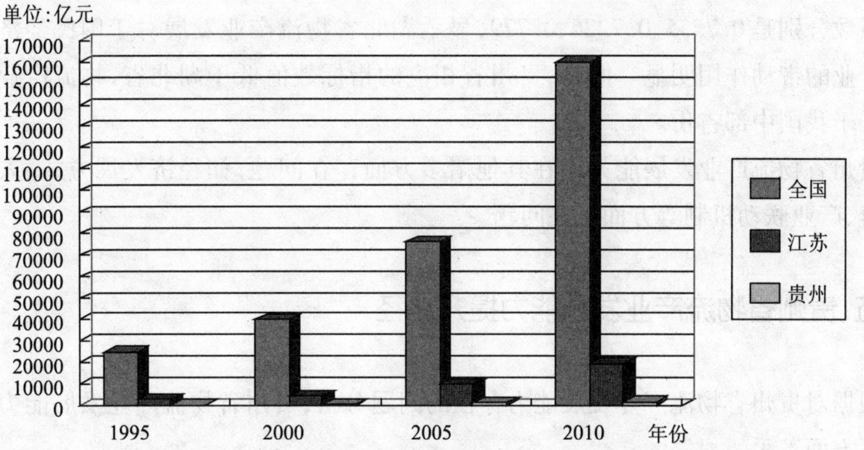

图1　贵州省与江苏省及全国平均工业发展水平对比图

资料来源：贵州省统计年鉴、江苏省统计年鉴。

从图1的对比可知，贵州省工业发展水平仍旧落后于江苏省。即使忽略价格因素，贵州省2010年工业增加值仍旧落后于江苏省15年前，即1995年的工业增加值，直接造成了贵州省物流产业的落后局面。

（二）基础设施投入力度不够

以江苏省作为对比，江苏省与贵州省交通运输业投资水平如表1所示：

表1 贵州省与江苏省交通运输及邮政通信业固定资产投资对比

年份	贵州省(亿元)	江苏省(亿元)
2000	78.28	312.3
2005	143.52	536.9
2010	589.65	973.1
2011	781.87	1175.8

由表1可知,贵州省在交通运输及邮政通信领域的投资远低于东部省份,另据数据显示,贵州省的该指标数值也低于全国平均水平。机车设施投资力度不够也是影响贵州省物流产业发展能力存在的主要问题之一。

(三)产业带动能力不够

当前,对于产业带动能力的计算和衡量多采用产业相关系数表示。基于物流产业数据统计难、不健全的实情,对于物流产业关联系数的计算多采用灰色关联度计算方法。据统计,我国中部省份湖北省2007年物流产业发展与国民经济、工业、第三产业的灰色相关系数分别是0.7555、0.7226、0.779,显示湖北省物流产业发展对于国民经济、工业、第三产业的带动作用明显。但是,贵州省相应的指标数值低于湖北省,物流产业带动能力远低于我国中部省份。

贵州省物流产业发展能力还在其他诸多方面存在问题,如经济发展方式、人才资源的培养、产业联动机制等方面存在问题。

五、贵州省物流产业发展能力提升途径

根据对贵州省物流产业发展能力存在的问题分析,贵州省物流产业发展能力提升可从以下方面着手:

(一)加强贵州省经济发展和物流发展能力提升相关规划工作

提出正确的、具有指导性的战略目标,达到战略目标及阶段性目标的分步实施措施,为经济的发展和物流发展能力的提升提供明确的思路。同时,相关规划工作的开展能够统筹兼顾总揽全局,集中贵州省物流发展能力提升的人力资源、物流资源和财力资源,并且在系统最优的基础上对所有的资源进行统一合理的调配,最大限度地开发利用相关资源,减少资源的结构性缺乏现象。

(二)政府加强物流产业能力提升的相关促进政策

贵州省物流发展能力提升需要政府从税收政策、土地使用政策、人才引进政策、物流

设施设备购买补贴政策及其他促进政策。另外,银行等金融机构的贷款支持也很重要。相关政策的支持能够极大限度地保证贵州省物流基础设施的建设、物流科研机构的建设、设施购置、信息平台的建设、人才的引进和培养等,保证贵州省物流发展能力所需人力、物力及财力。

(三)企业之间加强战略合作,加速整个贵州省物流产业供应链的整合

为促进贵州省物流产业供应链网的整合,提高物流产业的产业带动能力,应鼓励企业进行战略合作。企业联盟、虚拟企业等形式是加强企业合作,整合黔中物流市场的有效手段之一,尤其是对于大规模基础设施建设以及信息平台建设,企业间的战略联盟可以降低联盟内部企业之间的风险,增强整个企业联盟的竞争能力,加速整个贵州省物流产业供应链的整合。

(四)加强贵州省物流发展能力提升的科学研究工作和理论创新工作

贵州省物流发展能力的提升离不开高校及其他科研机构的理论支持和促进。贵州省在物流产业方面的科研开展较少,依托机构较少。因此,政府、高校、企业应该大力合作,共同进行贵州省物流科研机构及其他形式的研究平台的建立建设。同时,在科研机构中,加大人才的引进和培养力度,配合完善的学科人才培养计划,力争借物流科研机构获得更多的物流发展模式的创新,物流发展能力提升的理念和思路。

(五)加快物流业与制造业联动发展,共同促进贵州省产业格局进步,并进一步促进贵州省物流发展能力提升

贵州省面临着新一轮西部大开发和工业强省战略的新机遇,制造业的发展必将进入一个新的阶段和水平。制造业的发展和进步将对贵州省物流运营能力和物流发展能力提出新的要求,也为物流业的发展提供新的机遇和条件。物流产业与制造业联动发展是一举两得的举措,既充分利用了制造的产能为物流业的发展及能力的提升提供了物源条件,又满足了制造业的运输、仓储等需求。物流产业与制造业联动发展能使企业更多地把精力放在供应链整合能力的提升上。物流产业与制造业联动发展能够多方面促进贵州省物流产业发展能力的提升。

六、结语

贵州省物流产业能力的研究存在很大的空间,贵州省物流产业发展能力的提升任重而道远。在促进贵州省物流产业发展能力提升的过程中,应多方面入手,系统性地进行物流产业发展能力提升的促进,避免短板效应的存在。

参考文献

[1] 毕于榜.浅议城市经济发展能力[J].消费导刊,2010(8):34.

[2] 胡安俊,沈山,胡瑞山.江苏省陇海产业带区域发展能力评价与提升策略[J].国土与自然资源研究,2008(4):16-18.

[3]黎忠诚,等.基于灰色关联分析的湖北省制造业与物流服务业协调发展研究[J].物流技术,2009(10):38-42.

浅论加快贵州民营经济发展的必要性与可行性

郭芹[①]

（贵州师范大学经济与管理学院）

摘　要：当前，贵州经济社会发展落后的关键在于工业化、城镇化滞后，突出表现在民营经济发展不足。民营经济作为社会主义市场经济中最具创造性、最具活力的组成部分，是贵州实施工业强省战略和城镇化带动战略的重要主体，也是贵州加快经济社会发展、实现后发赶超的重要支撑。面对贵州民营经济高速、持续、健康的发展态势，进一步明确加快民营经济发展的必要性与可行性，以民营经济的大发展促进贵州经济社会实现后发赶超。

关键词：贵州　民营经济　必要性　可行性

一、贵州民营经济发展现状

近年来，贵州加快了民营经济发展步伐，总体上呈现出高速、持续、健康的发展态势。根据贵州经信委的数据，2011 年贵州民营经济、中小企业完成增加值 2105.09 亿元，占全省 GDP 的比重达 36.9%，同比增长 28.5%，高于三年倍增目标年均增速 2.5 个百分点。具体来看，在投资方面，民间资本已经进入了交通、水利、能源、金融、教育、卫生、旅游、文化、体育、保障性住房、土地整治等领域，完成投资 2400 亿元，占全省固定资产投资的 47.1%，同比增长 54.7%，高于三年倍增目标年均增速 14.56 个百分点。在就业和税收方面，民营经济新增就业 19.11 万人，占全省城镇新增就业的 68.2%，同比增长 28.1%，高于三年倍增目标年均增速 1.78 个百分点；民营经济完成税收 620.2 亿元，占全省税收的 57%，同比增长 25.4%。在品牌建设和科技创新方面，民营经济拥有中国驰名商标件数占全省的 67.9%，民营经济主体新增"贵州名牌产品"占全省的 55%；民营高新企业占全省高新技术企业的 48.6%。同时，贵州民营经济产业结构近年来不断优化，目前民营经济以第二、第三产业发展为主体，在食品、医药、旅游商品、化工、白酒、茶加工、锰加工、煤及煤化工等行业已逐步形成了一批以专业化、规模经营为特征的产业集群和产业集聚区。

但是，由于自然地理和社会历史等原因，贵州经济基础一直比较薄弱，民营经济的发

---

① 郭芹，女，贵州师范大学经管院硕士研究生。

展水平与全国相比仍然存在一定的差距,主要体现在经济规模小、产业层次低、创新能力弱、产业布局散、市场占有率低等方面,直接影响了贵州经济社会又好又快发展目标的实现。因此,加快贵州民营经济发展已经成为促进贵州经济社会发展,实现后发赶超的重要内容。

二、加快贵州民营经济发展的必要性

(一)实现贵州与全国同步建成全面小康社会的坚实基础

公有制为主体、多种所有制经济共同发展,是我国社会主义初级阶段的基本经济制度。贵州要实现经济社会又好又快发展,必须在大力发展公有制经济的同时,加快非公有制经济又好又快发展。改革开放以来,贵州个体、私营等非公有制经济不断发展壮大,为全省经济社会发展发挥了不可替代的重要作用,但面对实现经济社会发展历史性跨越、全面建设小康社会的艰巨任务,贵州加快发展非公有制经济具有重要的战略意义。全面小康社会要求增强发展协调性,实现经济又好又快发展,要求加快发展社会事业,全面改善人民生活。贵州目前仍然是全国经济社会发展水平较为落后的省份,长期以来GDP总量在全国排名靠后,也是全国新一轮扶贫开发的重点省份,现仍有1149万人口处于贫困线以下,在全国“11+3”连片特困地区中,贵州涉及武陵山区、乌蒙山区、滇黔桂石漠化区三大片区,覆盖了65个县,80.3%的全省面积,面临着极其严峻的扶贫攻坚形势。因此,要实现2020年与全国同步建成小康社会的目标,贵州需要加快经济社会又好又快展的步伐,特别需要提高作为社会主义市场经济重要组成部分的民营经济的发展速度。按照“三年倍增计划”加快民营经济发展,能够确保到2015年实现全省生产总值8000亿元,力争翻一番,达到10000亿元的目标,能够为贵州实现与全国同步建成全面小康社会奠定坚实基础。

(二)促进贵州经济社会实现后发赶超的重要支撑

民营经济是富民兴黔的“生力军”和“冲锋队”,其在贵州经济社会发展中的作用和地位主要体现在增加财政收入、扩大投资和就业、推进城镇化、维护社会稳定等方面。“十一五”期间,贵州民营经济增加值增长了2倍多,年均增长率为17.3%,比同期GDP增速高4.9个百分点,成为国民经济的重要支撑;税收增长109.4%,占全省税收总额的比例高达61.9%,成为全省税收的重要来源;民营企业投资增长了2.7倍,达到1510.4亿元,尤其在房地产、批发零售、住宿餐饮等服务业中,民营经济投资比重均超过70%,成为扩大投资的重要主体;累计新提供60.1万个城镇就业岗位,占城镇新增就业岗位的62.9%,民营经济吸纳了大约50%在城镇就业的农村劳动力。随着民营经济的发展壮大,越来越多的民营企业积极投入到扶贫济困救灾和社会公益事业当中,成为维护社会稳定的重要力量。

另外,当前贵州经济社会发展落后的关键在于工业化、城镇化滞后。民营经济作为社会主义市场经济中最具创造性、最具活力的组成部分,是贵州实施工业强省战略和城镇化带动战略的重要主体。加快民营经济发展,是推动全省工业化、城镇化、市场化和农业产业化进程的重要途径。为此,贵州统一加快工业经济和民营经济发展的思想,进一步加大民营经济产业园区建设和产业项目实施的力度,"两加一推"主基调和工业强省战略、城镇化带动战略得到有效贯彻落实。"十一五"期间,贵州民营经济规模以上中小工业企业创造了六成多的工业总产值。2011 年贵州规模以上工业非公有制经济增加值增长 32.5%,高于全省规模以上工业增速 11.5 个百分点,对全省规模以上工业增长的贡献率高达 50% 以上。

(三)优化贵州市场经济环境和产业结构调整的基本力量

民营经济由于产权明晰、机制灵活、市场化程度高,成了优化市场经济环境和产业结构调整的力量保障。一是民营经济的发展有助于优化贵州的市场经济环境。民营企业自主经营、自担风险、自求平衡,在市场经济规律作用下运行,有利于树立和增强市场经济意识和竞争意识,能促进市场体系功能的完善和市场化程度的提高。二是民营经济的发展有利于充分利用贵州资源优势,提高资源利用效率。民营企业的财产权利主体明确、自担风险、以追求利润最大化为目标,致力于采用各种技术和管理手段降低成本、提高效率,其组织简单、机制灵活,具有很强的市场适应能力和资本增值能力,加之分布广泛,遍布各城乡、各产业、各地区,有利于充分利用贵州的资源优势。三是民营经济的发展有助于加快国企改革的进程。民营企业发展壮大后,通过承包、租赁、托管、参股、兼并等形式,在国有企业中充分发挥改造作用、吸纳作用、支付改革成本的作用、示范作用,推动国有企业的改革和发展以及多种经济成分在产权上的融合。四是民营经济的发展有利于优化资源组合,调整产业结构。贵州民营经济主要集中在制药业、特色食品业等第二产业以及餐饮、流通、商贸等第三产业。这些产业发展快、效益高,在拉动农业发展的同时,有利于改变工业结构中"重工业重、轻工业轻"的格局。

(四)缓解贵州民营经济发展困境的现实需要

贵州民营经济起步晚、发展慢、层次低,2011 年其增加值仅占全省经济总量的 36.9%,比全国低 20 多个百分点,仍是国民经济的薄弱环节,已成为影响贵州经济生机与活力重要因素。目前,贵州民营经济发展面临的现实困境集中体现在以下方面:有形无形的市场准入限制依然较多;非公有制经济负担重,合法权益受到侵犯的情况还时有发生;社会服务体系不健全,企业融资渠道窄、贷款困难;政府服务亟待改进,存在多头管理、各自为政以及管理越位、缺位;一些干部仍不同程度地存在“疑私、怕私、防私”的思想观念;部分企业行为不规范,自身素质需要提高等。民营经济发展不仅关系到贵州经济增长目标的实现,而且关系到全面建设小康社会奋斗目标的最终实现。以上问题的存在不仅影响了贵州民营经济高速、持续、健康的发展态势,而且制约着贵州经济社会后发赶超目标的实现以及建设全面小康社会进程的推进。因此,加快民营经济发展,缓解民营经济发展困境,已成为当前贵州现代化建设的一项重要而紧迫的战略任务。

三、加快贵州民营经济发展的可行性

(一)当前贵州民营经济发展态势良好,且存在较大的发展空间

经过多年的努力,贵州民营经济发展环境不断改善,民营经济呈现良好发展态势,已经成为全省经济发展新的增长点,在扩大投资、吸纳就业、推进城镇化、增加财政收入、参与产业扶贫、促进社会发展等方面发挥了积极作用。2011 年全省民营经济、中小企业完成增加值 2105.09 亿元,占全省经济总量的 36.9%,规模以上工业非公有制经济增加值对全省规模以上工业增长的贡献率在 50% 以上,投资占全省固定资产投资的 47.1%,税收占全省税收的 57%,新增就业占全省城镇新增就业的 68.2%,在城镇就业的农村劳动力有一半左右在民营企业就业。虽然目前贵州民营经济仍存在总量不够大、发展速度不够快、占经济总量的比重不够高等问题,但也说明其发展还存在较大的空间。为加快全省民营经济发展,贵州已经制订和实施了民营经济“三年倍增计划”,将经过三年努力使贵州民营经济在全省民营经济增加值、投资、注册资本、新增就业四个方面实现倍增,并提高民营经济增加值、民间投资和民营经济新增就业人员所占比重。为此,贵州民营经济在面临新的发展机遇的同时,仍然有待于进一步提升。

(二)贵州拥有较为明显的经济后发优势

我国西部地区经过多年的开发积累,随着基础设施逐步完善,资金人才等要素不断聚集,投资环境得到不断改善。处于西南腹地的贵州作为全国主要的后发区域具有较为明显的经济后发优势。贵州拥有丰富的能源、矿产、生物和旅游等资源,为矿工业和新材料、民族医药、特色食品、旅游等产业发展提供了得天独厚的条件,具有自然资源与产业发展的后发优势。随着交通物流条件的改善,依托丰富的自然资源和劳动力资源,贵州在承接东部产业转移和实现产业转型方面具有较大的后发优势。当前,围绕“两加一推”主基调,推进“三化”同步,实施工业强省战略和城镇化带动战略,贵州已进入加速发展的新阶段,经济社会呈现出又好又快、更好更快发展的良好态势。随着西部大开发战略的进一步实施以及贵州发展环境的不断改善,贵州将为民营企业优化产业和区域结构、实

现发展方式转变提供更好的机会，必将吸引更多的民间资本汇集、民营企业投资创业。因此，依托贵州经济后发优势，把贵州的资源要素优势与企业核心竞争力结合起来，民营企业将在贵州找到新的突破口和增长点。

（三）当地政府注重改善民营经济发展环境

近年来，贵州注重改善民营经济发展环境，健全社会服务体系，支持和鼓励民营经济加快发展，主要表现在以下几个方面：一是拓展民营经济投资领域，加大对民营企业的资金扶持力度。按照"非禁即入"的原则，目前民间资本已经进入贵州交通、水利、能源、金融、保障性住房等领域，贵州省级工业和信息化专项资金的60%已用于支持民营经济发展，并在此基础上连续3年递增20%；科技、农业、扶贫、知识产权等部门支持民营经济的专项资金，也已超过各自专项资金的60%。二是推进融资性担保行业发展。到2012年8月，全省小额贷款公司已覆盖全省74个县（市、区、特区），县域覆盖率达84%，其中已有50%的公司分布在经济较为落后的县（区），缓解了全省各地中小微型企业、个体工商户、"三农"金融服务不足的矛盾。三是推进行政审批的"简、优、限"。2011年以来，贵州各地清理、减少30%以上的政府规范性文件、行政许可和非行政许可事项，清理、停止征收收费项目130项，降低收费标准11项，减少收费金额约9.1亿元。四是提升民营企业信息化水平。省中小企业局与中国电信、中国移动、中国邮政、百度公司等信息产业部门积极开展合作，推出了包括"千户数字中小企业工程""千企万店"活动、"黔之粹"电子商务平台、"黑翔计划"等项目，共同推进中小企业信息化发展。

（四）国家加大对贵州发展的支持力度，省外民营企业投资不断增长

2012年初，国务院颁布了《关于进一步促进贵州经济社会又好又快发展的若干意见》，国家将从各个方面强化政策支持，促进贵州实现后发赶超、跨越发展，贵州民营经济也因此迎来了新的发展机遇。国家金融监管部门以及国内各大金融机构将加大对贵州信贷资源倾斜力度，支持贵州民营、小微企业发展。中国人民银行将研究发展有关保护生态环境、绿色金融等方面的产品，促进贵州加快金融创新、产品创新、服务创新，以满足实体经济的需要。证监会将加快推进中小企业债券融资、股权融资，研究私募在债券和股权融资方面的作用，并支持贵州民营企业上市融资。保监会将有针对性地为贵州基础设施投资提供资金支持，支持保险资金以债券、股权等方式投资贵州的能源、通信、交通等领域，同时整合完善农业保险发展政策等。

随着贵州民营经济发展环境的不断改善，省外民营企业在贵州的投资日益增加，在带来资金、技术、先进理念的同时，刺激了本土民营经济的发展。作为目前贵州"最大投资群体"的福建商人2011年在贵州投资总计1000多亿元，占历年投资总额的一半。浙商在贵州投资的领域逐渐拓宽，涉及产业领域已经达到30多个，包括服装、矿产等三大

传统产业以及装备制造、IT等前沿产业，其民营经济比重高达99%，每年完成税收40多亿元，解决15万余人就业。为进一步优化投资环境，2012年10月16日，贵州开始实施《贵州省优化投资环境考评暂行办法》《贵州省招商引资奖励办法(试行)》《贵州省招商引资项目代办服务暂行办法》，将在全省营造更加良好的"亲商、安商、爱商、敬商"的社会氛围，吸引更多的外来投资者到贵州投资兴业。

参考文献

[1]陈英葵，张琴.贵州民营企业现状及发展战略路径研究[J].贵阳学院学报(社会科学版)，2010(1).

[2]刘璟.论贵州县域民营经济发展存在的问题及成因分析[J].经济研究导刊，2009(15).

[3]何律琴.促进贵州民营经济发展的对策研究[J].贵州工业大学学报，2008(4).

[4]田贵义.贵州民营经济发展中若干障碍探析[J].贵州社会科学，2006(11).

[5]贵州省民营经济倍增计划.黔府发〔2011〕19号[Z].2011-06-20.

河南省人口老龄化问题研究

刘龙[①] 李岚[②]

摘 要:目前我国老龄人口超过1亿人,其中约有1285万人在河南——中国的第一人口大省,2010年7月份总人口达到1亿人,成为中国首个人口过亿省份。研究河南的人口老龄化问题,对于解决我国面临的“银发浪潮”所引发的相关问题具有重要的现实意义。本文从河南人口老龄化的现状入手,分析了其原因及带来的相应社会问题,最后从完善社会养老服务体系,注重养老产业的开发等方面提出了解决对策及相关建议。

关键词:河南 人口老龄化 养老保障

一、河南人口老龄化的现状分析

人口老龄化是指老年人口在总人口中所占比重不断上升的过程。按照国际通行的标准,60岁以上的老年人口在总人口中的比例达到10%或65岁以上的老年人口在总人口中的比例达到7%,就可看作是进入了人口老龄化的状态。这种变化既可以是由年龄金字塔底部少儿人口增长减慢所造成,也可以是由顶部的老年人口增长加速所导致。人口学中称之为底部老龄化和顶部老龄化。以下从数量结构、特点等几方面来分析河南省的人口老龄化现状。

(一)河南省人口老龄化概况

中国的第一人口大省河南,2010年7月份总人口达到1亿人,成为中国首个人口过亿省份。河南是中国人口最多的省份,平均每天出生3200多人,每年出生120万人。河南省的人口多集中在农业地区,超过1000万人口的地市是周口和南阳。河南超过100万人口的大县多达20个。截至2005年底,河南全省60岁以上的老年人口已达1122万人,占全省总人口的11.96%,并将继续以年均近3%的速度迅速增长,远高于总人口的增长速度。据预测,“十一五”期间,河南省60岁以上老年人口将持续增长,到2010年将达到1273万人,约占总人口的12.61%,年均增长36万多人。另据人民网河南频道报道:预计到2010年底,河南全省60岁以上老年人口将达到1285万人,占常住人口的13.1%,人

① 刘龙,男,贵州省邮政管理局。主要研究方向:公共管理与经济发展、社会保障。
② 李岚,女,贵州省科协。主要研究方向:公共管理。

口老龄化形势日益严峻。

(二)河南省人口老龄化的特征分析

1. 绝对数量大,主要分布在农村

河南省老年人口在2005年超过接近1200万人,比全国任何省份都多。以郑州为例,2000年第五次人口普查时,郑州市农村65岁及以上老年人口比重为8.12%,比城镇高2.11个百分点;2005年1%人口抽样调查,农村65岁及以上老年人口比重达到9%,比城镇高0.87个百分点;主要是受农村青壮年劳动力外出的影响。2007年人口与城镇化抽样调查中,农村65岁及以上老年人口比重达到8.84%,城镇65岁及以上老年人口比重是8.90%。

2. 呈现人口未富先老之态势,伴随各种各样的社会问题

发达国家人口老龄化是城市化和工业化发展之后才出现的。当他们65岁以上的老龄人口达到7%时,人均GNP一般在3000美元以上。而我国进入老龄化国家时,人均GNP仅为800美元。河南在进入老龄化时,人均GNP还达不到800美元。这是“未富”背景下的“先老”,必然给河南经济社会发展带来种种问题和压力。

3. 高龄化趋势越来越明显

人口学中把老年人口分为三类:60~69岁为低龄老年人,70~79岁为中龄老年人,80岁以上为高龄老年人。据河南省统计局统计,自1990年以来,河南高龄老年人口正以每年6%的速度增长,预计到2020年将达到1455万人。

4. 老龄化人口的增速快于总人口的增速

以郑州市为例,据2007年人口抽样调查结果推算,郑州市总人口与2000年第五次全国人口普查相比,增加69.92万人,增长10.50%,年平均增长1.44%;与2005年全国1%人口抽样调查相比,增加19.6万人,增长2.74%,年平均增长1.37%;而65岁及以上老年人口与2000年第五次人口普查相比,增加19万人,增长41.04%,年平均增长5.03%,与2005年全国1%人口抽样调查相比,增加4.2万人,增长6.88%,年平均增长3.38%;老年人口增速快于总人口的增速。

5. 男性老人死亡率较高,老年人口性别比偏低

人口学中的统计资料已经表明,相比较女性高龄老人而言,越是高龄的老人,男性的死亡率就越高,河南省的人口老龄化过程中也呈现出这样的特点。以郑州的情况来看,2000年人口普查时,郑州市60岁以上老年人口性别比为91.05,80岁以上老年人口性别比为52.28;2005年全国1%人口抽样调查中,郑州市60岁以上老年人口性别比为91.25,80岁以上老年人口性别比为55.99;到2007年,郑州市60岁以上老年人口性别比为90.28,80岁以上老年人口性别比为64.72。明显反映出郑州市老年人口性别比偏低、高龄老人男女比例差别偏大、女性老年人口明显多于男性的特征。

二、原因分析

(一)社会经济发展是根本原因

社会经济水平的发展,直接改善了人民的生活水平和健康医疗等卫生水平,从而使得人们的平均预期寿命得以显著提高。此外,在现代经济社会急剧发展的背景下,传统的婚姻家庭模式受到冲击,人们普遍推迟结婚年龄。另外,社会经济的快速发展冲击了"父母在,不远游"等传统思想,使得大量的富余劳动力从农村迁移到城市以寻求更好的就业环境,这样就出现了大量的农村留守老人和空巢老人。

(二)计划生育政策的实施大大降低了生育率

我国自20世纪70年代以来实行的计划生育政策为解决全世界的人口问题做出了重大贡献。在计划生育政策的实施下,河南省的生育率已经降到了15‰以下,这就促使了金字塔底部的老龄化的发展步伐。

(三)生育率下降与人口预期寿命延长并存

由于生育率的下降将导致人口金字塔底部减小,而人口预期寿命延长则使人口金字塔顶部变大。2008年,虽然河南省人口出生率仅为11.42‰,人口自然增长率仅为4.97‰,均低于全国平均水平,但由于人口基数过大的惯性作用,全年依然净增人口49万人。[①] 从预期寿命来看,由于医疗卫生水平的提高和人民生活质量的整体提高,人们的预期寿命也大大提高。据统计,2008年全省卫生技术人员达30.99万人,是1949年的442.7倍;目前全省医院床位总数26.83万张,居全国第1位,是1949年的298倍;每万人拥有的床位数、医师数分别达到27.1张和12人,分别是1950年的116倍和257倍。妇幼保健水平也大大提高,与1978年相比,全省孕产妇死亡率由74.85/10万人降到21.02/10万人,婴儿死亡率由47.3%降到7.07%。全省人口平均预期寿命由新中国成立初期的30岁左右提高到目前的72.82岁。[②]

三、河南人口老龄化面临的社会问题

一个社会中的老龄人口太多,意味着该社会的养老负担重,从事经济活动的人在总

① 周全德.试论社会变迁中的河南人口发展[J].中共郑州市委党校学报,2010(1).

② 河南人口平均预期寿命提高至72.82岁[EB/OL].新浪河南,http://henan.sina.com.cn/news/m/2009-08-19/09041228.html.

人口中所占的比例相对较小,这样的社会必然出现一些与年轻型社会和成熟型社会所不具有的问题。

(一)较大的老年人口系数导致过重的养老负担

老年人口系数是指60岁或65岁以上的老年人占总人口的比例,一个社会的老年人口越多,劳动年龄(就业人口)人口的赡养比率就越高;相反,就业人口增长越多,赡养比率越低。据分析,1990年河南就业人口对老人赡养比为100:14.5,2000年为100:19,预计到2025年将上升为100:31,2050年将上升为100:51。换言之,到2050年两个劳动年龄人口要负担一个老年人。这对于当时的政府及劳动年龄人口而言,不能不说是一个巨大的经济和精神压力。

(二)社会保障服务体系不健全

由于从新中国成立初期开始我国就形成了城乡二元的社会结构,直至今日,这种城乡二元分治的影响还大范围地存在。一方面,在城市,社会保障体制几乎涵盖了一切城市居民,但是长久以来广大的农村及农民却被排除在社会保障体系之外;另一方面,我国老年人主要分布在农村,这就使得大量的老年人缺乏社会保障体系的保护。以养老保障为例,2009年,我国开始了农村新型养老保险改革试点推广的步伐,使得农村居民也能够在一定程度上分享到社会经济发展的成果,但是无论从总量上还是从水平上看(每人每月55元基本养老金加地方政府补贴,该补贴各地根据经济情况的不同而不同),都仍然远远不足以保障老年人的基本生活。这一方面的投入还有待于进一步的调整和加强。

(三)缺乏专业的护理及照料从业者

老年人面临各种各样的问题,总体来看存在心理慰藉、日常生活照料、物资生活的供养三个大的领域的问题,其中高龄老人的问题最为严重和急切。高龄老人不但身体机能退化严重,缺少物质资料的来源,而且丧偶率高,这些都使得其老年生活更加困难和艰辛。在我国(河南的情况亦同)老人日常生活主要依赖其家庭照料,并开始向隔代转移。但是现代社会经济的飞速发展已经打破了这种格局:青壮年劳动力外出打工,留下年迈的父母看守家庭——家庭结构变小,使传统生活照料模式遇到严重冲击,严重影响高龄老人的生活质量。即使有养老院之类的机构,其中的从业人员也大多是没有接受过任何专业培训的临时人员,在城市主要是“4050”下岗人员和来自农村的大龄女性,在农村则主要是本村的农民自己来承担养老院的照料工作。

(四)老年人的需求被认为忽视,老年产业亟待开发

从理论上来讲,老年人和年轻人一样拥有衣食住行等各方面的需求,所不同的只在

于各自的重点倾向而已。但是,社会往往忽视了老年人的需求,使得社会中与老年人相关的产业发展状况也不容乐观。汶川大地震之后社会空前关注心理健康问题,但是往往也只是注意到了学生和青壮年的心理健康和需求,忽略了对于老年人的关注。其实,老年是人生的一大挑战,很多人都不能顺利适应离开工作岗位和孩子的状态去过所谓“安度晚年”的生活。老人离开了熟悉的工作岗位,与同事朋友见面的机会减少,子女们又往往忙于工作,“空巢家庭”的感觉总是令人困惑。因此,老人大多存在苦闷、孤独、抑郁、烦躁、多疑、健忘,产生幻觉、厌世情绪甚至最后患上老年痴呆症或者自杀。这些表明老年人的心理健康有待发展,国家和政府应该加强对这一板块的投入。此外,老年人对文化的需求得不到满足,退休之后老年人希望把更多的时间和精力投入到自己喜爱的学习和活动中去,但是社会上这样的渠道和场所却显得相应缺乏。

四、河南人口老龄化问题的解决对策与建议

(一)建立和完善河南社会养老保障体系

根据国家的发展计划和相关文件精神,河南省可以考虑在原有养老保障体系的基础上进一步完善,形成一个由国家基本养老保险、企业补充养老保险、个人储蓄性养老保险和社会最后安全网救助相结合的、多层次的社会养老保险体系。其中国家基本养老保险由国家统一立法强制执行,养老保险金以社会保险的形式获得。企业补充养老保险是由国家宏观指导,各单位内部决策执行,它是各单位内部为自己的职工积累的养老金。个人储蓄性养老保险是在国家宏观指导和给予一定政策性优惠条件下,实行个人自愿原则,个人自我积累的养老金。这样就形成了一个多支柱、多层次的养老保障体系。

(二)培养专业的养老服务照料人员

在老龄化的背景下解决老龄人口的问题,除了修建社区养老院等以外,更为关键的问题是要培训相关的专业照料人员,在注重硬件投入和建设的同时,不能忽视软件建设的意义。可以通过职业技术学校等途径开设比如老年照料服务等相关专业以作为长期的人才培训基地。此外,可以对目前的从业人员进行统一的培训以解决目前的燃眉之急,并尽量将其作为一项常规工作开展下去。针对老年人的心理疏导的需求可以以培养社区心理辅导员的形式开展工作,尽量动员和利用一切便利可用的资源,实际上,老年人自己就可以作为被培养的对象。如果运行得好甚至可以获得一举两得的效果:老年人的“老有所为”直到“老有所乐”——从发挥自己的余热服务和帮助自己别人到创造自己的老年事业,获得人生的第二春。

（三）开发、发展老年产业，帮助老年人实现“老有所养、老有所为、老有所依、老有所乐”

所谓老年产业，就是指由老年消费市场需求增长带动而形成的产业，它包括所有有关满足老年人特殊需求的生产、经营、服务等的设施或经济活动。有研究表明：全国老龄消费者中每年有100亿元的购买力没有实现，换句话说，我国老龄产业现今还无法满足老年人的需求。我国缺乏足够的专门为老年人服务的专业医护和服务人员；缺乏足够的养老机构；缺乏上门服务的保健机构，而这些服务产业和岗位将创造许多新的工作机会，缓解社会就业压力。再看看老年消费市场：老年人很难买到合适的服装鞋帽，老年食品也很少研究开发，老年药品、老年保健护理用品以及其他各种老年商品都处于匮乏状态。老年产业应该被视为保障老年人安度晚年重要组成部分，它的发展标志着一个国家文明和社会进步程度。老年产业的发展更多地需要从社会发展的角度，作为社会公益性事业来对待。随着市场经济的发展，老年产业不应该与其他产业的“以营利为最高和唯一目标”相一致。在开发和发展老年产业的过程中国家应该对那些实际解决了老年人基本生活问题，以提高老年人的生活质量为己任的产业部门提供相应的支持和鼓励。为此，政府应从各方面创造条件支持老龄产业发展，比如税收倾斜等。使从事此类市场的经营者能有适当营利和拓展产业的能力。比如老年文化产业的开发，可以考虑建立实际有效的老年学校和老年课程，帮助老人们扩大交际范围以及增加与社会接触的机会和空间。总之，老年产业的开发和发展应以帮助老年人真正实现“老有所养、老有所为、老有所依、老有所乐”。

参考文献

[1]劳动保障部社会保险研究所.世纪抉择：中国社会保障体系构架[M].北京：中国劳动社会保障出版社，2000.

[2]邓大松，等.中国养老保险基金敏感性实证研究[J].经济科学，2001(6).

[3]阎中兴.政府与社会保障：理论分析与政策建议[J].财经理论与实践，2003(1).

[4]王燕.世界惊叹河南人口过亿[J].决策与信息，2010(9).

[5]河南人口老龄化形势日益严峻　城市空巢老人户近半[EB/OL].人民网河南频道，2010－07－14.

[6]关注老年人　共绘夕阳红：郑州市老年人口状况浅析[EB/OL].http://www.hnjcy.gov.cn/html/8743.html.2012－10－10.

[7]周全德.试论社会变迁中的河南人口发展[J].中共郑州市委党校学报，2010(1).

[8]河南人口平均预期寿命提高至72.82岁[N].河南日报，2009－08－19.

城乡统筹背景下的养老保障体系研究
——基于包容性增长的视角

廖煜娟[①]

（西南财经大学中国西部经济研究中心）

摘　要：本文基于包容性增长的理论视角对我国城乡二元结构之下的养老保障体系进行分析，提出构建城乡统筹的养老保障体系是我国实现包容性增长的内在要求、重要途径和现实手段，并且，从经济供养、日常生活照料以及精神慰藉等三个方面提出了构建城乡统筹的养老保障体系的思路。

关键词：包容性增长　城乡统筹　养老保障

一、包容性增长的内涵

从亚洲发展银行2007年提出包容性增长的概念，到2009年，胡锦涛同志在亚太经合组织第十七次领导人非正式会议上强调“统筹兼顾，倡导包容性增长”，再到2013年9月16日，胡锦涛出席第五届亚太经合组织人力资源开发部长级会议开幕式，明确提出要实现包容性增长，要让经济全球化和经济发展成果惠及所有国家和地区、惠及所有人群，在可持续发展中实现经济社会协调发展。中国是包容性增长的积极倡导者，更是包容性增长的积极实践者。“包容性增长”已经引起社会广泛关注，学者们从不同的视角对包容性增长进行了解读，虽然观点各有不同，但是一般认为，包容性增长必须强调两个方面，即参与和共享：“只有在所有社会成员能够参与和共享时，经济增长才具有积极意义，才能促进社会发展。”

包容性增长强调经济增长的同时，财富公平分配，不造成贫富差距，向低收入人群倾斜，使所有人都从增长中获益。包容性增长是经济增长、人口发展和制度公平三者之间的有机协同，更关注民权民生，更能满足民众权利发展的制度公平诉求。包容性增长最终要惠及更多的贫困人口和弱势群体，惠及更多的普通劳动者，惠及社会的大多数人，让他们的收入增长更多更快一些，并且不仅仅要解决贫富差距问题，还要作为一种价值导向和理念向全社会倡导。包容就是要将所有人纳入发展进程，就是要消除任何形式的“社会排斥”，将所有的人包容到社会经济发展进程中，共享社会经济发展的成果，消除社会阶层、社会群体之间的隔阂和裂隙，使所有的社会成员，包括男性和女性，老年人、成年

① 廖煜娟，女，西南财经大学人口研究所博士研究生，贵州大学经济学院讲师。研究方向：家庭社会学、老年学。

人和未成年人,健康人和病人、残疾人,富裕阶层、中间阶层和困难群体……都能够无障碍地融为一体(唐钧,2010)。

综上,包容性增长是制度公平、机会均等下的人人参与并且更多分享的经济增长和社会进步、人民生活改善同步进行的全面、可持续的增长。正如温家宝同志所强调的那样,包容性增长就是要让人民过上一种更幸福、更有尊严的生活,让社会更公正、更和谐。

二、养老与养老保障体系

(一)什么是养老

什么是养老?养老指奉养老年人,包括对老年人"经济上供养、生活上照料和精神上慰藉"三个方面①。其中,精神慰藉是渗透在经济供养和生活照料过程中的,难以明确地分离出来。因此,从政策操作性考虑,将其分解为经济支持和生活照料两个方面:经济供养体系侧重为老年人维持基本物质生活提供稳定的收入,生活照料体系则侧重于为老年人提供日常生活服务。两者相互关联又相对独立,是保障老年人基本生活不可或缺的两个要素。具体来说"养老"包括以下几个问题:①责任主体是谁?即"谁来养"。②"谁是老年人",即"养谁"。③"为什么要养",这包括了养老的原因和养老态度,既是法律、道德问题,又是老年人生活甚至生存的现实问题。④"怎么养",即养老的方式和途径,也就是本文所说的养老保障的体系问题。⑤"养得怎样",也就是养老的质量问题。上述几个问题的基础是养老保障制度的基本问题,对这些问题的制度安排,即养老保障的基本制度。

在养老主体问题上,只有国家和政府才有这个能力去承担这个主要责任,同时,全社会成员都应该承担相应的责任。在正常的情况下,任何社会成员都可能经历"老"这一过程,因此,养老实际上是"未来的老年人"在养"现在的老年人",而"现在的老年人"在过去养"当时的老年人",可以说养老实际上就是"我们自己养自己"。而养老的原因就再明显不过了:就社会而言,养老是社会发展的必然要求;就个人而言,养老是个人出于对自己命运的关心。养老的质量是我们在讨论养老方式的过程中不能回避的问题,这关系到养老问题探讨的基调。"怎样养?"笔者认为达到一种"老有所养,老有所依"的状态是全社会追求的目标。而怎样达到该目标则是本文要重点探讨的问题。

(二)养老保障体系

养老保障是社会保障的重要组成部分,国外学者从养老保障责任主体的角度提出,

---

① 陈功.我国养老方式研究[M].北京:北京大学出版社,2003.

存在正规养老保障和非正规养老保障两种保障方式[①]。正规养老是指以政府机构或非政府机构为主体，向老年人提供经济支持或照料服务，正规养老以社会保障为主要特征，强调发挥政府和社会资源在养老中的作用，又称为社会养老（这主要解决“经济上供养”）。非正规养老是指由家庭成员（包括老年人自身、配偶、子女或其他亲属、邻居、朋友等）为老年人提供经济供养或照料服务；以家庭保障为主要特征，强调发挥家庭在养老中的作用。

三、当前我国城乡老人养老概况比较

自新中国成立伊始我国就形成了城乡分割的二元社会保障体制：城市形成了以就业为中心的、较为完整的社会保障体系；而农村则形成了以家庭保障为主、集体保障为辅的“就业靠土地，养老靠家庭”的低层次的生活保障体系。以下是对我国城镇居民与农村居民享受养老保障的概况进行的对比分析。

长期以来，我国养老保障体系并存着两个待遇悬殊的层次，城镇就业人员享受着相对较为完善、水平较高的保障服务；而农村广大农民始终处于中国社会保障的边缘，有相当一部分社会保障的内容甚至将整个农村人口排斥在保障体制之外。这一状况虽然在2009年新农保推行实施以后得到了改善，但是城乡老年人的生活境遇仍然差距悬殊，以养老保障为例进行分析。

表1　中国城乡居民养老保障对比简表

对比项目	城市养老保障	农村养老保障
保障方式	社会养老保险	老农保时期主要实际上是家庭养老，2009年试点以后为新型农村养老保险
保障对象	城镇各类企事业、党政机关、人民团体所有劳动者及所有个体劳动者（实际情况是非正规就业部门的从业者一般难以享受和参与）	新农保实施以前：非市城镇户口、不由国家供应商品粮的农村人口[②]一般认为包括农村地区的农民和全国所有乡镇企业（乡镇办企业、村办企业、农户办企业等）的职工、人员[③]；2009年新农保实施以后年满16周岁（不含在校学生）、未参加城镇职工基本养老保险的农村居民，可以在户籍地自愿参加新农保

① 我国有研究者称之为正式支持和非正式支持体系或正式制度和非正式制度。

② 县级农村社会养老保险基本方案（试行）（民办发〔1992〕2号）。

③ 目前，我国农村养老保险制度尚处于探索阶段，仅有个别经济相对发达的地区在试点，许多地方虽已有具体法规、文件，但多停在书面上，尚未付诸实践。参见潘怀明. 欠发达地区社会保障理论与实务［M］. 北京：中国物资出版社，2005：231.

续表

对比项目	城市养老保障	农村养老保障
保障待遇项目	①养老金;②医疗补助费;③丧葬补助费;④遗嘱抚恤金或生活补助费;⑤补助津贴等,支付终身	养老金待遇由基础养老金和个人账户养老金组成,支付终身
保障性质	强制性	自愿参加
资金来源	国家、用人单位、个人共同分担	新农保以前是资金筹集坚持以个人缴纳为主,集体补助为辅,国家给予政策扶持的原则。新农保实施后:个人缴费、集体补助、政府补贴构成
法制化程度	较完善	试点阶段,具有试验性
其他保障方式	城市居民最低生活保障,社区服务	农村居民最低生活保障①,农村"五保"制度
建立保障的起始年限	①1951年的《中华人民共和国劳动保险条例》及1952年《劳动保险条例实施办法》是企业职工养老保险制度建立的主要法规;②1955年的国务院发布的《国家机关工作人员退休处理暂行办法》奠定了国家机关工作人员养老保险制度的基础	1991年开始全国试点农村养老保险,《县级农村社会养老保险基本方案(试行)》(民办发〔1992〕2号)是农村养老保险制度建立的主要法规,《国务院关于开展新型农村社会养老保险试点的指导意见》(国发〔2009〕32号)
参保情况②	2009年参加城镇基本养老保险人数23498万人,比上年末增加1607万人。其中参保职工17703万人,参保离退休人员5795万人。2008年末全国参加城镇基本养老保险人数为21891万人,比上年末增加1754万人。其中,参保职工16587万人,参保离退休人员5304万人,参加基本养老保险的农民工人数为2416万人,比上年末增加570万人。年末企业参加基本养老保险人数为19951万人,比上年末增加1716万人	2008年末全国参加农村养老保险人数为5595万人,比上年末增加424万人。全年共有512万农民领取了养老金,比上年增加120万人。全年共支付养老金56.8亿元,比上年增加42%。年末农村养老保险基金累计结存499亿元。1324万被征地农民被纳入基本生活或养老保障制度。 2009年新型农村社会养老保险试点顺利启动(缺乏统计数据)

① 1997年,全国曾有900多个县开展了农民最低生活保障试点。但大多数试点覆盖的仅仅是县、镇中拥有城镇户口的人群,搞成了农村地区的"城镇居民最低生活保障",与"农民最低生活保障"是两码事。只有南方的一些富庶村镇把农民涵盖进了最低生活保障之中。参见潘怀明.欠发达地区社会保障理论与实务[M].北京:中国物资出版社,2005:332.

② 此栏数据来源:中华人民共和国国家统计局.中华人民共和国2009年国民经济和社会发展统计公报,2010-02-25;人力资源社会保障部,国家统计局.2008年度人力资源和社会保障事业发展统计公报,2009-05-19.

续表

对比项目	城市养老保障	农村养老保障
2010年末养老服务机构[1]	全国各类老年福利机构39904个,比上年增加233个,床位314.9万张,比上年增长9.0%,年末收养老年人242.6万人,比上年增长6.6%。其中城市养老服务机构5413个,床位56.7万张,年末收养老年人36.3万人;全国共有社会福利院1572个,床位24.5万张,年末收养人数17.9万人;光荣院1371个,床位7.3万张,年末收养老年人5.0万人;荣誉军人康复医院40个,床位0.9万张,年末收养老年人0.5万人;复员军人疗养院36个,床位0.6万张,年末收养老年人0.4万人	2009年农村养老服务机构3.0万个,床位188.5万张,收养各类人员151.1万人;2010年农村养老服务机构31472个,床位224.9万张,年末收养老年人182.5万人
2010年末获得最低生活保障等的人数[2]	2009年末2347.7万城市居民得到政府最低生活保障,比上年增加12.9万人;2010年底,全国共有1145.0万户、2310.5万城市低保对象。全年各级财政共支出城市低保资金524.7亿元,比上年增长8.8%,其中中央财政补助资金为365.6亿元,占全部支出资金的69.7%。城市低保对象中:在职人员68.2万人,占总人数的3.0%;灵活就业人员432.4万人,占总人数的18.7%;老年人338.6万人,占总人数的14.7%;登记失业人员492.8万人,占总人数的21.3%;未登记失业人员419.9万人,占总人数的18.2%;在校生357.3万人,占总人数的15.5%;其他201.2万人,占总人数的8.7%	2009年,全国共计4759.3万农村居民得到政府最低生活保障,增加453.8万人;554.3万农村居民得到政府五保救济,增加5.7万人。 2010年底,全国有2528.7万户、5214.0万人得到了农村低保,比上年同期增加454.0万人,增长了9.5%。全年共发放农村低保资金445.0亿元,比上年增长22.6%,其中中央补助资金269.0亿元,占总支出的60.4%。 2010年全国农村低保平均标准117.0元/人·月,比上年同期提高了16.2元,增长了16.1%。全国农村低保月人均补助水平74元,比上年提高8.8%

表2 中国城乡老人养老概况比较[3] %

对比项目	城市老年人				农村老年人			
	合计	有/够	没有/不够	未回答	合计	有/够	没有/不够	未回答
以社会养老保险作为第一养老选择	28.2				6.7			
以商业保险作为第一养老选择	3.0				1.0			
以子女养老作为第一养老选择	49.1				79.1			
以个人储蓄作为第一养老选择	34.2				17.92			

① 此栏数据来源于中华人民共和国民政部《2010年社会服务发展统计报告》2011年6月16日发布,访问日期是2011年12月10日,其中关于社会福利院、光荣院等的数据未分城乡,统一列入城市一栏。

② 此栏2009年的数据来源于中华人民共和国国家统计局《中华人民共和国2009年国民经济和社会发展统计公报》2010年2月25日,2010年数据来源于中华人民共和国民政部《2010年社会服务发展统计报告》2011年6月16日发布,访问日期是2011年12月10日。

③ 数据来源:中国老龄科学研究中心.中国城乡老年人口一次性抽样调查数据分析[M].北京:中国标准出版社,2003.

续表

对比项目	城市老年人				农村老年人			
	合计	有/够	没有/不够	未回答	合计	有/够	没有/不够	未回答
存钱养老的比例	100	25.7	74.4	0.3	100	9.5	90.3	0.1
认为所存钱够养老	100	48.6	48.5	2.8	100	25.4	73.3	1.3
享受社会养老保险金的状况	100	11.9	87.0	1.1	100	1.5	96.0	1.6
城市老年人享受政府救助的分布情况	100	3.3	95.7	1.0				
农村老年人享受集体救助的分布情况					100	1.7	97.3	1.0

表3 60岁以上老年人口占全国总人口比重①

指标	2005年	2006年	2007年	2008年	2009年	2010年
60岁以上人口比重(%)	11.03	11.3	11.6	12	12.5	13.3

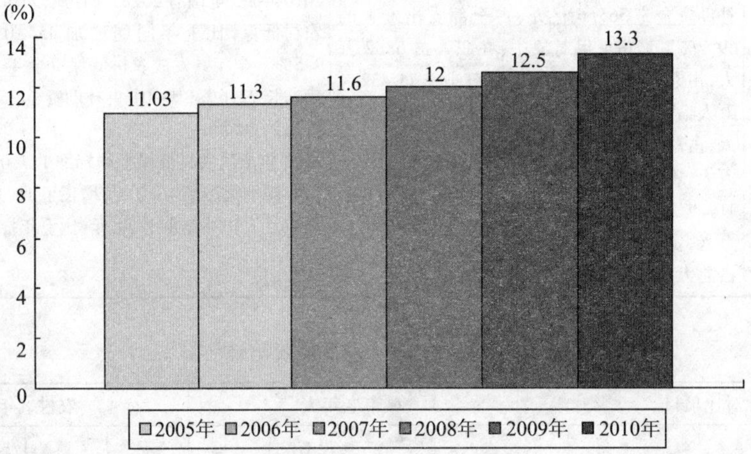

图1 2005—2010年全国60岁以上老年人占全国总人口比重变化图

综合表1、表2、表3和图1即可对我国当前养老保障存在的问题进行梳理如下:

1. 农村老龄化问题突出

根据第六次全国人口普查数据结合表3可知,全国总人口为1339724852人。其中:城镇人口为665575306人,占49.68%;乡村人口为674149546人,占50.32%。全国60岁及以上老年人口17765万人,占总人口的13.26%,其中65岁及以上人口11883万人,占总人口的8.9%。无论城乡,老年化趋势明显,老年人所占比例日益增加,村老龄化程

① 数据来源于中华人民共和国民政部《2010年社会服务发展统计报告》2011年6月16日发布,访问日期是2011年12月10日。

度无论是从绝对规模还是从结构性比例来看都比城市严峻。农民养老问题比城市老年人更加突出。农村老年人口的经济生活供养、日常生活照料、精神慰藉供给问题,是政府当前面临的亟待解决的重大社会问题。

2. 农村养老保障与城市居民养老保障待遇仍存在巨大鸿沟

2009 年新农保试点之前我国农村养老保障资金来源是以个人缴纳为主、集体补助为辅,国家给予政策扶持(见表 1)。实行基金积累制个人账户模式。个人账户的特点是权利与义务对等,待遇与缴费多少挂钩,体现效率优先。在这种基金积累制个人账户模式下,国家和集体所体现的社会责任过小,使得资金来源极其有限,从而降低了保障标准,抑制了农民参加养老保险的积极性。2009 年新农保试点实施以后,遵循的是政府主导和农民自愿相结合,引导农村居民自愿普遍参保的低水平基础上的,个人(家庭)、集体、政府合理分担责任,权利与义务相对应的"保基本、广覆盖、有弹性、可持续"的实施原则。"政府对符合领取条件的参保人全额支付新农保基础养老金(中央确定的基础养老金标准为每人每月 55 元),其中中央财政对中西部地区按中央确定的基础养老金标准给予全额补助,对东部地区给予 50% 的补助。"这一规定,从新中国成立以来首次直面和承认国家和政府对于农民的养老义务和责任,是我国政府和执政党的重大进步和突破。但是,其中的集体补助仍然没有脱离老农保时期的集体补助的制度软肋:"有条件的村集体应当对参保人缴费给予补助,补助标准由村民委员会召开村民会议民主确定。鼓励其他经济组织、社会公益组织、个人为参保人缴费提供资助。"由于缺乏强制义务性规定,往往陷入尴尬的局面。此外,在养老待遇方面,每个月 55 元的基础养老金虽然已经是一个"破天荒"式的"免费待遇",但是与城市居民动辄上千元的养老待遇相比仍存在很大差异。这与包容性增长所提的"在参与中共建,在共建中共享"是明显不符的,虽然,将更多的人纳入到了经济社会发展的成果共享之中,但是共享与共享之间的差距仍然需要进一步地弥合。

3. 农村养老保障模式单一,主要是家庭养老,但家庭养老能力正在弱化

目前,我国农村养老方式仍然以家庭养老为主(见表 2)。在广大农村地区 79.1% 的老年人以子女养老作为第一养老选择(存在家庭养老、个人储蓄养老、商业保险养老、社会养老保险四种选择)。家庭养老的重要基础是传统的孝道观念,这在很大程度上决定了子女赡养老人义务的履行情况。但是,随着养育子女成本的提高、计划生育的推行和经济能力限制使得农村家庭中中年人子女数量相对于过去少了很多,有的农村已经出现"四二一"型家庭。此外,从事农业的低回报率使得外出打工成为农民谋生的重要途径,从而使大规模的农村青壮年劳动力频繁向城市流动(或迁徙)。市场的冲击加强了农村中青年人的独立意识,"只顾小家不管老家""宠幼轻老"等赡养意识的薄弱化的现象已非罕见。可见,家庭养老所依赖家庭的经济状况正面临巨大的挑战,同时存在不可回避的道德风险,加之难以对家庭养老状况设立统一的标准或者对子女的赡养行为进行监督,老年人面临辛劳一生但是最终老无所养的养老困境。

四、弥合裂痕、城乡同保——构建城乡统筹的养老保障体系

(一)城乡统筹的养老保障体系的基本内容

老人的养老需求最基本的是“经济上供养、生活上照料和精神上慰藉”三个方面。城乡统筹的养老保障体系也应涵盖这三方面。

1. 经济供养

城乡统筹养老保障体系的经济供养,主要是通过供给物质生活条件来完成的。主要由国家、社会、集体、个人共同支持。国家建立基本养老保险作为城乡统筹的养老保障体系的基础和核心,通过国家、集体、个人相结合的交费方式形成个人账户①和社会统筹②相结合的社会养老保险基金。以确保全体老年人的最基本生活。这其中的关键就是在现有新农保和城镇居民养老保险政策的基础上找到衔接的关键点和生长点,以新农保作为过渡,最终形成城乡统筹的养老保障体系。这一层次的核心责任主体是政府。

社会通过社会救助维持城乡居民的最低生活水平。重在“救”突出维持基本生存的功能,主要针对基本上无能力自保,长期或定期依靠国家救助才能维持生存的城乡贫困居民。具体体现为居民最低生活保障、五保制度。

家庭和个人进行自愿性保障。社会养老保险并不排斥其他养老方式的存在。在建立城乡统筹的养老保险的基础上,应该积极鼓励和提倡自愿原则下的家庭养老、自我养老、商业养老等多种养老方式。

2. 日常生活照料

日常生活照料主要是解决老人的日常生活照料和疾病医疗问题。日常生活照料主要通过家庭、社区、老年服务机构提供。

“居家养老”有两层意思:一是指老年人在自己家里养老,即老年人与自己的配偶、子女、孙子女或其他亲戚同住,由其子女、孙子女或其他同住亲戚照顾日常生活。二是指家庭养老的变体:老年人由于种种原因没有与配偶、子女、孙子女或其他亲戚同住,而是与

① 个人账户基金:由社会保险经办机构按规定的范围和标准从参保职工个人那里征收的养老保险费加上从单位缴费中按比例划入个人账户的养老保险费(根据国家劳动与社会保障部规定:从2006年起,为做实个人账户,将提高个人缴纳养老保险费的比例,个人缴费全部记入个人账户。单位缴纳的养老保险费不再划入个人账户)以及企业缴纳的补充养老费,以参保人个人的名义建立的,专用于支付参保人养老保险待遇的基金。其特点主要是个人享受的社会保障基金,主要依靠自己的劳动积累,在设立个人账户的同时,辅之以社会统筹基金,承担起社会救助的功能。

② 社会统筹基金:由社会保险经办机构依法从缴费单位征集、按统筹区建立统一账户,在统筹地区内统一调剂使用、用于平均支付统筹地区内参保的被保险人的基本养老保险待遇的专项基金。

此之外的其他人一同生活，由这些人负责其日常生活①，显然，居家养老首先符合多数老年人及家庭成员的意愿（见表2）；也便于家庭成员为老年人提供生活照料；因此，应充分发挥居家养老的日常生活照料和精神慰藉功能。

社区养老服务。社区养老是指在政府倡导和扶持下，以一定的区域为基本单位，利用本行政区的各种资源为居民提供经济供养、生活照料和精神慰藉。社区养老在一定程度上克服了家庭养老经济来源单一、社会性、互济性较差的弱点，为老人们提供了保持亲密接触的机会和场所，保证老年人精神上的需要得到满足，同时也减轻了子女的负担。

专门的养老机构。针对有特殊需求的老年人群（主要包括：生活能够自理、有生活来源、自愿入住的老人；有生活来源、自理能力较差的老人；有生活来源、生活不能自理的老人；生活不能自理又无收入来源、无儿无女的老年人）提供相应服务而设立专门的养老机构，如养老院等。

3. 精神慰藉

精神慰藉是渗透在经济供养和生活照料过程中的，没有一套统一、简单的衡量标准，也比较难以明确地脱离经济供养和日常生活照料体系进行计算和评估。因此，在构建城乡统筹的养老保障体系的框架中，我们将其分解到经济供养体系和生活照料体系中（当然更多地体现在日常生活照料体系中）。主要通过与配偶、子女、其他亲属、朋友的思想交流、共同生活得到满足。此外，还通过适当的社会交往（老年社会活动）等方式得到满足。

（二）城乡统筹的养老保障体系构建的基本思路

城乡统筹的养老保障以城乡统筹的养老保险为主体和核心。构建过程中遵循循序渐进的原则，是一个逐渐建立和完善的过程，并不倡导急功近利似的一蹴而就。具体而言，构建城乡统筹养老保障体系可以按如下思路进行：

1. 统一建立强制性的社会养老保险

建立城乡统筹的养老保险作为满足老年人经济供养需求的最主要途径。建立城乡统筹养老保险的关键和难点在于养老保险基金的筹集。因此，在此着重研究养老保险基金的筹集问题。城乡统筹的养老保障以社会养老保险为核心。笔者认为，应该在合理确定养老保险缴费水平的基础上，坚持国家、集体、个人责任分担的原则，强制建立个人账户和社会统筹相结合的社会养老保险基金。其中个人账户基金来源于参保者个人缴费：城镇居民由其所在单位统一代扣代缴（即按现行政策不变），农村居民个人缴费部分主要

---

① 这当然是建立在一定的协议之上的，比如说，当某家庭只有老人时，即可通过成立专门替代耕种的组织，替其耕种，待收成之后或收取一定的实物或货币作为报酬，或完全获取所收成的农作物，但为其代为耕种的老人提供养老等。

来源于土地经营收入、家庭生产经营收入、财产性收入等。① 社会统筹部分城市按现行政策不变(基金来源为企业缴纳和国家财政支持);农村居民的社会统筹部分则主要靠国家财政支持和集体补助,国家支持为主。具体有以下几种筹集方式:

一是同一地区的工业反哺农业。

二是不同地区之间的财政转移支付,即把发达地区的农民不需要国家财政支持的那部分资金可以转移来支持欠发达地区。据统计2005年我国地区间的收入差距较大。最高收入省与最低收入省的收入相差10655元(上年为9465元),收入之比为2.3:1,收入之比与上年持平。东部、中部、西部和东北地区城镇居民人均可支配收入分别为13375元、8809元、8783元和8730元,东部分别是中部、西部和东北地区的1.52倍、1.52倍和1.53倍。收入高省份集中在东部地区,收入低省份集中在西部地区。城镇居民人均可支配收入超过万元的9个省份有8个全部集中在东部地区。城镇居民人均可支配收入位于后四位的省份均为西部地区。② 这些数据表明我国经济发达地区与落后地区之间是存在财政转移支付的空间和可能性的。

三是农村自然资源开发利用、土地征拨等产生的费用中按适当的比例划出一部分为农民补足养老保险的社会统筹部分。这在《中华人民共和国物权法》第四十二条中已有体现:为了公共利益的需要,依照法律规定的权限和程序可以征收集体所有的土地和单位、个人的房屋及其他不动产。征收集体所有的土地,应当依法足额支付土地补偿费、安置补助费、地上附着物和青苗的补偿费等费用,安排被征地农民的社会保障费用,保障被征地农民的生活,维护被征地农民的合法权益。③

四是将中央财政超收收入的一部分用于补贴经济落后地区的农民养老保险社会统筹部分。据统计,近几年,由于实际经济增长高于预期目标,加上一些政策性增收因素,中央财政从2003年到2006年年均超收2040亿元,仅2006年就超收2573亿元。④

2. 社会救助

建立和完善社会救助体系,作为社会养老保险的补充。社会救助主要是国家的责任和义务,国家应该无偿供给。也就是说在资金来源方面,主要依靠国家财政拨付及社会慈善事业的帮助。我国社会救助在城市主要体现为城市居民最低生活保障制度,在农村则主要包括农村居民最低生活保障制度和五保户制度。在全国城乡建立最低生活保障制

① 2005年农民人均工资性收入1175元,首次突破千元,工资性收入占纯收入总量的36.1%。从变化趋势看,工资性收入比重是逐步上升的,并保持较快增长。2005年农民人均家庭生产经营纯收入1845元,占纯收入总量的56.7%。从变化趋势看,家庭生产经营纯收入比重是逐步下降的。2005年农民人均财产性收入88元,占纯收入总量的2.7%。2005年农民人均得到的转移性收入147元,占纯收入总量的4.5%。2006年中国居民收入分配年度报告[EB/OL]. http://politics.people.com.cn/GB/1026/5352697.html.

② 2006年中国居民收入分配年度报告[EB/OL]. http://politics.people.com.cn/GB/1026/5352697.html.

③ 中华人民共和国物权法(2007年3月16日第十届全国人民代表大会第五次会议通过)。

④ 温家宝.政府工作报告[M].北京:人民日报出版社,2007:16.

度，对于促进社会公平、从制度公平的角度实现和保障包容性增长，构建和谐社会的内在要求也是现实手段和途径。要让城乡百姓特别是困难群众都能够享受到公共财政的阳光。我国城乡社会救助体系框架基本建立，慈善事业不断发展。2006年中央财政用于城市低保的补助资金136亿元，比2005年增加24亿元，各地不同程度地提高了城市低保补助水平。已有25个省（自治区、直辖市）、2133个县（市、区）初步建立了农村最低生活保障制度，1509万农民享受了农村最低生活保障。基本实现了农村"五保"从农民集体互助共济向财政供养为主的转变。① 这就为完善城乡社会救助制度奠定了一定的物质和政策基础，党和政府应该以此为契机，积极推进城乡社会救助体系的发展步伐。

3. 自愿性养老

自愿性养老主要是城乡居民的家庭养老、储蓄养老、商业养老和自我养老等。这是具有提高生活水平功能的养老层次，是在城乡统筹的养老保险制度建立并不断完善的基础上来考虑的。在这层养老方式上，政府应该是倡导者的角色，积极鼓励自愿性养老方式的发展，并尽可能地为其发展创造提供发展的条件和空间。

4. 日常生活照料体系的建立

目前，我国老年人日常生活照料还主要是家庭养老的状态，社区服务和专门的养老机构都还比较稀缺，其中一个很重要的原因在于缺乏对养老照料资源（包括照料服务提供者和照料服务网络体系）的开发、支持和维护。因此，建立城乡统筹养老保障体系的一个重要内容就是开发、建立和支持老年人日常生活照料体系。

分为两个方面：一方面，是居家养老，重要的是要提高对照料者的支持力度。可以通过两个主要途径：一是通过社会公共政策对居家养老的资源提供者提供必要的支持，如应提供信息咨询、传授养老服务的技术和经验等，同时加强"孝文化"社会宣传的力度，倡导和鼓励子女赡养老人，树立社会"尽孝"典范，对良好的养老行为给予应有的社会尊重和鼓励等。二是在家庭内部，通过协商将财产继承、土地使用权转让等权益与是否履行赡养义务相结合并签订协议。另一方面，对于社区养老和专门的机构养老（包括营利性机构和非营利性机构）要从以下几方面努力：一是解决照料人来源的问题，即首先要做好照料者的人力资源开发和培训，对从事老年照料的从业人员进行必要的培训，在此基础上逐步形成相对稳定的专业化的老年照料服务队伍。二是努力完善相应的服务标准，不断提高服务水平。如合理确定需要照料的目标人群、服务的项目、价格，根据老年人的实际需要开发建立相应的服务机构等。三是加大国家支持力度（主要是针对非营利性养老机构的资金来源），国家和地方应该加强对老年人日常生活照料体系的管理，从制度上规范其服务标准，从政策上予以应有的鼓励和支持。

5. 精神慰藉体系的开发

主要是开发和建立更多的老年人活动中心、丰富老年人的精神文化生活。具体可以

---

① 参见温家宝. 政府工作报告[M]. 北京：人民日报出版社，2007：8.

尝试以下做法:①提倡子女"常回家看看"多与老年人进行交流,建立交流机制。②通过建立老年人交流俱乐部和学生志愿服务队来解决老年人孤独感等常见问题。老年人交流俱乐部,可以实行自愿参加的原则,主要由同一街道、同一村落的老年人与志愿者组成,由街道、居委会村民自治组织实行统一管理,组织俱乐部成员采用灵活多样的交流形式(比如到老年人家里、公共场所或固定场开展活动,定期召开心理咨询及各种形式的座谈会和文艺活动等)与有需要的老年人进行交流,开展活动。对于学生志愿服务队应该在形式上实行多向交流,学生可以访问老年人家庭,也可以组织老年人到学校去参加学生的文艺娱乐活动等。③建立老年人互助机制。由老年人和志愿者组成互助会或由邻里构成互助会,通过结对子方式实行相互帮助。互助会的功能主要是提供陪伴去医院看病等服务。④建立时间储蓄银行机制,促使人们在年轻时或身体健康时,为需要护理的老年人提供服务,储蓄并积累护理时间,当将来自己需要这方面服务时,可以利用已经储蓄和积累的服务时间。

6. 法律法规的建立和完善

解决我国老年人的养老问题必须主要依靠完善法制,即城乡统筹的养老保障制体系,必须以法律的形式加以承认、保护和实现。这是由社会保障的本质、特点和法律的性质及特性决定的。因为法律所具有的强制性和普遍性,对于居民按期缴纳养老保险的义务和国家在一定的条件下为人们提供养老保险的责任都做了约束性的规定,而不可随意违背。为统一的养老保障立法就是以法律的强制力来规范养老保障,以确保老年人的合法权益得到切实有效的保护和实现。

在世界经济全球化发展,我国工业化、城镇化、社会结构转型与建立社会主义市场经济体制步伐的加快的背景下,通过工业反哺农业,国家财政支持,建立城乡统筹的养老保障体系。从社会保障制度的层面建设公平的保障制度,向低收入人群倾斜,使所有人都从增长中获益,使所有的社会成员,都能够无障碍地参与和分享一体化的公平的养老保障制度。城乡统筹的养老保障体系的建立是实现包容性增长的有效途径,是有利于让人民过上更幸福、更有尊严的生活,让社会更公正、更和谐。

参考文献

[1]陈功.我国养老方式研究[M].北京:北京大学出版社,2003.

[2]潘怀明.欠发达地区社会保障理论与实务[M].北京:中国物资出版社,2005.

[3]钟仁耀.我国老年人精神文化生活质量问题分析及其对策研究[C]//当代中国:发展·安全·价值——第二届上海市社会科学界学术年会文集(上),2004.

[4]中华人民共和国物权法[M].北京:法律出版社,2007.

[5]温家宝.政府工作报告[M].北京:人民日报出版社,2007.

[6]2006 年中国居民收入分配年度报告[EB/OL]. http://www. people. com. cn/GB/8198/5352697. html.

[7]中华人民共和国国家统计局. 中华人民共和国2009 年国民经济和社会发展统计公报[M]. 北京:中国统计出版社,2010.

[8]王克群. 包容性增长的深刻内涵和重要意义[N]. 济南日报,2010－11－03.

[9]郑军,林义. 统筹城乡社会保障:启动消费增长引擎[J]. 宏观经济管理,2009(11).

[10]丁少群,林义. 工业化国家城乡统筹农村老年保障体系建设[J]. 中国劳动,2005(9).

[11] 王领. 城乡社会保障统筹的制度抑制与对策分析[J]. 经营管理者,2011(1).

[12]民政部. 县级农村社会养老保险基本方案(试行)(民办发〔1992〕2 号)[EB/OL]. http:/www. gov. cn/banshi/2005－08/04content_20283. html.

[13]中华人民共和国民政部. 2010 年社会服务发展统计报告[EB/OL]. http://www. cws. mca. gov. cn/article/tjkb/201102/20110200133593. shtml.

基于代际禀赋差异的农民工消费行为研究
——以贵州籍农民工为例

申鹏[①] 申有明[②]
(贵州大学管理学院)

摘　要:已有学者对农民工消费问题进行了相关研究,但很少有学者从代际禀赋差异的视角对农民工消费行为进行研究。文章以贵州籍农民工的问卷调查数据为基础,分析了两代农民工消费行为的代际变化,并予以相应的经济学解释。研究结果表明,农民工代际禀赋的差异导致其消费行为的代际变化,使两代农民工产生了不同的身份认同及与身份认同相对应的消费方式,第一代农民工的消费行为属于农村传统温饱型消费方式,第二代农民工的消费行为则有着向现代城市消费方式转变的特征。

关键词:代际禀赋差异　农民工　消费行为

一、问题的提出

农民工作为当代中国城市的一个特殊群体,是具有双重身份和双重角色的"边际人",他们的消费状态是转型期我国经济社会发展和人口问题共同交织的结果,其消费行为受到农村传统消费观念和城市居民消费观念的双重影响。近年来,在扩大内需政策的支持下,各级政府出台了鼓励包括农民工在内的城乡居民消费的政策措施,这无疑将会促进城乡居民的消费行为。在这一背景下,本文试图研究农民工消费行为及其代际变化,认识和了解不同代际农民工的消费需求,对于提高农民工消费能力、扩大城乡消费市场、改善城乡消费环境,贯彻落实进一步扩大内需、促进经济包容性增长的经济发展战略无疑具有重要的现实意义。

消费作为人类的基本属性,是人类在经济学意义上的两大行为之一。"消费行为即消费者通过消费支出,取得为自身生活的形成、维持和发展需要的商品或资源时的选择方式。它包括消费者的消费结构、消费方式等内容。"消费行为研究历来被认为是研究日常生活中的经济行为,很多学者从经济理论角度对消费行为做了大量的研究。目前对农民工消费行为的关注始于20世纪末,更多的研究是在21世纪初。学者们对农民工的消

---

① 申鹏,男,博士,贵州大学管理学院副教授,硕士生导师。主要研究方向:农业经济管理、劳动经济学。

② 申有明,男,贵州大学管理学院2010级企业管理硕士研究生。主要研究方向:人力资源管理。

费行为特征及其影响因素、影响农民工消费模式的社会因素、不同职业岗位和不同代际农民工的消费行为城市性、农民工的消费行为与消费方式的变迁以及“80后”农民工的消费观念变迁等问题进行了探讨,但是很少有学者从代际禀赋差异的视角对农民工的消费行为进行研究。基于此,本文结合在贵阳市两城区务工就业的贵州籍农民工问卷调查数据,实证分析农民工禀赋的代际差异及其消费行为的代际变化,进而分析他们的迁移意愿,以便为加强和创新农民工社会管理体系提供一定的参考。

二、农民工禀赋的代际差异分析

禀赋是指天赋,即天生所拥有的能力和资源,通常认为禀赋还包括后天所积累的能力和资源。因此,本文的禀赋概念包括先天拥有的和后天个人积累的能力和资源,比如年龄、性别等先天禀赋和教育、经历、社会关系、经济收入等后天禀赋。这些能力和资源可以分为人力资本、物质资本和社会资本三大类。在此,我们将人力资本禀赋定义为农民工的文化教育水平、职业技能和健康等;社会资本禀赋定义为农民工通过其社会网络及其身处的社会制度中所可能获得的社会资源的总和;物质资本禀赋定义为农民工的物质资源状况及经济收入水平。为了研究的需要,本文按照一般的代际理论,把1980年前出生的进城务工的农村劳动力称为第一代农民工,1980年后出生的进城务工的农村劳动力称为第二代农民工(即新生代农民工)。由于这两代农民工所处的社会条件和成长环境不同,在人力资本、物质资本和社会资本等方面的禀赋也不相同。

(一)被调查农民工的基本特征概述

为了更好地研究不同代际禀赋的农民工消费行为,笔者于2011年8月选择在贵阳市云岩区和南明区务工就业的农民工为对象,调查农民工的代际禀赋变化及其消费行为。本次调查按照抽样原则在云岩区和南明区共发放问卷630份,回收问卷622份,其中完全符合本文分析的问卷568份,问卷有效率为90.16%。问卷回收后做统一检查进行编码,应用SPSS 17.0软件进行数据统计分析。统计分析后的568名进城农民工的性别年龄结构如表1所示。

从表1可以看出,第一代农民工(即本此问卷调查中年龄在31岁及以上的)为203人,占全部调查对象的35.74%,其中男性128人,女性75人;第二代农民工(即15~29岁)为365人,占64.26%,其中男性188人,女性177人。另外,第一代女性农民工明显比第二代女性农民工减少,可能与她们结婚后承担生育、抚养小孩等活动而没有外出务工有关。

表 1 被调查农民工的性别和年龄结构表(N=568)[①]

<table>
<tr><th>性别</th><th>人数(人)</th><th>年龄</th><th colspan="2">人数(人)</th><th colspan="2">百分比(%)</th></tr>
<tr><td rowspan="6">男</td><td rowspan="6">316</td><td>16~20 岁</td><td>46</td><td rowspan="3">188</td><td>8.07</td><td rowspan="3">33.11</td></tr>
<tr><td>21~25 岁</td><td>61</td><td>10.82</td></tr>
<tr><td>26~30 岁</td><td>81</td><td>14.22</td></tr>
<tr><td>31~35 岁</td><td>56</td><td rowspan="3">128</td><td>9.82</td><td rowspan="3">22.53</td></tr>
<tr><td>36~40 岁</td><td>43</td><td>7.65</td></tr>
<tr><td>41 岁以上</td><td>29</td><td>5.06</td></tr>
<tr><td rowspan="6">女</td><td rowspan="6">252</td><td>16~20 岁</td><td>44</td><td rowspan="3">177</td><td>7.74</td><td rowspan="3">30.17</td></tr>
<tr><td>21~25 岁</td><td>74</td><td>13.05</td></tr>
<tr><td>26~30 岁</td><td>59</td><td>10.38</td></tr>
<tr><td>31~35 岁</td><td>40</td><td rowspan="3">75</td><td>6.97</td><td rowspan="3">13.19</td></tr>
<tr><td>36~40 岁</td><td>23</td><td>4.09</td></tr>
<tr><td>41 岁以上</td><td>12</td><td>2.13</td></tr>
</table>

(二)农民工代际禀赋的差异分析

1. 农民工人力资本禀赋的代际差异

由于农民工大多数在城市就业之前接受职业技能培训的机会较少,这方面具有较强的同质性,因此主要以教育水平(受教育年限)作为农民工人力资本禀赋的测量指标。文化教育程度越高,人力资本禀赋相应地也就越高。在本次调查中,568 名农民工均回答了各自的文化教育程度,笔者根据数据汇总后表明,在初中及以下文化教育程度占调查样本中第一代农民工的 89.25%;而第二代农民工的文化教育程度却发生了一定的变化,虽然初中及以下文化教育程度仍占主体(为 79.95%),但是高中及以上文化教育程度已占到 20.05%,高出第一代农民工 9.3 个百分点;按平均受教育年限计算,第一代农民工为 7.91 年,第二代农民工为 9.22 年。这就说明第二代农民工的人力资本禀赋已比第一代农民工有了较大的变化。

2. 农民工社会资本禀赋的代际分布

为了便于测量农民工关系型社会资本,笔者在此采用边燕杰的“春节拜年网”的测量指标,这种测量方法具有较高的信度和效度。在本次调查中,两代农民工个人社会网络主要使用以下三个维度进行衡量。

(1)网络规模的测量。通过对问卷的回答,可以直接将被调查农民工所提到过的与其有过相互拜年联系的亲属、朋友和其他熟人的人数加总,就基本上反映了农民工核心

① 注:为了分析需要,笔者将农民工年龄计算至 2010 年 12 月 31 日,表 1 中的年龄为周岁。

社会网络中成员的数目，也就是网络规模的大小和数量的多少。根据调查数据计算，得出第一代农民工网络规模的平均值为32，第二代农民工网络规模的平均值为39。

(2)网络密度和异质性的测量。农民工社会网络以亲缘和地缘关系为主，业缘及衍生型社会关系较弱。因此，笔者以农民工社会网络中“亲戚”和“老乡”关系所占比重作为衡量农民工“网络密度或异质性”的指标。网络密度越高，说明网络异质性越差，相应地，社会资本禀赋越高。根据调查资料计算，得出第一代农民工网络密度平均值为37.41，第二代农民工网络密度为25.21。

(3)网络结构的测量。对于这个指标的测量可以通过“春节拜年网”中地位资源的总量来获得。(由于具体做法相对复杂，限于篇幅对具体计算过程和数据省略。)根据调查资料统计分析结果显示，虽然贵州籍农民工的社会资本结构是得分较高的职业类别所占比例较低，得分较低的职业类别所占比例很高，但数据还是显示了第二代农民工拥有职业地位得分较高的职业类别百分比大大高于第一代农民工，总体高出约12%。

通过对农民工社会资本禀赋的实证分析可见，第二代农民工无论是网络规模、网络密度，还是网络结构都要好于第一代农民工，说明第二代农民工的社会资本禀赋要高于第一代农民工。而且，社会资本有着家庭内在延续效应，第一代农民工的外出经历会影响第二代农民工对外出务工的看法，这在某种程度上增加了第二代农民工的社会资本禀赋。

3. 农民工物质资本禀赋的代际分布

经济收入是决定农民工消费能力的最主要因素，也是其物质资本禀赋的主要来源。由于农民工的物质资源状况难以量化，在此，笔者将经济收入(工资收入)作为衡量农民工物质资本禀赋的唯一指标。根据调查资料，被调查第一代农民工月均经济收入的人数分布集中的区间依次是在1000~1300元组、1300~1600元组和1600~1900元组，而第二代农民工月均经济收入的人数分布集中的区间依次是1300~1600元组、1000~1300元组和1600~1900元组，而且，通过计算两代农民工的月均工资收入，第一代农民工为1504.68元，第二代农民工为1554.38元。这些数据变化说明第二代农民工的物质资本禀赋要好于第一代农民工。

通过对贵州籍被调查农民工人力资本禀赋、社会资本禀赋和物质资本禀赋的代际分析，可以说明，第二代农民工所拥有的禀赋都高于第一代农民工。

三、代际禀赋差异下的农民工消费行为分析

在分析了两代农民工的代际禀赋差异之后，通过比较两代农民工消费结构来分析禀赋代际差异下农民工消费行为的代际变化。在此，以基本生活消费支出结构来衡量农民工消费行为的代际变化。基本生活消费是指农民工在衣食住行医等方面的支出，主要包

括食品、服饰、家庭用品、医疗保健、交通通信、娱乐、人际交往、居住和文化学习等方面。我们根据调查资料对调查年度贵州籍农民工的基本生活消费支出整理、计算列表如下(见表2)。

表2 被调查农民工2010年度全部生活消费支出结构的代际分布表(N=568)

代际	类别		金额(元)	比重(%)	代际	类别		金额(元)	比重(%)
第一代农民工(N=203)	月均收入		1504.68	—	第二代农民工(N=365)	月均收入		1554.38	—
	月均消费	合计	1061.69	100		月均消费	合计	1336.06	100
		食品	589.53	55.53			食品	634.23	47.47
		居住	120.67	11.37			居住	158.29	11.85
		服饰	109.74	10.34			服饰	175.74	13.15
		家庭用品	69.76	6.57			家庭用品	39.75	2.98
		医疗保健	47.69	4.49			医疗保健	15.02	1.12
		交通通信	34.82	3.28			交通通信	83.91	6.28
		娱乐	22.24	2.09			娱乐	44.27	3.31
		人际交往	23.87	2.25			人际交往	52.36	3.92
		文化学习	15.83	1.49			文化学习	59.63	4.46
		其他	27.54	2.59			其他	72.86	5.45

注:①表中月均收入、月均消费和月均食品消费中含解决农民工吃饭的月伙食费;

②“—”表示没有计算相应数据。

从表2可见,第二代农民工月均消费明显高于第一代农民工,高出的绝对值为274.37元;第二代农民工月均消费支出占月均收入的比例为85.95%,第一代农民工则为70.55%,说明贵州籍农民工群体的消费支出较大,而且第二代农民工用于消费的支出更大,这与2010年物价上涨较快有关,同时也与消费观念密切相关。下面结合调查数据进一步说明农民工生活消费结构的代际变化。

(1)食品消费。食品消费是农民工最基本的消费,其消费支出的比例是衡量消费水平的指标——恩格尔系数[①]的主要参数。从表2可知,第一代农民工月均食品消费为589.53元,其恩格尔系数为0.56,按照联合国粮农组织的标准[②],其生活状况处于温饱线上;第二代农民工月均食品消费为634.23元,其恩格尔系数为0.47,其生活状况处于小康水平线上,这是由于代际禀赋差异影响的结果。

(2)居住消费:从表2可知,居住消费在两代农民工群体消费中所占比重分别为

① 恩格尔系数=食品支出金额÷全部生活消费支出金额。

② 根据世界粮农组织的规定,恩格尔系数在0.60以上的居民家庭的生活水平为绝对贫困型;在0.50~0.60之间为勉强度日型,在0.40~0.50之间者为小康型,在0.30~0.40之间者为富裕型,0.30以下者为最富裕型。转引自易丹辉,伊德光.居民消费统计学[M].北京:中国人民大学出版社,1994:71.

11.37%和11.85%，说明居住消费在两代农民工消费中相差不大。第一代农民工的居住消费支出月均为120.67元；第二代农民工的相应支出为158.29元。从这些数据可知，贵州籍农民工居住消费支出也呈现代际变化，说明第二代农民工更注重居住的条件和质量，群体的居住消费普遍较高。

(3)服饰消费。从表2可知，两代农民工的服饰消费相差66元，第二代农民工比第一代农民工高出60.14%；再从服饰消费所占总体消费比例来看，第一代农民工服饰消费占总消费的10.34%，第二代农民工服饰消费占总消费的13.15%。这说明第二代农民工在服饰消费上注重款式、质量和档次，比较重视服饰消费的审美价值，突出个人品位和个性的张扬。

(4)家庭用品与医疗保健消费。从表2可知，两代农民工在家庭用品消费上金额有一定差别，第一代农民工比第二代农民工高出30.01元，这与相当一部分第二代农民工未婚有关。第一代农民工的月均医疗保障支出比第二代农民工的相应支出高出了2.175倍，第二代农民工医疗保健占总消费的1.12%，第一代农民工医疗保健占总消费的4.49%，说明两代农民工由于年龄因素用于医疗保障支出的差异也较大。

(5)交通通信消费。第二代农民工的月均交通通信费支出为83.91元，占全部消费支出的比例为6.28%；第一代农民工的交通通信消费支出为34.82元，占总消费支出比例为3.28%。这说明两代农民工在交通通信消费支出方面的差异较大，第二代农民工的消费行为上更趋向于城市生活方式。

(6)娱乐消费。第一代农民工月均娱乐消费(含上网)支出22.24元，占总消费的2.09%；第二代农民工相应支出为44.27元，占消费支出的比例为3.31%，高于第一代农民工。

(7)人际交往。第一代农民工月均人际交往支出为23.87元，占全部消费的比例为2.25%；第二代农民则为52.36元，所占比例为3.92%。两代农民工在人际交往消费支出方面都并不高，但第二代农民工比第一代农民工更注重人际交往，由于交往的对象绝大多数都是农民工，所以他们的人际交往消费所占比例都不高。

(8)文化学习。第一代农民工月均文化学习费用为15.83元，占消费支出的比例为1.49%，而且有大部分第一代农民工回答其每月的文化学习费用是0元；第二代农民工月均文化学习费用为59.63元，占总体消费支出的比例为4.46%，说明第二代农民工用于文化学习的费用明显高于第一代农民工。

前面的调查数据表明，由于受代际禀赋差异的影响，贵州籍农民工生活消费支出结构变化较大，消费行为也呈现出不同的代际变化。第一代农民工用于食品、住房、服饰、家庭用品和医疗保健等基本生活保障性的生存资料消费较高，所占比例为88.29%，这些属于物质消费范畴。而用于交通通信、娱乐、人际交往、文化学习等满足个人发展和享受上的精神文化消费比例为11.71%，这基本上反映了第一代农民工生活消费的传统性,消费仅仅为了维持体力和生存需要。第二代农民工用于基本生活保障性的生存资料消费比例则为76.57%,用于满足个人发展和享受上的精神文化消费比例则为23.43%,说明了第二代农民工消费开始向城市现代性的消费方式转变,反映了农民工消费行为的代际差异和现代变迁。由此可见,代际禀赋不同的农民工消费行为具有不同的城市适应性,第二代农民工消费行为的城市适应性明显高于第一代农民工,具有较高的城市市民化特质,其身份认同上希望成为城市消费者,希望有着与城市市民相类似的消费行为。

四、分析结论与政策建议

(一)分析结论

通过分析农民工代际禀赋差异及其消费行为的代际变化以及相应的经济学解释,得出如下结论:

(1)第一代农民工的消费行为以自身的生存需要为主,以家庭和未来的生存发展为取向。因此,其消费支出结构中基本生活保障性的生存资料消费比例较高,精神文化消费支出的比例较少,其消费行为仍属于农村传统温饱型的消费方式。

(2)第二代农民工的消费生活状况已迈入小康型水平,其消费支出更多地关注自身消费的质量和舒适度,更注重精神方面的消费和享受,其消费行为则有着向现代城市适应性的消费方式转变。

(3)两代农民工代际禀赋差异及其消费行为的代际变化,使得两代农民工产生了不同的身份认同,进而导致了不同的消费方式和迁移意愿。第一代农民工在身份认同上仍把自己当作农民,其最终归宿还是回乡务农,导致了第一代农民工的消费以农村传统温饱型的消费方式为主,其实现迁移的意愿相对较低。第二代农民工消费行为的背后是他们逃脱城市边缘的努力,他们不再满足于城市生产者的身份,而是要成为城市消费者和生活者,其深层原因在于他们对“农民”身份的否定。受城市生活方式和现代消费观念的影响,他们逐渐趋向于城市型消费方式,因而具有强烈的迁移动机和意愿,如果制度和政策条件允许,他们更有可能实施迁移行为。

(二)政策建议

代际禀赋差异的农民工消费行为变化及其相应的消费方式和迁移意愿对于其今后的迁移行为选择有着深远的影响。因此,上述分析结论对于制定公共政策提供了一定的资鉴价值。

1. 提升农民工的人力资本禀赋

为农民工提供良好的书籍和报刊阅读场,鼓励其提升自身文化素质;各级政府和组织，尤其是流入地政府应大力加强农民工多层次、多形式的技能培训，建立农民工人力资本禀赋提升的形成机制，以拓宽农民工的视野和提高就业能力，为农民工形成科学、文明、健康的消费行为奠定素质基础，进而增强他们的城市适应能力。

2. 积累农民工的社会资本禀赋

为农民工提供便捷的交通通信设施，以拓宽其人际交往范围；积极鼓励和发展农民工加入工会、协会、互助会等社会中间组织，维护农民工的合法权益，鼓励农民工、家庭、企业、政府等各种层次的沟通，拓展农民工的社会关系网络，提高农民工消费的社会网络支持能力。

3. 增强农民工的物质资本禀赋

完善城市农民工就业市场，增加农民工的就业机会，严格执行并不断完善最低工资制度，推动农民工工资水平的合理增长，建立农民工工资支付的保障机制，稳定农民工就业和收入来源，提高农民工消费的经济能力。

4. 开展农民工消费市场调研，开发农民工消费市场

根据不同代际农民工的消费需求和消费特点，开发适合农民工消费特点的产品和服务，比如农民工的住房和培训，满足农民工的代际消费需求，积极推动农民工尤其是第二代农民工的市民化进程，使他们实现迁移过程。

5. 合理引导农民工消费观念，积极引导和鼓励农民工提高精神文化消费

加快流动人口聚居地基础设施建设，为农民工提供良好的休闲娱乐场所，通过一定的文娱活动缓解其工作带来的压力；充分利用互联网络与传播媒介宣传科学文明健康的消费观念和消费文化，营造良好的消费环境，引导农民工尤其是第二代农民工的消费行为向现代消费方式转变。

6. 消除制度障碍，实现制度创新，为农民工的可持续消费行为与城市融入营造良好的制度环境

改革户籍制度、农村金融制度、农村土地制度、社会保障制度和住房保障制度，逐步把农民工纳入城市社会管理体系，让农民工与城市居民一样享受同样的公共产品服务体系，增强他们的消费信心，进而使农民工的迁移意愿变成实际的迁移行为。

参考文献

[1]冯桂林，李淋. 我国当代农民工的消费行为研究[J]. 江汉论坛，1997(4).

[2]李淋，冯桂林. 试析农民工的消费行为[J]. 社会主义研究，1996(3).

[3]青平，秦庆，李崇光. 进城青年农民消费行为的实证研究[J]. 消费经济，2005(1).

[4]钱雪飞. 农民工消费的实证研究[J]. 南京社会科学，2003(9).

[5]严慧.农民工消费行为考察[J].消费导刊,2006(11).

[6]欧阳力胜.进城农民工消费行为与消费方式探析[J].经济与管理,2006(4).

[7]肖伟,阳慎初."80后"农民工消费观念变迁研究[J].长沙大学学报,2008(3).

[8]Bian, Yanjie. Bringing Strong Ties Back in: Indirect Ties, Network Bridges and Job Searches in China[J]. American Sociological Review, 1997, Vol. 62: 366 - 385.

基于集群效应的贵州中小企业竞争力的培育和提升

陈福娣①

（贵州师范大学管理学院）

摘　要：集群效应是产业集群为所在区域经济带来的效益和影响。集群效应的表现有成本优势、外部经济优势、创新机制、协作竞争机制等。贵州省中小企业在2008年金融危机后面临着诸多困难，文章通过对贵州中小企业发展的困境进行了分析和阐述，结合集群效应的表现，提出了相关解决对策。

关键词：集群效应　中小企业竞争力

一、产业集群是中小企业竞争力培育和提升的重要载体

近年来，中小企业也成为中国经济中越来越令人瞩目的力量。截至2009年底，全国在工商部门注册的中小企业已达1023万户，占全国企业总数的99%以上，对GDP的贡献超过60%，对税收的贡献超过50%，提供了近70%的进出口贸易额，创造了80%左右的城镇就业岗位。中小企业的健康发展与产业集群的贡献是分不开的，产业集群作为中小企业发展的重要载体，不仅有利于提高中小企业的专业化分工与协作配套，而且有利于降低创新和创业成本。产业集群作为中小企业的有机聚合体，具有产业链条完备、集约化程度高、生产成本低、专业分工明确的特征，是工业化进程中的必然趋势，也是转变中小企业和民营经济发展方式，提高发展质量的重要载体。

二、集群效应的表现

集群效应是产业集群为所在区域经济带来的效益和影响。在经济全球化和世界大工厂的前提下，产业集群犹如雨后春笋般迅速出现，带来了巨大的产业集群效应，被越来越多的国家和地区所重视。产业集群形成的根本原因在于聚集给集群内的企业带来较高投资回报。在集群形成后，能够产生突出的集群效应。

（一）成本优势

由于地理位置靠近，企业布局集中，企业集群有利于专业高度细化、配合密切的分工

① 陈福娣，女，硕士研究生，贵州师范大学经济与管理学院副教授。

协作体系,以社会分工的优势弥补中小企业规模不经济的缺陷,有效地降低生产成本和交易成本。这种成本降低主要来自以下几个方面:一是减少信息费用。集群企业紧密相处,信息交流频率高,而且多数与发达的专业市场相邻,容易获取各种技术信息和供求信息,大大节省了企业搜寻信息的时间和费用。二是降低劳动成本。在企业集群的所在地,经常能够聚集来自附近农村和外地的大批待聘劳动者,由于招聘容易和待聘者的内部竞争,劳动力成本相对较低。三是节约流通费用。集群化企业之间实行高度的专业化生产经营,形成了高效的分工协作系统,加以这些企业的地理位置距离短、运输费用低、供货及时,可以大量减少企业采购、运输和库存费用,并在短期内迅速形成强大的生产规模。

(二)外部经济优势

企业集群的外部经济优势主要表现在外部规模经济、范围经济和外部扩张优势三个方面。产业集群的出现,不仅能满足市场柔性生产、即时生产的要求,并且由于内部企业之间的分工和协作关系,有利于企业生产率的提高,实现外部规模经济。集群内部由于存在严密的分工和协作关系,企业往往更集中于生产专门的产品或从事价值活动的一部分,同时利用自身的技能与别的企业紧密合作,协同参与价值链的全部增值活动。这样,一方面专门化生产有助于企业专有技术的开发和核心竞争优势的形成,提高企业生产率,降低产品单位成本;另一方面大量资源进行产品多样化生产。这些专门化的企业联合起来进行多样化产品的生产,便实现了企业的范围经济。集群的扩张优势是集群凭借各方面优势,可在短时间内形成巨大规模,拉动地区经济快速增长和扩张。

(三)创新优势

不同企业创新能力的差别并不完全是由其自身决定的,企业之间的孤立和分离也是造成企业创新能力差的一个重要原因。集群具有创新效应主要是因为不同的企业聚集在一起,就会弥补由于孤立和分离给企业带来的劣势。地理上的集中使得企业之间对自身的优势和劣势都有着非常清醒的认识,迫于竞争压力,企业就会不断进行技术创新、组织创新。因此,集群本身就可以刺激创新,并形成一种积极向上的创新文化氛围。在集群中,各种企业如供应商、制造商、分销商及终端用户等在地理位置上的接近有利于关联企业迅速采用新技术进行创新,这样就提高了生产过程的整体效率。创新活动不仅仅是生产制造环节的事情,它贯穿于产品研究开发、设计、生产、制造以及营销的一整套环节。完善的社会关系网络有助于技术和知识的传递。集群内的企业与机构还应与群外企业、机构联系,了解外部环境的变化,或获得更多知识以利于产生根本性创新。由于地理位置上的接近,企业之间以及员工之间的频繁交流就成为可能,为企业的创新提供了诸多的学习机会,尤其是隐性知识的交流,更能激发新思维和新方法的产生。

(四)灵活专业化的协作竞争机制

一般来说,在集群内,大量的中小企业相互集中在一起,企业间形成密切而灵活的专业化分工协作关系。由于灵活专业化,在集群内,大中小企业与服务单位及政府群聚在一起,共同构成一个机构完善、功能齐全的生产、销售、服务、信息网络,这就是社会化的市场组织网络或地方产业配套体系。通过这种地方配套网络体系,使企业能及时、便捷地获得所需的材料和零部件,并及时将自己的产品供给客户。显然,这种完善的地方产业配套体系,对减少不确定性、降低信息搜寻成本、提高生产效率,都是至关重要的。同时,在集群内,大量企业相互集中在一起,既展开激烈的市场竞争,又进行多种形式的合作,如联合开发新产品、开拓新市场、建立生产供应链,由此形成一种合作竞争机制。这种合作机制的根本特征是互动互助、集体行动。

三、贵州中小企业发展的困境

贵州中小企业以贸易、医药、纺织、矿产开采、机械、制造业等为主,近年来服务业和旅游业呈现较快发展趋势,成为促进贵州经济社会发展的重要力量。由于贵州省属欠发达地区,经济水平、思想观念和发达地区存在较大差距,产业集群发展中还存在较大的困境,造成中小企业发展困难的原因既有外部环境方面的,也有中小企业自身所固有的,具体表现如下:

(一)国际市场萎缩导致的国内市场波动,使中小企业发展困难

2008 年由美国次贷危机引发的金融风暴,蔓延全球,造成全球经济萎缩。由于传导效应,使得国内市场出现了较大的波动,一方面,因为出口受阻,生产出口产品的企业将销售市场转回国内,加剧了国内市场的竞争;另一方面,由于出口产品订单的减少,生产出口产品、提供原材料的企业受到波及。同时,所有相关企业都会因产量减少而相应减少员工数量。中小企业几乎全部是处于产业链条的某一部位,产业链条的断裂意味着市场的消失,意味着中小企业再度陷入困境。

(二)生产成本上升

相对于产品价格,中小企业生产成本上升幅度较大。由于宏观经济政策、人民币汇率上升,以及《劳动合同法》的颁布实施,中小企业生产成本上升。其中,人民币汇率上升和《劳动合同法》的实施属于硬成本,企业是无法自行消化的,这就大大增加了企业控制成本的难度。更严重的是,中小企业生产成本上升,完全达到了侵蚀利润的程度,由此造成大批中小企业亏损。以贵州工业中小企业为例,据《中国工业经济统计年鉴(2011)》统

计,截至2010年,贵州共有工业中小企业449130家,其中亏损的有45063家,占企业总数的10%,也就是说,贵州十家工业中小企业中就有一家是亏损的。由于生产成本的上升,削弱了中小企业的竞争力,使得部分外资企业转移的同时,也失去了一些产品的国际市场。

(三)融资难度大

中小企业融资难是全世界的通病,不过融资难的程度、表现和原因各不相同。由于贵州省国有经济比重大,经济发展的重点一直放在国有大型企业上,很多扶持政策都偏向于这些企业。相比之下,中小企业资产规模和经营规模较小,产业层次较低,产业化协作水平较低,产品竞争能力不强,获利能力欠佳,造成自身信誉等级较低,贷款资金回笼不稳定等,致使中小企业融资一直是个难题。为了应对世界金融危机,国务院对银行信贷做了一定程度的改革,降低了利息率和贷款准备金率,鼓励银行推出小额贷款,还在有些地方组建金融公司等。然而这并不能收到立竿见影的效果。因为一方面中小企业抗风险能力弱,银行对其回款信心不足,银行要自保,会更加惜贷,仔细筛选客户;另一方面组建起来的小额贷款金融公司开展业务很艰难,对于缓解中小企业融资难的作用有限。

(四)中小企业自身资源禀赋较弱

中小企业的本质特征就是规模小。由于规模小,从某些方面就意味着其实力较弱。

1. 中小企业生产技术和装备水平落后

贵州省中小工业企业大多集中在采掘、轻工、化工、建材等劳动密集产业,生产工艺简单、技术装备水平落后、技术含量低,由于企业资金来源匮乏,无力进行技术改造,大多数生产设备水平落后,不少技术设备是大型企业和东部地区淘汰的旧机器,工艺粗糙,难以适应现代企业生产发展的要求。据调查,贵州省中小企业主要设备等级水平为20世纪80年代前期的占34%,90年代的占36%,甚至还有14.42%的企业仍在使用70年代的设备。同时,中小企业生产能力利用率也较低,设备闲置浪费较严重,目前中小企业综合生产能力利用率只有68%,有近1/3的生产能力闲置。

2. 中小企业经营管理水平低,经营粗放,经济效益差

贵州省相当多的中小企业管理水平不高,缺乏科学的管理方法和现代化手段,对未来发展战略筹划考虑较少,主要凭经验和传统的管理办法来经营管理。绝大多数中小企业采取粗放式经营,主要是依靠要素的大量投入,实现粗放增长,而不是依靠科技进步和提高劳动者素质来推动企业发展。

3. 科技含量低,多数企业创新能力差

贵州省中小企业从业人员大多来源于农村的剩余劳动力,普遍素质不高,技术水平低下。据调查,贵州省中小企业中具有大专以上学历的职工仅占职工总数的12%,高中或中专学历的占30%,而初中以下学历的近58%,30%的企业大专以上学历的职工比重不足5%;具有大专以上学历的管理人员占职工总数的2.46%,技术人员占7.5%;拥有高、中级职称的人员仅占全部职工的2%左右。

2003年,贵州省R&D经费支出占GDP的比重为0.5%,仅为全国平均比重的38.17%(全国R&D经费支出占GDP的比重为1.31%);县及县以上的研究与开发机构109个,远少于山东(2000年308个)和江苏(2000年285个)。全省水平尚且如此,对于广大中小企业来说科研投入所占的份额则更少。由于职工素质低,技术人员缺乏,加上技术创新投入不足,使贵州省中小企业的科技创新难以进行。

4.产业链太短,产品附加值低

贵州大多中小企业的产品都是处于产业链的初级和中间产品,终端产品极少。如六盘水被誉为"江南煤都",煤矿的储量大,但是仅局限于简单的原煤开采,而煤电化、煤电铝、煤电钢等煤化工产业发展却极为落后。由于加工层次低,缩短了增值链条,只得把最终成品的增值效益拱手让给外地企业。

四、基于集群效应的贵州中小企业竞争力的提升策略

产业集群是中小企业竞争力培育和提升的重要载体,而建设产业园区又是发展产业集群的最优路径,所以通过加强产业园区的建设,可以提升中小企业的竞争力。

(一)建设特色产业园区

产业园区是区域经济发展、产业调整和升级的重要空间聚集形式,担负着聚集创新资源、培育新兴产业、推动城市化建设等一系列的重要使命。园区的具体形式多种多样,主要包括高新区、开发区、科技园、工业区、产业基地、特色产业园等以及近来各地陆续提出的产业新城、科技新城等。

建设和培育一批符合市场需求、基础设施配套齐全、能够带动促进相关产业及经济优势发挥发展的特色产业园区,推进中小企业、农业产业化龙头企业发展,以增加就业、发展县域经济。比如,以生产特色食品为主的产业园区有凤冈有机生态工业集聚区、余庆龙溪工业园区、正安瑞濠工业园区、道真自治农产品加工园区、龙洞堡食品工业园等;以煤以及深加工为主的产业园区有盘县红果产业新区、水城县发耳煤电化产业园区、六盘水市钟山区大湾(汪家寨)工业园区、盘县保田工业园区、六枝特区岩脚工业园区等;以民族制药为主的产业园区有安顺民族制药工业园区、玉屏承接转移产业园区、大兴科技工业园区等。

产业园区的建成有助于降低企业的生产成本、信息成本和物流成本等,同时还可以形成可观的外部经济优势,加速集群效应的释放,带动一个地区经济的发展。产业园区

的建成,集群效应的扩散,使企业有资金去购买先进的生产设备、培育技术人才,加强产品的研发与创新。集群效应有知识外溢的优势,产业园区的建成可以使地理位置相近、行业相近的企业布局集中,这样企业中的技术人员、管理人员可以形成一种非正式交流。这种非正式交流对于知识和技术的扩散非常有效,不仅可以提高企业的经营管理能力,还可以提升企业的创新能力。以上措施可以从根本上解决中小企业自身存在的弊端。

(二)切实缓解中小企业融资困难

加快发展社区银行、村镇银行、小额贷款公司、担保公司、融资租赁公司等中小金融服务机构,是缓解中小企业融资难的根本出路。一是要完善差别化监管政策,允许小银行提高存贷比,拓展小额贷款公司的融资渠道,改善经营环境;二是加大财税扶持力度,对小型金融机构在减免营业税的基础上适当减免所得税,完善担保补贴制度和发展政策性担保机构。进一步引导大中型商业银行为小微企业提供金融服务。另外,要加快发展风险投资、产业投资、企业债券等直接融资工具,拓宽中小企业融资渠道。

参考文献

[1]陈乃醒,傅贤治,白林.中国中小企业发展报告[M].北京:中国经济出版社,2009.

[2]国务院发展研究中心课题组.中小企业发展[M].北京:中国发展出版社,2011.

[3]苏东水.产业经济学[M].北京:高等教育出版社,2000.

[4]魏后凯.对产业集群与竞争力关系的考察[J].经济管理,2003(6).

基于战略规划视角的中国本土企业社会责任构建研究

陈英葵[①] 王梦露

（贵州师范大学喀斯特生态文明研究中心 贵州师范大学经济与管理学院）

摘 要：随着全球经济一体化的趋势不断增强，中国本土企业作为世界经济中的一部分，承担社会责任已成为企业不可回避的现实问题。当前我国本土企业已越来越注重承担社会责任，但实质认识上却仍存在误区，或因将其简单等同于慈善，或因被动视其为一种负担，而非核心竞争力。文章提出应站在战略构建的高度，以思辨眼光看待企业社会责任，并详细分析了企业社会责任融入发展战略的现实意义，以期端正本土企业对待社会责任的态度，进而为本土企业构建社会责任战略提出指导性建议，以实现企业和社会的共同可持续发展。

关键词：本土企业 企业社会责任 SA8000 战略规划 竞争力

自20世纪90年代起，经济全球化以前所未有的速度和规模向前发展，世界局部性的市场竞争已逐渐转化为全球性、全方位竞争。企业作为市场经济的主体，其首要责任是为社会提供合格的产品与服务，以获取最大限度的利润。然而在全球经济一体化日益加剧的大背景下，一系列诸如环境污染、劳工安全的社会问题日益凸显，消费者开始越来越多地关注企业的社会责任，而承担社会责任也已成为当今众多企业的共识。中国作为全球供应链上的重要组成部分，要想与国际经济相融合，成为真正意义上的"世界工厂"，就必须重新审视企业在推动社会进步中的积极作用，正确认识企业社会责任，并将其融入企业战略规划当中，化被动为主动、变挑战为机遇，全面提升企业核心竞争力，推动企业与社会共同可持续发展。因此，从战略的角度来探讨企业社会责任问题，对我国本土企业社会责任的推进有着重要意义。

一、企业社会责任的历史渊源

企业社会责任是英文 Corporate Social Responsibility 的直译。它是20世纪初，发达国家企业规模的日益壮大、资本的不断扩张，进而引起的诸如两极分化、社会贫困、劳工问题、环

① 陈英葵，男，贵州师范大学喀斯特生态文明研究中心研究人员，硕士生导师。主要研究方向：组织行为、企业战略管理。

境污染等一系列社会矛盾背景下产生的。最早提出这一概念的是美国学者奥利佛·谢尔顿(Oliver Sheldon)(1924),他将企业社会责任与公司经营者满足产业内外各种人类需要的责任联系起来,并认为CSR含有道德因素,从而大大抨击了当时的股东利益至上理论。1953年,被称为"企业社会责任之父"的鲍恩(Howard R. Bowen)在著作《企业家的社会责任》中指出,"企业家具有按照社会目标和价值观确定政策、做出决策和采取行动,并自愿承担社会责任的义务"。由此,引发了人们对企业社会责任的激烈讨论与研究。1979年,阿奇·卡罗尔(Archie B. Carroll)提出了著名的包含有经济、法律、伦理、慈善四层次责任的社会责任金字塔模型,而这一社会责任的界定也被认为是最为典型的。到20世纪后期,随着经济全球化和跨国公司世界影响力的与日俱增,以及人们维权意识、环保意识的普遍提高,CSR运动逐渐成为国际化潮流。1997年,全球首个社会责任认证标准——SA8000由国际社会责任认可委员会(SAI)制定并发布,它包括了童工、强迫劳动、健康与安全、结社自由和集体谈判权、歧视、惩罚性措施、工作时间、工资报酬及管理体系9个方面的内容。并旨在通过有道德的采购活动改善全球工人的工作条件,最终形成公平而体面的工作环境。

回顾企业社会责任的发展,可以看到,从最初理念的提出,到后来对其内涵的界定,再到现在对它的标准的制定,CSR已变得越来越具体、越来越丰富,并逐渐由纸上理论走向了更为现实的实际操作。随着时间的推移,对于CSR的研究还将不断扩充、深化与完善。然而其作为企业经济行为的道德约束的本质是不会变的。它超越了传统认为利润最大化是企业唯一目标的理论,开始重视并承担起除股东之外的员工、消费者、供应商、客户、社区、政府等利益相关者的责任。这一思想的转变是对当今企业的重大考验,而对于我们还处在资本累积阶段的发展中国家来说,这更是前所未有的挑战。

二、我国本土企业履行社会责任概况

(一)我国本土企业履行社会责任现状及分析

1.越来越多的企业开始注重CSR

一直以来,我国企业的社会责任意识相对发达国家都比较淡薄。但近年来,由于诸如"三鹿毒奶粉""平安圈钱门""山西黑煤窑"等因企业盲目追逐利润而忽视其应肩负起的社会责任的事件频频爆发,以及我国加入世界贸易组织后,国际市场对跨国企业社会责任的要求,使中国企业开始逐渐意识到履行社会责任对自身发展的重要性与必要性。企业开始关注,并纷纷加入到这场源于欧美国家的企业社会责任运动中来。据统计,到2008年9月30日,在全球获得SA8000标准认证的1835个企业中,中国就占了218家,仅次于意大利和印度,位居世界第三。从表1中可更为直观地看到近年来我国企业的SA8000认证状况。

表1 2002—2008 年全球与我国获得 SA8000 的认证情况

全球认证企业数	中国企业认证数	全球认证国家数	中国排名	截止日期
150	34	27	1	2002-08-26
259	42	36	2	2003-08-31
400	53	40	2	2004-05-20
720	101	45	3	2005-06-30
1038	129	55	3	2006-06-30
1373	159	65	3	2007-06-30
1835	218	68	3	2008-09-30

资料来源：社会责任国际 SAI 网站，http://www.saasaccreditation.org/certfacilitieslist.htm；部分数据由笔者整理而成。

而与此同时，国家电网、中国移动、中远集团等大型国有企业，甚至杭州西子投资、浙江传化等民营企业也都相继发布了自己的社会责任报告。截至 2008 年 5 月 30 日，根据公开信息监测，中国内地发布社会责任报告的企业已有 79 家（其中国有企业 65 家），遍布通信、化工、能源、金融、公共设施、物流、房地产、旅游、航空等多个行业。图 1 反映的就是 2004—2008 年间中国企业社会责任报告发布数量的增长情况。

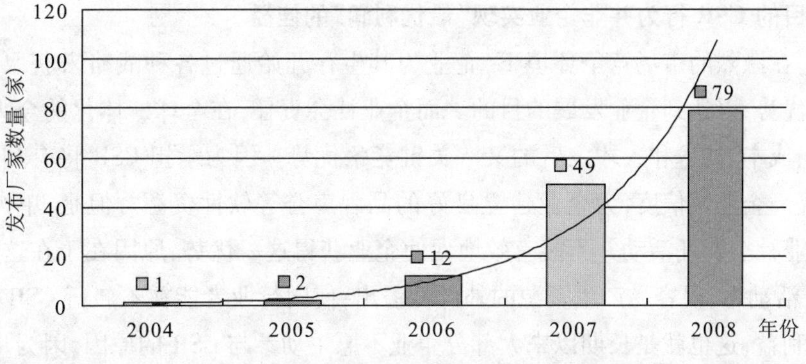

图1 2004—2008 年中国企业社会责任报告发布情况

资料来源：李荡，等.赢在责任[M].北京：石油工业出版社，2009.

2. 我国企业对社会责任认识仍存在偏差

可以看到，中国企业界中的大多数，已经认识到承担社会责任不是一种商业姿态，更不是简单的面子工程，而是市场经济发展到一定阶段的必然产物，是企业追求发展的内在需要。然而，在占到全国企业总数 99% 的中小企业里，却仍不乏缺失社会责任感的企业，做出造假欺诈、违法生产经营、侵害员工和消费者利益、污染生态环境等行为。据《中国纺织服装行业企业社会责任年度报告 2006》显示，100% 的被调查企业都存在超时工作现象，部分企业员工每天工作达 13 个小时，晚上加班 4～5 个小时，每周工作时间达 83～90 个小时，有的企业的员工 3 个月内仅能休息 1 天。

除此之外,有很多企业,虽对社会责任有所认识,但却十分片面,只停留在诸如“慈善捐款”的责任理念上,认为 CSR 就是企业所做的公益事业;或者认为 CSR 只是企业在遇到危机时用来化解危机的一种途径;又或者将 CSR 简单地等同于 SA8000,认为只要企业通过认证就万事大吉。像奶粉巨头三鹿的轰然倒下就是企业将社会责任片面等同于公益捐赠的最好例证。在三聚氰胺事件曝光前,据不完全统计,三鹿集团为抗洪救灾、抗击“非典”捐资捐物,捐助困难家庭、弱势群体,扶持奶农养牛等,累计投入高达 3 亿多元。然而,这样看似充满爱心的企业,却无视其最基本的提供安全产品的职能,将牟利的魔爪伸向那些还无法表达自我感受的无辜孩子。可见,正确认识社会责任对企业的生存和发展具有多么重要的意义。

关于 CSR 认识得不全面,还可从以下一组数据得到佐证。2007 年,中国企业家调查系统对 4586 位企业经营者进行的问卷调查显示:有 95.8% 的企业家都已认同“优秀企业家一定具有强烈的社会责任感”;而同时,却也有 69.7% 的企业家认为“履行企业社会责任会增加企业的成本”。总的看来,我国企业对于社会责任问题已有一定的认识,但并没有真正地将其视作一种竞争力来源,没有认清企业社会责任的本质,更没有将其提升到战略的高度以辅助企业的永续发展。可以说,现阶段我国企业对于社会责任问题还只停留在初级认识上。

3. 盲目的 CSR 行为并非企业实现“最优利润”的佳径

如今,在激烈的市场竞争环境下,企业为其生存开始通过各种战略来获取或保持特有的竞争优势,以达到企业发展的目的。而企业社会责任,在全球一体化的今天,已成为了继资金、成本、技术和人才之后的又一关键竞争优势。因为承担 CSR 将有利于改善企业形象,提高企业诚信度,为企业建立良好的品牌声誉等软性资源。但是,单纯地、盲目地进行企业社会责任活动并不能有效地促使企业获得这一优势,原因在于在这样漫无目的的 CSR 活动中,很容易产生资源的外部性溢出,使同行业者能在不履行 CSR 的前提下也享受到利益,这也就是长期以来大部分企业不愿主动参与 CSR 的原因,因为从短期看,企业的成本将大大增加,而收益却很难量化。

以“某污染严重的能源型企业把其 60% 的 CSR 预算用于资助希望工程”为例,虽说企业支持公益事业很值得赞赏,但从企业角度看,这样的社会责任行为却极其低效。作为一家污染严重的能源型企业,理应首先考虑对污染的治理,然而其却将过半的 CSR 预算都投在了与自身业务无关的希望工程上,企业最终得不到应有回报,获取不到与他人有别的、更为有效的竞争优势的结果可想而知。对于企业来说,由于资源和能力的有限,没有一家企业能为社会解决所有问题,它们所应该做的是有目的地选择与自己业务相关的、社会关注度高的问题。只有这样,企业才能通过 CSR 提升核心竞争力,才能实现企业自身和社会利益的双赢。

(二)企业社会责任战略性提升

1. 站在战略高度认识 CSR

目前,我国企业社会责任的履行状况不容乐观,相比欧美发达国家还存在很大差距。其原因虽然与我国还处于经济转轨时期以及企业自身能力有关,但还与企业的经营理念是分不开的。尽管中国企业已认识到不承担 CSR 将遭到市场经济的淘汰,可是却并未形成将 CSR 融入战略以提升企业核心竞争力的战略性思维。战略管理专家 Porter 和 Kramer 在 2002 年就曾提出战略性慈善行为(Strategic Philanthropy),认为不是所有的慈善行为都会提升企业竞争力,只有当企业的慈善行为既具有良好的社会效益又具有经济效益时,慈善行为才能与经济目标兼容。可见,以战略的高度来认识企业社会责任,将履行社会责任视作同产品、价格、人力资源等一样的新型战略,并将社会责任与企业发展战略相结合,纳入战略管理活动当中具有十分重要的意义。

2. 我国企业 CSR 战略类型选择

现在,我们一般将社会责任战略归纳为四种类型,即消极反应型战略,没能甚至不愿意按照社会责任方式行动,并尽可能地躲避或隐瞒自己的不负责任行为;防御型战略,承认社会责任,但消极对抗;适应型战略,承认并接受社会责任,但仅做所有被要求的事项;预见型战略,在责任到来之前提前采取行动,肩负起社会赋予它的责任,以防患于未然。从四种 CSR 战略类型上看,我国企业,尤其是中小型企业,几乎都还停留在消极反应和防御阶段,它们在遇到企业社会责任时大多是有什么问题就尽量解决什么问题,CSR 行为表现得十分零散、十分被动。所以与其说是一种战略,倒不如说这是企业面对社会责任时所表现出的态度和行为反应。

因此,我国企业应当努力向更高层次的预见型 CSR 战略发展。而这就要求中国企业积极主动地担负起社会责任,以企业的总体发展战略为目标,将 CSR 作为战略投入,并贯穿于企业经营管理中,用更为有效的方式整合资源,实现资源最优配置,为企业获取长久的、无法替代的竞争优势,最终实现企业与社会共同可持续发展。

三、企业社会责任融入发展战略的意义

本文一直强调企业应将社会责任与企业发展战略相结合,以制定适合自己企业的 CSR 战略,但是究竟意义在于什么呢? 接下来,将针对战略性 CSR 为企业带来的收益做详细的分析。

(一)有利于消除国际贸易壁垒,增强国际竞争力

自 2001 年加入世界贸易组织来,我国与国际的贸易交流便日益增加,并逐步成为世

界性工厂。然而随欧美 CSR 运动的兴起,许多跨国企业开始对其供应商实施例如 SA8000 的企业社会责任和评估制度,企业只有通过评估和审核,才能建立合作伙伴关系,而类似 SA8000 的国际标准也无形中成了我国企业的新型贸易壁垒。于是,许多企业开始关注 CSR,并相继改善企业环境以求通过 SA8000 标准。

不少企业通过达到标准的具体要求又重新进入国际市场,但这样的做法却值得商榷。因为环境总是不断变化的,被动地承担企业社会责任,只会让企业的压力越来越大,标准一旦更新,企业的成本就将跟着无限放大,承担不了突如其来的成本压力,企业最终必然遭到市场的淘汰。因此主动履行社会责任,将其纳入企业整体发展战略,不仅能使企业获得通行证,更重要的是能让企业从长远的眼光来看待企业自身的发展。

(二)降低经营成本,提升财务业绩

在我国,尽管人们大多已认识到 CSR 的重要性,但却仍有不少企业因认为承担 CSR 就会增加经营成本,降低其在行业中的竞争优势,从而不愿履行社会责任。的确,要将社会责任植入企业战略当中,企业就必须在采购、研发、生产、销售等价值链的各个环节进行必要的投入以改善现状,从短期来看成本增加是不可避免的。然而,站在战略的高度,CSR 的投入其实是有助于降低成本的。全球著名企业 3M,自 1975 年起便开始执行"3P"计划(Pollution Prevention Pays),作为一家制造业为主的企业,3M 并没有以牺牲环境为代价来获取利润,而是注重从污染源头——产品生产过程抓起,规划产品,改善生产流程,重新设计生产设备,对废料进行循环利用。3M 公司共实施近 5000 个 3P 项目,每一项目都体现着它为环保做出的努力,譬如现广泛用于液晶电视、电脑显示屏的增亮膜,每年就为全球节省了 575 亿度电,相当于 2300 万吨煤炭释放的能量。截至 2002 年,共节约近 8.94 亿美元。事实显示,3M 的"3P"计划不仅使其经营成本降低、社会声誉提升,同时还通过主动承担社会责任规避了因污染而引起的法律纠纷、社会舆论压力的风险,更重要的是为生态环境的保护做出巨大贡献。

企业积极履行社会责任不仅可以有效降低企业经营管理成本,还能使股东获取最大利益,原因在于有社会责任感的企业在证券市场上将更受投资者的青睐。沈洪涛(2005)对中国上市公司财务指标和企业社会责任的关系分析中明确表明前期和当期公司社会责任都对企业当期财务各项指标产生明显的正相关关系(见表 2)。结果表明企业进行有计划的社会责任管理,可使企业获取良好的社会效益,同时获得长远的商业利益。

表2 我国上市公司社会责任与财务业绩关系相关性检验结果

指标	总资产报酬率	净资产报酬率	总资产增长率	总收益率	风险收益率
当期财务业绩(CFP)与当期公司社会责任(CSR)之间的关系					
相关系数	0.339	0.053	0.341	0.122	0.175
显著性水平	0.000	0.004	0.000	0.000	0.000
当期公司财务(CFP)与前一期公司社会责任(CSR)之间的关系					
相关系数	0.237	0.003	0.255	0.066	0.100
显著性水平	0.000	0.899	0.000	0.002	0.000

资料来源:沈洪涛.公司社会责任与公司财务业绩关系研究[D].厦门大学,2005.

(三)招揽人才、留住人才

人力资源一直以来都是企业影响最大的生产要素,而在这个知识信息爆炸的时代,优秀的人力资源便显得更为重要。企业积极承担社会责任,本着人本管理的理念,为员工提供安全的工作环境以及培训和发展机会,员工自然愿意留在企业;同时负责任、值得信赖的企业也自然容易吸引人才,并且无形中还可增加在岗员工的企业认同感和荣誉感,更易激发员工的积极性。一项网络调查显示:在接受调查的2100名MBA学员中,为数过半的学员表示,为了到一家对社会负责的企业工作,他们愿意接受较低的薪酬。

企业履行社会责任,有益于集聚优秀的人力资源,但并不是鼓励企业泛泛地做形象工程,而是提倡企业更有目的性、更有选择性地进行CSR战略。2004年,华为的一次公益性事业就是典型的社会责任战略性投资。当时,华为与广州大学"合作",免费为其提供价值200万~300万元的产品设备;而与此同时,广州大学在其选修课中设置了关于华为产品的相关课程,作为回报条件,毕业时华为的合作公司将从中挑选相应的合格者。华为的这次捐赠行为不仅有效地改善了部分学生因没有实践经验的就业难问题,实现了社会效益;同时,对企业来说,华为借助高校教育资源建立了一个庞大的专项后备力量,降低了今后的员工岗前培训成本,为企业源源不断的优秀人力资源提供保障。除此之外,这次公益活动还为企业赢得了声誉,作为潜在消费者的大学生们,由于对华为企业文化的了解以及对华为履行CSR的认同感,将来很有可能成为华为的忠实顾客。

(四)有助于企业吸引投资,解决企业融资难问题

今天,在国际上有一个叫作"赤道原则"的关于规范金融机构社会责任问题的行业基准,它的产生是缘于非政府组织认为给缺乏环境和社会责任的企业提供贷款的金融机构也是帮凶的观点。它强调金融机构在提供贷款或融资时应考察企业承担CSR的相关情况,并且有具体量化的指标供其衡量。目前,占全球项目融资市场90%份额的金融机构已经接受了赤道原则,越来越多的金融机构意识到要成功融入国际项目融资市场,就必

须在环境评估和社会责任方面与主流金融机构达成一致。因此,今天的企业更应自觉履行社会责任,主动实施 CSR 战略,以增加企业经营管理透明度,提升企业产品的质量与服务,建立正面企业形象,提升企业信誉度和社会影响力,彻底摆脱过去金融机构的固有偏见,努力争取更多更广泛的资金来源,以更好地促进企业的建设与发展。

(五)帮助企业提高声誉、树立形象,并建立良好的企业品牌

随着市场竞争的日趋激烈,如今企业间的竞争已不再停留在传统意义上的产品与价格竞争,而是更多地涵盖着诸如声誉、品牌、文化等的软性竞争力。企业通过在生产经营链的各个环节中积极履行 CSR,有利于企业自身良好形象的树立,形成企业的无形资产,进而成为其核心竞争优势,为企业带来长期的、潜在的利益。众多的实践显示,企业越是注重社会责任,其产品和服务就越有可能获得更大的市场份额。像在汶川地震捐款时表现优秀的加多宝集团,其高达 1 亿元的善款不仅及时地帮助了灾区,更使得品牌瞬间成为民族品牌的骄傲,获得了无数企业梦寐以求的社会美誉,提升了消费者的忠诚度,更大大促进了产品销售。

然而就在那次捐款中,地产龙头企业万科却因仅捐 200 万元而引起社会大众的不满。最终在舆论的压力下,为挽回形象,继而又出资 1 亿元援助灾后重建。其实 200 万元的捐款也不是小数目,然而“能力越大责任也就越大”,因此人们的期望才会越高,但万科却在这紧要关头低估了这一期望。试想,假如万科具有强烈的社会责任感,假如它已将社会责任纳入自己企业发展的战略计划中,假如它能在汶川发生灾害后利用自己房地产界中的优势和能力为灾区构建并援助灾区的重建,那结果一定就会呈现出另一种局面了。企业的责任感与其市场竞争力相辅相成、没有社会责任感的企业不可能拥有竞争力。企业承担 CSR 的行为,是维护其长远利益、符合社会发展要求的互利行为,这一行为对企业来说,不仅仅是付出,更是一种收获。

(六)改善政府监管环境,赢得政府支持

企业是社会的经济主体,它通过自己的经营行为为社会创造财富,而政府是社会财富的管理者,它通过企业的经营纳税为公众提供各种资源,并解决社会公平、稳定社会秩序。因此,企业最基本的社会责任就是合法经营、按章纳税,为社会提供更多财富。当然,政府的财政收入也是有限的,企业应在自己能力范围内,通过履行企业社会责任为社会解决问题,帮助政府摆脱困境。这样,将有利于企业得到政府的信任,在政策上得到政府的支持,并能有效降低政府监管力度,获得更多自由发展的空间。使企业与竞争对手相比获得更好的经营环境,有助于企业竞争能力的增强。

四、企业社会责任战略的构建

通过上述的分析，我们可以看到，社会责任已成为当今企业必不可少的一部分，而战略性企业社会责任更是对企业的发展具有不可替代的重要作用，因此通过执行 CSR 战略来履行企业社会责任，并指导企业的发展就成为了必然。作为企业，究竟如何来制定与实施 CSR 战略呢?

(一)培养社会责任意识，提升企业价值观

企业是履行社会责任的主体，是各种社会责任活动的践行者，而观念是企业行为的先导，它对企业的实践起着重要的指导作用。没有正确的意识观念，即使拥有再强的行动力，也只是枉然。企业要规划、要执行 CSR 战略，首先应做的就是增强自我的社会责任意识，树立良好的企业价值观，彻底地转变企业以经济利润最大化为唯一目标的传统思想，并正确认识社会责任对企业发展的长远影响，从而自觉地、主动地担负起除股东利益以外的利益相关者的社会责任。可以说，正确的价值观是企业认识社会责任，并自愿履行社会责任的根本保证。

(二)将 CSR 理念融入企业使命

如果树立正确的价值观是企业履行 CSR 的理念要求，那么明确企业使命与愿景就是对企业如何履行 CSR 的指导方针。在战略管理书中，对企业使命与愿景的定义是这样的:它是对企业存在意义及未来发展远景的陈述，除表明企业长期存在的合法性及合理性外，还要与所有者和企业主要利益相关方的价值观或期望相一致，对企业员工有很强感召力，并能得到社会公众认可。应该说，企业的使命与愿景就是企业价值观的体现，就是指导企业行为的最高思想。

一个富有责任感的企业，必定会将企业的社会责任融入企业使命当中，指导企业的生产经营以及日常管理，最终赢得更多的消费者，得到更广泛的公众认可。因此，在制定 CSR 战略时，首先就要求企业把自己看作社会的一部分，明确自身在社会中的职责与地位，在保障自身利益的同时，充分考虑企业之外的包括员工、消费者、社区、环境、政府的利益，提出与自身作用相符的企业使命与愿景，帮助企业实现永续性发展。

(三)成立 CSR 组织，管理 CSR 事务

企业明确自身使命与总体的发展方向后，要进行 CSR 战略的具体制定与实施就需要一个专门的组织进行项目的拟定、执行与管理，因此在推进企业社会责任过程中，成立专门机构是十分必要的。在我国，由于对 CSR 认识有限，认为这只是企业的形象工程，因此

承担这一职责的组织主要是公司的公关部。然而,随着社会责任的战略化,社会责任已不再是企业可有可无的行为,战略性 CSR 要求企业将社会责任体现在诸如研发、生产、销售、人力资源管理的日常运作中。所以企业应当根据自身规模设置专门组织,安排专职人员,必要时还应在相关部门设置兼职人员以负责协调企业与社会、环境的关系,处理企业与供应商、消费者的关系,以及管理企业针对环保节能进行的技术、产品革新等。

(四)分析企业自身情况与需求,制定 CSR 战略目标,选择社会责任活动

企业的能力以及资源都是有限的,因此,CSR 战略要求企业应更为理性地选择对自身发展有利,同时对社会进步也有意义的社会责任活动。所以,企业首先要同做战略分析一样,剖析所处行业和宏观环境方面的因素,同时将企业的社会责任作为企业外部环境因素的一部分纳入到分析体系当中,从整体上对 CSR 的履行现状和内外部环境都有一个详细的了解。当然,还应关注利益相关者对企业的"期望",重视与利益相关方的互动,进而制定出最适合企业的战略目标,并据此找到企业自身或行业最需要解决的问题。同时,企业还应对外部环境的变化进行预测以求得发展机会,对内部资源进行调整与优化以促进战略目标的实现。真正明确自己可以做什么,竞争力是什么,最后发现自身企业社会责任领域的可为之处才是企业社会责任的真谛。2008 年,联想集团"由奥运赞助商到公益组织赞助商"的社会责任转型,就是在其对自身价值链和竞争要素环境分析后,选择的最有价值的社会议题。其宣布今后将按主流业务方向选择资助,如缩小数字鸿沟、环境保护、教育、扶贫救灾等,其项目一方面促进社会的信息化水平、知识水平、环境治理的提高,另一方面使得联想集团长期获得更良好的市场需求环境和人力资源环境。

(五)进行社会责任绩效评估

企业社会责任绩效评估是 CSR 战略的关键环节。一个社会责任战略计划项目的选择和实施是否正确,是否与企业目标一致,是否有益于企业和社会利益的共赢,都必须依靠这样一套标准来评价、来衡量。进行社会责任绩效评估可以让工作人员发现执行 CSR 战略时存在的问题,并及时予以纠正,以保证社会责任战略目标的实现,促进企业的可持续发展。因此,在执行企业社会责任战略的过程中,应当系统地对企业、社会、生态这些不可分割、相互依存的部分进行整体系统的考量,通过具体的指标设计来评价社会责任活动履行的情况,以检验 CSR 战略的价值,并在实践中不断提高与完善。

综上,中国本土企业要发展、社会要进步,在全球经济一体化的今天,社会责任问题已成为企业不可回避的话题。而这对于正处于经济转轨时期的中国企业更是提出了严峻的挑战。要适应环境的变化,要实现企业与社会的共同可持续发展,企业就必须主动承担起社会责任,在保证自己经济利益的同时,最大限度地增进其他包括消费者、职工、环境和政府在内的社会利益。实施企业社会责任战略可使企业获得源源不断的竞争优

势,并有助于企业利用有限的资源,尽可能多地解决社会问题,最终实现企业发展与社会发展的双赢。

参考文献

[1]田虹.企业社会责任及其推进机制[M].北京:经济管理出版社,2006:10.

[2]Howard R. Bowen. Social Responsibilities of the Businessman[M]. New York: Harper & Row,1953:6.

[3]陈英.企业社会责任理论与实践[M].北京:经济管理出版社,2009:6.

[4]陆军芬.SA8000 标准及其在我国企业中的应用研究[D].上海交通大学,2007:5.

[5]李荡,等.赢在责任[M].北京:石油工业出版社,2009:123.

[6]陈明.对中小企业社会责任问题的思考[J].商场现代化,2007(12):131.

[7]朱文君.跨国采购商倒逼企业履行社会责任[N].消费日报,2007-04-18.

[8]Michael E. Porter, Mark R. Kramer. The Competitive Advantage of Corporate Philanthropy[J]. Harvard Business Review,2002.

[9]聂禄玲,徐鹏.企业社会责任与企业战略选择[J].商场现代化,2007(8):72.

[10]田虹.企业社会责任与核心竞争力[J].商业研究,2006(19):133-134.

[11]杨齐,付泳.公民战略的企业竞争力提升[J].现代企业,2007(7):15.

[12]沈洪涛.公司社会责任与公司财务业绩关系研究[D].厦门大学,2005:175.

[13]陶玲,刘卫江.赤道原则:金融机构践行企业社会责任的国际标准[J].银行家,2008(1):107.

[14]刘新荣.企业社会责任与我国民营企业可持续发展[J].经济管理,2007(4).

[15]刘冀生.企业战略管理[M].北京:清华大学出版社,2003:1.

[16]陈明,刘跃所.企业责任型战略的界定与实施方略[J].企业经济,2006(5):71.

[17]陈锡崑.让责任站在战略的肩膀上[J].商界评论,2008(2):44.

[18]张珂.从联想集团的社会责任转型看战略 CSR 理论[J].商业视角,2008(11):196.

黔浙两省民营经济发展差距探析

李更生

(中共贵州省委讲师团)

摘　要:近几年,随着工业强省战略的深入实施,贵州民营经济取得长足发展,民营企业已成为支撑贵州省加快发展的重要力量。但应清醒地看到,贵州民营经济发展与东部发达地区相比仍然存在较大差距,浙江省民营经济综合实力的指标多年位居全国第一,成为全国民营经济发展的方向标。本文拟通过研究黔、浙两省民营经济发展差距,分析探讨影响贵州民营经济发展的制约因素,以期对贵州省民营经济的改革和发展提供参考。

关键词:民营经济　发展差距　探析

一、黔浙两省民营经济发展总体比较

(一)民营经济规模比较

2010年,贵州省登记注册民营经济实体72.5万户,其中民营企业7.78万户,注册资金1674.16亿元,户均注册资金达215.2万元,个体工商户64.72万户,注册资金187.49亿元,户均注册资金达2.9万元。2010年,浙江省私营企业累计户数63.89万户,私营企业累计户数占全省总量的81.63%,个体工商户累计数212.21万户。

2010年,浙江省民营经济总注册资本17689.37亿元,总注册资本占全省总量的48.63%。其中,私营企业总注册资本16705.79亿元,总注册资本占全省总量的45.93%。个体工商户注册资本983.58亿元,总注册资本占全省总量的2.7%。

表1数据表明,浙江无论在私营企业拥有量,还是在注册资金实力上都占绝对优势。从民营企业的组织结构上看,贵州民营企业大多是以个体工商户和中小型企业为主。而浙江省民营企业的组织结构已经逐渐从个体工商户转变为私营企业,企业规模的大小决定了其在市场上竞争的能力,浙江省民营经济已在全国遥遥领先。

表1　2009—2010年黔浙两省民营经济实体数及注册资金(万户,亿元)

	民营经济实体数		注册资金	
	2009年	2010年	2009年	2010年
贵州	66.96	72.5	1590.67	1861.65

续表

	民营经济实体数		注册资金	
	2009 年	2010 年	2009 年	2010 年
浙江	255.36	276	13825.22	17689.37

数据来源:1. 贵州统计局. 贵州统计年鉴 2012[M]. 北京:中国统计出版社,2012.

2. 浙江统计局. 浙江统计年鉴 2012[M]. 北京:中国统计出版社,2012.

3. 黄孟复. 中国民营经济发展报告(2010—2011)[M]. 北京:社会科学文献出版社,2011.

(二)民营经济社会贡献比较

2010 年,贵州省民营经济实现增加值 1607.89 亿元,较 2009 年增长 24.15%,占全省 GDP 的比重为 35%,比上年提高 1.9 个百分点。2010 年,浙江规模以上私营企业实现工业增加值 4252.1 亿元,较 2009 年增长 18.4%,占全省 GDP 的比重为 15.3%。

2010 年,贵州省民营经济纳税 446.05 亿元,同比增长 15.72%。贵州民营经济从业人员总数达 151 万人,同比增长 7.4%,占新增就业岗位的 62.9%。其中,个体工商户从业人员达 95.46 万人,同比增长 7.72%;私营企业从业人员达 55.54 万人,同比增长 6.9%。2010 年,浙江省民营经济税收总额达到 1351 亿元。其中,私营企业税收总额达到 1012 亿元,个体工商户税收总额达到 339 亿元。

从民营经济的贡献大小看,浙江省民营经济对当地的贡献相当大,仅规模以上私营企业 2010 年实现工业增加值就比贵州省整个民营经济增加值多出 2600 多亿元,民营经济纳税额是贵州省的 3 倍多,从业人员是贵州省的 10 倍多。以个体私营经济为主的区域特色经济,是浙江经济发展一大亮点,正是以大量中小企业为主体、区域特色产业为支柱,以及与专业市场的良性互动,才推动了浙江经济的快速发展。各地都积极发挥自身的资源优势和特色产业,相当一部分块状经济已经开始转化为现代产业集群,而且民营经济在保持较快发展的同时,积极向投资多元化、生产专业化、市场国际化和企业制度现代化等方向逐步发展。

表 2　2009—2010 年黔浙两省民营经济社会贡献比较(亿元,%)

	增加值总量		民营经济纳税额	
	2009 年	2010 年	2009 年	2010 年
贵州	1295.1	1607.89	385.45	446.05
浙江	3591.3	4252.1	1070	1351

数据来源:1. 贵州统计局. 贵州统计年鉴 2012[M]. 北京:中国统计出版社,2012.

2. 浙江统计局. 浙江统计年鉴 2012[M]. 北京:中国统计出版社,2012.

3. 黄孟复. 中国民营经济发展报告(2010—2011)[M]. 北京:社会科学文献出版社,2011.

(三)民营经济产业结构比较

根据《中国民营经济发展报告2010—2011》中“各地区按行业分私营企业和个体就业人数”的数据进行分析,见表3。

表3 2010年黔、浙两省私营个体就业人员产业分布(万人)

地区	合计	制造业	建筑业	交通运输、仓储和邮政业	批发和零售业	住宿和餐饮业	租赁和商务服务业	居民服务和其他服务业
全国总计	18298.9	4317.2	772.7	512.0	7425.3	1072.4	970.1	1083.2
占总就业比率		0.24	0.04	0.03	0.41	0.06	0.05	0.06
浙江	1479.5	691.6	56.4	26.2	436.4	48.6	66.3	56.9
占总就业比率		0.47	0.04	0.02	0.29	0.03	0.04	0.04
贵州	215.9	27.7	6.2	5.8	101.3	17.8	7.0	14.2
占总就业比率		0.13	0.03	0.03	0.47	0.08	0.03	0.07

数据来源:1. 国家统计局. 中国统计年鉴2012[M]. 北京:中国统计出版社,2012.
2. 黄孟复. 中国民营经济发展报告(2010—2011)[M]. 北京:社会科学文献出版社,2011.

从表3可看出,在制造业和建筑业上,浙江所占总就业的比例为51%,高于全国23个百分点,贵州所占就业比例为16%,低于全国平均12个百分点,低于浙江35个百分点;在第三产业方面,浙江所占比例为42%,低于全国平均水平的61%,贵州所占比例为67%,高出全国6个百分点。民营经济产业结构方面,浙江省以制造业为主,而贵州则以批发零售业为主。虽然贵州民营第三产业比重高于浙江,但这并不意味着贵州产业结构就优于浙江,因为在第二产业的私营和个体户中,批发零售业属于产业附加值低,竞争激烈的行业,并不具备竞争优势。反而浙江的民营制造业,尤其是浙江的民营高科技企业,属于高附加值行业,吸引着全国众多的劳动力。

总体来看,从民营经济的注册户数、注册资金数、增加值、纳税额、产业结构等多个指标看,所反映的问题是一致的。那就是浙江注册企业户数多了,注册资金自然就多了,吸纳的劳动力也就多了,对社会的贡献自然就大,它们呈正相关关系。浙江民营企业不仅在数量上有优势,而且在质量上也有优势,其规模也在变大。此外,结合表3可以看出,浙江民营经济不仅在数量上、规模上,而且在产业结构等质量上也是优于贵州省,两省的民营经济处在不同的经济梯度上。

浙江民营经济萌芽于20世纪70年代末,发展于80年代,快速发展提高于90年代,并至今仍保持旺盛的发展势头,成为浙江经济增长最快、最有活力的重要组成部分,形成了特有的民营经济发展模式。改革开放以来,贵州民营经济也获得了很大的发展,但在多种因素的影响下,其规模、速度、效益等方面都与浙江产生了很大的差距。

二、黔浙两省民营经济发展差距的原因分析

近几年,贵州民营经济得到长足发展,取得了可喜的发展成效。但是,民营经济的总体发展还比较落后,与浙江民营经济发展差距逐步扩大。究其原因,除了地理位置等客观因素外,现实中还有诸多限制其发展的因素,它是一个复杂的社会问题,是历史与现实多种因素相互交叉、共同作用的结果,其中最主要的有以下几个方面。

(一)思想观念滞后

贵州作为西部一个多民族省份,长期以来,由于受封闭的历史、地缘、文化等方面的影响,本土文化具有以农为本,以商为末,重农轻商的传统,与外界交流过少,传统自然经济形成的小农意识比较强,许多人思想保守、追求安稳、缺乏竞争意识和开拓冒险精神,这与民营经济相当发达的浙江比起来就显得相当落后。另外,由于受计划经济的影响较深,难以形成与市场经济相适应的思想观念和创业机制,人们的创业意识和进取精神相对不足,通过发展经济改善自己的生活条件和环境的意识不强,缺乏冒险精神。

长期以来,由于交通不方便、信息不灵通,许多人对新的经济现象和经济变动,往往采取谨慎的态度,对民营经济在国民经济发展中的地位和作用则缺乏正确的认识。在东部大力发展民营经济的同时,仍然抱着"等、靠、要"的惯性思维,等着国家扶贫式地注入大批资金。贵州民营经济既缺乏内在萌发的冲动,也缺乏孕育民营经济发展的土壤,民营经济发展得不到支持和保护,在这样的状况下,很难自发地形成大规模的民营经济群体。

(二)发展基础薄弱

贵州因其具有明显的资源优势和区位条件,曾是国家重点投资的省份之一,如六盘水煤炭基地、国防科技工业三大基地(011 基地、061 基地、083 基地)等都是在当时的历史条件下由国家投资兴建的,国家的直接投资在计划经济或短缺经济的历史条件下,曾有力地推动了全省的工业化。然而,贵州省却因此形成了"重重轻轻"的失衡工业结构,很多重工业属于资金技术密集型,民间投资难以涉足,非国有经济难以成长。计划经济下的国有经济力量在一定程度上制约民营经济的发展空间,贵州民营经济发展缺乏内源性增长动力。

在政策供给上严重不足,自 20 世纪 80 年代以来,实行向沿海倾斜的非均衡发展战略,东部改革开放先行一步,取得了诸多优惠政策,在引进技术、资金、人才,开发证券市场、期货市场等方面,均在全国处于优势位置。在优惠政策和市场力量的双重作用下,国内外资金和人才向经济迅速增长的沿海地区流动;而像贵州这样的西部省份由于经济基

础差、发展缓慢,又缺乏优惠政策的吸引,不仅难以吸引到外部资金,原有的资金、人才和劳动力也大量外流。国家的不均衡发展政策,也是造成贵州省民营经济发展落后的重要原因。

在硬环境方面,贵州地理条件恶劣,多为山地,缺少平原支撑,深居内腹地的地理区位,没有像浙江那样直接的海洋运输条件,影响到国际经济的合作与交流;基础设施建设长期处于落后状态,远不能适应市场经济运行的需要。"十一五"以来,贵州经济发展的硬环境如交通、通信、电力、城市设施等已有许多改善,但仍远不能适应发展的要求。

(三)人才素质欠缺

人才和知识作为经济增长和可持续发展的决定性因素,黔浙两省民营经济发展的差距,归根到底就是人才和知识方面的差距。除省会城市贵阳外,从整体来看,劳动力素质低,文盲半文盲比例大。据统计,2009 年我国 15 岁及以上国民平均受教育年限已达到 8.9 年,而贵州仅为 7.19 年,尚未达到全国 2000 年 7.85 年的平均水平,贵州人力资源开发水平比全国平均水平落后 10 年以上。2010 年,民营科技从业人员仅有 37529 人,科技人才占劳动力比例小,且不断流失。根据第六次全国人口普查数据比较,2010 年,贵州全省常住人口中,具有大学(指大专以上)文化程度的人口为 183.88 万人,具有高中(含中专)文化程度的人口为 253.02 万人;每 10 万人中具有大学文化程度的为 5292 人,具有高中文化程度的为 7282 人;文盲人口(15 岁及以上不识字的人)为 303.8527 万人,文盲率为 8.74%。而浙江全省常住人口中,具有大学(指大专以上)程度的人口为 507.78 万人,具有高中(含中专)程度的人口为 738.12 万人;每 10 万人中具有大学程度的为 9330 人,具有高中程度的人口为 13562 人;文盲人口(15 岁及以上不识字的人)为 306.10 万人,文盲率为 5.62%,人力资源储备存在明显差距。总体来看,贵州民营企业人才队伍呈现出人力资源质量不高,人力资本存量低,人才构成结构不合理,企业家人才匮乏,人才流失严重,人才流动"高出低进"的现象。民营经济的发展需要的是人才,正是由于人才奇缺,贵州省民营企业发展丧失了许多机遇,在企业管理和产品质量上缺乏市场竞争力。要保证能够得到更快、更好的发展,大量培养和引进高素质的人才不可或缺。

(四)政策效率不高

近年来,贵州为促进民营企业的发展,维护民营企业的合法权益,逐步制定出许多政策法规,如:2010 年 1 月,贵州省以法律形式,由省人大出台了《贵州省中小企业促进条例》。在政府规章方面,先后出台了《贵州省人民政府关于贯彻落实国务院鼓励支持和引导个体私营等非公有制经济发展若干意见的意见》(贵州非公经济 42 条)、《中共贵州省委、贵州省人民政府关于大力推进个体私营等非公有制经济又好又快发展的意见》《中共贵州省委、贵州省人民政府关于进一步加快全省民营经济发展的意见》(贵州民营经济 38

条),在此基础上,又出台了服务体系、融资担保、小额公司、资金扶持等一系列支持中小企业发展的政策措施。尽管从一定程度上解决了民营企业的一些问题,然而,相对于民营企业实际发展中所碰到的诸多困难而言,这些政策法规依然远远不够。另外,贵州省执行政策法规的有效性还有待进一步提升。一项政策或法规如果没有被有效执行,也就失去了其权威性和约束力而形同虚设。而一项制度能否顺利被执行往往要受社会认可这项制度的程度、实施成本以及人们道德水平的影响。从贵州目前的情况来看,尽管已经出台了不少促进民营经济发展的政策法规,但受传统文化和观念以及各方利益的影响,许多政策或法规在实施中效果大打折扣,其中相当一部分甚至只是停留在文件上,并未拿出行之有效的具体实施措施,民营企业的许多问题还需下大气力解决。

三、缩小两省民营经济发展差距的路径探析

加快发展贵州民营经济,缩小贵州与沿海发达地区民营经济之间的差距,是贵州实现后发赶超的重要推动力量,当前要做好以下几个方面的工作。

(一)转变观念、营造氛围

加快贵州省民营经济的发展最主要的还是首先解决人的思想认识水平和转变思想观念问题。浙江民营经济发展的经验表明,思想越解放,所有制观念越淡化,民营经济发展就越快。

转变观念关键在于各级领导要摆正民营经济的位置,充分认识发展民营经济的意义,要在全省上下大力宣传发展民营经济的重要性,使各级政府部门干部、各行业的认识有新的提升,形成发展民营经济是富民兴黔重要途径的共识,尊重那些能够创业、懂管理、善经营的优秀人才。

努力营造对民营经济发展的良好意识和舆论氛围,不断培养和增强贵州人的开拓精神、创造精神、效率精神、风险精神、竞争精神和危机感等,营造一种鼓励创业创新的文化氛围,形成积极自主创业、全民创业局面。贵州传统文化具有制约创新的负面影响,要加快贵州省民营经济的发展,关键要在文化建设上下功夫,需要重视对传统文化的了解和研究,扬其精华,弃其糟粕。在舆论宣传方面要加大力度,对一些典型民营企业家要积极宣传,营造良好氛围,引导民营企业健康发展。

(二)多措并举、培养人才

人才是贵州发展民营企业的基础,没有大量的科技人才以及一定的人才密度,要在贵州发展民营企业是没有希望的。根据目前贵州省的现实状况,贵州民营企业宜选择走自主培养人才为主、引进人才为辅的路子。因此,应加大人才培养、人才队伍建设力度,

尽快建立起人力资本的激励机制,通过各方面的相互协调,稳定本省现有人才,并积极引进东部地区人才。

注重本地人才的培养,民营企业可以与专业院校合作进行定向委培和在职进修鼓励、自学成才的方式培养自己的人才,也可以从内部选拔人才,走出家族管理的误区,大胆选拔与家族无关的内部人才。另外,民营企业要加强人才队伍建设,可以通过工资、奖金、利润提成等方面的激励措施引进人才,也可以通过借用的方式,让大中城市高等院校和科研机构的专业人才在业余时间提供技术和管理援助。

针对贵州省民营企业技术人才、管理人才缺乏的实际,要积极从省外引进人才,并将贵州省人才送到省外培训,借助外部力量尽快解决贵州省民营经济发展对一些紧缺人才的需求;要尽快建立起人力资本的激励机制,建立健全民营企业人事管理制度和劳动者社会保障制度,给予专业技术人员在职称评定、各种奖励评定方面同国有企业相同的政策;给予职工在住房、医疗、失业、养老等社会保障方面与国有企业职工相同的政策;给予户口不在企业所在地的职工子女入托、入学同当地居民子女相同的政策,尤其应该从所有者、经理人员和劳动者两个方面着手解决企业的激励机制问题。

(三)政策扶持、改善环境

要制定出台优惠扶持政策。地方各级政府要做好认真而广泛的调研,了解民企到底需要什么,根据需求出台可行有效的具体扶持政策,通过政策、制度的完善,打造出一个良好制度平台,有效吸引各方投资,带动地方经济发展。当下很多贵州中小民企都处于资本原始积累阶段,在起步阶段尤其需要来自政府部门的优惠政策扶持。

积极进行职能转变和政策调整,优化投资软环境。各级政府要切实转变对民营经济的管理职能,强化服务职能,推动建立以资金融通、信用担保、技术支持、管理咨询、信息服务、市场开拓和人才培训为主要内容的民营经济服务体系,为民营企业创业创造良好的投资软环境。同时,还应加大对行政机构的改革力度,降低企业对公共财政的负担,强化地方财政为企业和社会的服务功能。

要加快对民营企业的融资体制、机制改革,为贵州民营企业的进一步发展创造良好的融资环境。进一步加大商业银行的服务创新,以发挥国家商业银行的主导作用;加快发展村镇、社区银行,确保村镇、社区银行发展,真正发挥改善民营企业融资环境的作用;进一步发展信用担保机构和小额贷款公司,以便在村镇、社区银行缺位的现状下更好地发挥作用。

(四)积极引导、自主创新

创新是民营经济的活力源泉,自主创新是推进贵州民营经济产业升级的重要途径。加快推进自主创新,要制定有利于民营企业自主创新的财政政策,创新财政科技投入管理机制,优化财政科技投入结构,发挥财政资金对激励企业自主创新的引导作用。

要鼓励和支持民营企业加大科技创新投入,积极推广应用新技术、新工艺、新装备,使民营企业尽快成为技术创新需求主体、研发投入主体、技术创新活动主体和创新成果应用主体,不断增强企业的科技创新能力。大力推进政产学研结合,促进民营企业与大专院校、科研院所“联姻”和协作,加快科技成果转化和产业化步伐。

通过推进税费改革,加大对企业研究开发投入的税收激励。改善对高新技术企业的信贷服务和融资环境,加大对高新技术产业化的金融支持,发展支持高新技术产业的创业投资和资本市场。

通过市场创新,积极主动地进行市场开发,除了在空间上大力开拓贵州市场,并向东部省份甚至向海外进军外,还应大力开拓新的产品市场,在详细市场调研的基础上进行市场细分,找准适合自己的市场。

参考文献

[1]国家统计局. 中国统计年鉴2012[M]. 北京:中国统计出版社,2012.

[2]贵州统计局. 贵州统计年鉴2012[M]. 北京:中国统计出版社,2012.

[3]浙江统计局. 浙江统计年鉴2012[M]. 北京:中国统计出版社,2012.

[4]黄孟复. 中国民营经济发展报告(2010—2011)[M]. 北京:社会科学文献出版社,2011.

[5]叶帆. 东西部地区民营经济发展的差距及其对策[J]. 行政论坛,2005(1).

[6]黎玉柱,胡茜茜. 鄂、浙两省民营经济总体发展差距的思考[J]. 湖北社会科学,2004(11).

[7]常民庆. 东西部民营经济发展差异研究[D]. 西安科技大学,2008.

产业“游离”对贵州省非公有制经济的根本制约及对策

胡晓登①

(贵州省社会科学院)

摘 要:本文分析了产业游离对贵州省非公有制经济的制约,提出促进非公有制经济发展的策略,从资源开发和国有垄断体制改革入手,从而推动贵州经济又好又快发展。

关键词:产业游离 非公有制经济 制约

一、非公有制经济与自主增长机制

中国改革开放以来取得成果都是在市场化为基本方向的体制机制改革的基础上取得的。市场化体制改革的深度决定了区域经济社会发展程度,所谓“成也是体制、败也是体制”。其中,国有经济改革和非公经济发展是市场化体制改革的核心和瓶颈。

中国西部和贵州等落后地区与东部的真正差距不在于一些结果性东西,如 GDP、人均收入、财政收入等——这些不过是某种经济体制和运行机制的结果。真正的差距是经济体制、运行机理方面的差距,是经济增长机制的差距,是经济增长靠政府投资拉动、行政性资源配置、国有经济的重大资源独占、以国有企业为主体的计划性增长机制,还是市场型投资、市场型资源配置、非公有企业为主体的自主增长机制的差距。市场经济条件下,区域之间真正的差距是市场化基础上、以市场型企业经济活动为主体的效率与活力差距。国有经济和国有企业产权不清,责任意识不强,缺乏效益“基因”,缺乏硬预算约束,加上激励机制不健全等深层次的内在制约,国有经济除了在垄断行业中生存发展之外,在竞争性领域则严重缺乏自主增长动力和活力。经过近 30 多年的改革,国有企业的效率至今仍然十分低下——国有企业占用了整个社会资源的 70%,但对经济增长的贡献却只有 30% ~40%。国有企业长期大量占有资源,但效益很低、亏损严重的状况,已成为严重影响中国尤其是贵州等西部落后地区经济增长的重要因素。贵州省国有经济比重更大,情形就更为严重。

自主增长机制必须建立在产权明晰、机制灵活、利润基因强、资源配置高效、在市场竞争中的积极进取等基础之上,而这些正是非公有制经济的基本属性或者说是与生俱来的本质。非公有制经济最能敏锐地觉察到市场供求关系发生的变化,要求它的每一项投

---

① 胡晓登,男,贵州省社会科学院二级研究员。主要研究方向:产业经济、区域经济。

入,都要尽量使边际效益大于边际成本,使劳动成果大于劳动消耗。非公有制经济追求投资回报的最大化,具有追求利润最大化的内在动力机制。相反,国有经济国有企业以低成本粗放扩张来实现经济增长的增长方式,不符合市场经济自主性增长的基本属性。以国有经济为主的经济增长属于计划性、行政型增长机制,而不是市场型、自主性、可持续型增长机制。经过30多年以市场经济为方向的改革开放,由于国有经济和国有企业先天缺乏市场基因和效率动力,体制老化、机制不活、增长方式粗放、安于非市场化的暴利与富足,凭借产权垄断、资源垄断、市场垄断、价格垄断、利益垄断、规则制订垄断这六大垄断存活,严重不适应整个市场化改革大潮和市场经济体制机制,不断被迫退出市场。到现在,国有经济和国有企业大都只能依靠行政保护和资源垄断的领域之中存在,依靠占有大量全民资源生存。但其一旦离开了资源垄断、行政庇护、强买强卖的所谓“国计民生”领域,其高成本、低效益的体制机制必定使其像其他竞争性领域中的国有经济一样——迅速被市场法则所淘汰。

从本质和运行机理上分析,市场经济是一种“自主经济”:市场经济的基本运行动力是起源于对经济活动主体在交换市场中对利益目标的自由追逐;社会资源以市场需求、以效益为核心进行自由的流动、组合和配置;每一个经济活动主体按照自己的利益判断进行自主的生产和交换活动;资本自由自主的流动、在适合它运行的地方与资源和劳动力结合起来形成物质生产力,这就是市场经济的基本规律,也是经济增长的长效运行机理。因此,市场经济在本质上要求最大限度减少在很大程度上具有“政企不分”基因和“官工官商”性质的国有企业在经济生活中的比重,否则就会干扰甚至破坏市场经济的运行机理和规律,就会破坏市场经济的自主运行和自主增长。

2011年,贵州全社会固定资产投资总额5101.55亿元,其中国有经济2412.97亿元,占47.3%;工业资产合计7384.82亿元,国有控股企业5133.05亿元,占69.5%;工业总产值5794.83亿元,国有控股企业为2987.3亿元,占51.55%,比2010年上升1.55个百分点。同年,贵州规模以上工业增加值1723.58亿元,其中国有控股企业924.79亿元,占53.66%。[①] 可见,国有经济在贵州经济中仍然占据大半壁江山并且处于扩大趋势。

以国有经济和国有企业为基础的增长机制具有不可持续性。贵州省国有经济比重大,长期以来深受传统计划经济影响,国有企业的生存发展,相当大部分要依靠资源垄断和政府资金的投入。国有企业虽然在规模、资金、人才、技术和市场等方面具有相当优势。然而长期以来,在计划经济下,国企在政府保护下丧失了对市场信息捕捉的能力。其中大部分非垄断性企业经营不善,效益很差,不断破产。以国有经济为主的这样一种不合理的经济结构严重阻碍了贵州省经济的发展。改革开放以来,发达省份之所以发展快,非公有制经济的发展就是主要特点和突出优势。贵州等西部广大欠发达地区与之相

① 《贵州统计年鉴》(2012)。

比,突出的差距就是国有经济规模依然很大;相应地,非公有制经济规模小、发展慢、实力弱,非公有制经济这条“腿”太短。贵州省近年来非公有制经济得到了较快发展,但是非公有制经济这条“腿”仍然很短,这毫无疑问成了贵州省经济社会发展滞后的一个重要原因。

二、产业“游离”对贵州省非公有制经济的根本性制约

贵州省非公有制经济发展的滞后有着诸多方面的原因。总体上可以分为一般性制约和资源制约两大方面。一般性制约包括思想观念、政府职能、发展环境、市场环境、投资环境、法治环境、社会环境、金融体制,但是,以上这些制约因素并非贵州省所特有的,基本上放之全国而皆准。并且,贵州省各级党委、政府多年来一直高度关注非公有制经济的发展,为消除贵州省非公有制经济发展的一般性制约做了大量工作,然而成效并不明显,贵州省非公有制经济发展仍然严重滞后。其中重要原因之一在于对贵州省非公有制经济发展的制约流于一般而空泛,未能找准制约贵州省非公有制经济发展的关键问题,从而没有针对性地消除贵州省非公有制经济发展的制约因素,在很大程度上致使贵州省非公有制经济发展严重滞后,贵州省经济发展受到严重影响。

任何事物之间都存在一定的关系,经济问题也不例外。贵州省非公有制经济发展严重滞后,同时贵州省又是一个资源大省。这两大经济现象之间必定存在一定因果关系。

资源禀赋是一个国家、地区、行业和产业发展的基础性前提,区域经济发展在很大程度上取决于各地区自身的资源禀赋。根据资源禀赋理论的原理,资源禀赋的不同构成是国际贸易的基础。该理论认为,各国(地区)应该生产并出口密集使用供给相对充裕、价格较为低廉的商品,而进口(购买)密集使用供给相对不足、价格较为昂贵的商品,以获得比较利益和更有效地利用本国的生产要素,尤其是拥有独特资源禀赋的(国家)地区,应当获得经济比较优势,形成具有比较优势的行业和产业。

贵州省是一个资源富集省份,许多资源在全国名列前茅。贵州省矿产资源中居全国前十位的高达43种,但是贵州省非公有制经济无论在经济总量、企业规模、所占GDP比重、发展速度等各项重要指标均居全国挂末位置,非公有制经济所占GDP比重甚至不如西藏。两者之间形成很大反差。

从常识和逻辑的角度看,这些丰富的资源应当为贵州省非公有制经济提供独特的发展条件,依托这些丰富的资源以及中国经济持续快速发展对资源的巨大需求,贵州省非公有制经济应该具有坚实的发展平台,应该有巨大的发展。但是实际上,贵州省非公有制经济非但没有因为丰富的自然资源禀赋得到大发展,反而因为自然资源的富集而受到制约——这就是经济学的著名术语“资源诅咒”的典型案例——犹如“富饶的贫困”。

一般来说,“资源诅咒”会产生对其他行业、产业的“挤出”效应,因为资源性产业的

急剧扩张必然在相当程度上造成其他行业产业的萎缩。例如著名的“荷兰病”,就是因为其迅速成为以出口天然气为主的国家而导致其他工业逐步萎缩。

中国与国外情况最大的不同之处在于:西方国家是完全市场经济体制,几乎没有公有制经济与非公有制经济两大板块问题。但是由于处于经济转型期,中国尤其是贵州省则是两大经济板块并存,呈现两大经济板块此消彼长的态势。因此,“荷兰病”在中国和贵州省呈现出“双重”体现:“资源诅咒”在对其他行业、产业产生“挤出”效应的同时,也对非公有制经济产生了“挤出”效应,导致了非公有制经济与区域资源禀赋相背离,使非公有制经济游离在最为丰富的自然资源之外,被排斥在最大市场需求之外,被剥离在经济效益最好、利润率最高、最具成长型的行业产业之外,从而最终形成了对贵州省非公有制经济的制约,使之陷于长期的生存艰难和发展的严重滞后。

从“资源诅咒”的经济理论和贵州实践上看,由于丰富的自然资源开发利益丰厚、市场稳定而巨大,兼之资金、技术、人才“门槛”高以及行政性保护垄断等原因,强势的公有制经济和国有企业自然不愿让非公有制经济分享“蛋糕”。结果,丰富的自然资源并未能成为贵州省非公有制经济发展的基础性条件,反而是由于资源的富集而将贵州省非公有制经济排除在资源开发和加工的经济主流之外,富集的资源反而将贵州省非公有制经济挤出贵州省经济发展的主战场,致使贵州省非公有制经济生存和发展的艰难,最终导致贵州省非公有制经济发展的严重滞后。真所谓“福兮祸所伏,祸兮福所倚”。

从逻辑上和总体态势上看,基本上是循着这样一种关系式:资源丰裕→有利可图→公有制经济资源独占→对非公有制经济的挤出→非公有制经济发展受阻。

通过研究,可以发现这种“挤出”效应是通过以下几种主要途径达到的。

第一,资源占有与“挤出”。即便在资源富集国家或地区,资源总量总是既定的。一个部门对资源的占有过多,必然对其他部门产生“挤出”效应。在中国,由于在长期计划经济体制下,国有经济一统天下,能源、矿产资源等重大资源是由国有经济占有。在长期的资源占有和开发经营中,国有经济已经形成了相当的经济、技术、市场基础,即便进入市场经济时代,这种“先赋”性占有成为一种巨大的惯性。对此,我们称之为“先赋占有”或“惯性占有”。要改变这种占有状况非常困难。

第二,体制性“挤出”。我国实行的是以公有制经济为主体的基本经济制度,做大做强国有经济不仅仅是个经济问题,更大程度上是一个政治问题。因此,政府对公有制经济势必采取相应的支持和行政保护,尤其是在关系“国计民生”的重大自然资源的产权制度和资源配置方式上始终施行对公有制经济倾斜保护政策。因此,自然资源配置方式不可能有实质性变化,这样就使得非公有制经济很难进入,资源配置向公有制经济的倾斜一如既往,公有制经济占据资源过多的问题难以解决。

第三,资金规模“挤出”。重大自然资源开发一般都为重工业。而重工业对于资金的规模要求一般很高。例如贵州省最具优势的能源开发就是典型的资金高度规模化产业,非公有制经济难以进入。以贵州省电力资源开发为例,一座电厂电站投资动辄数亿元甚至数十、上百亿元,资金规模“门槛”很高。电力等资源开发是贵州省资源开发和经济发展的主战场。但是,由于国有部门在能源开发领域占据资源过多,公有制经济在这个领域的迅速做大、做强,从而势必对非公有制经济进入这一经济发展主战场产生“挤出”效应,使贵州省非公有制经济边缘于贵州省经济发展的主战场之外。

这样,就产生一个命题——“资源诅咒”非公有经济。

即贵州省非公有制经济非但没有因为丰富的自然资源禀赋得到大发展,反而因为自然资源的富集而受到“挤出”和制约。由于这种“诅咒”,贵州省非公有制经济处于“三大游离”状态,即游离在贵州省重大资源开发之外,游离于贵州省支柱产业之外,游离于最具成长性产业之外——这既是资源诅咒非公有经济的表象,也是资源诅咒非公有经济的结果。这种情况可以通过以下几个方面进行分析。

(1)在产业分布方面。贵州省个体工商户主要集中在第三产业;私营企业主要集中在第二产业和第三产业,其中第三产业约高于第二产业;港澳台和外商投资企业以第二产业为主。从行业分布来看,私营企业较为集中的行业是:批发和零售业 12862 户,占 35.65%;工业 7181 户,占 19.89%;采矿业 3227 户,占 8.94%;居民服务和其他服务业 1876 户,占 5.2%;信息传输、计算机服务和软件业 1793 户。

(2)在自主品牌方面。贵州省非公有制经济主要是以辣椒制品、制药、白酒、茶叶等一类非重大资源型品牌(“茅台”这个资源品牌属国有经济)。

(3)在主要资源开发领域方面。2011 年,全省规模以上采矿业工业增加值 486.34 亿元,其中,规模以上国有控股企业 326.28 亿元,所占比例高达 67%[①]。

(4)在支柱产业方面。贵州省的电力、原煤等重大自然资源产业是贵州省支柱产业。从 2004 年起,贵州省电力工业产值已超过传统的烟草产业成为贵州省第一支柱产业。但是,在这个迅速成长的支柱产业中,非公有制经济几乎完全没有涉足。迄今为止,“西电东送”的所有重大电力建设投资项目没有一项属于非公有制经济。“十一五”期间,贵州省电力项目总投资达 1000 亿元以上,总装机容量达到 3166 万千瓦,比 2005 年增加 2.1 倍。但是,在“十一五”期间贵州省 23 个电力重点项目中,全部是公有制经济所有,没有一个是非公有制经济项目。2010 年,全省电力生产、供应工业总产值 987.62 亿元,国有企业 968.84 亿元,占 98%,非公有制经济仅占 5.89%。[②] 可见,在贵州第一支柱产业的电力产业中,非公有制经济基本被完全边缘化。与电力工业发展相配套的煤炭产业同样对非公有制经济进行“挤出”。按照贵州省“大煤保大电”的要求,贵州省在“十一五”期间把大型煤矿建设作为能源建设的重点,加快煤炭生产结构调整,建成年产原煤百万

---

① 《贵州统计年鉴 2012》。
② 《贵州统计年鉴 2011》。

吨以上矿井30对以上、年产原煤千万吨以上大型矿区6个,到2010年贵州省煤炭产量突破1.5亿吨,其中大中型煤矿产量占2/3以上。基本形成了以毕节、六盘水、黔西南为中心的煤炭工业基地,这些煤炭工业基地也全部属于公有制经济。这样,贵州省非公有制日趋处于重大自然资源开发的经济主流之外。

(5)在最具成长性产业方面。贵州省重大资源开发行业企业都是经济效益非常好、成长性非常高的行业企业。仅以贵州省电力行业的金元集团为例。2000年11月注册成立的贵州省金元电力投资有限责任公司,2002年更名为贵州省金元电力投资股份有限公司,注册资金12亿元。到2004年4月,金元系统的电厂已联网的发电设备容量达284万千瓦,占贵州省同期总量的近1/3。公司全资或透过旗下公司控股参股11家大中型电厂,除已建成总装机容量达300万千瓦的电厂,还有总量计1154万千瓦的项目处于在建和规划之中。其中,在建的纳雍电厂二期工程计划总投资48亿元,发电机组装机容量120万千瓦;发耳电厂总投资近百亿元,装机容量为240万千瓦;金元系参股45%的盘南电厂,总投资约144亿元,投资项目建设总规模为360万千瓦火力发电机组,均是贵州省历史上少见的大型投资项目。仅仅几年时间,这家公司已形成集团架构,其旗下控股六家子公司,其中贵州省西电电力股份有限公司及贵州省中水能源发展有限公司,主要开发贵州省境内的火电和水电项目;西能电力建设有限公司承担金元旗下电厂的前期工作和施工建设;贵州省能发电力燃料开发有限公司、金宏煤炭开发有限公司和金益煤炭开发有限公司从事煤炭开发,为金元公司所辖电厂及贵州省内其他电厂提供发电用煤。2003年,公司全年销售收入27.3亿元,利税10亿元。2004年,公司实现销售收入40亿元以上,总资产突破200亿元。从2000年底到2004年短短三年时间,公司资产翻了16.6倍。短短几年的贵州省电力企业跻身全国纳税大户企业行列,可见能源资源开发生产行业企业成长性之高,利润之丰厚。但是,这些高回报、高成长企业行业都是国有经济。

综上可见,由于贵州省非公有制经济游离于贵州省最主要的自然资源之外,处于利润最高、最具发展性产业的“边缘化”状态,脱离了经济发展主战场,主要只能集中在医药、食品、商贸、餐饮、娱乐等产业,即通常所说的围着“餐饮娱乐出租车”打转。主要经济指标从来在全国挂末的贵州,出租车经营权竞标价格在全国处于前茅的现象可以窥见贵州非公经济的基本生存发展状态。贵州省非公有制经济不仅呈现出“三大游离”状况,而且近年来在节能、减排、降耗和“上大关小”等政策出台并不断加大实施力度的新形势下,被进一步挤出资源开发领域。这种“资源制约”和“结构制约”使贵州省非公有制经济发展严重受阻,最终严重阻碍了贵州经济社会发展。

三、产业吸纳的特殊对策与贵州省非公有制经济发展

长期以来,从思想观念和政策层面乃至研究层面,提出的促进非公有制经济发展的

基本思路和方针中均有一个核心,即“平等、公平”。“平等对待不同的所有制经济,促进各种所有制经济共同竞争”多年来一直是从上到下没有争议的共识。且不说这种基本方针和政策能否落到实处,仅就这个方针政策而言,本身就是一种不平等和不公平。

首先,从理论上讲,同一尺度衡量不同对象本身就是不平等和不公平,犹如用同样的标准对待成人和小孩。

其次,在实践中,由于公有制经济非常强大,非公有制经济十分弱小。假定对公有制经济和非公有制经济采取同样的平等公平对待,公有制经济将日趋强大,非公有制经济只能相对日趋弱小。

最后,具体到贵州省非公有制经济的发展而言,公有制经济在贵州省重大资源占据绝对统制和垄断地位、非公有制经济游离在重大资源开发之外,同时在新形势下非公有制经济被进一步“挤出”的客观情形下,仅仅止步于“平等公平”,无异于将资源型非公有制经济永远排除在重大资源开发和贵州省经济发展主战场之外。因此,在相当程度上,所谓对非公有制经济的“平等公平”只能是貌似平等公平而实质上就是不平等和不公平。为此,应当对非公有制经济实行特殊倾斜。具体到贵州省资源型非公有制经济的发展,更应当实行进一步的特殊倾斜。否则,大力推进非公有制经济又好又快地发展在一定程度上只能是口惠而不实,很难真正促进贵州省非公有制经济的实质性发展。

发展贵州省非公有制经济特殊政策中最重要的一点就是要在相当程度上制定并实施“国退民进”政策。

中共十五大以来,政府对非公经济政策逐步放松。早在2002年党的十六大报告第一次明确提出:“放宽国内民间资本的市场准入领域,允许非公有资本进入法律法规未禁入的基础设施、公用事业及其他行业和领域。”2003年党的十六届三中全会通过的《中共中央关于完善社会主义市场经济体制若干问题的决定》重申:“清理和修订限制非公有制经济发展的法律法规和政策,消除体制性障碍。放宽市场准入,允许非公有资本进入法律法规未禁入的基础设施、公用事业及其他行业和领域。”2004年国务院颁布《国务院关于投资体制改革的决定》(国发〔2004〕20号文件),再次放宽社会资本的投资领域,允许社会资本进入法律法规未禁入的基础设施、公用事业及其他行业和领域。2005年,中央政府就出台了《国务院关于鼓励支持和引导个体私营等非公有制经济发展的若干意见》,即“非公经济36条”,就非公有制经济进入垄断行业、公用事业、基础设施、社会事业、金融服务业、国防科技工业以及参与国有企业改组改造等方面提出了改革方向和政策性意见。

但是,十年过去了,无论在国家层面还是贵州省层面,民间投资和非公经济都没能真正进入这些行业,垄断行业中国有经济一家独大的整体状况几乎没有什么改变。目前,我国的民间投资主要集中在房地产、批发零售、住宿餐饮、制造业、居民服务和其他服务业等一般竞争领域,在基础设施、大型制造业、金融保险业、科教文卫等社会服务业却一直严重缺席;电力、石化、电信、民航等领域,基本上还是国有资本的天下。非公经济进入贵州资源开发和经济发展主战场尚未见实质性落实和进展。“雷声大雨点小”,“玻璃门、玻璃墙”的现实当然跟一般通常所说的“垄断行业改革滞后”“相关实施细则迄今未出台,措施不配套”等众所周知、耳熟能详的原因有关,但是问题的关键在于“国不退、民难进”。

理论和实践均已在表明,有着强大的体制支持、浓厚的行政垄断、顽强的历史惯性、雄厚的经济基础、超额的垄断利润、与政府利益的捆绑、各种非市场性壁垒保护、已经做大做强的巨型国有垄断行业企业,只要它不主动退出,几乎任何国内民间资本都得不到进入。这一点从国家层面的通信领域国企三巨头、石油领域的三巨头依然独霸天下的事实,以及贵州省层面的国有发电集团、大型煤炭基地、乌江水电开发公司、金元集团等等能源煤炭以及其他资源开发大型国有企业独步贵州省资源开发主战场的现象,“国不退、民难进”不难理解。

因此,要真正发展贵州省非公有制经济,进而使贵州省经济又好又快地发展,必须重新找准问题,厘清思路,明确方向,制定特殊政策对策。不能停留在“平等进入、公平待遇”的一般原则层面,不能让非公有制经济游离于贵州省资源开发的主战场之外,不能回避资源开发这块大“蛋糕”的分配问题。如果“国不退”,那么“允许民营资本进入垄断领域”“加大对非公有制经济的财税金融支持”“完善对非公有制经济的社会服务”“对非公有制企业与其他所有制企业一视同仁”“加强对非公有制经济的指导和政策协调”等一类“鼓励”和“支持”政策对策,不过仍然是套话甚至空话,不过是“鼓励”和“支持”贵州省非公有制经济在资源开发和重大支柱产业等经济发展主战场之外绕圈子,贵州省非公有制经济不可能得到真正长足的发展。

因此,贵州省非公有制经济必须从资源开发的国有垄断体制改革上切入,将之作为发展贵州省非公有制经济的突破口。国有大型资源能源开发企业必须让出部分资源开发份额,贵州省重大资源能源开发项目必须划出部分项目主动让非公有制经济进入。

从一般常识和推理看,重大资源开发和重大建设项目的资金、技术“门槛”很高,单个的、弱小的贵州省非公有制经济难以进入,这是贵州省非公有制经济进入重大资源开发主战场的主要障碍。其实只要国有经济退出一定份额,使非公有制经济真正能够进入,企业和资本的趋利本能必定将散、小、乱的非公资本汇集成为规模资金。这方面最为人所熟知的典型事例是“温州炒房团”——当房地产和楼市领域没有国有企业一家独大的垄断控制,孤立的、少量的民间资本将迅速汇集成令人匪夷所思的规模资本。因此,重大资源开发领域和经济发展主战场中的“国退民进”是贵州省推进非公有制经济实质上得以发展,从而推动贵州经济又好又快发展的必由之路。

“赖茅”品牌之乱与解决之道

刘清海[①]

(贵阳学院)

摘　要: 本文从“赖茅”品牌乱象的根源分析出发,通过比较研究“杜康”品牌之乱,探讨了品牌管理混乱的危害,提出了“赖茅”品牌重生之路,尽快确定“赖茅”商标权归属,重塑赖茅品牌形象等,提出解决“赖茅”品牌之乱的建议。

关键词: 品牌　赖茅　策划

贵州“赖茅”酒,历史悠久,但目前受困于“赖茅”商标之争与品牌之乱,却始终处于三线酒类企业行业。“赖茅”品牌之乱,全国其他酒类品牌,甚至其他非酒类品牌无一出其右。赖茅酒因其与贵州茅台酒之间的历史渊源,使其具有独特的品牌价值。现在全国生产与“赖茅”相关产品的企业不低于40家,市场上打着“赖茅”旗号的白酒产品多达700多种。但是没有一家年销售额超过10亿元,规模小、品牌乱、厂家乱、产地乱成为赖茅酒类产品的典型市场特征。市场上几十家“赖茅”,一旦某家企业的产品质量出了问题,其不仅仅对“赖茅”品牌产生毁灭性打击,而且整个黔酒也会受到牵连。作为茅台之源的“赖茅”酒,本拥有良好的品牌资源却逐步没落,赖茅品牌及黔酒正处在危险的边缘。赖茅是贵州发展酱香型白酒产业过程中的一个沉痛教训。如何解决“赖茅”品牌乱象,使其进入二线酒类企业,这正是本文提出的研究内容。

一、赖茅品牌乱象之根源

根据茅台酒的发展历史,“赖茅”是茅台酒的前身,为新中国成立前贵州茅台镇赖氏家族所有的恒兴烧坊产品商标。新中国成立后,政府作价将恒兴烧坊划归国有,恒兴烧坊是合并成为茅台酒厂的三家烧房之一。改革开放后,赖氏后代纷纷自创品牌,推出各自的“赖茅”酒,一度受到消费者的追捧。1982年,《中华人民共和国商标法》颁布实施后,赖氏后人赖贵山曾向国家工商局提出申请注册赖茅商标,但被否决。1988年,由茅台酒厂注册了赖茅商标。自此,“赖茅”商标之争夺大战展开。虽然贵州茅台酒厂申请注册

① 刘清海,男,西南交通大学经济与管理学院博士研究生,贵阳学院经济与管理科学系副教授。主要研究方向:企业管理、创新理论。

了"赖茅"商标,后因三年未使用,被撤销。贵州茅台酒厂于2005年再度申请注册"赖茅"商标,由于国家工商总局收到两次异议申请,因此,确权"赖茅"商标一事暂无定论。由于商标权悬空,目前不存在"赖茅"商标专用权保护问题,任何厂家都可以使用该商标,使用的赖茅酒商标在国内都不受保护。

"赖茅"商标之争的核心在于赖氏后代与茅台酒厂之间的权属之争。而与五粮液股份的16口"尹长发升"明代酒窖的后人均无人做酒不同,茅台酒厂前身"成义""荣和"和"恒兴"三家私营作坊划归国有后,恒兴酒厂所涉及的赖氏家族几乎人人卖酒。因此,存在同业竞争问题,而且,在赖氏家族内部也存在赖茅商标之争,均称自己才是"正宗赖茅",但商标权也迟迟未拿到,谁是"赖茅鼻祖"已经无法也无须考证了。这也让外人乘虚而入。使得赖茅酒产品极其杂乱,如今上百个打着"赖茅"旗号的厂家,生产着几千种"赖茅",品牌、价格极为混乱,使消费者逐渐离它而去,一代民族品牌,危在旦夕。

一项商标成为众商家争抢的对象,是由于该商标所附带的无形资产的品牌价值。商标权具有排他使用权,品牌产品的商标这一无形资产能够赋予产品增值或者溢价,控制了该品牌的商标权就是控制了企业获取超额利润的资源。"赖茅"酒作为一款历史文化名酒,又是茅台酒之源,逐步被消费者认同为品质卓越恒久的民族品牌,特别是伴随着最近十年酱香型白酒的崛起,给这一无形资产带来巨大价值。

从"赖茅"商标之争的历史可以看出,"赖茅"品牌乱象的根源在于"赖茅"商标之争导致商标权悬空,给非法商家以可乘之机。面对众多的假"赖茅"酒,赖氏后人和茅台酒厂均没有动力也没有权利去维权;又正逢酱香型白酒的高速发展期,在利益的驱使下,形成了目前"赖茅"品牌混乱局面。

二、品牌管理混乱的危害

"赖茅"品牌没落与"杜康"品牌的没落十分相似,"陕西杜康"和"河南杜康"由于商标纠纷问题,导致"杜康"酒业错过了中国白酒发展的黄金时期,至今两家企业均没有进入国内白酒行业第一梯队。"杜康"商标之争,导致双方在杜康品牌运作方面没有投入全部的精力,并一度品牌管理失控,各种与杜康商标近似的商标泛滥,市场上假酒横行,而这也最终导致了"杜康"商标的市值从鼎盛时的50亿元缩到了1亿元。

"赖茅"品牌之混乱程度远超出"杜康"品牌。为了防止"赖茅"品牌的没落,"赖茅"酒生产厂家及地方政府应该重视,加强品牌管理,实施品牌整合。品牌管理混乱,最终会导致品牌价值贬值,危害巨大。具体表现为:

(1)由于商标是品牌资产的重要载体,当商标使用权被共用时,会导致品牌运作管理投资不足。据不完全统计,赖氏后人经营的赖茅酒企业约19家,而非赖氏后代生产赖茅酒企业近30家,使得赖茅品牌主体不唯一,所有企业均担心被搭便车,那么将不会有任何一家企业会在品牌管理方面如在产品广告、品牌形象策划、产品质量管控、打假等方面进行全力投入,因为这些投资收益存在溢出效应,会无偿被其他企业获取。

(2)由于"赖茅"商标无法确权,造就了赖茅酒鱼目混珠和良莠不齐的状况。如前所述,在生产赖茅酒的企业中,既有赖氏后代,也有打着赖茅的商标的假赖氏后人;而且绝大部分企业采用贴牌生产,没有自己的酿酒厂,品质无法保证。众多厂家良莠不齐,消费者甚至经销商不能识别谁是正宗;由于无商标权,就无法打假,导致假赖茅酒充斥市场。那么消费者的理智选择将是转投其他品牌,这会导致客户的流失与品牌价值的贬值。

(3)茅台镇是黔酒的主要聚集地,赖茅品牌管理失控,将扰乱黔酒市场秩序,损坏黔酒在省外的美誉度。贵州白酒产业,除了茅台一枝独秀外,黔酒在省外市场品牌影响力弱,而且黔酒是在茅台酒的光环下,以贵州白酒的整体形象开疆拓土。因此,如果不及时加强对赖茅品牌的管理,任由其混乱发展,将会影响到贵州白酒的整体品牌形象,不利于贵州白酒产业整体复兴。

因此,可以说,不仅是茅台酒厂,而且赖氏后代家族企业均希望赖茅商标之争问题早日得到解决。

商标之争	赖茅	杜康
争论主体	赖氏后人(包括赖氏后代内部之间)/茅台酒厂	陕西杜康/河南杜康
产品竞争	赖氏后人及其他模仿者生产赖茅酒,而茅台酒厂并没有研发生产赖茅酒	两家企业均生产杜康酒
商标	商标权唯一,但是归属待定	两家企业共用商标权
企业规模	茅台酒厂一枝独秀,其他酒厂规模小	两家企业规模相近,中等生产规模

三、"赖茅"品牌重生之路

面对复杂的赖茅品牌之争,如何重整赖茅酒,是地方政府及赖氏家族企业需要解决的难题。赖茅酒发展之路遵循如下解决逻辑:

(一)商标确权

如果一个品牌不由一家企业所有,就很难做大。因此,当前应尽快完成"赖茅"商标确权工作,是赖茅酒重生的第一步。商标,是品牌的重要属性,是品牌运作之根,是一个企业最重要的知识产权。"赖茅"商标权明确归属后,品牌持有者才有动力去实施品牌管理。

从经济学的角度来看,商标权归属谁更有利于地方经济的发展呢?或者更有利于赖茅品牌的重塑呢?

可能存在三种结果:茅台酒厂、赖氏家族、政府托管。①

第一种情况,如果茅台酒厂获得商标权,那么根据茅台酒厂历史决策,将不会生产赖茅酒厂,则一代民族品牌,将从此真正成为历史,不复存在。现有赖氏家庭企业将不得再打“赖茅”产品商标。

第二种情况,赖氏家族获得商标权,则赖氏家族将获得该商标所带来的超额收益。由于赖氏家族后代几乎人人都投资酒业,据不完全统计,估计约19家企业,并且不是每家企业都拥有自己的酿酒厂,贴牌较多。前提条件是赖氏家庭内部不应存在商标争夺问题,否则,赖茅商标之争将仍然得不到最终解决。

第三种情况,政府实施商标权托管。可能方案是由行业协会成立赖茅品牌管理公司托管,授权管理赖茅品牌,这种情况发生的概率较小,因为集体管理下各方利益存在纷争,监管执行不到位,所以并不是根本解决之道。

因此,本文重点比较分析前两种情况下的品牌整合效果。

(二)品牌重塑

在完成商标确权后,即需要实施品牌重塑,包括加强品牌维权、市场形象宣传、品质管控等。不同的商标处理结果,品牌重塑策略会有所不同。

第一种情况下,茅台酒厂最终获得商标权。则现有赖氏家族企业将不得使用“赖茅”商标,需要利用赖氏家族文化重新实施品牌化战略,包括商标设计、品牌宣传、品质管控等工作,该品牌仍然具有价值。在具体运营方面,理想模式是赖氏家族企业整合一家赖氏酒企,统一运营赖氏品牌,但是将众多的赖氏后代企业整合为一家企业,又不会存在利益之争,是一件十分困难的事情,可以采用家族中企业规模实力雄厚的主要厂家合并在一起,再吸引规模小的企业参与,这样家族企业抱团参与市场竞争,有利于赖氏酒业尽快重塑辉煌。次优模式是赖氏家族企业各自为战,创建自己的品牌,但是由于不能形成合力,会导致市场竞争力弱的问题。

第二种情况下,赖氏家族企业获得“赖茅”商标,则赖茅商标得以延续。但如前分析,如果赖氏后代不能抱团组建成一家品牌企业,将会形成新一轮的商标之争,赖茅乱象就不会得到根本解决。因此,从经济学社会最优的角度来看,如果赖茅企业不能组建企业集团的话,最好的商标确权结果是第一种确权方式,最有利于“赖茅”品牌的发展。

(三)品牌运行策略选择

对于赖氏家庭企业来说,目前的经营策略该如何选择呢?本部分将进行初步探讨。

根据上述分析,不管最后“赖茅”商标的确权结果如何,对于赖氏家庭企业来说,当前

① 也可能存在其他方式,如茅台酒厂获得商标权,自己不生产,但通过授权经营赖茅商标。

的经营策略是:

第一,赖氏家族企业的最佳选择是,通过股权联合形式组建企业集团,积极争取获得“赖茅”商标权,重现赖茅辉煌。

第二,如果不能实现第一条所述的目标,则企业应利用赖茅酒的历史文化及品牌影响力,积极开发自己的商标。如赖永初、赖贵山等均已创建了自己的品牌。目前来看,这些企业受困于商标之争,在品牌推广力度、品质管控等方面投入不够,在消费者心目中的品牌认知度还不高。因此需要进一步加强品牌运作管理,深耕细作。

第三,地方政府从扶持地方经济发展的视角来看,建议支持赖氏家族企业组建企业集团,并将赖茅商标确权给赖氏家族企业。有以下几方面的好处,首先,如果赖氏家族企业抱团组建企业集团,并获得赖茅商标,则重现“赖茅”品牌辉煌,指日可待,并且如果运作管理得当,可能成为贵州又一个进入全国白酒二线品牌,冲击一线品牌的白酒企业,而对茅台酒厂来说,如果茅台酒厂不会继续使用“赖茅”商标的话,则几乎没有多大影响;其次,赖氏家族企业通过组建集团企业,将有利于集中赖茅历史文化资源、资本资源,规范管理“赖茅”酒类产品线,可以结束赖茅品牌杂乱无章的局面,这也是“赖茅”重生的前提。

参考文献

[1]蔡世荣. 糖酒会,赖茅的“群英会”还是“滑铁卢”[N]. 华夏酒报,2011－09－21(5).

[2]马纪念,岳晓声. 赖茅酒缘何搅乱郑州酒市[N]. 华夏酒报,2011－03－16(29).

[3]张昌国. 赖茅乱象[J]. 酒世界,2011(4).

[4]张智斌. 白酒品牌塑造与营销运营新策略的探讨[J]. 酿造,2011(9).

旅游业壮大贵州县域经济实力的作用机理研究

成志湘①

（贵州商业高等专科学校旅游系）

摘 要：旅游业作为关联带动极强的行业，在壮大贵州县域经济中具有不可替代的作用。掌握并利用其对县域旅游经济的作用机理，指导县域经济发展就显得尤为重要。加快县域旅游经济发展，有利于县域经济产业结构调整、社会文化和生态环境的和谐、实现经济可持续的发展，实现县域经济的跨越发展。

关键词：旅游业　县域经济　作用

在贵州县域地区范围内，城镇乡经济共生，三大产业并存，而发展和壮大县域经济，形成特色，是协调三大产业关系、统筹城乡发展、建设全面小康与和谐社会的重要地域依托。发展壮大贵州县域经济的现实道路是培育经济增长点。县域的空间范围、资源禀赋、产业结构、经济基础等都决定了县域经济发展不可能也不应该全面开花，应该是立足资源禀赋特点、发挥比较优势、采取重点突破、发展特色经济。贵州县域地区情况复杂、差异巨大，县域经济发展绝对不能照搬其他地区的现有模式，搞“一刀切”或者“一窝蜂”。21世纪初，党和政府就西部大开发明确提出坚持“以线串点，以点带面”，这实际上也指出了贵州经济发展必须走增长极开发和增长点培育道路的明确信号。

长期以来，贵州县域地区主要是由于自然状况、地理位置和社会经济等条件的约束而减慢了传统产业的发展速度，但也正是由于传统产业的滞后发展，开发利用程度低，保护了其自然生态、社会文化和生活方式的原始性，从而使这些地区蕴藏着丰富的旅游资源和良好的生态环境，如镇远、荔波、黎平、息锋、雷山、从江等地。这些地区兼具山区县和旅游文化县的特征，其境内不仅有着丰富的自然生态资源，可以为社会提供生态产品及生态景观，同时，还蕴含着丰富的民族民俗文化旅游资源，有着厚重的人文历史底蕴和多彩的民族特色，为发展民族风情旅游提供了资源基础条件。随着我国不断大力推进西部大开发、经济发展以及居民收入水平的提高，贵州县域地区以它特有的气候、生态景观和独特的民族文化景观吸引着世界各地人们前往。2011年，贵州省旅游经济保持良好的发展态势，实现旅游总收入1429.48亿元，同比增长34.7%；接待旅游总人数1.7亿人

---

① 成志湘，男，武汉大学商学院旅游管理专业毕业，经济学学士，北京工商大学企业管理硕士，现任贵州商业高等专科学校旅游系党总支副书记，副教授职称。主要研究方向：旅游企业管理和区域旅游业发展。

次,同比增长31.8%,贵州旅游业迈上了一个新的台阶。旅游业作为关联带动性极强的行业,在壮大贵州县域经济中具有不可替代的作用。掌握并利用其对县域旅游经济的作用机理,指导县域经济发展就显得尤为重要。

一、县域经济的内涵与特征

县域经济,作为中国国民经济的基本单元,在整个国民经济和社会发展中处于重要的战略地位,对于统筹城乡经济社会发展具有重要的作用。

(一)县域经济的内涵

县域经济是县级行政区域内各类经济的综合,是以县城为中心、乡镇为纽带、农村为腹地的,生产门类齐全、功能完备的县级行政区划型区域经济。

从上述概念的表述可以看出,县域经济具有明显的行政特色和区域界线,其实质是以县级行政区划为地理空间,以县级政权调控为主体的县级经济。其内涵包括以下几个方面:

一是县域经济属于区域经济。县域经济是行政区划型区域经济,其既是行政政治的产物,也是该区域在长期发展过程中自然形成的结果。县域经济是以县级区划内的国土为载体,以县级政府为调控主体,在全县范围内优化配置资源的区域经济。

二是县域经济带有显著的行政色彩,是以中央政府所规定的县级行政区划为地理空间的,区域界线明确。不同于传统概念中的区域经济,区域有大有小,更多地没有明确的边界,是市场的产物,但县域不同,它是行政的产物,打上了行政的烙印。

三是县域经济有明确的经济调控主体。县域范围内的县一级政权享有很大资源配置权,在该区域经济发展中,具有制定发展目标、确定发展措施、制定发展政策等手段,具有很强的能动性,是该区域经济调控主体,也不同于区域经济,是市场运作的结果。

四是县域经济具有明显的地域特色。这种地域特色与地理区位、人文历史、特定资源相联系,具有特定的地理空间。

五是县域经济以农业和农村经济为主体。县域经济是以乡镇为纽带、农村为腹地的区域经济,在繁荣农村经济、发展现代农业、增加农民收入等方面起着十分重要的作用。

六是县域经济是国民经济的基本单元。县域经济是生产门类齐全、功能完备的综合性经济体系。

(二)县域经济的特征

1. 县域经济的基础性

县域经济在整个国民经济大系统中处于最基本层次,是国民经济的区域基础和基本支柱。县域经济的基础性首先表现在农业的基础性方面。

2. 县域经济的农村性

县域经济的基础和主要构成部分是农村经济,县域经济的主体劳动者是农民,农业在县域经济中占有极为重要的地位。离开了农村、农业和农民,也就不称其为"县"。所以,农村性是县域经济的另一个基本特征。由县域经济的农村性而引申出其作为县域经济的相对分散性、发展水平的低层次、运行的波动性特征。

3. 县域经济的地域性

县域经济另一个重要性质是地域性。这是指县域经济在空间上具有一定的范围,地理上具有一定的位置和相互间可明确分割的行政界线。县域经济由于其所依托和存续的县域地理位置、资源条件和所在的经济区位以及发展基础的不同,不同县域经济存在明显的区域性的差异。南方与北方、沿海与内陆、城郊与市区都会有着明显的差别,从而也为不同的经济存量和不同的发展速度提供着重要的基础性条件。因此,就县域经济的空间定位而言,有着地域性的特点。各地各县由于历史的、地理的和自然条件等方面的原因,使县域经济千差万别,形成了鲜明的地域特点,例如资源优势、区位优势等。由于历史的、现实的以及资源禀赋等不同,造成了县域经济发展的不平衡性。这种不平衡性表现出明显的地域性,就是发达县域基本集中在东部地区,而不发达县域则主要集中在西部地区。东部沿海地区县域经济比较发达,已经或基本上步入了现代化的前列,而广大中西部地区,县域发展相对滞后,绝大多数国家级贫困县分布在这些地区。

4. 县域经济的综合性

综合性是县域经济又一个重要性质。县域经济类似国民经济系统,既包括农业、工业、商业、交通运输业、建筑业等产业部门,又包括计划、财政、税收、物价及教育、文化、卫生等职能部门,是综合各产业各部门乃至社会单位于一体的国民经济小系统、小网络。可以说县域经济是一个相对完整的经济运行体系,具有与国民经济相对应的各个产业、领域和部门,在某种程度上可以看作是国民经济的缩影。县域经济集三次产业为一体,集生产和非生产性活动为一体,集经营与管理为一体,具有很强的综合性。县域经济由综合性而具有系统性的特征。县域经济中的各构成因子共同结合为有机的整体、有序的系统。

(三)贵州县域经济增长的形成条件

贵州省地处中国西南,辖88个县域行政区划,拥有近4000万的各族优秀儿女,发展县域经济的条件得天独厚,在与全国实现同步全面小康的宏伟目标中,有着厚实的基础和经济增长的独特优势。

1. 贵州有丰富的自然资源

首先,贵州具有丰富的能源、矿产等自然资源。贵州是我国的能源大省,尤以水力和煤最为突出。"黔电东送"是南方电网中"西电东送"的主力。水、电、煤多种能源兼备,水能与煤炭优势并存。全省河川径流量达到1145.2亿立方米,水能资源蕴藏量为1814.3兆瓦,居全国第6位,其中技术可开发量达19489.63兆瓦,占全国总量的4.4%,且水位落差集中的河段多,开发条件优越。贵州素以“西南煤海”著称,全省煤炭资源远景储量达到2410亿吨,保有储量为530.97亿吨,居全国第5位,比江南其他各省市区储量总和453.26亿吨还要多77.71亿吨。此外,矿产资源种类繁多,储量丰富。贵州至今已发现矿种(含亚矿种)128种,发现矿床、矿点3000余处。贵州有41种矿产资源储量排名全国前十位。

同时,以自然资源为依托的旅游资源也为贵州大力发展县域经济提供了有利条件。贵州是中国旅游资源极为丰富的省份。经过20多年的持续发展,已经形成诸多著名旅游景点,包括“中国南方喀斯特”“中国丹霞地貌”世界自然遗产2个,国家5A级旅游区2个,国家4A级旅游区20个,黄果树等18个国家级风景名胜区,梵净山等8个国家级自然保护区,等等。这些依托自然景观的旅游景区绝大多数分布在贵州省的各个县级行政区域。

2. 贵州劳动力资源充裕且成本优势明显

按照库兹涅茨的“标准结构”理论,当人均国内生产总值超过800美元时,第一产业的就业劳动力人数比例为30%。2011年贵州人均GDP为2495美元,而贵州第一产业就业人口远远超过“标准结构”的百分点,也大大超过全国的平均水平,可见贵州的劳动力资源十分充裕。而在劳务成本方面,也远远低于东部沿海发达省份和全国平均水平,可见贵州的劳务成本比较优势也十分明显。

3. 贵州面临“珠三角”产业大转移的大机遇

目前,大多数学者都把贵州纳入到“泛珠三角”经济圈的范围。自2006年以来,珠江三角洲经济圈主要城市广州、深圳、珠海、佛山等都面临着劳动力成本增加、国际原材料价格上升、人民币汇率升值等不利因素的影响,致使大部分附加值低、劳动密集型企业的生存环境急剧恶化,从而使“珠三角”的经济发展格局出现大调整,劳动密集型产业出现了由主要城市向周边城市、由东向中西部梯度转移的现象,而且转移速度明显加快。地处“泛珠三角”经济圈范围外围的贵州,无疑是许多企业理想的去处之一。在这场承接产业大转移的竞争中,凭借丰富的劳动力资源与矿产资源,贵州这块待开发的“处女地”无疑具有很强的竞争优势。贵州省每年有近780万人口长期南下打工、创业,产业大转移带来资金、技术、信息和人力资源等市场要素的大回流,必将为贵州县域经济发展带来生机。

二、贵州县域经济发展的现状与困境

贵州省县域经济有了一定发展,但整体水平依然偏低。从经济总量看,贵州省2010年县均生产总值35.3亿元人民币,远低于全国85亿元的平均水平,其中4个县生产总值不足10亿元。而2011年,贵州县域经济占全省经济的比重不升反降,比2010年下降1.3

个百分点，贵州88个县无一进入全国百强县。总体上，贵州县域经济存在规模小、实力弱，产业结构不合理，发展不平衡等问题。而贵州县域经济发展之所有滞后，主要有以下原因：

一是贵州县域文化、思想观念落后。自然经济观念给贵州县域经济发展带来了严峻挑战。自然经济是同生产力水平低下与社会分工不发达相适应的一种经济形式。与自然经济生产方式相适应，产生了自然经济观念与意识，如闭关自守、与世隔绝的封闭观念；因循守旧、墨守成规的保守观念。这些观念反映到社会经济生活中就是小生产的习惯势力和偏见，如不求进取，落后愚昧，轻视分工协作，轻视社会化服务体系，搞“大而全”“小而全”的企业组织体系，胸襟狭小、目光短浅的心理状态等。

二是贵州县域市场化程度较低。市场化是指资源配置方式由计划向市场转变，及由此引起的企业行为、政府职能与上述转变相适应的过程。改革开放以来，贵州省商品市场体系有了很大程度的发展，但从总体上看，仍处于滞后状态。这是由于我国长期以来采取的是非均衡发展战略，制度供给向东部倾斜，而贵州地处西部，在长期的制度供给及其他条件的制约下，市场化进程较东部省份慢，市场化程度也相对较低。

三是贵州交通基础设施较为落后。俗话说，“要想富，先修路”，贵州属于高原山区，交通十分不便，近年来，虽有较快发展，但是仍然不足，县县通高速的目标至今尚未实现，部分乡村可进入性依然非常弱，这大大制约了贵州县域经济的快速发展。

四是资金短缺，招商引资困难。一方面，贵州县域财力不足，发展资金短缺。贵州县域财政收支缺口很大，自给能力差。另一方面，贵州县域经济外向度低，招商引资难。由于受地域、自然条件、思想观念等因素影响，贵州县域对外开放相对滞后，经济外向度较低。资金短缺限制了贵州县域经济的发展，导致其发展后劲不足。

但是，在贵州各县域中，旅游资源却是十分丰富，有着非常好的先天基础，它的发展对于壮大贵州县域经济实力具有重要的作用和意义。

一是旅游业是贵州县域经济中最具发展前景的产业之一。这是由旅游业的特点所决定的。首先，旅游业的发展是完全符合科学发展观的。科学发展观强调以人为本，强调实现经济社会的全面协调可持续发展，在基本实现小康之后，我们讲人的全面发展，不仅要满足人的物质需求，还要满足人的精神需求。旅游业本身就是一个全面体现以人为本思想的产业，是为了满足人的物质文化需求，使人得到精神享受和心理满足的产业。旅游业是为广大旅游者服务的，人们对旅游的需求正是旅游业不断向前发展的动力和基础。旅游业是名副其实的可持续发展产业，现在我们赖以发展的一些产业，特别是资源型的工业企业，总有一天资源会枯竭，企业就会发生生存危机，产业也就没有了持续性。而旅游业虽然也是资源依赖型产业，但它依赖的资源却会越来越丰富，越来越得到保护性的持续发展。其次，旅游业是真正的环境友好型、资源节约型产业。世界上对旅游业的评价很多，但根本的一点，旅游业是真正的资源节约型产业，许多产业的发展都需要资源的支撑,有的甚至大量消耗资源,旅游业的发展当然要依赖资源,但是它能最大限度地利用资源,使资源升值。旅游业是尽人皆知的"朝阳产业""无烟产业"。旅游业的发展为人们亲近自然、了解自然提供了机会,它能增强人们的环保意识,使人懂得人与自然和谐相处的重要性,更会加倍地爱护环境,保护自然。最后,旅游业是能够真正体现统筹发展战略的最佳载体。旅游业无论对于城市和乡村来说都是十分重要的,从实际情况来看,优质的旅游资源大多都分布在边远贫困的农村,当地政府也尝试用其他方式来发展生产,但大部分受资源、发展条件的约束,收效甚微。而通过发展旅游业,却收到了意想不到的效果,当地经济社会发生了巨大的变化,这说明发展旅游业对解决"三农问题"和"统筹城乡发展"具有非常重要的意义。同时,当地旅游业的发展,也为作为游客集散地的城市带来了活力,它是以促进人的流动为基础发展起来的产业,在经济发展中,旅游业是一个能够创汇增收、拉动内需、带动相关产业发展的综合性产业。在社会发展中,旅游业是一个能够增加就业、消除贫困、提高人民生活质量的产业。旅游业在取得了经济效益、社会效益、生态效益的同时,促进了政治文明、物质文明、精神文明、生态文明共同进步,其发展壮大必然有利于统筹经济社会发展。

二是发展旅游业对于优化经济结构,带动第三产业发展具有重要意义。旅游业是第三产业的龙头产业,产业关联度非常高,它的发展可以直接带动食、住、行、游、购、娱六大行业发展,可以间接带动通信、信息、中介等行业的发展。贵州各县旅游资源丰富,具备发展旅游业的良好条件,因此,大力发展县域旅游经济,以人流带动物流、信息流、资金流,推动第三产业又好又快发展,是贵州各个县域的必然选择。通过旅游业的发展最终达到调整优化产业结构,增强县域经济发展活力的目的。

三是发展县域旅游经济对于构建和谐社会具有重要意义。旅游业是劳动密集型的产业,同时也是一项富民产业,根据世界旅游组织对亚太地区旅游就业比例分析,旅游业直接就业与间接就业人数为1:5,也就是说旅游业每直接就业一人,可以带动5个人间接就业。在西方发达国家,旅游企业工资支出在总成本中高达40%左右。特别是旅游业提供的许多就业岗位并不需要很高的技术,只要进行短期培训便可胜任,具有就业门槛低的特点,因此,发展旅游业对增加社会就业岗位、解决就业问题方面具有特殊意义。发展旅游业在加强人类互相了解、增进友好往来、推动社会发展进程中功不可没;在传播先进文化、提高人口素质、促进人的全面发展等方面发挥了十分重要的作用。同时它在维护社会安定、促进民族团结进步、构建和谐社会中具有非常重要的意义。

三、旅游业壮大贵州县域经济实力的作用机理分析

旅游业是推进型产业,并能够通过在县域范围内的集聚和扩张,形成成长性良好的产业集群,如旅游小城镇,在合适的条件下还通过技术经济关联延展形成产业链。这是

旅游业的产业成长机理。另外，旅游业具有极强的关联带动性，能够带来县域经济发展所需要的各种资源，在县域经济发展的空间演进机理方面具有极大的推动作用。

（一）通过旅游业的集群效应拓展旅游业链，进而壮大县域经济实力

旅游发展的集群效应就是要形成旅游小城镇，从利用其集群效应拓展旅游业链条，拓展旅游业链条就是要将旅游作为一条线，把县域内的精品项目和优势资源都串起来。这个拓展，可以分为纵向和横向。纵向主要指的是提高旅游商品和服务项目的收益，特别是在消费弹性系数较大、潜在市场需求较高的购物、餐饮、娱乐休闲等领域，开发具有浓郁地方特色的旅游工艺品、地方土特产和特色餐饮等，不断提高这些项目收入占旅游总收入的比重。横向的拓展主要指的是要与会展、教育、体育等其他行业部门加强协作，积极开发会展旅游、修学旅游、乡村旅游等新业态，实现旅游与其他行业的互相渗透与融合发展。这个拓展，要有一个统一的规划。如在建设旅游村、农家乐、家庭旅馆、会议中心等时，要把方方面面的因素涵盖进去，充分考虑景区企业做什么，景区周边老百姓做什么，旅游道路沿线的老百姓做什么。要建立以旅助农、以城带乡的长效机制，充分发挥县域旅游的最大溢出效应和对增加农民收入的突出拉动作用，从而不断提升县域经济实力。其作用机理如图1所示。

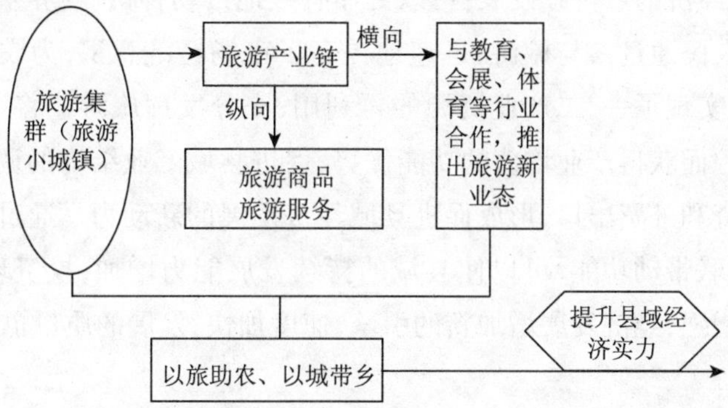

图1　旅游业壮大贵州县域经济实力的作用机理

（二）大力发展旅游业能够带来“五流”，有力促进县域经济事业的发展

县域经济的发展需要不断解放思想，扩大开放，引进外力，需要有大量的人力、物力、财力的支撑，需要掌握大量的国内外市场信息。而旅游业本身就是一项开放性的事业，恰好能够为县域经济发展带来客源流、人才流、资金流、商品流、信息流的快速增长，产生乘数效应。旅游业作为产业结构发展过程中的先导产业功能日益凸显，能够带动和促进县域各项产业经济的发展，如图2所示。

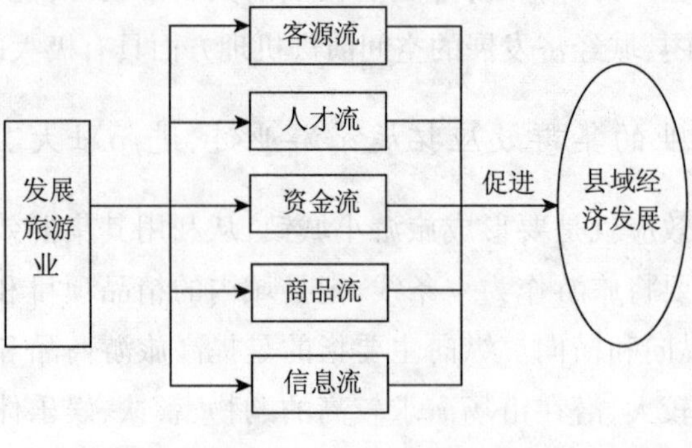

图 2　旅游业作为先导产业的功能

(三)充分利用旅游业的关联带动功能,调整产业结构,促进县域经济实力提升

旅游业具有强大的辐射效应与乘数效应,旅游业的发展可以带动其他相关产业和当地经济发展。不断加强旅游业的关联带动功能,可以刺激区域内会展产业、文化产业、信息产业等服务产业的发展,调整和优化区域经济结构,促进区域经济系统的升级;可以带动交通、建筑等区域基础设施的建设,完善区域经济建设和发展的政治、经济、文化和社会环境,实现区域经济的可持续发展;可以更加有效地带动种植业、养殖业、特色农业、特色工业的发展。农民通过参与旅游,迅速地提高了市场经济意识,为农村的产业结构调整奠定思想基础,实现了一、二产业资源的再利用,充分发挥旅游业将一、二产业生产过程整合成旅游资源而获得产业增值的功能优势,促进县域产业结构的调整;同时,发展旅游也可以拉动投资和外贸出口,形成促进县域经济发展的新动力。通过强化发展县域旅游,充分利用其关联带动功能,可以使县域的持续发展能力增加,投资环境持续改善,县域经济实力明显增强,经济发展增加新的引擎,速度加快,发展的质量也不断提升,如图 3 所示。

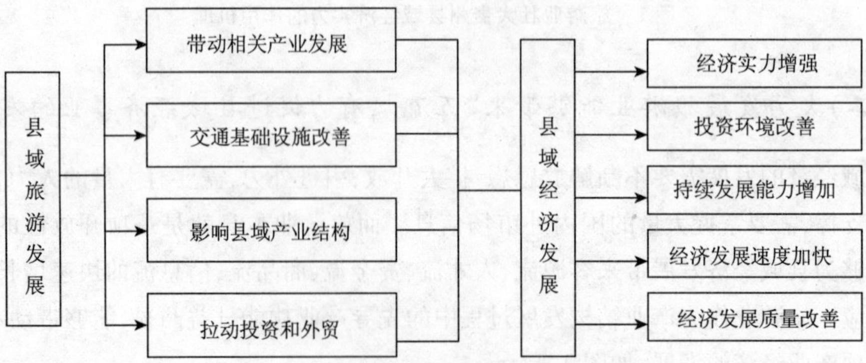

图 3　县域旅游促进县域经济发展

四、旅游业壮大贵州县域经济实力的作用模式构建

县域经济是区域经济的一个重要层次，在整个国民经济发展中居基础性地位。自从党的十六大发出壮大县域经济的号召以来，县域经济受到了越来越多的关注。贵州县域经济发展的根本出路就是发展县域特色经济，"特色"就是优势，就是专长，也是市场竞争力。充分发挥本区域的比较优势，再造竞争优势，做强做大具有县域特色的一两个主导产业和主导产品。旅游业被誉为当今世界经济的"朝阳产业"和"无烟产业"，具有环保无污染、拉动相关产业发展、带动劳动力就业、附加值高等优点，并作为经济增长点日益受到贵州各个县域政府的高度重视，正在逐步把旅游业培育成县域经济中的特色产业。

（一）旅游业壮大贵州县域经济的作用模式

随着我国改革开放、经济发展以及居民收入水平的提高，贵州县域地区以它特有的气候、生态景观和独特的民族文化景观吸引着世界各地人们前往。旅游业作为关联带动性极强的行业，在壮大贵州县域经济中具有不可替代的作用，而掌握其对壮大贵州县域经济的作用模式就显得尤为重要。

从旅游业发展的源头旅游客源市场来看，出游的客人会对旅游目的地提出其出门在外的各种需要满足的合理条件，主要涉及方面就是吃、住、行、游、购、娱这旅游的六要素。而作为县域旅游业发展就要围绕这六要素进行建设，因此，就必然要发展旅游餐饮，进行旅游基础设施建设（包括建设旅游交通网络、宾馆、电信、网络、金融等），要大力推进旅游资源开发，进行景区建设，要开发旅游商品，发展商贸流通业，要不断兴建旅游娱乐设施，同时除开硬件设施的不断完善，还需要不断提升居民的素质，提升服务水平，真正让旅游者"高兴而到，满意而归"。而这一切做好之后，会直接改善到本县域投资的硬件环境和软件环境，增强发展的动力，同时促进经济结构中三大产业的调整，也会吸引大量的游客到来，从而实现良性互动。而发达国家和地区游客的到来，又能够为当地带来客源流、人才流、资金流、商品流、信息流，这有利于更新当地居民的观念，借助外来智力，吸引投资，把握市场脉搏，促进县域经济整体实力的不断提升，如图4所示。

（二）旅游业的发展壮大贵州县域经济实力的典型案例

贵州省有88个县级行政区域，大部分县域均已把旅游业作为增强县域经济实力的重要增长点，发挥着有效的关联带动功能。

1. 实施"旅游兴县"战略的贵州息烽县

贵州省息烽县高度重视旅游业发展对于增强县域经济实力的重要作用，早在2006年就制定了"旅游兴县"的重要战略决策，不断夯实旅游发展基础，加快旅游交通网络建

设,完善县城的旅游功能,推进旅游信息化发展,确立息烽县红色旅游和乡村旅游品牌,加大重点景区建设力度,促进旅游商品开发,增加旅游财政性导向投入,建立区域无障碍旅游通道。通过一系列努力,2011 年,息烽县接待旅游者 300 万人次,同比增长 53.23%,旅游收入 10.82 亿元,同比增长 71.8%。随着“旅游兴县”战略的逐步落实,旅游开发力度进一步加大,息烽集中营革命历史纪念馆二期工程顺利完工,乌江峡景区开发稳步推进。全国红色旅游精品线经典景区、省级风景名胜区品牌效应日益凸显,游客不断增多,阳朗辣子鸡、苗姑娘食品、味美调味品、西山白茶等旅游产品全面推向市场,旅游总产出大幅度上升。旅游消费对经济增长的强烈拉动,促进了息烽县商贸、交通运输、房地产、通信、金融、保险等第三产业快速发展,综合带动效果十分显著。

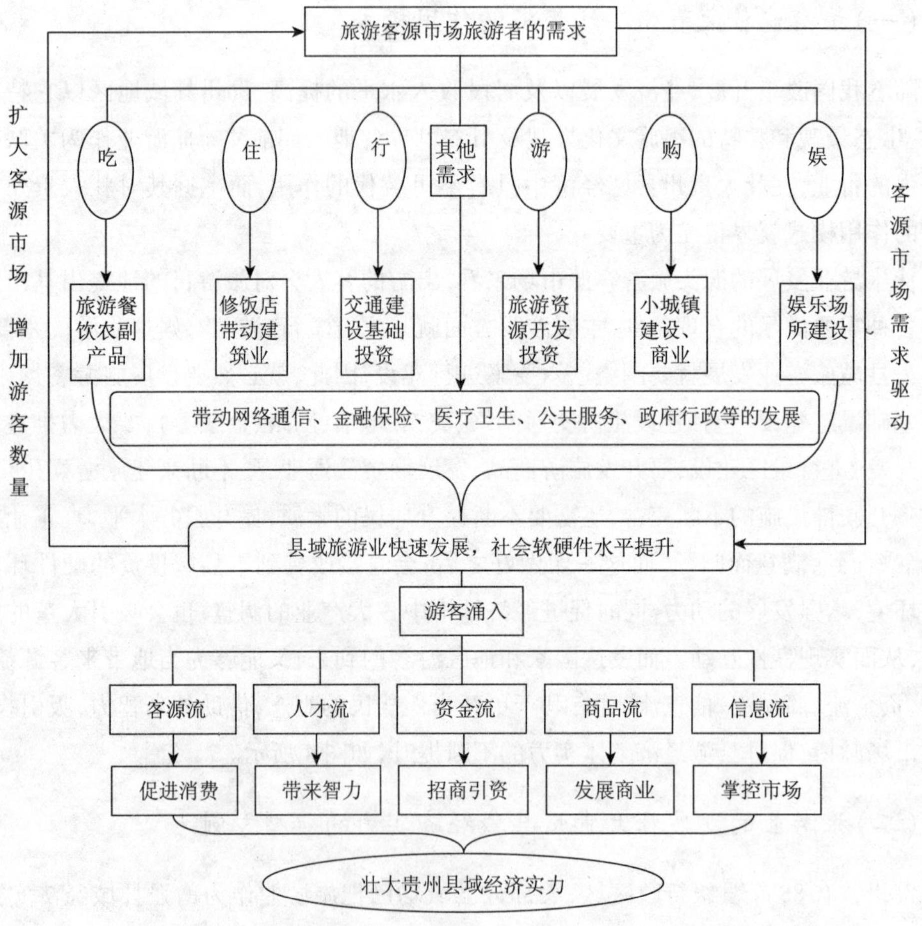

图 4 旅游业在壮大贵州县域经济实力中的作用模式

2. 打造“中国漂城”旅游品牌的贵州施秉县

2006 年,贵州施秉县还是贵州 50 个重点扶持县之一,当时全县的财政总量是 10422

万元,首次突破亿元大关。而到了2011年,施秉县实现生产总值16.35亿元,同比增长24.2%;实现财政总收入2.54亿元,同比增长48.36%,经济社会呈现了速度加快、民生改善、位次前移的良好态势。成绩从何而来?其县委书记彭世平曾高兴地说:“我们就是按照科学发展观的要求,充分利用丰富的旅游资源,打造‘中国漂城’品牌,带来的巨变。”该县依靠“提升品位、强化服务、政策扶持”这三大奇招,把施秉的旅游舞动得风生水起。施秉县的星级宾馆从以前的零到现在的6家,县城从0.8平方公里“扩容”到了3平方公里多,而无论吃、喝、娱、住、行,每一样都发生了深刻的变化。

施秉县在旅游发展中,坚持规划先行,成立旅游业发展委员会,高起点、高规格、高档次做好规划工作。积极对接黔东南州“四圈一区”发展框架,加强与周边县市的协作,借助优势求发展,寻求协作谋跨越,实现“资源互补、东西互动、南北贯通、联动发展”格局。积极将施秉旅游融入“镇远历史文化及舞阳河山水风光旅游经济圈”,形成旅游设施完善、功能齐全、品位较高的大旅游网络,让“中国漂城”成为施秉走向全国的一张名片,带动全县各项产业的发展。

3.坚持“旅游促动,城镇带动,投资拉动,文明推动”四轮驱动、相互促进战略的贵州剑河县

以县域经济建设为中心,以乡镇为纽带,以农村为基础,以县辖区为单元,贵州省剑河县结合全县资源优势和经济发展要素,坚持“旅游促动,城镇带动,投资拉动,文明推动”四轮驱动、相互促进的战略,全面推动县域经济发展。其中坚持“旅游促动”战略,大力发展以旅游业为龙头的第三产业。充分利用省旅游优先发展区建设及世界银行贷款贵州省文化和自然遗产地基础设施项目建设的机遇,着力抓好精品旅游景区和精品旅游线路建设,完善旅游配套设施,推出旅游精品线路,打造特色民族旅游村寨。大力培育和发展民族歌舞、民族服饰、民族饮食、民族民间工艺加工产业,民族药业的研究与开发,推进民族文化和旅游商品的市场化和产业化进程,以旅游拉动投资,带动城镇建设,不断提升经济实力。

4.发挥优势,确立“旅游活县”战略的贵州贵定县

过去,贵定县产业结构单一,影响了县域经济的持续稳定发展。为了改变这种局面,贵定县通过深入调查研究,全面分析面临的机遇和自身的优势,确立了“旅游活县”的发展思路。

从面临的机遇看,发展旅游业具有良好前景。加快推进西部开发,有效措施之一就是大力发展有区域特色、有竞争优势、环境负面影响相对较小的产业,旅游业符合这样的要求。因此,把旅游业作为主导和优势产业进行培育,有利于贵定县抓住机遇,加快县域经济发展。从自身的条件看,发展旅游业具有巨大潜力。贵定县拥有秀美的田园风光和独特的民俗民风,发展旅游业的条件得天独厚;劳动力资源丰富,地理位置较好,但工业基础相对薄弱,通过发展旅游业不仅能够直接带动餐饮、住宿、交通运输等服务业的发展,而且能够减轻就业压力,促进社会稳定和谐。因此,积极发展旅游业是贵定县发挥比较优势、实现加快发展的现实选择。“旅游活县”的发展思路确定之后,贵定县委、县政府全力组织实施,充分调动各方面的力量,加大投入力度,完善基础设施,提升管理水平,推动旅游业快速发展,活跃了县域经济。一是提升了贵定的知名度,汇聚了人气;二是带动了相关行业的发展,打开了财源;三是促进了就业,增加了群众收入;四是弘扬了民族文化,推动了干部群众思想观念的转变。

5. 确定发展“大旅游”的贵州荔波县

自贵州荔波与云南石林和重庆武隆以“中国南方喀斯特”名义正式列入世界自然遗产名录以来,荔波借助世界自然遗产品牌,近年来实施和推进“旅游强县、旅游兴县、旅游富县、旅游活县、旅游热县”发展战略,立足于充分发挥荔波特色和资源优势,推进了旅游产业的优化升级,做优做强“大旅游”产业。贵州荔波县 2011 年旅游人数达 536. 86 万人次,旅游综合收入 32. 91 亿元,其中旅游门票收入达到 4430 多万元,比上年增长了近 4 倍。旅游是荔波派给世界的美丽名片,又是决定其发展速度的一个支柱产业,被誉为带动荔波三次产业协调发展的“引擎”。旅游产业如今也已成为荔波城市建设和发展的内生动力,实现了用旅游带动城镇建设,用城镇建设促进旅游的发展的良性互动和循环。

综合以上案例,我们不难发现,贵州省的五个县域不约而同地选择了以旅游作为引擎和发动机的首选产业,充分利用本县域固有的旅游优势资源,充分利用旅游业发展的集群效应,打造旅游产业链,从横向和纵向增强旅游经济实力;充分利用旅游业发展所带来的客源流、人才流、资金流、商品流、信息流,拓宽视野,借助外力,不断推进县域经济各项产业的发展和升级;充分利用旅游业发展的关联带动功能,促进县域农、工、商、畜等各项产业的协调发展,提升基础设施水平,不断改善县域投资环境,调整产业机构,优化经济要素组合,大大增强了县域经济实力,这也说明了旅游业在促进贵州县域经济实力方面有着其不可代替的作用。

五、结语

加快县域旅游经济发展,对优化县域产业结构、推动城市化进程、促进城乡统筹发展、拓展就业空间、提高人民群众生活质量、提升本地的形象与知名度、扩大对外交流合作等发挥着重要作用,符合科学发展观的要求。贵州旅游业的发展也与贵州县域经济发展的大背景环境是息息相关的,以旅游业为主的第三产业具有极强的关联带动性,能够从多个方面促进县域经济实力的稳步提升。而良好的县域社会、经济环境也会给旅游业提供腾飞的动力,两者实际上需要构建一种良性互动发展的和谐关系,这样才有利于县域经济产业结构调整、社会文化和生态环境的和谐,实现经济可持续的发展,实现县域经济的跨越发展。

参考文献

[1]魏后凯.现代区域经济学[M].北京:经济管理出版社,2006.

[2]麻学锋,吴云超.利用旅游产业优势带动县域经济发展:以凤凰旅游为例[J].零陵学院学报,2005(1).

[3]安虎森,等.新区域经济学[M].大连:东北财经大学出版社,2008.

[4]李军.我国县域旅游产业发展中存在的问题与对策[J].经济研究导刊,2007(7).

[5]刘珺.县域旅游经济发展模式的探讨[J].经济研究导刊,2011(20).

[6]钟睿,姚治国.县域旅游发展模式动力机制研究[J].特区经济,2010(5).

[7]张旭峰.基于旅游资源分析的县域旅游发展方向研究:以安徽省芜湖县为例[J].科技和产业,2011(6).

[8]赵磊,夏鑫,全华.基于旅游产业链延伸视角的县域旅游地演化研究[J].经济地理,2011(5).

新机遇与挑战下的贵州民营经济发展空间及对策研究

李少飞

摘　要:当前,贵州民营经济的发展面临空前的机遇与挑战,贵州民营经济在当前的状况下,必须努力面对机遇,应对挑战,努力提升自身的发展空间。本文将从当前民营经济面临的发展条件入手,分析民营经济的发展空间有多大,并提出进一步的发展对策。

关键词:民营经济　发展空间　对策

民营经济是指除了国有经济和国有控股企业以外的多种所有制经济的统称,包括国有民营经济、集体所有制经济、个体经济、私营经济、外商经济和港澳台经济、混合所有民营经济和民营科技企业等类型。民营经济是具有中国特色的一种经济概念和经济形式。民营经济作为一种新的经济体,已日益成为中国经济市场主体的主要形式,并且在经济运作中发挥越来越重要的作用,近年来,更是成为经济调整发展的生力军。

一、背景及现状

(一)国际经济背景

近年来,全球经济低速增长,经济活力正在减弱,内外部经济失衡进一步加剧。世界经济进入艰难复苏的“后金融危机时期”,世界经济持续下滑,失业状况迟迟得不到改善。世界经济减速会制约我国出口的稳定增长,进而对国内实体经济造成影响;要素成本上升、企业利润增幅趋降、民间投资障碍依然较多,会影响投资的稳定增长;居民收入增加的支撑因素减弱,汽车、住房等一些消费热点延续低速增长,又很可能影响消费需求。最近几年国外的消费需求相对减弱,中国的出口受到一定程度的影响。

(二)国内经济背景

相比于国外的形势,国内形势相对稳定:“十二五”规划第二年进入投资项目集中建设阶段,中西部不断承接东部产业转移,逐步成为带动经济增长的新亮点,扩大居民消费政策体系不断完善将进一步扩大消费对经济增长的贡献。就 2013 年来看,经济增长稳中趋缓,夏季粮油再获丰收,物价涨幅进一步回落,新增就业持续扩大。国内的消费状况相对比较稳定,且处于快速增长之中,这对民营经济的发展是一个极好的促进。但是国内经济的增长面临国际国内形势依然严峻。国内经济体制性结构性矛盾叠加并存在下行压力的背景下，民营经济发展面临严峻挑战。行业建设重复率高、竞争压力大、成本增加、人才短缺等各个方面的压力不容小视。近几年来，国内劳动力成本增加，中国的劳动密集型产业在国际上的优势相对减弱。

（三）贵州经济背景

近年来，东部经济加快转移，贵州省交通条件、经济容纳能力等各个方面不断完善，承接东部地区产业转移的能力不断增强，近年来，更是承担了大量东部地区转移的产业。国家对西部的支持力度加大，西部大开发不断进行并深化，贵州的发展更是得到国家的重视。2012 年，国发 2 号文件的出台，更为贵州的发展提供了优势的平台。国家的支持使贵州民营经济的发展，面临前所未有的良好环境。贵州省内近年来出台各种政策和文件，坚实不移地落实"加速发展、加快转型、推动跨越"主基调，实施工业化强省和城镇化带动战略，坚定不移地大力发展"三化"同步，实现了城乡居民收入提高、工业经济比重提高、城镇化率提高和民营经济比重提高的"四个提高"，产业发展迅速，实体经济尤其是民营经济上了一个新台阶。民营经济作为县域经济的主体，在推动贵州发展的进程中起到了重要的作用。

（四）贵州民营经济发展现状

贵州民营经济的发展总体上呈现出良好的态势。一是经营领域不断拓宽，行业结构逐步优化。二是发展环境较为宽松，企业自主发展能力显著增强。近年来，贵州省实施一系列鼓励扶持民营经济发展的战略举措，多方面着手，打造经济发展环境，营造亲商、爱商、护商、富商的良好环境，促进了企业的迅速发展，实现了经济的重大突破。截至 2012 年 6 月底，全省内资企业、私营企业、外商投资企业共 15.7 万户，比 2011 年上半年增加 3.4 万户；各类市场主体（含个体工商户、农民专业合作社）注册资本 7674.2 亿元，比 2011 年上半年增加 2758 亿，增长 56.1%。但是贵州当前民营经济的发展也面临很多困难。

一是起步晚，基础差，没有形成规模。二是规模大、实力强的龙头企业数量较少，民营企业占全省经济总量的比重仍然偏低。2010 年，贵州省民营经济总量仅占全省经济总量比重的 35%，与兄弟省市区的 50% 相比，还有较大差距。此外，民营企业在融资担保、信息收集、法律咨询、财务管理等很多方面也面临着很多困难。

总之，在当前的状态下，贵州民营经济面临着前所未有的机遇，也面临着前所未有的挑战。贵州民营经济在这样的挑战下，有多大的发展空间，可以通过什么样的手段来加强自身的发展，是我们当前必须审视的一个问题。

二、发展空间研究

民营经济发展的基本条件有三个,一是有消费市场,二是有市场准入的政策和服务,三是能够在市场中配置资金、技术、劳动力等资源。当前,贵州省的民营经济发展不充分,民营经济的经济结构不合理,受到相当多现实条件的制约,但是毋庸置疑,贵州省民营经济还拥有极大的发展空间。

(一)消费市场

消费、投资和出口是拉动我国经济增长的三个主要因素。

经济增长的拉动需求,包括国内需求和国外需求。从以往的数据显示,国外需求是受到国际政策和国内政策等多种因素的影响。基本上国内政策影响较小而国际影响较大。当外部环境不利的情况下,保持国民经济有效的增长方法是扩大国内需求。从消费需求看,目前城镇住房、汽车、信息、教育、旅游等正在逐步成为新的消费热点和经济增长点。从人均拥有或人均支出的角度看,无论住房、汽车还是教育、旅游,消费水平都不算很高,还有很大潜力可挖。至于农民消费和农村市场,则受到农民收入及消费环境的制约,有待于大力开发和启动。国内需求对经济增长的拉动作用明显。2013 年以来,国内消费需求和投资需求均保持了较快的增长势头,消费和投资的增长速度远远超过了整个经济的增长速度。消费和投资的拉动作用明显增强。

中国的 GDP 虽然位列世界第二,但是人均 GDP 水平却仍然较低,我国虽属于经济大国,但不属于经济强国。因此,我国的经济增长空间相对较大,人均消费能力有待提升,实体经济有待进一步加强,民营经济发展空间很大。单从民营经济本身的发展情况来看,贵州省 2010 年非公有制经济仅占全省经济总量比重的 35% ,与兄弟省市区的 50% 相比,还有较大差距。民营经济发展的不充分,意味着贵州省的民营经济还有比较大的发展潜力。

比如制药业,贵州省医药业 20 世纪 90 年代异军突起,但到 2010 年全省医药生产企业 175 家,总产值 180 亿元,销售收入上亿元的企业 30 多家,剩下的 140 多家规模小而散;较大一些的企业都是 20 世纪成长起来的,近几年里没有新生成有规模成长性好的企业。而与贵州省医药行业形成鲜明对比的是,其他省份的一些医药企业在面临同样发展机遇和困境情况下,迅速扩张实现了跨越。2010 年营业收入排名全国第一的上海医药实现 374 亿元,哈药 180 亿元、云南白药 80 亿元、重庆太极 60 亿元、四川科伦 40 亿元,而贵州省益佰 15 亿元、百灵 9 亿元、信邦 3 亿元,相差很大。2010 年中国医药企业利润最新 100 强排名中,没有一家贵州企业。

通过制药业说明,贵州省在本身资源条件不差的情况下,民营经济却没有发展起来,绝不是没有发展空间的问题,恰恰说明发展空间很大。当前,贵州省的经济结构低度化,产业附加值也高,处在利润的最底端。当前,贵州省必须充分抓住机遇,提高自身的科技水平,加强产业研发能力,竭尽全力的做大做强产业。

在投资增长方面,贵州省近年来,投资不断增大,投资水平不断上升。近年来,贵州省政府投资和民间投资的规模都在不断扩大。通过投资,可以形成地方新亮点,增加群众收入。大力发展投资对贵州省经济社会发展具有很大的意义。沿海发达省份的经验表明,在民间投资发展较快的沿海省份,没有失业问题,有的只是劳动力不足的问题,通过投资,可以将大量的农村劳动力吸纳到企业中去。投资的增加,会形成固定资产,同时会增加各种对投资品的需求,进一步扩大内需,拉动生产。

(二)政策空间

自改革开放后,国家不断出台政策,全力鼓励各种经济发展,民营经济的政策空间进一步加大。1987 年,中共十三大提出"社会主义初级阶段的所有制结构应以公有制为主体。目前全民所有制以外的其他经济成分,不是发展得太多了,而是还很不够,对于城乡合作经济、个体经济和私营经济,都要继续鼓励它们发展"。"私营经济……是公有制经济的必要和有益补充。"1997 年,十五大把"公有制经济为主体,多种所有制经济共同发展"提到了"社会主义初级阶段的基本经济制度"的高度,认为非公有制经济是社会主义市场经济的重要组成部分。2003 年,十六大更提出"必须毫不动摇地鼓励、支持和引导非公有制经济发展。""坚持公有制为主体,促进非公有制经济发展,统一于社会主义现代化建设的进程中。"

围绕 2005 年胡锦涛同志提出的实现历史性跨越的总体要求,贵州提出加速发展、加快转型、推动跨越,明确赶进程、转方式、全面赶、全面转、2020 年与全国同步实现全面小康的思路,在战略重点上,提出工业强省和城镇化带动。2006 年,贵州省出台了促进民营经济加快发展的"42 条",2009 年省委十届五次全会专题研究了民营经济发展现状,并提出了推进民营经济又好又快发展的意见。2011 年省委、省政府召开全省加快民营经济发展大会,制定和出台了"民营经济 38 条政策",省委、省政府印发了《关于进一步加快全省民营经济发展的意见》,并决定制定和实施"民营经济三年倍增计划"等政策措施,力争实现在"经济增加值""投资""注册资本""新增就业"四项指标方面的倍增。按照"非禁即入"的原则,对放宽民营经济市场准入做出了明确的具体规定,强调"除国家法律规定明确禁止的领域外,一律对民营经济开放","严禁在国家法律、法规、规范、标准之外提高行业准入、市场准入门槛"。出台"3 个 15 万元"等政策,进一步促进了民营经济的发展。

2011 年,国开行贵州分行与贵州省经信委签订了《国家开发银行贵州省经济和信息化委员会非公有制经济、小额贷款公司融资战略合作协议》,利用小额贷款公司贴近市场、贴近客户的特点,全力支持中小企业、民营经济发展。2011 年,全省民营经济、中小企业完成增加值2105.09亿元,占全省GDP比重达到36.9%,全省民营经济、中小企业呈现创业激增、领域拓宽、投资放大、发展提速、贡献突出、创新提升、竞相赶超等特点。至2011年底,全省私营企业、个体工商户分别达到近10万户,个体私营经济注册资本(金)达2574.06亿元。

针对当前行政工作中存在的一些问题,省委召开会议,提出对民营经济发展的行政审批要"简、优、限"。取消、下放、转变和合并了50%以上审批事项,办结时间比法定时间减少20%;停止征收和降低收费标准项目共141项,减少中小企业负担9.1亿元。

政府在经济发展中起到主导性作用,政府的政策导向,直接对经济的发展起作用。我国目前总体上还是政府主导型经济,经济的增长在很大程度上要靠政府的政策引导。对市场的培育、对经济活动的调节和干预,都是政府经济职能之一。近年来,政府在经济引导、政策实施、融资等方面均有了较大的突破,民营经济的发展环境进一步宽松。

(三)其他资源

把人才管理等软环境作为一项重要的投资指标,同时提升企业自身发展水平和树立企业品牌,实现贵州省民营经济的跨越发展。贵州省人才相对比较缺乏。贵州省高校相对较少,本省的人才培育在全国不具备优势,基层工作条件差,工资低,人才大量流失。当前,全省面临经济社会发展的重要时刻,全国各地竞争激烈,人才的竞争在某种意义上,起着决定性的作用,人才起着决定发展速度和发展质量的核心竞争力作用。

近年来,贵州省各个县市区出台各项优惠政策,积极动员在外读书或者工作的本地人员回乡就业创业,进一步提升本省人才的储备,减少本地人才的外流,培养本地企业的发展,同时也增加了对外交流的机会。通过引进专业技术人才,对知识产权质押、社会保障、信用贷款、法律服务、职业认定等工作中的各个方面做到全面保障。以高层次创新人才和高技能人才为重点,加强产业领军人才、核心技术研发人才培养,实现人才与市场、与产业、与项目高效对接,以高人才基地建设促贵州民营经济和谐健康发展。

同时,在推进"三化"同步的过程中,充分注重协调"三化",注重"三化"中的不可分离、互相促进关系。注重推进工业区的发展,以工业化带动农业化,推进农产品的精深加工,进一步增加产业附加值,提升农产品的市场竞争力,促进农业增效、农民增收。在推进过程中,注重农村劳动力的转化,进行专业知识培训和产业技能培训,让更多的农民到工业区内务工,在不脱离属地的基础上,实现农民的工资性收入,进一步实现城镇化,将农民变为居民,提高消费能力,进而实现经济的良性互动。

在产品上,只有提高产品的技术含量和附加值,才能提升企业的发展空间。当前,随着经济社会的发展,我国的劳动力优势在国际上逐渐降低,靠组装、制造等劳动密集型产业的发展,已经越来越不适应社会的发展。贵州省人口及常住人口也相对比较少,劳动密集型产业显然不能适合贵州省未来的发展。粗加工业由于附加值低,企业运作费用相对较高,对民营经济来说,是一个不理想的发展形态。

当前,贵州省民营经济发展的技术含量不高,创新能力不强,因此,在下一步的发展中,必须靠高位的技术以及专利,打造科技含量高、质量好的商品。同时,贵州省的企业品牌较少,品牌在现代科技中具有强大的竞争力。贵州省具有资源丰富的优势,因此农业、畜牧业、制药业等方面,具有不可替代的优势作用。

在基础设施建设方面,贵州近年来得到了长足的发展。到2011年底,全省公路总里程达到近16万公里,比2001年增加12万公里,在西部地区排第4位;路网密度由2001年的每百平方公里19.67公里,上升到2011年的每百平方公里89.62公里,在西部地区排第2位。在水利方面,贵州省2003—2012年水利建设总投入将达到589.6亿元,是新中国成立以来的5.3倍。公路、铁路、航空、水运等各个方面都取得长足进展。承接产业转移的能力进一步增强,原材料引进、产品营销等条件进一步便利,为民营经济的发展提供了进一步的空间。

三、发展对策研究

在工作中,政府要进一步提升自己的服务意识,全方位为民营企业的发展提供服务,同时,加大开放开发,扩大招商引资的规模,在引资的同时注重引智,提高招商质量,做大本省的产业群,打造本省的集聚产业,形成规模效应,在一定程度上,扩大本省的产业竞争力。在这之间,要注重本土品牌的培养,同时,拉伸产业链,形成上下游企业,在减少企业成本的同时,扩大企业利润。在发展中,要注重做好以下五个方面的工作。

(一)健全政府支持,改善发展软环境

不断配套和落实相关政策和措施,搞好园区建设。以行政区划完善配套政策,统筹规划,总体协调工业园区的整合,推进配套产业。在产业政策、强化服务功能、整治投资环境等各个方面为民营经济的发展提供优质的服务。改善发展硬环境。加强以交通为主的水、电、路、通信等基础设施建设,为民营经济的发展营造一个良好的社会环境。改善金融环境。进一步创造好的融资环境,放宽市场主体准入条件,放宽投资行业和领域,放宽注册资本(金)条件、放宽企业经营范围和经营方式。同时,健全企业预警制度、企业联系机制、信息管理机制,加强与企业的进一步联系。建立督察落实机制,对于工作不落实的企业,尽快开展整治,应该取缔的坚决取缔,应该整改的坚决整改,确保企业运行有一个良好的环境。

在程序上,尽量做到简化程序。做到审批手续少且程序简单,对不同的项目审批的重点和内容不同。通过程序简化,提高行政效率。努力打造文明、规范、便捷、高效的行政服务平台,标准化服务,用规范的服务方法和服务体系,对民营经济的发展实行一条龙

式服务和保姆式贴身服务,服务企业、方便项目。

(二)加快开放开发,借外力促进发展

针对贵州省民营经济规模小、实力弱的现状,必须进一步加大开放,在发展本土民营企业的同时,借助招商引资的机会,以外省企业拉动贵州省民营经济发展规模壮大。改善开放基础条件,加快口岸和大通关体系建设,争取口岸签证权,推进海关特殊监管区、加工贸易承接基地、出口基地建设,加快建设贵阳“无水港”,加快推进贵安新区建设,将其打造成为国家级内陆开放型经济示范区。坚持把园区和标准厂房建设作为发展产业、扩大开放的根本路径和重要载体,因地制宜,突出特色,创新园区投资机制,完善园区配套设施,不断提高对外来客商的吸引力和招商引资项目入园率。优化招商引资环境,创新招商引资方式,注重提高招商引资的实效。拓展招商引资内涵,把招商引资和引才引智、引进先进技术和管理经验结合起来,以及利用省外企业的市场渠道,使招商引资更好地服务经济社会发展大局。突出招商引资的重点,产业上更加注重引进有利于发挥资源优势、有利于结构调整、有利于扩大就业的项目,地域上更加注重东南亚和东部沿海省份,目标上更加注重世界500强、全国500强、跨国公司和企业集团,完善黔川渝区域协作机制,深化与成渝经济区在电子信息、装备制造、轻工、能源、原材料等领域的合作。积极参与武陵山经济协作区建设,统筹攀西—六盘水经济区规划建设,促进滇黔桂粤西江流域航运、能源、旅游等领域合作。推动泛珠三角地区合作,拓展区域合作空间和领域,积极承接产业转移,打造东西合作示范基地,主动加强与大连、青岛、宁波、深圳的合作。

(三)建集群、增比重,打造产业发展的集聚效应

主要发展工业十大产业,打造千亿元产业集群;培育10个民营经济示范园区,选择一批平台进入工信部4000个全国公共服务示范平台范围,建好“1+9+N”全省中小企业公共服务平台网络体系,即一个省级综合平台,9个市州窗口平台,N个专业平台,让服务于民营经济、中小企业的服务资源高度集成、高度共享、高度协同。建设产业集群,促进产业集聚,可以提供强大的产业链支持,为企业提供隐性竞争力。同时,产业集聚的高度,可以形成资金上的“洼地”,形成更多的溢出效应。

把民营经济发展与构建特色产业、建设特色园区结合起来,充分发挥民营企业机制灵活、市场反应灵敏等优势,发展贵州省特色产业。鼓励民营企业以商招商,引进自身企业的上下游产业,减小自己的发展成本,形成规模效应与集聚效应。

(四)发展特色产业,拉伸产业链,大力发展上下游企业

大力发展贵州省特色产业。支持民营企业发展辣椒、蔬菜、茶叶、核桃、肉类、禽蛋等农副产品加工。依托贵州省生物资源丰富、生态良好的优势,支持民营企业大力发展民

族制药业,加快做大做强一批民营医药业。培育形成产业园区的主导产业及相关工业园。大力培育上下游企业,以商招商,减少产业成本,形成产业的集聚效应。鼓励民营企业发展煤磷、铝等优势原材料精深加工和配套加工,延长产业链,拓宽产业幅,提高产业配套能力。引导民营企业改造提升传统产业,加强对贵州省传统产业的横向联合和纵向兼并。

(五)调整经济结构,打造品牌优势。

立足现实调整经济结构,增加居民特别是低收入群体的消费能力,适应群众生活多样化、个性化的消费需求,引导消费结构升级。同时,加快推进结构调整的自主创新,大幅度增加科技投入,进行技术改造,加快实施重大科技专项,大力培育战略性新兴产业。与发达地区联手发展,从发达地区引进技术支持和进行项目拓展,进行产业结构升级,淘汰部分附加值低的粗放型企业,同时加强对现有企业的科技投入,推动产业转型升级。同时,加强对产业结构的调整,将产业结构合理化和高级化,提高加工度,加大产品的技术含量和附加值,降低原材料的消耗,依赖信息化发展产业,最终实现供给结构、需求结构、贸易结构、投资结构等各个方面的合理化。

品牌的核心是功能与质量,而且是脱离技术、质量等之外的独特营销力量。积极引导符合国家产业政策、市场前景好、有带动作用的企业做大做强,鼓励引导大中小企业联系,以社会化生产、专业化协作的方式,发挥比较优势,充分挖掘省内的旅游资源品牌、农业产业品牌、农业休闲品牌、工业产业品牌,促进特色文化扩张,形成企业文化,构建鲜明的民营经济板块和产业群,优化经济结构,促进企业从低端向中高端转换,进而带动其他产品的发展和升级。把品牌建设作为企业升级转型的突破口,把标准化战略作为产业升级新途径。对品牌核心价值整合,对输出信息进行有效规划和整合,用同一个声音说话,保证声音最大化。鼓励企业形成自己的文化,用企业文化形成先进的团队及先进的经营管理理念提升企业核心竞争力,推动企业改革创新紧密结合,借助文化,打造经济平台和经济"软实力"。用健康的品牌发展,来推动整个行业的整合。通过品牌效应,带动整个行业发展和创新,同时,可以考虑通过兼并和联合发展的方式,将品牌做大做强,形成地区效应。

民营经济面临的挑战与突破

——抓住民营科技企业这一重点

潘健①

摘　要:中国的现实国情决定了发展民营经济的必要性,而对地处中国西部的贵州,更具有极其重要的意义。在改革大潮中应运而生的民营科技企业,更显示出其特有的活力和蓬勃的生机。民营科技企业展示出的灵活的经营机制与科技第一生产力的结合,将为贵州形成最有希望的经济增长点。

关键词:民营经济　民营科技企业　贵州

中国的国情和经济发展的需要,决定了非公有制经济将存在于社会主义市场经济的整个历史阶段。改革开放以来,而发展速度最快的广东、浙江等省,它们最宝贵的一条经验就是比较早地打破了计划经济下单一经济成分的僵化模式,放手发展包括个体私营经济在内的多种所有制经济,极大地调动了广大人民群众的创业积极性、主动性和市场竞争力。学习广东、浙江的经验,努力发展包括非公有制经济在内的民营经济,对于贵州这样一个地处边远内陆山区,生产力水平又处于社会主义初级阶段较低层次的省份,对经济社会发展无疑具有重要意义。统计显示,2012 年上半年,贵州新增私营企业和个体工商户 11.5 万户,新增注册资本金 770 多亿元。目前,全省私营企业和个体工商户总数达 96.5 万户,占贵州市场主体总数的 94.8%。上半年,民营经济对全省地税收入的贡献率达 61.4%。

而在近 30 年来,在改革大潮中应运而生的民营科技企业,以其特有的活力和蓬勃的生机,一枝独秀地呈现于非公有制经济领域。民营科技企业的崛起和发展,受到了各方瞩目。全国民营科技企业涌现了如联想、方正、华为等一大批知名企业,在贵州也出现了神奇、圣泉、天龙为代表的一批明星企业,成为深化科技体制改革、推动科技进步的一支重要力量,发展高新技术产业的生力军,国民经济和区域经济重要的增长点,调整产业结构和经济结构不可替代的方面军,造就科技型企业家和优秀人才的重要基地。

民营科技企业通常是指非政府投资主办的技术密集型企业。贵州民营科技企业在贵州省诞生于 20 世纪 80 年代中期,90 年代后逐步进入发展与提高阶段。近 30 年来,全省民营科技企业实现了从无到有、从小到大、从少到多、从“补充”地位上升到“重要组成

① 潘健,男,中共贵州省委原副秘书长、贵州省社会科学院特聘研究员、贵州经济学会常务理事。

部分”的转变，走过了从单纯生产或销售初级产品、提供一般技术服务到研制开发高新技术产品、提供IT业咨询服务、开拓国内国际市场、形成规模化、产业化的艰难历程。

一、全省民营科技企业的基本特点

民营科技企业在其艰苦创业的发展过程中，逐渐形成了自身的优势和特点，特别是民营的灵活机制和科技第一生产力的有机结合，使之具有强大的生命力。

一是经营机制灵活。改革开放以来，贵州民营科技企业之所以能够生存、发展、壮大，并在民营经济中占据重要地位，其优势就在于机制灵活。即建立在“自筹资金、自愿组合、自主经营、自负盈亏”基础上的充满活力的经营方式，并能够积极地吸引人才，最大限度地适应市场和规避市场风险。据相关调查，全省有73%的民营科技企业是靠自筹资金逐步发展起来的。这些企业在生产、经营和管理中都是“找市场”而不是“找市长”，主要靠市场引导。在贵州民营科技企业占绝对优势的药业和环保业，企业产品的绝大多数都是盯着省外市场，从一开始就是与省外同行激烈竞争的。在调查的省内成功的企业中，除圣泉实业发展有限公司是在激烈的竞争中被省外同业占去了省外市场，因而仅占领了省内市场外，其他企业产品销售的方向和重点都在省外市场，是去与外省同行竞争，赚外省人的钱。如贵州神奇、贵州黄果树立爽药业以及贵州东伟的大部分产品都是销往省外乃至国外的。同时，企业发生经营亏损、企业员工下岗、失业等情况时都能内部消化，没有对政府、对社会形成压力。由于能够自主经营，对资金、产品、原料、人才及市场需求反应及时，因此舍得科技投入和风险投资。

二是企业产权清晰。民营科技企业主要靠自筹资金、滚动发展来的，因而具有产权清晰的特点。这在一批成功的民营企业身上表现得尤为明显。产权比较清晰，企业能够进行风险决策和风险投资，比较善于抓住市场先机。仅据不完全调查，全省年技工贸总收入在5000万元以上的11家企业和年技工贸总收入超1亿元的5家企业，就在产权上进行了改革，实行所有权与经营权分离。早在1988年成立的贵州朗玛信息科技股份有限公司于2012年在创业板成功上市。贵州神奇制药有限公司、贵州东伟实业股份有限公司也在股份制改造上迈出步伐，着手“二次创业”。据抽样调查，82%的民营科技企业的厂长、经理认为进行“二次创业”是“很有必要”；选择“没有必要”一栏的厂长、经理为“0”。

三是科技含量高。民营科技企业普遍重视引进先进的技术设备和依托高新技术及新产品创业，增强企业市场竞争力，保证企业能够获得合理的较高经济效益。如圣泉公司曾投入350万美元成功引进了意大利波利泰的一条七色凹印联动模切生产线和德国无版数码印刷机，此举使企业的彩印技术和整体印刷水平达到世界先进水平。与此同时，民营科技企业还能将沉淀的科技成果转化为产品，并使之产业化。如贵州黄果树立爽药业有限公司的主导产品“咽立爽”口含滴丸,就是根据贵州南部苗族、布依族山区流传数百年的验方,提取艾纳香草的主要成分艾纳香油,利用国际先进滴丸制剂技术生产而成。由于科技含量高、疗效好,深受广大医务工作者和全国消费者的欢迎,其产品主要销往省外。又如遵义天阳食品有限公司引进丹麦 ATLAS 公司生产的世界上最先进的真空冷冻干燥生产设备,年加工生产能力达到千吨以上,加工后各类果蔬、肉类、海产品、保健品等能保持原有的色、香、味及营养成分,在国外很受欢迎。

四是自主创新能力强。即把技术创新作为参与市场竞争的核心战略。民营科技企业多能以科技为动力,以市场为导向,通过技工贸、技农贸一体化经营,不断开发新产品,形成新的产业。据调查,全省民营科技企业普遍注重投入研究开发经费,开发新产品。如贵州省民营科技企业研制开发的“生精散”“前列舒乐”“全天麻胶囊”“咽立爽滴丸”“GF 系列分体式净水器”等高新技术新产品,销往全国 20 多个省、市、自治区,占有一定的市场份额,为推动贵州省高新技术产业化起到了积极作用。以获得科技部“中国民营科技企业创新奖”的贵州神奇制药有限公司和贵阳天龙魔芋食品有限公司,在加大研发投入、开发新产品上,成效尤为明显。

五是对社会贡献大。贵州省民营科技企业为政府增添了数量可观的税收而无须政府投资;既提供了科技人员完善自我、转化科技成果的用武之地,成为培养科技企业家的摇篮;又成为社会增加就业的重要渠道;而且发展不忘回报社会,慷慨解囊捐献钱物支援灾区,积极参与光彩事业,投入社会公益事业,以自己的行动向世人展现了自身良好的风貌。

二、贵州民营科技企业的发展趋势

全省民营科技企业由于具有上述突出的优势和鲜明特点,因此具有良好的发展前景:

一是有着良好的发展态势,将要成为贵州最有希望的新的经济增长点。贵州省民营科技企业创始于 1984 年,当年全省只有 3 家,1992 年党的十三大后达到 136 家,1995 年已经发展到 846 家,进入 21 世纪后贵州省经年审登记注册的民营科技企业共有 1058 家,整体呈阶梯状发展态势,呈现出良好的发展前景。贵州省一大批知名民营科技企业正在不断发展壮大中。其中,年技工贸总收入在 100 万元以上的企业就有 133 家。贵州神奇制药有限公司、贵阳朗玛信息技术有限公司、贵阳南明老干妈食品公司、贵州益佰制药公司和贵州益康制药公司等 5 家企业年技工贸总收入已经超过亿元以上。民营科技企业已经从“小打小闹,拾遗补阙”,向着产业规模化、组织集团化、技术创新化、运营现代化的方向发展,展现着企业规模和效益同步增长的态势。

二是持续不断地向高新技术产业化进军。民营科技企业的迅速崛起,大大加速了全省高新技术产业的发展步伐。民营科技企业的活力来自“民营”,本钱是“科技”,即主要是靠自身拥有相对高的科学技术含量的产品拓展企业的发展空间。在贵州自然资源条件比较好的高新技术——医药科学和生物医学工程、生态科学和环境保护技术两个领域,民营科技企业均占有较大的份额;在食品科学与生物食品工程领域,民营科技企业也正崭露头角,尤其对省医药工业产业的形成和发展壮大起到了历史性的巨大作用。在全省医药企业中,民营企业占90%,全省医药工业产值中,90%也是民营企业创造的;在全省100多家环保企业中,80%以上也是民营科技企业;在贵阳高新技术产业开发区的企业中,民营科技企业已经占到了60%;省及其他高新技术产业开发区和招商入驻“贵阳软件园”“金阳科技园”的企业中,民营科技企业仍然占据着重要地位,形成了特色明显、具有一定规模的企业群。可以说,民营科技企业已经发展成为贵州省高新技术产业的生力军,今后将发挥日益重要的作用。

三是继续在非公有制经济的发展中具有导向和带头作用。民营科技企业在下面三个方面对非公有制经济整体的发展起着积极的导向作用:其一是科技导向。贵州省的民营科技企业在创立之初就拥有1~2项核心技术成果或专利成果,并且勇于技术创新,舍得投入重金用于研究开发,注重拥有更多的自主知识产权。由于能够顺应市场的要求开发和推出产品和服务,同时也能够把科技新成果尤其是许多沉淀的科技成果推向市场,许多民营科技企业保持了自己特有的生机和活力,使产品在省内外都有相当的竞争力。其二是机制导向。民营科技企业实行的“四自”经营机制,使企业在生产、经营、决策和分配等方面都确立了企业作为市场竞争主体的地位和作用,善于抓住市场先机,赢得竞争主动。目前贵州省民营企业中以贵州神奇制药公司、贵州东伟实业公司为代表的一些较大的企业,已开始进入“产业规模化、资本股份化、组织集团化”的“二次创业”阶段,真正着手做大做强。其三是人才导向。民营科技企业能够聚集一大批优秀的科技人员和管理人员,即使他们有了用武之地,又增强了产业的竞争力,揭示了“企业、产业的竞争就是人才的竞争”的规律。据不完全统计,全省353个民营科技企业,就拥有研究生105人、本科生2167人、大专生2552人、中专生2633人,分别占企业职工人数的0.6%、12%、14.2%和15.1%,四类人员共占到企业职工人数的41.9%;其中,拥有高级中级和初级职称的分别为464人、1531人和2181人,三种职称人员共占到企业职工人数的23.3%。以上三个导向作用,是非公有制经济今后要求得到更大发展必须向民营科技企业借鉴的主要方面。

三、做大做强民营科技企业,提高民营经济的整体竞争实力

要把做大做强民营科技企业作为全省的一项重要的战略任务。随着经济的发展,人民生活水平的提高,短缺经济已经成为过去。以经济发展为主题,结构调整为主线,已经

成为当今经济生活的主旋律。在经济结构调整中,所有制结构的调整,为民营科技企业的发展留出了空间;而技术结构的调整,又为民营科技企业的发展提供了舞台和机会。因此,要采取有效的政策措施对民营科技企业给予重点扶持,优先发展。当前,省里已拟定了一系列政策措施,在金融、税收、人力等方面加大技术小微型企业发展的力度,就体现了包括民营科技企业的技术。这是事关国计民生的大事,不仅关系到全省整个国民经济持续快速发展,而且对提高全省民营经济的整体素质、改善其结构,都具有十分重要的意义。

各级政府要把民营科技企业纳入科技发展规划。国家有关实施西部大开发的优惠政策,首先要让民营科技企业得到实惠。要舍得用好项目带动民营科技企业的发展。在项目申报、成果鉴定和奖励、科技贷款申请、高新技术产品认定、知识产权保护等方面,给予其与国有单位同等的待遇。要采取政策鼓励科技人员和有一定条件的干部兼职和创办、领办、承包、租赁民营科技企业,对科技人员兴办科技型企业,给予创业基金资助。鼓励国外科技人员和留学人员来黔兴办民营科技企业,让更多的留学归来人员加入民营科技企业的行列。

引导具有一定规模的民营科技企业成为区域经济的"霸主"。从现在起就要下大力推动民营科技企业向产业规模化、组织集团化、技术创新化、运营现代化的方向发展,尽快培养出一批年销售收入上亿元,乃至达十几亿元、几十亿元的民营科技企业。据统计,贵州省最大民营科技企业贵州神奇早在2000年年产值已达7亿元,另有4家已上亿元。而全国上亿元的已有2214家,超过10亿元的有187家,超过20亿元的有76家。

用更市场化的办法促其迅猛发展。我们完全不能用抓国有经济的那一套办法措施来抓非公有制经济,尤其是抓民营科技企业的发展。贵州省以民营科技企业为主的药业和食品业之所以发展得快,能够成气候,主要的原因就是在这两个行业中,基本上是"小政府,大市场;小产品,大产业;小企业,大经济"。因此,下一步在对民营科技企业的扶持中,一定要注意从中学习有益的东西,先当学生,后当先生,帮要帮在恰当的时候,扶要扶在点子上。要用市场经济的办法来管理民营经济,主要是在营造公平的市场环境和加强服务上下功夫。切忌拔苗助长,不搞急功近利,防止"乐于规范,长于管卡"的倾向。

要拓宽民营科技企业的投融资渠道。当前,为解决小微企业发展初期的资金难题,贵州省相关部门联合制定了"3个15万元"的政策,即个人筹资10万元,政府补贴5万元,银行贷款15万元,营业后返还15万元,同时制定了涵盖创业申请、培训、注册登记、政策兑现、金融扶持、后续帮扶和监督管理的一整套操作流程。早在几年前,贵阳市云岩区就建立了中小企业风险投资互助合作资金的经验,就很值得借鉴和推广。要对民营科技企业试行风险投资。对具备条件的非公有制企业尤其是民营科技企业,要优先支持其上市发行股票和债券,允许符合条件的民营科技企业使用国际商业贷款、政府双边贷款和国际金融组织贷款。积极制定政策、法规,鼓励以科技成果作价入股,盘活科技存量。

更多地赋予民营科技企业对外经营权。民营科技企业可以在“走出去”的竞争中获得更大的发展空间,锻炼和提高自己的竞争能力。国家制定的各项扶持外贸出口和利用外资的政策,民科技企业也应同等享受。积极资助具备条件的民营科技企业申报进出口经营权,在安排进出商品配额、办理出国手续等方面要提供方便。

突出民营科技企业在发展全省高新技术产业中的重要作用。鼓励和支持高新科技产业化,已成为我国科技政策的重要方向。为此,国家科技部已制定鼓励科技型中小企业的政策、建立科技型中小企业创新基金、建立和完善社会化科技中介服务机构、加速建立风险投融资机制等方式,努力使科技型中小企业更快更好地发展,成为孵化创新成果的重要摇篮和技术创新的生力军。同时,要继续发挥国家高新技术区的环境优势和聚集效应,让更多的科技型中小企业在国家高新技术区的良好环境下迅速成长壮大。要更充分地发挥民营科技企业在高新技术产业中的生力军作用。鼓励更多的企业进入各类开发区创业。大力鼓励民营科技企业开发电子、通信、生物、医药、生物食品、环保等新兴产业。鼓励民营科技企业对高新技术成果进行转化。

推动民营科技企业实行技术创新。大力增强民营科技企业整体创新能力,鼓励、激励民营科技企业增加研究开发投入,鼓励民营科技企业积极参与高新技术孵化工作。从零资产起步、没有国家投资的背景,民营科技企业大都选择贸、工、技的发展模式,并被实践证明是成功的。但也带来了为数不少的民营科技企业开发能力有限、技术储备缺乏、企业发展后劲不足等弱点。为此,必须努力跳出“技术投入低—产品附加值低—赚钱少反过来无力搞研发”的恶性循环的“怪圈”,逐步朝着更多注重技术开发和创新的结构转型。要鼓励民营科技企业与大专院校、科研单位建立密切联系,通过设立科技开发基金和风险投资基金的形式加大科技投入,运用先进技术改造传统产业,研发新产品、新技术、新工艺,提高产品的技术含量和市场竞争力。对民营科技企业通过技术进步、加强质量管理,创出全国驰名商标和省著名商标的可给予奖励。要扩大开放,引进先进的设备、管理、技术。没有一流的设备、一流的技术,就不可能生产出一流的产品,不可能在竞争中站稳脚跟。

利用创业中心和“孵化器”为新办民营科技企业服务。利用生产力促进中心为其提供诊断、咨询、大型仪器共同使用的服务;利用信息网络中心为其提供信息和政策咨询;利用技术市场为其提供技术交易服务。政府可继续拨出一定的资金给科研院所,专门用于公益性的科技服务,减少科研院所实施有偿服务对新办民营科技企业的压力。

民营经济协同创新机制研究

周珊珊[①] 张翰杰[②]

(贵州大学经济学院)

摘 要:民营经济已成为我国经济增长和社会进步的重要力量,本文基于协同创新的思想,首先从民营经济的管理创新、技术创新、制度创新三个维度来分析民营经济创新存在的障碍,接着研究三维度之间的协同关系,并由此提出促进民营经济协同创新发展的对策。

关键词:民营经济 协同创新

一、引言

改革开放至今,中国的经济发展取得了巨大成就,特别是民营经济在改革开放过程中,对经济、社会、体制及科技等方面都做出了举世瞩目的贡献。截至 2009 年,登记注册的私营企业已达 740.15 万户,占全国登记注册企业总数的 70% 以上,内资民营企业的城镇固定资产投资所占的比重从 2004 年的 30.4% 上升到 48.2%,进出口总额占全国总额比重从 2000 年的 0.8% 上升到 19.8%。

进入“十二五”时期后,民营企业的数量和规模仍将不断扩大,并进一步成为全面建设小康社会的中坚力量。虽然从中央到地方各级政府已陆续出台了一系列鼓励、支持和引导民营经济健康持续发展的路线方针政策,但是制约民营经济发展的体制性、政策性障碍和来自社会以及其自身的问题仍不同程度地存在。特别是民营经济自身仍存在生产的技术水平、产品的科技含量及管理的水平较低,经济内部的制度不健全,市场竞争能力弱等问题。为此,本文基于协同创新的思想,首先从民营经济的管理创新、技术创新、制度创新三个维度来分析民营经济创新存在的障碍,并通过研究三个系统相互间的协同关系来找出促进民营经济协同创新发展的方法。

二、民营经济的创新障碍分析

民营经济的创新主要有管理创新、技术创新和制度创新三个维度,如表 1 所示,2009

---

① 周珊珊,女,博士,贵州大学经济学院副教授,硕士生导师。

② 张翰杰,男,贵州大学经济学院在读硕士研究生。

年,影响民营企业创新的三大主要因素分别是人才缺乏、产学研合作难度较大、技术市场不健全。另外,缺少政策支持和知识产权保护,激励机制不健全及管理水平不够等也在一定程度上影响了民营经济的创新发展。

表1 2009年民营企业500家创新困难分析(家,%)

企业创新主要困难类型	企业数	占民营企业500强比重	企业创新主要困难类型	企业数	占民营企业500强比重
人才缺乏	298	59.6	资金短缺	90	18.0
产学研合作难度较大	181	36.2	激励机制不健全	59	11.8
技术市场不健全	134	26.8	企业管理水平不够	37	7.4
政策支持不够	103	20.6	其他	4	0.8
知识产权保护不够	99	19.8			

资料来源:中国民营经济发展报告 No.7(2009—2010)。

下面具体分析民营经济中管理创新、技术创新及制度创新三方面各自的障碍及不足:

(一)管理创新的障碍

管理创新由于外部环境的不确定性与信息的不完全性、管理创新过程的动态性和复杂性、创新主体的有限性与创新能力的有限性、支持性资源的不可或缺性、管理创新绩效的测不准性等因素的制约,决定了管理创新可能会导致不经济性并且不一定能成功。而有的民营企业生搬硬套国外先进企业的管理技术和经验,对理论和技术缺乏系统认识,也没有结合企业实际情况,结果导致内部管理各环节之间、硬件和软件之间脱节和不协调。另外,我国民营企业员工的整体素质不够高,无法完全领会先进的管理思想、理论及实践,加之企业不愿加强在人力资源管理方面培训上的力度,不仅影响了企业的发展后劲,也影响了员工的忠诚度。

(二)技术创新的不足

人才缺乏连续多年成为民营企业技术创新的第一大困难,虽然在大型民营企业中,这一困难并不是最大的短板,但在民营企业中普遍存在的缺少科技型企业家和具有创新活力的技术人才,使得技术创新活动变成了偶然的、间歇性的和非制度化的行为。而人才缺乏进一步影响了企业的信息来源,企业难以进行成功的技术创新。同时技术市场的不发达和技术中介服务体系建设的滞后,对在产、学、研之间建立起成果与产业化的联动机制形成阻碍,不利于民营企业技术创新活动的开展。

另外,如表2所示,民营企业技术创新资金来源主要依靠自由资金,虽然银行借贷和政府资助比例呈现上升趋势,但总体覆盖面有限。这样一来,大多数民营企业在创业资本不足以提供足够的技术创新资金的情况下,也无法得到很好的政府扶持或融资渠道。

表2 2009年民营企业500家技术创新资金来源比较表(家,%)

项目	企业数	占民营企业500强比重	项目	企业数	占民营企业500强比重
自有资金	411	82.2	资本市场融资	48	9.6
银行借贷	177	35.4	风险投资	8	1.6
政府资助	112	22.4	其他	1	0.2

资料来源:中国民营经济发展报告 No.7(2009—2010)。

从外部环境来看,政策的引导和激励存在缺陷,技术创新的管理和法制环境也不够完善。对于民营企业来说,政府在产业技术政策上缺乏明确的指导使得企业难以选择明确的创新目标,并且科技创新上也缺少税收政策的激励。而知识产权方面的法律体系始终不够完整、执法力度和效率都不高,这些都降低了民营企业进行技术创新活动的主动性。

(三)制度创新的制约因素

由于民营经济长期以来都以家族企业为主,单一的产权结构以及不明晰的产权界限使得人力资本无法享受产权收益,无法实现其应有的价值。而传统的企业制度亦不利于企业的创新活动和长期发展。"任人唯亲"的现象层出不穷,财产权利、管理权力的集中化程度明显,所有权和经营权的一体性等因素使得公司无法进行有效的治理,不能合理地配置所有者和经营者之间的权利与义务关系,上下级之间亦缺乏良好、平等的交流和沟通。这种现象导致了管理制度和人事制度无法得到及时有效的创新和完善,制度上呈现出较大的随意性和主观性。

三、民营经济协同创新机制分析

民营企业创新发展能力作为一个能力系统,要受到企业的制度创新、技术创新和管理创新三者的影响,三者之间的协同与互动水平决定了企业创新发展能力的高低,片面地重视某一个会导致创新发展能力的缺失与畸形发展,导致整个能力系统的功能缺陷,实践中往往表现为创新收效不足。民营企业创新发展能力的协同模型由图1所示。

从单个创新要素来看,制度创新、技术创新和管理创新三者具有相对的独立性。制度创新的核心在于企业产权关系和治理结构的优化,它能够为提升企业的创新发展能力提供动力支持;管理创新的内涵比较丰富,包括管理理念、方式和方法的创新,它成为提升创新发展能力的重要基础;技术创新主要包括产品创新和工艺流程创新,可以当作提

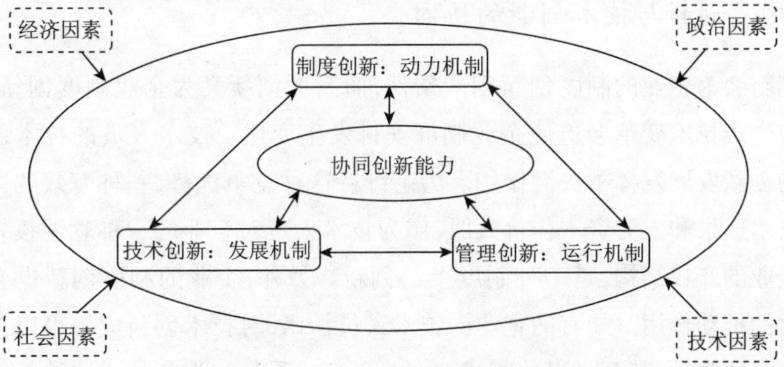

图1　民营企业创新发展能力的协同模型

升企业创新发展能力的有效手段。从三个创新要素之间的关系来看,虽然制度创新、管理创新和技术创新对企业的创新发展能力发挥着不同作用,但它们相互影响、相互依赖,形成相互"支撑"的三角关系。三种创新只有相互配合、协调发展,才能塑造有机的创新发展能力,打造强劲的市场竞争优势,推动企业持续成长。所以,总体上可以认为三种之间存在相互促进和制约的协同互动关系,主要表现为:

(一)制度创新与管理创新的协同

制度创新为管理创新提供了一个操作平台,形成了相应的激励机制,解决了企业创新发展的动力问题。现代企业的激励问题有两个层次:一是企业所有者对经营管理者的激励,二是管理者对职工的激励。前者主要取决于企业制度或产权结构安排;后者则取决于企业管理能力和水平。比较而言,在企业创新发展动力问题上,企业制度创新发挥着更为关键的作用。只有进行成功的制度创新,才能为民营企业的创新发展提供充足的动力。没有制度创新提供良好的操作平台,管理创新的效果是有限的。同时,企业制度创新离不开管理的配合,离不开战略与组织结构的适应性调整和变革。制度创新提供了民营企业创新发展动力,是管理创新的制度基础,又通过管理创新落实其成果。

(二)技术创新与管理创新的协同

技术创新是企业发展的直接力量,是企业创新发展能力的强化手段。一方面,管理创新是技术创新成功和深化的保障。技术创新的投入与产出是一个不确定性过程,具有较高的风险。技术创新的不确定性是由诸多因素造成的,而技术创新过程的管理效率是其中一个重要影响因素。因此,技术创新的过程不仅仅是个技术问题,也是个管理问题。管理可以降低技术创新过程中资源配置的不确定性,提高资源配置效率。另一方面,技术创新为管理创新提供了物质技术基础和推动力,形成了相应的技术能力保障机制。

(三)制度创新与技术创新的协同

技术创新会为企业的制度创新创造条件,而制度创新又为企业制度创新提供动力。德鲁克认为生产技术变革会迫使企业制度安排发生变化。技术人员的技术创新成果对民营企业的创新发展发挥了关键作用。为了维持这种竞争优势,一种有效的办法是把技术人员的技术成果和人力资本作价入股,作为技术人员对企业的一种软性投资。这实际上改变了企业的产权结构,是一种制度上的创新。另外,企业的制度创新也会对技术创新产生巨大的推动作用。如有的企业向技术人员承诺,对技术创新成果可以按一定比例分享成果带来的收益,甚至可以独享或与企业分享成果的知识产权。这种新的制度安排大大激发了企业技术人员技术创新与投入的积极性。

四、民营经济协同创新对策

民营企业协同创新机制是一个由动力机制、运行机制和发展机制三个子系统交互作用而形成的有机系统,这三大子系统是民营经济内部创新机制缺一不可的基本要素。构建民营企业内部创新机制,可以分别从这三个维度着手。

(一)民营企业创新的内部动力机制的构建

民营企业创新动力机制是由内部动力和外部动力两部分组成的。内部和外部各种动力因素相互影响和制约,共同促进民营企业创新能力的提升。具体而言,民营企业创新的内部动力机制包括以下几方面的内容:企业家、人才、战略创新、技术创新、制度创新、管理创新、文化创新等。

一是提高民营企业家的综合素质。企业家是企业内部创新机制的构建者,同时也是这一创新机制运转的领导者和推动者。因此,提高民营企业家的综合素质、培养具有创新精神的企业家对企业发展起着至关重要的作用。民营企业家不仅要牢牢把握形势和市场动态,掌握先进的知识和信息,培养系统的思维方式和健全的心理素质,而且要增强创新观念和意识,提高自身的创新能力、应变能力、组织协调能力和交流沟通能力。

二是完善创新激励机制,设计多维的激励体系。民营企业内部的创新需要不断地进行激励,才能保持其应有的活力,民营企业有必要形成以薪酬和福利等物质激励手段为基础,创新收益分成或产权激励手段为辅助的激励机制,同时也应注重在精神激励方面不断进行开拓和创新。可以从自身实际出发,选择或设计适宜的"激励组合"。通过完善企业内部分配制度,充分调动广大科技工作者、管理者的积极性。实施认股权制度,改善现行薪酬制度激励弱化的缺点,以达到长期激励的目的。要树立"智力资本化、资本人格化"的观念,努力吸引优秀的技术人才到民营企业从事创新活动。

三是革新产权制度,实现制度创新。为解决民营企业在产权制度上所呈现出来的问题,进行股份制改造是重要的途径,由集中持股向分散持股转化,建立与之相适应的法人治理结构,建立多元化、开放式、流动性强的现代产权制度。民营企业产权制度创新应做到:产权彻底清晰化;产权结构合理化;实现产权的可流动性。条件成熟、规模较大的民营企业,可以尝试建立较为完善的现代企业制度。条件尚不充分的民营企业则可更多地考虑在不改变家族制企业形式的前提下,对企业内部组织与治理结构进行改造,实现企业经营机制的变革。

四是以人为本,建设企业创新文化。企业内部创新机制运转应遵循以人为本的原则,同时建设鼓励创新的企业文化,形成良好的创新环境和氛围。企业创新文化的建设可以从三方面进行努力:建立鼓励创新的管理制度,在企业的管理制度中强化鼓励创新的内容,给予职工的创新活动有力的支持;提倡竞争与合作,不仅有利于调动所有人员的积极性和主动性,而且能够促进资源的合理配置和人际关系的和谐,增强企业的凝聚力和向心力;营造鼓励创新的环境和氛围,建立学习型组织,结合企业管理者的理念和价值观,建立完善的知识管理体系,通过文化导向性的管理手段,塑造企业组织的"学习文化"。

(二)民营企业创新的运行机制的构建

民营企业组织结构和组织形态的创新是民营企业创新运行机制构建过程中的重要组成部分。

一是民营企业组织结构的创新。民营企业组织的创新主要有以下三个方面:打破传统层层分级职能制和战略经营单位的束缚,建立灵活高效扁平式的新型组织企业组织;实现以人为中心、以组织过程为中心和分权化的组织创新;加强团队合作和建设,形成企业内部的市场化组织。针对我国民营企业规模不大的发展现状,采用扁平型的组织结构是明智之举,有利于技术创新的信息沟通。根据技术创新和创新人才的特点,进行适度的分权与授权,可以有效地调动技术创新人员的积极性和创新性,缩短技术创新的周期。

二是民营企业组织形态的创新。企业柔性化组织结构中,集权与分权相结合,稳定性与变化性相统一,灵活性与多样性相协调,保证企业能够充分利用资源,使之能够顺应内外部环境的变化,在市场竞争中立于不败之地。民营企业建立柔性组织,表现为临时团队及重新设计等组织形式,摆脱原有组织形式的束缚,应该加强员工培训,鼓励员工学习和提高,形成良好的学习氛围,增加管理创新的后劲,建立学习型组织,激发创新的动力和提高创新的效率。

(三)民营企业创新的发展机制的构建

企业创新发展机制是在创新利润的驱动下,民营企业一方面充分挖掘利用和发展内部资源;另一方面重视外部资源的吸收和利用,加强人才、技术、资金、信息等资源储备,建立谋求创新发展的机制。

一是加强资金支持,完善融资渠道。首先,政府应借鉴国外的经验,对民营企业采取财政和税收等方面的优惠措施,为其发展保驾护航。其次,政府应创造条件鼓励风险投资机构的发展,发展风险投资基金,鼓励商业性风险投资公司的发展。最后,拓宽民营企业直接融资渠道,鼓励有实力的民营企业进行股权融资,或者推荐符合条件的民营企业通过上市获得融资。

二是利用信息技术,加强信息与技术管理。民营企业应充分利用信息技术,建立和健全企业的信息机构,有效地进行信息的采集、整理、分析,加强信息的流动和反馈,重视对信息的利用和管理,减少创新过程中的决策失误,降低经营风险。

三是加强合作创新,注重产学研结合。建立大型企业与民营企业之间的创新合作,可以有效地实现优势互补,提高企业创新能力。鼓励和支持民营企业与大学、科研院所建立长期合作关系,充分利用大专院校科研院所的人才设备技术信息等优势,开展产学研联合,促进科技成果和先进适用技术的转移与扩散,为民营企业进行技术创新提供坚强的后盾,使民营企业能够获得持续的创新能力。

五、结论

民营经济协同创新机制并非由以上三种创新机制简单机械式地叠加在一起,而是由内在动力、有效运行、不断发展三个方面交互作用形成的一个有机系统,它贯穿于民营经济创新的整个过程之中,使得创新活动的开展能够适应内外部环境的变化。

参考文献

[1] 黄孟复. 中国民营经济发展报告(2009—2010)[M]. 北京:社会科学文献出版社,2010.

[2] 李国荣,彭松健. 民营经济概论[M]. 北京:北京大学出版社,2008.

[3] 贾生华. 基于协同创新思想的浙江民营企业创新发展模式[J]. 浙江社会科学,2005(2):213-218.

[4] 辜胜阻,李俊杰. 民营企业资助创新的动力机制困境与制度创新[J]. 科技进步与对策,2008(11):139-143.

[5] 周庆行,赵文秀. 我国民营企业创新的内部动力机制研究[J]. 华东经济管理,2008(2):96-100.

民营经济在开发民族文化中存在的问题及对策

唐皓①

（贵州行政学院）

摘　要：民营经济是我国社会主义市场经济的重要组成部分。改革开放以来，我国民营经济在促进经济增长、扩大就业、活跃市场和满足人们多样化需要，在发展社会生产力等方面起到了不可替代的重要作用。在生产力不发达和发展不平衡的社会主义初级阶段，民营经济在开发民族文化方面同样也具有不可替代的作用。本文就民营经济在开发贵州民族文化方面存在的主要问题及对策进行初步的探索。

关键词：民营经济　民族文化　问题　对策

一、民营经济开发民族文化存在的主要问题

（一）对民族文化知之较少

贵州是一个多民族的省份。全省有49个民族，少数民族个数仅次于云南，居全国第二位。世居少数民族有苗族、布依族、侗族、土家族、彝族、仡佬族、水族、回族、白族、瑶族、壮族、畲族、毛南族、蒙古族、仫佬族、满族、羌族等17个民族。此外，还有因各种原因迁入并散居贵州省内各地的其他32个民族。多民族的贵州省构成了多彩的贵州民族文化，而厚重、多彩的民族文化是贵州经济社会发展的不可多得的重要资源。

在第一批国家级非物质文化遗产名录中，民间文学类共计31项，贵州有2项，即台江县、黄平县申报苗族古歌和施秉县刻道。民间音乐类共计72项，贵州有3项，即黎平县申报侗族大歌和榕江县、黎平县申报的侗族琵琶歌以及铜鼓十二调，镇宁布依族苗族自治县、贞丰县申报的铜鼓十二调。民间舞蹈类共计41项，贵州有2项，即丹寨县、贵定县、纳雍县申报的苗族芦笙舞（锦鸡舞、鼓龙鼓虎－长衫龙、滚山珠），台江县申报的木鼓舞（反排苗族木鼓舞）。传统戏剧类共计92项，贵州有7项，即思南县申报的花灯戏，黎平县申报的侗戏，册亨县申报的布依戏，威宁彝族回族苗族自治县申报的彝族撮泰吉，德江县申报的德江傩堂戏，原安顺市申报的安顺地戏，石阡县申报的木偶戏。曲艺美共计46项，贵州有1项，即兴义市申报的布依族八音坐唱。民间美术类共计51项，贵州有2项，即雷

① 唐皓，男，贵州行政学院发展研究院教授。

山县、贵阳市、剑河县申报的苗绣,三都水族自治县申报的水族马尾绣。传统手工技艺类共计89项,贵州有7项,即雷山县申报的苗寨吊脚楼营造技艺,苗族芦笙制作技艺,苗族银饰锻制技艺,玉屏侗族自治县申报的玉屏箫笛制作技艺,贵州省申报的茅台酒酿制技艺,雷山县申报的苗族银饰锻制技艺,贵阳市、贞丰县、丹寨县申报的皮纸制作技艺。民俗类共计70项,贵州有6项,即雷山县申报的苗族鼓藏节,三都水族自治县申报的水族端节,台江县申报的苗族姊妹节,榕江县申报的侗族萨玛节,石阡县申报的仡佬毛龙节,黔南苗族布依族自治州申报的水书习俗。在2008年公布的第二批国家级非物质文化遗产名录中,民间文学类共计53项,贵州有4项,即黔东南苗族侗族自治州申报的仰阿莎,盘县申报的布依族盘歌,榕江县、从江县申报的珠郎娘美,黔东南苗族侗族自治州申报的苗族贾理。传统音乐类(民间音乐,共计67项),贵州有4项,即雷山县申报的苗族民歌(苗族飞歌),惠水县申报的布依族民歌(好花红调),丹寨县申报的芦笙音乐(苗族芒筒芦笙),贞丰县、兴义市、镇宁布依族苗族自治县申报的布依族勒尤。传统舞蹈类(民间舞蹈共计55项),贵州有3项,即平塘县申报的毛南族打猴鼓舞,荔波县申报的瑶族猴鼓舞,赫章县申报的彝族铃铛舞。传统戏剧类共计46项,贵州有1项,即贵州省黔剧团申报的黔剧。传统技艺类(传统手工技艺共计97项)贵州有4项,即平塘县申报的建水紫陶烧制技艺,麻江县、雷山县申报的苗族织锦技艺,惠水县、麻江县申报的枫香印染技艺,大方县申报的漆器髹饰技艺。传统医药类共计8项,贵州有4项,即贵州省同济堂制药有限公司申报的传统中医药文化(同济堂传统中药文化),从江县申报的瑶族医药(药浴疗法),雷山县、黔东南苗族侗族自治州申报的苗医药(骨伤蛇伤疗法、九节茶药制作工艺),黔东南苗族侗族自治州申报的侗医药。民俗类共计51项,贵州有3项,即台江县申报的苗族独木龙舟节,安顺市申报的苗族跳花节,丹寨县、雷山县申报的苗年。2011年国家公布的第三批国家级非物质文化遗产名录中贵州省又新增项目8项10处,即紫云县申报的亚鲁王,锦屏县申报的侗族刺绣,铜仁市、镇远县申报的赛龙舟,贞丰县、望谟县申报的布依族"三月三",天柱县申报的歌会(四十八寨歌节),黎平县申报的月也,榕江县申报的苗族栽岩习俗。

从以上我们不难看出,贵州是一个民族文化大省,是待开发的民族文化的"富矿",在中华民族文化中占有重要的一席之地。而民营经济人士对文化,尤其是对民族文化知之较少,因而他们往往重经济投入,轻文化开发。

(二)对民族文化开发价值认识不足

民族文化指的是各少数民族在历史上创造的具有本民族特色的不可替代的独特文化,是一民族区别于另一民族的重要标志之一,它包括物质文化和精神文化。民族文化反映了该民族历史的发展过程和发展的水平,也是本民族赖以生存和发展的文化根基所在。一个地区、一个民族、一个国家经济社会能否持续稳定发展,最终取决于其文化的根基,没有悠久的历史和深厚的文化积淀,其发展过程中必然缺少某种支撑和起点,必然失去某种联系和展望。一个民族的人文精神是该民族文化积淀、道德素养、文明程度的综合反映,对内具有强大的聚合力,对外具有强大的影响力。如果缺乏精神内涵和文化品位,就没有发展的灵气和方向。如果失去了自己的文化,等于就失去了灵魂。这是被国内外的实践所证明了的。我们以黔东南州雷山县为例,被称为“世界苗族文化博物馆,雷山西江千户苗寨”,自2008年第三届贵州旅游产业发展大会、上海世博会,西江公众论坛在西江的成功举办,2011年,西江获得国家4A级景区以来,海内外到西江游客呈几何级数上升。2012年龙年春节黄金周从1月22日至28日,全县共接待游客15.1万人次(其中国外游客1127人),实现旅游综合收入9798.75万元,分别比上年增长25%和133.5%,实现了龙年春节黄金周开门红。这得益于雷山历史光辉灿烂,特别是苗族传统的民族文化,光彩夺目,被誉为苗族文化中心。这里有国家级自然保护区雷公山,有中国民间艺术之乡郎德上寨,有中国苗族第一寨西江千户苗寨,集优美的生态环境和古朴的民族风情于一体,民族文化旅游资源极得天独厚。然而贵州众多的民族文化,犹如一片尚未开垦的处女地,有待于那些民营经济的有识之士去开发。我们以贵州著名的夜郎文化为例。2006年国家地名域名办的负责同志到贵州考察工作时,谈及品牌的价值时说:如果说“贵州茅台”品牌价值70亿元的话,那么“夜郎”品牌价值700亿元。研究夜郎文化的一位著名专家认为:“夜郎古国在历史上神秘地出现而又神秘地消失,使夜郎这块品牌在新的时代获得了巨大的经济开发价值,简直就是一个金矿,一座金山。”作为一段辉煌的历史文化,经过漫长的历史衍生和文化拓展,它是没有疆域的,也不会受时间的限制,其自身蕴含的文化价值决不会受时空所限。而我们却非常遗憾地看到,至今在贵州尚未很好地开发和利用“夜郎文化”这一品牌,来促进我们贵州经济社会又好又快地发展。夜郎,是贵州的文化符号,夜郎文化是中华民族文化的组成部分。最早为我国史学家司马迁在《史记》中记载“西南夷君长以十数,夜郎最大”而彪炳史册,是贵州诸多文化现象中,最具神秘性、唯一性、威权性和排他性的一种极为宝贵的历史人文和旅游文化资源,是贵州得天独厚的一块无比瑰丽的优质文化基石。除了我们列举的夜郎文化具有重要开发价值以外,贵州省具有开发价值的民族文化还有很多,如作为国家级非物质文化遗产名录,被文化部列为2009年中国文化的重大发现之一,主要流传于贵州省麻山地区的苗族英雄史诗——《亚鲁王》,被称为古代苗族百科全书的《苗族贾理》,被称为天籁之音的“侗族大歌”以及民族节日文化、民族歌舞文化、民族建筑文化、民族饮食文化、民族服饰文化等。总之,丰富多彩的贵州民族文化,是一座挖之不竭、取之不尽的金山;是一个投资少、见效快、效益高的工程;是个一次性投入,长期受益的无烟工厂;是一个实现共赢,即富商、富民、富黔的好项目。

二、开发民族文化的对策

(一)引导和鼓励民营经济开发民族文化

毫不动摇地鼓励、支持和引导个体经济、私营经济等民营经济的发展,充分发挥它们在社会主义市场经济的积极作用,是坚持和完善社会主义初级阶段基本经济制度必须遵循的一条基本原则。引导民营经济开发民族文化:一要大力介绍和宣传多彩的贵州民族文化。近些年来,贵州省委、省政府通过一系列的举措,如"多彩贵州"是贵州开展的声势浩大的歌唱大赛、旅游形象大使选拔大赛、舞蹈大赛、国际摄影展等不同主题的"多彩贵州"系列活动,挖掘、展示贵州丰富多彩的民族民间文化。如今,"多彩贵州"已受到越来越多的国内外人士的关注,正成为越来越亮的文化品牌,涉及贵州的方方面面,所以才多彩!主要是长征文化、阳明文化、少数民族风情、国酒文化、茶文化等。然而,有些人仍然停留在贵州只有"一棵树、一瓶酒、一栋楼"比较单一的文化认识上。所以,要通过各种渠道进一步加大对贵州民族文化的介绍和宣传力度,使更多的人知道和了解丰富多彩的贵州民族文化。二要大力宣传开发民族文化的价值和意义。开发民族文化,不仅具有重要的经济价值,而且具有重要的社会价值。在这里,我们以贵州省打造"蚩尤文化"为例来谈开发民族文化的价值和意义。百达金融(集团)董事局主席魏强先生曾提出在贵州省打造"蚩尤文化"品牌的构想和建议,得到了省委领导的高度重视,并做了重要批示。根据省领导批示要求,由省文化厅、省旅游局等有关部门参与,一致认为在贵州省打造"蚩尤文化"品牌构想,对于发扬蚩尤文化,促进中华民族的大团结大融合具有重要意义。蚩尤不仅是苗族认同的祖先,也是包括部分汉族在内的多民族的祖先。蚩尤部落在发明兵器、制定刑律、创造宗教等方面为中华民族的文明发展乃至人类的文明发展做出了不可磨灭的贡献。蚩尤文化是中华文化的重要组成部分。因此,打造"蚩尤文化"品牌对于增强中华民族的凝聚力和整体性有特殊意义。与此同时,国外也非常重视对蚩尤文化的研究,韩国人自称为是蚩尤后裔。贵州是全国苗族最集中的省份,在贵州打造"蚩尤文化"可以遏制国外抢夺中华文化的通道。打造"蚩尤文化"品牌,将增强贵州历史文化内涵的底蕴、包容性,有利于提升广大干部群众的文化认同感和文化自觉性,推动贵州社会主义文化的大发展大繁荣。打造"蚩尤文化"品牌对于提升贵州的知名度,扩大招商引资,在促进文化产业大发展的同时,促进和推动贵州经济社会又好又快地发展。

(二)要认真贯彻国发 2 号文件

国发〔2012〕2 号文件提出建设"文化旅游发展创新区"和"民族团结进步发展示范区"。丰富多彩贵州民族文化具有巨大开发利用前景,打造贵州民族文化品牌,可以成为"文化旅游发展创新区"建设的重要资源,作为文化旅游创新发展的重要内容之一和文化交流的重要平台。利用多彩的民族文化,可以将汉族与贵州省的苗族、布依族、侗族等其他少数民族更加紧密地联系在一起,增强民族团结,有利于构建和谐贵州,使民族文化品牌成为“民族团结进步发展示范区”,彰显民族团结进步发展繁荣的成果。

农村民营金融风险防范探析
——基于监管机构视角

袁仁书

(贵州师范大学经济与管理学院)

摘　要:民营金融在我国发展迅猛,随之而来的是日益暴露出来的巨大风险。本文通过对我国民营金融服务的安全体系从监管机构的角度进行分析研究,以期为我国民营金融的发展提供一个视角,从而加快农村民营金融体系的建设和完善。

关键词:农村经济　民营金融服务　风险管理

农村民营金融服务的风险控制需要来自监管机构的约束。民营金融服务正常运行的基础保障是监管体系,建立农村民营金融服务机构的有效监管体系十分重要。

一、现行监管情况分析

多元化的农村民营金融服务体系客观上要求多元化的监管体系与之相适应。为加强对农村信用社的监管和风险预警,按照分类监管原则,2004 年 1 月中国银监会制定下发了《农村合作金融机构风险评价和预警指标体系(试行)》,对全国 3 万多家农村合作金融机构进行风险综合评价。2005 年 4 月,银监会公布了《商业银行风险预警操作指引(试行)》,按季度对商业银行法人机构进行风险预警。随着经济发展和工作的深入,银监会初步建立了对不同商业银行的考核和评价体系。其中涉农业务较多的农行在历年排名中均处于落后位置,反映出农行整体经营状况与其他三家国有商业银行存在较大差距,从对农村信用社的考评结果分析,存在明显的地区差异。农村金融机构的目标定位也不同于城市金融机构,在按照商业银行“三性”原则要求经营的同时,还要承担起推动农村经济发展的任务。这种经营环境相对较差,同时要兼顾双重任务的定位,造成农村金融机构整体竞争能力较差。

按照审慎风险监管的要求,当前我国农村民营金融服务监管体系建设仍存在缺陷,在风险监控和风险处置方面仍有待改进。

(一)农村民营金融服务机构整体水平距监管要求存在较大差距

涉农的金融机构整体改革相对滞后,农村信用社仍有部分地区尚未完成改组,非正规金融机构整体处于“灰色”地带,游离于监管体系之外,增加了监管部门统一监管的难度。

(二)监管机构对农村民营金融服务机构的监管手段缺乏

我国已经建立起了人民银行、银监会、保监会、证监会“一行三会”的监管体系,但三会在履行金融监管、维护金融安全职能中,还要兼顾社会稳定等多重职能。在缺少存款保险制度等条件下,从维护社会稳定的前提出发,监管部门只能更多地选择牺牲监管效率、降低监管要求等措施保持社会稳定,往往难以收到预期监管效果。

(三)现行监管手段不能适应农村民营金融服务市场环境

现行监管体系主要是在借鉴发达国家成熟的监管经验和监管体系基础上建立起来的,客观上存在按照监管要求“改造”金融机构的趋势。但对于农村民营金融服务机构来说,受诸多条件制约,难以在广大农村地区达到统一标准要求。在此之前,监管机构只能侧重于业务合规性检查和机构、业务审批等,弱化了对金融企业整体经营安全性、营利性和风险控制能力的监管。

(四)市场约束体系对民营金融服务机构约束力较弱

市场约束是“三大支柱”之一,要求银行提高信息披露的透明度,让市场力量促使银行稳健、高效地经营。相对于全国性的商业银行建立了相对规范的报表体系而言,包括民营金融服务机构在内的地方性金融机构缺少规范、有效的报表体系,对外信息披露仅停留在通过新闻媒体发布一些存款、贷款、盈利等数据,基本不披露与风险管理相关的数据。对于农村金融机构来说,市场约束远没有发挥效果。

二、进一步完善对正规金融机构的监管体系

(一)转变监管理念

我国农村金融监管体系建设具有复杂性和长期性,要在现代监管理念的基础上,立足于农村金融的实际情况,实现“三个转变”。一是由合规性监管转向合规监管与风险监管并重。二是加强监管的制度化建设,解决现行监管随机性大的问题。三是加强对金融机构信息、披露的管理,促进金融机构自觉接受市场监督。

(二)健全和完善监管法律法规,提高监管规范性

我国对农村金融机构的监管存在许多法律空白,这造成了监管者无法可依,被监管的金融机构也无所适从。监管部门应结合农村金融体系建设,加快对现有监管法律法规的完善。按照兼顾国际化和农村民营金融服务实践的要求,规范监管标准,建立起覆盖

面广、可操作性强,科学、全面的监管法律制度体系。

(三)推动农村金融机构内控制度建设

金融机构内部控制是银行为实现经营目标,通过制定和实施一系列制度、程序和方法,对风险进行事前防范、事中控制、事后监督的机制。完善的内控制度是建立有效监管体系的关键,也是实现有效监管的基础。在农村金融机构现有条件下,监管部门应积极参与金融机构内控制度建设,引导和帮助金融机构建立严密的内控体系,严格内控要求,加强内控检查力度,使监管部门的监管要求转化为金融机构加强内部控制的动力。

(四)强化信息披露,突出市场约束作用

在市场约束机制建设中,监管机构应明确信息披露要求,促进金融机构改进信息披露制度,强化社会监督的效率。针对农村金融机构信息披露不及时、不准确、不完整、不全面等问题,应尽快着手建立高效、规范的金融信息体系。由于农村金融机构发展水平和管理水平存在的差异,信息披露可分阶段推进:一是根据经营规模、业务发展、管理技术等差异,对不同银行采用不同标准,明确披露要求。二是充分考虑到公众的认可能力,对于一些披露后可能带来较大社会影响的敏感信息,可先从定性分析开始,逐步扩大披露范围。三是区分核心披露和补充披露,近期内以核心披露为基本目标,再逐步扩大到补充披露。

三、建立和完善对民营金融机构的监管体系

(一)对村镇银行及其他新型金融机构的监管

1. 村镇银行的监管

为全面落实"宽入严管"要求,有效防范村镇银行风险,保护存款人和其他客户的合法权益,2007 年 5 月,中国银监会印发了《关于加强村镇银行监管的意见》,要求加强对村镇银行资本及资本充足率监管,督促村镇银行建立资本约束、评估、补充和纠正机制,防止资本充足率下降到 8% 以下。按照"股东参与、简化形式、运行科学、治理有效"原则,因地制宜建立市场导向、职责明确、制衡有效的公司治理模式;建立与村镇银行业务性质、规模相适应的内部控制机制,派驻专职人员或聘用中介机构对村镇银行行使监督检查职能,建立举报制度。

2. 农村资金互助社的监管

中国银监会于 2007 年 1 月印发了《农村资金互助社管理暂行规定》,明确了监管原则,要求监督管理机构按照审慎监管要求对农村资金互助社进行持续、动态监管。截至目前,新成立或转制的农村资金互助社虽处于有效监管之下,但一个不容忽视的问题是,

农村资金互助社定位于填补贫困地区金融空白，在组织形式上不允许互助社设立分支机构。全国有几十万个村级单位，互助社的潜在数量巨大、分散，远远超过监管力所能及的范围，“有限的金融监管力量”与“规模庞大的互助社规模”成为难以解决的矛盾。

3. 小额贷款公司的监管

按照现行的制度安排，小额贷款公司无须接受银监会的监管。2008 年 5 月，银监会印发的《关于小额贷款公司试点指导意见》对小额贷款公司的监管作了要求：“凡是省级政府能明确一个主管部门（金融办等）负责对小额贷款公司的监督管理，并愿意承担小额贷款公司风险处置责任的，方可在本省（区、市）的县域范围内开展组建小额贷款公司试点。”银监会的规定将小额贷款的监管权力交给了省级政府，在实际执行中，省政府有关部门又将监管权力向下级部门授权。

（二）对民间金融的监管

长期以来，民间金融在我国基本上被列为地下金融，处理手段简单、僵化。在问题出现之前无法进行有效监控，一旦出现问题则“一关了之”。民间金融尽管没有合法身份而屡遭取缔，但表现出极大的活力，缓解了农村金融供求矛盾，推动了经济发展。

当前，民间金融存在的主要问题：一是虽整体平稳运行但存在较大的潜在风险。经过多年的发展，民间金融在规模上不断扩大，但一直处于“灰色状态”，存款、借款多数缺少法律保护。二是从利率水平上看，民间金融的存借款利率水平反映了民间资金的供求关系，实际上是在供给不足条件下的市场利率，因此要高于社会的实际利率水平。由于缺乏管制，很容易转化为非法融资。三是民间金融的自发性和不可控性削弱了国家宏观调控的效果。大量资金游离于监管系统之外运行，使得国家的产业政策和信贷政策失去了应有的效果。

1. 建立民间金融准入制度管理，明确民间金融的合法地位

农村民间金融的发展是“诱致性制度变迁”的典型形式，是在正规金融缺位下农村金融体系的有效补充，具有经济上的合理性和有效性。

2. 通过监管规范民间金融

金融监管部门要将监管的范围逐步扩大到民间金融，通过将民间金融纳入到监管体系，对自发形成的有组织的金融活动进行监管。一方面要保护正常合法的借贷活动，维护债权人的利益；另一方面要严厉打击从事洗钱、高利贷等非法活动的民间金融组织。

3. 逐步推进民间金融正规化，提高金融体系的稳定性

从我国国情出发，民间金融的正规化面临诸多困难，但在民间金融发展较为规范的地区，可以结合本地特点进行民间金融正规化的试点工作。

4. 加快延伸农村正规金融机构在农村地区的服务，增加正规金融机构的金融服务供给

在农村地区大力发展正规金融机构服务并不完全是要通过正规金融挤出民间金融，

取代民间金融的作用,而是要通过改善农村地区金融供求关系平衡营造一个良好的金融环境,通过正规金融机构的利率为农村金融市场提供一个有效的利率参照系,遏制民间借贷利率的不规范运行,推动农村金融地区利率市场化进程。

四、结论和建议

(1)结论。随着金融机构数量、种类、产品服务大量增加后带来了巨大的监管压力,在民营金融机构吸收存款后,保护存款人的利益、对经营不善的机构进行清算等问题成为对监管体系新的挑战。当前对村镇银行、小额贷款公司、农村资金互助社的监管采取了不同的模式,通过"绑定"其他金融机构、分配监管权力、在不同市场之间建立"防火墙"等方式可以在短期内解决有限的监管能力和迅速扩大的被监管对象之间的矛盾,但应逐步探索建立谨慎合理的监管体系,做到既符合谨慎性要求又能促进新型金融机构积极发展。

(2)建议。一是通过市场准入退出机制,保持农村民营金融适度竞争水平,防止出现过度竞争降低金融机构生存能力或者竞争不足导致的垄断局面。二是引导金融机构创新金融产品和服务,适应不同区域、不同经济发展水平的金融需求。三是制定长期规划,为民营金融机构提供长期的发展空间。

参考文献

[1]孙若梅.小额信贷与农民收入[M].北京:中国经济出版社,2006.
[2]田国强.中国银行业:改革两难与外资利用[J].中国金融家,2004(3).
[3]刘斌.稳健的最优简单货币政策规则在我国的应用[J].金融研究,2006(4).
[4]刘玲玲,杨思群.中国农村金融发展研究[M].北京:清华大学出版社,2007.
[5]郭河彬.我国农村金融风险的形成与化解[J].金融观察,2006(4).

浅析贵州民营企业融资问题

王计娥

（中共贵州省委讲师团）

摘　要：贵州省民营经济是富民兴黔的重要力量，贵州省民营经济的快速发展是推动贵州省经济快速发展的重要动力。本文对贵州省民营经济发展融资现状进行了研究，发现贵州省民营经济存在融资渠道不足等难题，针对民营企业融资困难的现状，提出了相应的对策建议。

关键词：民营经济市　融资　困难　对策　贵州

贵州省民营经济是富民兴黔的重要力量，目前贵州省民营经济占贵州省经济总量的比重约为35%。贵州作为经济欠发达的省份，民营经济的发展壮大对于推动经济发展具有非常重要的作用。但是贵州民营企业在发展的同时面临着资金方面不足的问题，通过自筹资金、融资等渠道筹到的资金常常无法满足自身发展对资金的需求，分析贵州民营经济融资困难的现状、成因，并提出对策建议，对于解决民营企业在发展过程中遇到的问题，显然具有非常重要的作用。

一、贵州民营经济融资现状

近年来，贵州省积极探索多元化的金融服务道路，大力推动贵州民营经济健康发展。第一，不断健全金融机构组织体系。“十一五”时期，全省新增全国性股份制商业银行3家，村镇银行6家，小额贷款公司94家，新增证券营业部22家，期货营业部5家，新增省级保险经营机构11家，2010年末，全省共有各类金融机构网点5033个，比2005年末增加2191个。第二，创新担保方式，为民营企业获得融资提供保障。出台了《贵州省小额担保贷款实施办法》等实施意见和办法，拓宽了民营企业的融资担保工具，并在湄潭县设立了金融支持民营经济发展的试点，探索通过多种渠道支持民营经济发展的道路。第三，进一步完善社会信用服务体系建设。省人大出台了《贵州省中小企业促进条例》，省政府出台了《贵州省人民政府关于贯彻落实国务院鼓励支持和引导个体私营等非公有制经济发展的意见》《中共贵州省委　贵州省人民政府关于大力推进个体私营等非公有制经济又好又快发展的意见》《中共贵州省委　贵州省人民政府关于进一步加快全省民营经济发展的意见》，在此基础上，又出台了服务体系、融资担保、小额公司、资金扶持等一系列支持中小企业快速健康发展的政策措施。全省9个市(州、地)相继出台了发展中小企业、非公经济的实施意见,省工商局、科技厅、国土厅、司法厅等相关单位也出台了贯彻意见和实施细则,共计100多条。启动实施了民营经济"三年倍增计划"等以推动民营经济发展为主题的工作。第四,加大对民营经济的信用贷款支持力度。进一步推进国有、股份制商业银行建立健全中小企业金融服务专营机构,完善各项机制,创新金融产品和服务,确保金融机构对小微型企业贷款增速不低于全省平均贷款增速。第五,建立健全民营企业信用担保体系。建立健全全省民营企业信用担保体系的风险补偿和奖励补助机制,加大符合条件的担保机构资金补助力度。组建民营企业信用再担保机构,为市(州、地)、县(市、区、特区)、乡(镇)担保机构提供再担保业务,增强其担保能力。大力支持小额贷款公司发展,取消小额贷款公司审批名额、批次等限制,小额贷款公司注册资本最大单一股东持股比例放宽到30%;放宽小额贷款公司业务经营范围,允许有条件的公司在省内跨地区经营;引导民间资本在小额贷款公司空白县市区兴办小额贷款公司,支持小额贷款公司业务向乡(镇)延伸。

尽管金融服务体系进一步完善,但是贵州民营经济在发展过程中仍然面临着融资困难问题。目前,民营经济纳税已占全省税收的57%左右,规模以上工业中小企业对全省规模以上工业的贡献率达到七成以上,贵州省民营经济占生产总值的比重达到40%左右,可见中小企业和民营经济已成为推动经济发展的重要力量。但是由于民营企业缺乏完善的信用体系,银行为减少贷款风险,常常控制贷款规模,从而造成了民营经济融资困难。据统计,贵州省中小企业占企业总数的99%以上,但其信贷总额只占全部信贷份额的35%左右。可见,民营经济对经济的贡献和所获得的融资之间存在不平衡性,民营经济在发展的过程中存在很大的资金缺口。

二、民营经济融资困难的原因分析

(一)金融机构和民营企业信息不对称

民营企业大多资金规模较小,投资担保能力较低,这就意味着银行等金融机构为其提供资金时会面临着更大的风险,所以就造成了融资困难。

1. 民营企业贷款的高交易成本降低了银行的贷款意愿

民营企业作为借款者,对自己的偿还能力非常清楚,因此在申请贷款时,常常会向银行隐瞒对自己贷款不利的信息,更多地描述了对自己贷款有利的信息。这样就导致了银行的风险加大,银行为了防止风险加大可能造成的损失,常会提高利率。在这种情况下,当借贷成本高于预期水平的时候,低风险项目就会退出借贷市场;当利率不断上升的时候,经营状况和信誉都好的借款者就会减少贷款或不贷款,以避免承担过重的利息。这种情况发生多了,银行认为,前来借款的大多是偿还能力不强的企业,在这种认识的影响下，银行就会谨慎发放贷款，往往宁可不贷款也不愿意承担更大的风险。

2. 银行的管理体制决定了其不愿意贷款给民营企业

由于民营企业的产权属私有性质，因此贷款发生风险时，银行往往会面临着很大的压力和承担很大的损失。而国有企业的产权属于国家所有，贷款不能偿还时，还有相应的政府来承担，因此银行往往愿意货款给国有企业，而不愿意贷款给民营企业。

金融机构需要通过向大型企业贷款实现规模经济，而民营企业大多不具备规模经济的优势，所以贷款的成本大多较高。银行应根据不同的贷款对象来确定风险的大小，再根据风险的大小来确定贷款的利率。然而目前实行的利率政策，只是设定一个介于最高利率和最低利率之间的范围，缺乏灵活机制，因此就会发生信贷限制。所以民营企业向金融机构贷款需要建立更多的激励措施，而事实上是银行信贷管理体制更加严格，缺少激励机制，这就增加了民营企业贷款的难度。

3. 银行过高的抵押要求加大了民营企业贷款的难度

银行往往对民营企业的贷款抵押和担保提出了更高的要求，这样可以降低银行的风险。而贵州的民营企业大多规模不是很大，可用于抵押的设备和厂房较少，还有一些民营企业由于专业性太强，银行对这些抵押品不是很感兴趣，价值评估得很低。其实根据民营企业不同的经营特点，可用于抵押的东西很多，但是实际中，银行常常把不动产作为唯一的可用于抵押的资产，这就加大了民营企业贷款的难度。

（二）民营企业自身素质不高加大了融资的难度

1. 民营企业财务信息披露水平不高，自身担保能力弱

贵州省大多数民营企业存在信息不透明、内部管理不规范、财务核算不真实等问题，有部分民营企业没有建立财务会计制度，生产经营和消费开支没有分开，在现金、应收款项和存货等方面管理不规范，有部分民营企业为了逃税避税，根据不同要求，使用多套账簿，这样金融机构很难把握民营企业的实际经营水平，在这种情况下，很多金融机构宁愿不承担风险而选择不放款。因此，民营企业应做到信息公开透明、财务核算真实、经营管理完善，充分地向金融机构证实自己的实力，从而可以筹集到资金。

民营企业的自身担保能力也不强，缺少足够的实物资产来做抵押物，在实践中，企业主要用房产或其他家庭财产作为抵押或担保的财产，担保能力不足。另外，由于抵押担保程序复杂，评估费用也不低，加大了民营企业融资成本和难度。

2. 民营企业资本金不足影响到了企业融资

贵州省民营企业大多规模较小，资金的需求在时间上和数量上都存在不确定性，很难统计出贵州省民营企业的资本金。为了能够进一步掌握民营企业的资金构成，我们可以通过资产负债率从侧面了解民营企业的资本金情况。从总体上看，贵州省民营企业资产负债率较高，资本金充实度偏低，这导致了企业的资金供给不足，企业的经营能力不强,这导致了不能获得更多的银行贷款,增加融资难度。

3. 信用差和不按规定使用贷款减弱了银行的贷款意愿

根据有关资料显示,贵州省民营企业有很多信用观念不强,甚至不按照合同的要求改变贷款的用途,银行考虑到贷款的风险较大,常常会放弃贷款的想法。这就造成了民营企业融资困难的局面。

4. 经营管理体系不完善加大了融资的难度

贵州民营企业起步较晚,发展时间较短,经营管理体系还不完善。第一,民营企业在技术变革中大多处于低端水平。民营企业购买大量的机器设备,熟悉了低端市场之后,要想实现价值链的攀升,就要抛弃现在设备、市场、技术,在未来的发展过程中将会面临很多不确定性,再加上融资环境对民营企业不佳,民营企业对未来的发展投资信心不足。因此贵州省民营企业大多是房地产业、采矿业。第二,民营企业治理结构不完善。大多数民营企业的股权结构和资本结构较为单一,还有部分民营企业仍采用家族式管理模式,所有权和经营权高度集中,家庭成员之间产权界定不清晰。

(三)缺少政府政策的支持是造成民营企业融资困难的体制性障碍

近年来,我国民营企业取得了巨大的成就,对经济社会的发展做出了巨大的贡献。然而,由于我国经济体制还不是很完善,国有企业常常得到政府政策的支持。而很多民营企业却得不到应有的照顾,因此民营企业得不到政府政策上的支持,也限制了民营企业的发展。

1. 政府对民营企业融资政策支持力度不够

现有的相关政策,在很大程度上限制了民营企业的发行股票和债券的权利,因此,民营企业在资金不足的情况下,只能向银行贷款。在上市问题上,政府优先考虑国有大中型企业,民营企业上市存在明显的障碍。民营企业在发行债券时,存在风险高、额度小、手续复杂等情况,很难通过发行债券来筹集到资金。因此,民营企业在发展的过程中,享受不到国有企业可以享受的优惠政策,限制了民营企业的更快发展。

2. 政府服务的措施力度不够导致民营企业融资困难

一方面,直接融资渠道不足。在股权融资方面,中国创业板的诞生为民营企业融资提供了利好,贵州民营企业股权融资方面已经取得一定的成绩,但还需要进一步完善。在债权融资方面,发行债券的规模受到严格的控制。从长远来看,应该建立企业债券发行市场的长效机制,为民营企业创立一个较好的债券融资环境。另一方面,缺少专门的信贷支持辅助体系。近年来,民间金融组织发展迅速,打破了企业只能向银行贷款的局面,但是在监管方面还不完善。目前,贵州省的这类金融机构相对于发达地区明显很少,民营企业的贷款还主要是通过农村信用社和商业银行。虽然近年来政府为鼓励中小企业的发展出台了一系列的优惠政策,但是对于解决民营企业融资困难的问题还是不够。

三、改善民营经济融资困境的对策建议

(一)进一步完善民营企业的信用担保体系和资信评估体系

贵州民营企业大部规模较小,资金不足,所以很难提供银行贷款要求的抵押物,也很少有办法找到合适的担保人。在这样的情况下,民营企业很难从银行贷到款,所以非常有必要建立信用担保机构。我们可以通过设立信用担保基金和担保公司的方法来为民营企业融资提供来源。在信用担保体系完全建立起来以后,可以逐步引入民间资本,来增加民营企业融资范围。

为了进一步改善民营企业的融资环境,我们可以建立资信评估机构。与一般的资信评估机构相比,民营企业的资信评估机构对民营企业本身更加熟悉,为民营企业融资提供专门服务更具有专业性。

(二)进一步完善民营企业的直接、间接融资系统

民营企业的直接融资系统是由股票市场、债券市场、产业投资基金和风险投资基金构成的。其中,股票市场可以让民营企业进入资本市场,债券市场可以让民营企业通过发行债券很快地筹集到所需要的资金,产业投资基金和风险投资基金,充分体现了政府通过多种方式来为民营企业融资提供服务。

民营企业的间接融资系统主要由银行贷款、贷款抵押条件、贷款利率政策等构成。银行应逐步改变贷款观念,应将规模大、效益好的民营企业作为存贷款对象,同时应正确评价民营企业的信用等级,从而为民营企业融资提供更加便捷的服务。银行应拓宽民营企业贷款提供的抵押物范围,简化相应的贷款手续,并适当地延长贷款的有效期限。

(三)优化资本市场结构,促进企业健康发展

对于民营经济来说,优化的资本市场结构就是指既能满足民营企业融资的需求,同时又有利于民营企业建立稳健财务结构的资本市场。由于目前贵州省民营企业经营情况各不相同,因此应针对不同的民营企业采用不同的融资方式。对于已上市的民营企业,首选的融资方式应为债务融资,这种情况下,资本市场的发展方向应该是企业债券市场。这种方式,一方面有利于降低企业管理上的代理成本,另一方面直接融资有利于降低融资成本。对于没有上市的民营企业,企业首先要考虑的是改善资本结构,提高企业财务的抗风险能力。在这种情况下,资本市场的发展方向应该是股权市场,如可以考虑创业板块市场。对于正在成长中的民营企业,首先要考虑的是获得资金支持,首选的融资方式应是股权融资,这种方式更容易获得股权投资者的支持。

(四)进一步提升企业素质,改善企业信用

民营经济应进行制度创新。符合条件的个体工商户,应按条件及时地登记为私营企业,具备一定规模和效益的民营企业应积极改制为股份制公司寻求上市,民营企业就进一步改变家族式管理,实现所有权和经营权的分离。

民营企业应进一步实现产业结构优化升级。加强企业内部的监督管理,建立和进一步完善与人才、财务、物资等有关的管理制度。应进一步加强民营企业的信息化建设,努力实现各项管理制度,适应现代化发展的各项要求。

民营企业应自觉遵守国家的各项法律法规,依法经营、按时足额纳税,逐步树立民营企业良好的社会形象。

(五)进一步加大政府扶持政策的力度

政府应充分认识到扶持民营企业发展的必要性和重要性,消除歧视民营企业的想法,以帮助民营企业快速发展。政府应对国有企业和民营企业同等对待,在融资方面应给予同等的待遇。政府应合理减免民营企业的税负,不断增加民营企业的资本积累,从而促进民营企业不断扩展壮大。政府应时刻树立服务的思想,制定合理的方针政策,为民营企业的发展创造良好的外部环境,而不应对民营企业进行过多的直接管理或干预。政府应简化行政审批制度,从而减轻企业的负担,提高企业的运作效率。政府应成立专门为民营企业服务的机构等。

参考文献

[1]刘璟.论贵州县域民营经济发展存在的问题及成因分析[J].经济研究导刊,2009(15):182-183.

[2]栗战书.实现稳中求进又好又快发展民营经济要扛大梁[N].贵州日报,2011-12-22.

[3]张劲功.新形势下私营企业发展中存在的问题及对策研究[D].云南师范大学,2004.

[4]赵德江.贵州省与福建省民营经济发展差距研究[D].贵州大学,2009.

[5]吴琛琛.浅析贵州民营企业融资问题[J].四川文理学院学报,2012(3):101-104.

[6]高晓秋.论西部地区民营经济的发展与对策[D].中央民族大学,2006.

私立养老院:市场化中的新兴民营经济

韩轶春[①]

(贵州师范大学经济与管理学院)

摘　要:随着老龄化趋势的到来,我国社会的养老问题正从家庭转向社会,形成养老社会化、养老市场化两层难题,私立养老院正是在这个契机下产生并发展起来的新兴民营经济体。如何看清形势、抓住机遇、克服自身的局限,担起经济效益和社会效益双重重担,显然是目前私立养老院最紧迫的问题。同时政府应该看到这种市场格局的变化,鼓励多种经营方式的存在,及时给予引导和支持。

关键词:养老社会化　养老市场化　私立养老院　民营经济

中国正迈入老龄化社会,生育率低、人口结构老化、社保制度滞后已成未来发展的重大隐患。从2000年到2007年,我国60岁以上的老年人口由1.26亿增长到1.53亿人,占总人口的比例从10.2%提高到11.6%,占全球老年人口的21.4%,相当于欧洲60岁以上老年人口的总和。人口老龄化年均增长率高达3.2%,约为总人口增长速度的5倍。预计2020年老年人口将达到2.4亿人,占总人口的17.17%;到2050年,老年人口总量将超过4亿人,老龄化水平推进到30%以上。上海、北京、天津、武汉、哈尔滨、无锡等大中城市相继进入老龄化社会,其他城市也处在高龄化社会向老龄化社会过渡的过程中,人口下降、劳动力紧缺和养老隐患随之而来,随着婴儿潮一代从黄金年龄到退休年龄,我国真正迎来了人口周期的严峻考验。我国社会的养老问题正从家庭转向社会,形成养老社会化、养老市场化两层难题,养老机构逐渐成为热门焦点。

一、我国养老市场的现状

在我国,养老的形式主要是家庭养老、社区养老和机构养老三种。家庭养老是家庭自行承担老人的赡养责任,符合儒家孝道传统,是中国社会几千年来最主要的养老方式。社区养老和机构养老相对于家庭养老而言,是将小家庭的赡养责任转化到大社会中,集合资源集中养老,是养老社会化的一种表现,也是养老市场化的转型标志。现今存在的机构大致可以分为三类:第一类是公立养老院,作为政府提供的公共品,旨在安排、照料、

① 韩轶春,女,华中师范大学政治学研究院博士,贵州师范大学经济与管理学院讲师。

护理好老人，让老年人满意、子女亲属放心，为政府和社会分忧；第二类是私立养老院，由个人承办的以营利为目的的市场经济私营组织；第三类是附属于医疗机构、企事业单位、社会团体或组织、综合性社会福利机构的一个部门或者分支机构，以公益性为主。在今后数量最多的“二四结构”为主的家庭中，难以承担居家养老这种方式的会越来越多，人们将从心理上、文化上、经济上逐渐接受社会养老这种方式。而居家养老到社会养老的转变，一方面说明养老服务作为稀缺资源，拥有空前的市场潜力；另一方面，养老问题变成养老难题，家庭矛盾上升为社会矛盾，必然面临多重考验。在这种情况下，养老社会化和养老市场化成为安老养老的新型模式，公立养老院、私立养老院和福利性机构面临社会和市场的双重考验。公立养老机构具有公办性质，最初是针对孤寡三无老人设立，旨在解决极少数丧失养老能力的困难家庭的养老问题。因而公办养老院通常规模较小，并受到资金、人员、土地等资源的限制，只能有限地解决少部分老人的养护服务。福利性机构并不具备独立性，不能长久而稳定地发挥安老养老的作用。从市场经济的角度看，只有私立养老院面对的是整个社会庞大的老年人群体，将养老产业化，消化社会人口发展的外部性问题。从社会发展的角度看，社会养老终将取代家庭养老，成为破解老龄化困局的新模式。而养老市场化和社会化的结果是私立养老院——既顺应社会发展的需要，又能从营利中完成扩大再生产满足市场，符合资源优化配置的民营经济形式。

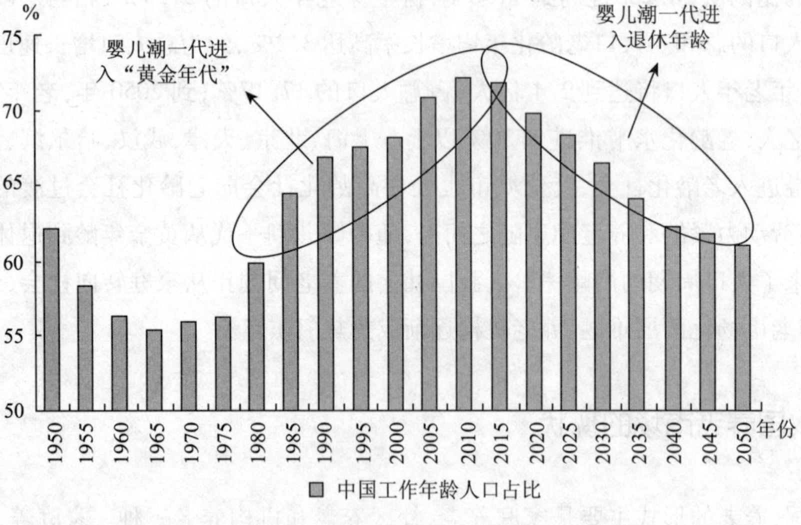

图1 婴儿潮过渡

二、私立养老院的性质

私立养老院属于民营经济中私营经济一类。私营经济具有以下特征：第一，生产资料私有。即生产资料完全由企业主私人所有和支配,雇工不占有生产资料。这是私营企业和私营经济的根本特征之一。第二,以雇工劳动为基础,也就是说私营企业主要依靠雇工从事生产经营活动。第三,以追求利润为目的。私营企业的生产目的,是获取剩余价值,追求最大限度的利润。第四,劳动所得投资分配或以按资分配为主。第五,也是最重要的一条,具有产权的确定性。由于产权是一个权力束,在《牛津法律大辞典》中,被认为是由"占有权、使用权、出借权、转让权、用尽权、消费权和其他与财产有关的权力"构成的。同时,产权能够产生激励约束功能,使外部性内在化,优化资源配置。养老机构的产权确定有两个结果:一是产权具有可分解可让渡的特点,能够创造激励符合市场化需要的多重经营的方式,包括承包、租赁、合资、转让等。二是产权关系的激励约束是相辅相成的,约束是一种负激励,结果就是私立养老院的经营者会在追求自身利益最大化的同时,遵循市场竞争规律和价值规律。公立养老院和福利性机构的产权不具有确定性,因此市场经济的激励约束机制不能充分发挥作用,从这个角度看,私立养老院而非其他养老机构能够迎合和胜任这个社会责任。

根据《中华人民共和国私营企业暂行条例》,现阶段私营企业的组织形式可分为三种:独资企业、合伙企业、有限责任公司。其中独资企业是指一人投资经营的企业。由于独资形式由独家投资、独家决策、独家享有利润,责权利高度统一,有利于提高效率、灵活经营、改善管理,也有利于保守商业秘密,是私营企业尤其是小规模私营企业较多采用的形式。由于这种组织形式是个人独家投资,规模不易很快扩大,所以私营企业也有采取合伙形式的。以贵州省为例,全省共有养老机构不到200家,其中35%是公办养老院,8%是福利性公益养老院,约占57%的私立养老院全部是由个体独自投资经营,以雇工形式为主。其中贵阳市规模最大条件最好的"云岩区曦阳老年公寓",是由贵阳市云岩区民政局主办,私人承包,公寓楼高八层,面积8800余平方米;公寓环境幽雅,鸟语花香,空气清新,四周苍松环抱,层林叠翠,景致怡人。公寓由家庭式住养中心、日托中心、老年文化娱乐中心、生活护理中心、医疗保健中心组成,硬件、管理、服务等均按三星级酒店标准打造。还有"贵阳市夕阳红康复公寓"在省市区各级政府、民政部门及老龄委的大力支持帮助下率先引领了民营资本投入公寓事业的社会化养老服务行业,是全国第一个推行"五位一体"养老模式的社会福利机构。像这样的私立养老院尽管目前的接纳能力还很有限,远远不能满足巨大的养老市场的需要,但其定位和服务仍然值得肯定和推广,今后的私立养老机构必然要以此为出路,走出私营经济的康庄大道。

三、私立养老院的现状

私立养老院在市场中已经初露端倪,面对全社会老龄化问题的严峻形势,这种民营经济体必然是应对社会养老的一个最好的解决方式。然而巨大的契机通常都伴随着重重考验,市场上公立养老院的几个弊端严重影响养老产业的发展,其主要存在三大问题:一是供给与需求结构失衡。养老产业不仅是量上的需求,也是质的把关。从数量上说,养老服务作为一种资源供给小于市场需求,发达国家的养老水平达到5% ~7%,而我国只处于0.84%,远低于发达国家。从质量上说,老年人需要高质量的、全方位的服务项目和医疗设施,同时价格不能过高,必须在多数人能够承受的范围之内,目前的养老机构的现状却是服务质量差、项目少、场所设施简陋。二是资源配置不合理。养老机构投入大、周期长、盈利低,政策缺乏支持,故而许多社会资源都不能有效地进入颇具市场潜力的养老产业。另外,信息不对称也是阻碍养老院发展的一个因素,在笔者调查贵州部分郊区的私立养老院时发现很多这样的情况:一些老人有意进入养老机构,但是无从寻找合适的私立养老院,同时很多私立养老院名额未满,资源闲置。三是专业规范化欠缺。大部分私立养老院依据现有条件,只能保障老年人日常吃和住,其他的娱乐文化和医疗保健都难以做到,与发达国家养老机构相比,安老护老的专业化水平很低;护理人员多是农村剩余劳动力或地区周边流动人口,使得养老服务队伍的整体素质较低,专业水平、业务能力、服务质量还不能有效地满足服务对象。四是收费较高,门槛限制。私立养老院区别于公立养老院的最大一点是以营利为目的,因此通常都设立较高托养费用,这无疑将大多数家庭拒之门外。

四、私立养老院的前景和应对策略

随着我国老龄化人口规模的快速膨胀,养老问题是事关公平与稳定的重大社会问题。如不立即着手解决老年人的养老问题,将无法集中高效使用有限的社会优质劳动力资源,直接影响到国民经济的可持续发展,会给政府带来沉重的负担,严重影响社会的发展与进步。养老产业将在未来的中国社会中形成一个急速发展的大势,而此养老社会化的过程中,以民营资本为主的私立养老院作为新兴民营经济力量,必然成为社会养老的主力大军。这是养老社会化和养老产业化的双重结果。一方面,私立养老院自身在遵循市场原则的基础上,应当充分借鉴国企改革的成功经验,采取承包、联合、兼并、租赁、托管、合资合作和股份制等多种形式,调动多方面的社会资源积极参与和兴办养老事业,逐步实现新的经营方式。只是在分切如此巨大的一块蛋糕时,把养老事业作为产业来办,普遍建立起公平竞争机制和规范化的市场化运行机制,在取得较好的经济效益的同时要兼顾社会效益。另一方面,国家和政府应当大力支持和扶植私立养老机构,给予宽松的政策和正确的引导,提供自由的信息平台,组织专业化护理人员的培训,等等。

当私立养老院从稚嫩的个体商户蜕变为成熟的市场经济体时,不仅是社会的安老护老这项关乎千家万户的民生工程得以完善,也标志着市场经济体制改革中民营经济的机遇与突破。

突破电价机制改革滞后的制约瓶颈
促进民营经济又好又快发展

广佳
（贵州省省委政策研究室）

摘　要：电力能源供应是加快民营经济发展的基本前提，是关系国民经济和社会发展全局的重要基础产业，壮大能源基础设施建设，消除或减少电力资源与地方经济加快发展、加快转型之间的矛盾，积极有效地推动电价机制改革，是破解民营经济加快发展的重要举措。

关键词：电力能源　电价　价格机制　民营经济

一、贵州电力资源发展概况

贵州省煤炭、水能资源丰富，全省埋深1000米以浅煤炭资源量1586亿吨、水能资源技术可开发量1948万千瓦，分别居全国第五、第六位，发展电力产业具有水火互济的优势，同时风能、生物质能丰富。实施西部大开发战略以来，举全省之力实施"西电东送"工程，电力产业实现了跨越式发展，已成为全省第一大支柱产业。

2011年，贵州共发电1385.64亿千瓦时，其中向重庆、广西、湖南、云南等周边省区市送电550.4亿千瓦时。电力产业的快速发展带动了煤炭资源开发和水利电力的快速发展，并为铝加工、磷化工、煤化工、钢铁、铁合金等载能工业发展提供了有力支撑，促进了资源优势向经济优势转化，改善了群众生产生活条件，有力地促进了全省经济社会发展。

随着全国经济的快速增长，能源市场需求日益旺盛，尤其是"西电东送"等西部大开发战略的实施，贵州省能源产业突飞猛进，形成以优势资源为依托，以煤炭为主和"水火互济"发展电能相互融合的主要能源结构。贵州虽然有丰富的水、煤资源，但上网电价远低于周边省份，煤电矛盾突出，地方工业发展电力能源缺乏严重，在贵州省"两加一推"和"工业强省、城镇化带动"战略的实施下，2012年贵州省内电力需求大幅增加，预计全省用电量增长将达16%，发电需求1300亿千瓦时。全省水电出力受限，电力供应仍然面临火电装机不足、电煤保障艰巨、区域性缺电严重等重重困难。

二、电力能源产业发展存在的问题

(一)电力供需矛盾突出,电力生产与经济社会发展增长不同步

随着全省工业化、城镇化、农业现代化进程的加速推进,2008 年以后全省电力需求呈刚性增长,电力生产明显滞后,电力装机严重不足,电源性缺电矛盾凸显,如图 1 所示,据贵州电网公司估算,目前电力缺口达 30%,预计到 2015 年度电量缺额将增至 780 万千瓦。

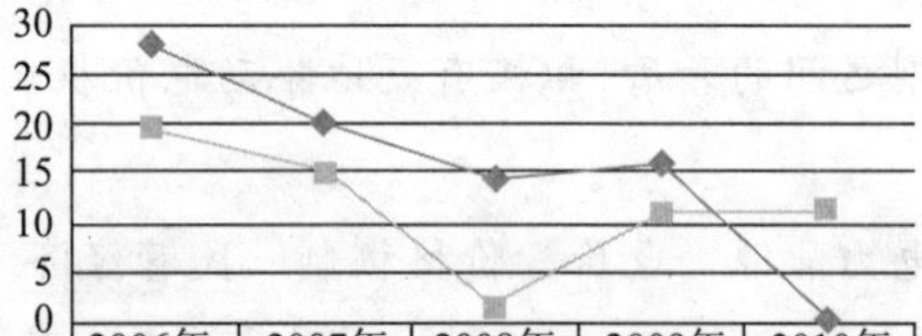

	2006年	2007年	2008年	2009年	2010年
电力生产比上年增长(%)	27.93	19.95	14.34	15.8	0.41
电力消费比上年增长(%)	19.51	14.95	1.51	10.97	11.36

图 1 电力生产与消费增长趋势图

通常情况下电力能源的发展速度应当快于经济发展,就是说电力应该超前发展,但从反映电力生产对地区生产总值支撑水平的电力生产弹性系数看,自 2006 年起即开始电力生产呈现逐步下降趋势,2010 年降至 0.03,详见图 2。这明显表现出 2010 年以后贵州省电力生产对全省经济发展所需能源支撑力不足。

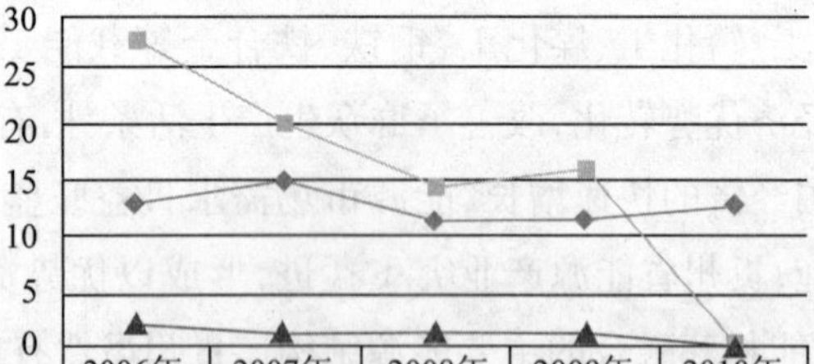

	2006年	2007年	2008年	2009年	2010年
生产总值比上年增长(%)	12.8	14.8	11.3	11.4	12.8
电力生产比上年增长(%)	27.93	19.95	14.34	15.8	0.41
电力生产弹性系数	2.18	1.35	1.27	1.39	0.03

图 2 电力生产弹性系数变动趋势图

(二)煤电产能增长不协调,煤电有机互联机制缺乏

从煤炭生产弹性系数与电力生产弹性系数对比情况看,煤炭产能自2009年以后开始与贵州省地区生产总值保持协调增长,而电力产能呈反向变化。从图3可知,贵州省经济发展过程中煤电产能增长不协调,这是由于长期以来煤炭企业和发电企业一直处于“市场煤、计划电”局面,煤电价格矛盾的深层次原因始终未得到有效解决,没有形成煤电有机互联机制。这种局面的出现严重制约优势能源的就地转化效能,直接影响到“水火互济”电源结构的比较优势发挥,尤其是煤价上扬后,发电企业生产积极性严重受挫,贵州电网建设投资支撑力进一步削弱。

煤电生产弹性系数比较图

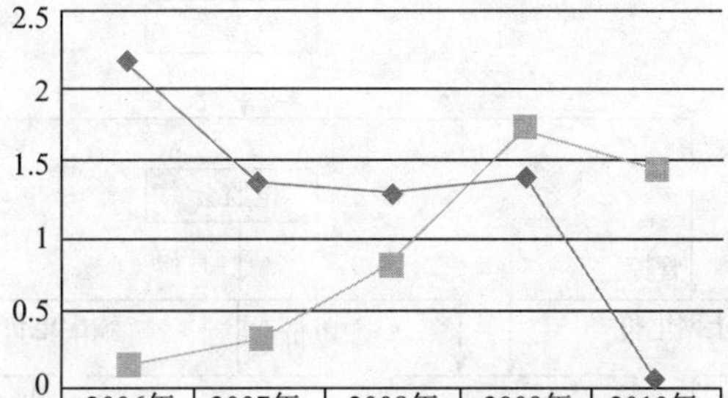

	2006年	2007年	2008年	2009年	2010年
电力生产弹性系数	2.18	1.35	1.27	1.39	0.03
煤炭生产弹性系数	0.13	0.32	0.22	1.71	1.43

煤电生产增长率比较图

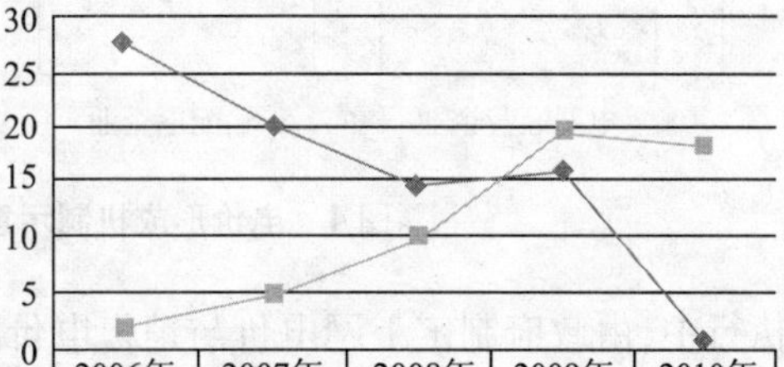

	2006年	2007年	2008年	2009年	2010年
电力生产比上年增长(%)	27.93	19.35	14.34	15.8	0.41
煤炭生产比上年增长(%)	1.66	4.84	9.22	19.52	18.34

图3　煤电生产弹性系数及增长率比较图

(三)电价形成机制与执行没有体现科学与公平

2005年3月,国家发改委出台了《上网电价、输配电价、销售电价的管理暂行办法》,标志着我国电价实行新的定价机制,其电价形成机制如图4所示。

而贵州省目前的具体表现为:在上网环节没有形成竞价上网的市场格局;在输配环

节没有独立的输配价格,而只是明确上网电价与销售电价;在销售环节销售电价分类和结构不合理,交叉补贴严重,违背价值规律;在跨地区送电方面,较低的外送电价会扩大地区电力需求与"西电东送"之间的矛盾,难以形成送受双方稳定合作的有利机制。

从图4可以看出,上网电价实行的是两部制电价,主要由发电企业对国家电网和南方电网公司。其中,容量电价由政府制定,由电网企业根据发电机组的实际可用容量按月向发电企业支付;电量电价由发电企业根据其运营成本,与电网企业主张的报价通过竞价形成;输电和配电环节具有自然垄断性质,由电网企业经营,其价格则由政府按照"成本加收益"的原则制定。销售电价由购电成本(上网电价和税金)、输配电损耗、输配电价及政府性基金四部分构成。在销售电价的调整上,农业电价与居民电价实行定期校核和调整,工商业及其他电价与上网电价实行联动。

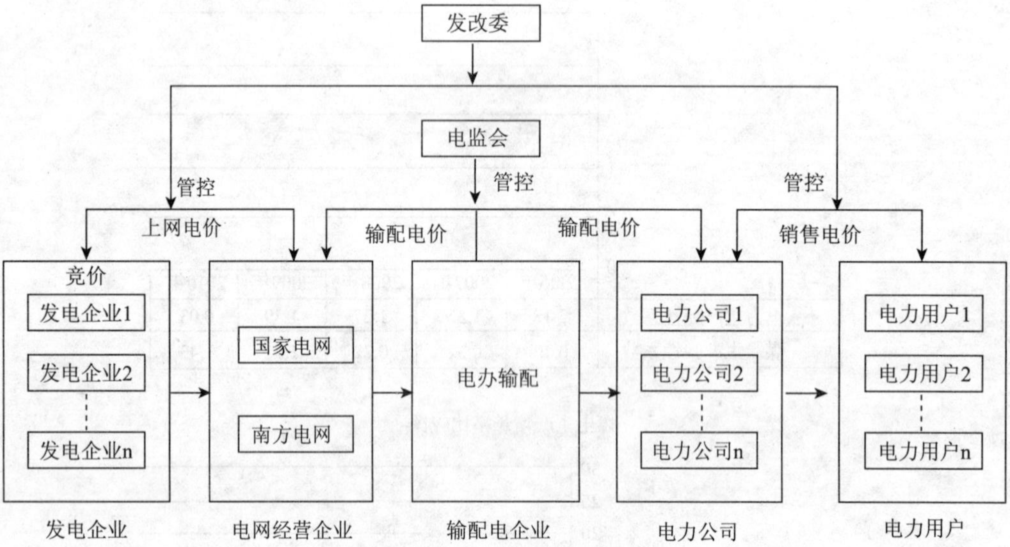

图4 电价形成机制示意图

在实际执行中,由政府制定上网电价与销售电价,实行两端定价,但又赋予了上网电价与销售电价承担社会用电承受能力、产业政策扶持、扶贫等财政转移支付职能。由于电力企业的生产技术特性、产供销同时性以及电网运行的复杂性,政府对电力企业生产经营成本难以进行有效监督和管控,电网输配环节基本无独立价值表现,导致上网电价、输配电价以及销售电价组成的电价传递链并没有反映其价值规律。既没有按照购电成本和用户对系统容量的实际占用进行价格核算,进而明晰电力供求与电价间的互动规律,也未能通过对电价传递各环节成本的准确核定构建起电价链的互联机制,在电力竞争与政府管制间实现协调互补,也就很难构建起煤电价格的联动机制,最终导致难以发挥电价对能源结构、电网布局和消费结构的调节作用。

(四)作为一次能源的煤炭产业成熟度不高

煤炭资源勘查程度偏低,煤层气建设缓慢。目前,约有80%的勘查区面积未达到勘探程度,制约了贵州煤炭产业快速健康发展。另外,虽然贵州煤层气(瓦斯)资源丰富,2000米以浅的煤层气(瓦斯)储量达到315亿立方米,但由于资金不足,抽采率不足30%,而利用率仅在20%左右。

由此可见,贵州应在国家产业政策允许的范围内,煤炭产业实行差别化产业政策,适当放宽贵州具备资源优势、有市场需求的部分行业准入限制,加快煤炭矿区矿业权设置方案的编制和修编工作,合理布局和有序投放矿业权。重点投入以煤炭资源为开发对象的项目,包括使用中央地勘基金、省财政出资的煤炭勘查项目、国家规划明确的煤炭资源开发配套勘查项目,以及已设煤炭采矿权的资源枯竭大中型矿山企业周边和深部不宜单独设置采矿权的零星分散煤炭资源勘查项目,予以优先规划布局并优先审批核准。同时,合理确定贵州节能减排指标,加大中央财政对淘汰落后生产能力的支持力度;对页岩气、煤层气等非常规油气,优先保障当地居民用气和在当地转化利用;加强对煤炭相关产业链产业的投入力度,减少因为一次性能源消费的损失。

针对前三个问题,应该坚持以价格形成机制改革为出发点与着力点,实现煤炭、发电、电力等三个市场的有机联动,充分发挥价格机制对平衡能源供需关系和优化配置能源资源的功能。

从贵州省经济发展与能源供给关系看,随着贵州经济的持续高速、跨越式发展对能源供给的拉动作用将逐步增大,能源消费需求将不断提高。因此迫切需要从宏观与微观两个层面统筹协调经济发展与能源供给的关系。在宏观层面,以完善能源的供给结构为重点,充分挖掘与规模利用贵州省"水火互济"的能源资源优势,包括加强煤炭资源勘查,推进资源整合与优化开发,加快大型煤炭基地建设;推进煤矿企业兼并重组,重点发展大型企业集团;稳步推进矿业权整合,提高资源勘查开发规模化、集约化程度;稳步推进乌江和南北盘江、红水河等重点流域梯级水电开发;积极开发风能、太阳能、生物质能、地热、浅层地温能等新能源;加强天然气和石油勘查勘探力度,推进页岩气、煤层气等非常规油气资源的勘探、开发和综合利用。通过加快能源结构调整,逐步形成高效能源、绿色能源、新能源以及可再生能源等有机搭配的能源供给结构,为贵州省经济持续快速发展提供可靠的能源供给保障。在微观层面,以理顺能源价格机制为核心,推进能源价格形成机制改革,使能源价格不仅能够反映资源的稀缺程度与市场供需状况,同时也能反映能源的生态保护和环境治理成本,在各类市场主体间传递正确的价格信号,促进能源的合理开发、合理利用、有效节约以及使用效率的提高。

三、电力价格形成机制分析

价格机制是市场机制的核心,科学合理的价格机制能够反映供需关系并实现资源的优化配置。从电价形成机制的环节看,电价主要包括上网电价、输配电价和销售电价等组成部分,电力市场电价链如图 5 所示。

从电力供给角度看,电价是以电力供给者为核心的供应链组成;从电力需求角度看,是以用户为核心的需求链组成。无论从哪个角度出发,电价链中的各环节都形成互联机制,即上一环节电价变动必然影响下一环节电价变动。显然,发电侧上网电价作为电价链的最前端,对整个电力系统各环节电价产生直接影响。同时,上网电价、输配电价以及销售电价在电力系统中从生产、输送、配置与销售的整个价值传递链中承担着不同的、重要的调节作用。上网电价可以体现出发电资源稀缺程度与成本差异水平,具备调节电源结构作用;输配电价可以反映输配电资源的耗费水平,具备对电力的输配送网络布局的调节作用;销售电价可以体现出不同消费者与消费行为对发、输、配、售等环节电力成本的影响。

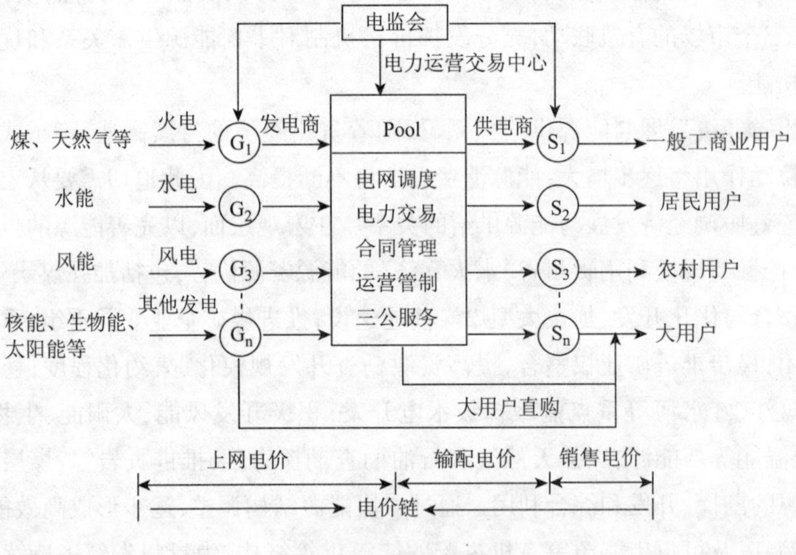

图 5 电力市场电价链

从电价对经济发展影响的横向比较看,一方面电价低会导致高耗能产品大行其道,而难以通过成本约束促进高耗能企业技术创新和采用节能的市场技术,对能源使用效率的提升产生负面影响,并且对风能、太阳能、可再生能源等清洁能源推广使用造成"价格壁垒",因为目前新兴能源的成本较高;另一方面,电价低会扩大地区间的电价差异,既不利于电力资源的优化配置,也不利于形成调动"西电东送"送电方积极性的有利机制。

电价对经济发展影响的纵向比较看,短期内,电价的升降可以起到电能需求侧的调节作用,对当前的电力供应和需求矛盾进行调和,如推行季节性电价和峰谷电价;中期内,通过电价调整,实施差别电价政策,可以作为加速产业结构调整的重要手段,如在“三化”同步发展中对建设高效农业、设施农业以及地区主导产业园区建设等给予电价优惠,可以推动相关产业快速发展;从长期看对经济发展的影响,电价改革与电力市场的建立紧密相连,电力产业实现从行政垄断到建立完备的市场体系是一个循环渐进的过程,包括有效竞争的市场结构、产权清晰的企业法人治理结构以及规范的政府监管职能、良好的社会信用体系和健全的法制基础等。完备的市场化电力体系可以为经济的可持续发展提供稳定可靠的能源保障。

合理的电价形成机制既是发挥贵州省“水火互济”能源结构、电力低成本开发以及距离东南部电力负荷中心较近的区位等比较优势的主要手段,也是促进煤炭、电力两个能源产业价值链从资源勘查、投资开发、生产、分配与消费的有机联动和协调发展的基本途径,更是实施优势能源转化战略、建设全国能源基地运行保障机制的根本要素,并以此将推进电价形成机制改革作为解决当前贵州省能源产业主要问题、破解“三化同步”发展能源瓶颈的突破口。

四、贵州电价改革的相关政策支持状况

电力作为一种能源商品,始终要遵守市场规律,大多数欧美等发达国家电价已由市场决定,但我国电价主要由政府定价。近几年,我国电价调整主要实行煤电联动,但联动时常不到位,不能及时反映煤价变化和输配电成本,导致发电企业盈利不佳,发电积极性下降,从而加剧缺电。电价体制弊端已成为制约我国电力行业乃至经济发展的关键问题,需要进一步深化改革。

(一)2009年《政府工作报告》

在2009年召开的全国“两会”上,温家宝同志在《政府工作报告》中强调:“要继续深化电价改革,逐步完善上网电价、输配电价和销售电价形成机制,适时理顺煤电价格关系。”温家宝不仅高屋建瓴地指出了电力体制改革的核心问题,也增强了加快电力体制改革的决心和信心。在贯彻落实《政府工作报告》精神,推进我国电力体制改革的过程中,首先要对一些问题有更明确的认识。

(二)2012年温家宝主持召开国务院常务会议

2012年2月15日,温家宝同志主持召开国务院常务会议,研究部署2012年深化经济体制改革重点工作,其中,深化电力、成品油和水资源价格改革,再次被列为2013年改

革的重点之一。

(三)2012 年李克强《求是》发表文章

李克强在 2012 年第 4 期《求是》发表的重要文章《在改革开放进程中深入实施扩大内需战略》中提出,我国已成为世界能源消费第一大国,单位国内生产总值能耗高于世界平均水平,这种粗放型增长方式难以为继。破解资源环境难题,既要加快淘汰落后产能、抑制高耗能高排放行业过快增长,也要合理控制能源消费总量,从根本上还要靠体制机制改革。要深化资源性产品价格改革,理顺煤、电、油、气、水、矿产等资源性产品价格关系,使其更好地反映市场供求关系、资源稀缺程度和环境损害成本。要继续完善煤电价格联动机制。如试行居民阶梯电价制度,就是考虑兼顾公平与效率,促进节约与环保,是资源性产品价格改革的方向。与此同时,对水、天然气等产品的阶梯价格改革方案,也要抓紧研究。对居民基本需求范围内的价格,应合理控制,对非基本需求方面的价格,则应更多采取市场调节手段。要继续完善煤电价格联动机制。通过采取这些改革举措,保障经济平稳运行,推动节能减排和结构调整。实施价格改革,不能把经济增长速度提得太快从而使经济关系绷得过紧,这样才能为改革留出空间。

(四)2012 年国务院国发〔2012〕2 号文件

2012 年 1 月 12 日,国务院以国发〔2012〕2 号文件下发了《关于进一步促进贵州经济社会又好又快发展的若干意见》,在该文件中,明确提出:“在贵州率先开展全国电力价格改革试点,探索发电企业与电力用户直接交易方式方法。理顺煤电等产品价格关系,适时调整西电东送电价。”选择贵州作为试点,一方面是因为贵州省水资源和煤资源都相当丰富,但经济发展却受到“缺电”的困扰,矛盾较为突出,改革涉及问题全面;另一方面贵州对全国经济影响较小,改革回旋空间较大,具有明显的试验效益。同时,贵州电价改革,也是贵州整体改革的一部分,以此为突破口进行改革,有利于发挥资源优势,解决经济发展的瓶颈,打造我国南方重要的战略资源支撑基地。

五、电价改革的基本原则

(一)科学组织,分步实施

早在 2002 年,国务院就下发了《电力体制改革方案》,明确了“厂网分开,竞价上网,打破垄断,引入竞争”市场化改革方向,但时隔 9 年,体制改革仅完成了第一步“厂网分开”,后续的“主辅分离”“输配改革”“竞价上网”一直没有取得突破性进展。国发〔2012〕2 号文件能够在一定程度上自上而下推动改革的进程,由于电力体制改革牵扯利益部门多、涉及范围广,决定了改革仍将是一场持久战。因此目前贵州电价改革仍在前期初级阶段,具体政策的出台还需要组织专家加强对电价改革问题的深入研究,研究切实可行的电价改革实施办法。

(二)试点改革,积累经验

鉴于贵州丰富的水、煤资源,上网电价远低于周边省份,预计改革的方向会重点瞄准"竞价上网""同网同质同价"以及"售电与上网端联动"的市场化推动,提升电企的经济效益。但是电价改革对行业具有重要的影响,由于贵州电力结构为水火各半,电价改革或将考虑推行"水火同价"政策的试点,如果这项政策能够推行,短期内,将提升贵州省平均上网电价;长远看,电力企业运营能力改善,将扩大电力建设的力度,解决缺电问题。

电价改革对电力行业和社会具有以下好处:一是促进节约成本。当电价市场化后,发电端必将尽可能地降低造价和运营成本,优化资源配置,这样才能在竞争中获得电量优势。对整个社会来讲,也避免了盲目投资,同时,那些管理优秀的企业,成本控制较好,更有可能获得发展机遇。二是平衡供求关系。当电力供大于求的情况下,竞价上网将导致电价下跌,鼓励电力消费。在电力紧张时,竞价上网将可能导致电价上涨,抑制高耗能产业的需求,最终通过市场这只无形的手来平衡供求关系。三是传导成本压力。电价改革,将实现上网电价与销售电价联动,为发电企业成本转移提供了通道,缓解燃料成本持续上涨压力,解决煤电矛盾。

电价改革也存在以下风险:一是损害垄断企业的利益。当电价市场化以后,作为电力企业的垄断经营将被打破,将损害垄断企业的利益,而这些垄断企业多为国有大中型企业,垄断经营导致体制性问题严重,使中央企业一手独大,不利于中央企业与地方企业的联动。二是对地方经济发展造成制约。由于电价改革涉及多方利益,如果电价改革市场化运作不合适,将使某些地方经济的发展受限于能源的供应瓶颈,市场无序化的竞争,将给地方经济发展带来不利影响。因此,电价改革应当选择一些有条件的地市州县作为试点,如果试点成功则推广,不成功则总结经验再探讨,逐步推进式地改革,可有效解决制约电价改革进程中最核心的体制、机制等制度性障碍问题。

(三)体制改革,经济同步

通过加强电价改革、电力体制改革,实现与地方经济发展的同步。一是电价改革应与电力体制改革同步进行。只有真正打破垄断,坚决改变电力调度、输电、配电、售电一家独揽、一言独大,挟"安全"以博利益、挟"稳定"以阻改革的状况,努力研究开放发电企业和电力用户的市场选择权,切实引入竞争机制,而不是在一些应景式、应急式问题上过分着力,徘徊不前,对核心问题"视而不见"。通过市场供需变化确定电力价格的机制才有可能建立,电价改革才有可能获得成功,对贵州的电价改革试点不能忽视这一问题。二是充分发挥政府职能的调节作用,实现经济同步。政府在电价改革进程中既要发挥政府宏观调控的作用,也要充分发挥地方企业按照市场规律运作的自主权;电价改革中既要充分考虑到地方政府的局部利益,充分实现能源的有效利用和经济的可持续发展,又要兼顾到其他地方发展的利益和企业的短期及长期利益,使区域之间、政企之间、产业之间良性互动。

六、推进贵州电价改革的主要措施

贵州省作为2012年全国率先开展电价改革试点的省份,可谓机遇与挑战并存。这种挑战性背后蕴含着需要克服与化解的困难与矛盾。一是从技术上看。由于电力产业是集发、输、配、售、用电一体化的连续型流程产业,其各环节电价构成了一个前后互联的电价链。电力供求与电价间的互动规律、电力竞争与管制之间的互补机理以及电价链互联机制三者有机结合、互补协调、前后互联便成为电力系统的电价形成机制。二是从现行电价形成机制看。实行的是包括上网电价和销售电价两端电价,而输配电环节基本无独立的价值体现,输配电价实际上只是由销售电价减去上网电价的倒算法而估计得出。这种定价原则不能体现电网企业生产的真实输配成本,也就不能科学量化分析电力生产成本的传导机制,也就意味着无法为构建煤电联动机制与上网电价和销售电价的联动机制提供科学的参考依据,同时也意味着很难发挥政府、电监会的宏观调控与监管职能。三是从电力产业链上多方经济主体的角度看。电价作为重要的经济杠杆,也是各方利益矛盾的交汇点。煤炭生产、发电方、电网公司以及用电客户之间本身存在多方的利益冲突,加之因电价历史沿革积累形成的现实矛盾,同时伴随煤炭与发电市场尚处完善与高速发展过程中,价格波动要素始终处于活跃状态,导致电价本身具有不稳定性,因此,电价改革面临极大的不确定性。

基于此,应该按照从我国国情、贵州省情出发,逐步引入竞争机制,重塑科学、合理、规范的电价形成机制和电价规制体制,建立竞争性电力市场,充分发挥电价在能源产业中资源配置的基础性作用,满足全社会不断增长的电力需求的总体思路,推动贵州省能源产业步入快速、高效、集约、可持续的良性发展道路,为我国深化电力体制改革积累宝贵经验。

(一)成立专门的电价改革机构

国发〔2012〕2号文件提出"在贵州率先开展全国电力价格改革试点,探索发电企业与电力用户直接交易方式方法。理顺煤电等产品价格关系,适时调整西电东送电价"。但是电价改革涉及各方利益,也需要协调能源企业、发电企业、输配电企业、电力公司、电力用户之间的关系,因此建议由省政府牵头,成立电价改革办公室,电价改革办公室由省政府领导,省发改委牵头,协同省工业厅、电力局、水利局、煤炭局、国家电网、各地方人民政府及重要企业等组成电价改革委员会。电价改革办公室的主要工作是:①领导和协同各个部门、企业、研究机构完成电价改革有关工作。②成立电价改革研究项目中心,结合贵州实际,承担对电价形成机制、改革措施的相关研究工作,具体政策的出台需要组织专家加强对电价改革问题的深入研究,研究切实可行的电价改革实施办法。③协助地方电力能源紧张研究改革和改进方案。

(二)电价改革示范点建设

按照国家有关政策要求,结合地方实际,尽快确定在能源聚集地区或能源产业基础扎实、能源产业结构较为完善的地区开展电价深化改革试验,加快推进电价改革示范区建设。如在煤炭资源富集的盘县,具备"水火互济"能源结构的兴义市,以煤电为主导产业的毕节地区,处于贵州电网两大核心节点的遵义等地作为电价改革的试点城市。加快成立专业研究团队,编制试验区深化电价改革试验方案与实施规划,创新与拓展电价改革的试验内容,积累经验,充分发挥示范区的引领作用和改革示范效应。

通过示范区建设,稳妥设计电价形成机制改革的推进路径。一是认真研究学习国内外电价改革的成功经验,以及全国其他省份的一些先进经验,在电力消费的终端市场实行阶梯电价,逐步取消交叉补贴,改善电价结构,引导全社会节约用电;二是对输配电价进行科学的成本核定,建立与完善相应的电价监管制度,为建立上网电价与销售电价的联动机制奠定基础;三是从开展发电企业与电网企业电量、电价与利润的经济运行规律的量化分析。进行电力供求与电价间的互动规律、电力竞争与管制的互补机理以及电价传递链的互联机制的设计,在此基础上,相机推行三部制电价,进而构建起两种电力市场供需态势下(供大于求与供不应求),包括煤炭、发电、电网、用户等多方经济主体的电价收益动态补偿机制以及有效的电价管控机制。

(三)重点做好煤电改革

加快规划煤矿后备资源勘探力度,提高勘探深度;推进电源项目和配套煤矿建设,优化调整电源点布局;推动煤炭产业规模化、集约化和集团化发展,加大煤炭资源的整合和大型煤炭基地建设,完善煤炭工业结构和提升煤炭生产力水平,释放煤炭产能;依托大型煤炭基地,积极发展煤炭深加工、精加工及关联产业,推进煤炭资源的综合利用。通过做大做强煤炭产业,为电力生产与产业发展提供坚实的物质基础。

第一,发挥电价的经济杠杆调节作用,通过实施差别电价、惩罚性电价以及峰谷电价等措施,有效推进新型工业化、新型城镇化和农业现代化的"三化"同步,实施产业结构调整和节能减排的倒逼机制,促使电力用户通过产业技术升级实现节能节电。

第二,按照"煤—电—化—建材""煤—磷—电—化—建材""煤—电—冶金—建材"一体化产业循环模式以及农业特色产业循环模式发展要求,发挥电价的调节作用,建立紧密的产业联系纽带,同时全面实现城乡用电同网同价,提高乡镇电网供电能力,积极探索发电企业与主导产业电力大客户直接交易的方式与方法,适时推动电力大客户直供电,促进“三化”的协调发展。

(四)改善电价结构,实施阶梯电价

重点措施包括:通过细化电压等级和用电负荷特性来确定电价形式和水平,合理调整电力用户分类;丰富销售电价结构,通过调整容量电价与电量电价的比重,准确反映用户对电力系统固定费用的实际消耗,实行季节性电价、峰谷电价、避峰电价、丰枯电价,引导合理用电,错峰避峰,节约能源。在居民用电中实施阶梯电价,逐步消除交叉补贴,引导居民节约用电。贵州省已于2012年7月1日开始试行居民阶梯电价政策,主要按照季节性电量分档进行电价等级标准设计,应加强对居民阶梯电价改革试点的效果跟踪分析。近几年国内其他省份开展居民阶梯电价改革的有益经验也值得借鉴,如福建省电力公司实行的阶梯电价与分时电价相结合,发挥了电价的“削峰平谷”功能;四川省电力公司对阶梯电价的梯度划分标准是按照居民的收入进行划分,把握了居民的用电特征,2007年实施阶梯电价后,居民用电增幅下降了8%,对引导居民节约用电效果显著。基于此,贵州省可以结合分时电价,对阶梯电价进行组合设计(见图6),根据经济发展阶段水平进行相应调整,增强居民节约用电意识,提升电价的“削峰平谷”功能。

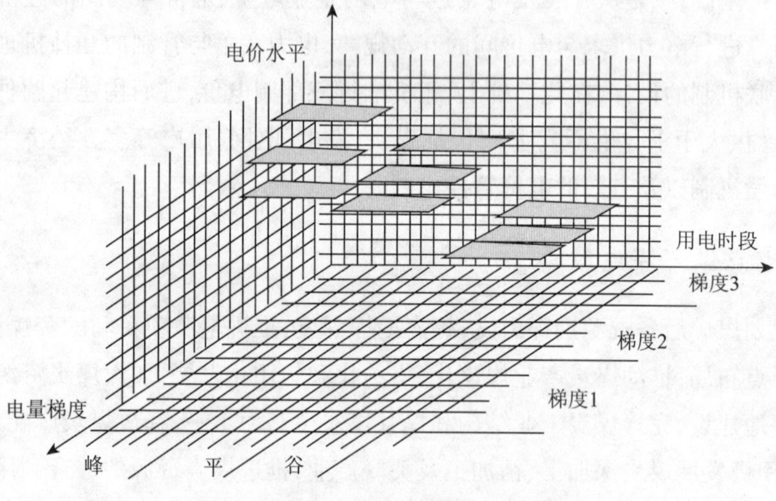

图6 峰谷分时阶梯递增电价示意图

(五)加强政府的电价监管机制

电力能源产业自然垄断的特殊性决定了政府物价局与电力监管部门的管理效能只能加强,不能削弱。在推进电价形成机制改革的过程中,需要贯彻政府定价与市场定价相结合以及电价调控与供需调节相结合的电价管控体制，加强价格主管部门在电价调控与监管方面的职能协调。借鉴国外电力监管机构对电价监管的做法和经验，尽快实现电价监管职能由政府综合部门向行业监管部门的转移，逐渐过渡到由独立的审计部门组织实施各项电价环节的成本审核，形成独立、集权、高效的电价监管；明确电价管理部门机构设置、工作职责，出台规范的电价形成机制原则、计算方法和审批程序，正确反映电价在电力价值链中的真实成本；建立市场竞争规则，设计市场结构，防止市场垄断和不公平竞争，不断提高政府管理的透明度，逐步增加定价过程的透明度与公众参与电价决策的程度，扩大信息披露范围，建立与健全体现效率与公平的电价监管机制。

（六）推行三部制电价机制

就是在实现发电企业与电网企业电量、电价与利润的经济运行规律科学量化分析的基础上，适时在试点地区率先推行对上网电价采用容量、电量和辅助服务三部制电价机制。通过推行三部制电价机制，一方面，着力解决由于煤炭价格不断上涨导致的火电机组利用小时大幅波动，使得标杆电价这一本应该长时间稳定的“标杆”不得不承担起“煤电联动”的重任而要不断变动，进而导致标杆电价失去标杆的实际意义；另一方面，有效应对今后贵州全省范围内展开的“两网”改造和“城镇居民一户一表”工作而带来的用电客户数量出现的数十倍增加而造成供电服务成本大幅上升的问题。实行三部制电价后，标杆容量电价为发电容量发展提供清晰明确的长期价格引导信号，招标容量电价则既能较好地控制造价又能为投资者提供合理回报；同时，电力规划和项目审核方式能得到合理调整，可在项目开发环节节约大量的制度成本。电量电价由市场产生，既能反映供求关系，指导供应和使用，又能避免发电方承担巨额政策亏损；辅助服务价值的充分体现，则有利于维护发、输、配、售等整个生产经营系统的稳定，尤其在新能源比例越来越高的情况下是维护系统稳定所必需的。因此，适时推动三部制电价改革是在把握电力供求与电价间的互动规律的基础上，进行电力竞争与管制的协调互补调整，实现电价传递链有机联动的制度性优化设计途径，也是在全国范围内进行电价形成机制改革的创先式突破，值得未雨绸缪，精心谋划，相机推行。

在电价改革过程中，要充分考虑到能源供应企业、发电厂商、配电传输网络、供电商、最终用户以及区域之间的利益协调关系，建立起各方经济利益主体在煤电价格联动下的动态利益补偿机制，统筹兼顾各方利益，实现电价改革的良性循环。

价格机制是市场机制的核心，科学合理的价格机制能够反映供需关系并实现资源的优化配置。稳步推进电价形成机制改革，形成煤电有机联动机制，将进一步促进贵州省煤电能源的优化配置，提高能源利用效率，破解当前“三化”同步发展过程中面临的电力能源瓶颈，进而推进贵州经济快速、高效与可持续发展。

吸纳民间资本 参与园区建设

蔡福顺 刘炳

(贵州省政府发展研究中心)

摘要:本文首先梳理了目前贵州产业园区融资工作的主要做法,并对产业园区融资存在的困难和问题进行了分析,提出吸纳民间资本参与园区建设的建议。

关键词:民间资本 产业园区 融资 建议

近年来在省委、省政府正确领导下,贵州省产业园区建设成效显著。截至2013年7月底,园区累计实现工业增加值401亿元,占工业增加值的34%。园区发展取决于基础设施和产业项目建设,需要庞大资金支持,但资金短缺仍是制约贵州省园区发展的首要问题。在工业化和城镇化过程中,融资难是一个长期问题、普遍问题,无论是发达地区还是欠发达地区,概莫能外。大力吸纳民间资本参与园区建设,是贵州省园区建设中的一个重大问题。

一、目前贵州省园区融资工作的主要做法

(一)发挥地方财政引领作用,增加政府投入力度

财政支持是贵州省园区建设资金来源的主渠道。2010—2011年,省级财政共安排专项资金10亿元以上用于推动园区基础设施建设。如望谟县通过省级专项资金补助和县级财政自筹共计8728万元用于平洞轻工产业园区基础设施建设项目。桐梓县调整财政支出结构,加大财政投入,在地方财力吃紧的情况下,挤出一定比例的财政资金,投资园区基础设施建设:2011年,县财政投入7000万元,占当年财政总收入的10.3%,一般预算收入的17.9%;2012年1—9月,县财政投入1.3亿元,预计占该县全年财政总收入的12%,一般预算收入的24%。

(二)加强与金融机构战略合作,争取金融机构支持

一是积极争取金融机构授信力度。贵阳小河经济技术开发区与国家开发银行、建设银行、重庆银行贵阳分行、交通银行贵州省分行等签订金融合作框架协议,通过银行授信额度用于支持园区开发建设以及入园企业的发展。如与交通银行签订的《银政战略合作协议》明确五年内提供50亿元意向性授信支持,就开发区经济社会发展规划、城市基础

设施、主导产业开发、特色产业、生态建设等方面开展深层次合作。二是鼓励金融机构到产业园区设立分支机构。平坝县农村信用联社在夏云工业园区开设小微企业金融服务中心,为企业提供差异化、多元化服务,是实现网点结构与园区发展相融合的战略举措。

(三)推进产城互动战略,实现城区反哺园区

按照“运作园区、经营城市”的思路及“产城互动、产城一体、产城融合”的要求,实现园区带动城区、城区反哺园区、产城互动发展。遵义市将城市商业用地和住宅用地的增值收益用于补助工业园区建设。2013 年 1—7 月,凯里市政府主要通过城市综合开发的土地出让金用于开发区建设,累计投入 17 亿元用于炉山工业园区固定资产投资。

(四)搭建具有政府职能的投融资公司,拓宽融资渠道

园区所在地或管委会以货币、实物与土地使用权为主要出资方式成立融资平台,以园区土地或储备用地使用权为抵押进行融资。2010 年以来全省先后成立湘江投资建设有限公司等 38 家开发投资公司,向园区提供投融资服务。贵阳小河经济技术开发区成立贵合投资发展有限公司、国有资产投资有限公司等区级融资平台;黔东南州组建州投资开发、凯宏公司等州级投融资机构,12 个园区组建了投融资公司;桐梓县成立了国盛投资建设有限公司等 5 家投融资平台,仅国盛投资建设有限公司就向重庆银行贷款 3000 万元。

(五)搭建地方担保平台,健全园区风险担保体系

目前贵州省园区还处在发展初级阶段,绝大多数企业没有符合银行贷款抵押条件的资产。不发展壮大担保机构,园区企业就很难获得银行信贷支持。如贵州小河科工风投有限公司专为高成长型中小型科技企业提供贷款担保,每年为园区内企业提供不少于 4000 万元的贷款担保。丹寨金钟产业园依托凯里诚达担保公司等 2 家担保机构为企业提供贷款担保。

(六)探索债券融资模式,加快资本市场融资步伐

园区主要通过与开发投资公司联合发行债券以及借助银行平台发行债券募集资金缓解融资压力。如小河区国有资产投资有限公司 9 亿元企业债券已于 2010 年上半年成功发行,是目前贵州省唯一以县级平台公司成功发行的企业债券。其中 7.2 亿元主要用于翁岩村城中村改造和南明河小河段生态环境综合整治一期工程建设等项目,1.8 亿元用于补充国有资产投资经营有限公司营运资金。

二、贵州省园区融资工作中存在困难及问题

(一)贷款成本较高,融资难度大

从园区建设方面看,贵州省地势平坦区域较少,园区建设需要"向山要地",大幅增加场地平整和道路等基础社会建设的资金投入。有的园区远离城区,很难充分享有城市供水、供电等配套基础设施延伸的优势,需要独立建设,建设成本和投融资成本进一步加大。由于地方财力难以为继,"五通一平、七通一平"及其公共服务平台等工程实施进展缓慢。从银行贷款方面看,截至2010年,贵州本外币存款余额为0.74万亿元,在各省区排名倒数第六,在西部地区也较为靠后,相对削弱银行对产业园区的信贷投放能力。2011年,全省资金存量存贷比达到78.3%,高于全国平均水平10.6个百分点,新增信贷空间有限。从融资过程方面看,银行信贷投放以实体经济为主,而贵州省园区多在起步期,各项土地手续多在办理之中,项目收益尚未显现,银行贷款融资具有一定难度,担保贷款成本较高。如丹寨金钟开发区以利息8厘向凯里中行贷款1000万元,扣除评审费和担保费后实得贷款仅860万元,相当于利息1.5分。

(二)融资平台小,且风险监管较严

一是资本金不足,优良资产少。多数投融资公司注册资本金在2000万~5000万元之间,上亿元的极少。可抵押的国有资本、土地等优质资源少。二是银监会对地方融资平台贷款风险监管较严。银行贷款是地方融资平台最主要的融资方式,银行对地方政府融资平台贷款的风险管理政策从原先过度依赖地方政府信用逐步向落实抵押、质押担保措施转移,对抵押物及项目本身审核要求较高。而平台公司贷款的市场化程度不高,其贷款抵押品相当一部分是土地使用权,土地交易市场受房地产市场的影响很大。此外,大部分基建项目存在建设周期长、收益回收分散的特点,投资平台贷款期限相对较短,给平台公司带来投融资期限错配的风险。基建项目变现能力差的特点也会给平台公司带来流动性风险。三是绝大部分融资平台还款来源主要依靠财政性资金,给地方财政带来还款和回购压力,导致地方财政隐性负债增加。

(三)资本市场发育不完善,且融资门槛较高

一是贵州省资本市场严重滞后。截至2011年,贵州仅有3家证券分公司、44个证券营业部和20家上市企业,而同年全国有109家证券公司、5032个营业部和2342家上市企业。二是债券融资作为直接融资的主要方式在贵州省发展较为落后。2011年全国共发行公司类信用债券2.35万亿元,贵州省只发行71.5亿元,仅占全国总量的0.3%;债券融资工具发行额与全省贷款余额比例仅为0.32%,在各省(市)排名倒数第三。三是直

接融资门槛较高。发行股票不仅门槛高,而且成本也高;发行市政债券则受限于中央政府对市政债券的严格控制,发行准市政债券虽然不需面对国家限制问题,但对园区的运营能力要求较高,园区一旦不能还本付息,债务的偿还就转为地方政府的负担。

(四)民间资本利用不充分,且参与度低

从各地调研情况看,民间资本多以 BT 模式参与园区基础设施建设。仅在经济相对发达的贵阳市民间资本参与方式较为多样。如花溪区政府与温州商会签订协议,由温州商会整体推进羊艾工业园区建设。目前,温州商会投资 1 亿元修建园区道路 3 条,建设水、电设施及排污管网,引进 43 家民营经济企业入驻。金石联创有限公司、泉州商会等民营经济实体投资 30 亿元左右,大力推进贵阳金石石材产业园水、电、道路、标准厂房等基础设施建设。小河区翁岩村、周家寨村两村村民以村集体和农民个人参股形式融资 4.6亿元修建园区标准厂房,其中翁岩村修建的 4 万平方米标准厂房主体已完工。

三、吸纳民间资本参与园区建设的建议

(一)转变观念,把民间资本作为园区基础设施建设资金的突破口

目前,贵州省的园区建设融资渠道还局限在政府资金、金融机构贷款以及传统项目融资方面,对新型融资方式如资本市场融资、民间融资等涉及较少。一方面,由于受地方财力和银行借贷规模的限制,园区建设资金普遍匮乏,部分园区基础设施和配套设施严重滞后;另一方面,2011 年全省城乡居民储蓄新增 689.49 亿元存款,余额达到 3934.48 亿元,若加上企业存款和城乡居民手持现金额,民间资本可挖掘的潜力较大。在目前国际经济形势不佳、国内宏观经济下行压力增大的环境下,民间资金不敢轻易介入股市和房地产市场,大多资金实际处于"休眠"状态。在这种背景下,通过运用合理机制将民间资金引向园区基础设施建设,不仅可以解决园区基础设施建设投入不足问题,也是实现民间资金资本化的重要途径。

(二)创新方式,拓展民间资本参与园区基础设施建设的融资渠道

一是要用好现代融资工具。依托省内大企业、大集团发行股票、债券、基金等,吸收社会资本,做大融资规模。以股份制形式促使民间资本进入园区基础设施领域,实现投资主体多元化和股权多元化。基础设施领域的股份制改革应根据条件成熟程度,采取多种形式分类进行。对于能够改造为规范的股份公司的,应争取早日上市。同时筛选一批前景良好的园区营利性项目在社会上公开招标招股,使财政资金更好地用于园区公益性项目建设,以推动整个园区的发展。二是设立多种形式的园区投资基金,吸纳分散的民间资金,推出园区基础设施项目的各类信托产品,由投资者购买;根据自身发展条件和还

债能力发行债券如土地债券、园区建设债券、企业债券等,降低政府的融资成本,弥补园区建设的资金缺口。三是要积极引导民间资本投资。鼓励和引导民间资本以独资、合资、入股等方式参与园区建设。

(三)优化服务,为民间资本参与园区基础设施提供良好的政策环境

目前,贵州省民间资本参与园区建设还处于探索阶段,从体制上看,主要存在市场准入、行政审批、缺乏信用等方面的障碍,相关政策措施配套还不到位。重点是要加强对民间投资国民待遇的落实,对现有促进民间投资的政策进行梳理,强化政策的协调性,减少不合理的政策约束。一是加大对民间资本进入园区建设的财税扶持力度。对符合条件的民间投资企业,要帮助其争取国债资金、国家和省财政贴息等,并在此基础上专门设立省级民间投资引导资金,对部分投入园区基础设施建设项目的民间投资给予相应财政补贴。二是加强银行信贷支持,健全信用担保体系。各商业银行应积极开拓适应民间投资发展需要的贷款种类,对符合信贷条件的企业,可适当提高现有资产抵押率。对信誉好、效益高、实力强的民间投资者纳入银企合作授信范围,提供相应的授信额度。三是建立市场诚信体系。政府和企业如果不受市场经济规则约束,将会动摇民间资本进入园区基础设施领域的信心。因而建立规范的现代市场诚信体系,促进市场主体的各方切实本着诚实信用原则,才能实现园区基础设施投资的多元化。

(四)拓宽渠道,构筑园区建设投融资平台

一是创新融资担保模式。建立多层次的中小民营企业担保基金和担保机构,鼓励建立由政府二次担保的、市场化的民间担保公司,创新信用担保方式。充分借鉴云南省的"助保贷"、专利权中长期质押,湖南省的"税融通",四川省的"金融仓储"等以政府信用为基础,以企业信用为担保,以产权质押为手段的融资模式,组建实力雄厚的担保平台,增加金融机构贷款额度。二是利用市场机制吸引民间资本投资,通过市场运作,采取公开拍卖园区公共设施的经营权、广告投放权、道路冠名权等方式,把园区建设变成资本运营。三是要探索运用 BOT、TOT、PPP 等融资新模式,拓宽项目融资渠道。民间资本多以 BT、BOT、TOT 等方式参与各地园区建设,如丹寨金钟产业园采用 BT 模式修建金钟大道、长兴大道等,协议总融资金额达 22 亿元;惠水长田工业园引进贵州雨田博文房地产开发公司、中建集团等企业完善园区配套设施支撑能力。

(五)产城互动,发挥园区建设与工业化、城镇化协调发展

城镇化发展必须以产业作支撑,才能兴旺商贸,促进人口聚集。在园区规划建设过程中,要按照产城一体思路,实行产业发展和城市建设"一张图"规划,统筹园区产业项目和城市道路、教育、医疗、商贸物流、保障性住房等配套设施建设,形成"以产兴城、以城促

产、产城一体”的格局。基于贵州省实际，支撑工业园区发展，尤其是前期基础设施建设，土地收益是重要资金来源。坚持产城互动，既可充分利用城镇基础设施的配套功能，极大发挥小城镇基础设施、人才资源的共享性，又可依靠小城镇商住区块的同步发展，盘活土地要素的价值，提高地方政府的土地财政收入，实现城区反哺园区。

新型城市化评价的指标体系研究

张冲[1]

(西南财经大学中国西部发展研究中心)

摘　要:本文在传统城市化的基础上,提出新型城市化的概念,立足于人口均衡、经济高效、社会和谐、资源节约、环境友好的本质,构建新型城市化评价的指标体系。通过德尔菲法确定各个指标的权重,并根据权重的不同进行聚类分析,得出城市人口比重、人均 GDP、第二产业和第三产业从业人员比重、第二产业与第三产业产值比重等新型城市化较重要的指标。最后提出了一些政策建议,望有利于促进新型城市化更好地发展。

关键词:新型城市化　指标体系　德尔菲法

一、研究背景及文献回顾

城市化是衡量一个国家发展水平的主要标志,是指人口等生产要素由农村流入城市所引起的社会经济结构转化过程,是社会经济结构发生根本性变革并获得巨大发展空间的表现。随着经济的发展和社会的进步,城市化是一个必然的过程。在改革开放步伐的推进之下,我国城市化水平有了较快的发展,大体上可以分成两个阶段:第一阶段是 20 世纪 70 年代末到 20 世纪 90 年代中期,政策取向是限制大中城市发展,主张通过发展乡镇企业吸收农业剩余劳动力,农民离土不离乡,促进小城镇建设,这时期的城市化速度相对缓慢。第二个阶段是 20 世纪 90 年代中期至今,城市化全面推进阶段,以城市建设、小城镇发展和普遍建立经济开发区为主要动力,这一时期的建制市和建制镇都大大增加,从而使我国城镇化水平突飞猛进,但是同时也伴随了一系列有关人口、社会、经济、资源和环境的问题。传统城市化是城乡之间不协调的发展,城市没有带动郊区的发展;城市内部也存在较大的贫富差距;城市分布不均衡,大城市集中发展,造成其房价远远高于其他中小城市;人口、社会、经济、资源、环境也形成了较大的冲突。针对这些弊端,我国在城市化集中飞速的时期,提出并逐步采取了新型城市化的道路,这是符合我国国情和利国利民的好方针。所谓新型城市化是指立足基本国情,坚持以人为本,以新型工业化为动力,以统筹兼顾为原则,以全面协调可持续发展为理念,以市场机制为主导,实现人口均衡、经济高效、社会和谐、资源节约、环境友好,大中小城市和小城镇协调发

① 张冲,男,西南财经大学中国西部经济研究中心博士研究生。主要研究方向:人口经济学。

展,城乡互促共进的城市化发展道路,从而达到人口、社会、经济、资源、环境的协调平衡发展。

在新型城市化概念提出的基础之上,我们着手研究并构建新型城市化的指标体系。城市化指标体系的研究不是一个新的领域,学界对城市化的评价指标的研究有很多,比较有代表性的有:林泉(2001)认为城市化体系指标从大的方面应该包括经济指标、社会指标和城镇建设指标三个方面,并选用了16 个小类指标对我国城市化进程进行实证分析。马成文(2001)设计城市化指标体系包括四个方面:一是反映城市数量、规模、密度的指标;二是反映人口城市化的指标;三是反映产业结构城市化的指标;四是反映居民生活城市化的指标。张世银等(2007)从人口指标、经济指标、生活指标、空间指标、可持续发展指标五个方面来构建城市化指标体系。罗雅丽等(2007)构建了现代化、社会文明化、环境优美化、协调化的城乡一体化指标体系。董嘉明等(2008)提出浙江省新型城市化评价指标,分经济集约、社会和谐、环境友好、功能优化,城乡统筹五大类二十六项指标,这是国内首次在城市化评价中提出了城乡统筹和新型城市化的指标体系。俞云峰(2010)结合城市化指标与统筹城乡指标,构建了基于城乡统筹视角的城市化综合评价体系,包括人口与经济城市化指标、城市生活质量指标、城乡公共服务协同度指标、城乡经济发展协调度指标四个维度。

综上所述,学者们提出的城市化指标体系,更多是从传统城市化的角度来提出的,主要注重人口城市化水平,城市经济发展水平、城市居民生活水平、城市生态环境等方面入手进行评估,很少从新型城市化的视角来全新评价城市化的指标体系。有的学者只是重点提到人口、经济、社会三方面的指标,而忽略了资源、环境方面的指标,这是不符合新型城市化发展的要求的。新型城市化的本质是要坚持人口均衡、经济高效、社会和谐、资源节约、环境友好的发展,因此新型城市化评价的指标体系,就应该从这五大方面来构建。本文正是在坚持新型城市化的背景下,综合前人的研究基础之上,从以上五大方面构建新型城市化的评价指标,对于引导城市健康、有序、合理、均衡地发展,具有十分重要的意义。

二、新型城市化评价指标体系的构建

通过对城市化相关概念的系统概述,我们对城市化内涵与本质有了更深刻的认识,从而有助于我们更好地研究新型城市化的指标体系。用综合指标法衡量城市化水平并不意味着指标越多越好,指标的选取应遵循以下原则:① 系统性原则,所选取的指标应涵盖人口、经济、社会、资源、环境等各个方面;② 独立性原则,所选取的指标应独立而不相关,不能互为解释;③ 动态性原则,因为城市化是不断进步的,因此其指标在项目、度量权重等方面都要具有动态性;④ 代表性原则,能够反映新型城市化水平,即人口、社会、经济、资源、环境均衡发展;⑤可操作性原则,选取的指标应该是可以量化的,以便统计和数据收集的,选取较为科学的指标,以期更加准确地测度城市化水平。以下是从人口、经济、社会、资源、环境五大方面来构建新型城市化评价的指标体系。

(一)人口城市化指标(B1)

人口城市化指标是指满足新型城市化健康发展中人口要素方面的指标,包括城市人口比重(%)(C1)、第二产业和第三产业从业人员比重(%)(C2)、大专以上学历占总人口的比例(%)(C3)、专业技术人员占就业人员比例(%)(C4)。其中“城市人口比重”,可以用城市人口除以地区内全部人口计算。城市人口占总人口的比重是衡量人口城市化的最基本的一项指标,一个地区的城市人口比重(人口密度)越高,表明人口集中程度越高,社会生活更加丰富,社会服务设施相对完善,居民生活比较方便,从而很好地反映出其他社会事业的发展水平。第二、三产业的从业人口比重基本反映出整个社会非农化的水平,而这部分人群基本上是城市人口,反映出城市化的水平。大专以上和专业技术人员所占比例则间接反映城市的人口质量,新型城市化要求有良好的人口质量作为持续发展的保证。以上指标囊括了人口的数量、结构、质量以及分布,是新型城市化对人口均衡的要求。

(二)经济城市化指标(B2)

经济城市化指标是指满足新型城市化健康发展中经济要素方面的指标,包括人均GDP(元)(C5)、第二产业与第三产业产值比重(%)(C6)、高技术产业占工业总产值的比重(%)(C7)、年人均消费支出额(元)(C9)、人均城乡储蓄存款余额(元/人)(C8)。人均GDP是经济学中衡量经济发展状况的指标,是重要的宏观经济指标之一,它是人们了解和把握一个国家或地区的宏观经济运行状况的有效工具。第二、三产业占GDP的比重能反映出某地区的人口职业结构以及经济发展情况。高技术产业占工业总产值的比重是反映技术创新对经济发展以及城市化水平的影响,新型城市化的发展需要高新技术产业不断发展。年人均消费支出额反映了居民消费水平,只有存在扩大的消费水平,才能促进生产的扩大;只有存在消费的提升,才能促进生产的提升,消费额能够间接反映出经济发展的层次。以上指标都是经济方面的重要指标,能够反映经济是否集约发展,是新型城市化对经济高效的要求。

(三)社会城市化指标(B3)

社会城市化指标是指满足新型城市化健康发展中社会要素方面的指标,包括基尼系数(C10)、城镇登记失业率(%)(C11)、市民安全感指数(C12)、参加社会保险人数占全社会从业人员比重(%)(C13)、参加医疗保险人数占全社会从业人员比重(%)(C14)、高等教育普及率(%)(C15)、每千人拥有医疗技术人员数(个)(C16)、每千人互联网用户数(个)(C17)。基尼系数是国际上用来综合考察居民内部收入分配差异状况的一个重要分析指标。城镇登记失业率是指在报告期末城镇登记失业人数占期末城镇从业人员总数与期末实有城镇登记失业人数之和的比重。市民安全感指数反映了市民对城市社会治安状况、公共安全等的满意度。社会保险是一种为丧失劳动能力、暂时失去劳动岗位或因健康原因造成损失的人口提供收入或补偿的一种社会和经济制度。医疗保险是为补偿疾病所带来的医疗费用的一种保险。高等教育普及率是反映一个社会教育水平方面的一项重要指标,尤其是进入21世纪,是否接受高等教育将是衡量一个人素质高低的重要指标。每千人拥有医疗技术人员数是反映一个国家或地区医疗水平的高低以及人民医疗资源的拥有情况。每千人互联网用户数是随着信息技术的发展提出来的一项新的指标,能够直接反映一个社会的发达程度。以上指标都是社会方面的重要指标,能够反映社会是否公平发展,是新型城市化对社会和谐的要求。

(四)资源城市化指标(B4)

资源城市化指标是指满足新型城市化健康发展中资源要素方面的指标,包括城市GDP与建成区面积之比(亿元/平方公里)(C18)、万元GDP能源消耗(吨标准煤)(C19)、万元GDP水资源消耗(立方米)(C20)、城市旅游景点个数(个)(C21)、森林覆盖率(%)(C22)。城市GDP与建成区面积之比即城市单位面积上创造的GDP,反映了城市对土地资源的利用效率。万元GDP能源消耗(吨标准煤)反映了经济发展中对能源的利用效率。万元GDP水资源消耗(立方米)则是反映了经济发展中对水资源的利用效率。城市旅游景点个数反映了一个城市旅游资源的拥有量,这是一个衡量城市化发展的新指标。森林覆盖率反映了一个国家或地区对森林资源的拥有量,森林资源对促进城市发展有着一定的影响。以上指标都是反映资源是否持续发展,是新型城市化对资源节约的要求。

(五)环境城市化指标(B5)

环境城市化指标是指满足新型城市化健康发展中环境要素方面的指标,包括流域整治达标率(%)(C23)、空气质量指数(C24)、生活垃圾无害化处理率(%)(C25)、城市每万人道路面积(平方米)(C26)、城市绿地覆盖率(%)(C27)。流域整治达标率反映了河流的污染情况,直接关系到城市的健康发展。空气质量指数是一种评价大气环境质量状况简单而直观的指标,反映了人类对空气的污染情况。生活垃圾无害化处理率反映了对垃圾的处理水平,垃圾无害化处理不仅可以解决环境的污染源,还可以实现对资源的再次利用。城市每万人道路面积是反映城市容纳量方面的一个指标。城市绿地覆盖率则反映了城市居民生活环境的美化情况。以上指标都反映了环境污染与健康方面的情况,是新型城市化对环境友好的要求。

三、指标体系权重的确定

本文以新型城市化水平为总体评价目标,人口城市化、经济城市化、社会城市化、资源城市化和环境城市化为一级指标,其余 27 个指标为二级指标。本研究运用定性定量综合集成的方法确定权重:利用德尔菲法建立判断矩阵,判断矩阵是通过德尔菲法两两比较得出来的,具体数值确定如表 1 所示。根据德尔菲法,由专家和决策者对所列指标通过两两比较判断方式确定每一层次中因素对上层目标的重要性的总排序,再通过咨询多位专家确定每一层次目标相对于上层目标的单因子权重,同时为了计算方便,在此方法的基础上结合专家咨询将各指标权重取为最接近的整数。由此构建了判断矩阵 A(见表 2)、B1(略)、B2(略)、B3(略)、B4(略)、B5(略)。

表 1 判断矩阵中各元素的确定

a_{ij}	定义	说明
1	同样重要	两者对目标贡献相同
3	稍微重要	有差异
5	明显重要	差异明显
2,4	介于以上相邻两种情况之间	需要折中时使用

注:a_{ij}中各数的倒数,定义:两目标反过来比较。

表 2 A-B 层次判断矩阵

A	B1	B2	B3	B4	B5
B1	1	1	1	4	4
B2	1	1	1	4	4
B3	1	1	1	4	4
B4	1/4	1/4	1/4	1	2
B5	1/4	1/4	1/4	1/2	1

(一)计算特征向量与最大特征值

(1)将判断矩阵 A 每一列归一化:$\overline{a_{ij}} = \dfrac{a_{ij}}{\sum_{k=1}^{n} a_{ij}} \quad i,j = 1,2,\cdots,n$

(2)将每一列经归一化后的矩阵按行相加:$M_i = \sum_{j=1}^{n} \overline{a_{ij}} \quad i = 1,2,\cdots,n$

(3)将向量 $M=(1.420,1.420,1.420,0.422,0.318)^T$ 正规化：

所求标准特征向量为 $W=(0.284,0.284,0.284,0.084,0.064)^T$

(4)计算最大特征根：

$$AW=A\times W=(1.444,1.444,1.444,0.425,0.319)^T$$

$$\lambda_{\max}=\sum_{i=1}^{n}\frac{(AW)_i}{nW_i}=\frac{1.444}{5\times0.284}+\frac{1.444}{5\times0.284}+\frac{1.444}{5\times0.284}+\frac{0.425}{5\times0.084}+\frac{0.319}{5\times0.064}=5.061$$

(二)结果检验

$CI=\frac{\lambda_{\max}-n}{n-1}=\frac{5.061-5}{4}=0.015$，通过查表 $n=5$ 时，RI 平均一致性指标为1.12，检验系数 $CR=\frac{CI}{RI}=\frac{0.015}{1.12}=0.013<0.100$，可以判定判断矩阵A具有满意的一致性，而不需要重新调整矩阵，说明该城市化各总指标构建的判断矩阵较为合理。

(三)其他层次单排序及其一致性检验

由以上的方法，同理得到B1－C层次判断矩阵的标准特征向量和最大特征值为：

$W_{B1}=(0.455,0.306,0.170,0.069)^T,\lambda_{\max}=4.217,CI=0.072,CR=0.080<0.100$

B2－C层次判断矩阵的标准特征向量和最大特征值为：

$W_{B2}=(0.413,0.278,0.183,0.070,0.056)^T,\lambda_{\max}=5.427,CI=0.107,CR=0.095<0.100$

B3－C层次判断矩阵的标准特征向量和最大特征值为：

$W_{B3}=(0.222,0.196,0.168,0.142,0.110,0.079,0.048,0.034)^T,\lambda_{\max}=8.560,CI=0.080,CR=0.057<0.100$

B4－C层次判断矩阵的标准特征向量和最大特征值为：

$W_{B4}=(0.354,0.291,0.208,0.1020.0045)^T,\lambda_{\max}=5.325,CI=0.081,CR=0.072<0.100$

B5－C层次判断矩阵的标准特征向量和最大特征值为：

$W_{B5}=(0.345,0.345,0.170,0.091,0.050)^T,\lambda_{\max}=5.392,CI=0.098,CR=0.087<0.100$

可见，上述所有判断矩阵的特征向量标准化后，CR 的值均小于0.1，各判断矩阵的一致性都是满意的，因而最终得出各指标在城市化水平测度中的权重水平。新型城市化指标体系及各指标权重如表3所示。

表3 新型城市化评价的指标体系及各指标权重

	城市化指标权重	城市化子指标及其指标内权重	权重
新型城市化指标A	人口指标城市化B1权重(0.2840)	城市人口比重(C1)(0.4552)	0.1293
		第二产业和第三产业从业人员比重(C2)(0.3061)	0.0869
		大专以上学历占总人口的比例(C3)(0.1702)	0.0483
		专业技术人员占就业人员比例(C4)(0.0685)	0.0195
	经济指标城市化B2权重(0.2840)	人均GDP(C5)(0.4134)	0.1174
		第二产业与第三产业产值比重(C6)(0.2776)	0.0789
		高技术产业占工业总产值的比重(C7)(0.1829)	0.0519
		年人均消费额(C8)(0.0705)	0.0200
		人均城乡储蓄存款余额(C9)(0.0557)	0.0158
	社会指标城市化B3权重(0.2840)	基尼系数(C10)(0.2224)	0.0632
		城镇登记失业率(C11)(0.1961)	0.0557
		市民安全感指数(C12)(0.1680)	0.0477
		参加社会保险人数占全社会从业人员比重(C13)(0.1420)	0.0403
		参加医疗保险人数占全社会从业人员比重(C14)(0.1105)	0.0314
		高等教育普及率(C15)(0.0790)	0.0224
		每千人拥有医疗技术人员数(C16)(0.0480)	0.0136
		每千人互联网用户数(C17)(0.0341)	0.0097
	资源指标城市化B4权重(0.0843)	城市GDP与建成区面积之比(C18)(0.3538)	0.0298
		万元GDP能源消耗(C19)(0.2914)	0.0246
		万元GDP水资源消耗(C20)(0.2077)	0.0175
		森林覆盖率(C22)(0.1016)	0.0086
		城市旅游景点个数(C21)(0.0455)	0.0038
	环境指标城市化B5权重(0.0636)	流域整治达标率(C23)(0.3445)	0.0219
		空气质量指数(C24)(0.3445)	0.0219
		生活垃圾无害化处理率(C25)(0.1700)	0.0108
		城市每万人道路面积(C26)(0.0912)	0.0058
		城市绿地覆盖率(C27)(0.0497)	0.0032

四、结论与对策

从以上指标权重,我们可以看到各个指标对于新型城市化起到的作用是不同的,差异较大,通过聚类分析,把权重按高低分类,分成四类。第一类指标:城市人口比重,人均GDP,第二产业和第三产业从业人员比重,第二产业与第三产业产值比重。第二类指标:

基尼系数,城镇登记失业率,高技术产业占工业总产值的比重,大专以上学历占总人口的比例,市民安全感指数。第三类指标:参加社会保险人数占全社会从业人员比重,参加医疗保险人数占全社会从业人员比重,城市 GDP 与建成区面积之比。剩下的指标即为第四类指标,相对权重较低。因此,在推进新型城市化的过程中,我们要重视提高这些权重较高的指标,但是也不能轻视那些权重较低的指标。在此笔者提出以下对策:

第一,城市的可持续发展需要人口、经济、社会、环境和资源五个方面的协调平衡,缺一不可。因此,推进新型城市化的发展,就要结合五要素中的各个指标,相互协调,综合权衡,不能以牺牲某一要素的发展为代价,来促进其他要素的发展。虽然在城市化发展中,人口、经济、社会具有十分重要的地位,但是资源、环境却是人口、经济、社会发展的后动力,不能以牺牲资源和环境为代价,来促进人口、社会、经济的发展。要坚持以可持续发展为核心的新型城市化发展道路,就必须注重五要素的协调平衡,有机统一。

第二,新型城市化强调经济高效,所以大力倡导技术创新,在能源方面,鼓励开发新能源和可再生清洁能源,以缓解资源短缺和环境的恶化;在信息方面,依靠信息和网络技术的创新,实现数字城市和智能城市的设想;在交通方面,通过技术创新大力发展城市公交系统,以提高城市运转效率。

第三,改革户籍制度,形成城乡人口有序流动的机制,取消农村劳动力到城镇就业的不合理限制,消除对外地户口的歧视;完善城镇和农村土地制度,尽快打破城乡的二元土地产权制度,实行农村土地和城市建设用地“同地、同价、同权”;广辟投融资渠道,建立城镇建设投融资新体制;扩大社会保障面,为进城农民提供失业、医疗、养老保险和最低生活保障;转变政府职能,建立规范的财政转移支付制度,进行有利于生产要素集聚的行政区划调整;科学制定设市、设镇标准,完善市镇设置的法律制度,促进新型城市化进程。

第四,新型城市化还强调城乡统筹,缩小城乡差距,实现城乡一体化。具体应该做到以下五个统筹:统筹城乡人口协调,实现均衡发展一体化;统筹城乡经济发展,实现产业分工一体化;统筹城乡两个文明建设,实现社会进步一体化;统筹城乡资源配置,实现集约发展一体化;统筹城乡生态建设,实现环境保护一体化。

参考文献

[1] 胡际权. 中国新型城镇化发展研究[D]. 西南大学,2005.

[2] 林泉. 城市化指标体系的实证分析[J]. 城市问题,2001(4).

[3] 马成文. 城市化进程的综合评价指标和方法[J]. 经济论坛,2001(23).

[4] 张世银,周加来. 城市化指标体系构建与评析[J]. 技术经济,2007(3).

[5] 罗雅丽,张常新. 城乡一体化发展评价指标体系构建与阶段划分:以大西安为例[J]. 江西农业学报,2007(1).

[6] 董嘉明,庞亚君,王琳. 准确把握新型城市化的内涵与特征[J]. 浙江经济,2008(7).

[7] 俞云峰. 城乡统筹视角下城市化评价指标体系的构建:以浙江城市化水平测算为例[J]. 科学决策,2010(5).

[8] 国务院发展研究中心"中国土地政策改革"课题组. 中国土地政策改革:一个整体性行动框架[J]. 改革,2006(2).

[9] Black D. ,J. V. Henderson. A Theory of Urban Growth[J]. Journal of Political Economy,1999(107).

新生代农民工市民化的本土化研究

龚晓丽

摘　要：随着城镇化、现代化的不断推进，新生代农民工的市民化成为发展的应有之义。通过梳理已有的文献，发现目前学术界的研究潜意识中有意无意把东部城市的现状作为新生代农民工实现市民化研究的背景，从而把东部城市作为研究假设或研究得出结果。当考虑到产业逐步向西迁及西部城镇化的不断推进，这种将目光只局限于东部城市市民化不能不说是一种缺陷。

本研究将从另一个角度“是什么因素影响新生代农民工向西部城市转移”，主要分为四个部分。第一部分主要介绍研究的背景、问题提出及研究思路和方法等。第二部分，首先通过新生代农民工的界定和所具备的特征，得出新生代农民工市民化的必要性，并进一步分析目前新生代农民工市民化的现状和市民化所面临的各种障碍。第三部分，把影响新生代农民工流动转移的各种因素归纳为“推力”和“拉力”，利用推拉模型对新生代农民工向西部转移，并进一步实现市民化的可行性进行佐证。此部分主要采用证伪的方法，分别从经济、社会和新生代农民工个人心理因素三方面的推—拉力进行全面分析，得出新生代农民工选择在西部城市市民化将是一条比较经济现实的途径。第四部分，提出相关的政策建议以便更好、更快地促进新生代农民工的市民化问题的解决。

关键词：新生代农民工　市民化问题　推拉模型

一、绪论

（一）研究背景

虽然经历了多年的快速经济增长，但在当前及今后可预见的相当长的一段时间内，工业化、城镇化依然是我国经济社会发展的重大课题。而城镇化的主要内容是实现部分农民能够在城市中长期稳定地就业，真正转化为市民。从20世纪80年代开始，我国就慢慢着力于农村剩余劳动力的非农就业转移，由于各地资源要素禀赋的差别，经过几十年的发展，我国基本上形成了以中西部地区为输出地、东部沿海地区为输入地的规模庞大的农村剩余劳动力转移的格局。在这个过程中，少部分早期的农民工已经实现了市民化的转变，但这还远远达不到我国城镇化发展的要求，而与此同时，新生代农民工使得农民市民化的进程显得更为复杂。新生代农民工是指持有农业户口却在城市从事着非农产业的产业工人。由于在一定程度上远离农村与农业生产，因此他们缺乏关于农业的生产相关技能。同时,在全国各地推进城镇化发展的土地调整过程中,新生代农民工中的一部分甚至已失去耕地,无法得到如老一代农民工一样的土地社会保障功能,因此他们对土地没有太多感情,渴望融入城市成为真正的市民,却往往由于现实的种种限制被拒于市民化的围墙之外。因此,如何加快推进新生代农民工的市民化进程成为当前我国城镇化发展的瓶颈之一。

(二) 研究目的

新生代农民工市民化是我国现代经济社会发展的应有之义,如何更快更好地推动这一进程就成为了当前亟须解决的重大战略课题。通过对现有部分研究成果的学习和梳理,可以看出绝大多数学者倾向于在农民工的打工所在地也即东部沿海城市内来推进市民化。考虑到工业和服务业产业伴随着经济社会的发展在我国东西部之间战略大迁移的趋势越来越明显,仅将眼光聚焦于传统的东部沿海发达地区的做法不能不说是一种缺憾。本课题正是聚焦于已有研究成果的这种局限性,从新生代农民工的角度切入,采用演绎推理、数量分析及逻辑分析等方法,旨在通过中西部地区政府、企业、已有市民及新生代农民工的系统化紧密协作,达到全面推动农民工市民化进而推进城镇化进程的目的。

(三)研究内容

主要的研究内容及观点如下:

(1)本文首先着眼于新生代农民工当前的生活和工作状况,认识他们的梦想与现实的差距即东部沿海城市市民化中面临的问题,并从中总结出新生代农民工所具备的群体性特征。笔者认为新生代农民工是我国长期以来推进工业化和城镇化的必然产物,他们是传统农民工问题的延续,但同时这一群体又有着其特殊性,异常渴望市民化。

(2)基于我国城镇化及产业迁移的双重背景,分析新生代农民工市民化进程的本土化趋势的可行性。认为新生代农民工市民化进程的本土化发展才是基于当前经济社会现实的行之有效的选择。这是本文的主要研究内容之一,是重点也是难点。本文拟从以下几个方面进行分析:

一是城镇化的基本内涵对农民市民化提出了必然要求,这就需要让农民能够在城镇中拥有长期稳定的就业,基于我国目前处于产业大迁移的现实,中西部地区在就业各方面的条件及环境得到了极大的改善,这为新一代农民工提供了一个相对容易地实现自己“市民化”理想的机遇;同时,新生代农民工本身已在东部发达地区经历了一段时间的打工磨炼,具备了一定的职业技能,若回到中西部地区将占有一定的就业优势。

二是根据博弈论的基本理论,对新生代农民工在不同程度竞争环境下的选择进行分析,认为为达到自身利益最大化,新生代农民工很可能会回到中西部城市就业,从而实现新生代农民工市民化进程的本土化发展。

三是从发展经济学的视野来理性看待农村剩余劳动力转移的趋势，并把这种趋势同推动中西部共同发展结合起来，从新生代农民工返乡回流的重大意义的角度来验证农民工市民化进程本土化发展趋势的合理性及可行性。

四是从人文学角度分析，由于受中国传统文化“落叶归根”影响，从中西部出去的新一代农民工可能出现“返乡”趋势，这也是新生代农民工市民化进程本土化的内在需求之一。

(3)基于系统论的角度，采用内外因相结合的分析方法，探讨在新生代农民工市民化进程本土化发展的过程中，中西部地区政府、企业、已有市民及农民工自身的职能发挥中存在的问题并深层次剖析产生问题的原因，以更好更快地达到全面推动城镇化发展的最终目标。这也是课题研究的重点及难点之一。

一是从社会资本角度来看，政府应从取消户籍限制、组织职业培训、规范就业市场等方面为中西部地区新生代农民工在本土实现市民化做好相关服务工作。

二是从产业资本角度来看，企业在促进中西部新生代农民工市民化进程的本土化发展过程中，应着眼于全力提供尽量多的就业机会、努力营造合理公平竞争的就业环境、切实保障农民工员工的相关权益等，在有可能的情况下尽量将就业机会给予新生代农民工。

三是从社会心理学角度分析，中西部地区的已有市民应该积极调整心态，学习接纳农民工向市民的转化，在社会生活方面与他们和谐共处，实现新生代农民工本土市民化的稳定和长远。

四是从人力资本及哲学的角度来看，新生代农民工应该不断通过学习和培训，提高自身的素质，以便在中西部地区更好更快地融入城市生活。

(四)研究思路及方法

1. 研究思路

本文研究的最终目标是如何促进中西部地区新生代农民工市民化进程的本土化发展，进而为我国城镇化的进一步可持续发展提供有益建议。

需要说明的是，在理论基础分析阶段，中西部地区新生代农民工市民化进程的本土化发展的前提分析主要是从我国城镇化发展战略的角度出发，认为要实现城镇化，就需要将部分农民转化为市民，这是农民工市民化进程的基础，也是该进程本土化发展的前提。本土化发展的机遇分析则是基于我国当前产业在东西部之间迁移的发展实际，认为产业迁移可以大大提升我国中西部地区接纳农村剩余劳动力的能力，为新生代农民工市民化进程的本土化提供了历史机遇。本土化内在需求分析则主要从两个方面来进行分析，首先是城镇化和农村劳动力转移的发展使得新生代农民工或失去土地，或对土地丧失热情,有市民化的内在要求。其次是受传统思想的约束,在有条件的情况下大部分农民工更愿意选择在本地实现市民化。这是新生代农民工市民化进程的本土化发展的内在需求。

2. 研究方法

本文研究是在总结前人研究的理论和实践成果的基础上,分析已有成果的局限性,并结合当前我国经济社会发展的现实,为农民工市民化问题的进一步破解提供新的视角和思路。为达到研究的预期目的,课题研究的全过程主要采用演绎推理、数量分析及逻辑分析等研究方法。

(五)可能的创新

众所周知,新生代农民工输入地主要为东部沿海发展地区,输出地为中西部欠发达地区,本文不再局限于研究新生代农民工在东部沿海大城市的市民化,而是根据目前的宏微观经济社会环境,分析新生代农民工,尤其是出身于中西部地区目前在东部打工的第二代农民工,可能转移到中西部城镇就业,从而实现在中西部地区本土的市民化。

二、新生代农民工市民化现状分析

(一)新生代农民工的界定及其特征

1. 新生代农民工的界定

新生代农民工的概念最早由王春光提出(2000),通过选取杭州、温州和深圳三个城市进行问卷调查和分析,识别出区别于第一代农民工的"新生代农民工"这一概念,并指出:第一代农民工是指 20 世纪 80 年代外出的农村流动人口;而所谓"新生代农民工"是指年龄在 25 岁以下并于 20 世纪 90 年代及以后从农村流出并进城务工和经商的年轻人。同样,刘俊彦、胡献忠(2009)将新生代农民工的概念定义为:于 1980 年以后出生,年龄在 16~30 周岁之间并且于1990 年前后接受基本教育,90 年代中后期外出务工的农村青年。同时也有专家针对新生代农民工提出"七八九"的定义,即"20 世纪 70 年代后期出生,80 年代接受教育,90 年代外出务工经商"的农民工群体。

也有学者如杨婷、吴红宇和谢国强,以 10 年为一代,将改革开放以来的农民工群体划分为三代,将 20 世纪 70 年代末、80 年代初分田到户后外出的打工者称为第一代农民工,而 20 世纪 90 年代外出的打工者称为第二代农民工,2000 年以后外出的打工者称为第三代农民工。相对于前两代人来说第三代农民工缺乏务农经验,文化程度相对较高(大多拥有高中或职高学历),有着较高的工作的期望。但是,他们接受的教育达不到用人单位的要求又缺乏与城市同龄年轻人竞争的能力,加之缺少吃苦耐劳的精神、做事好高骛远等这些特征决定了他们中的大多数也只能进入低级劳动力市场,从而收入水平低。由此可看出,这些研究者对三代农民工的界定着重对其年龄、教育程度和文化水平、社会经历以及家庭状况三方面特征,侧重于从人口学角度进行的界定。

因此本文将着眼于从农民工内部不同群体之间成长所处时代背景的差异,选择以改革开放为界,将农民工划分为“第一代农民工”和“新生代农民工”。因为改革开放以后出生的年纪轻的农民工同计划经济时代成长起来的年纪稍大的农民工,无论在成长的社会环境还是家庭环境方面都发生了根本性的变化,从而决定了这两部分群体在文化、观念和行为上都有着明显的差别。因此,本文将“新生代农民工”是指改革开放以后出生,年龄在16周岁以上的农民工群体,并且于20世纪90年代中后期进入城市务工或经商,但户籍仍留在农村的农村劳动力。

2. 新生代农民工群体特征

成长在我国改革开放、经济体制转轨、社会结构转型时期的新生代农民工,与上一代农民工成长的社会环境和文化背景都发生了巨大变化。因此无论是在人格特征、价值观念、社会认识、行为方式和未来愿景等方面都与上一代农民工都体现出较大的差异。主要表现出以下特征:

第一,新生性。

新生代农民工朝气蓬勃,接受能力和学习能力较强,具有青春期的典型特征。据全国总工会研究室2009年的调查,新生代农民工平均年龄在23岁左右,正处于接受能力最强、思维最活跃及学习效率最高的阶段,对于文化知识、专业职业技能有着较强的探求欲、积极的进取精神。相对于第一代农民工偏重于技术含量低的纯体力活,他们更容易接受新事物和学习新技术。

第二,时代性。

新生代农民工处在体制变革和社会转型的新时期,发展性需求提高,在瑰丽多彩的现代城市文明的熏陶下,其价值观念、生活方式已积极向城市市民靠拢,公民意识初步觉醒。主要表现在,新生代农民工的需求层次由生存型向发展型转变,如从打工目的来看,老一代农民工外出打工的目的就是赚钱,而新生代农民工将打工视为改变生活方式和寻求更好发展的契机,追求的是尊严、身份、地位的提升。当所在单位与自己的诉求存在某种差距时,新生代农民工会毫不犹豫地选择“用脚投票”,而不是像老一代农民工那样忍气吞声;同时他们的休闲方式具有较强的时代气息,像城市人一样逛公园、看电影、上网等。此外,新生代农民工具有了某种平等和民主观念,维权意识初醒等。

第三,矛盾性。

新生代农民工作为中国工业化、城市化进程中出现的一个“亦工亦农”而又“非工非农”的特殊群体,身上到处充满了进退两难的矛盾性。

首先,身份认同上的矛盾性。由于其户籍身份仍然是农村的农民,这使得现实中职业虽然实现了非农转化的新生代农民工,身份处于矛盾和模糊的状态。生活在城市却无法得到城市的认同的处境让他们自嘲为“游民”,游离于城乡社会的边缘。

其次,对城乡感情上的矛盾性。农民工如何看待农村内心充满矛盾,一方面,由于亲情网络和血缘关系多在农村,农村仍然是大部分农民工感情的归宿;另一方面,长时间在城市工作生活,他们对城市产生了新的感情,农村的相对落后的现实使得他们中大多数人不愿意重新回到农村工作和生活。对于城市,他们也是矛盾的感情。一方面,很多人已经适应城市中的工作生活,心中喜欢城市并渴望城市社会认同;另一方面,城市中屡屡受到的不公正待遇,他们对城市社会又有愤恨,也有抱怨和不满。

最后,自我发展的矛盾性。对于个人发展前途,新生代农民工从一开始就在城市与农村之间犹豫徘徊,出于进退两难的矛盾状态。老一代农民工在这个问题上目标比较明确,到城市打工的目的就是赚钱,年轻力壮的时候在城市赚取更多的收入,以改善家庭生活,年老以后回到农村老家安度晚年。新生代农民工从小跟随父母生活在城市,或从学校直接进入城市,他们中的很多人没有务农经历,对农村社会和农村的生活方式也缺乏认同。相比之下,较老一代农民工而言,他们对城市生活有着更多的渴望和依恋,进城务工的目的不单是增加收入,也希望能够最终在城市安定下来,成为城市社会中的一员。然而,现实社会中城市社会对他们的种种排斥与歧视、高筑的城市户籍门槛,就业市场的种种壁垒、伴随着城市生活成本的不断提高,如此种种又使得他们的城市梦变得渺茫而无望。

(二)新生代农民工市民化的必要性

如前文所述,新生代农民工群体的发展和壮大在给经济社会发展做出巨大贡献的同时,也给新生代农民工自身及农村和城市发展带来了一系列严重的社会问题。这些问题即使农民工自身的利益受到损害,也不利于中国“三农问题”的解决。新生代农民工市民化的解决有利于工业化、城镇化和农业现代化的顺利推进以及社会稳定的维持、和谐社会的建设。因此,新生代农民工的市民化不但是其自身发展的需要,也是城市社会可持续发展的需要,更是国家经济结构调整和产业升级的需要。

(三)新生代农民工市民化面临的主要障碍

1. 新生代农民工自身的障碍分析

新生代农民工市民化进程中所面临的障碍,从其自身来看主要有文化和心理素质两方面。首先,相对于第一代农民工,虽然新生代农民工的受教育程度、技术能力、法律意识、市场竞争意识等较高,但随着我国的城市产业结构逐步由劳动密集型向知识、技术密集型转化,新生代农民工目前的人力资本结构和存量还不能够较好地适应和满足现代产业发展对劳动者素质的要求,还存在很大的差距。

其次,新生代农民工是 17~30 岁的年轻人,是他们的世界观、人生观和价值观形成的关键时期。新生代农民工从熟悉的农村和相对较单纯的学校来到陌生的城市,他们要面对全方位的生活考验,例如,和父母、朋友相比与周围人较为疏离的人际关系、较低的经济收入和边缘化的社会地位等很容易使他们产生孤独和失落感。而在这个年龄阶段由于自我控制能力和道德规范的约束力较弱的情况下,很容易在放任自由的状态下迷失自己,如一旦当他们面临巨大的心理落差,遇到基本权利被剥夺的情况时,就很容易诱发犯罪行为。

2. 市民化成本障碍

在成本方面,根据国内张国胜等学者认为,市民化的社会成本可分为私人发展成本和公共社会发展成本。其中私人发展成本包括在该城市生活所必须支付的私人生活费用,智力提升、住房与保障等费用。其中,私人生活费用包括市民的日常生活中的各种开支,例如,城镇生活的人均水、电、气,交通、通信及衣服食物开支等费用;智力成本是指为获得与当地市民相当水平的劳动技能,所发生的人均教育支出以及子女的教育支出;社会保障成本衡量的是市民化后在基本医疗、养老及工伤等社会保险的资金投入量。随着住房支出占收入比例不断上升,住房成本已成为影响新生代农民工能否成为该城市市民的关键因素。

对于此方面的研究,张国胜、谭会(2008)通过收集整理2003—2004年我国统计年鉴得出,数额庞大的市民化所需各种社会成本对收入微薄的第二代农民工来说难以承受,因此第二代农民工市民化的推进只能依靠各级政府。但由于这涉及有关制度大幅度的改革和调整,有关部门的配合,所以在短时间内还很难实现。

3. 制度障碍

这其中以户籍制度为核心,包括就业制度、社会保障制度、土地制度等传统城乡二元制度的制约和缺陷。而这些制度的改革之所以难以展开,究其根本的原因还是在改革这些制度,需要付出较高的社会成本,但目前政府还无力承担。

三、基于推拉模型的新生代农民工本土市民化的分析

(一)推拉模型理论

"推—拉"理论模型最早由唐纳德·博格所提出,并由Lee进一步进行了系统化完善,并最终伴随着托达罗两部门模型的出现而广为流传。作为揭示人口转移规律的理论模型,从动力学的角度将研究对象受到的各因素的影响转化为力的形式,将研究对象按其所受到的推力、拉力进行受力分析,得出研究对象的运动趋势,其主要观点是:人口转移是由于两个不同方向的力相互作用而形成的,一种是促使人口流动的积极的力量,即拉力;另一种是阻碍人口流动的消极力量,也就是推力。当作用于研究对象上的这种综合性的推拉力不再平衡时,将使得人口产生转移或流动。即

$$M_{ij} = \frac{(R_i - E_j)}{D_{ij}} \quad i \neq j$$

式中的 R_i 是指来自 i 的推力，E_j 表示来自 j 的拉力。

传统推拉理论起源于对农村剩余劳动力转移的研究，经过多年的发展，现代的推拉理论在传统理论的基础上取得了长足的发展，主张流动的目的地和迁出地都同时具有推拉两种力量，同时，还存在缘于特定人群自身特性的推拉力。当然，针对某一特定人群，来自各个方面的推力和拉力必须积累到一定程度的时候，才能使得该人群产生转移或流动，如图1所示。

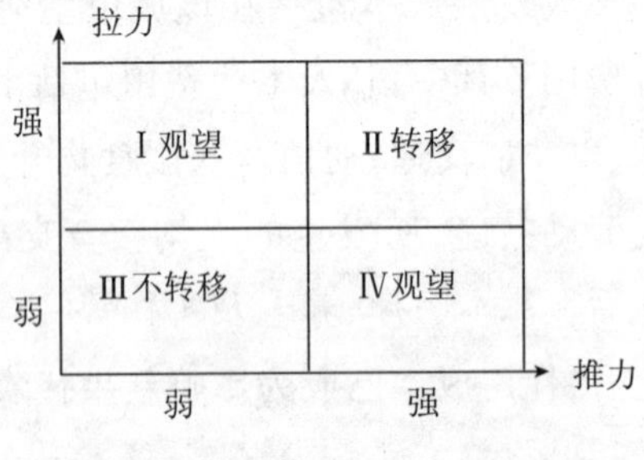

图1　推—拉力匹配关系示意图

在推—拉力匹配关系图中，我们可以看到，只有在推力和拉力均达到一定强度时，特定人群才可能发生转移以实现自身利益的最大化，即图中的区域Ⅱ所示；当推力和拉力只有一方较强而另一方较弱时，特定人群对是否转移多采取观望态度，如图中区域Ⅰ和区域Ⅳ所示。而当推力和拉力均处于较弱状态时，特定人群的转移趋势是不可能发生的，即区域Ⅲ所示。

考虑到我国新生代农民工市民化进程的复杂情况，笔者认为，借助上述推拉模型对其进行深入的探讨和分析，将有助于我们厘清影响我国新生代农民工市民化的各种因素，为我国新生代农民工市民化理论和实践的进一步发展提供有益的借鉴。

(二)新生代农民工市民化假设设定

根据市民化理论的内涵，市民化是指随着工业化和城镇化的推进，使农民工在身份、地位、价值观、社会权利以及生产、生活方式等方面全面向城市市民转化并顺利融入城市社会的过程。因此城市的融入是一个多维度的概念，指的是农民工和城市市民之间的相互接纳和认同过程，这一过程具有连续性和阶段性特征，主要包括三个层次的融入，即经济层面、社会层面和心理层面。其中，经济层面的融入指的是职业以及与之相关的经济收入，它是农民工在城市立足的基础；以及由这种经济收入形成的诸如言谈举止、生活方式等构成社会层面，它是农民工融入城市的重要条件；最后受这种生活方式影响而与当地人交往达到文化、心理方面的认同，只有心理或文化上得到认同后才能融入城市社会，实现真正意义上的市民化。而已实现从乡村走出来的新生代农民工在下一步的城市市民化城镇去向选择问题上,是取决于农民工融入各个城镇的难易度。

虽然东部城市的工资略高于西部城市,但扣除了在东部地区的高额生活成本后,收入微薄的新生代农民工的工资已所剩无几。只有在经济上站稳脚,才能为以后的生活打下坚实基础。这种经济上的障碍使得渴望市民化的新生代农民工在东部地区定居比较困难,因此随着新生代农民工在东西部收入差距不断缩小,东部高额的生活成本使新生代农民工考虑向西部城市转移。据此,本文提出第一条假设:

假设1:新生代农民工西部城市市民化具有经济层面的优势。

以生活方式为主的社会层面,是在一定客观条件所制约下,受社会观念所引导,为满足自身生存发展需要的全部生活活动。由于生活方式是在不同的人文环境、历史演化中沉淀下来的,所以具有相当程度的稳定性,一旦形成很难改变。我国疆土辽阔,东西部形成了各具特点、对照鲜明、截然不同的生活方式。因此,从西部流出的新生代农民工,到了东部务工或就业时由于经济、社会等生活环境发生了巨大变化,使得以前固有的生活方式随之受到影响。基于此提出第二个假设:

假设2:新生代农民工西部城市市民化具有社会层面的优势。

西部地区有着新生代农民工熟悉的气候、地理等自然环境及共同的语言、生活习惯及习俗等人文环境,因此西部地区市民化使得新生代农民工在情感上能够找到归属感从而更好地融入城市生活。因此,提出第三个假设:

假设3:新生代农民工西部城市市民化具有个人心理因素优势。

(三)基于推拉模型的新生代农民工本土市民化分析

1.基于经济层面的东西部城市推—拉力分析

通过比较新生代农民工在某地现有的收入及相关市民所需的成本后,可以从经济上得出在不同地区市民化的难易程度。因此把比较收益法作为转移的理论依据,以实现新生代农民工最小成本市民化及收益最大化。本文将从收入和成本两个维度对东西部推—拉力进行分析。

首先,东西部新生代农民工收入水平。托达罗理论里把不同地点的就业率、寻找工作所需要的时间、工作的稳定性以及获得的名义工资等作为影响预期收入因素考虑进去,从而能更真实全面地反映收入情况。

(1)东西部就业现状比较。与上一代农民工不同,新生代农民工有了一定的职业规划,比较重视职业前途和发展空间的大小,他们不但把工作作为收入来源之一,而且还注重在这过程中自身能力的不断提高。除了把工作作为赚钱的场所之外,还把它作为交流平台,以拓宽自己在城市的社会关系网络,从而为以后定居城市打下一定的基础。“工作”在新生代农民工市民化过程中扮演了相当重要的角色,对他们来说不单是获得经济收入的来源,而且还是改变生活和个人未来发展的重要途径,因此打工所在城市的就业机会、工作类型及未来的发展显得尤为重要。一方面,一个地区资源结构和丰富程度对劳动力分工、所能承载容纳的劳动力数量有着深远的影响,由于东部工业起步早,高投入高消耗的粗放型工业模式,使得近几年的东部出现能源告急和短缺,原材料价格上涨等。因此由于资源禀赋的原因,东部产业从以往依靠能源、劳动力转向依靠技术和资本的投入,这种产业结构的更新和升级使得所需劳动力从数量型转向质量型,对劳动力的职业技能水平、学习创造能力提出较高的要求。另一方面根据舒尔茨人力资本理论,教育和职业培训是提高人力资本两种重要途径。然而,据《农民工发展状况》调查显示,从受教育年限来看新生代农民工平均为9.5年,而各种政府或企业开办的岗前及在岗培训进入参与门槛较高。因此新生代农民工身上所具备的素质不能满足东部产业发展的要求,加之和打工所在地东部的同龄青年市民相比新生代农民工的人力资本存量还存在差距,不具备竞争优势,使得新生代农民工在东部的职业数量、种类及就业区位等职位选择范围都受到一定的限制。

相反,随着西部大开发的深入进行,产业加速向西部迁移及城镇化的积极推进,就业方面,西部各地有关政府不断加强同相关部门进行沟通和协调,掌握新建企业、新上项目的用工情况,统筹经济发展与扩大农民工的就业问题。结合西部地区劳动力市场信息,大力开展各种“订单式”“定向式”等针对性的就业培训,搞好与新企业用工的有效对接,促进劳动者向西部转移,这在宏观上提供了比以往更大、更完善的用工环境。比如,以第三产业为主的,其中尤以餐饮娱乐、零售百货出现了招聘岗位井喷现象,根据东部城市第三产业就业人数在总体就业人数中所占的比例为42.8%,而西部仅占33.6%,可知与东部相比而言西部第三产业对容纳劳动力还有更大的上升空间。种种迹象表明西部城市适合新生代农民工的岗位不断增多,他们从东部转移到西部将会获得更多的就业机会。而同时东部就业市场较西部更激烈,失业群体比西部更趋向于年轻化和高学历化,相对而言,西部劳动力市场的逐步繁荣,政府及企业对人才的重视,使得本身已在东部地区经历了一段时间的打工磨炼,具备了一定的职业技能和工作经验的新生代农民工,若回到人才相对短缺的西部地区将占有一定的优势。向西部转移可以让他们找到符合自己的岗位,得到更多的升迁发展机会和更好的就业前景。因此,新生代农民工转移到西部后,能够在一个城市获得理想的工作,为下一步获得稳定的收入打下基础,牵引着新生代农民工向西部转移。

因此东部就业的严峻形势削弱了东部以往所具有的拉力,使之化身为一股强大的推力迫使新生代农民工离开。与此同时,在产业大迁移背景下西部劳动力市场劳动力总量需求旺盛,为新生代农民工提供更好的发展机会。

(2)东西部工资水平比较。根据托达罗理论,预期收入是影响任何流动人口在选择是否转移及去向的重要影响因素。同样,把以上理论应用到新生代农民工市民化去向的选择上来时,当他们在进行向城市间流动或转移的决策时,要权衡迁移的预期收入和留下的预期收入,只有当前者大于后者时,即转移后的机会成本较小时迁移才会发生;反之,向其他城市的迁移不会发生,已经移至城市者则会返回原来的城市。

2009 年外出农民工在东部月平均收入大约为 1955 元,西部地区为 1782 元,东部仅比西部高出 9.7%;考虑到在东部的高额各种生活必需品消费及来回的车船费用等其他开销后,东部多出的那点收入这点差距几乎可以抹平,高出的那部分工资远远未能补偿由于激烈的竞争给新生代农民工带来的压力。据 2009 年国家统计局发布的报告显示,在西部地区务工的农民工收入增幅要快于东部。与此同时,据官方统计调查称,由于受教育水平及所从事的职业及附带的各种社会福利等因素影响,农民工平均收入占西部城镇职工的 50% ~70%,而东部却仅只有 30% ~50%。参照以上对东西部生活成本的比较来看,他们的那点收入与东部当地市民相比是属于低收入水平,与东部城市相比较而言,西部地区城市贫富差距的相对较小化使得新生代农民工选择西部市民化将会在经济上更好地融入城市生活,免受过多经济上的歧视和"边缘化"。因此东西部农民工选择返回西部城市就业,是怀揣"市民梦"的新生代农民工比较经济及现实之路。

首先,西部的各种政策由此引发的对劳动力的需求,成为新生代农民工就业发展规划的"温床",为新生代农民工提供了新的发展机遇,东西部收入差距的逐步缩小是吸引他们向西部转移的强大拉力。

其次,东西部市民生活成本。在成本方面,国内张国胜等学者认为,市民化的社会成本可分为私人发展成本和公共社会发展成本。其中私人发展成本包括在该城市生活所必须支付的私人生活费用,智力提升、住房与保障等费用。其中,私人生活费用包括市民的日常生活中的各种开支,如城镇生活的人均水、电、气,交通、通信及衣服食物开支等费用;智力成本是指为获得与当地市民相当水平的劳动技能,所发生的人均教育支出以及子女的教育支出;社会保障成本衡量的是市民化后在基本医疗,养老及工伤等社会保险的资金投入量。随着住房支出占收入比例不断上升,住房成本已成为影响新生代农民工能否成为该城市市民的关键因素。表 1 通过整合东西部农民工主要聚集城市的数据,从而得出了新生代农民工在东西部的私人发展成本。

表 1　农民工东西部的私人发展成本(元)

地区 \ 成本	人均生活	人均教育	社会保障	人均住房
东部	11408.57	2077.22	928.97	1557.88
西部	8624.40	1281.60	776.36	1097.96

注:数据来源于对《中国统计年鉴 2011》资料整理所得。

从表 1 可得出工资不到 2000 元的新生代农民工,收入的大部分只够支付衣、食、住、行等基本生活的必要性生活开支(更有甚者入不敷出,还需要老家寄钱以支付东部市民所需的各种高额费用),各种精神性和享受发展性消费较少,消费呈现出水平低化。新生代农民工在获得多的东部略高的收入换来的是低水平的消费结构,这属于一种畸形的消费行为,这就是实践中,经济较发达东部的新生代农民工消费水平低,恩格尔系数很高的原因。换句话说,他们只能像老一代农民工那样为维持自身基本生活而拼搏,谈不上生活质量的提高和自身的进一步发展,更无法顾及后代教育等。

公共社会发展成本指的是由于一个地区市民化所带来的,为保证当地经济社会良好的运行政府所额外支付的费用,如增加基础设施建设、生态环境及公共管理等投资。公共成本的支出属于政府职能范围,对市民而言,政府支出成为其收益或间接减少其私人发展成本,因此政府支出的多寡和支出的结构将对新生代农民工市民进程产生重大影响。就现阶段东部地区而言,一方面由于对生产力水平及效率提高的不断追求,政府还难以承受扩大市民化所需的各种社会成本;另一方面在资源限制和城市容纳力有限情况下,面对外来新生代农民工市民化问题更是爱莫能助。

东部高额的生活成本弱化了当地的拉力并成了一股的巨大的推力,使得多数的新生代农民工被迫向西部转移。

新生代农民工在东部城市职业和收入上同当地市民的差距同时催生他们同市民之间经济地位的差距。在诸多影响城市融入度的因素中,经济地位是重要因素之一,经济地位的高低或是否平等直接影响新生代农民工从农民工向市民转换过程中在身份、价值观念、生活方式的转变。也就是说,只有在经济上站稳了脚,婚姻、住房、子女教育等一系列社会生活问题才能得以解决。即使国家放宽了农村到城市户口的转换,如果没能填补新生代农民工经济上同市民的沟壑,将在城市中形成新的“二元结构体制”。新生代农民工在东部发达城市经济上呈现出的这种“低水平化、边缘化”,不利于他们同市民和谐共处。无法真正融入城市,根据斯塔克的相对贫困理论,这种经济地位的差距使得他们有了流回西部的动机。

综上所述,新生代农民工向西部转移实质上是不断向西部转移企业所释放出众多的就业岗位后,这种对劳动力的需求所形成的拉力。直接原因是随着东西部收入差距的缩小,东部高额的生活成本导致农民工的相对收入进一步减少,为了获得更高的收入,新生代农民工把目光转向西部。

因此,假设1得证。

2. 基于社会层面的推一拉力分析

社会层面指的是以生活方式为主的各种行为模式的综合,它包括人们的衣、食、住、行、劳动工作、休息娱乐、社会交往、待人接物等。马克思、恩格斯在创建历史唯物主义原理时,同时提出生产方式和生活方式两个概念。他们指出,在社会生产的每个时代,都有“这些个人的一定的活动方式、表现他们生活的一定形式,他们的一定的生活方式”。物质资料的生产固然重要,但若没有满足自身生存、享受和发展的各种生活活动,就谈不上个人的发展、社会的进步。随着新生代农民工主体地位的确立,拥有满意的生活方式无论对自身还是整个社会的进步发展具有重要的意义。

由于新生代农民工年轻,接受新事物的能力较强,到了东部较发达的城市后开始从穿着打扮、言行举止上模仿城市市民。但这只是一种表面上的融入适应,更多反映的是新生代农民工积极融入城市的心态,向往城市像市民一样的城市生活等渴望市民化的愿望。一方面生活方式固有的稳定性使得受这种生活方式影响的人面临新的生活方式时产生对已有生活的怀念;另一方面当现有的经济条件甚至不能满足所在地的生活方式时更是让他们产生种种不适感。对生活方式是在一定的人文、地理环境等社会历史背景下形成的,具有相对的稳定性和历史传承性,且带有明显的地域色彩。生活方式三大特性使得它对新的、异质性的生活方式有着某种排斥的倾向。生活方式可分为闲暇时间的利用、饮食习惯及社会交往三个基本方面,因此,新生代农民工目前的生活现状说明从社会层面来看,东部不具有优势。深层次原因是新生代农民工有了想在城市生活的愿望,却没有经济条件去实现自身想要的生活方式。而东部不如意的生活成为一股推力推动着他们的离开,另寻他处。

新生代农民工生活的不如意及同东部市民之间生活方式的差距等造成的社会层面的差距缘于经济方面。如果经济差距不能减小,社会层面的距离减小就无从谈起。建立在一定的经济基础之上的休闲,对身处竞争激烈环境、收入可怜双重困境下为生计奋斗的新生代农民工来说,只能成为乌托邦,从而弱化了新生代农民工融入城市的意愿。在这种情况下,改善自己的经济地位、提高已有收入的使用价值成为解决新生代农民工社会层面融入城市问题的突破口。一方面,由于新生代农民工在西部将具有经济上的优势(假设1),将具有吸引力之外;另一方面,西部地区有着新生代农民工所熟悉的生活气息,气候、语言、习俗信仰和饮食习惯以及能更方便和家人团聚等使西部同样具有吸引力。

3. 基于新生代农民工自身心理因素的推—拉力分析

个人心理因素可以从归属感角度分析。归属感是基于马斯洛需求层次中生存和安全需求后的心理层次因素,且属于高级层次的心理需求。心理上的认同或归属是新生代农民工融入城市的最高等级,是农民工真正融入城市的标志。

一是由于从事的岗位层次低、收入低导致新生代农民工经济地位低下,新生代农民工同市民巨大的经济地位差距使农民工在心理上有种备受歧视和地位低劣感。这种自卑成为他们积极同市民靠拢、亲近的隐形、屏障,城市无法得到他们心理上的认同。因此,即使表面上和市民有所交往,但由于经济地位的差距和传统文化的影响,使得新生代农民工在更深层次的心理上对东部城市和市民有着高度的疏离感,如同漂在水上面的油,只能浮在表面,很难实现合二为一。

二是中国传统“落叶归根”思想在新生代农民心里根深蒂固,远离家园的新生代农民工摆脱不了对回归故乡的渴望,尤其是在外面受到挫折时,由衷地希望回到家人的身边。虽然东部发达大城市优越的生活和充满潮流气息的文化氛围对新生代农民工,尤其是刚离开校园准备外出的人无不充满着巨大的吸引力,但从其本身内心深处来说仍摆脱不了传统的思乡怀恋家人之情。打工是他们谋生的方式,最终实现移居城市的梦想,但由于上面所提到的在东部面临的种种障碍,因此,东部城市只能作为新一代农民工暂时栖息之地,从心理上仍然只是"过客",并且时间越久,这种对家的想念越发强烈。他们去往东部仅仅为了满足自己的好奇,去看看外面精彩的世界,开阔自己的视野。

这种由经济差距产生的心理上的疏离成为推动农民工离开东部的推力,与此同时,传统文化追根的思想牵引着农民工向家乡西部转移,从而找到心灵的栖息地和归属感。只有找到心灵的归宿完成心理上的适应,才能实现真正意义上的城市融合。

由于受自身人力资本的影响,导致新生代农民工在竞争激烈的东部劳动力市场处于弱势被动地位,具体表现在工作机会不平等、稳定性差、职位等级低等,而与工作的类型相对应的是他们低水平的收入,并进一步影响消费结构。

四、政策建议

新生代农民工向西部转移,是西部大开发和产业迁移的必然要求,而东部地区由于资源要素禀赋的制约也将对进一步西部地区农民工市民化的本土化产生巨大推力。长期来看,西部地区新生代农民工本土市民化不仅是推动西部欠发达地区进一步城市化的巨大动力,同时也是中国区域经济协调发展和社会全面进步的重要力量。同时我们也要注意到,当前阻滞西部地区新生代农民工本土市民化的因素很多,这些因素既包括经济社会发展的限制,也包括市场化改革所处阶段的制约;既有现有市民出于维护自身利益对新进入者的抵制方面的因素,也有新生代农民工因本身素质不高而很难融入城市方面的因素等。新一代农民工市民化所面临的问题既相似于上一代农民工(如社会资本的缺乏、社会资源的先天缺失等),又具有其特殊性。而在中国现有的条件下,政策体制障碍是最为关键的因素,如能及时扫清他们市民化过程中所面临的这种障碍,新生代农民工本土市民化所产生的社会经济效应将在西部地区进一步释放。因此,当地政府应从新生代农民工特殊性出发,重点着力于解决社会保障、就业培训、住房和社会公共服务等问题,为新生代农民工向西部城市"进军"创造良好的社会氛围和接纳环境。基于此,笔者提出以下建议:

1. 进一步改善投资的硬件条件和软件环境,优化产业转移条件

这是基于为转移后的新生代农民工提供就业保障的目标而出发的。这里的硬件条件和软件环境分别指基础配套设施的投资建设和相关政策及制度环境,西部地区政府应当进一步改善当地交通设施,给予更多的税收优惠政策,为企业西迁创造良好的投资环境,从而吸引更多的产业落户于当地,为新生代农民工提供更多的就业岗位。丰裕的就业岗位将成为吸引新生代农民工本土市民化的磁铁。同时,政府应当综合运用经济、法律和行政手段,帮助和引导企业改善新生代农民工的工作环境和条件,实现政府、企业、农民工共赢的局面。

2. 深化户籍制度及与之“捆绑”在一起的相关制度改革

推进户籍制度及相关制度的改革要求逐步把新生代农民工纳入城镇职工社保、医疗卫生和失业保障体系。现有户籍制度有着过多的维护城市市民的利益而忽视农民工的利益的特色,成为阻碍农民工市民化的主要障碍之一,而与之配套的城市公共福利制度和歧视性体制则进一步成为户籍制度的帮凶。户籍制度抬高了农民工进城门槛,并进一步将之拒之于诸多福利之外,成为农民工寻求机会公平、待遇平等和权益保障的障碍。对于把身份地位看得相当重要的新生代农民工来说,如果只是提供就业岗位而没有与城市居民相同的社会保障、就业培训、政治参与及子女入学等配套制度,将很难赢得他们的“喝彩”。

3. 大力推进保障型住房的建设,切实解决新生代农民工住房问题

政府应当把农民工住房问题纳入解决范围内,增加有效供给,例如,适当增加中低价位、中小套型普通商品住房和公共租赁用地供应,提高使用效率。同时,在购房时适当降低新生代农民工首付比例,鼓励新生代农民工集资购房、积极发挥住房公积金的保障作用。

4. 加强农民工技能培训,提高农民工职业技能

通过教育培训提升农民工的职业技能和基本素质,是其谋得理想职业和更好参与社会公共事务的基础。当地政府应完善有关农民工职业培训机制,增加政府投入,鼓励社会广泛参与,并根据市场需求来设置培训内容,采取灵活多样的培训方式;同时着力培养农民工认识自我、关注社会的意识,强化他们的职业规划意识,帮助其逐步形成自我发展的远景规划,进而更快更好地融入城市社会。

参考文献

[1][美]塞缪尔·亨廷顿.变化社会中的政治秩序[M].王冠华,等,译.上海:上海三联书店,2003.

[2]韩俊.中国农村政策调查报告Ⅱ[M].上海:上海远东出版社,2004.

[3]国务院研究室课题组.中国农民工调研报告[M].北京:中国言实出版社,2008.

[4]刘传江.新生代农民工的特点、挑战与市民化[J].人口研究,2010(2).

[5]王春光.新生代农村流动人口的社会认同与城乡融合的关系[J].社会学研究,2001(3).

[6]王宗萍,段成荣.第二代农民工特征分析[J].人口研究,2010(2).

[7]储桃红.中国第二代农民工生存现状之浅析[J].中国农村经济,2009(10).

[8]李立峰.为农民工融入城市敞开制度之门[J].社会建设,2010(3).

[9]刘传江,程建林.我国农民工的代际差异与市民化[J].经济纵横,2007(4).

[10]韩雪松.新生代农民工的心理困境与解决策略[J].西安社会科学,2009(4).

[11]湛新民.新生代农民工进城有赖政府提供均等化的公共服务[J].中国人才,2010(5).

西部地区产业集群的现状和问题研究

郝良峰[①] 张天雨[②]

（贵州财经大学）

摘 要:改革开放以来,中国东部地区率先对外开放,市场机制促使资本往资本收益率较高的东部聚集,东部特别是浙江省相继涌现了多个产业集群,随着企业间专业化生产程度的提高,聚集效应得到强化,提高了生产效率,提高了产品竞争力;与东部不同,西部地区的产业对资源依赖较大,产业链组织模式不甚合理,产品加工度不足,产业结构不协调,基础设施建设不完善,这些都是西部地区产业集群形成的瓶颈。

关键词:西部地区 产业集群 区位商 产业组织

1978 年中国改革开放之后,市场经济取代计划经济,东部沿海地区的贸易自由度大幅度增加,可流动要素逐步流向东部地区,企业之间的分工协作程度不断提高,产业集聚效应开始显现,如浙江的“块状经济”、广东的专业镇等。不同于东部的产业集群,西部地区的产业分布则相对比较分散,产业链比较短,产业集聚效应不明显。

一、西部地区产业集群的现状和问题

中国的西部地区主要包括内蒙古、新疆、甘肃、青海、宁夏、陕西、四川、西藏、重庆、贵州、云南、广西十二个省市自治区,这十二个省市自治区也常常被我们称作欠发达地区。这些地区占国土面积的一半以上,地广人稀也导致该地区的产业集群发展滞后,其现状和问题表现在:

(一)产业结构不合理

西部地区资源丰富,农业所占比重偏大,工业结构多以资源开发密度大的重工业为主,如新疆的石油、贵州的煤炭、云南的铁矿石等,这也导致西部地区多资源依赖性产业,而且重工业增加值在第二产业所占比重偏大,轻工业投资不足。重工业投入比较大,消耗系数比较高,且产业间之间的联系效应比较小,很难形成集聚效应。而且资源密集型

① 郝良峰,男,贵州财经大学产业经济学硕士研究生。主要研究方向:城市化与产业布局。

② 张天雨,女,贵州财经大学行政管理硕士研究生。主要研究方向:地方政府治理。

产业大多是垄断性行业,受到国家的控制,市场机制往往不能得到充分的发挥,这也是产生低效率的原因所在。下面以西部地区经济情况相对较好的四川省为例,通过计算其区位商来说明这一现状。其中Q代表区位商,j_a 和 j_b 分别表示四川省和全国同一产业部门的就业情况;b_m 和 b_n 分别表示四川省和全国的总就业人数,则区位商的计算公式为 $Q=\frac{(j_a/j_b)}{(b_m/b_n)}$。

表1 四川省产业部门区位商统计表

产业	j_a	j_b	(b_m/b_n)	Q
煤炭开采和洗选业	35.14	520.98	0.06262	1.077117647
食品制造业	8.58	176.86	0.06262	0.774711678
纺织业	14.00	588.83	0.06262	0.379682467
医药制造业	11.92	178.60	0.06262	1.065803731
交通运输设备制造业	6.36	579.48	0.06262	0.175267382
电气机械和器材制造业	11.10	599.61	0.06262	0.295621861
计算机、通信等电子设备制造业	26.28	819.48	0.06262	0.512117289

资料来源:2012年四川省统计年鉴和中国统计年鉴。

由表1可以看出,以当地资源优势为依托的煤炭开采和洗选业产业、医药制造业的集中度相对较高,而食品、电气、通信设备等制造业的集中度不足,运输制造业和电气制造业的区位商还不及0.3,产业集中程度严重不足。可以想象,经济情况比四川省差的省份其制造业集中程度更低。因此,西部地区应当改进生产技术,由粗放型的生产方式向集约型生产方式转变,由以初级产品加工为导向的工业化向以制造业为导向的工业化转变,同时增加对轻工业的投入,增加产业之间的联系效应,平衡重工业与轻工业比例不协调的现状。同时,要协调同步推进农业产业化、工业化与城镇化的进程,充分发挥产业间的集聚效应,使西部地区产业结构回归到一个合理的水平。

(二)产业供应链组织水平低下

分包制是20世纪90年代在日本最先采用的,它是现代供应链组织模式的初级形式,它的出现是基于长期稳定的贸易关系,是专业化分工的一种典型的组织模式。而西部地区的企业外包程度相较东部严重不足,例如以重庆嘉陵摩托为典型代表的机械制造业,大大小小几百个企业很多是自己生产零部件,而很少采用外包的形式,这与东部企业将非核心业务外包出去而自己完成核心业务的效率相比要逊色得多。随着信息技术的飞速发展,依靠单个企业来满足消费者越来越高的需求已力不从心,也不是单纯依靠一系列企业的简单组合来完成,而是通过供应链管理来协调供应链网络中的各个节点,西部有很多产业比如四川德阳的装备制造业、贵州安顺的航空制造业、重庆的机械制造业等都可以分解包括螺丝钉生产企业、模具制造企业等一系列企业。然而实际上这些产业外包出去的部分很少，产业链比较短，从而导致产业链附加值比较低，整个生产效率低下，组织模式不合理。

（三）民营经济发展力度不足

民营企业是市场经济环境下最有活力的因子，但西部地区的投资环境和融资渠道等都成了民间资本介入的障碍，其产业结构的不合理也直接影响了民营经济的发展。以贵州省的工业为例，如图1所示，贵州民营经济在第二产业的投资比重不高，还不到40%，这与浙江省的59.9%还相去甚远。2011年贵州省工业生产总值为2194.33亿元，民营经济工业的总增加值856.5亿元，占生产总值的39%。其中规模以上工业增加值为270.35243亿元，占生产总值的12.3%，可以看出民营经济规模以上工业企业产值在贵州省占工业生产总值的比重相当低，小作坊式的经营方式比较普遍。

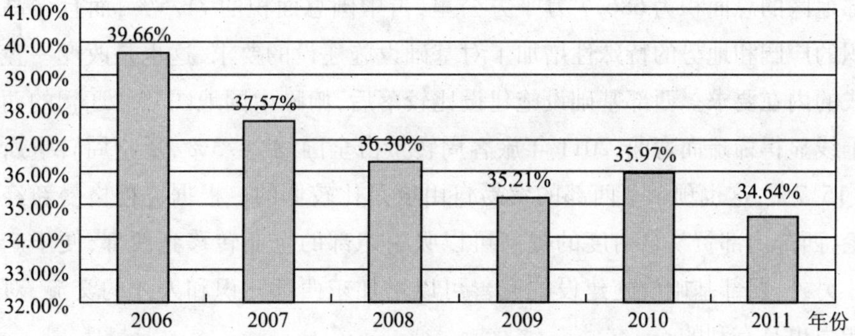

图1 贵州民营经济第二产业投资占全省的比重

资料来源：《贵州省统计年鉴2007—2012》。

另外，贵州省民营经济的投资结构也很不合理，如图2所示。如果把非公经济在工业的总产值看作单位1，则以煤炭开采和洗选业为特征的重工业所占比重为0.1579，要远远超过其他轻工业，而且煤炭开采和洗选业的企业个数比较多，2011年达到916家，对制造业和高新技术产业的投资比重则比较低。以煤炭开采和洗选业为代表的资源型企业其产业链较短，集聚效应不明显，而制造业和高新技术产业的产业链比较长，互补效应明显，所以民营企业投资结构的不合理也抑制了产业集群的形成。

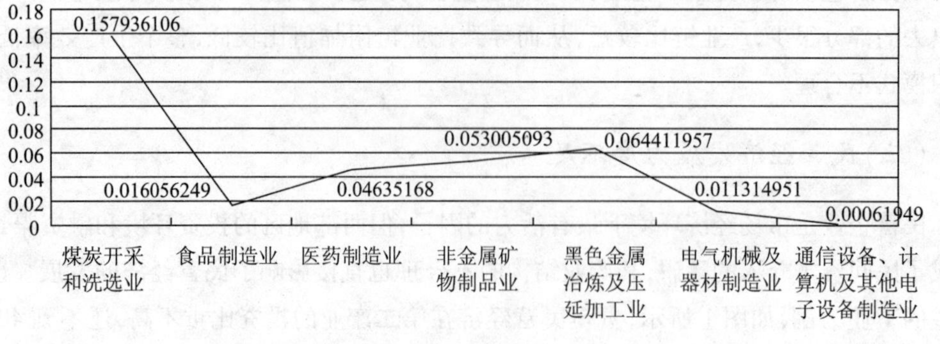

图2 民营经济在第二产业各行业的比重分布

资料来源:《贵州省统计年鉴2012》。

(四)基础设施建设落后

西部地区的总面积为686.7万平方公里,占中国总面积的71.5%,而且多高山和荒漠。面积的广阔和地势的特殊性增加了对基础设施建设的要求,这也是改变一盘散沙式生产方式的内在要求。西部基础设施建设比较落后,俯瞰中国地图幅员辽阔的西部地区的运输干线显得稀疏而弯曲,2011年旅客周转量占全国的24.3%,货物周转量所占比例更低,为15.7%,这也预示了西部的贸易自由度是比较低的。根据克鲁格曼新经济地理学的理论,西部内部贸易自由度的提高可以吸引东部的企业转移到西部,便于产业集群的形成。另外,西部基础设施建设的完善可以增加东西部知识和人才的交流,对增强西部创造能力也是有利的。

(五)人才资源匮乏

2011年西部地区城镇就业人口所占比重为21.9%,与东部地区的47.1%相去甚远,西部地区高校等科研机构约占全国的24.1%,比东部地区少了15个百分点。西部地区的收入水平低于全国平均水平,与东部地区相比更是逊色很多,西部的留才政策也没有得到很好的落实,技术研发人员喜好东部沿海地区的路径依赖增加了东才西进的难度。人才资源的匮乏直接导致了西部地区创新能力不足,技术溢出的正外部效应没有得到充分的发挥,聚集效应不明显,企业生产效率低下。另外,西部地区对一线技术工人的培养机制不够完善,劳动力市场的供求关系不合理,“岛状”的生产方式也使企业间不能共享劳动力资源,培训成本较大。

(六)西部市场规模较小

根据新地理经济学的理论,市场规模较小使该地区缺乏对工业生产的吸引力,本地市场规模的大小是增加生产份额的关键因素 。由图3可以看出2011年西部地区人均

GDP 在全国各地区范围内是最低的,东部地区人均 GDP 甚至是西部人均 GDP 的将近两倍,东西部差异最明显,从市场规模决定产业份额的角度分析也解释了东部产业聚集而西部产业分散的现状,西部地区的收入水平成为产业集群形成的瓶颈。

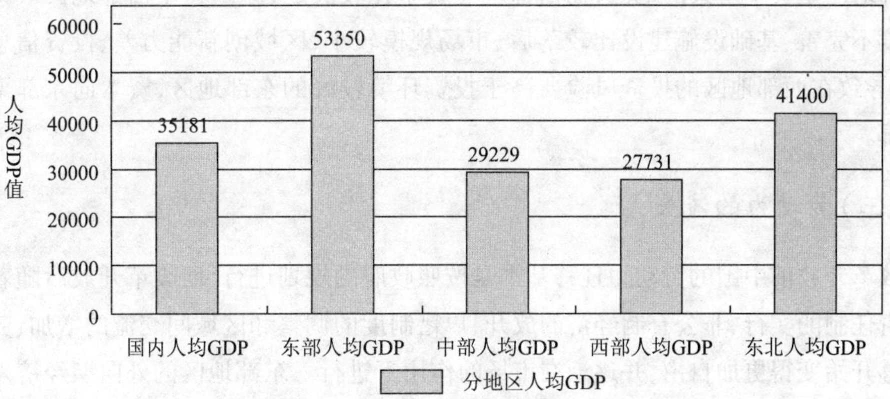

图 3　全国分地区人均 GDP 分布

资料来源:《中国统计年鉴 2012 年》。

二、西部地区产业集群问题的原因分析

(一)历史因素

自 1949 年新中国成立以来,中国受政治、经济、社会环境的影响一直采取东西部平衡发展的政策,特别是"三五""四五"时期的"三线"建设,将一大批军工企业和装备制造业安顿在西部地区,并从东部转移了一大批企业扎根西部,不过这并没有产生产业集聚所带来的正外部效应,因为这都是在计划经济的背景下进行的,缺乏市场机制。1978 年,中国改革开放,市场机制的引入使各种产业集群开始在东部出现,而西部产业集聚效应很弱。比较明显的集群主要包括重庆的摩托车制造、四川泸州—贵州仁怀的酿酒、六盘水—攀枝花的资源开发、云南的花卉和烟草产业、克拉玛依的石油加工、内蒙古的牛奶加工、陕西的高新科技产业、四川德阳的装备制造业,这些虽然已经形成了一定的产业规模并显现出聚集的正效应,但它们之中较多是资源依赖比较重、产业附加值比较低、资本需求比较大且投入产出消耗比较大的企业,是在原有工业基础上形成的产业集群。

(二)资本的流失

资本是一个区域重要的投入要素,资本的积累对资本创造能力的提高有很大的促进作用。假设资本在区域间流动不存在成本,且有关资本流动的知识和信息是透明的,则

资本会从低资本回报率的区域转向高资本回报率的区域,新古典经济学中有关资本流动的模型通常假设落后地区的资本边际生产率高于发达地区,而投资回报率是由很多因素决定的,包括资源禀赋、投入产出比例、区域的技术水平、区域基础设施、产业结构等。中国东部地区是资本密集的地区,而西部地区资本比较匮乏,原因在于西部地区政策法规和制度不完善、基础设施建设比较落后、市场规模较小、区域创新能力差、投资信息不完善等,导致在西部地区的投资风险要高于投资环境较好的东部地区,资本向东部聚集而非西部。

(三)劳动力的流失

改革开放前中国的劳动力迁移基本是按照政府的规划进行,而改革开放后随着家庭承包责任制的实行、非公有制经济的放开、户籍制度的调整和区域间交流的增加,劳动力的迁移开始变得更加自由,并逐渐在市场的作用下进行。东部地区的外向型经济发展政策诱导了劳动力向该地区转移。另外,随着东西部收入差距的增加,东部地区的吸引力更大。通过对贵州、四川等劳动力输出大省的个别村庄调查发现,这些村庄年轻劳动力的去向基本一致,说明劳动力迁徙也存在示范效应。年轻劳动力的迁徙使东部享受到了人口红利的好处,而西部地区则遗留了留守老人和儿童等一系列社会问题。

三、西部地区培育产业集群的建议

(一)引入市场机制

1978 年中国改革开放以来,市场经济逐步取代计划经济,对非公有制企业政策的放开活跃了中国的经济,竞争机制的引入使企业的生产效率得到了很大的提升,从而提高了整个社会生产率。东部地区是中国对外开放最早的地区,其贸易自由度的增大吸引了大量外部资本在该地区的聚集,企业的入驻带来了一系列的供应商和需求商,产业链附加值的增加又会进一步吸引资本进入,东部形成了一种良性循环,而这都是在市场机制的作用下完成的。西部地区应当借鉴东部发展经验,突破传统观念,减少政府干预,调整产业结构,从资源加工型为导向的工业化转向以制造业为导向的工业化,并通过市场这只看不见的手来决定企业区位的选择。

(二)增强本地企业产品竞争力

由于西部地区产业集聚效应不明显,企业的生产效率相对低下,其产品竞争力也因此不足,所以西部地区应当结合当地情况适当采取贸易保护政策保护本地生产企业,一方面增加企业的产品竞争力;另一方面可以吸引外部资本进入。随着产品竞争力的提升和外部资本的进入,企业的规模会进一步扩大,规模扩大到一定程度后则会将非核心业务外包出去，专业化生产得到强化，产业链得到延长，产业附加值增加，聚集效应开始显现，规模经济的正外部性发挥作用。

（三）培育主导产业，增强企业间的关联效应

西部地区的产业规模表现出“小、散、广”的特点，缺乏龙头企业的带动作用，如上文所描述的重庆摩托制造业，企业之间生产基本处于“岛状”的生产模式，分工程度不足，企业内部的管理机制复杂，效率低下，造成整个地区的生产缺乏规模经济效应。政府应当采取优惠的税收或低廉的土地成本等政策吸引外部大型企业进驻，并引导上游企业和下游企业的进入以增强企业间的关联效应。企业大量的入驻可以带来大量的就业，有助于拉动当地的消费，提高居民收入水平，吸引年轻劳动力回流，并将其在东部的工作经验和技能传递到西部，保证了工业企业劳动力的供给，从而振兴一方经济。

（四）增强地区自主创新能力

索罗模型将技术作为一个内生变量引入经济增长模型，并将技术看作一个地区长期增长的因素。20 世纪 70 年代形成的靠灵活生产而享誉盛名的意大利北部产业集群与 80 年代形成的美国硅谷高新技术产业集群相比缺乏技术创新，甚至意大利当地学者称之为“没有技术的网络”。而美国硅谷之所以能成为世界智力中心就是因为其创新能力突出。西部地区应当借鉴国外成功经验，发挥后发优势，采取进口替代战略，学习发达地区的先进技术，加强企业间的技术交流，鼓励自主创新，增加科研支出，制定留才政策，同时进一步支持重庆、西安等技术基础比较好的地区以形成西部地区的技术高地，从而增强对周边地区的辐射效应，从而提高整个西部地区的技术水平。

（五）政府要发挥相应的职能

制度经济学理论强调了政府在经济活动中的地位，西部地区作为欠发达地区，其人均收入水平全国最低，基础设施建设等公共服务不完善，产品竞争力不足，政府更应当发挥自身职能，营造一个更加公平的市场环境。①千方百计增加居民收入。“十二五”时期中国经济以城镇化、工业化和农业产业化协调发展为主，而三者之间是相互推动的关系，城镇化可以很大程度地带动工业化和农业产业化的发展主要缘于居民收入的增加。居民收入的增加可以扩大市场规模，根据新经济地理学原理市场规模的扩大可以增加产业份额，利于产业集群的形成。②完善基础设施建设。西部地区内部之间的贸易成本是产业集群形成的瓶颈之一，企业需要承担的运输成本和时间成本都比东部要高，内部要素流动不充分增加了地区间的交易成本，企业的区位呈现点状分布。因此，政府应当完善基础设施建设，发展物流等服务业，增强内部要素的流动性。

参考文献

[1]安虎森.新区域经济学[M].大连:东北财经大学出版社,2010.

[2]邬义钧,邱钧,等.产业经济学[M].北京:中国统计出版社,1997.

[3]Masahisa Fujita, Paul Krugman, Anthony J. Venables. The Spatial Economy Cities, Regions, and International Trade, MIT Press[M].1999.

[4]魏后凯.现代区域经济学[M].北京:经济管理出版社,2011.

[5]Webber, M . Rates of Profit and Interregional Flows of Capital. Annals of the Association of American Geographers, 77: 63 - 75.

[6]Porter, M. E. , The Competitive Advantage of Nations, Macmillan, 1990.

[7]苏东水.产业经济学[M].北京:高等教育出版社,2003.

[8]蔡绍洪,徐和平,等.区域集群创新网络形成发展的演进机理及特征[J].贵州社会科学,2007(5).

[9]安虎森.新经济地理学原理[M].北京:经济科学出版社,2009.

贵州农村剩余劳动力转移的问题及对策研究

林杜

（贵州财经大学）

摘　要：随着工业化进程和城市化进程的加快，贵州农村剩余劳动力转移过程中存在的问题愈来愈突出。在分析贵州农村剩余劳动力的演进过程后，结合现有劳动力所转移呈现的特点，分别阐述剩余劳动力转移过程前、中、后存在的问题，主要归结为主观和客观方面，政策壁垒和人力资本存量较低方面存在的问题；最后针对性地提出了相应的对策，以期对后续贵州农村剩余劳动力转移问题的研究提供借鉴。

关键词：农村剩余劳动力　劳动力转移　人力资本　文化素质

伴随着改革开放的脚步，贵州经济取得了一定的成就。与此同时，贵州大量的农村剩余劳动力也通过迁移到省内或省外的城市就业，提高了家庭收入，改善了生活水平。但在农村剩余劳动力转移的进程中，存在一些问题。因此，贵州农村剩余劳动力转移问题需引起关注和重视。

一、贵州农村剩余劳动力转移现状分析

农村剩余劳动力是农村劳动力资源中超过农业生产需要，边际产出接近或等于零的那部分劳动力。即使这部分劳动力从农业部门转移出去，也不会影响农业总产出。数以百万计的农业剩余劳动力从农村涌向城市。城镇和农村人均收入的差距，是吸引农村劳动力转移城市的一个很重要的条件，详情见表1。受经济、地域、行业等各方面的原因影响，各地收入之间存在很大差异。根据产业结构偏差公式测算法，计算出贵州农村剩余劳动力1978—2011年的数量，其变化趋势见图1。

表1　2005—2011年城乡人均年收入对比差距

年份	2005	2006	2007	2008	2009	2010	2011
城镇居民人均可支配收入（元）	8147	9116.61	10678	11758.76	12862.53	14142.74	16495
农村居民人均纯收入（元）	1877	1984.62	2374	2797	3005	3471.93	4145.4
城乡收入比（倍数）	4.34	4.59	4.50	4.20	4.28	4.07	3.98

资料来源：《贵州统计年鉴2012》。

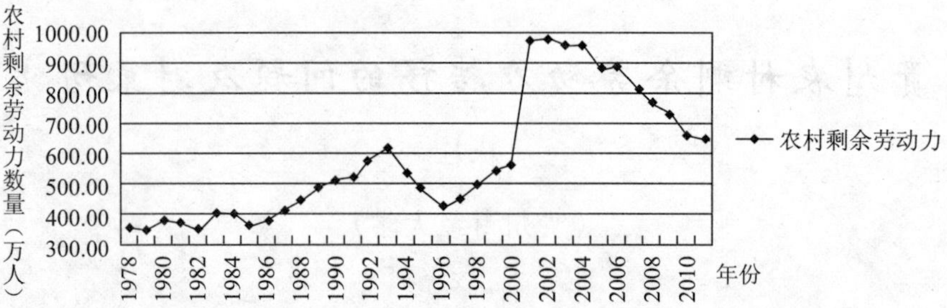

图1 贵州1978—2011年农村剩余劳动力数量变化趋势图

从图1可以看出,贵州农村剩余劳动力一直处于波动的变化趋势中。1978—1984年,我国采取先国计后民生、先生产后生活、先城市后农村的发展战略,国家是控制农民进城的。农村剩余劳动力一直处于缓慢上升的趋势。1984—1996年,这段时间是贵州农村剩余劳动力变化的第二个阶段,总量仍处于上升趋势。1997—2011年是第三个变化阶段,农村剩余劳动力总数经过急速上升后,2003年开始又处于总量下降趋势。但总体来讲,截至2011年,贵州农村剩余劳动力数量还是一个很庞大数字,643.60万人。贵州农村剩余劳动力问题是贵州经济社会发展中一个比较严峻的问题。

贵州农村剩余劳动力转移过程中存在的主要问题是转移人口规模比较大,与此同时贵州农村剩余劳动力种类大多属于简单的劳动力,技术含量较低,资本存量较低,对贵州经济发展的促进有限。

二、贵州农村剩余劳动力转移特点

(一)农村剩余劳动力转移方向

随着经济发展,越来越多的农村剩余劳动力开始长期或短期地离开土地,去寻找非农产业的工作。农村剩余劳动力流动的方向基本上是由农村流向城市,由西部地区流向东南及沿海地区,由欠发达经济地区流向经济发达地区。流向这些地区的主要原因是地区经济发达,工资水平相对较高,就业机会相对较多。为了改善自己收入水平,改善家庭生活条件,农村剩余劳动力源源不断地从家乡向异地迁移。

(二)农村剩余劳动力转移方式

目前,贵州省农村剩余劳动力转移方式主要表现为自发性转移。由于受自身缺乏接受现代化信息及各种就业渠道消息的能力限制,加上受传统观念的影响,大多数农村剩余劳动力都是自发地前往城镇找工作。他们寻求工作的方式主要是靠“邻里”“老乡”“亲戚”这些裙带关系的帮助。转移时间是由农闲时间转向一年四季并有,转移性别是由男性为主转向男性为主,兼有女性;转移年龄层次由年轻人为主转向年轻人和中年人并存。总的来讲,农村剩余劳动力转移的规模较以往有扩大趋势,盲目自发转移的占大多数。

(三)农村剩余劳动力转移的行业

根据现有劳动力市场供求关系及各种因素的限制,转移到城市的农村剩余劳动力从事行业结构比较单一,层次比较低,就业面比较窄。农村剩余劳动力进城后基本上是涌向第二、三产业中劳动密集型、技术含量较低的产业。因而二、三产业成为农村剩余劳动力转移的主要行业。他们主要从事工业和建筑业,其次是商业、餐饮等服务业。男性大部分是从事建筑业的住房建筑、运输、装修、电工以及木工等行业,女性主要从事制鞋、电子装配等工作。甚至有部分劳动力连上述最基本的行业都进不去,他们自力更生,收破烂或是擦皮鞋,在城市的一线挣扎生存着。尽管如此,大部分农村剩余劳动力的职业不是稳定的,他们寻找工作的过程是艰辛的,不断地从一个行业跳到另一个行业,但总也逃脱不了最苦最累的或是收入较低的行业的限制。

三、贵州农村剩余劳动力转移存在问题分析

纵观农村剩余劳动力转移的过程,我们将其分为剩余劳动力转移前、转移中、转移后三个阶段来进行分析,并分别阐述这三个阶段存在的问题。

(一)农村剩余劳动力转移前存在的问题

贵州农村剩余劳动力转移前的问题主要归结为户籍制度和转移成本两个方面的问题。

其一,户籍制度方面的问题。由中国特殊的历史原因所造成的城乡二元结构严重地阻碍了农村剩余劳动力的转移。现行户籍制度是实行城乡分治户籍管理,通过制定多项“农转非”政策和计划控制指标,实行政策、指标双重控制,对农村人口进城和从小城市迁入大城市进行严格控制。因此形成了一道无形的不可逾越的壁垒,将农村人口与城镇人口分隔开来。户籍制度问题是一个阻碍农村剩余劳动转移的很客观的问题。

其二,转移成本的问题。转移成本主要是指劳动力转移会发生的一系列费用,需要考虑。农村剩余劳动力作为理性的经济人,会在不同的转移成本之间比较,根据自身能力做出选择。最直接的转移成本表现为劳动力流动的车旅费用,寻找工作机会支付的费用、机会成本。如果农村剩余劳动力不能担负起这一系列的费用,就无法进行正常的转移。

(二)农村剩余劳动力转移中存在的问题

贵州农村剩余劳动力转移前主要问题可以归结为信息不对称和工作技能较低的

问题。

其一,信息不对称问题。农村剩余劳动力进城找工作,他们对城市劳动力市场了解的信息特别少,存在严重的信息不对称问题。由于自身文化水平的限制,接收和寻找工作信息的能力有限,只能狭隘地靠亲朋好友来介绍工作,而这种工作机会又是有限的和不确定的。对于城市劳动力市场的实际情况,城市劳动力具体行业和具体地点的需求,他们更是难得获取确切的消息。如此长久下去,严重阻碍了农村剩余劳动力在城市的流动。在贵阳的冬季,经常能看到农民工聚集在街头巷尾的空地处,围成一圈烤火。他们大多是从事体力劳动,或背或扛,被动地等待着雇主前来雇用。这种现象已经司空见惯,值得我们反思。面对市场经济比农村发达的城市劳动力市场,农村剩余劳动力的求职能力显得如此被动。

其二,工作技能较低。简单来讲,就是农村剩余劳动力自身文化素质较低,所能从事的工作种类及行业极其有限。在找工作的过程中,他们经常难以找到符合自己期望值但又能与自己能力匹配的工作。一方面,他们缺乏从事知识含量和技术含量较高的工作能力;另一方面,他们又渴望在城市中有较高的收入。这两方面不能达成统一,造成了农村剩余劳动力在寻找工作中的矛盾。

(三)农村剩余劳动力转移后存在的问题

农村剩余劳动力转移后存在的问题主要可以归结为强烈的职业不稳定性问题。农村剩余劳动力进城后,长期处于行业变动状态。尽管他们能从事的行业有限,他们的工作能力有限,但他们对高收入的渴求同普通人一样。于是他们不停地从一个行业跳出来,又跳进另一个行业。另外,出于攀比的心态,当了解到身边的同乡或熟人所从事的工作比自己的收入高时,他们也会千方百计地离开现在的工作。尽管他们时常变换着工作,但总也跳不出建筑业、餐饮业、服务业和制造业等行业这个大圈。由于自身文化素质较低,限制了他们所从事行业领域的拓展。一方面他们也在苦恼,自己难以在城市像一个真正的城市人一样生活;另一方面也苦于自身能力和知识文化水平所限,只能从事较苦较累的劳动密集型行业。

综上所述,对于农村剩余劳动力来说,以上问题缘于客观上的政策壁垒问题和主观上的人力资本存量较低。客观方面的问题主要指户籍制度和现有的城乡二元制结构。我国户籍制度改进需要一个长期的过程,涉及我国目前的国情和相关经济政策。现阶段,能改变并且能奏效的是解决主观方面的问题,并从供给方面考虑给农村剩余劳动力提供更多合适的岗位。而主观上的原因,就是他们自身的人力资本存量较低、文化差别较严重、接受新知识能力低。一方面,因为自身的文化水平和能力受限,他们对各种农民工招聘会缺乏了解,更谈不上通过这个途径来找工作。尽管城市每年都会举行一些大型的农民工招聘会,但对于那些不了解和不会利用这些渠道的农村剩余劳动力来说,这些招聘会都形同虚设。另一方面,由于他们知识水平及劳动技能的限制,他们只能从事一些低端的劳动岗位,但这些劳动力岗位在城市的供给又是有限的。而城市里那些岗位需求较多的信息咨询、互联网等技术含量较高且收入相对较高的行业,他们又不能胜任。因此,农村剩余劳动力自身的人力资本存量低与高收入相对稳定行业之间形成了一种矛盾。一方供过于求,另一方又缺乏胜任高技术含量工作的能力。

四、针对贵州农村剩余劳动力转移问题的对策研究

根据现有普查资料,2006 年贵州省农村劳动力中,初中及以下文化程度劳动力的比重高达 93.6%,具体结构存在以下几种情况:不识字或很少识字 14.5%、小学 37.43%、初中 41.67%、高中 4.26%、中专 1.54%、大专以上 0.60%。贵州农村劳动力较低的人力资本存量制约农村劳动力转移的流向、流量、流速和规模,从而增加农村剩余劳动力转移的难度。

针对上述分析,农村剩余劳动力要在城市合理地流动,更多的还是要走提高他们的人力资本存量这条路。依靠他们自身主动来提高劳动力水平和知识文化水平是极其有限的,因此政府需要从各方各面来大力支持农村剩余劳动力人力资本存量。

(一)加强劳动力教育培训,提高农村劳动力的整体素质

具体可以采取如下措施:政府要加大教育投入和教育改革步伐,同时降低政策门槛,鼓励民间资本对教育的投入;以市场为导向,动态调整专业结构,实现人才培养在总量和结构上与社会需求之间保持相对平衡;建立完善的职业培训体系。在农村剩余劳动力素质普遍偏低的情况下,加强对该群体的职业培训,使受训者的劳动技能适应市场需求。另外,提供劳动力市场就业服务信息,提高劳动力转移的组织程度。逐步建立统一的可调控的城乡劳动力市场,在建立开发劳动力市场的基础上建立信息服务网络。结合不同年龄层次的农村剩余劳动力的实际情况,对他们进行有组织的就业技能培训,使他们较快适应新的劳动力市场需求较大的工种。在注重技能培训的同时要注重社会道德培训和当今国情、社会基本情况的介绍,通过学习,让农村剩余劳动力的思想与时俱进。

(二)对于大规模招收农村剩余劳动力的企业给予金融和税收政策上的支持,给予他们融资的快捷渠道和相应的税收减免,鼓励企业吸纳更多的剩余劳动力并提高职业的再就业能力

中小型企业数量较多,它们对农村剩余劳动力的吸纳做出了一定的贡献。但要维持这种对剩余劳动力吸纳的优势,需要政府从政策及制度的角度多方面来进行引导,让企业切实享受到实惠。事实上,经过培训的农村剩余劳动力是一支很强大的生产力队伍,

企业雇用他们也能从中受益。

(三)大力发展第三产业,增强其对劳动力的吸纳能力

第三产业吸纳劳动密集程度高,吸纳劳动力的能力较强;第三产业的劳动力需求弹性大,可以吸纳不同人力资本存量的劳动力;第三产业资本有机构成相对较低,投资少,见效快。第三产业吸纳劳动力的潜力空间还非常大,要充分挖掘,好好利用。从供给这个源头给人力资本存量提高后的剩余劳动力市场提供大量岗位,解决好他们的后顾之忧。

参考文献

[1]杨勇. 贵州省经济发展60年研究:第七届贵州经济论坛文集[C]. 北京:中国经济出版社,2010.

[2]李飞孟,郭亚花,潘先秀. 中国农村劳动力流动政策变迁研究[J]. 北方经济,2006(20):15-16.

[3]冯晓宪,舒瑜. 贵州省农村剩余劳动力转移研究[J]. 贵州大学学报,2010(2):23-24.

[4]张燕. 比较利益视角下农村剩余劳动力流动问题[J]. 知识经济,2011(19):49-50.

浅析贵州特色农业发展的制约因素

刘娟

摘　要：本文首先论述特色农业，从特色农业的特征入手，指出目前制约贵州特色农业发展的三方面主要因素，即自然制约因素、制度制约因素和市场制约因素，并具体分析。其中市场制约因素是贵州特色农业发展的主要制约因素。

关键词：特色农业　制约因素

一、特色农业概念

对于特色农业的概念，众说纷纭，至今尚无一个为理论界公认的定义。本文结合各种定义，对此概念的界定为：特色农业是以区域性资源、气候环境优势为基础，以追求经济、社会、生态的最佳效益为目标，以特色农产品生产为核心，采用独特的生产工艺及方式，所形成的地域特征突出、产品特征鲜明、市场竞争力较强的农业产业体系。

特色农业的本质和核心就是突出一个“特”字，这是发展特色农业的关键所在。特色农业一般具有以下特性：

(1)具有很强的地域性。特色农业，具有明显的地域性。各地自然条件的差异性决定了农业生产的地域性。由于特色农业所要求的气候、动植物物种、技术水平和生产条件比常规农业要高，而这些条件并不是任何地方都能满足的，因而特色农业的生产分布范围不像常规农业那样广，地域性特征更加突出。

(2)产品具有独特的品质。特色农业所生产的农产品具有独特品质，这是特色农业区别于常规农业的显著标志，是特色农业发展追求的首要目标。而所谓独特，就是要做到“人无我有”“人有我优”。

(3)具有较好的经济性。特色农业是针对市场需要开展的农业生产活动，特色农业最终目标是实现较高的社会经济效益。

(4)广阔的市场空间。随着生活水平的提高，人们对各方面的要求也随之增加。特色农业的发展能够满足人们更高的多样化需求，这是特色农业能够发展壮大的市场基础。

(5)产业化经营。特色农业应形成一定的商品，将农业再生产过程的产前、产中、产后诸环节联结为一个完整的产业系统，实现种养加、供产销、农工商一体化经营的经济运行方式，形成稳定、持久的规模经济。

特色农业在其内涵和表述上应抓住下面几个关键地方:

一是特色农业必须立足于当地的资源环境优势,能够充分发挥当地的比较优势。资源特色、产品特色、产业特色是构成特色农业的基本内涵。

二是特色农业必须是具有一定规模和高品质、高效益的农业。

三是特色农业要具有广阔的发展前景,经过扶持和培育能够成为地区的主导产业,带动区域经济发展。

四是特色农业必须以市场需求为导向,市场和社会需要是衡量它是否有特色的首要标准。

贵州经过多年的辛勤探索,已经找到了一条具有特色的农业发展之路,那就是在巩固粮食、油菜、白酒、烤烟等传统产业的基础上,大力发展马铃薯、茶叶、蔬菜、水果、中药材、花卉、油茶等新兴特色农业。

二、制约贵州特色农业发展因素

(一)自然制约因素

1. 地质条件制约

贵州省虽然有较多的降水,但由于受喀斯特地质状况影响,水很难储存在地层表面,多数渗到地下,不易利用。在特色农业发展显著地区,喀斯特地貌现象尤其明显。以辣椒产业为例说明,在贵州辣椒产业种植主要分布地区见表1。

表1 2010年贵州辣椒种植区域、品种及面积

传统种植区	分布区域	代表品种	种植面积(万公顷)
黔北产区	遵义、绥阳、湄潭、余庆、凤冈、红花岗、赤水、习水桐梓、务川、正安、道真	绥阳、遵义朝天椒	14.0
黔南产区	独山、平塘、三都、荔波、罗甸	独山皱椒	1.7
黔中产区	花溪、乌当、平坝、镇宁	花溪牛角形平板椒	0.8
黔东南产区	黄平、施秉、镇远、台江、三穗、剑河、雷山	台江皱椒	1.5
黔西南产区	贞丰、册亨	册亨小牛角形平板椒	0.8
黔东北产区	沿河、德江、思南	思南一簇椒	0.8
黔西北产区	金沙、黔西、大方、毕节、纳雍	大方线椒	3.0

在这些辣椒主产地区,喀斯特地貌情况如表2所示。

表2 贵州辣椒种植主产地区喀斯特地貌情况

地名	遵义	绥阳	湄潭	红花岗	务川	道真	平塘	荔波	罗甸	花溪	乌当	平坝	黔西
比率	83.84%	94.77%	72.24%	81.67%	83.36%	80.59%	87.23%	82.66%	69.71%	93.96%	90.59%	81.67%	92.51%

从表2可以窥探出贵州特色农业地质条件薄弱,这给特色农业的发展带来了巨大挑战。

2. 农业生产基础设施条件差

贵州大力发展的特色农业如马铃薯、茶叶、蔬菜、水果、中药材、花卉、油茶等受自然条件影响较大,需大力投资建设农田基础设施工程,改善农业生产基础条件。如连片面积不大(全省万亩以上连片大坝仅42块)、中低产田土比重高(全省中低产田土占总耕地的2/3)、耕地有效灌溉面积不足(全省耕地有效灌溉面积不到30%)、耕地工程性缺水面积大(全省还有60%的旱坡耕地无集雨引水工程设施)、田间生产作业道路建设太少(大多数耕地无机耕道、生产作业道)、设施农业比重低(全省设施农业比重不到2%)、水利工程农田灌溉设施不配套等,对贵州发展特色农业尤其是山区特色农业制约较大。

(二)制度制约因素

1. 特色农业科技成果转化率低

贵州省对特色农业的投入不可谓不大,但特色农业科技成果转化率却不高,农业科技推广依然存在困难。农业科技研究只停留在实验室里。贵州省发展与改革委员会于2005年立项资助有关企业发展芭蕉芋复合变性淀粉生产线高技术产业化示范工程项目,该项目为芭蕉芋种苗培育、丰产栽培配套技术及产业化开发奠定了技术基础;2007年贵州省农业科学院立项资助"芭蕉芋良种块茎快繁技术研究";2008年贵州省科技厅农业科技攻关项目立项资助实施"芭蕉芋品种资源收集选优及高效栽培技术研究",芭蕉芋生产燃料酒精已列入省重大科技专项;黔西南州兴义市科技局也曾立项资助进行地方品种提纯复壮研究。但是长期以来贵州芭蕉芋栽培还是主要靠民间自由发展而繁衍生存,多年来主要栽培的品种为紫叶红花、绿叶黄花、绿叶红花3个品种(品系),关于芭蕉芋的品种选育未见报道。这说明贵州的特色农业成果转化率非常低。

2. 特色农业科研、技术力量薄弱

目前,贵州省有关猕猴桃技术研究的单位仅有贵州省园艺研究所、贵州大学农学院、贵阳学院及部分县市果树站等,直接参与的工作人员偏少,随着近年来猕猴桃种植面积的增大,已难以适应发展的需要。在猕猴桃资源开发利用与育种、产业化发展的配套技术、分子生物学与生物化学及加工开发、猕猴桃遗传多样性与系统学方面的研究几乎是空白或很少,需加强猕猴桃科学研究及推广工作。

3. 特色农业技术人才的教育和培养落后

贵州特色农业发展到现在已经有很长时间,但是与之配套的专业技术人才仍然匮乏。比如贵州重点发展的茶产业,贵州大学从2008年起才恢复茶叶学专业招生,严重滞后于贵州茶产业发展的人才要求。近年来,各市(州、地)职业技术学院才纷纷开始开设茶学专业;并且成立了贵州省茶叶中等专科学校,但年招生仅为300人。这些对茶叶生产加工技术专业人才的培养很难满足目前贵州茶产业的现实发展要求。特色农业专业技术人才落后的情况还将在一定时间内存在。

(三)市场制约因素

市场因素是制约贵州特色农业发展的最主要因素。

1. 供给方面制约因素

(1)特色农业品种杂、少、劣等制约因素。

贵州特色农业中很多产业品种杂、优质品种少、品种结构不合理。目前,贵州省引种猕猴桃10余个品种,经市场检验和栽培观察,好的品种如贵长、红阳仅占品种总数的20%,种植面积仅占总种植面积的50%。品种杂,优质品种少,造成销售单价相差较大,例如,米良1号、秦美等品种2008年的零售价不足2元/千克,2009年零售价不足3元/千克,而贵长2008年的零售价达6~8元/千克,2009年达8~10元/千克。此外,绝大多数品种是晚熟品种,无早中熟品种,品种结构不合理,导致产品上市过于集中,损害农民利益,农业本身的特性影响下年猕猴桃的种植。另外,贵州省芭蕉芋种质资源匮乏,品种较少,主要栽培的品种为紫叶红花、绿叶黄花和绿叶红花3个品种(品系)。紫叶红花是贵州主栽品种,种植时间长,因长期连作或病原菌侵染等其他原因导致种性退化较重,产量较低,品质差;绿叶黄花和绿叶红花是紫叶红花自然芽变选育出来的品种,正在进行试验示范中,还未进行大面积推广应用。种植资源和品种的匮乏,从源头上严重阻碍了贵州省芭蕉芋产业的发展。贵州是中国酒产业的集中地之一,贵州酿酒主要依靠糯质高粱(总淀粉含量达70%以上,其中支链淀粉含量达到95%以上),但是由于贵州高粱品种问题,本省高粱不能满足酿酒业的需要,仅遵义市每年名优白酒需高粱8万吨,缺口较大,需从四川等省调入。贵州薏米加工产品已经销往全国各地和韩国、日本等地,但其栽培的品种主要为地方品种白壳薏苡,不能满足市场多种需求。通过以上例子可以看出贵州的特色农业供给方面存在很大问题。

(2)特色农业保险落后,阻碍特色农产品的供给。

农业是有生命的产业,依赖于环境,非常脆弱,尤其是不同于一般性农业的特色产业。特色农业生产发展受自然生长周期的制约,风险性很高,但是目前贵州省针对特色农业的保险很少,这在很大程度上制约了贵州特色农业的发展。农民风险承受能力很弱,尤其是种植相对于传统农业要付出更多成本并面临更多风险的特色农业。所以在没有相应的农业保险时,农民一般选择放弃种植特色农业,这从根本上阻断了特色农产品的供给。

2. 需求制约因素

(1)特色农业产业基础薄弱,开拓市场能力有限。

贵州特色农业产业基础整体薄弱,不利于开拓特色农业产业市场。比如在加工方面,芭蕉芋作为集食物、能源、饲料等多用途于一体的特色优势作物,生产粉条利用率为13.8%,生产淀粉利用率为23.0%,淀粉可通过发酵工艺工厂化生产燃料乙醇。在66%的高淀粉含量中,其乙醇转化率超过26%,芭蕉芋加工粉条、淀粉利润为250元/吨,加工酒精利润为630元/吨。黔西南州3万公顷共130万吨芭蕉芋加工淀粉、粉条可获利2.26亿元,加工酒精可获利8.19亿元,经济效益显著,发展潜力巨大。但是由于产业基础薄弱,芭蕉芋开发和利用仍然比较单一,主要是一些粗加工的产品,如生产淀粉、粉丝等产品。对芭蕉芋产品的综合开发和利用较少,如对具有高附加值的燃料乙醇,没有企业进行研究与开发利用,未能改变贵州省生物质能的现状,影响了芭蕉芋在贵州省产业化的形成和发展,开拓市场能力有限。

(2)特色农业产业链短,不能满足市场高级需求。

贵州省特色农业产品的销售目前仍处于初级阶段,很多特色农业只有农产品,没有产业,无法满足市场对农产品和农业的高级需求。

贵州是我国马铃薯的生产大省,但在加工利用方面,特别是在精深加工方面却是弱省。贵州马铃薯加工业起步较晚,发展也比较缓慢。目前仅有六盘水市、六枝特区生产的"天使"和"家乡"牌油炸薯片上市,产量仅3000吨左右;息烽县粮油公司,贵阳万福食品厂,以及贵阳、威宁等地的淀粉厂有一定量的马铃薯加工产品,如薯片、薯条、淀粉等投放市场,但远远不能满足市场高级需求。据有关资料,目前全省用于马铃薯加工业的原料薯仅占全省马铃薯总产量的5%左右,全省马铃薯总产量的80%左右主要用于粮食和饲料,有近20%的产量用于种薯和鲜薯(蔬菜)销售。从马铃薯产业可以看出贵州特色农业产业链普遍较短,不能满足市场高级需求。

(3)贵州特色农业——"特色"不突出,市场竞争力不强。

特色农业中的"特色"是相对于省内外或国内外市场中的其他农产品而言的。如果是在特色农产品的原产地,这些农产品的差异性就凸显不出来,不会引发人们的好奇和购买欲望,因而称不上什么特色。只有这些农产品走出当地市场,才真正算得上是有"特色"。而农产品只有具备"特色",并且做好市场细分定位,才能卖得上好价钱。

贵州特色农业一方面没有很好地走出去,很多特色农业产品在本地没有进行加工包装以原始状态消费掉,比如马铃薯、猕猴桃等;另一方面,贵州走出去的很多特色农业产业"特色"不突出,市场竞争力不强,比如薏米、蔬菜等。作为"特色农业",如果"特色"不突出,市场竞争力必然会削弱;如果"特色"突出,市场竞争力也会得到加强,比如贵州的辣椒、茶叶等。所以目前贵州特色农业"特色"不突出的情况制约了市场对其特色农产品的需求,在很大程度上阻碍了贵州特色农业产业的发展。

三、结语

从以上对贵州特色农业发展的制约因素的分析可以看出,促进贵州特色农业更好更快发展,必须从多方面改善目前贵州特色农业现状。

参考文献

[1]张和喜,王群,王鹏,蔡长举,等.贵州辣椒产业发展现状及发展思路分析[J].广东农业科学,2012 (3).

[2]黄伟,万明长,乔荣.贵州猕猴桃产业发展现状与对策[J].贵州农业科学,2012 (4):184 - 186.

[3]周明强,周正邦.贵州芭蕉芋产业化发展现状与对策建议[J].园艺与种苗,2011 (4):74 - 77.

[4] 朱怡,邹军.贵州省特色杂粮产业现状与发展对策[J].耕作与栽培,2011(3).

[5] 贵州省财政厅.贵州:大力发展特色优势茶产业[J].中国财政,2012(4).

[6] 和沁.云南发展高原特色农业中的主要制约因素分析[C]//第二届云南省科协学术年会暨高原特色农业发展论坛论文集,2012.

基于产业生态化视角的资源型产业集群升级研究

施立伟

（贵州财经大学欠发达地区发展研究中心）

摘　要：传统的产业集群生态化研究着重于从生态学角度构建产业生态系统。本文从资源型产业集群自身发展能力出发，研究了产业生态化与产业集群的耦合性，分析了产业生态化与产业集群的双向积极作用。从提高产业竞争力、促进绿色发展、提升技术优势、参与国际竞争、转变产业结构等方面研究了适合资源型产业集群的新型生态化路径——循环产业集群。结合资源型产业集群存在的问题，提出了资源型产业集群生态化升级的具体对策。

关键词：产业生态化　资源型产业　产业集群　升级

资源型产业是立足于自然资源优势，依赖自然资源消耗来实现成长的产业类型。资源型产业集群就是以自然资源开发和加工产业为主导，由众多相互联系的企业在一定的地理空间范围内聚集而成的经济群落。我国传统产业基本以资源型产业为主，如钢铁、石化、煤炭、有色金属等。20世纪90年代以来，我国各地出现了大量以资源（尤其是矿产资源）为基础的产业集群（聚），并逐渐成为当地区域经济发展的增长极。由于我国资源型产业发展，呈现出“高投入、高消耗、高污染，低效益”的粗放式增长特征，在进一步发展中，面临着低附加值与资源型产业自身持续发展的矛盾，面临高投入、高消耗与自然资源减少的矛盾，面临高污染排放与建设生态文明的矛盾。由于产业集群有其生命周期，会经历产生、发展、成熟到衰亡，如果在成熟期不能实现技术创新和产业升级，将会导致集群衰亡。

产业生态化作为一种经济发展的新理念和产业发展的新模式，为资源型产业集群的持续发展和升级提供了新思路。关于资源型产业集群的研究，大多集中在体制创新、产业创新、自主创新等一系列的制度分析及补偿机制上，产业集群生态化研究著述较多，但多集中在产业链延伸、循环经济发展、生态园区建设及产业生态系统构建等方面，重生态化而忽略了产业发展的内在机理，重生态效益而忽略了经济分析，重产业政策支持而忽略了产业结构升级对产业升级的作用，较少从产业和区域差异的角度研究集群生态化的路径。本文从资源型产业集群自身发展能力出发，研究了产业生态化与产业集群的耦合关系，分析了适合资源型产业集群的新型生态化路径，并结合资源型产业集群的问题，提出了具体的对策。

一、产业生态化与产业集群的耦合性

产业生态化可追溯到物理学家罗伯特·弗罗什的“产业代谢”研究及尼古拉斯·盖洛普的产业生态系统概念的提出。两人在1989年发表的《可持续工业发展战略》文章中首次提出了工业生态学概念 。即通过模拟生物代谢而建立类似自然生态系统工业生态系统。其理论基础有循环经济理论、产业代谢理论、生态经济学。产业生态化是指运用生态经济学原理,运用生态、经济规律和系统工程的方法,将经济活动组织成为“资源—产品—再生资源”的反馈式流程,以促进系统物质流、信息流、能量流和价值流的循环流动,形成企业共生和代谢关系,要求综合运用清洁生产、环境设计、绿色制造、绿色供应链管理等手段,发展生态农业、生态工业和生态服务业,以实现其经济效益最好、资源高效利用、生态效益最好和废弃物多层次利用的目的。

产业集群在生产配套上分工协作,但在结构上并没有形成物质、能量的闭合循环,与生态环境协调适应性差,可持续发展能力不足。产业生态化能够建立企业间网络循环,指导产业集群可持续发展。①产业生态化要求运用生态学原理改造传统产业,发展循环经济,将清洁生产、生态设计、绿色消费、资源综合利用等有机融为一体,上游产业产生的废物成为下游产业的原料,所有物质都得到了循环往复的利用,从而提高集群的资源利用效率,降低物能消耗和环境污染程度。②产业生态化要求产业集群内部形成多样化、趋异化以及协同共生的生态系统,集群系统内个体相互依存,结成物质、能量、信息的闭环网络,有利于产业集群演进的自组织能力的提升。③产业生态化要求产业集群内不仅有基于专业化分工的产业链,还有基于副产品交换的生态链,产业链与生态链之间彼此交叉、合作,有助于形成创新网络,进行协同创新,从而有利于产业集群自主创新能力的提高。④产业生态化要求产业集群内部形成生产者、消费者、分解者的完整的生态产业链,这不仅能消除集群对外部环境的负外部性,又能充分利用资源和再生资源,降低企业的成本,从而保持产业集群低成本的竞争优势。总之,产业集群可促进产业生态化。产业集群由具有共同产业特征的企业聚集在同一地域,企业间形成上下游产业链关系和横向互补,既存在竞争也有合作。如共享基础设施、技术、服务,以及集群品牌优势。集群核心企业的副产品具有规模化特征,可吸引副产品交换企业的进入,延伸产业链和生态链,形成新的代谢生态链关系。物质流、能量流尽可能地在产业集群内部循环,物质和能量都尽量地在不断进行的物质循环中得到合理、持久的利用,有限的资源和废料进入和排出集群,从而减少资源使用和污染排放,以实现产业生态化的目的。那些经济效益高、发展势头好的产业集群,往往在互利共生、节能减排等方面表现良好。

二、资源型产业集群发展存在的问题

我国资源型产业开发历史较短、规模增长过快、工业化水平低，资源型产业发展和升级面临一系列的经济因素制约，如产业结构趋同单一、资源环境问题突出，创新能力低下。

（一）产业结构不合理，结构趋同单一

在长达几十年的计划经济体制下，我国资源富集地区（特别是矿产资源丰富的地区）逐渐形成了以能源、原材料为主的重工业格局，电力、冶金、化工等高能耗产业比重急剧扩大，农业、第三产业却发展迟缓，比重低下。由于各地政府长期追求工业自成体系，没有充分考虑环境承载力和发展基础，分工不明确，重复布点，重复建设，导致各地区间产业结构趋同。另外，产业结构单一且刚性化。资源型产业生产规模较大，占用生产要素多，一旦建成定型，产品换代速度和工艺改进非常困难，导致区域支柱产业单一化、刚性化。一是工业结构尚未实现高加工度化。资源开发产品品种少、档次低，没有很好地转化为深加工，产品附加值低，资源优势难以转化为经济优势。二是在单一原料型结构下，高消耗、高污染产业不断扩张，技术水平和装备趋于老化，技术进步速度较为缓慢。不仅造成整个高投入、低产出的低质循环，而且资源浪费惊人，生态环境保护困难。三是产业结构的低层次化，使产业链严重缺损。由于产业发展水平低、工艺技术落后，从而形成上下游产业之间的技术断层，以及原材料产品结构与加工工业对原材料的需求结构之间的严重错位，导致上下游之间无法形成良好的互动机制，使资源型产业收益率下降。

（二）资源消耗严重，生态环境压力大

资源型产业集群的竞争优势主要体现在低成本、低价格的中低档产品制作商，缺乏高附加值的核心联调，自我发展能力弱，竞争能力严重不足，因此随着集群的不断发展，资源消耗越来越大，资源存量日益减少。资源开采不合理导致生态环境破坏。矿产一般埋藏在地表深处，由于缺乏统一布局、合理规划，大规模开采易造成生态景观破碎化、生境荒漠化，农业生产结构在渐变中失调，良田被迫荒废，并有可能加速土地的荒漠化、水源污染等。在多数资源开发区，随着开采力度的加大已造成许多地质塌陷，塌陷区地表裂陷，地下水位下降，地表建筑坍塌，群众不得不搬迁的局面。资源开采产生的“三废”导致生态环境恶化，据估算，在20个行业中，采掘业废水排放量占全国总量6.3%，废气占3.3%，固废高达41.2%。例如陕西神府煤田和晋西北煤矿区内，因大量矿渣弃置使河流砂含量高出正常情况下数倍。而在开发煤炭资源上，可能造成严重的二氧化硫污染。

(三)集群人才科技缺乏,创新能力不强

随着外部竞争环境的不断变化,资源型集群面临着国内外企业和行业竞争加剧,而企业本身技术创新能力不强,导致产业集群的转型与升级难以实现。一是科研能力弱。资源型产业多分布在人才缺乏和科研院所分布较少的西部地区,科技创新能力低、科技领军人才缺乏,重大科技成果少,科技投入、科技政策环境等促进机制还不健全。科技创新和研发能力不足,在新产品、新技术、新工艺上的投入比较少,缺乏多层次、多领域的投入渠道。产学研机构尚未建立,自主研发能力弱。二是人才缺乏。由于政策、教育等原因,在人才培养、吸引的力度不够,导致人才队伍结构不合理,高素质的研究开发人才、经营管理人才少,尤其缺少创新创业的技术带头人。劳动力技能普遍低下,企业多处在模仿、低价竞争阶段,创新能力与竞争能力不强,集群发展缺乏后劲。

另外,基础设施落后,信息化水平低,政府相关政策不到位,法律法规不健全等都制约了资源型产业集群的进一步发展。产业生态化为产业集群升级与发展提供了新思路,它在提升产业创新能力,延长和拓宽产业链,调整产业结构,保护脆弱的资源生态环境等方面具有深远而重要的意义,是产业集群升级与转型的必由之路。

三、资源型产业集群生态化发展的路径分析

目前已有的产业集群生态化发展的路径主要有三种,即静脉产业、生态产业园、区域副产品交换,虽各具特点但也存在各自的劣势。静脉产业要求规模化经营、高技术处理和再生资源市场化。规模化和高技术尚且能够通过资金投入实现,但实现再生资源市场化却并不容易。由于资源型产业区多为单一结构产业,其他配套产业较少,难以吸纳再生资源。生态产业园路径是目前比较流行的一种生态化方式,在区域实践较为丰富,成功案例较多。但是可能受到企业选址的影响,如为了进入园区而离原料供应地和销售地较远,导致交通和运输成本上升,影响企业的经济效益。另外,市场稳定性也会导致企业经营困难。产业园区企业数量相对较少,企业与企业之间结成产业生态链,一旦外部市场环境变化,可能导致某一个企业出现问题,从而影响到其他企业的生存。区域副产品交换为企业提供了联系的纽带,但这种联系并不牢固。企业之间交换副产品是出于经济利益的目的,如果企业间运输成本过高或者副产品价格过低,都不能导致这种交换的产生。而且企业产生的废弃物还是会被排放到环境中,并不能彻底实现生态化的目的。

因此,资源型产业集群生态化必须另辟蹊径,探寻新的生态化路径,以实现经济效益和生态效益的统一。循环产业集群作为一种新型的产业组织模式,能够实现这一目标。它是在循环经济理念上运行的产业集群,既可以发挥循环经济的生态效益优势,又能发挥产业集群的经济效益优势,对提升资源型产业集群的竞争能力、促进集群生态化发展

具有重要意义。①可促进资源型产业高效发展。集群内部形成产业共生网络组织,组织里每一个企业都有自己独特的优势,如较高的生产效率、较低的投入成本、更快的创新速度等,集群网络可将企业优势整合起来,能够向最终的用户提供比单个企业更有价值的产品,从而提升集群网络的品牌效益。②可促进资源型产业的绿色发展。相比于产业集群模式,循环产业集群是一种半封闭性半开放性的系统,它可以将副产品和废弃物循环利用,既可以重复利用资源也可以降低废弃物的处理成本。资源型产业构建循环产业集群,通过集群内部的循环和集群与集群之间的双重循环,可以保证废弃物的最小排放,实现资源型产业的绿色发展。③具有更强的技术优势,能保证经济效益和生态效益的实现。循环集群内部除了企业作为技术创新的主体外,还有强大的支撑机构,如科研院所、高校、专业技术服务等,集群内部的技术创新外溢效应,可使群内企业以最快的速度和最低的成本获取新技术和新工艺,以满足产业结构调整和循环经济的需要。④推动集群产品参与国际竞争。发展循环产业集群,生产绿色产品、打造绿色形象对于招商引资、发展对外经济技术合作会起到积极作用,是应对国际贸易中的绿色壁垒、进入国际市场参与竞争的重要手段。⑤可促进产业结构调整和优化。产业结构优化的基础就是产业组织优化,循环产业集群作为一种新型先进的产业组织模式,能够有效提升产业竞争力,建立专业化分工网络,扩大企业规模和数量,促进企业间协调,推动产业结构优化。

四、促进资源型产业集群生态化的对策分析

我国资源型产业集群在发展过程中面临诸如产业结构趋同单一、资源环境问题突出、技术效益低下、创新能力不强等问题,因此在发展循环产业集群这一新型产业生态化路径时,应当在以下方面做出努力,为促进资源型产业集群生态化发展打下坚实的基础。

(一)科学规划,优化产业结构

产业集群内部结构功能分工合理与否直接影响和制约产业集群的整体功能发挥。在制定循环产业集群发展战略时,必须注重发挥政府主体协调作用。针对不同产业类型和产业发展阶段,制定出发展战略。有目标地吸引那些具备产业带动优势和有产业关联效应或配套协作功能的项目进入,通过大型综合效益好的产业项目的建设形成新的经济增长点,引导企业按产业链上、下游延伸,带动配套项目,拓展产业集聚的空间。同时,完善企业行为规制,打击不正当竞争。建立和完善企业破产和兼并机制,调整企业规模结构。强化市场结构治理,如通过收购、兼并、重组,实现大企业的迅速扩张。围绕主导产品,沿着产品链整合上下游企业。优化区域产业结构,巩固和提高优势产业,淘汰和转移低层次劣势产业,整合加强“龙头”产业,积极培育新兴产业。

(二)努力营造,创建良好环境

良好的环境是资源型产业集群发展的基础。①加强基础设施建设。通过加大财政投入、推动基础设施领域改革以及多渠道筹措基础设施建设资金等方式,大力推动基础设施建设。②建立生态文化氛围。要在全社会培养创新创业的氛围,培育诚实守信、务实创新的新风尚,加强生态宣传和教育,营造适合产业集群发展的良好人文环境。③引导社会资本和民营资本的进入,建立和完善多元化的投融资体系。④推动专业化服务机构的建设。制定和实施相关政策,大力发展服务集群企业的专业化中介机构,同时加强行业自律,以帮助企业交流沟通,促进信任合作。另外,建立健全包括绿色统计体系、绿色技术体系及绿色核算人才体系在内的绿色 GDP 核算体系,不断完善循环经济法律体系。

(三)因地制宜,构建循环产业

大力加强以循环工业、循环农业及循环服务业为内容的循环产业体系建设。①以低碳技术和循环经济改造传统工业,加快培育低能耗、低污染、高效益的战略性新兴产业。对传统集群运用工业生态学原理进行完善改造,重构集群物质流、能量流、信息流;集群内部促进企业共生合作,建立和重构产业链和生态链,同时促进集群与外部环境物质、能量平衡和环境的和谐。②发展绿色农业、有机农业、农业循环经济集群,建设低碳农业生产体系、生活体系,发展林业碳汇,加强农业资源的生态化配置和生态化利用。③积极发展低碳金融、低碳物流、生态旅游以及以电子信息技术为核心的新兴服务业。

(四)积极投入,加大技术创新

产业集群生态化发展需要科学技术的强力支撑。①加强科研扶持和技术投入力度,加大循环技术的引入力度。加大教育投资和科研投入,培育专业技术人才,以引进和研发高新技术。②促进科研机构与企业的合作,建立以企业为主体、高等院校和科研机构广泛参与的风险共担的"产学研"合作体制,加快科技成果的转化应用。③改革相关制度,提高科技供给和科技产出的质量和效率。建立非正式技术交流机制,推进循环集群技术的市场化,形成科研合作关系的合同化,实现科技研发管理的制度化。

参考文献

[1]张连业,杜跃平.论我国资源型产业的升级与转型[J].陕西师范大学学报(哲学社会科学版),2007,36(6):88-94.

[2]肖春梅.资源和环境约束下的新疆资源型产业集群的升级与转型[J].生态经济,

2010,(8):102－106.

[3]陈颖.内蒙古资源型产业转型与升级问题研究[D].中央民族大学,2012.

[4]王建志.资源型产业转型补偿机制研究[D].辽宁工程技术大学,2010.

[5]向秋兰,蔡绍洪.低碳经济背景下西部高碳产业发展研究[J].广西社会科学,2012(1).

[6]成娟,张克让.产业集群生态化及其发展对策[J].经济与社会发展,2007(1):102－105.

浅析贵州工业与农业纵向一体化问题

王海

摘　要:贵州工业和农业虽然在近些年来取得了巨大的成就,但是落后的农业很难为工业特别是轻工业的发展提供相关的原料、产品和市场的保证。因此研究农业和工业纵向一体化对企业的可持续发展,提高企业的市场竞争力具有重要的意义。本文分析了农业与轻工业发展特征,对农业与工业一体化建设以及遇到的问题进行分析,并提出建议。

关键词:工业　农业　一体化

一、引言

从发达国家发展的历史和发展中国家实践的经验来看,工业化是推动一个国家或地区从不发达到发达的重要动力。根据张培刚先生对工业化的定义,工业化是指国民经济中一系列基要的生产函数(或生产要素组合方式)连续发生由低级向高级的突破性变化(或变革)的过程。工业化不仅包括工业本省的机械化和现代化,而且也包括农业的机械化和现代化。

贵州工业取得了突飞猛进的成绩。2000 年贵州工业总产值为 284.16 亿元,2011 年已经达到 1829.20 亿元,工业产值比 2000 年增长了 5.44 倍。但是在数据激增的同时,贵州工业也存在发展固化、结构单一的缺陷。2000 年贵州工业产值对当年贵州国内生产总值的贡献率为 31.16%,而 2011 年为 32.08%。2011 年,全国工业产值对国内生产总值贡献率为 39.89%,贵州工业水平低于全国平均水平。① 同时,贵州还存在主要以农产品为原材料的轻工业发展不足,面临着"轻工业过轻,重工业过重"的失衡。轻工业比重持续下降,重工业比重持续上升,两者比例从 2003 年的 3:7,发展到 2011 年的 2:8,轻工业发展进一步萎缩,与美国、日本在工业化中期 50% 的轻工业比重来说,相对较小。

贵州轻工业发展较为滞后的一个主要原因是贵州农业发展相对落后。2010 年,贵州省农业就业人口数量为 1192.1 万人,但是占全省就业人口的 49.63% 的农业只创造了全省产值的 20.44%。贵州 1997 年农用机械总量为 454.4 万千瓦时,只是全国平均水平的 33.48%。到 2010 年,贵州农用机械总量为 1730.3 万千瓦时,为全国平均水平的

① 根据历年《中国统计年鉴》和《贵州统计年鉴》整理计算。

57.83%,虽然有较为快速的发展,但是机械使用仍然处于较低的水平。从工农业之间的角度分析,按照2007年贵州投入产出表和全国投入产出表分别计算:贵州工业对农业的直接消耗系数为0.033822,全国为0.047892。其中贵州轻工业对农业的直接消耗系数为0.176136,也低于全国0.188335的平均水平。[①] 可见贵州农业产出的低水平制约了贵州工业特别是轻工业的发展。

从以上分析可以看出贵州工业和农业虽然在近些年来取得了巨大的成就,也解决了大量的贫困人口,但是落后的农业很难为工业特别是轻工业的发展提供相关的原料、产品和市场的保证。而贵州的工业结构,也忽视农业和排斥乡村发展,对于一个以农业社会为主体的发展中国家来说无疑是十分有害的,只会进一步强化二元经济结构,阻碍社会经济结构转型。

二、农业与轻工业发展特征分析

(一)农业发展特征分析

1.传统农业发展特征

发展中国家(地区)的农业状况大致可用"传统农业"来概括。它是指工业化之前的农业发展形态。传统农业是一种特殊类型的经济均衡,只要农业的生产要素没有发生质的改变,经过一段时间后,农业就会逐渐达到这种均衡。传统农业具有以下一些特征:

(1)农业技术长期停滞,生产率低。发展中国家的农民使用的农业要素,没有一种要素由于经验的积累而发生明显的改变,也没有引入任何新的农业要素,农业技术进步缓慢;农民的文化水平较低,存在很大比例的文盲和半文盲;农业以土地和劳动力作为主要生产要素,劳动生产率水平很低,产出仅够维持生存。

(2)以土地和劳动力为主要生产要素,市场化程度较低。农民没有增加要素积累和投入的激励,农民更偏好于休闲,缺乏工作积极性,并存在普遍的储蓄、投资不足。农业生产要素的边际收益率极低。由于农业所能提供的剩余非常有限,而且不稳定,传统农业表现为一种自给自足的自然经济,农业所能提供的市场狭小而零碎,农业生产的分工和专业化无法展开,农业处于一种小而全的状态。

2.现代农业发展特征

现代农业就是用现代科学技术和现代工业来为农业提供生产的技术手段和物质手段,把封闭的、自给自足的、停滞的农业转变成为开放的、市场化的、不断增长的农业。分为三个阶段:第一,生存农业阶段,即自给自足的传统农业阶段;第二,多样化混合农业阶段,即种植多样化的混合家庭农业;第三,现代农业阶段,即专业化的商业化农业。

---

① 根据2007年全国投入产出表和贵州省投入产出表计算。

(二)工业发展特征分析

在发展的初级阶段,粮食加工工业和纺织服装工业,一般是首先建立起来的工业,因为低水平的国民收入约束了居民的购买力,消费对象还只限于满足衣食等基本欲望的必需品。同时,这些规模经济的效果还不那么显著,小企业的平均生产成本并不比大企业的平均生产成本高出多少,因而在投资能力不大的情况下,可以发展这类工业。

随着国民收入水平的逐渐提高,对纺织服装以外的轻工业品的需求逐渐增加,一批新的轻工业开始出现,尽管这些工业的规模经济效果还不是很显著。这些轻工业可能先采取装配进口元件的方式,生产收音机、自行车和缝纫机之类的产品,以后从元件到制成品都在国内生产。生产这些产品的工业,与粮食加工工业和纺织服装工业相比是较为资本密集和技术密集型的。与此同时,在这一阶段也可能发展利用本地资源生产木制家庭用具、皮革制品之类的工业。

在国民收入水平进一步提高之后,居民的需求刺激了耐用消费品的生产,于是一批制造电视机、电冰箱和汽车的企业建立起来,工业结构进一步发生变化。

最后,当国民收入出现了巨大增长,国内市场的绝对容量大大地扩展之后,生产钢铁之类中间产品,利用先进技术并有显著的规模经济效果的如炼油之类的工业,以及生产精密机械的工业逐渐发展起来。

三、农业与轻工业纵向一体化分析

本文讨论的轻工业主要是指以农产品为原料的轻工业,是指直接或间接以农产品为基本原料的轻工业。主要包括食品制造、饮料制造、烟草加工、纺织、缝纫、皮革和毛皮制作、造纸以及印刷等工业。因此这一类轻工业发展的速度和质量与农业发展的速度和质量密切相关。轻工业与农业存在天然的相关性。贵州省有着丰富的农产品可供加工,但长期以来,农业是一个低效益的产业。农产品加工业的发展,延长了农业的产业链条,促进农业生产的专业化、区域化分工。为龙头企业农户提供信息、供应生产资料、提供资金扶持、生产技术培训、技术指导等,有助于农民收入的增加。不仅能解决贮藏、保鲜、运输等问题,而且能增加产品种类和提高产品质量,进一步加工成人们食用方便、营养丰富的食物或饮品,加工成营养品、医药及化工产品,加工成饲料、建材及燃料等,形成了有着巨大潜力的产业群体。

对于农业与轻工业而言,向上游整合原料来源,向下游掌握市场销售,从而形成了一个供、产、销一体的闭合式产业链。这样的农业与轻工业将获得更强的市场竞争力,促进企业的可持续发展。首先,和同行业的竞争对手相比,产业链一体化的农业与轻工业更具竞争优势。与产业链条上单个环节的企业来比较,产业链企业好比是集群化的产业群,它采取整体作战的模式,因此具有整体竞争优势,在和单个环节的企业竞争中通常具有压倒性优势。其次,产业链一体化的农业与轻工业,树立了很高的行业壁垒,让新进入者知难而退。因为产业链一体化企业,通过整合产业链上下游,在原料来源上具有成本优势;通过规模化、标准化的生产加工,生产效率大大提高,单位产品的加工成本也大大降低;通过整合产业链上下游,进行集约化的管理,企业的经营管理水平大幅提高,运营成本也大幅降低。产业链一体化的农业与轻工业,将更具有成本优势。因此,提供给市场的产品将具有更好的产品质量,同时也具有更低的价格。这样,对于那些新进入者而言,是一个很大的挑战。新进入者就会知难而退,那么,对于企业来说,少一个竞争对手总比多一个竞争对手好。最后,在供应商和购买者的议价能力方面,产业链一体化的农业与轻工业具有更强的议价能力。在供应商议价能力方面,产业链一体化的农业与轻工业,本身就是集供应商和生产商于一体,因此,在供应商的议价能力方面,产业链一体化的农业与轻工业,供应商的议价能力为自己所有。购买者的议价能力方面,产业链一体化的农业与轻工业,因为其成本优势,提供给市场上的产品价格更具有市场竞争力,这种质量更好、价格更低的产品,让消费者难以拒绝。

总之,农业与轻工业通过垂直整合农业产业链,进行纵向一体化的经营和运作,对企业的可持续发展、提高企业的市场竞争力具有重要的意义。因此,对于农业与轻工业而言,垂直整合产业链、纵向一体化建设势在必行。

四、贵州农业与轻工业纵向一体化障碍分析

(一)制度障碍

首先,贵州省历来重视发展重工业,长期忽视了对轻工业发展的政策支持,导致贵州轻工业发展较为落后,轻工业比例在工业产值中占了较小一部分。而根据发达国家的发展经验,美国与日本在工业化中期轻工业占工业产值的比重在50%左右的水平来说,贵州轻工业过轻的现象较为突出。轻工业滞后的发展带来的主要问题是对农业生产不能起到应有的促进作用:没有轻工业对农产品的大量需求,农业生产就没有动力去提升技术水平、提高机械化率等措施来增加农产品产量。导致贵州农业与轻工业发展都较为落后,很难建立起纵向一体化的生产方式。

(二)市场障碍

(1)农产品加工业产业市场进入壁垒低。产业市场的进入壁垒是阻止潜在竞争对手进入市场的各种因素。其作用是增加潜在竞争对手的竞争成本,使新进入企业处于竞争的劣势。从产业经济角度分析,规模经济、产品差异、资本需求量、技术和绝对成本优势构成了一个产业市场的主要进入壁垒。目前由于农业生产规模小且零散。农业生产集

约化程度低,农产品原料生产形不成规模,从而造成农产品加工业的原料供应分散、细小、基地化程度低。缺少大批量的原料供应,农产品加工企业的生产无法实现规模经济,多数现存企业的生产规模相对于潜在进入者毫无优势可言;再者我国农产品加工业是在近20年快速发展起来的,产业内企业数量多、规模小,基本上不存在规模经济,缺少名优品牌产品,加工产品的同质化程度高。农产品加工业进入壁垒低,吸引了众多企业蜂拥而入,行业内过度进入问题严重,致使农产品加工业的市场集中度低。

(2)农产品加工业的退出壁垒高。产业市场退出壁垒是阻止企业退出产业市场的各种因素,包括沉没资本和职工安置成本。沉没资本是指企业投资形成的固定资本,如果专用性较强,当转产或退出时就较难处理,其损失构成沉没成本。沉没成本越大,企业就越想持续经营下去,即使发生亏损,只要产品价格高于平均变动成本(低于总成本)企业就不愿退出。农产品加工企业为了获得合乎其加工质量要求的原料、生产出高质量的产品,必然要进行专用型投资,提高退出农产品加工行业的成本。同时,我国社会保障制度不健全、职工素质低、资本市场不发达、交易费用过高、购并困难等也增加了退出难度。

五、相关政策建议

一是投入政策。加大对农产品加工业的财政支持力度,重点增加基础设施建设及科技开发的投入。鼓励和吸引工商资本、民间资本、外商资本投入发展农产品加工业,建立多元化的投资渠道和机制。二是税收政策。适当考虑减免增值税、所得税,对符合国家高新技术目录并经国家有关部门批准引进项目,进口国内不能生产的农产品加工设备和先进技术,免征进口关税和进口环节增值税。三是金融政策。对农产品加工业实行优惠贷款政策,包括低息、贴息、放宽还贷期限和抵押条件。四是贸易政策。对有条件的农产品加工企业和企业集团给予进出口经营权,使它们直接进入国际市场,积极发展与周边国家的农产品边境贸易和农业合作,鼓励出国兴办农业企业和农产品加工业,合作开发土地、林业以及渔业等资源,积极参与国际竞争,在用地、用电等其他配套政策上都应给予适当倾斜。

贵州产业结构与就业结构协调发展研究

魏配轩

摘 要:产业结构与就业结构协调发展能促进经济又好又快发展。本文首先分析了贵州产业结构与就业结构演进,接着从就业弹性、比较劳动生产率与结构偏离度三个方面分析了贵州产业结构与就业结构的相关性,最后从产业政策与就业政策两个方面提出了一些建议。

关键词:产业结构 就业结构 就业弹性 结构偏离度

产业结构决定着人口就业结构,即从业人员在各产业间的分布状况。随着贵州产业结构的调整,就业结构或早或晚地也会发生变化。就业结构也会反作用于产业结构,就业结构的合理化对产业结构的演进、劳动生产率的提高和国民经济的发展起着重要的推动作用。产业结构调整与就业结构变动是对经济资源的重新配置,二者协调发展能促进国民经济的快速发展。产业是就业的载体,就业结构变动可以反映产业结构的调整。根据经验,就业结构的变动往往滞后于产业结构的调整,这就造成了结构性失业等失业问题,这对经济发展与社会稳定都造成了影响。贵州在经济正处在调整发展时期,产业结构向高度化演进,研究贵州产业结构与就业结构可以推动产业结构升级,促进贵州经济又好又快发展。

一、贵州产业结构与就业结构演进

(一)贵州产业结构发展现状

1978 年进行农村土地家庭土地承包责任制改革后,在农业快速增长的基础上,贵州经济进入了增长和发展的快车道。在国民经济持续增长的过程中,贵州省产业结构不断得到优化。

第一产业占国民经济的比重在 1982 年以前一直是上升的,在 1982 年达到峰值后开始下降;第一产业占国民经济的比重由 1978 年的 41.7% 下降到 1992 年的 35.7%,再下降到 2011 年的 12.7%,33 年间下降了 19 个百分点。第二产业占国民经济的比重有一定的波动,由 1978 年的 40.2% 下降到 1992 年的 35.9%,再上升到 2011 年的 38.5%。第三产业不仅发展较快,而且占国民经济的比重有较大幅度的上升,由 1978 年的 18.1% 上升到 1992 年的 28.4%,再上升到 2011 年的 48.8%,33 年间上升了 30.7 个百分点。总体而言,贵州省 1978—2011 年产业结构变动可分为三个阶段。

第一阶段:1978—1991 年,贵州产业结构呈现"一二三"型产业结构,即第一产业占国民经济的比重大于第二产业,第二产业比重大于第三产业。

第二阶段:1992—2008 年,贵州产业结构呈现"二三一"型产业结构,即第二产业占国民经济的比重大于第三产业,第三产业比重大于第一产业。

第三阶段:2009 年至今,贵州产业结构呈现"三二一"型产业结构,即第三产业占国民经济的比重大于第二产业,第二产业比重大于第一产业(表 1)。

表 1 贵州省 1978—2011 年产业结构变动(%)

年份	第一产业	第二产业	第三产业	年份	第一产业	第二产业	第三产业
1978	41.7	40.2	18.1	1995	35.7	36.5	27.8
1979	42.1	40.5	17.4	1996	35.2	35.3	29.5
1980	41.3	39.8	18.9	1997	33.8	35.9	30.3
1981	44.0	36.8	19.2	1998	30.9	37.2	31.9
1982	47.1	34.6	18.3	1999	28.6	37.4	34.0
1983	43.2	37.9	18.9	2000	26.3	38.0	35.7
1984	42.2	40.2	17.6	2001	24.2	38.3	37.5
1985	40.7	40.3	19.0	2002	22.6	38.8	38.6
1986	40.5	36.5	23.0	2003	20.9	39.9	39.2
1987	40.2	36.3	23.5	2004	20.0	40.6	39.4
1988	40.2	37.1	22.7	2005	18.3	41.8	39.9
1989	39.4	36.8	23.8	2006	16.8	42.3	40.9
1990	38.5	35.7	25.8	2007	16.3	41.9	41.8
1991	39.1	34.3	26.6	2008	16.4	42.3	41.3
1992	35.7	35.9	28.4	2009	14.1	37.7	48.2
1993	31.9	37.1	31.0	2010	13.6	39.1	47.3
1994	35.0	37.1	27.9	2011	12.7	38.5	48.8

资料来源:《贵州六十年》《贵州统计年鉴》(2012 年)。

(二)贵州就业结构发展现状

在产业结构发生变化的同时,贵州劳动力就业结构也发生了相应的调整。从 1978 年至 2011 年的 33 年间,劳动力在第一产业、第二产业和第三产业之间的分布分别由 1978 年的 82.8%、10.3%和 6.9%转变为 2011 年的 66.6%、12.0%和 21.3%,第一产业就业劳动力比重下降了 16.2 个百分点,第二产业就业劳动力比重上升了 1.7 个百分点,第三产业就业劳动力比重上升了 14.4 个百分点。总体而言,贵州省就业结构可分为两个阶段。

第一阶段:1978—1988 年,贵州就业结构大体呈现"一二三"型就业结构,即第一产业就业人口比重大于第二产业,第二产业就业人口比重大于第三产业。劳动力在第一产业、第二产业、第三产业之间分布分别由 1978 年的 82.8%、10.3% 和 6.9% 转变为 1988 年的 78.1%、12.4% 和 9.5%。其中,1984 年,第三产业就业比重超过第二产业就业比重。

第二阶段:1989 年至今,贵州就业结构呈现"一三二"型就业结构,即第一产业就业人口比重大于第三产业,第三产业就业人口比重大于第二产业(表 2)。

表 2 贵州省 1978—2011 年就业结构变动(%)

年份	第一产业	第二产业	第三产业	年份	第一产业	第二产业	第三产业
1978	82.8	10.3	6.9	1995	72.4	14.8	12.7
1979	82.4	10.0	7.6	1996	69.3	15.6	15.1
1980	82.9	9.2	7.9	1997	69.6	14.3	16.1
1981	82.8	8.9	8.3	1998	69.7	13.6	16.7
1982	82.0	9.1	8.9	1999	70.9	11.0	18.1
1983	82.2	8.9	8.9	2000	69.9	11.9	18.2
1984	80.7	9.5	9.8	2001	81.8	6.5	11.7
1985	76.3	13.9	9.8	2002	80.6	5.2	14.2
1986	76.1	14.2	9.6	2003	77.9	5.6	16.5
1987	77.7	12.6	9.7	2004	76.5	5.7	17.8
1988	78.1	12.4	9.5	2005	77.0	8.4	14.6
1989	78.2	10.4	11.4	2006	76.2	8.9	14.9
1990	78.2	10.2	11.5	2007	74.1	9.2	16.7
1991	78.1	10.4	11.4	2008	72.3	9.7	18.0
1992	78.1	10.0	11.9	2009	70.5	10.7	18.7
1993	77.2	9.6	13.2	2010	68.3	11.5	20.2
1994	74.7	9.9	15.4	2011	66.6	12.0	21.3

资料来源:《贵州六十年》《贵州统计年鉴(2012 年)》。

二、贵州产业结构与就业结构相关实证研究

国内对产业结构与就业结构研究主要分析工具为就业弹性、比较劳动生产率与结构偏离度。本文通过这三个工具对贵州产业结构与就业结构进行实证分析。

(一)就业弹性分析

就业弹性是经济增长每变化一个百分点引起就业数量变化的百分比,可用就业弹性系数来反映就业弹性的强弱,系数越大,吸收劳动力的能力就越强,反之越弱。就业弹性可用来衡量产业结构与就业结构之间关系与协调程度。当就业弹性为正值时,经济增长对就业具有拉动作用。当就业弹性为负值时,如果经济增长但就业减少,则经济增长对就业产生了“挤出”效应,就业弹性绝对值越大,“挤出”效应就越大;反之,经济增长对就业产生了“吸入”效应,就业弹性绝对值越大,“吸入”效应就越大。其计算公式为:

$$e = \frac{\text{第 } i \text{ 产业劳动力变动}}{\text{第 } i \text{ 产业产值变动}} \times 100\%$$

1. GDP 就业弹性

除了 1989 年、1990 年和 2001 年外,GDP 就业弹性绝对值都小于 1,而且大部分是在 0.5 以下,说明 GDP 对就业的拉动效应比较小,就业的增长滞后于经济的增长。有些年份就业弹性值为负,说明经济增长对就业产生了“挤出”效应。

2. 第一产业就业弹性

贵州第一产业就业弹性波动比较大,其绝对值最大出现在 2001 年,为 26.96。在 2002 年以前除了个别年份基本上呈现正值。2003 年以来,除了 2004 年就业弹性为较小的正值,第一产业增长对第一产业就业有微弱的拉动作用,其他年份均为负值。说明第一产业增长对第一产业就业具有“挤出”效应,第一产业剩余劳动力会逐年增加,过剩的劳动力需要向第二、三产业进行转移。

3. 第二产业就业弹性

第二产业就业弹性有轻微的波动,其绝对值最大出现在 1995 年,为 4.55。21 世纪以来,第二产业对就业表现为“吸入”效应,但是由于第二产业对劳动力技能有特殊要求,吸纳能力有限。

4. 第三产业就业弹性

贵州第三产业整体上表现为对就业的吸纳作用,且比较稳定。总体看来,第三产业吸纳就业能力没有第二产业强。随着贵州大力发展现代服务业,以及对传统服务业升级打造,对劳动力素质有了更高要求,将来急需提高劳动力素质,适应第三产业发展需要(表 3)。

(二)比较劳动生产率

比较劳动生产率是测量产业结构效益的指标,用来反映产业劳动生产率的高低。在经济发展过程中,各产业的产出与就业的增长幅度并不完全一致,致使比较劳动生产率存在差异,但是长期而言,各产业比较劳动生产率应接近于 1。如果某一产业的比较劳动生产率小于1,表明该产业吸纳了过多的就业人员,该产业部门的劳动力将会向其他部门转移。通常情况下,第一产业比较劳动生产率低于1,第二、三产业比较劳动生产率高于1。产业部门间劳动生产率的差异导致产业部门间劳动力报酬的差异,使劳动力向生产率较高的产业部门转移,可以优化产业结构与就业结构,提高经济发展水平。其计算公式为:

$$b = \frac{\text{第}\,i\,\text{产业产值比重}}{\text{第}\,i\,\text{产业就业比重}} \times 100\%$$

1. 第一产业比较劳动生产率

第一产业比较劳动生产率发展趋势为逐年下降,2000 年以前,第一产业比较劳动生产率在0.5左右徘徊,2000 年以后,第一产业比较劳动生产率减小的趋势在加快。第一产业中出现了大量的剩余劳动力,需要向第二、三产业进行转移。

2. 第二产业比较劳动生产率

第二产业比较劳动生产率大部分年份都大于3,第二产业劳动生产率较高,具有吸纳劳动力的潜力。

3. 第三产业比较劳动生产率

比较分析第二、三产业的比较劳动生产率,可以发现,第三产业比较劳动生产率变动比较稳定,但都小于第二产业。说明现阶段第二产业对劳动力的吸纳能力要强于第三产业,这与贵州现在实行"三化"同步战略,加快发展、加快转型、推动跨越的经济发展思路相吻合。

综合三者变化情况来看,第一产业比较劳动生产率小于1,第二、三产业比较劳动生产率大于1。第一产业与第二、三产业间存在较大差距,第一产业存在大量剩余劳动力需要向第二、三产业转移。就吸纳能力而言,第二产业吸纳能力要强于第三产业(表3)。

(三)结构偏离度

结构偏离度是测度经济结构效益的一种方法。偏离度越小,表明各产业发展越均衡,产业结构效益就越高;偏离度越大,表明劳动力结构与产业结构越不对称,产业结构效益越低。产业结构的正偏离的产业存在劳动力转入的可能性,产业结构的负偏离的产业存在劳动力转出的可能性。如果国民经济各产业是开放的,产业间没有行政壁垒,那么通过市场对劳动力资源的重新配置,会使各产业的生产率趋于一致,各产业的结构偏离度也就逐步趋于零。其计算公式为:

$$c = \frac{\text{第}\,i\,\text{产业产值比重}}{\text{第}\,i\,\text{产业就业比重}} - 1$$

1. 第一产业结构偏离度

第一产业结构偏离度呈现负值,说明第一产业产值比重小于就业比重,第一产业劳动力有转出的压力,且第一产业结构偏离度越来越大,第一产业结构越来越失衡,出现了大量的隐性失业人口,面临着较大的就业压力,第一产业劳动力需要向第二、三产业进行转移。二者说明,第一产业的就业结构变动要滞后于产业结构的变动,二者之间发展不协调。

2. 第二产业结构偏离度

第二产业结构偏离度表现为正值,说明第二产业产值比重大于就业比重,第二产业有转入劳动力的吸引力。且第二产业结构偏离度在 2 ~6 之间波动,偏离度最大年份为 2002 年(6.50),偏离度最小年份为 1996 年(1.26)。比较三次产业结构偏离度可以看出,第二产业结构偏离度比较大,其产业结构与就业结构最不协调,也说明第二产业对就业具有更强的吸纳作用。2002 年以来结构偏离度有变小的趋势,第二产业不协调状态趋于有所缓解。

3. 第三产业结构偏离度

第三产业结构偏离度表现为正值,但小于第二产业,说明第三产业吸引劳动力的能力没有第二产业强。第三产业结构偏离度在 0.8 ~2 之间波动,偏离度最大的年份为 2005 年和 2006 年(1.74),偏离度最小的年份为 1984 年(0.80)。整体上来看,第三产业结构比较合理,且对就业有吸纳能力(表 3)。

比较三大产业结构偏离度,第三产业存在大量剩余劳动力,严重影响了经济运行效率,需要向第二、三产业转移。第二、三产业有吸纳劳动力的空间和能力,随着贵州工业化、城镇化战略的运行,产业结构会更加趋于合理,经济运行效率会得到提高,就业结构与产业结构会互动发展。

通过对贵州分产业就业弹性、分产业比较劳动生产率和产业结构偏离度的分析,贵州第一产业由于劳动生产率比较低,存在大量的隐性失业劳动力。这些隐性失业人口需要向劳动生产率比较高、就业弹性比较大的第二、三产业转移,由此,使产业结构与就业结构协调发展。

表 3 贵州省 1978—2011 年三大产业就业弹性、比较劳动生产率及结构偏离度

年份	就业弹性				比较劳动生产率			结构偏离度		
	第一产业	第二产业	第三产业	生产总值	第一产业	第二产业	第三产业	第一产业	第二产业	第三产业
1978	0.09	-0.02	0.51	0.06	0.50	3.91	2.63	-0.50	2.91	1.63
1979	0.04	-0.14	1.04	0.06	0.51	4.07	2.28	-0.49	3.07	1.28
1980	13.11	-0.80	0.72	1.05	0.50	4.33	2.39	-0.50	3.33	1.39
1981	0.38	0.36	0.94	0.60	0.53	4.13	2.31	-0.47	3.13	1.31
1982	0.16	0.72	0.99	0.30	0.57	3.81	2.05	-0.43	2.81	1.05
1983	0.54	0.02	0.17	0.18	0.53	4.25	2.12	-0.47	3.25	1.12
1984	0.13	0.46	0.94	0.21	0.52	4.23	1.80	-0.48	3.23	0.80
1985	15.52	4.09	0.24	0.49	0.53	2.89	1.94	-0.47	1.89	0.94

续表

年份	就业弹性				比较劳动生产率			结构偏离度		
	第一产业	第二产业	第三产业	生产总值	第一产业	第二产业	第三产业	第一产业	第二产业	第三产业
1986	0.56	-2.99	0.07	0.64	0.53	2.56	2.40	-0.47	1.56	1.40
1987	2.03	-0.52	0.36	0.35	0.52	2.89	2.41	-0.48	1.89	1.41
1988	-5.12	0.22	0.14	0.53	0.51	3.00	2.38	-0.49	2.00	1.38
1989	0.76	-3.12	7.63	1.03	0.50	3.54	2.09	-0.50	2.54	1.09
1990	3.05	0.59	1.38	1.20	0.49	3.49	2.24	-0.51	2.49	1.24
1991	0.22	1.46	0.18	0.33	0.50	3.28	2.33	-0.50	2.28	1.33
1992	-3.16	-0.16	0.51	0.27	0.46	3.60	2.39	-0.54	2.60	1.39
1993	0.28	-0.10	0.89	0.22	0.41	3.86	2.36	-0.59	2.86	1.36
1994	-0.18	0.54	2.07	0.33	0.47	3.73	1.81	-0.53	2.73	0.81
1995	-1.59	4.55	-1.94	-0.12	0.49	2.46	2.18	-0.51	1.46	1.18
1996	-1.55	0.29	1.81	-0.18	0.51	2.26	1.95	-0.49	1.26	0.95
1997	0.30	-0.64	0.80	0.08	0.49	2.51	1.88	-0.51	1.51	0.88
1998	1.79	-0.17	0.63	0.31	0.44	2.73	1.91	-0.56	1.73	0.91
1999	0.35	-1.51	1.03	-0.07	0.40	3.40	1.88	-0.60	2.40	0.88
2000	0.11	1.33	0.18	0.22	0.38	3.20	1.96	-0.62	2.20	0.96
2001	26.96	-4.22	-2.11	1.23	0.30	5.92	3.21	-0.70	4.92	2.21
2002	0.16	-1.41	2.51	0.20	0.28	7.50	2.72	-0.72	6.50	1.72
2003	-0.35	0.81	1.80	0.18	0.27	7.10	2.38	-0.73	6.10	1.38
2004	0.01	0.24	0.84	0.17	0.26	7.12	2.21	-0.74	6.12	1.21
2005	-2.01	2.49	-1.96	-0.95	0.24	4.96	2.74	-0.76	3.96	1.74
2006	-0.14	0.44	0.25	0.04	0.22	4.74	2.74	-0.78	3.74	1.74
2007	-2.02	-0.08	0.39	-0.30	0.22	4.55	2.51	-0.78	3.55	1.51
2008	-0.42	0.55	0.59	-0.03	0.23	4.37	2.29	-0.77	3.37	1.29
2009	-0.88	0.77	0.20	-0.12	0.20	3.52	2.57	-0.80	2.52	1.57
2010	-1.47	0.18	0.31	-0.30	0.20	3.40	2.34	-0.80	2.40	1.34
2011	-1.04	0.34	0.42	0.08	0.19	3.20	2.29	-0.81	2.20	1.29

三、贵州产业结构与就业结构协调发展的建议

(一)产业政策

产业政策目标是减小产业之间劳力生产率之间的差异,提升各产业就业弹性,使产业向高度化方向发展。

1. 加快农业升级,推进产业化进程

贵州欠发达的经济现状以及自然环境条件的限制,使得贵州不能走平原地区依靠扩大耕地面积,加大农业农药、化肥施用量的道路。一是调整农业内部结构,提高农业发展层次。根据不同地区情况,大力发展优势和特色产业。不同地区应结合地域和资源优势,提升优势产业,发挥规模化与品牌效应,走出一条附加值高、特色鲜明、经济效益稳定的现代化发展道路。二是发挥产业龙头企业作用。延长农产品产业链,提高加工水平,增加农产品附加值。

2. 全面提升工业化水平,走新型工业化道路

依靠科技进步和技术创新,发挥名牌优势,提升现有产业,发展新兴产业,提高贵州经济质量。一是调整和优化产业发展重点。在对贵州传统优势产业,如煤炭产业、电力产业、装备制造业等,进行升级改造的同时,大力发展一批以新材料、新能源、电子信息技术为代表的高新技术产业,提升贵州经济科技含量。二是加快产业园区建设,充分发挥产业园区集聚辐射效应。以贵州"5 个 100"工程为契机,大力发展产业园区,提高工业运行效率。

3. 优化内部结构,大力发展第三产业

一是调整和优化第三产业内部结构,发挥区位和资源优势,大力发展优势产业。结合贵州资源优势,可以大力发展旅游、休闲服务等行业,培育品牌,提升服务档次。二是完善服务体系,提升服务水平。加快交通运输、批发零售、旅游、饮食服务等吸纳劳动力较多的传统行业发展的同时,大力发展金融保险、咨询业、信息业等现代服务业。三是加强人才培养,为第三产业提供智力支持。同时要加强对下岗失业人员的再培训,适应产业发展需要,为第三产业发展提供"蓄水池"。

(二)就业政策

1. 加强劳动力市场建设

劳动力市场具有资源配置的作用,是一个地区宏观经济调控和运行的重要媒介,它依据着劳动力市场的供求关系,有效地推动各产业间人才的合理流动和配置,推动着经济的发展。因此应消除劳动力市场之间的障碍,加强劳动力市场建设,培育和完善就业服务体系,提升信息化进程,逐步建立起一个统一、开放、竞争、有序的劳动力市场系统,充分发挥劳动力市场资源配置作用,提高劳动力资源的利用效率。

2. 加强职业技能培训

随着经济的发展,越来越多的劳动力由于技能的缺乏,造成了相当一部分的结构性失业。为此,要加强职业技能培训,使劳动力适应生产发展的需要。一是拓宽教育投资来源和渠道,加强教育投资力度,有效提高劳动力素质和技能文化水平,为劳动力产业间转移提供有效保证。二是扩大教育范围。贵州省农村剩余劳动力转移由于受教育水平较低,不能满足城市工作岗位的要求。加大对农村劳动力的教育培训可以为贵州省产业转型提供动力。三是健全培训机构,完善培训体系。以政府开办的培训机构为主体,大力支持企业、社团和私人培训机构,充分发挥各类培训机构的作用,实现培训机构的多元化发展。

3. 消除劳动力城乡流动的体制障碍

农村剩余劳动力注入城市,减少了城市居民的就业机会,当地政府为了保障本地居民就业,往往制定了各种形式的保护政策,旨在通过身份、户籍等限制外来劳动者进入,这就阻碍了劳动力的正常流动。这种限制劳动力竞争的方法,使本地劳动力缺乏竞争压力,缺乏学习的外在压力,不能适应产业升级对劳动力的要求。因此,必须打破地方保护主义,消除劳动力流动的体制障碍,建立公平竞争的体制环境,通过市场机制达到劳动力的合理配置,实现就业。

参考文献

[1]周兵,冉启秀. 产业结构演变与就业结构协调发展分析[J]. 中国流通经济,2008(7).

[2]汪斌. 国际区域产业结构分析导论:一个一般理论及其对中国的应用分析[M]. 上海:上海三联书店,2001.

[3]程红莉. 我国产业结构与就业结构的偏离及对失业的影响[J]. 统计与决策,2006(3).

[4]薛双喜. 河南产业结构与就业结构协调发展研究[D]. 西北大学,2011.

[5]张耀武,董振涛. 农村剩余劳动力培训问题研究[J]. 安徽农业科学,2006(7).

[6]喻桂华,张春煜. 中国的产业结构与就业问题[J]. 当代经济科学,2004(5).

贵州省农村贫困程度测度

朱元兰

(贵州财经大学欠发达地区经济发展研究中心)

摘　要:本文对贵州省农村贫困规模和贫困程度进行统筹分析,从贫困发生率、贫困深度指数和贫困强度指数分析了贵州农村贫困程度的变动状况。结果表明,2007—2015年间贵州农村贫困发生率、贫困深度和贫困强度均有明显下降,但是贫困程度仍然很深。

关键词:农村　贫困度　测度

贵州省位于中国的西南,总面积为176167平方公里,占全国国土面积的1.8%,平均海拔在1100米左右,是西部、边远、高山、少数民族聚居区。贵州省也是我国农村贫困人口最多、贫困程度最深的省份之一,是我国扶贫开发工作的主战场之一。中共十八大要求全面建成小康社会,贵州全面小康建设的重点在农村,难点也在农村,特别是自然条件恶劣的深山区、石山区、高寒山区和边远少数民族地区。

一、贵州省农村基本情况概述

(一)贵州省农村人口多,人均收入低

贵州省农村人口比重高,数量多。2000年来的数据显示,贵州省农村人口在2900万人左右,占到了全省人口的70%以上。统计数据显示,贵州省的GDP仅占全国的1%~1.1%。从人均收入看,虽然贵州省农民家庭人均纯收入水平逐年提高,与全国平均水平趋势相一致,但是与全国平均水平差距比较大,而且这种差距有扩大的趋势。2000年贵州省农民家庭人均纯收入是全国平均水平的60.98%,到了2008年为全国平均水平的58.3%。

(二)贵州省少数民族多

贵州省有汉、苗、布依、侗、土家等18个少数民族,少数民族人口比重居全国第三位,有黔南州、黔西南州、黔东南州三个民族自治州。在贵州省人口中,少数民族人口多。根据第五次普查数据,贵州省少数民族人口占全省常住人口比重的37.8%,2008年在少数民族自治州中,少数民族人口占年末常住人口的61.12%。

（三）贵州省农村自然条件差

贵州省农村人口大多数居住在自然条件恶劣的深山、石山、寒山等山区，这些地区土地贫瘠，灾害频繁，生产和生活处于不稳定的低水平状态，不少地方至今还保留着广种薄收的生产方式，地理环境封闭，商品经济极不发达，交通不方便，信息传递极慢。2006 年大约有 1187 个村未通公路，138 个村没有通电，7577 个村没有卫生室，有 38.8% 的饮用水困难户。

（四）贵州省农村人均受教育程度低

根据第五次普查数据，贵州省 15 岁及以上文盲人口 4886140 人，文盲率为 19.85%，其中男性为 9.96%，女性为 30.61%，远远高于全国 11.55%、6.45% 和 16.89% 的水平。受教育年限男性为 6.99 年，女性为 5.22 年，平均水平为 6.15 年，初中及以下教育的人数占64.2%，大专及以上仅占总数的 1.9%。根据第二次农普资料，99% 的村有小学，96% 的乡镇有中学，有职业技术学校的乡镇有 7.5%。

（五）生活水平低

根据贵州统计年鉴数据，贵州省农村居民恩格尔系数在 52% 以上，农民生活仅仅停留在解决温饱的水平上。从贵州省近年来农村居民家庭平均每人消费支出与全国农村居民家庭平均每人消费支出比较，贵州省农村居民家庭平均每人消费支出只有全国的 65% 左右，占收入的比重约为 75%。

表 1　贵州省农村居民家庭平均每人消费支出与全国的对比

年份	贵州农村居民家庭平均每人消费支出（元）	全国农村居民家庭平均每人消费支出（元）	贵州支出占全国（%）	贵州农村居民家庭平均每人消费支出占收入（%）
2000	1096.64	1670.13	65.66	74.12
2001	1098.39	1741.09	63.09	73.58
2002	1137.57	1834.31	62.02	74.09
2003	1185.17	1943.30	60.99	74.11
2004	1296.34	2184.65	59.34	74.40
2005	1552.39	2555.40	60.75	78.51
2006	1627.07	2829.02	57.51	78.87
2007	1913.71	3223.85	59.36	77.86
2008	2165.70	3660.68	59.16	76.90
2009	2421.95	3993.45	60.65	77.50
2010	2852.48	4381.82	65.10	74.03
2011	3455.78	5221.13	66.19	74.83

(六)农村基础设施较差

根据第二次农普资料,贵州省具有各类基础设施的村比重情况如图1所示。

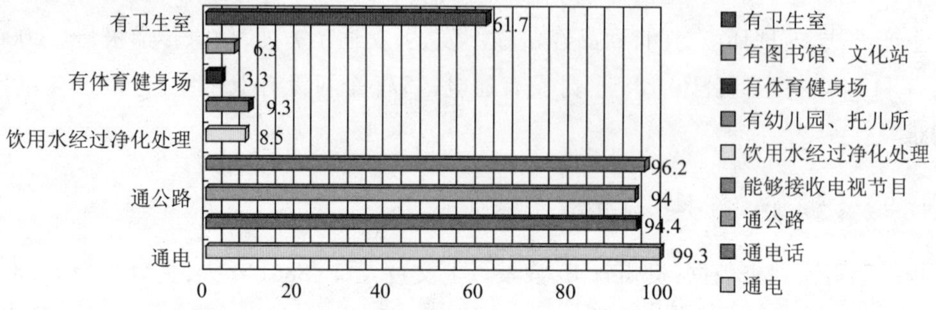

图1 具有各类基础设施的村的比重(%)

可以看出,大部分村通公路、电话、电和能接收电视节目。但是有卫生室的村占61.7%,饮用水经过净化处理的村仅有8.5%。有火车站的村占乡镇的比重是8.6%,有邮电所的村占乡镇的比重是65.1%,有56.3%的村有文化站,有4.7%的村有影剧院。

二、贵州省农村贫困规模和贫困程度测度

(一)贵州省贫困人口分布情况

贵州省2005年贫困人口占总人口的比重为19.62%,2006年为17.83%,贫困人口比重大。

贵州省贫困面积大。贵州是典型的喀斯特地形,其中约92.5%面积为山地和丘陵。农村贫困人口主要分布在以山地和丘陵为主的麻山、瑶山、雷公山、月亮山、乌蒙山、武陵山的边远山区。从乡镇来看,贵州省的农村贫困人口广泛地分布在贵州省7大市(州)的大部分乡镇,且重点贫困乡数占的比重较高,尤其是民族地区,如黔东南、黔南等地区,其重点贫困乡镇数占总乡镇数的比重达76%以上,就是在贵州省内生产总值和人均纯收入居首位的贵阳市,其重点贫困乡镇数也高达23.4%。

贵州省国家扶贫开发重点县有50个,36个为民族自治贫困县,其中27个集中分布在黔西南、黔东南、黔南3个少数民族自治州,其他9个则分布在铜仁、遵义、安顺、毕节等地区。

表2 贵州省2006年扶贫开发工作重点县个数统计

县、市、区名称	县、市、区个数(个)	扶贫开发工作重点县、市、区个数(个)
贵阳市	9	0

续表

县、市、区名称	县、市、区个数(个)	扶贫开发工作重点县、市、区个数(个)
六盘水市	4	3
遵义市	14	4
安顺市	6	4
铜仁地区	10	7
黔西南州	8	7
毕节地区	8	5
黔东南州	16	14
黔南州	12	6
合计	87	50

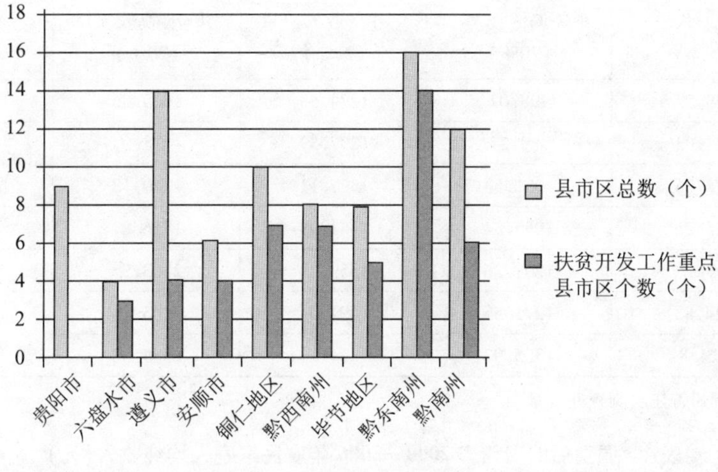

图2　2006年贵州省国家扶贫开发工作重点县分布

从扶贫工作重点县及乡村来看，贵州省88个县(市、区)有扶贫开发任务的83个，占到了94.32%，国家扶贫开发重点县占总县数的56.8%，重点贫困乡镇934个，占乡镇总数的60.9%，其中最贫困的一类乡镇有100个，重点贫困村13973个，占全省行政村总数的54.3%，最贫困的一类村有5486个。

(二)贵州省农村贫困程度测度

1.测定贫困度的指标选择

本文采用的是J. Foster、J. Greer和Erik Thorbecke 1984年提出的FGT指数来测度贵州省的贫困深度。FGT指数通过贫困发生率、贫困深度指数、贫困强度指数三个指标的计算，可以较全面反映贫困度及其变动情况。贫困发生率表明贫困人口比率的增减，贫困深度指数可以反映贫困人口远离贫困线的距离的变化。当贫困发生率、贫困深度指数不变时,表明贫困人口比率和整体收入相对于贫困线保持不变,贫困强度指数可以反映贫困人口收入分配状况的改善或恶化状况。

2. 测定贫困度的方法

本文采用洛伦兹曲线中的GQ模型来测定贫困度。GQ模型:$L(1-L)=a(p^2-L)+bL(p-1)+c(p-L)$;利用普通最小二乘法(OLS)法回归估计出参数a、b、c值,这样就可以计算出贫困发生率、贫困深度指数、贫困强度指数的值。

3. 贫困度的计算

根据贵州省住户调查办公室提供的贵州省2000—2006年农民家庭人均纯收入分组数据,如表3所示,考虑到居民收入受到消费价格指数的影响,对表3数据根据农村居民消费价格指数以2000年为基期进行调整,调整后的农民家庭人均纯收入如表4所示。

表3 贵州省2000—2006年农民家庭人均纯收入(元)

年 份	最低收入户(20%)	中等偏低收入户(20%)	中等收入户(20%)	中等偏高收入户(20%)	最高收入户(20%)
2000	639.52	998.02	1274.53	1645.36	2610.7
2001	681.02	989.27	1297.39	1678.07	2774.04
2002	676.06	1061.53	1327.11	1740.18	3045.58
2003	685.76	1055.54	1383.98	1856.87	3263.38
2004	764.7	1201.26	1559.29	2063.55	3533.64
2005	744.83	1271.55	1694.07	2265.66	3966.73
2006	824.8	1365.97	1811.13	2389.38	4153.22

资料来源:贵州省住户调查办公室。

表4 调整后的贵州省2000—2006年农民家庭人均纯收入(元)

年 份	最低收入户(20%)	中等偏低收入户(20%)	中等收入户(20%)	中等偏高收入户(20%)	最高收入户(20%)
2000	639.52	998.02	1274.53	1645.36	2610.70
2001	673.61	978.51	1283.27	1659.81	2743.86
2002	674.10	1058.45	1323.26	1735.13	3036.74
2003	670.36	1031.84	1352.90	1815.17	3190.10
2004	709.90	1115.18	1447.56	1915.68	3280.43
2005	677.24	1156.16	1540.33	2060.05	3606.75
2006	735.24	1217.65	1614.48	2129.94	3702.27

根据表4数据,利用世界银行的POVCAL软件计算出贫困发生率、贫困深度指数和贫困强度指数,如表5所示。

表5　贵州省2000—2006年农村贫困度指标

年 份	贫困发生率(%)	贫困深度指数(%)	贫困强度指数(%)
2000	16.9064	3.7533	1.1649
2001	16.5989	2.9950	0.7392
2002	14.5757	3.0421	0.8857
2003	15.7550	3.0561	0.8093
2004	12.8743	2.4929	0.6633
2005	13.4767	3.3282	1.1375
2006	11.2379	2.4730	0.7506

注:贫困线为785元。

根据表5中贫困度指标绘制的趋势图如图3所示。

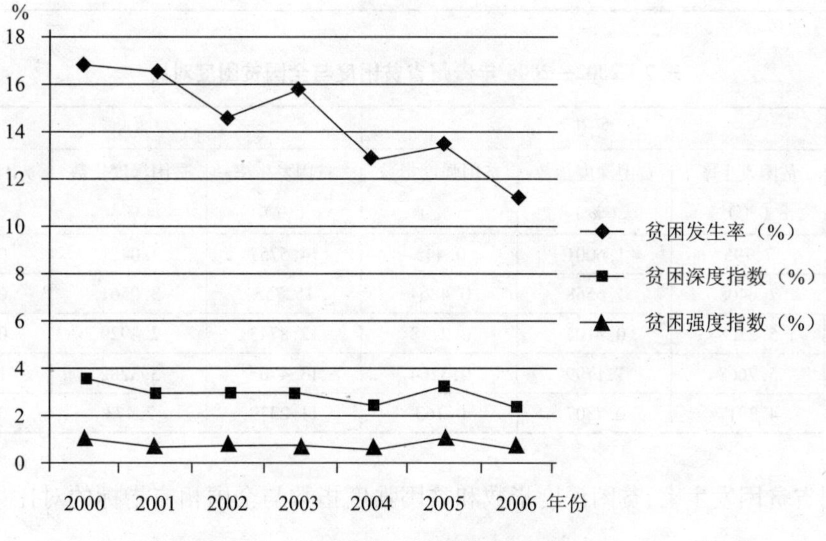

图3　2000—2006年贫困度指标变动情况

4.贫困度分析

从表5和图3可以看出,在2000—2006年间,贵州省贫困发生率、贫困深度指数和贫困强度指数都具有下降趋势,尤其是贫困发生率明显下降。贫困发生率从2000年16.9064%下降到2006年11.2379%,下降了近5.7个百分点;贫困深度指数从2000年的3.7533%下降到2006年2.4730%,下降了1.3个百分点;贫困强度指数从2000年的1.1649%下降到2006年的0.7506%,下降了0.41个百分点。

除2004年和2005年有所回升外,2002—2006年呈波动下降趋势。数据显示贫困深度指数和贫困强度指数下降与贫困发生率三个指数的变化趋势基本一致,这说明经济发展确实能够降低低收入人群的收入水平,扶贫政策基本能够倾向于真正贫困的人群。

5. 贵州省贫困度与全国平均贫困度对比

为了说明贵州省的贫困深度,这里与全国水平做一个比较。为了便于对比,本文对2002—2006年全国农民家庭人均纯收入以2000年为基期进行调整,经过CPI调整后的数据如表6所示,计算的贫困发生率、贫困深度指数和贫困强度指数如表7所示。

表6 调整后的2002—2006年全国农民家庭人均纯收入(元)

年份	最低收入户(20%)	中等偏低收入户(20%)	中等收入户(20%)	中等偏高收入户(20%)	最高收入户(20%)
2002	853.7424	1541.414	2155.557	3018.473	5872.329
2003	865.9415	1606.607	2273.239	3206.944	6347.164
2004	991.0612	1813.069	2538.005	3551.026	6821.832
2005	976.848	1847.407	2609.541	3664.343	7091.325
2006	1066.339	2003.815	2839.308	4009.916	7642.53

表7 2002—2006年贵州省贫困度与全国贫困度对比

年份	全国			贵州		
	贫困发生率(%)	贫困深度指数(%)	贫困强度指数(%)	贫困发生率(%)	贫困深度指数(%)	贫困强度指数(%)
2002	7.795	1.6001	0.445	14.5757	3.0421	0.8857
2003	7.6408	1.6568	0.4864	15.755	3.0561	0.8093
2004	5.2328	0.9105	0.2138	12.8743	2.4929	0.6633
2005	5.7668	1.1799	0.3264	13.4767	3.3282	1.1375
2006	4.3917	0.7307	0.163	11.2379	2.473	0.7506

贵州省贫困发生率、贫困深度指数和贫困强度指数与全国相应指标的对比如图4至图6所示。

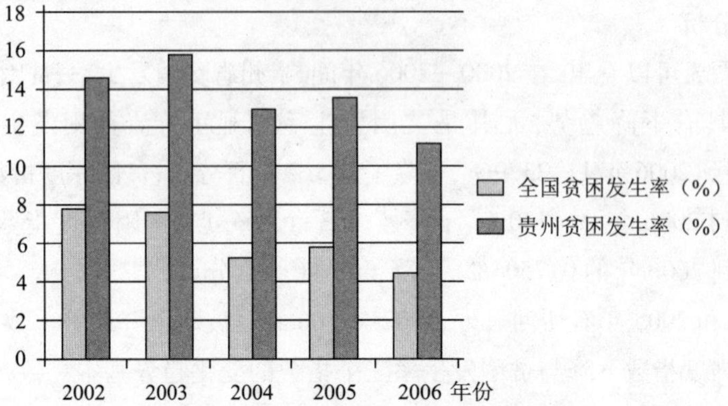

图4 贵州省与全国贫困发生率对比

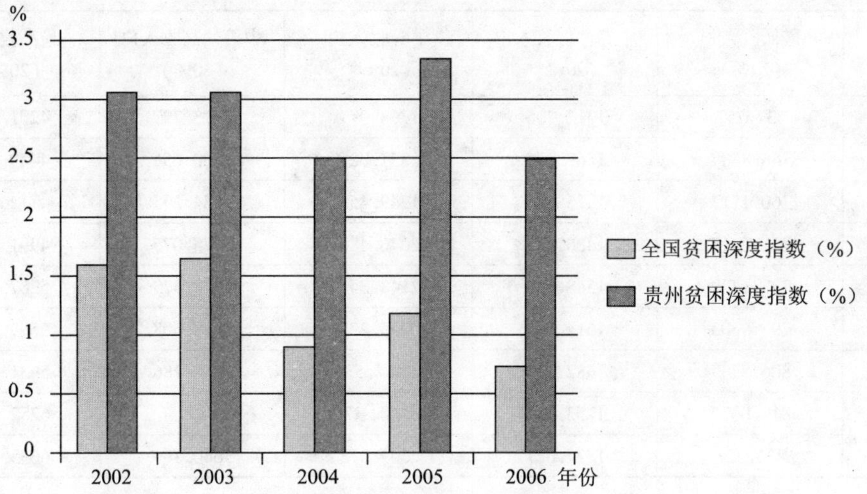

图 5　贵州省与全国贫困深度指数对比

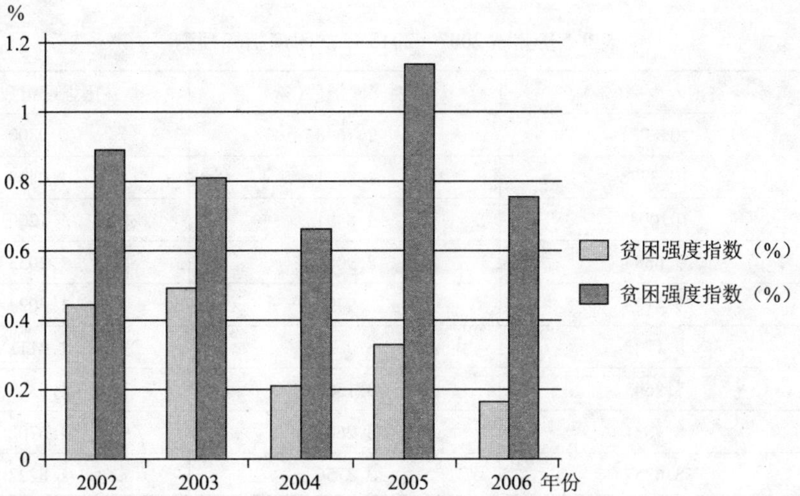

图 6　贵州省与全国贫困强度指数对比

可以看出，贵州省的贫困发生率、贫困深度指数和贫困强度指数都远远高于全国水平。

6. 贵州省贫困度预测

根据表 4 调整后的贵州省 2000—2006 年农民家庭人均纯收入分组数据，首先预测 2007—2015 年的贵州省农民家庭人均纯收入，然后再计算 2007—2015 年贫困度指标，为了便于对比，贫困线仍假定为 785 元。

由于原始数据少，预测周期长，本文采用灰色 GM(1,1) 预测模型，得到 2007—2015 年的贵州省农民家庭纯收入预测数据，如表 8 所示。

表 8 贵州省 2007—2015 年农民家庭人均纯收入预测(元)

年份	最低收入户(20%)	中等偏低收入户(20%)	中等收入户(20%)	中等偏高收入户(20%)	最高收入户(20%)
2007	737.757	1312.796	1768.977	2373.797	4201.075
2008	748.8509	1368.176	1857.025	2500.656	4449.633
2009	760.1117	1425.893	1949.455	2634.295	4712.897
2010	771.5419	1486.045	2046.486	2775.075	4991.737
2011	783.1439	1548.735	2148.347	2923.379	5287.075
2012	794.9203	1614.069	2255.277	3079.608	5599.887
2013	806.8739	1682.159	2367.53	3244.186	5931.206
2014	819.0072	1753.121	2485.37	3417.56	6282.128
2015	831.323	1827.077	2609.075	3600.199	6653.812

计算贵州省 2007—2015 年的贫困发生率、贫困深度指数和贫困强度指数,如表 9 所示。

表 9 贵州省 2007—2015 年贫困度指标预测

年份	贫困发生率(%)	贫困深度指数(%)	贫困强度指数(%)
2007	10.8081	2.7698	0.9800
2008	10.3778	2.8021	1.0448
2009	10.0083	2.8491	1.1200
2010	9.6884	2.9081	1.2053
2011	9.4123	2.9796	1.3023
2012	9.1722	3.0622	1.4113
2013	8.9643	3.1563	1.5338
2014	8.7831	3.2606	1.6702
2015	8.6257	3.3756	1.8222

根据表 9 中贫困度指标绘制的趋势图如图 7 所示。

从表 9 和图 7 可以看出,2007—2015 年贵州省贫困度三个指标都有下降趋势,但是贫困程度还是很深的。贫困状况在贵州省形势仍然严峻,贵州省脱贫致富任重道远,这就要求我们的政府与农村居民要跟家积极地投入到反贫困的斗争中来,党的十八大要求我国在新时期全面实现小康社会,贵州省作为经济发展水平欠发达地区,更应该牢牢抓住新时期发展的契机,努力提高经济发展水平、人民的生活水平,为全面建成小康社会而努力奋斗。

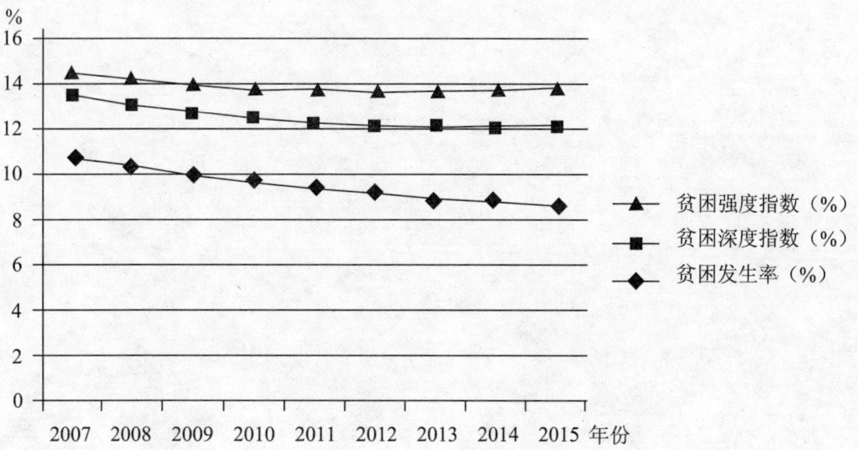

图 7　贵州省 2007—2015 年贫困度指标预测趋势图